谨以此书献给中华人民共和国成立 70 周年

光荣啊！铁道兵

——铁道兵第 10 师官兵投身祖国铁路建设的峥嵘岁月

朱瑞华　主编

上海大学出版社
·上海·

图书在版编目(CIP)数据

光荣啊！铁道兵 / 朱瑞华主编. —上海：上海大学出版社，2019.7
 ISBN 978-7-5671-3616-8
 Ⅰ.①光… Ⅱ.①朱… Ⅲ.①中国军队—铁道兵—英雄模范事迹 Ⅳ.①E271.9
 中国版本图书馆CIP数据核字（2019）第120861号

责任编辑　傅玉芳
装帧设计　柯国富
技术编辑　金　鑫　钱宇坤

光荣啊！铁道兵
——铁道兵第10师官兵投身祖国铁路建设的峥嵘岁月

朱瑞华　主编

上海大学出版社出版发行
（上海市上大路99号　邮政编码 200444）
(http://www.shupress.cn　发行热线 021-66135112)
出版人　戴骏豪

*

上海华教印务有限公司印刷　各地新华书店经销
开本　787mm×960mm 1/16　印张 33.75　字数 606千
2019年7月第1版　2019年7月第1次印刷
ISBN 978-7-5671-3616-8/E·015　定价：88.00元

1953年12月25日，毛泽东主席为《铁道兵》报题写的报头

逢山凿路,遇水架桥,铁道兵前去险阻,风餐露宿,沐雨栉风,铁道兵前去困难。坚持这一革命精神,为建成社会主义现代化强国,作出更大的贡献。

叶剑英 一九七八年七月四日

叶剑英元帅题字

《铁道兵志在四方》（黄荣森词、郑志洁曲）

战士们不畏艰险,翻山越岭
开赴修建成昆铁路工地

战士们不怕危险,在隧道
掌子面用圆木支撑战塌方
（吴仕平摄）

战士们在大渡河畔峭壁悬崖上开山筑路

战士们为早日打通隧道,修建了出渣高架运输线

成昆线大石板特大桥架桥情景（方海良摄）

这位学生兵是一位老红军的孙子，他赤裸着身子在襄渝线隧道掌子面施工

学生兵在襄渝线沙沟大桥浇注桥墩

战士们跋山涉水,把施工器材运到襄渝线工地

战士们在襄渝线劈山开路 （吴仕平摄）

战士们在襄渝线峭壁上辟建
公路排险作业 （吴仕平摄）

青藏线施工经常发生塌方,战士们毫无畏惧冲上去战塌方

战士们在青藏线桥隧相连工地上紧张施工

经过1000多个日夜奋战,战士们终于打通了青藏高原上的关角隧道

师首长与技术人员研究施工方案

2017年春,原铁道兵第10师47团宣传股战友在西安聚会

序 Preface

2018年底的一次铁道兵战友聚会时，朱瑞华战友对我说，他准备出一本书，书名《光荣啊！铁道兵》，并请我为该书写"序"，我欣然接受了。该书中的一篇篇回忆文稿，大多来自原铁道兵第10师的战友和配属我师施工的学生兵之手，是他们的亲身经历，其内容生动反映了铁道兵、学生兵为祖国的铁路建设事业浴血奋战的峥嵘岁月，是一本对青少年进行革命英雄主义、爱国主义教育与传播红色文化的好书。

铁道兵部队是有着辉煌历史的兵种。毛主席说：铁道兵是工程部队性质，无论平时、战时，都是执行工程任务，是工程部队，不是战斗部队。这就是我们铁道兵的性质，这就要求我们平战结合：平时要以抢修的姿态完成各项任务，以便为战时抢修积累经验和储备能力。几十年来，我们始终遵循着毛主席关于铁道兵工程部队的指示，发扬我军"一不怕苦，二不怕死"、"战无不胜，攻无不克"的光荣传统，以"逢山凿路，遇水架桥，铁道兵前无险阻；风餐露宿，栉风沐雨，铁道兵前无困难"的"铁军精神"，出色地完成了党和国家交给我们的各项艰巨而光荣的任务。

在解放战争时期，解放军仗打到哪里，我们就把铁路抢修到哪里，为解放全中国作出了重要的贡献。在抗美援朝战争时期，我们发扬了国际主义的精神，担负起保家卫国的责任，修成了"打不烂、炸不断的钢铁运输线"，为抗美援朝取得胜利提供了有效保障。在祖国经济建设时期，我们修建了数十条铁路干线、支线和国防工程，多次参加抢险救灾，其丰功伟绩，有目共睹。在联合国大厅里，展示着20世纪三大杰出工程的纪念物：一是苏联宇航员加加林的照片,代表着航天工程;二是美国宇航员从月球带回来的一块岩石,代表着登月工程;三是我国军民奋战成昆铁路的巨型象牙雕作品,代表着规模宏大的造筑工程。

铁道兵第 10 师参加过解放战争、抗美援朝战争和海防守卫、农垦建设及国家重要基础设施建设,修建了黎湛、鹰厦、成昆、襄渝、青藏、南疆等数十条铁路干线和支线。还参加了酒泉卫星发射基地和我国青海原子弹、氢弹研究制造基地的铁路专用线建设,为"两弹一星"作出了贡献。

铁道兵第 10 师是四次被共和国选中单独修造青藏铁路建设的部队,因此,她不仅是一支有着光辉战绩的英雄部队,也是一支有着光荣传统的部队。

冯国兴

2019 年 3 月 26 日

(作者冯国兴为原铁道兵第 10 师参谋长、中铁 20 局副局长)

目录 Contents

第一篇 我们是"最豪迈的人"

一、笑对人生 危险时刻争着上

一片丹心"天路"行	朱瑞华	/ 4
就是天塌下来也要把战友救出来!	袁武学	/10
关角隧道大塌方自救记	孟树林	/14
我参与了关角隧道大塌方的救援	金仁华	/18
十三口棺材	张业友 朱训宝	/20
六位战友遇难追忆	唐国勋	/22
铁道兵部队的"活雷锋"	胡可荣	/26
他在烈火中永生	王光明	/31
踏访我大哥生前的连队	王民立	/33
芝麻地隧道中惊险一幕	秦在红	/38
芝麻地隧道遇险记	王补石	/41
"红卫五号"江难记	朱训宝 张业友	/43
下汉江救人,我差一点"光荣"	奚惠泉	/45
激情燃烧的岁月	周海涵	/47
与塌方为伴的隧道支撑工	李永正	/51
守护掌子面的"光明"	成玉波	/54
我的战友风枪手	乔正南	/57
一段刻骨铭心的记忆	幸绍德	/59
汉水行舟历险记	黄永法	/65
关角山:你见证了铁道兵铮铮铁骨	孟树林	/68

青藏高原上的"尖兵连"   王四景 / 72
蘑菇云升起，我冲进核爆试验场   李国余 / 74

二、如歌岁月　再苦再累只等闲

军人生涯锤炼了我坚强的意志   诸新荣 / 78
魂牵梦萦铁兵情   谷嘉泉 / 81
成昆铁路施工苦在哪？   胡可荣 / 84
难以释怀的铁道兵情结   孙宝根 / 87
我人生中的三段触"铁"经历   方海良 / 92
我当兵后的"第一堂课"   金伟达 / 96
布哈河铁路特大桥是怎样建成的？   唐盛德 / 98
龙羊峡上架大桥   徐顺堂 / 103
在"天路"上造桥   王补石 / 106
把这三个桥墩炸了重建   王民立 / 108
千里行军越秦岭   朱土才 / 112
终生难忘的军人生涯   朱国祥 / 117
十多条枪的子弹上了膛   徐顺堂 / 119
一次艰难的押运   陈根发 / 121
我在木工班立了个三等功   李在同 / 123
我留恋那当兵的日子   王新华 / 125
救死扶伤的岁月   候孟春 / 127
难忘的铁兵生涯   傅烈文 / 130
军旅生涯故事多   唐国勋 / 134
我在女学兵连当军代表   陈根发 / 137
汽车兵的故事   向守京 / 140
老母亲送独子参军   杨祖恩 / 145
投身铁兵　无怨无悔   李如银 / 148
人们称我为"保安司令"   黄亚明 / 151

三、柔情似水　此身只为家国兴

你们永远不会知道这是什么东西！   胡煜军 / 154
狼牙山下新八连   许洪翔 / 156

荣誉，激励着我成长		许洪翔／159
我参加了国宴，上了国庆观礼台		赵祥根／162
军中业余"乌兰牧骑"	岑绍钰	陈步青／165
一段军歌嘹亮的往事		颜炳荣／169
进军大西南 修建成昆路		罗士权／171
流金的记忆碎片		扈 凡／173
军人生涯圆了我的记者梦		朱瑞华／180
一支军歌醉此生		朱桂林／184
我人生中的N个第一次		郭长林／188
阿拉报道组的"四大天王"		韩耀先／195
在"陕报"学当记者的日子里		倪玉良／199
新兵营岁月		倪玉良／203
当兵生活的趣和乐		倪玉良／205
那年汉江发大水		朱土才／209
我在首长身边的那些事		黄亚明／211
西昌，我在远方思念着你		顾瑞龙／213
我在军中作画忙		黄永法／216
我在修理营里"长大"		陆 伟／219
我与火车比速度		李在同／222
金指导员让我当上了铁道兵		杨克贵／224
永远的记忆，我的一连		李明亮／226
杜军医是我人生的领路人		侯孟春／230
别了，军旗！		侯 卫／232
一个节目让我进了团演出队		王雪林／234
凉山深处彝家支农趣事		乔正南／236
我人生的三次难忘经历		唐仁军／238
部队真是个大学校！		戴涛章／240
战友们说我是"铁算盘"		乔正南／242
黑龙沟买菜记		王永达／244
我爱上了炊事班工作		卫顺良／246
艰辛的探亲路		王群（军嫂）／248

第二篇　咱们是"不穿军装的铁道兵"

一、青春淬火　生死历炼
血色青春　　　　　　　　　　　　　　　　　姜淑凤 / 254
逝去的时光　　　　　　　　　　　　　　　　陈明霞 / 259
青春致祭　　　　　　　　　　　　　　　　　张　龙 / 265
夏天的记忆　　　　　　　　　　　　　　　　刘蒲菊 / 269
苦乐年华　　　　　　　　　　　　　　　　　李　玲 / 272
那山　那水　那人　　　　　　　　　　　　　魏凤琴 / 275
逐浪英魂　　　　　　　　　　　　　　　　　杨慧萍 / 279
学兵78连　　　　　　　　　　　　　　　　　刘新中 / 281
与死神擦肩而过　　　　　　　　　　　　　　卫建平 / 285
江中求生记　　　　　　　　　　　　　　　　李　涛 / 288

二、花样年华　苦中有甜
他们创造了月成洞50.80米的纪录　　　　　　李进京 / 292
哦,第二故乡　　　　　　　　　　　　　　　袁智强 / 295
难忘的学兵生涯　　　　　　　　　　　　　　高宗魁 / 298
我一顿饭吃了五碗冷面　　　　　　　　　　　苟存喜 / 305
一个指导员眼中的女学兵　　　　　　　　　　汪　琦 / 307
抽水机班女学兵　　　　　　　　　　　　　　刘蒲菊 / 312
副食品加工厂里的趣事　　　　　　　　　　　李　玲 / 315
夜行军中女学兵　　　　　　　　　　　　　　轩　晖 / 318
指导员是我们的保护神　　　　　　　　　　　姜淑凤 / 320
学"兵"记　　　　　　　　　　　　　　　　张　龙 / 323

三、人生课堂　终身受益
电台直播间里的畅想　　　　　　　　　　　　魏凤琴 / 326
那方热土　那群人　　　　　　　　　　　　　尚永生 / 328
我们想家了　　　　　　　　　　　　　　　　姜淑凤 / 330
春节吃忆苦饭　　　　　　　　　　　　　　　刘蒲菊 / 334

一个学兵心中的"三线"	肖新民	/336
一段终生难忘的人生历程	姚岚芳	/338
我和炊事班的那些事	张 龙	/340
山沟里学煮第一顿饭	孙长河	/343
我写的稿件上了铁道兵报	尚永生	/345
我的战友张大个儿	潘志强	/349

第三篇 铁道兵学生兵战友新闻作品文艺作品选

一、回忆文章

铁道兵简史	刘政湖	/356
铁道兵10师三上青藏铁路	杨明秀	/361
五名上海兵献身祖国铁路事业	黄亚明 周海涵	/366
陈师长,你走得太早了!	萧根胜	/369
怀念我的爸爸陈友国	陈立新	/374
我编国波团长回忆录	韩耀先	/376
文化入骨 蔼然如春	韩怀仁	/380
你的人格魅力影响我一生	颜炳荣	/386
爸爸教我迈向成功之路	国立军	/388
爸爸永远是最帅的老兵!	国立耘	/391
可亲可敬的王成林政委	杨克贵	/395
忆王成林老首长二三事	翟所增	/399
王成林在学院兵改工前后的十年间	王久战	/402
儿子眼中的父亲	王 铸	/408

二、新闻作品

愧对子孙的浩劫	朱瑞华	/414
笑傲杭州湾	朱瑞华	/421
决策	朱瑞华 朱桂林	/428
县委书记有块"自留地"	朱桂林	/435
直挂云帆济沧海	韩耀先	/437

三、文艺作品

最后一次挥手	萧根胜	/442
揽住昨天的荣光	朱桂林	/452
醉翁亭遐思	朱桂林	/454
我爱我这张长脸	胡可荣	/456
学兵赋	刘新中	/459
碑殇	刘新中	/463
豌豆花开	高宗魁	/474
战友颂	远　方	/478
献给西安聚会的一连战友	胡可荣	/487
我是你的白衣战友	冯克宁	/489
永远情怀铁道兵	孙宝根	/493
再致军礼	王光明	/495
一个学兵的真实回忆	李应昌	/497

四、弘扬铁军精神

铁军展风采　再筑新辉煌	桂维平　庞曙光	/504
铁道兵精神激励我永往直前	诸新荣	/509

后记

朱瑞华　/514

第一篇

我们是"最豪迈的人"

一、笑对人生　危险时刻争着上

一片丹心"天路"行

——追记青藏铁路首任总体设计师庄心丹

朱瑞华

青藏高原,有"世界屋脊"之称。著名歌唱家韩红献唱的《天路》,是对称为"天路"的——青藏铁路最好的诠释。但谁能知晓,这条"天路"的总体设计师——青藏铁路的首任总体设计师,竟是一位出身于江南水乡的上海奉贤人。

庄心丹,1915年生。2004年12月,在甘肃兰州病逝,享年90岁。庄心丹把自己的一生献给了新中国的铁路事业。

这位应该被写进历史书的上海奉贤庄行人庄心丹,青藏铁路第一任总体设计师,由于年代久远,加上其间几番波折,他和我国第一代青藏铁路勘测人员的故事几近湮灭。直到青藏铁路通车前后,才被重新提起。60年前,庄心丹在国内外第一次勾画出了青藏铁路的轮廓。

2018年,一次偶然的机会,我与奉贤区电视台专题部主任闲聊,惊悉:青藏铁路第一任总体设计师庄心丹,竟是上海奉贤庄行人!这令我这位同为庄行老乡,顿时情绪亢奋,热血沸腾。为何如此激动?缘于鄙人乃为1969年入伍的奉贤籍铁道兵退役老兵,此时,正在为纪念上海市1 000名热血青年应征入伍铁道兵50周年,筹划编辑出版一本《光荣啊!铁道兵》回忆录而奔走呼号。自此,我这位《解放日报》退休记者,出于职业的敏感,开始挖掘搜集整理这位我国铁道建设老兵——庄心丹的故事。

"庄心丹,1915年生,上海奉贤庄行镇人。"这是1956年4月,《人民日报》报道兰新铁路时对庄心丹的介绍。当时,庄心丹正与苏联专家一道在新疆阿拉山口踏勘。

曾在庄行镇地方志编纂办公室工作的老唐,1969年入伍,当了4年铁道兵,参与了成昆、襄渝铁路的修建。他也不了解这位我国铁路建设行业的泰斗级人物——庄心丹。记者采访他时说，我们这里的乡志里记载的只有几句话："庄心丹，1915年生，他出身庄行镇一个士绅家庭，解放前毕业于杭州之江大学土木工程系，曾担任过兰新、青藏铁路总体设计师。"

"他们不行，非得我去！"

一个家庭出身显赫、曾在国民党统治时期任职多年的"旧知识分子"，庄心丹缘何被选为新中国青藏铁路第一任总体设计师？

作家徐剑在《中国青藏铁路全景实录》一书中记叙了任命过程。1957年初夏，铁道第一勘测设计院（简称铁一院）接到青藏铁路格尔木至拉萨段初测任务，派谁担任最为关键的线路总体设计师？当时的院长绞尽脑汁，将麾下的技术人才一个个过了"电影"，身体强健的技术人员，虽然适宜高寒缺氧地区野外艰苦工作，但无奈太嫩……后来，庄心丹的形象突然闪现在院长的脑海。这位操着一口吴侬软语、身体瘦小的副总工程师，可堪担此大任！此时，庄心丹正在兰新线当总体设计师。院长果断决策，一个电令，把远在新疆阿拉山口的庄心丹召回。

庄历是庄心丹长子，庄历说起父亲，常用"谦卑"二字来形容，做人处世很是低调。唯独那一次，老人的自信让他印象深刻。"父亲2001年在接受一家电视

台拍摄采访时，对1957年被任命青藏铁路第一任总体设计师的原因时，说了八个字：'他们不行，非得我去！'"这似"高调"的背后，是他深知，这一纸任命的分量有多重！也是他当年出征前临危受命、勇担大任、风萧萧兮壮士此去不复还的内心剖白。

没有金刚钻，怎揽瓷器活！1937年从之江大学土木工程系毕业后，庄心丹先后参与滇缅铁路以及云南、四川、上海龙华等机场建设，解放后更在宝成线、包兰线、兰新线

等西北重要铁路建设中担当繁重的技术工作。这20年的磨炼,成为他出任青藏铁路第一任总体设计师最大的"资本"和底气。

"庄先生是'青藏铁路奠基人'"

一片丹心"天路"行。1957年到1961年,庄心丹担任青藏铁路总体设计师。他率领一个13人的勘测小组,翻山越岭,卧冰斗雪,在高寒缺氧、自然环境极其艰难和危险中,完成了对青藏铁路格尔木至拉萨段的初测和定测。"青藏高原四千三,羊啼马啸鸟飞难……"这首题为《青藏铁路踏勘记事》的旧体诗,是庄心丹1960年9月写的。自然条件的恶劣只是一方面,更危险的还是当时沿途不断出现的西藏叛乱分子。为了保护勘测小组,有关部门派了两个排的解放军战士贴身警卫,路上几次与叛匪发生枪战。技术人员也是一人一匹马、一杆枪,既是测量员,又当战斗员。有一天收工,庄心丹让大家先回宿营地,自己留下来扫尾。等他回去时,天色已暗,他把枪裹在雨衣里,远远看去像是叛匪的探子,结果差点倒在自己人的枪下。

1956年4月,庄心丹(左三)和同事在新疆阿拉山口勘测

庄心丹在世界屋脊上的勘探之艰险,实为外人所难以想象。他在《青藏铁路踏勘记事》中这样描述了当时勘测青藏铁路线路的艰难困苦:"七月飞雪衣衫薄,

清晨抱被卧冰层;空气稀薄难行路,岭顶相传十二步。"1975年,张树森接任青藏铁路第二任总体设计师,他回忆说:"我从没听庄先生讲过他当年在高原受的苦,但从他这首诗中不难看出,他们曾经经历了怎样的磨难。""庄先生第一次上青藏时的条件很艰苦,没有仪器,所谓的踏勘全靠双耳听,双眼看,双脚走。""他们当时确定的线路方向,基本上就是今天格尔木到拉萨段的走向;他提出的保护冻土原则,也成为青藏铁路设计原则。青藏铁路在上世纪70年代、90年代的两次大规模勘测,因此少走了许多弯路。庄先生是'青藏铁路奠基人'。"

张树森说,他看过庄心丹的初测报告,有300页,数十万字,全是他亲笔写出来的。报告非常完整,几乎所有的东西都有据可查,记录细致。如全线需架设的长度15米以上的桥梁全都归纳在一个统计表里,每座桥在什么里程,用什么结构,设几个孔洞,一一标注……

庄心丹在海南岛修铁路时见识了遍布海滩的红树林,他被在如此艰险环境中生存的植物强大的生命力所折服。庄心丹的次子庄耀说:"父亲他曾经给我们讲述过那种外表十分平常而内涵极其丰富的特殊植物。后来,当我们有机会看到那些其貌不扬的植物时竟完全被它的高贵品格深深打动,而促成这一切的始作俑者竟是海岸滩涂地带的严酷生态环境。这时,我们总会想到父亲,这样一位平常普通的小人物的胸腔里包裹着的强大的心脏,正是拥有了'红树林'的品格。"

庄耀说,只有父亲自己写下的那阕词才道出了他一生的真实境界:

声声慢·述怀

万里游踪,
一生勘测,
只与河山共识。
终年披风穿雨、
攀崖援壁。
察遍溪沟垭壑、
绘出了,
车行轨迹。
看飞轮,
听汽笛,
山川又添景象。
慢道边疆阻隔,

> 也教那，
> 春风吹度关塞。
> 极目天涯，
> 路网犹未成织。
> 自知廉颇能饭，
> 再看那，
> 大旗绳尺。
> 南飞归雁，
> 莫笑我、
> 赢得了头白肤黑。

第一次勘测虽然高质量地完成，但囿于当时国家财力匮乏、局势不稳，无疾而终。"文革"中，庄心丹受到冲击，在资料库里为自己的青藏铁路生涯画上句号。

但历史是最好的见证人。正是庄心丹的一片丹心，在堪称"天路"的青藏高原首次踏勘设计，才确定了青藏铁路进藏和进拉萨的路线方案，以及保护冻土的设计原则。其中，保护冻土的设计原则，成了青藏铁路的最高设计原则之一，为青藏铁路此后的顺利开通奠定了坚实、可靠的基础。

"最恨不能看到通车一刻"

2006年6月，"青藏铁路的首班列车，从西宁开往拉萨，但庄心丹却没有等到这一天！"说到这里，庄心丹长子庄历眼圈泛红。1949年出生的他，对庄心丹率队勘测青藏铁路的历史，知道得并不多。"我记得小时候一年里只有冬天才看得到父亲，因为其他时间他都在野外工作。冬天大雪封路，他们才撤回城里休整。"

1976年庄心丹退休后，住兰州市花园路一间塞满旧家具、光线昏暗的小房子，打拳，练字，过着平静的生活。2003年春节，铁道部副部长孙永福突然来到庄家拜年，大家这才知道庄心丹竟是中国第一任青藏铁路总体设计师。庄历说："从那以后，父亲老惦记着孙部长临走时答应他的话，等2006年通车时请他再去西藏看看。"

2004年6月，家人提早给庄心丹过90大寿。老人捋着长长的白须，许下心愿:"我要争取 2006 年坐火车上拉萨看看呐。"然而,半年之后,庄心丹老人先走了。他在这 30.59 平方米的小陋室里,度过了人生最后将近 30 年的岁月。

"他临走时真是恨哪,反复说,'看不到了,看不到了……'"庄历追忆父亲临终遗憾:"父亲最恨是不能看到通车一刻。""为了纪念父亲,我们把他的诗稿整理成了一个小册子。"庄历摩挲着父亲的《毕生工作咏记》,轻轻吟道:"火车西上拉萨日,家祭无忘告乃翁……"

庄心丹工作过的铁一院网站上,曾有 2005 年 1 月 6 日的一则讣告:

青藏铁路第一任总体设计师、原铁一院线路处高级工程师庄心丹同志,因病于 2004 年 12 月 21 日不幸去世,享年 90 岁。庄心丹同志 1949 年 12 月参加革命工作,1976 年退休,在任期间为我国的铁路建设作出突出贡献。

按照庄心丹的遗愿,他的子女把他的遗骨运回上海。这位青藏铁路的奠基人,百年后终于叶落归根,魂归故乡。

2017 年 10 月 29 日上午 10 时,上海市第 357 次骨灰撒海仪式的轮船抵达长江口水域。庄心丹的亲属为庄心丹和夫人涂玉青举行了简短、庄重的悼念仪式,随后,将两位老人的骨灰伴随着鲜花与思念,一同撒向滔滔江水。二老的骨灰,缘于青藏高原融冰化雪后巨大能量的推力,凭借奔腾不息的长江滚滚东流水,一路潇洒奔向大海汪洋……

(作者为原铁道兵第 10 师 47 团报道组成员,《解放日报》资深记者、编辑)

就是天塌下来也要把战友救出来!

袁武学

1975年春,原铁道兵第10师数万名指战员三上青藏铁路,从青海省的哈尔盖到格尔木沿线摆开了战场,在风雪高原上展开了与时间赛跑的激烈战斗。

新年伊始,内地尚且春寒料峭,期待着气温变暖,而青海的海西地区,依然狂风肆虐、天寒地冻。铁道兵指战员们以战风雪斗严寒、誓与自然抢时间的决心和斗志,在极端恶劣的环境里,战胜困难,顽强地推进着施工进度。

位于青海省天峻县境内的青藏铁路关角隧道,是当时全国海拔最高的铁路隧道,也是青藏线哈格段的重点项目、咽喉工程和难点工程。1961年停工封闭后,经过13年积水浸泡和自然风化,洞内塌方淤积十分严重,地质条件更加复杂。受命承担打通关角隧道的铁道兵第10师47团,部署一营和二营全部兵力分别从出口、进口掘进。1975年3月6日,千名指战员在关角山下举行了"打通关角山,铺就青藏线"庄严的誓师仪式,拉开了大战快干的序幕。

1975年4月5日上午10时30分,离洞口约160米处出现了巨大塌方,1 500多方土石形成了长达52米的塌方体,把127名指战员严严实实地封堵在隧道内,情况万分紧急。

一营指战员担负关角隧道出口的掘进任务,施工任务繁重。当天中午11点时,我们一连四排正在做上班前的准备工作,关角隧道发生大塌方的消息传到连队,连首长都往工地跑,排长叫我们班长把队伍带去,他自己也快步向工地奔去。战友们都心急如火,有的拿着耙子,有的拿着铁锹,没吃完饭的也都丢下了饭碗,迅速排好队向工地奔去。

我们赶到洞口,驻关角隧道出口工作组的师团首长已到现场,配合施工的兄弟连队也都来了。我和党百发、李三虎、马臣义几个战友跑去一看都惊呆了:塌方把整个隧道口都堵死了,正在里面施工的战友生死不明,大家都急得不得了。我对随行的三位战友说:"为抢救战友,我们要冲上去。"战友们都说:"好,我们都冲上去。"这时领导决定从我们排抽调八名老战士组成突击组,我顾不得塌方的危险第一个冲了上去。当时只有一个念头,危险时刻,作为革命战士要冲在前,就是天塌下来也要把战友救出来!

抢救战友的战斗打响了。开始,我们贴着左边没有塌下来的半边拱角,挖了一个能钻得进去的小洞,一个多小时挖进去了5—6米。突然,右侧不断塌方,把挖的小洞一下给堵死了一半。这样大的塌方我们从来没遇到过,处理塌方更没有经验。怎么办?团首长组织我们进行战地研究对策,经苌根京连长提议,我们制定出一项用短方木斜支撑、挡住塌方、继续掘进的方法。

在肖崇炳副连长的带领下,我们边支撑边开挖。由于工作面窄小,塌方不断,虽然危险比较大,但我仍坚决要求到抢险开挖的前面去,把副连长换下来后在前面奋力支撑开挖。我一边拼命往外扒渣,一边用尺子量着新挖出来的空间,传话给外面战友快递支撑的方木、拦渣的木板和草袋。

木工班战友们在塌方体的半坡上搭起了临时工作台,以最快的速度按我要的尺寸,把方木、木板截好递送进来。我在前面边挖边撑,由于空间太小,直不起身我就有时坐着,有时跪着,有时趴着往外扒渣。锹和耙子的把太长施展不开,我就让外面的战友帮助锯短。遇到大石头,大锤抡不开,我和战友就用斧头砸,用短钢钎捣,捣不烂的就用绳子拴住往外拖,拖不动的就挖个坑把石头埋进去。越往里洞越小,我们只好把渣土先扒到自己怀里,等扒了一堆后就往前爬一步,再用双脚把渣蹬给第二个人,人人手扒脚蹬,一个接着一个,进度比原来更快了。战友们风趣地说,我们铁道兵也练起摸爬滚打了,大家越干越起劲。

当战斗进行到下午4点钟左右时,我见拱顶与石渣之间有一点缝隙,就想着如果能用一根钢管顺着缝隙捅进去,既能探得塌方的深浅,又能早点与里面战友取得联系,洞里缺氧,还可以给里面送点风进去。我把这个想法给身后的几位战友一说,大家都同意。给在现场组织指挥的苌连长报告后,连长马上派人扛来水管。

水管送进来了,但是往里捅的时候渣子堵死了钢管。怎么办?真是急中生智,紧挨在我身后的党百发递过来一只手套说,把手套戴在钢管顶端,可以防止钢管被石渣堵住,打进去后再把手套摇掉。就这样,我们几个人用力往里推、往里打。钢管只有5米长,捅完后还没有穿透石渣。我们就一边挖一边叫外面的同志再找更长的钢管来。钢管送来后,我们仍用同样的方法打了进去,还是没有打通。我们就边开挖边支撑边捅钢管,还对着钢管往里喊话。

下午7点钟时,我在前面钢管口听到微弱的声音,细细一听是里面战友们说话的声音,我们真是又高兴又难受,高兴的是里面的战友们还活着,难受的是战友们在里面受了八九个小时的苦,我们还没有把他们救出来。我们立即把听到声音的好消息报告了首长,在现场组织抢险的团首长亲自爬了进来,对着钢管口朝里面喊道:"同志们,铁道兵首长、西南指挥部首长坐飞机赶来看你们了。师首长、团首长在现场指挥抢救你们,青海省党政军各族人民来慰问你们了⋯⋯"我们洞外的同志听了以后感动得热泪盈眶,受到很大的教育和鼓舞,更增添了力量。大家表示,我们要不惜流血和牺牲,拼着命也要抢救战友。

吃晚饭的时间到了,首长见我们连续干了八九个小时,命令我们撤出来,我们谁都不肯出去,连长就硬拖出去几个。当拖到我时,我向连长请求说,我了解险情,也干顺手了,换了人会影响进度、耽误时间,争取一分钟就是一分钟胜利呀!连长见我坚决不肯下去,只好同意了。等到9点钟左右时,连长再次命令我下去休息。但没把战友救出来,我说什么也不下去。最后连长让人硬把我拖了出来。

刚到洞口,极度疲劳的我感到口干舌燥,头昏眼花,想站起来又晕倒了。战友们把我扶了下来,端来了开水,送来了馒头。醒来后,我一口气喝了三杯子水,吃了两个馒头,感觉精神好些了,就又和几个战友冲了上去。刚进去不一会儿,背后突然出现了塌方,洞口的战友用肩扛着支撑,让我们迅速撤了出来。大家及时处理完塌方,我们又冲进去继续战斗,我也继续战斗在开挖的最前面。我告诉身后的战友,遇到塌方时不要慌乱,一旦塌方将我埋住时,千万别乱喊,赶快一人抓住我的一条腿往后拖,残了不要紧,可别让土石把我捂死了。

抢险战斗到了最困难的时刻,洞越挖越深,也越来越小,而出渣的人却越来越多,小洞里热气腾腾,在本来就缺氧的高原上,呼吸越来越困难。但一想到洞内的战友比我们更缺氧、更疲劳、更危险时,我们不顾缺氧拼命干。大概还有3米多时,由于钢管摇来摆去有些碍事,我们就把钢管抽了出来。这时看见一丝手电的光亮从缝隙里射了出来,我心想里面的战友是多么需要光亮呀。于是,我们就用各种工具捣成了一个小洞,后面的战友把电线放长了几米,我就用耙子挑着灯泡往里送。由于洞太小,距离长,送到中间灯泡给碰破了。第二次,我们就用带杖的锹把,把灯泡绑在上面递进去。锹把递完了,还没送进去,我们就用耙子再顶锹把,终于把灯递过去了,给洞内战友们送去了光亮。

胜利在望,心情反而更加急迫。想到里面的同志们从早上6点到现在,十多个小时没吃一口饭,没喝一口水,在里面清除塌方进行自救,肯定很疲劳了。我就想,如果能过去一个人帮里面的战友往外挖,不是能更快些吗?受困的战友不就能更早一些脱离危险吗？我也来不及把这个想法向首长汇报，就奋力扒了一个勉强能爬进去的小洞，毅然决然地往里钻。不巧，石渣又堵了下来，把我挤在了中间，进退不得。

里面的战友赶忙递过来一个锹把，把我拖了进去。没想到进去后，受到里面战友的责怪："里面的人都出不去，你还反而往里跑。现在已经127个人了，你进来就成128个人。多一个人多一分危险！"战友的责怪，我一点也不生气，见到战友们都安然无恙，心里有说不出的喜悦和高兴。

事后有的同志问我，为什么里面有危险，你偏往里钻？说实话，当时根本没想到什么危险，只是想到早点与战友见面，早点让他们脱险！这也是洞外首长和战友们的共同心情。就在我刚成功地钻进去后，团首长命令紧随我身后的党百发也钻了进来，我俩一块从里往外挖，扩大洞口，快速支撑，帮助洞内的战友们快速安全地脱险。

经过洞内外指战员们14个小时的英勇奋战，遇险的127名指战员终于在4月6日凌晨1:05分全部安全脱险。由于连续干了十多个小时，出洞后我已处于虚脱状态，一件绿衬衫已经被汗水和泥土染得不见了真色，此外又在零下的寒冷气温中一冻，衬衫早已梆梆硬。回到连队，我浑身酸疼，竟然睡了三天三夜。

这次127名战友无一伤亡地安全脱险，是各级党委首长亲切关怀，青海各族人民和兄弟部队大力支持的结果，是洞内外全体指战员共同努力的结果。这次创造奇迹的大救援，新华社、《解放军报》、《青海日报》撰写了长篇报道，题目为《一曲共产主义精神的赞歌——记驻军某部风雪高原战塌方的英雄事迹》，青海省还将此文作为范文编入中学的语文课本。

部队为了表彰先进，给在这场抢险救援战斗中表现突出的70多位指战员记了三等功，给九位指战员记了二等功，我是洞外参加救援唯一荣立二等功者。之后我又被部队党委推荐上了大学，1998年被授予大校军衔，2014年在中国人民解放军火箭军工程大学退休。

我深知，自己只是做了一名革命战士应该做的事，来不得半点骄傲，要坚持按照毛主席"一辈子做好事"的教导要求自己，继续努力，踏踏实实地做好各项工作。

（作者为原铁道兵第10师47团宣传股干事、火箭军工程大学副教授）

关角隧道大塌方自救记

孟树林

1975年4月5日,我们一连三排上的是早班,洞外天气晴朗,太阳升起后把远处的草原照得一片金黄,把洞口这段映得通亮,照明的灯泡都显得暗淡无光。

我们的工地离洞口就一百多米,从洞里向外看去巨大的洞口黄亮亮分外耀眼。当时我们的施工任务是,清理1958年开挖的这段老隧道封口后沉积下来的黑泥。按电气化铁路要求,这段老隧道的高度不够,在清理黑泥的同时再往下挖1米深。

上午10时前后,连长苌根京来工地给副连长彭德福交代工作,交代完连长刚走出隧道没几分钟,拱顶就开始往下掉小石子,砸到推出碴斗车新战士的安全帽上,他还以为背后谁和他开玩笑砸的,回过头看时发现拱顶小石子越掉越多,他喊了声:"上面掉石块了……"副排长李再益听见一看吼了声"不好,要塌方!"随即挥手示意几个推斗车的同志撤,叫我们往里撤。我们站在离掉石块20多米远处,紧张地注视着拱顶,清清楚楚地看见拱顶的裂缝越来越大,直往下掉大块的混凝土块,眨眼间靠南边的拱顶就全塌下来了。

我们转过身想往里面跑,还没来得及抬脚,只听一声巨响,一股强大的气流从背后袭来,人一下就飞出去好远。塌方和高压风管的爆裂声震得耳朵嗡嗡直响,稀里糊涂从泥里爬起来,缓过神再看洞口时,眼前一团漆黑,啥也看不见了。

潘建学工程师、二连的副指员吴扬然和二连几个干部应声从里面跑过来,用手电筒一照,天哪,整个隧道让黑石碴堵了个严严实实,我们三排施工的工地全都被塌下的石碴埋掉了。这时,洞里空气污浊不堪,手电筒的光成了一根根灰白色烟柱。大家挤在塌方碴石前七嘴八舌议论着。此时,还是潘工头脑清醒,他叫二连干部赶快组织人去里面抢修水坝堵水。因为洞里的水流量很大,若不及时拦堵,流过来的水若排不出去是非常危险的。潘工和二连副指员吴扬然、一连副连长彭德福抓紧稳定战友们的紧张情绪,让大家就地安静下来不要乱跑,告诉大家外边的首长和战友一定会想办法营救我们的,希望大家不要害怕。

过了好一会,从外面穿进一根有大茶杯粗的钢管,口上是用木头堵上的。拔掉木头听见外边好像有人在喊话,喊的是啥听不清,距离太远无法对话,潘工他们边喊边用石块敲打钢管向外传信息。塌方后洞内气压很大,在手电光下清楚地看见洞内的烟雾从管口猛往外窜。不久,再次发生塌方,钢管里再也听不见外面的任何动静,烟雾也不往外跑了,洞内外又彻底隔绝了。

塌方后,我一直跟在那些有手电的干部后面,想从中获取脱险的希望。潘工虽然不是军政干部,此刻他凭着清醒的头脑、丰富的经验、过人的胆量、不畏艰险的勇气、勇于担当的责任心,一下就成了洞内上百名指战员的主心骨。当时我们一连是四班倒(施工实行四班制,6个小时为一班),我们三排除几个推斗车的战友在洞外,被堵在里面的有副连长彭德福、副排长李再益、七班副班长张跃林、八班班长彭继龙、九班班长袁焕兴和副班长周锦清。老兵有七班的张博怀,八班的李作双、李康焕、孙文水,九班的袁增产、孟树林。新兵有杨勇、雷延平、才让、张延生、李小印、祁大有、许乃英、贾社全、申福安等20名战友。二连上的是白班,被堵在里面的人更多,还有五连的几个战友。

再次塌方后,潘工和二连副指员吴扬然等,打着手电检查附近的拱和边墙,发现离塌方点二三十米远南边的一段边墙,从垒砌的石块缝隙里往外流带有黄褐色水垢的泥浆,石块也开始错位,情况万分危急。这时有的干部主张让大家再往里面撤,潘工担心撤到里面再被堵一层更危险,决定让大家集中在靠塌方碴体这边,空间虽然不大,但两边的边墙是混凝土打的,相对较安全。还有二连战友们抢修的水坝发挥了作用,把水彻底堵住了,避免了被水淹没的危险。

潘工告诉大家:"现在外边的情况不明,塌方还在继续,塌方是否向外扩大不得而知。如果再向里撤,要是再被堵一层,脱险的希望就更小了,只有把大家集中到这里,外边战友抢险成功后我们就能很快出去。就算牺牲了,等塌方的碴石清理完了,也好方便安葬我们。如果外边塌得实在严重,再无法继续施工时,铁路需要改线的话,把洞口一封,把我们名字往上面一刻,这就是咱们的公墓了。"

说这话的时候形势确实太严峻了,这边碴石堆得像座小山一样,里面边墙眼看就要塌下来,塌到什么程度谁都无法预料。这是告诉大家要从最坏处着想,做好思想准备。从此刻起洞内鸦雀无声,偶尔听见一两声咳嗽声,时不时有手电筒亮一下。这里面有经历过成昆线、襄渝线无数艰险的老战士,还有一部分是刚从新兵连训练结束、来到连队才四五天的新战士。但新老同志在那种生还无望的情况下,都能顾全大局,服从命令听从指挥。没有听见有谁哭闹,至于有没有偷着哭的那就不知道了。

提到牺牲,这里可不是电影电视剧上演的那样,在战场上拿起炸药包手榴弹冲上去"轰"的一声就牺牲了。这是一个个鲜活生命,却要坐到那里等待死亡的到来,那种滋味没有亲身经历过的人是无法想象的。我当时的想法很简单,我想:我死了以后,我的两个老人还有我兄弟养活,到这时我也死心了。李康焕和我是一个公社的老乡,我摸到边墙跟前,挨着边墙与他坐在一起,想着死了还能做个伴。

又熬了很久很久,潘工站起来喊了几声:"来几个人跟我去找一下,看在哪里能不能挖个洞出去。"杨志峰、张博怀、袁增产、李康焕和我,我们五个人来到一号横通道口,跟着潘工爬到塌方的碴石顶上,潘工打着手电仔细察看,发现靠北边的拱顶还残存了一些。潘工自信地说,如果外面挖的话肯定也是从这边挖,决定从拱和边墙的结合部挖,那里有点弧度便于支撑。

说实在的,那时能不能挖通谁心里都没有底,只能是做最后一拼了。他吩咐我们赶快找些木材准备做支撑用。我们一起到下面寻找木材,找到两根用作斗车轨道的枕木。木材是有了,但没有斧头怎么劈开？还好找到个大锤,我们几个人轮着砸,费了好大的劲硬是把枕木砸成条状劈柴,长些的拦腰砸成两节,又砸了些锹把总算弄了些支撑的材料。我们抱上劈柴又回到刚才选的突破点上,开始抢险自救。

有人会问:你们一天没有吃东西还有劲折腾吗？是呀！咋就没记得肚子饿呢？我们是早上5点多起床,洗刷完吃饭,6点上班,早上还干了四五个小时活,按平时就这几个小时下来肚子也该饿了,可能是求生欲望压倒一切的缘故吧。

潘工交代挖洞时要侧着身体一个接一个,前面人边挖边支撑,后面人边扒碴边供料。杨志峰个小在前面挖,潘工跟在他身后打着手电作指导。因用来支撑的材料不多,洞不能挖得太大,能容一个人爬着通过就行。空间太小,用不上工具全是用手扒,好在没有太大的石块。洞越深越是费劲,就采用手扒脚蹬的方式一寸一寸地挖,只有潘工拿着一把手电,后面的人凭着感觉摸着扒。这时候疼呀累呀都顾不上了,一门心思往前挖。不知挖了多久,也不知挖了多深,听前面人说好像外面有动静,快挖通了。这下更有劲了。很快就见外面有一道亮光照了进来,还听到袁武学的喊声,这才知道我们成功了。

我们往外爬时,发现洞外战友挖的洞,比我们挖的宽敞多了。爬出洞外,看见陈师长怀里抱台电话机,正在听潘工给他报告洞内的情况。这时过来两个战友一边一个把我架着就走,我看到南面的边墙上接着一长串大水银灯泡,把洞内照得雪亮。看到洞里洞外人挤得水泄不通，走出洞口看见平道口那边铺了一大片崭新的草袋，心想塌方抢险地上铺那么多草袋子干啥？转过脸看到救护车开着车门在那里等着。这时过来几个女卫生员，给我们每人一个氧气袋，不容分说就往鼻子里插氧气管，我被扶上救护车后，趁她们不注意，我悄悄地把氧气管拔了。

在回连队的道路两旁，停着各种各样的汽车，有我们部队的，也有兄弟部队和地方上的，从来没见过这么多车，排成了一条汽车长龙。回到班里已是6日凌晨2点多了，这才觉得肚子饿得够呛。先大概洗了一下，拿着饭盆就朝炊事班走去。路上看见连里的"三用堂"门开得老大，里面灯亮得很，出于好奇走到门口朝里一看，里面也是铺满了草袋。这下全明白了，洞口那些草袋和这些草袋都是用来停放尸体的，心想这已给我们把后事都准备好了。可见当时对洞外组织抢险的部队首长来说，形势是多么严峻啊！为我们的安危承受了多大的压力。为我们127名战友安全脱险，洞外的战友和首长付出多大的努力，在此再次感谢当年洞外抢险的战友和首长。

战胜大塌方后，二连荣立集体三等功，我们一连三排荣立集体三等功。洞外抢险的一连四排袁武学荣立二等功，副营长刘生、一连连长苌根京、金仁华、孟忠俊、仲功礼、党百发、李三虎、成耀华、马建相、五连的李保存等荣立三等功。洞内我们一块抢险自救的潘建学工程师荣立二等功、二连杨志峰荣立二等功、一连三排副排长李再益荣立二等功，张博怀、袁增产、李康焕和我荣立三等功。

虽然这事已经过去四十几年了，但每当回想起时就好像发生在昨天一样，那真是惊心动魄、刻骨铭心、没齿难忘哪！

（作者为原铁道兵第10师47团一连副排长、陕西省洛南印刷厂员工）

我参与了关角隧道大塌方的救援

金仁华

我是一名1969年3月入伍的上海籍铁道兵战士,从上海大城市来到四川省西昌德昌县小高,被分配到铁道兵第10师47团一连修建成昆铁路。一年后,我们连队提前调往陕西省旬阳县蜀河镇,承担襄渝铁路沙沟隧道的施工。

此时,我被分配到连队炊事班当给养员,负责连队副食品的采购工作。当时我们连队自四川来到杨子沟隧道口扎营什么都没有,连部叫我当给养员,每天要爬山,翻山越岭为连队的指战员去买菜。到山上老百姓那里买菜多辛苦,肩挑两个箩筐从山上挑下来,真的不知吃了多少苦,每天要走几十公里山路,我来时连公路都还没有修,全靠步行,即使到部队在红浩村的仓库去领服装,步行都很艰苦,当时买粮食要从山下汉江边上从船上一袋一袋地背上山,但我从来不叫一声苦。

为了让全连指战员吃好、工作好、早日把襄渝铁路修好,我不怕苦、不怕累地为全连服务,得到全连指战员一致称赞和好评。1972年3月我正式入党,成为一名光荣的中国共产党党员。

襄渝铁路通车前,我们炊事班一部分人员被先行调往青海修建青藏铁路。在高原缺氧地区,一开始我们炊事班连煮饭烧水都很困难,战士们经常吃夹生饭。后来慢慢想办法找原因,才知道是高原缺氧造成的。后来,连队去买了高压锅才解决了煮饭烧水问题。这里还有一个故事:刚开始不会用高压锅,煮米饭时高压锅爆炸了,把米饭炸得满屋子飞,把我们都吓坏了。经过几个星期摸索,慢慢掌握了高原缺氧条件下煮饭的原理,为连队战友煮上了可口的饭菜。

后来,连部决定调我到四排11班当班长,带领全班战士开掘关角隧道。关角山,藏语的意思是"登天的梯子",海拔3 400米至4 500米,这里平均气温在零下5摄氏度以下,气候、环境恶劣,铁道兵就是在这天梯上修建地下长廊,在这样恶劣的条件下施工艰难程度可想而知。由于高原缺氧,高原反应强烈,流鼻血,头昏脑涨的。又因高原强紫外线照射,一个星期后我们的脸上开始脱皮,很是难受。

1975年3月21日,这天我们班正好上早班。早上突然连部通知,关角隧道内发生了大塌方,上夜班的几个连队好几个班排在掌子面工作的战士,一共一百几十人,全部被堵在了里面,大塌方把整个山洞全部堵死,里面的战士生死未卜。

这时上级马上通知我们开始抢险救援工作。我们班和其他连队一样赶紧奔向塌方事故现场,投入了紧张而危险的抢险救援工作。这时山顶上还在塌方,我们不顾个人安危,为了争分夺秒抢救战友,拼命向前冲,拿了工具沿着隧道墙壁像老鼠打洞一样,一点一点地往外挖出来。经过几个小时后终于挖出了一小洞,我们又像老鼠一样爬进去,但是里面漆黑一片,我们边爬进去边喊,又叫外边人马上送风给氧,能使里面人慢慢恢复呼吸不致昏迷,然后把洞慢慢挖大,打开后把里面的战友一个一个拖出去。经过了十几个小时的抢险救援,总算把120多人安全转移了出来,把昏迷的战友及时送往卫生队治疗,事故没有造成一人伤亡,全部获救。

就这样经过了一场抢险救援工作,涌现出了不少英雄人物,我也荣立了三等功。在这次抢险救援中更体验了一个共产党员的革命精神,树立了一不怕苦、二不怕牺牲的革命精神,为党和国家的铁路建设献出了一份应尽的力量,我感到光荣和骄傲。

(作者为原铁道兵第10师47团1连班长)

十三口棺材

张业友　朱训宝

记得那是在1971年深秋的一个夜晚，估计是在深夜零点左右，一阵急促的敲门声把我们从梦中惊醒。可能是军人特有的警惕和敏感，我们47团仓库一排的三十几名战士一轱辘爬了起来。

这时我们一排的王永孝排长打开了房门，仓库的腾主任和谢守建指导员一块进来，一脸严肃的表情对排长说："刚刚接到团司令部的命令，配属部队施工的民兵27连出现了冒顶事故，伤亡严重，限我们在天亮之前赶做13口棺材，不得有误。"排长凝重地给连首长行了个军礼说："保证按时完成任务。"

我们铁道兵47团仓库木工排，平时就是负责全团所需的一切木制材料制作，为全团的施工服务。连首长走后，排长立即做了战斗动员。他说："同志们，我们的战友为了襄渝铁路早日通车，夜以继日地在前线奋战，如今遭遇了如此不幸，他们是为了人民的利益，为了毛主席非常关心的三线建设伟大事业而献出了他们年轻而宝贵的生命。我们要化悲痛为力量，一定要在天亮之前完成团首长交给我们的光荣而又艰巨的任务。"排长还强调三点：一要挑选最上等的红松木料，板厚要求不低于5厘米；二要带着深厚的阶级感情，拿出你们的最高技术水平，抱着对烈士无比崇敬的心情，把这13口棺材做好；三是在天亮之前一定保质保量完成这个光荣而艰巨的任务。

当时我是三班的班长,接到任务后每个战士心里不知是个什么滋味,更多是悲壮的感觉。他们这些民兵和我们当兵的一样,家中也有父母、兄弟姐妹,为了国家的三线建设修建战备铁路,为了人民的事业流尽了他们最后一滴鲜血。我真的说不上当时心中是什么滋味。我对全班战士讲,不管有多苦多累,我们要以烈士精神为榜样,精益求精地做好每一口棺材,让我们的战友,我们的兄弟,风风光光地走好……

全班战士的脸上流淌的不知是泪水还是汗水,紧张而有秩序地忙碌着,解板的解板,刨光的刨光,凿卯的凿卯,开榫的开榫,组装的组装,有条不紊地做着入伍以来第一次也是唯一一次首长交给的特殊任务。经过几个小时的紧张战斗,终于在天亮之前出色地完成了任务。

后来才知道,民兵27连的一个班,在隧道的下导坑作业时,突然有一块长约7米、宽约2米的巨石整体从顶部砸下,当时全班13名民兵正在掌子面作业,全部遇难。

掌子面顶部巨石整体塌落重大事故发生后,团司令部马上派出最优秀的指挥员组成抢险指挥部,挑选最优秀的战士组成抢救突击队。当时现场的惨烈叫人无法想象,人被压在巨石下,根本看不见人被压在哪里。战士们拿来千斤顶、撬杆等救援工具,但洞内没有起重设备,面对那么大一整块巨石,抢救突击队无能为力,最后现场指挥部决定用炸药破解巨石。我们的战士看到此情此景心如刀割,但为了早日让战友入土为安,战士们打开了风枪的阀门……风枪声、喊声、哭声混在一起,那个场面令人终生难忘。

最后清点遇难民兵战友,只有12具遗体。当时全班13名民兵在洞内施工作业,为何只发现12位战友的遗体?原来那一位命大的民兵战友,刚好在那一瞬间去了厕所才躲过了这一劫。事故发生的当日拂晓到来之前,来了几台解放牌大卡车,运走了12口棺材,剩下的一口棺材一直在工棚里放了大半年。

回想起这段悲壮的往事,心情久久不能平静。烈士们为了祖国的三线建设,今天长眠在巴山蜀水之间,而我们却幸福地活着,享受着人间的美好。我们在享受这美好生活的同时,不能忘记那些为此献出宝贵生命的亲密战友。我们不但不能忘记,同时还要教育我们的儿孙,让他们知道今天的幸福生活来之不易。

忘记过去就意味着背叛。我们要牢记开国领袖毛主席的一段话:"成千成万的先烈,为了人民的利益,在我们的前头英勇牺牲了,让我们高举起他们的旗帜,踏着他们的血迹前进吧!"

(作者张业友为原铁道兵第10师47团仓库木工班长,朱训宝为原铁道兵第10师47团二连班长)

六位战友遇难追忆

唐国勋

我于1969年3月参军服役在铁道兵第10师47团五营营部测量班,1970年7月我营整建制整编为第11师55团2营。入伍后即参与了成昆铁路西昌段(德昌县境内)修建,至1970年7月全线通车后,马不停蹄地转战襄渝铁路建设。直至1973年9月完成了我营所在陕西省安康县关庙公社刘家湾大队所在的滚滩一号和滚滩二号两条隧道的施工任务。接着,又转战到了沙通铁路建设工地。

1971年1月22日深夜11时许,我营二连四排正在滚滩二号隧道进口处施工,突然洞口上方山体塌方,造成该排六位战友遇难、一位受伤致截肢的惨祸。牺牲的六位战友分别是:副排长赵文星(该工班的带班者,排长不在岗),1965年入伍,四川邛崃籍;战士王连芳、王碧斋,同是1968年入伍,四川眉山籍;战士陈贤文,1968年入伍,四川乐山籍;战士侯西俊,1969年入伍,山东淄博籍;郭忠原,1970年入伍,湖北潜江籍。受伤左腿截肢者为李国才,1969年入伍,上海闸北籍。

山体大塌方发生时,该连有两位副连长均在施工现场,他们分别是1959年入伍的山东籍李继生,1963年入伍的山西籍马白白。马副连长刚从师部参加"三代会"(四好连队、五好战士、学习毛主席著作积极分子代表大会,简称"三代会")回来,本来准备在连队党支部委员会上汇报会议精神,因支委在位人数少,召开不了支委会,晚饭后他就去了工地。晚上11点多,掌子面剩最后一个顶炮眼未打,风枪手陈贤文个子较矮,马副连长个子高,于是就接过风枪把顶炮眼开好,赵文星看到马副连长没穿风枪手的工作雨衣,就拉过风枪继续打,让马副连长到外面休息。距打风枪施工现场的掌子面后方四五米处,有衬砌好的9米拱部明洞,马副连长出来后同带班的李副连长交流情况,刚接过李副连长递过来的一支香烟,还未点燃,大塌方就发生了。为此,马副连长逃过一劫,赵排副代替马副连长牺牲了。

山体大塌方发生后,55团团长赵学志、二营营长孙宝信第一时间赶到现场,整个现场抢救由八连连长吴文锦(1955年入伍,广西籍,老资格连长)组织指挥。六名烈士中有赵文星等四人已确定退伍,时任副排长的赵文星带领全排上最后一班工,站好最后一班岗。第二天就是除夕,过完春节部队就停工,进入一年一度的老兵退伍工作教育阶段。

山体大塌方发生的原因是该段路堑穿越的岩层为云母片岩,呈45—75度倾斜,自然形成了顺层地质,并且岩石严重风化,开挖后遇到下雨天,裂隙里充满地下水,顺层一侧没有阻力抵抗,必然会产生地层滑动,发生塌方。当时整个山体顺着斜坡断层滑下来,经师和铁道兵兵部技术专家现场鉴定,此次山体大塌方属无法抗拒的自然灾害,不列为施工事故。

六位烈士中兵龄最长的是赵文星,入伍六年,先后参加过成昆铁路一期和二期建设,时任副排长的他,本来已经宣布退伍,因当时排长不在岗,赵文星带领全排在隧道里面施工。上班前,赵文星来到炊事班问:"炊事班今天谁值班?"正在炊事班的薛其福说由其他值班,赵文星说:"今天是我们退伍前最后一班,我们要给新同志做个样子,可能流汗多一些,能改善一下生活吗?"其福说猪肉罐头较多,其他没有更好的,当时挂面也没有,他说就吃手擀面吧,其福就发动四位炊事员给全排战友做手擀面。

大概在晚上11点多,快下班时,手擀面做好了,正等着他们来吃,没想到连队司号员吹响了紧急集合号。大家不明白,为什么施工期间还要搞紧急集合?正在这时,有人大声呼叫:"工地发生大塌方了!"炊事班离工地较近,薛其福较早到达了塌方现场,他看到近隧道口半个山都塌下来了,把正在施工的战友们活活地压在了里面,整个现场十分吓人。带班的副连长李继生也没见过这么惨重的现场,晕倒在地,只好用担架同受伤的战士抬到二营卫生所抢救,因塌方造成断电,副连长马白白打开工作灯照明,连长吴文锦靠前指挥。头顶上的巨石已松动,随时有塌下来的危险,必须有人在上面观察,下面的人才能抢险。而处在上方观察的人是最危险的。

这时吴连长下达命令:共产党员×××、×××,执行观察任务,如遇险情及时发出信号,最后一个撤出。共产党员、老班长们轮番上阵,谁也不退却,他们在石壁上用粗粉笔画上直线,山体稍有移动,肉眼就可以看出来,以保证大家安全。下面抢险的战友们争分夺秒地清理巨石,冒着随时被掩埋的风险硬是抢出了六位战友的遗体。赵文星的遗体在最里面,牺牲时还戴着防尘口罩。

六位烈士中,年龄最小的是新战士郭忠原,郭忠原是连队的五好战士先进代表,当天从师部同马白白副连长一起参加师"三代会"回到连队。郭忠原文化水平较高,表现好,参加师"三代会"回来后,连队已决定调他到连部当文书,背包都放到了连部。但他坚持要一起上最后一个小夜班(当时施工实行四班倒,6个小时为一个班,分别是早班、白班、小夜班、大夜班,下午6点到半夜零点为小夜班)。下午6点,郭忠原就上班了,没想到,快下班时发生山体塌方牺牲了。

第二天天刚亮,铁道兵11师西安中转站打来电话,文书问找谁,对方说是侯西俊的叔叔和哥哥来部队探亲,请西俊接电话。侯西俊在这次事故中牺牲了,怎么向亲人交代,吴连长急得没有办法,随口说侯西俊不在连里,调走了。但对方说我们是专程来看望西俊的,告诉西俊调什么地方了,好去找他。吴连长原来想说不知道,但一个连长不知道自己的战士调到哪里,怎么会有人相信呢? 只好告诉他们,请他们到设在西安公路学院的师部中转站。

侯西俊的叔叔是公社"三结合"的老干部,哥哥是人民教师,思想觉悟较高。连队介绍情况后,召开全连大会欢迎侯西俊的亲人,侯叔叔的发言非常感人,大家化悲痛为力量,挺起胸膛,擦干眼泪,完成西俊未竟的事业。西俊的叔叔和哥哥得知部队已派出人员到家乡处理后事,西俊没有父亲,母亲年迈多病,他们叔侄俩怕出事,没提任何要求,下午就赶回西安,赶回家乡。

侯西俊,曾在成昆铁路施工中左手受伤,失去了小指和无名指,有三等乙级伤残证。伤残后,西俊被安排任统计员,11点多他进洞验收掘进进度,进洞前还到炊事班抓了个馒头吃,薛其福和西俊是同乡,告诉他不要吃馒头了,下班后有手擀面吃。侯西俊说先煮给他一碗,其福说不行,擀面不多,只够下班的人吃,现在煮一碗,大家知道后都来吃就不够了,西俊也就走了。想不到,没吃上这碗面,他就牺牲了。牺牲时,丈量进度的皮卷尺还挂在他的脖子上,脑袋已压成肉泥,惨不忍睹。

陈贤文,家住四川乐山五通桥。陈贤文牺牲后,部队派出的战友先到了县武装部说明情况,然后由县武装部派人陪同去做亲属工作。按组织程序,他们先到生产大队部汇报情况,然后由大队部通知贤文的亲属来大队部开会。大队支部书记看人到齐了就宣布开会,贤文的亲人们你看看我、我看看你,有点纳闷:为什么大队召开会议都是我们家里的人?

县武装部的同志首先讲了贤文在部队的表现,然后低下头准备宣布贤文牺牲的消息。贤文的父亲马上意识到所发生的事,他叫家人起立,面对毛主席像,向毛主席表决心,要求家人要哭就在大队部哭个够,出去以后谁也不许哭,因为还有一些正在部队服役的军属,会影响他们情绪。为了完成贤文未竟事业,向前去做工作的同志提出要求,送正在上中学的小儿子陈贤武接班入伍,并且要求分配到最苦、最累、最危险的风枪班。

前去做工作的同志做不了主,打电话向部队请示。部队首长表示,只要县武装部能办入伍手续,部队就接收。贤文父母还给贤文的八连战友们写了一封信。信的内容是感谢部队对贤文的培养教育,请求战友们继续完成贤文未竟的事业,早日建成襄渝线,连队也代表全连战友给贤文父母写了回信。开饭前,连队广播员播送了两封信的全文,全连战友们都泣不成声,炊事班烧好的饭菜无人去打,经反复说服做工作,才陆续有人去打饭。八连的战友们终于从悲痛中走了出来,化悲痛为力量,迎着困难上,顶着危险上,排除了一个又一个困难,施工进度不断加快,提前完成了上级交给的任务。

陈贤武入伍后,考虑他年纪小就安排在连部当通信员,其父母知道后要求部队领导不要安排在连部,陈贤武又被分到炊事班,部队首长怕再发生意外,就瞒着他的父母将其调到团司令部军务股当打字员,后来部队又送他进铁道兵工程学院学习深造。两年后,学习期满回原部队,以后是机械工程师,现已在兵改工后的中铁16局退休。

王碧斋,安全员,1968年入伍,四川省眉山县(今眉山市)人。为了全排战友的安全,发生大塌方时他在最危险的部位进行观察,一有险情立即发出信号,让大家及时撤出。根据岩母片岩层层分裂的特点,战友们事先在施工上方的石壁上打上一排炮眼,插上钢钎,如有山体下滑,钢纤就会压弯,只要出现微小变化,就立即发出消息,战友们来得及撤离,这叫打铆钉。为了战友们的安全,王碧斋高度警惕,睁大眼睛观察。钢钎没有变形,但整个山体滑下来了。原来,打铆钉的办法对于小的滑坡起作用,但对山体整体下滑就不起作用了。等到王碧斋发现山体移动时,已经来不及撤离了,他和整个山体滑下100多米的坡下,粉身碎骨,惨不忍睹。

风枪手王连芳,发生塌方时他正和爆破工李国才在掌子面"吹炮眼"(炮眼打好后,底排炮眼里有水,要用风钻吹干净再填炸药),这时山体塌方了,整个山体压下来,王连芳被活活埋在里面,等到战友们把他挖出来,王连芳已面目全非。

(作者为原铁道兵第11师55团2营部化验员、上海市奉贤区人大常委会提案办公室副主任)

铁道兵部队的"活雷锋"

胡可荣

成昆铁路是我国西南地区的交通大动脉,参加修建成昆铁路的百万大军,在机械设备少、施工方法落后、没有公路可行车、生活条件无法保障的艰苦环境中,全凭两只手和肩抬背扛的方式日积月累地劳动着。所以,他们每天经受着生死苦累的考验,其中生活与工作艰苦是一方面,伤亡事故频频发生又是一方面,不少人为此而付出了沉重的代价。

顽强不屈,心中唯独没自己

1966年5月的某天上午,担任成昆铁路北段和平隧道任务的铁道兵47团1连,正在紧张地施工作业,没想到13班在进行上导坑扩大开挖时,风镐打在上工班遗留未响的瞎炮上引起爆炸,副班长毛传炎和战士曾显芳当场被炸伤。

当时我在一连任副指导员,因连长、指导员都不在家,我接到电话后立即带一名医生跑步赶到工地时,工地值班排长已组织人把伤员背到隧道洞口。只见曾显芳的胸腹部位血淋淋一片,毛传炎不但胸部、头上有伤,脸上血肉模糊不清,而且右眼珠已被炸出,只有一根肉丝还连着坠吊在脸部。他俩都是入伍仅一年的四川省简阳县(今简阳市)人。

一个医生两名伤员,无论给谁包扎总有个先后。先抢救重伤员,这是人人都明白的基本原则。我和医生都认为毛传炎的伤重,先给他包扎。可是毛传炎本人不同意,非坚持先给曾显芳包扎不可,表现出一名共产党员先人后己的精神。经过简单包扎,抬到连部门口时,营值班救护车已经开来了,医生说:"伤情重,须直接送师医院治疗。"当时有几名干部战士主动要求护送伤员到医院,我暗想:

我在简阳征兵临走时,他俩的父母亲曾拉着我的手,再三叮咛要多关照他们的娃儿。可是,他俩在部队才一年多就负伤了,我心里感到很内疚,对不起他们的亲人,便坚持还是由我来送他们去师医院。

带上换洗的衣服和牙具,准备上车时我问:"你俩还有什么事需要给班里说吗?"毛传炎回答:"班长不在,我没有把班带好,出事故了,影响了班里的任务完成,我对不起大家。希望同志们不要担心我的伤,要把耽误了的任务赶上去,不要拖连排的后腿。"接着又问我:"我有个请求,指导员能不能答应我?""你说吧!""我想带本毛主席语录在医院里学,可是班里只有一本,我带走了班里没有了,指导员能帮我解决吗?"

那时候由总政治部编印的《毛主席语录》尚未对外公开发行,仅发给部队干部人手一册,最基层的建制单位班排只发一本。一名战士身负重伤后,不考虑自己的伤,我被他的精神所感动。对于这样的要求岂能不答应呢?我立即回答:"相信班里的同志一定能够完成任务,至于《毛主席语录》,把我的一本给你带上。"

曾显芳的伤轻,在救护车里放了一副担架垫上被子,让他躺在担架上;让毛传炎坐在驾驶室,但驾驶室坐不下三个人,只能坐在我腿上由我抱着。从一连工地到师医院有百余公里路,大部分是新修的便道,弯急坡陡,坑坑洼洼,路况很差,车震荡摇晃得很厉害。没过多久,我的双腿已被他压麻木了,但我不敢动,一手抓扶手,一手紧抱着他,就怕他再碰着。他的眼眶和其他伤口包扎的纱布上的血在渗流,浑身发烫,汗水也在流,疼得他脸色蜡黄,身体直哆嗦,但他从工地到医院的路上,没有呻吟过一声,这是何等坚强的战士啊!

我的衣服也被汗水湿透了,但抽不出手擦一下脸上的汗珠。到后来我俩的衣服都被血水和汗水浸湿了,我的双腿被毛传炎压得生疼,但不能吭声和移动一下,只能咬牙坚持着。当时我的心情既矛盾又紧张,既嫌车开得快,颠晃太厉害;又觉得车开得慢,不能尽快到医院,就怕在路上发生意外。到峨眉县师医院检查后,医生说:"曾显芳是外伤,较轻,留下治疗。毛传炎的眼伤我们处理不了,需转乐山地区人民医院。"

又经过两个小时的快速行驶才到达乐山,医院的医生很热情,接到伤员后立即作了术前救护处理,然后再安排手术。当我办完住院手续,与护士一起安排好他的床位等准备返回连队时,又担心他会不会因为伤残有思想压力?便安慰鼓励他:"听医生的话,安心养伤,过几天我再来看你……"没想到我的话还没说完,他反而安慰我、做我的工作:"指导员,我是党员,我知道我该怎么做,请你相信我,你不要为我的伤担心。连里施工任务紧,工作忙,况且连长、指导员不在家,你不要来看我，等伤口愈合，我就回连队参加施工，并告诉我班的战友，一定要吸取教训，注意安全，努力完成任务。还有，再请你给我公社一起入伍的老乡战友说一下，叫他们不要把我负伤的事告诉家里，免得父母担忧。这里还有5角钱，代我把下个月的党费交上。"并请求我回去时再去看看曾显芳伤员。

听了他的话，我俯下身子紧紧抓住他颤抖的双手，我不由得泪水直流，在旁的医生、护士也哭了。虽然医生和我都没有明说他已失去一只眼睛的话，其实他自己很清楚，可是他想的不是伤残问题，心中依然没有自己，唯独念念不忘的，是班里的工作和其他同志，是毛主席指示的"成昆铁路要快修"的战备任务。相比之下，我觉得自己很渺小，假如我已成这样子，肯定会产生其他"活思想"，我这个经常教育他的领导，政治觉悟远不如他。"此时无言胜有言。"我只好轻轻点头，再次握了一下他的手，边擦眼泪边退出病房，和送别我的医生护士握手道别。

在返回途中，我的心情既沉重又欣慰：沉重的是两名战士负伤了，欣慰的是连里有这样好的同志和党员，何愁施工任务完不成呢！虽然，将近一天我没有吃饭喝水但也不知饥渴，心中只有毛传炎的言行和嘱咐，我还按照他的请求再次看望了曾显芳。

晚上回连队后，还未来得及吃饭，在家的干部战士一拥而上，纷纷询问受伤战士的情况，我一张嘴穷于应付，便决定全连集合起来一起介绍。平时说话语无伦次的我，或许是被毛传炎的忘我的精神所感动，讲话语言流畅起来，深情的泪花又涌出眼眶，并且使肃静的会场出现了集体哭泣声。"男儿有泪不轻弹"，英雄流血不流泪。毛传炎没有流泪，而我们流泪了。但这不是悲伤的泪、痛苦的泪，是钦佩和敬仰英雄战友的泪。

我的讲话不时地被战士们"向毛传炎同志学习！""一不怕苦，二不怕死，争分夺秒抢修成昆铁路！"的口号声所打断，无形中把一个战士伤情介绍会变成了向英雄学习的动员会和坚决完成任务的誓师会。

第二天早晨，原来有病有伤被批准在家休息的同志，背着班排长偷偷上工地了；曾被隧道内有害水浸蚀而双脚溃烂穿不上鞋的战士，有的光着脚片，有的用稻草把鞋绑在脚底，挂着铁耙到洞口扒石子装车去了。当三排长安排人员准备清理洞口石渣时，发现一大堆石渣不见了，一问才知道是夜间有的战士没睡觉把石渣清理了。

完不成当班任务主动加班干，不超额完成任务不下班吃饭已成为各班自发形成的"规定"。动员伤病员回家休息，劝说战士按时下班吃饭，是当时连排干部最难做的工作。

正是在毛传炎精神的激励下，全连同志发扬英勇顽强、吃苦耐劳、带伤病坚持工作和连续奋战的作风，月月提前超额完成任务。这种不畏困难、敢打敢拼的好思想、好作风，形成好传统保持下来，不但促进了连队的全面建设，使一连后来连续被评为"四好先进连队"和师团的"标兵连队"，还培养出了一些积极工作、勇于奉献的好战士与好干部。

但是，当连里要给毛传炎请功奖励时，有的营领导硬把本与毛传炎毫无关系的"事故责任"强加在他身上，未给他记功奖励。对于这种不公正的处理结果，毛传炎却毫无怨言。

身残志坚，名利待遇抛身外

三个月后，毛传炎由医院安了一只义眼回到连队，鉴于他的伤残和工作上的不方便，连里动员他提前复员回家，可他坚决不同意。他说："成昆铁路还没修通我怎么能走呢？我虽然少了一只眼睛，但照样还可以工作。如果隧道内打风枪放炮爆破的工作干不了，而洞外的辅助工作都能干嘛。"

几次工作未做通，连里根据他的要求，报请团里批准："同意毛传炎暂不复员，可安排适当轻便工作。"毛传炎就这样当上了编制外的"材料员"。

对工作认真负责，兢兢业业，是毛传炎的一大特点。除了领取和发放材料工具、防护用品外，还利用空闲时间修理工具，编竹筐子，捡废弃的扒钉铁丝，尽可能使废物再利用，仅此一项为连队节约材料费几千元。

从来闲不住，主动找活干，也是毛传炎的一大特点。他干工作不分分内分外，不分上班和休息时间。本职工作干完后，主动帮助炊事班洗菜烧火、往工地送饭和喂猪、打扫猪圈、种菜、搞农副生产；去澡堂烧水、打扫卫生；到工地帮助别人推车倒渣，清理施工场地；还给战友洗衣、做饭。在他的一只眼睛里总有干不完的活。战士们称他就是连队的"活雷锋"，是不知苦累的人和一颗"永不生锈的螺丝钉"。

不计名利，甘当无名英雄，是毛传炎的又一大特点。毛传炎是我连1965年入伍的战士中第一批入党和提为副班长职务的。后来，同期入伍的有提为班长和副排长了，而他还是一个挂着空名的副班长。当有人看到他因公伤残却未曾记功奖励、工作积极负责却职务又不提升而为他鸣不平时，他只是嘿嘿一笑了之。

在评伤残等级时，毛传炎自己提出不要，他说："哪有共产党员向组织伸手要名誉待遇的？有的同志牺牲了也没有评升什么，何况我还能劳动。"直到复员前，才给他评了个三等乙级残废。

临退役前有人提醒他:"你是因公伤残军人,按政策规定可以照顾安排工作。"可是他什么要求也不提,老老实实回家当农民种地去了。据后来探亲回队的战友说,毛传炎回家的最初几年,不但生活困难,连找媳妇成家都受到影响。

荣耀面前不张口,待遇面前不伸手,困难面前不低头,苦累工作冲前头。雷锋所倡导的"革命傻子精神",在毛传炎身上体现得淋漓尽致。

平凡中见伟大,朴实中显真情。普通的战士在平凡的工作中折射出一名共产党员的高尚品质和革命情怀,成为全连干部战士学习效仿的坐标和榜样。有个别为立功受奖、入党提职,或为复员转业时达不到个人要求而闹情绪、有意见的同志,当看到身旁的毛传炎对工作、对自己所持的态度后,再也不好意思向组织提额外要求了。

无名英雄,精神永存青常在

自古巴蜀多俊杰。物阜年丰、人杰地灵的天府之国,就是一个英雄辈出的地方。毛传炎虽然不是功臣英雄,在所有的史册和英烈榜上没有他的名字,他的事迹不见经传,但他确实是我亲历亲知的在平凡普通工作中表现优秀的一名共产党员;是为修建成昆铁路流血负伤,做出了贡献的一位无名英雄;是值得人们敬仰和怀念的人。也可以说,他是毛主席的好战士,是简阳市人民的好儿子。

我和毛传炎在一个连队共同工作和生活仅有三年时间,但他留给我的印象是难以抹掉的。尤其在负伤后不叫痛苦、顽强忍耐的毅力,在工作中只知奉献、不求索取的精神,一心为党、不计名利的品德,深深地感召和影响了我,他是我心目中一块永远不倒的丰碑。

是他的思想和行为,让我懂得了如何做人,如何对待别人。有毛传炎作榜样,无论在部队还是转业到地方,不管工作岗位和生活环境发生什么变化,我都能把握住自己的人生坐标而没有走"弯路"和"摔跤",保持了一生历史的清白。

是他教会了我如何对待党的工作,如何对待人民群众。我始终保持勤勉工作、积极奋进、甘于吃亏、不计得失的姿态,直到2001年退休时,还被所在单位党委评为优秀共产党员。回顾我的一生,既无愧于党和人民,又对得起毛传炎战友。

(作者为原铁道兵第10师47团司令部政治协理员、甘肃天水地质学校测绘系党支部书记)

他在烈火中永生

王光明

孙元清同志是1966年入伍的四川米易兵,在铁道兵47团汽车连做过文书、驾驶员和教练员,入伍不到两年就入了党,当了班长。1970年在一次车祸中为抢救国家财产而英勇牺牲。他短短的四年铁道兵生涯,为我们树立了光辉的典范。

记得我们还在部队驻地四川小高学习驾驶时,一次在山路上夜训,车突然抛锚了。那时我们的教练车还是苏联产吉尔150,车旧故障多,孙元清师傅和我们一起连续捣鼓了一个多小时也无济于事。我们都劝他说:"天黑了,等明天再修吧。"可他凭着一股韧劲继续查找原因,最后确定是该分电器轴磨损严重而导致点火不准时。故障虽然找到了,可又如何排除呢?在大家都感到为难时,孙师傅毅然决定带一名战士徒步七八里路回连队修理零件。就这样等他回来再修好车返回营地时已经是子夜了。虽说大家都熬了夜,但车的故障排除了,而且我们还从中学到了技术,这让我们看到了孙师傅对待工作一丝不苟的精神和一种锲而不舍的担当。

部队刚转战到陕西不久,一次孙师傅和另一位广东籍战友奉命到铜川运煤。山区的便道因长时间下雨很容易出现塌方、冲垮路面的现象。就在车刚进入旬阳不远的一个险段处,也许因为车载过重使便道难承负重,广东籍战友的车突然倾向路边软路基,一车煤几乎全倾倒在路边的沟里。这时同行的四位战士为施救该车,将车上的煤全部卸下以减轻车重,又将软路面铲去后,用千斤顶垫木顶起车轮并塞进煤块。经过多次采用升高车轮的办法,车辆终于被成功施救。

可一车煤咋办?有的提出从工地上调来挖土机,有的提出请筑路民工支援,或者干脆做养路沙石好了。可孙师傅他二话不说,用随车带的铁锹一铲铲将煤铲上车,还把刚刚用来垫车轮的块煤也抠出来。大伙对孙师傅的行为很难理解,认为把车救起来就很不错了,现在又自己装煤?可孙师傅却笑着对大伙说:"连队都等着这煤做饭呢,难道要我们的战友们吃生饭啊,那谁还能去修铁路呢?我们当兵的只能为民立功,不可浪费犯罪啊!"战友们听他这么一说也觉得对,就都参与装煤了。

1970年夏天,孙元清执行从部队营房到陕西安康的任务,途中翻越秦岭是必经之路,孙元清师傅和我的师傅陈兴富加我两台车共三人。车辆出西安南行30多公里就进入了秦岭山脉,弯多路窄,坡陡险要。就在我们的车上山约8公里后的一个左转弯处,突然从前方拐弯处急驶而来一辆车。没等孙师傅的车躲避,对方的车已撞上了孙师傅车的油箱,油箱里的汽油四处溅洒。

我立马定睛一看,正是当时名噪陕西一时的101车队的一辆解放牌车。只见孙师傅刚打开车门,意想不到的事情发生了。对方司机一脚马达,突然点燃了溅洒在车身上的汽油。我急忙跳下车前去施救。看见孙师傅已将自己的军装脱下朝着大火猛烈扑打,紧接着又捧起路边的养路沙土拼命地朝着火焰撒去,可汽油燃烧的速度很快,待我冲到他面前时火焰已经吞噬了他的身体,而他嘴里还朝我大声喊着:"小王,赶快救火,不要管我!"我看灭火无果,救人要紧,又见他已经是整个"火人"了,就用力将他推下路旁的水溪中。这时我的师傅也将油罐车倒回约百米开外后赶到现场,我们一起将孙师傅救起来,却见他的衣服几乎烧尽,全身上下外露部位均被烧伤。绕过燃烧正旺的"火车",我们将孙师傅送到我们的车上。随后我的师傅又赶紧要下山的师傅给我们部队和医院急报事故,不久部队323的救护车将孙师傅送进了医院。

孙师傅严重烧伤的消息,很快传到了孙师傅的家人那里。孙师傅的老父亲和妻儿立即赶到部队,看到这不幸的一幕全家人更是悲痛万分,泣不成声。而孙师傅却始终用他那坚定的口吻安慰家人:"我会好的,你们不要难过,一切都是我的错,对国家造成了损失,我有罪!"孙师傅的这句话刺疼了我的心很久很久。

在孙师傅两个月的治疗期间,其病情也是反反复复,时好时坏,也许孙师傅自己已明白,他很可能会因为当时的医疗条件而医治无效,所以在他家人再次来到病床前的时候,他用颤抖的声音说出了他唯一需要给家人交代的一句话:"如果我不在了,希望以后儿子能参军,继承我的事业!"

这就是我们的战友,他用他短暂的一生谱写了一个真正无私无畏、心系国家、忠于党、忠于人民的朴实人生。这就是我们这支部队值得永远骄傲、永远纪念的铁兵精神!

(作者为原铁道兵第10师47团汽车连战士)

踏访我大哥生前的连队

王民立

我原在铁5师特务连通信班当话务员,后去四川医学院读书学医。1973年的暑假,领导要求我们利用假期做社会调查,每人要交一篇调查报告。我想,上哪儿做调查呢?好吧,去正在建设中的襄渝线。我的大哥1970年11月在修建襄渝线时牺牲了,我和母亲还从来没有去过他的连队,也不知道他的墓地在哪里。加之我虽然也是个铁道兵,却是从来没有到过施工连队,我应该去看看真正的施工连队到底是怎样的。于是,我和母亲上了去西安的火车。

我父亲王文波,时任铁10师副参谋长,就住在安康的师机关。说起父亲这个副参谋长,还有一段故事:"文革"前,父亲任铁10师总工程师。"文革"中,铁道兵取消了总工程师制,原来的总工程师们虽然干的还是原来的工作,但是没有了名分。那各师团的总工程师们又怎样称呼呢?据说有一次兵部开会,汇报的同志在汇报中就说:原某总如何如何,原某总如何如何。兵部一位新调来的领导听不明白,很诧异地说:"怎么那么多人都姓原?还都叫什么总?"台下的人都哈哈大笑起来。于是,铁10师的领导为了工作方便,给父亲下了一个任"师副参谋长"的命令。按级别是降了,父亲早在鹰厦线的时候就是师计划科长,正团级了。但是父亲感到很满意,不但是因为开展工作方便了,而且体现了铁10师领导很看重他,那时候其他师还没有给那些老总们一个名分呢。

父亲住的屋子是办公室兼卧室,我和母亲住在师招待所。在父亲办公室的墙上挂了一幅襄渝线的施工线路图。父亲很慎重地对我们说:"这个图是保密的哟,不能传出去的哟!"搞得我和母亲诚惶诚恐的。

一次我到父亲办公室,父亲不在里面。我无意中看见桌子上有一份文件,上面有李先念的批示。那时候我这样的小人物还从来没有见过那么大的领导的批示,好奇地看了起来。一看,很吃惊呀,原来是一份关于襄渝线伤亡的报告,这才知道原来襄渝线的伤亡大于成昆线。原来我们一直认为成昆线是世界地质博物馆,施工难度大,牺牲人数也最多,怎么襄渝线的伤亡会大大地超过了成昆线呢?李先念在报告上作了很严厉的批评。正看着呢,父亲进来了,正色批评我说:"你以后不能动我桌子上的文件,这是一份绝密文件。"我慌忙放下,但还是忍不住好奇地问父亲:"襄渝线又没有成昆线长,怎么牺牲人数比成昆线还要多呢?"父亲就给我解释:成昆线的特点是地质复杂,几乎世界上各种地质灾害都有了,所以伤亡很大。襄渝线虽然没有成昆线长,但是都是在山肚子里走,桥隧相连。桥隧密度占全长的46%。加上时间紧、任务重,陕西省动员了5万名学兵和民兵,他们都不懂施工技术,也缺乏安全知识,再加上也有的领导对施工安全不重视、施工组织不到位。看了这份报告我的心情变得很沉重,原来在襄渝线上牺牲的人有那么多呀!

我对父亲说了我这回来是要完成一篇调查报告的事,父亲很支持。我提出想去看看正在施工的隧道和桥梁到底是什么样子的。父亲说:"好呀,不过安康附加的桥隧都建好了,也可以去看看。教你认识一下什么是边墙、马口。"又说:"有些机关的政工干部不愿意下基层,连什么是边墙、马口都不知道,铁道兵的干部不知道边墙、马口,那还叫什么铁道兵!"我听了觉得很惭愧,我这个铁道兵就是个不知道边墙、马口的铁道兵。父亲说:"火车站附近有个隧道,要走十多里路,你走得动吗?"我说:"没问题!"

暑假天很热,我们穿着白衬衣出门了。走了十多里路到了一个已经修好的隧道,父亲很认真地给我讲边墙、马口等,我一下子也记不住那么多。去的时候,我还能跟上父亲的步伐,回来的时候可就不行了。父亲是干了一辈子的铁路施工,是在铁路线上一步一步走过来的,那时他已经58岁了,走了一二十里路,依然健步如飞。我快不行了,很想歇一歇,又不好意思说。

砂石路上运送施工材料的军车不时开过,扬起一阵阵灰尘。有司机看着我们走得挺辛苦,就停下车招呼我们上车。我特想上去,可是父亲挥挥手说,不用了。汽车就开走了。我有些抱怨:"为什么不坐车回去呀?我都走累了。"父亲笑着说:"姑娘,你累了吗?你才二十几岁就累了呀?我都五十多了还没有累呢!"终于回到父亲的办公室,母亲在那儿等着我们呢。父亲笑着对母亲说:"你看,年轻人还是赶不上我呀!"

父亲安排好了我和母亲去蜀河,那是大哥牺牲的地方。到蜀河上岸,已经有47团群工股的一个干事在等我们了,他先要带我们去大哥生前的连队。上了岸,才知道汉江两岸有多么陡峭,大约是40度的角度,走起来很吃力。心想到了连队就好了,连队应该在一个地势平一点的地方吧。却不知,连队就在附近陡峭的山坡上。只见山坡上散落着一座座的帐篷,帐篷间有陡陡的山间石板路相连,小路有多陡呢?有的地方阶梯太高,我们几乎要手脚并用才能上去,那几乎不叫走,叫爬了。铁道兵的施工连队给我的第一印象就是:喔,原来这么艰苦呀!

接待我们的是一位副连长,好像姓刘。刘副连长给我们介绍了连队的情况:47团三连原来在成昆线上施工,在小高那个地方修桥打隧道。任务完成后,他们作为先头部队进入陕南山区。他们离开成昆线的时候,成昆线还没有通车。铁道兵的部队就是这样,很多战士辛辛苦苦修铁路,还没有看到自己修好的铁路就到新的线路去了,更谈不上在自己修的铁路坐一回火车了。那时,汉江两岸都是崇山峻岭,没有公路,只有水路。大型施工器材运不进来。所以,他们先头部队的任务是先修一条公路便道,以便于大型器材和后续部队进入。

刘副连长说:"那时,汉江两岸甚至连我们现在看到的石板小路都没有,这些小路都是我们到了以后修的。修了这样陡峭的小路后,施工器材是用船运进来,战士们再一点一点蚂蚁搬家背着、扛着,从小路上爬着运上来的。"刘副连长边说边指着陡峭的小路说,好多战士的肩背都磨破出血。这时,我想象着我的大哥也是在这样的队伍中艰难地背着、扛着、爬着前进的。前期的器材运进来了,就要开始修公路了。战士们腰上拴着绳子,从山顶上吊下来,在半山上打炮眼。先开出一块平地,再一点一点往前打炮眼,不断前进。

刘副连长把我们带到大哥生前住过的帐篷。那是一个大帐篷,两对面的上下两层大通铺,住着一个排。刘副连长指着大哥的铺位说:"你哥当时是班长,睡在班头。我当时是排长,住在排头,是靠着门的这个位置。"刘副连长拿出了一个统计本给我们看,他说:"你大哥原来是我们连队的统计员,你看,他写的字多工整!他不但字写得好,统计也很准确。是他之前和他之后最好的统计员。我常常把他的统计本给后来的统计员看。后来,你大哥去上了部队的草棚大学,回来后安排在连队暂时当代理班长。"

我看着那个本子,那些熟悉的字迹,什么也说不出话来。大哥是1966届的高三学生,"文革"开始前,他本来已经被保送上清华大学了,因为"文革"开始了,所有学校停课,清华就没有去成。现在说什么也没有用了,假如没有"文革",又会怎样呢?

然后,刘副连长又带我们向当时的施工现场走去,这时候公路便道已经修通了。在简易公路边,我看见一个不大的洞,刘副连长说,这是横导坑。喔,原来横导坑这么小呀!再往前走,就是当时的施工现场了。

刘副连长指着现场说:"那天是周六,连里开支委会,排长以上的干部都到连部开会去了,现场施工就叫你大哥临时负责……"

关于这段经历,2018年10月,我们家三人专门到四川眉山见到了大哥生前战友、老兵刘克超,他述说了当时的情况:

"当时是点了九炮(一个雷管炮和八个炸药炮,怎么后来又多出来一炮呢?是有一个新兵,到材料员刘克超那儿领了10个雷管炮,只给了副班长九个,自己留下一个。副班长将其中八个充填了炸药作为炸药炮,一个雷管炮作为信号炮),当你大哥装好炸药炮,依次点燃雷管炮和炸药炮,退回到掩体后面,此时的位置最前面是你大哥、第二个是刘克超、第三个是秦友坤。

"当九个炮依次响完,过了一会儿,刘克超听到前面的你大哥说'好了,九炮都响完了,可以出去了'就迈出了脚步。刘克超知道那个新兵手里有一个雷管,以为还在新兵手里,但是万万没有想到,那个雷管炮在后面炸响了,而且正是与其他九个炮同时炸响的。

"当时你大哥他数的九炮里,实际上有一响是后面炸响的那个雷管炮。而真正的炸药炮还有一炮没有响。因为掩体离爆破点很近,大约只有二三十米,所以你大哥刚走到跟前,那个延迟的炸药炮突然起爆了,炸起的巨石飞上了天空,大大小小的石头像雨一样纷纷落下。"

刘副连长说:"你大哥这时的位置:一边是陡峭的山崖,另一边是陡峭的江岸,前面就是爆炸点,后面是一个没有炸平的小土包,他被困在了中间,前后左右都动不了。其他的战友躲在后面的大石后面,无法去帮助他,只能眼睁睁地看着巨石砸在你大哥的头上。战友们急急忙忙把你大哥放在担架上往卫生队送,卫生队很远,要涉水过汉江。就在汉江中间,你大哥呻吟了一声,就再也没有呼吸了。"

在刘副连长介绍的时候,我没有哭,虽然我的心已经痛得不行了,但我不能哭,因为我也是一个军人,军人应该坚强!我们最担心的是母亲,可是母亲居然也没有哭,只是这一路,母亲没有说过一句话,没有提过一个问题。显然,她知道她是一个军人的妻子、一个军人的母亲,她有泪也不能在人前流。多么坚强的母亲!

刘副连长又将我们带到了大哥的墓前,在一个同样陡峭的山坡上,散落着一些坟。细看,有些是战士的,有些是学兵的。学兵的墓基本都覆盖了水泥,战士的墓就是一个土堆,前面竖的是木牌,大哥的木牌还开裂了。刘副连长说:"这个山坡是一个滑坡,所以木牌开裂了,以后会统一建一个烈士陵园,那时候会选一个地质好一些的地方。"

回安康我们坐的是汽车,公路建在山上,看到的景象和来时在汉江里完全不一样了。在山上，地势高，可以看见汉江两岸都是星罗棋布的帐篷，蔚为壮观。每个连队的帐篷前面都会立着两个大柱子，写着红色的对联，写得最多的是："为有牺牲多壮志，敢教日月换新天！"不到襄渝线来，就不能真实地体会到什么是"牺牲"！

回到安康，向父亲汇报了一路的见闻。父亲也说起了当年的一些情况：大哥牺牲的时候，铁10师机关还在西昌。那天中午，父亲迎面遇到一位老工程师。这位老同志很惋惜地说："唉，你们家老大可惜了，那么聪明的一个孩子，太可惜了。"父亲一下警觉起来："我家老大怎么了？我家老大怎么了？"那个老同志一下明白了，原来我父亲还什么都不知道呢，马上改口说："没什么，没什么。"

父亲转身回到办公室，就往陕西方向打电话，总机老是说线路不通，一直到晚上都没有打通。父亲预感一定有问题了，坚决要求接通政委家的电话，很着急地问为什么到陕西的电话打不通？政委觉得瞒不住了，说："是我叫总机不要给你接通的。你的大儿子今天在施工中牺牲了，去年你的二儿子在地方上也因公牺牲，一年的时间失去两个儿子，我们都不忍心通知你。"

第二天父亲乘飞机赶到了安康。一下飞机，大哥连队的干部也来了。这时父亲得知，连队干部一直不知道大哥是师首长的儿子，这次来接飞机才知道是"哑炮爆炸，副参谋长的儿子牺牲了"。看见他们紧张的神情，父亲第一句话就是："我是主管工程的，出了施工事故，我要负主要责任。"连队干部的表情放松了许多。父亲去看望大哥，大哥的一只眼睛、一个耳朵、半个脑袋都没有了……大哥是我们几个孩子中最聪明的，也是父亲最钟爱的孩子！我不知道父亲当时是怎样挺过来的。

30多年后，在和父亲回忆往事的时候，90多岁的老父亲才说起："那时我怎么不心痛！那天深夜，在团招待所附近的沙沟村，在夜深人静，没有人的时候，我放声大哭，那是我一生中哭得最伤心的一次。"30多年后，父亲才终于说出了当时的真实心情！

1975年，我调到铁10师医院当了医生。我弟弟王民苏，1969年底入伍在工程兵，我大哥牺牲后也调到了铁10师特务连，参加了襄渝线和青藏线建设，铁道兵撤编时转业到成都铁路局，成为铁路通信专家。我爱人原是24团宣传干事，他和我弟弟都是从施工连队起步成长的。这样，我们一家中有我父亲王文波、大哥王民宇、弟弟王民苏和我们夫妻五个铁道兵，我们全家对铁道兵的感情是一生一世也难以诉说完的。

（作者为原铁道兵第10师医院军医）

芝麻地隧道中惊险一幕

秦在红

1970年初,离成昆铁路全线通车还有不到半年的时间,位于德昌县小高乡的芝麻地隧道正处于紧张的施工阶段。

奋战在该隧道的铁道兵8817部队(47团)三连的指战员们正夜以继日地工作着,加班加点是经常的事,有时甚至36个小时不离开工地。困倦了,在隧道中靠墙斜支一根扁担,人倚靠在扁担上就可以打个盹。记得那时力气也特别大,18岁的我竟可以扛两包水泥,指战员们为了抢通成昆铁路也真是拼了。

当时,该隧道已开始用混凝土浇筑地面,我所在的三连二排五班的任务是:将已经搅拌好的混凝土和部分鹅卵石用铁翻斗车运送至隧道内,然后从上导坑倒下地面,再由下导坑守候的六班战士扒平压实。

1970年2月上旬的一天下午,施工正常进行着,五班长钟和平(广东籍)、六班长赖维君(湖北籍)、七班长黄伯宾(广东籍)、八班长陈守文(湖北籍)和黄浦高副班长等五位服役期满五年的老兵已准备转业,今天是他们在隧道施工的最后一天,当时称之为"站好最后一班岗"。

阴差阳错的是班内另一位四川籍老兵去接新兵早几天就离开了,而七班班长黄伯宾因抽烟来到工地上找班长老乡借火,就帮着我们一起推车(正好补足每班12人的编制)。最后两辆满装混凝土和鹅卵石的翻斗车由12人推着一起走向隧道内,倒完这两车,几位老兵包括七班长就结束五年兵役而光荣复员了。

当六个人推着第一辆车到达预定倒土点时,有点心急的钟班长让第二辆车也上来,准备一起倒。我们六人推的第二辆车刚刚到位,只觉脚下一松,心里马上咯噔一下"完了!"随即双眼紧闭,连人带车跌了下去……

当我睁开眼时,上面支撑着上导坑轨道和木板的木梁(直径约30厘米)断了九根,两头断裂的上导坑钢轨和木板斜挂着。战友们躺在地面上。左边同班的上海奉贤籍战友尹水火横躺在水泥地面上昏迷着;黄浦高副班长压在地面两根悬空的钢轨下面,而翻斗车卡在两根钢轨之上,尖尖的车角戳穿了他的肚皮,水泥灌了进去。七班长的中指被石头砸断,七班眉山老兵覃坤友也躺在地上,而我则屁股跌坐在一根悬空的钢轨上。

看着这一情景,我顿时觉得腰痛得支撑不住,汗水直流,看到从隧道外冲进来的战友模糊身影,我又痛得晕了过去。当我醒来时已平躺在翻斗卡车上,卡车沿着坑洼山路颠簸着驰向卫生队。

十来人躺在卫生队一个大房间的病床上,此时团长、政委来看望大家。走到班长床前,首长问:"你怎么样?"班长说:"我不要紧,同志们怎么样?"真是好样的,不失班长身份;问到山东籍战友(他当时头部砸伤),他回答:"一不怕苦,二不怕死!"还挺勇敢;问到奉贤籍战友(其实他已经是脑震荡),他口中一味喃喃自语:"姆妈,姆妈……"

其实看到前面情况,我也在想,怎么说好呢？前面的话我都说不出口,当首长问我怎么样时,我只是实话实说了:"我就是腰部痛……"第二天,来看望我的战友捎话说,昨晚连长在全连会上说:"上海兵真熊,一个叫爹叫妈,一个说腰疼。"唉,没的说!

在卫生队期间,因限于当时的设备条件,既没有 X 片,又看不出外伤,每天喝三小瓶淡绿色的部队卫生队自制的中草药剂。在卫生队住了二十多天,当时我躺 10 分钟腰就痛得要坐起来,而坐 10 分钟又要躺下去,在弯腰叠被子都困难的情况下就被通知出院了。

记得从卫生队走回营房驻地已经是傍晚时分,沿途是高耸的山脉,皎洁的月光泻到地面,弯曲的山路像一条洁白的玉带,沿着冷森的山脉蜿蜒着伸向远方,一个人走在山路上也是浮想联翩。

6 月下旬,成昆铁路终于全线建成。我有幸作为三连派出的代表,坐上没有车厢的平板火车,前往西昌参加成昆铁路通车典礼。沿途穿过隧道,经过桥梁,体验着桥隧相连的还不太平稳的铁路,看着沿途美丽的山景,感慨万分!

成昆铁路沿线三分之二是崇山峻岭,沟壑纵横,地势陡峭,地质状况极为复杂,施工难度极高,它的建成创造了世界铁路建筑史上的奇迹。我们铁道兵,用自己的忠诚、汗水、青春乃至牺牲,为成昆铁路的全线通车作出了重大的贡献,这是我们每个(活着的和牺牲的)铁道兵的骄傲!

那么,这些战士他们后来怎么样了呢？受伤最严重的黄浦高副班长水泥灌进肚子里,居然伤好出院了,但是人很瘦。他还跟随部队到了陕西修襄渝线,真是不简单。那时候照顾他到炊事班工作,后来身体恢复得还不错。结果在襄渝线他又经历了险情,两次大难不死,真是幸运!眉山老兵覃坤友的脸上,至今还留有残疾,脸上半边高半边低。第二年我复员回到上海,在邮电医院拍片检查才知道,当时是腰椎压缩性骨折,至今留着疼痛的后遗症。

造成这次翻车事故的原因是:成昆线经过多年建设,隧道内潮湿,支撑轨道的大梁因潮湿已经不如原先结实,再加上安全检查不到位,两辆装满了水泥石料的翻斗车、加上12人集中一起同时到达,压断了支撑轨道的九根梁木。

(作者为原铁道兵第10师47团3连战士、上海电信有限公司NOC高级业务经理)

芝麻地隧道遇险记

王补石

在人的一生中,往往会经历许多事情,大多数经历会随着时间的流逝逐渐被淡忘;而有些事情虽然已过去几十年,时而回想起来就像发生在昨天,至今记忆犹新,真可谓刻骨铭心。我就亲身经历过这么一件事,至今仍难以忘怀。

1969年初,我与我们奉贤众多适龄男青年一样,积极响应国家号召,先后经历了入伍报名、体检、政审后,最后有600名青年应征入伍,前来奉贤的接兵部队是中国人民解放军铁道兵第10师47团。我清楚地记得,接兵部队的干部当时教我们学会了唱《铁道兵战士志在四方》的歌曲,我们是唱着这首歌曲离开家乡奉贤的。

当时我们部队驻扎在四川省德昌县,担负着修建举世闻名的成昆铁路的任务。我们到达部队驻地后,在渡口市(后改名攀枝花市)家属基地经过了一个半月的新兵军政训练,当年5月初被分配至全团所属各连队。我与我们奉贤江海、金汇的二十余名战友分配至三营十三连。连队驻地北面就是安宁河,南面就是长满树木的高山,我们来不及欣赏驻地附近青山绿水的美景,就投入到紧张的战备施工中。

我们连队当时担负着成昆铁路芝麻地隧道进口施工任务,我被分配至连队木工班。所谓木工班,并非是制作木制家具之类,而是担负全连各排进行四班倒隧道开挖的木料支撑。由于当时正值雨季,且隧道地质相当复杂,不时有大塌方发生。所以木工班的工作相当危险。一开始,由于对隧道施工感到新鲜,尽管是新兵且又缺少安全施工经验,但亦不感到害怕。当时部队号召干部战士发扬"一不怕苦,二不怕死"的精神,确保隧道提前贯通,以保证成昆铁路于1970年7月1日全线通车。为了达到上述目标,全连指战员没日没夜地投入到隧道施工中。

1969年6月3日早晨6时许,我与一名老兵一同进入隧道值班。在进入隧道前,带班领导告诉我们,下半夜隧道内发生了大塌方,已有几名战友受伤了,并提醒我们务必注意施工安全。当时,我已意识到危险随时都有可能发生,下意识地整理好头上所戴的安全帽,在老兵的指导下进行排险工作。至早晨7时许,不知从头顶何处掉下一块石块直接砸在我的安全帽上,随后我就失去了知觉。等我从昏迷中醒来时,发觉自己已经被连队战友救出,躺在开往团卫生队的翻斗汽车上。

住进团卫生队后,我感觉自己头部昏昏沉沉的,经军医检查后,初步诊断为脑震荡。比起当天一同受伤的我们连队其他几位战友,我的伤势是相对较轻的。由于当时正值"文革"期间,整个四川省的造反派正在进行武斗,交通不时受阻,团卫生队的医疗设备损坏后无法修理,亦不能对受伤头部进行X光检查。所以我在团卫生队里住了几天,头部仍肿得像馒头一样,连队战友和卫生队附近认识我的战友来探望,当时他们都认不出我是谁。我在卫生队住了16天,由于治疗不见效果,卫生队军医决定,将我转院至位于西昌附近师医院继续治疗。

在师医院通过X光检查,未发现我头盖骨凹陷。在以后的十几天时间里,军医先后从我的头部抽出了600CC的瘀血,配合其他药物治疗,才使我头部肿块全部退去。此次受伤,前后住院一个多月,由于当时我们从新兵连分到老连队尚不足一月,塌方事故发生后我本人倒没什么。由于我受伤后,我所在连队的奉贤籍战友及团卫生队附近认识我的战友前来看望过我,因而在我们奉贤籍战友及家乡产生过一定负面的影响,这是情理之中的事。

此事尽管过去将近50年,比起因参加修建成昆铁路而牺牲的那些战友,我的受伤则是微不足道的。我亦庆幸自己那次受伤对日后的工作、学习、生活没能造成影响。

(作者为原铁道兵第10师47团3营助理工程师、中共奉贤区委政法委综治办副主任)

"红卫五号"江难记

朱训宝 张业友

1969年3月8日,我们山东省淄川区800多名热血青年,怀着保卫祖国、建设祖国的坚定决心,应征参军入伍。

当时也不知道是什么兵种、到什么地方去,就坐上了去远方的全封闭的闷罐火车。记得当时坐了十几天火车、汽车后,才到达了四川省德昌县境内的新兵训练营。这时,才知道我们是中国人民解放军铁道兵部队,属于陆军的一个兵种。

在新兵连训练了三个月,我们分到了老连队。当时同我们淄川的孙运弟、苗新芝、孙义昌、张元顺、王加生、邵家银、孙传志、李在同、孙传富、李敬武、杨学彪、王德义等十几位老乡,分到了铁道兵第10师47团一营二连,从此开始了近五年的部队生涯。

当年的10月份,我张业友又从一营二连调到了47团仓库一排三班。一排在仓库的具体工作就是全团的木料、模型板加工,为全团的施工连队服务。在部队这几年的工作中,有两件事情给我俩印象特别深刻,因此,我们永远忘不了那个刻骨铭心的时代和那些不可忘怀的往事。

记得那是在1971年的春节刚过,我们从四川省的德昌县小高镇转移至陕西省的旬阳县,修建襄渝铁路。当时,由于我们的仓库在沙沟的库房还没有盖好,所以临时仓库安在46团附近靠近汉江边的一个叫红号的地方。这个时候还是冰天雪地的季节,也是汉江的枯水期,水只是在江心流着,只有在江上的一个个的回水湾才能看到大片的水。我们红号仓库就坐落在汉江一侧的斜坡上,正对着汉江的一个回水湾。

大约在阴历正月十五,估计在中午10点钟左右,军需仓库保管员洪万福突然大喊:"翻船了,快救人!"这时仓库的大部分干部和战士都在沙沟构建仓库,红号仓库里只有连部和一小部分战士。喊声就是命令,看到洪万福率先冲到江边,我们仓库的谢守建指导员、王永茂主任、连部文书陈洪印,加上我们仓库三班的四川籍段宝权,上海籍姚志明、梁永安,广东籍林群盛、陈楼根,湖北省籍刘全江等,大约有二十几个战友,在指导员和主任的指挥下,也火速向汉江边冲去。江面上"红卫五号"船,只有桅杆还露在水面,船上的人都已坠落江中。因为是冬天,穿的都是棉袄、棉裤,当时人漂在水面上,还没有沉下去。

指导员把会游泳的战友编一组,下水救人;不会游泳的战友,把救上来的人往仓库库房里背。这时有人喊:"快,远处的那个是王政委。"战友洪万福和广东兵林群盛、陈楼根箭一般向下冲去,政委王成林和运输股股长张双明被救上来了。在近一个小时生死救援中,由于我们班表现勇敢,团部给我们仓库三班记集体三等功一次,洪万福同志荣立个人三等功。

后来,我们才知道"红卫五号"船上乘坐的人员,大部分是陕西省平利县县委、县政府人士,因为我们铁道兵47团施工配套的民兵连队大部分都是平利县的,他们代表平利县人民到我们团进行春节慰问演出,演出结束后坐船返回平利县。刚好我们团的王成林政委和团政治部的李主任,有事也一同坐了这条船。这船上还有一个人是我们淄川老乡吕文水,在西安一所大学任教,他的小儿子吕明珍在47团当兵,这次他来看望儿子,结果遇上了这一江难,着实让人十分痛心。

这"红卫五号"是怎么翻的呢?原来,在红号仓库下面汉江这一段的回水湾,河道狭窄束水,遂使水流高低落差很大。加上"红卫五号"船到达回水湾上口时,突然从汉江的上游有一小木舟箭一样直冲下来。这段激流距离不过200米,如果"红卫五号"船向上直冲,那小船将被"红卫五号"船撞飞。见此险情,"红卫五号"舵手急打方向,由于方向转得太急,导致船身倾覆,酿成江难。

此次江难,平利县春节慰问团有数十名人员遇难。为了慰问浴血奋战的英雄铁道兵,他们失去了宝贵的生命,我们会永远铭记他们的。

(作者张业友为原铁道兵第10师47团仓库木工班长,朱训宝为原铁道兵第10师47团2连班长)

下汉江救人，我差一点"光荣"

奚惠泉

1969年春，我光荣地参加了中国人民解放军，成为铁道兵部队的一员。铁道兵以艰苦为荣，长年驻扎在崇山峻岭修建铁路，本人先后参加成昆铁路、襄渝铁路和青藏铁路建设，经历了许多令人难忘的事。而最难忘的一件是在汉江洪水暴发抢运物资中救人、差点自己"光荣"了的事。

1971年10月，秦巴山中连续下了两个星期雨，汉江的水位，猛涨到几十米。10月15日的那天早上，由于连续下暴雨，秦巴山中山沟里的洪水汇集于汉江，凶猛的洪水冲走施工材料沿江而下。

我团部驻扎在汉江下游旬阳县沙沟，我当时在团部文艺宣传队，文艺宣传队人员驻扎在三营营部所在地陈家湾。在紧急的起床号声中，广播里播放全体人员去汉江边抢运物资的通知。宣传队员们立即投入了抢运物资的战斗。

我们首先将被水淹的施工用物资、水泥和木材等全部搬运到高处堆放。然后思忖着如何将上游漂流而下的一批木材打捞起来。这时候，从上游漂来一根大原木，我班文艺学兵李涛毫不犹豫跃入水中，站好位置想把木材按住拉上江滩。

看上去木材在江中漂流的速度并不快，实际上撞击力很大。李涛是从西安城市来的学生，不懂得水流的惯性，结果不但没有按住原木，由于用力过重，反而被原木撞击后，人一下子失去平衡，被急速下行的原木带入滔滔江水之中。这时，我听到"老班长，救我……"的呼救声……

作为军人的班长，我没有半点思考，奋不顾身地跳下去救李涛，刚跳下去时，我大声喊："抓住木头。"这时汉江洪水的浪涛声盖过人的呼唤声。木头被江边石头一碰，弹向汉江的三分之一急流中，速度飞快地顺势而下。

此时，我和李涛被洪水冲散约有二十几米的距离，眼睁睁地看着双方往下流漂去，虽然两人间相互呼喊的声音无法听见，但生存意识是相同的，彼此在洪水急流中挣扎，用九牛二虎之力，拼命地往汉江边游靠。快要接近李涛时，洪水波浪又把我和李涛冲散……

被洪水冲下几百米后，体力透支了，无声的泪，无声的话，只有心灵彼此感知。那时我脑子里只有一个念头：不知李涛怎么样，他才19岁，对不起养育他的父母，我们没有保护好他，这是军人的责任，我这下是要"光荣"了……

人漂在汉江洪水急流之中，无论如何靠不上岸了，与洪水挣扎几个回合没有结果。就在已经无力抓住木头时，正巧遇上山沟出水处有个沙滩，木头神奇般地被冲到沙滩边。等我反应过来脚下有沙滩时，正巧李涛在沙滩边脱离了生命危险，这真是与死神擦肩而过啊！有惊无险。

当我和李涛两人爬上岸、拖着疲惫的身子返回宣传队驻地时，宣传队正要向上级报告两人被洪水冲走遇难失踪之事。当我和李涛出现在大家面前，他们涌向我俩人不约而同地问："你们怎么上岸的？"

我们谁也说不上谁救谁，两人同声说："是老天爷把我们推上岸的。"只要回营地，啥也别说了……

百年不遇的汉江洪水凶猛无情，我们两人江中遇险，幸被波浪推上了沙滩，死里逃生，似有神助。在我还没被汉江洪水推向沙滩前，昏昏沉沉中，我的脑海中仿佛呈现出这样的情景：母亲生我养我兄弟四人参加了中国人民解放军，县民政局里记载着"光荣妈妈"的名字。每逢新春座谈会上，母亲讲述着送子参军光荣史。这下，"光荣妈妈"真的又"光荣了"……

苍天有眼，把我和李涛从死神手里拉了回来。这件事虽然过去45年了，但我的脑海里永远不会忘记。当兵的初心就是为人民服务，就是要为人民谋幸福，珍惜生命，珍惜未来。

现在我已是古稀老人，还能参加各种歌咏比赛，我感到幸福满满。当我站在舞台上放声高歌我们伟大的中国共产党、我们英雄的人民军队时，潜意识告诉我，是铁道兵部队的生活，给了我营养，给了我力量……

（作者为原铁道兵第10师47团14连战士）

激情燃烧的岁月

周海涵

2013年、2014年四五月,我们一批于1969年从上海闸北应征入伍的铁道兵战友,相约赴成昆线西昌和襄渝线安康圆梦,寻觅人生的起点,回味艰苦的军旅生活。所到之处,触景生情,感慨万千:在铁道兵这所大熔炉里,我们度过了最难忘的岁月、最艰苦的生活和最精彩的人生。当年军营中的战斗场面仿佛就发生在昨天。

1969年春季新兵集训结束,我们16连去西昌执行"支左"任务。

军 中 无 戏 言

从西昌"支左"返回后,立即投入成昆线腊鹅隧道紧张而繁重的施工。当初开挖隧道没有大型机械,全连四个排分成四班倒,每次进洞的主要任务就是打风枪钻炮眼、装炸药点导火索、推翻斗车倾石渣、立模板灌水泥等,样样活儿大家都抢着干,谁也不甘落后。

那时施工靠的是人海战术,工具简陋,劳动强度大,为了抢时间,赶速度,提前完成任务,大家争先恐后,忘我拼搏。一次在施工时,为将一大石块砸碎装车,结果小石渣嘣起弹在我的右眼角上,立时鲜血直淌。卫生员包扎处理后,我坚持轻伤不下火线,坚守到任务完成,很快大家改变了对上海兵"骄、娇"两字的看法。

经过四个多月的劳动锻炼,我被调到营部技术组担任统计员工作,每天的工作是与下属的四个施工连队保持电话联系,掌握施工进度,按照上坑道、中层、下坑道三个部分掘进开挖,然后折算成成洞米向团部作战股汇报。

王承玉营长是位参加过抗日战争的老革命,操着一口浓重的胶东口音,虽说文化程度不高,但他对技术组的工程师、技术员十分尊重,非常关心,对工程质量要求很高,把关极严。有一件事让我铭记了一辈子。一天傍晚,王营长把我叫到办公室,询问:"今天道渣铺到隧道的哪个位置了?"因当天下午我在整理资料,未能去现场实地丈量,按前一天的进度推算后随口回答:"大概铺到560米处。"

王营长听后顿时消失了和蔼的笑容:"怎么能说是大概呢?"接着他严肃地指出:"要是在战争年代情报不准,是要吃败仗的;对施工现场情况不明,数据不准也会造成领导决策上的失误。"随后他用命令的口吻让我:"现在马上跑步去现场查看!"我满腹委屈,很不情愿地向王营长敬了个礼,转身出了办公室。

我拿上手电筒和皮尺,一口气跑到腊鹅隧道一号口,借着手电的光亮,参照隧道边矮桩所标里程,经丈量以隧道中线为界,左侧已铺到620米处,右侧才铺到540米处,其中还有两段近5米的距离跳空没铺。掌握这个精确的数据后,我如释重负,一扫笼罩在心头的阴霾,忘却了饥饿和疲劳,同时也深深体会到刚才营长的批评是对的,不是与自己过不去,严格要求是对自己的关心和爱护。

当我走出隧道时,夜幕已降临,满天繁星,我加快步伐回到营部,见王营长正在等待团部召开电话会议,便立即向他作了汇报。王营长在工作手册上做了详细记录,随后和颜悦色地说:"做任何事情不能想当然,要实事求是,一切结论要在调查之后,不能信口开河,军中无戏言,否则很容易出纰漏。"说完,让我赶紧去吃晚饭。

事后,我将此事的教训及体会,写了一篇广播稿投到了小高镇的有线广播站。王营长不久被调到团部担任参谋长,我与王营长接触的时间虽不长,但他对我的真诚教诲使我终生受益,在以后数十年的工作生涯中,自己逐步养成了责任在肩、一丝不苟、深入实际、注重调查的好习惯。特别是我复员后在铁路公安担负警卫工作期间,为了确保党和国家领导人乘坐的专列,途经上海管辖范围内绝对安全、万无一失,无论春夏秋冬,我与市警卫局的同志,连续几天徒步深入沪宁、沪杭线的上海管辖区段内,对铁路沿线两侧的各种桥梁、道口、涵洞、空关房、制高点等开展实地调研,在线路图上做了详细标注,以此为依据制定了具体翔实的警卫方案,得到了上级领导的肯定和表彰。

差一点车毁人亡

1971年9月底,秋高气爽。一天清晨,我从营部驻地展圆徒步十几里,去团部作战股递交季度统计报表及领取有关资料。在作战股,我见到了上海籍工程师方海良老大哥,方工盛情款待我这个小老乡。为了让我少走山路,还特地为我联系了一辆解放牌嘎斯车,顺路捎带我回营部。

这辆车上装满了铁锹、杠棒、扒钉、箩筐等施工材料,司机是位1968年的四川老兵,他技术精湛,经验丰富。汽车沿着曲折崎岖的山路蜿蜒前行,我和另一位战士坐在车厢上,又说又笑,欣赏着两旁的景色。当汽车行驶至一个弯道爬坡时,由于道路颠簸,突然,一捆竹叶扫把飞出车厢掉落在地。我们见状大声呼喊司机停车。只听"吱呀"一声,汽车紧急制动停在山坡上,司机不让我们下车去捡,而是打开车门自己跳下车,朝距十五六米处躺在地上的扫把疾奔而去。

待他扛起扫把向汽车方向奔过来时,一件意想不到的事情发生了。原先停着的汽车开始向坡下慢慢溜动。起先,我们坐在车厢上还未察觉,随着溜车速度的加快,我们慌了手脚,不知所措。司机见状扔下扛在肩上的扫把,拼命招手呼喊"快跳车!"我们闻声才如梦初醒,我纵身从左侧车挡板跳下,一个趔趄没站稳,汽车已从身旁滑过。说时迟那时快,只见那司机以百米冲刺的速度,飞身跳上汽车踏脚板,探身进入驾驶室用尽全力拉紧手刹,车子总算停住了。在车上的另一位战士,因右侧是悬崖峭壁,滔滔汉江而不敢跳车。

经仔细查看,汽车右侧后轮离悬崖仅一只脚的距离,差一点酿成车毁人亡的事故。事后,想起此事我感到十分后怕,以至于在很长一段时间不敢坐盘山的汽车。同时,敬佩并感激这位不知姓名的司机战友,在这千钧一发之际,是他的果断、机智和勇敢,保全了战友的生命安全和国家财产不受损失。

"扛木梢"落下腰伤

1972年8月份,连续几天的暴雨,汉江水位迅猛上涨,往日碧波荡漾的江水,此时呼啸咆哮,排山倒海,浊浪滔天。因山洪暴发,一批部队施工急需的原木,不断地从上游冲刷而下。为使国家财产少受损失,上级命令我们冒雨去汉江边打捞原木,除了个别坚守岗位外,我们营部的干部战士全部投入了抢险战斗。先将从上游冲下来的木料拦截拉上岸,再用扒钉将其固定,乘着雨停之际将这些原木从汉江边搬到公路上,再由连队派人运至施工现场。

我不顾感冒刚愈,主动要求参战,大家干劲十足,有的一人扛一根,有的两人抬一根,很快将大部分原木搬运到公路上。最后剩下一根十多米长的特大原木,粗的一头如脸盆,细的一头也有搪瓷碗大小的口径。由于自己身板单薄,再加上感冒初愈,大家为了照顾我,让我扛细的木梢一头。我们七八个战友抓起原木齐声喊着"一、二、三",把原木举上了肩,而我扛着木梢的,走在最后一个。

　　大家一边哼着劳动号子,一边缓慢向前移动,起先走在江边的平坦地上还能承受,随着江边上公路的坡度越来越陡,越往斜坡上走大原木成一种斜角度,我虽然扛的是木梢一头,由于在最下面,感觉压在肩上的分量越来越沉重,压得我透不过气来,腰也直不起了。此时要想退缩绝无可能,只能咬紧牙关,一步一步艰难地往前挪。

　　走上一段斜坡台阶时,当我的左脚刚踏上第一个台阶往上提腿时,只感觉腰椎处"咯噔"一扭,眼前顿时金星直冒,头上黄豆大的汗珠沿着脸庞淌了下来,身体不由自主地摇晃了一下,在我身后的王军医见状马上冲过来,用双手顶住我的后背,并鼓励我要挺住,我心里暗忖如果我顶不住,七八个人可能都会从斜坡台阶上滚落摔倒,被这特大原木压着的话就要闯大祸了。

　　这个时候,我拼尽全力,并在心里默念着"下定决心,不怕牺牲,排除万难,去争取胜利",艰难地一步一步向上攀登。在大家的共同努力下,终于坚持把这根特大原木扛上了公路。放下原木,大家累得气喘吁吁,而我脸色发白,感到恶心想吐,瘫坐在地上,战友们围上来关切地问:"怎么样?"我还硬撑着说"没事",那时毕竟年轻不懂,认为休息两天也就挺过去了,其实是自己腰椎受伤落下了病根。这件事也让我真真切切地感知到什么叫"扛木梢"的含义了。

　　从此之后,每逢阴雨天我总感到腰椎处不适。复员后,我专门到医院对腰椎处拍了一张X光片子。医生诊断,腰骶椎处有裂痕,属于陈旧性老伤,我想大概就是在这次抢险中落下的后遗症吧。记得当初复员时,许多战友虽因在隧道施工中造成了各种伤残,但也都没有申请军人伤残证。如今,虽然有各种伤病的战友不能享受伤残军人的各种优待,但仍笑对人生,无怨无悔。

（作者为原铁道兵第10师47团4营营部统计员、上海市铁路公安处干部）

与塌方为伴的隧道支撑工

李永正

1969年3月份,我应征入伍,结束了为期两个月的新兵训练后,就被分配到老连队,我们排着整齐的队伍,迈着军人特有的坚毅的步伐,在雄壮的《解放军进行曲》和嘹亮的《铁道兵志在四方》的乐曲声中,来到了四川德昌、安宁河畔的铁道兵10师47团三营十一连的驻地,开始了我的军旅生涯。

当时我们连队正在开挖地处小高公社的芝麻地隧道,我被分配在十一班(木工班),主要的任务是道坑支撑、隧道拱顶混凝土模板及隧道边墙混凝土模板的制作。可以说我们班所起的作用是很关键的,因为上级下达给我们连队的任务是按成洞米来计算的,比如像道坑掘进多少米、隧道拱顶混凝土浇灌多少立方米和隧道边墙混凝土浇灌多少立方米,都要折算成洞米来计数的;所以我们班的工作效率,直接影响着全连完成任务的进度。

隧道施工是一项特别危险的工作,如果隧道穿越在山体风化、谷底渗水区域,那施工的难度和危险性将成倍增长,塌方等险情时有发生。隧道施工开挖的顺序是这样的:先由风枪班按照部队技术组测定的位置打好炮眼,再根据地质的状况,确定炸药的用量进行爆破,待石渣处理完毕,我们班立即前去进行道坑支撑。其要求是每间隔1米,用原木支撑成2米、5米高度的排架,顶上用木料填实,以防止碎石掉落。坑道支撑是与塌方为伴的工作,作业的风险极大。有一次,我同班的一名战友在支撑排架时,因立柱差两厘米放不进去,我用斧子将上面的石渣打掉,刚打了两下,发觉有小石块掉下,我立即撤离现场,只听到轰的一声,一块八仙桌大小的巨石砸在离我脚后跟不到几十厘米的地方,情况十分危险。

隧道拱顶的开挖也是十分危险的作业。因为在开挖拱顶时,必须先将原来的道坑支撑拆除,待拱顶尺寸挖够,立即进行拱顶混凝土模板制作和混凝土浇灌,在这期间，危情随时会发生。有一次，还没到拱顶尺寸挖够，就发生了大面积的塌方，高度达三四层楼以上，全连紧急抢险，边抢运石渣，边抢支排架。排架一层叠一层，直达塌方顶部，奋战了两天两夜，才将险情控制住，耗去了大量的人力物力。

隧道边墙的开挖和混凝土模板的制作相对危险性要小一点，但也不能放松警惕。一次我和班长在铺设边墙模板，总高度在 6 米左右，刚刚铺设不到一半，突然，有几块小石块掉了下来，这是塌方的预兆，经验丰富的班长大喊一声："小李，快上来。"我赶紧跳出来。说时迟，那时快，"轰"的一声，一大片石渣塌了下来，填满了所铺设边墙模板的所有空间，如果不及时跳出，后果不堪设想。

还有一次，我带领全班在支立好宽度 6 米的边墙模板和架设好高度 5 米的工作平台后，我看到在边墙的接头处有一块木料，如果不清除，会影响边墙混凝土的质量。于是，我拿钢钎去将木料撬掉，刚一用力，突然，我脚下所踩的平台木板一端翘了起来，我失去重心后就头朝下地跌落下去。情急之中，我的左手往上一抓，四个手指正好扣住平台方木的边缘，整个身体悬吊在半空，全班战友紧急施救，才化险为夷；如果从 5 米的高空，头朝下摔下去，底下又全是乱石，试想，还能有今天的我？像那样的险情，我遇到过多次。

为了加速巩固祖国的大后方，将成昆铁路这一大动脉早日建成通车，铁道兵部队的将士们浴血奋战，历尽了千难万险，流血流汗，有的战友甚至献出了宝贵的生命。毫不夸张地说，成昆铁路的建成，是广大铁道兵将士们用热血和青春铺就的。

1970 年秋天，成昆铁路刚建成铺轨通车，我们部队又接到修建襄渝铁路的任务。襄渝铁路在秦岭和巴山蜀水之间，穿梭于崇山峻岭之中，那种桥隧相连的壮观景象随处可见。

我们营的任务是开挖罗家岭出口的隧道，全长 1 500 多米。公路通车后，所需的机械设备和材料物资陆续运到，大会战打响了。为了加快施工的速度，在主道坑掘进的同时，在距主道坑边上二三十米的地方掘进一个平行道坑（平行道坑的体积比主道坑小得多，掘进速度相对快），待平行道坑掘进到 200 多米时，再朝主道坑方向掘进一个横洞，横洞到达铁路线的设计位置后，朝左右两面开出两个工作面，这样可以投入更多兵力，加快施工的进度。像这样的横洞共打了四五个，为提前完成任务起到决定性的作用。

平行道坑的主要作用是通风、通水、运输石渣和施工所需的材料；可以肯定地说，如果不采用平行道坑，靠主道坑单面掘进，完成任务不知要到猴年马月。

1971 年初，由于部队在施工中缺乏大量技术人员，因此师部训练队（当时称草棚大学）抽调有实践经验的战士，经过培训后从事技术岗位工作。我也经过六个月的技术培训后，被分配到三营技术组，任施工技术员，负责两个连队的技术指导工作。当时不管白天黑夜，只要工地需要，随时去第一线，直到襄渝铁路通车，我才离开营部技术组。

由于铁路施工面广量大，人力物力十分缺乏，因此部队从地方上大量招了农村的青壮年劳力和城市的初中毕业生，整编成民兵连和学兵连，在部队统一指导下参加施工。为了加强管理和思想教育，部队向民兵连和学兵连增派了军代表，辅导他们的政治学习，学习部队的优良传统，执行部队的三大纪律八项注意。我也曾经在民兵四连担任过军代表，每天早上带领出操，早饭后经过一个小时的政治学习，然后配合部队参加施工。在民兵四连任军代表不到两个月，因调师部训练队培训，我离开了民兵四连。培训结束后我在三营技术组工作，民兵四连正好配合我所负责技术指导的两个连队施工，一直到襄渝铁路建成通车。

由于人员众多，后勤供给十分困难，加上当地的山体都是岩石，长不出庄稼，农副产品十分缺乏。当时部队的主食是三三制供给，即一份大米、一份面粉（当时配给的是三号面粉，蒸出的馒头是发黑的，吃起来粘牙）和一份杂粮（苞谷面和地瓜干）；副食品供给更差，主要是压缩菜、海带、萝卜（连萝卜叶子也当菜吃）、土豆和青南瓜，很难吃到新鲜蔬菜，肉类更少，生活十分清苦。但就是在这样极度艰难困苦的环境下，铁道兵广大指战员和民兵、学兵们，发扬吃大苦、耐大劳、战天斗地的大无畏革命精神，创造了奇迹。

经过三年多时间的浴血奋战，克服了难以想象的困难，终于完成了这一无比艰巨的任务——在1974的秋天，襄渝铁路建成通车！

正当我们沉浸在胜利的喜悦下不久，部队又接到新的命令——向青藏高原进军，参加青藏铁路的建设。我在青藏铁路战斗了一年，于1975年3月退伍。被称为"天路"的青藏铁路，终于在80年代建成通车，我们的部队又创造了奇迹，创造了历史。

部队生活可用两个字来概括，那就是"紧张"。虽然艰苦，但能育人；六年的部队生活，使我养成了吃苦耐劳、不畏艰难和勇往直前的性格，这让我退伍后步入社会，在创业和人生的道路上受益匪浅。

现在，我已退休多年，由于身体的原因在家疗养；但每看到和战友们相聚时的合影，想起在部队的战斗岁月，就热血沸腾、心潮澎湃，期盼青春再现，重新驰骋疆场，为早日实现伟大的中华民族复兴作出应有的贡献。

（作者为原铁道兵第10师47团11连战士、奉贤区民营企业老板）

守护掌子面的"光明"

成玉波

1969年3月10日,异常兴奋的我与上海几百名热血青年一道,踌躇满志,意气风发,身着国防绿,脚蹬黄胶鞋,肩负着捆扎还不太规范的背包,在亲属和朋友的呼唤声浪中,排队依次登上停靠在"老北站"的"闷罐子"车皮,奔赴向往已久的解放军部队。所谓"闷罐子",其实就是铁路运输中装载货物专用的铁皮车厢,全封闭的车厢里,既没有车窗,也没有桌椅,只是在车厢地面平铺了几张芦席而已,整个车厢就变成了一张特大的硬"通铺"。白天大家席地而坐,夜晚大家则脚抵脚,相依而睡。在车厢底角处,放置了一只大木桶,供大家解决"内急"之用……条件虽然简陋,但也无人叫苦。

经过好几天火车与汽车的长途跋涉后,终于来到了位于西昌专区德昌县辖内的新兵团新兵七连。可能是因为我个头矮小(不满一米六),身材单薄(不满一百斤),且长着一副稚气未脱的娃娃脸的缘故吧,连干部把我安排在连部勤杂班,担任通信员。在连干部兄长般的关心帮助下,干的又是端茶倒水之类的"轻松活",很快就顺利渡过了入伍后第一个考验关:新兵集训。

一天,新兵连部来了位个子高高的、皮肤黑黑的、操着浓重山东口音普通话的干部,自我介绍是铁道兵47团一营五连连长,叫郭金聚(山东曹县人),奉命接走了包括我在内的九个上海兵。路上,我们坐在解放牌木栅栏车厢内,抓住机会粗略观赏了沿途的风景:不算太宽的安宁河蜿蜒而下,流水平缓且不怎么深,多处河床里的鹅卵石裸露着,清晰可见;解放牌汽车载着我们行驶的土路,紧依着山脚坑坑洼洼,车轮碾过后卷起的尘土,纷纷扬扬,遮天蔽日;左右两边均是连绵不绝的崇山峻岭,一片翠绿。

大约一个多时辰,我们就来到了位于斜坡之上的"老营房"。走近才看清楚,墙是干打垒的土墙,屋顶是铁皮瓦楞板,瓦楞板下塞了一层厚厚的稻草隔热御寒,四排营房如阶梯般排列,上下落差达几十米。在郭连长的"青睐"下,我得以继续"安居"勤杂班,被安排为机电仓库材料员。为了不辜负连长厚望,为了快速熟悉各类机电零配件,我将入伍前亲朋好友赠送的日记簿,全部用来抄写记录,不仅有名称用途、料架与编号,还配上了一些大抵外形图,随身携带,反复背诵,强化记忆。很快就能将绝大部分零配件熟记于胸,提前备货,正确领发。为此,多次受到连部表扬与嘉奖,心里别提多高兴了。

转眼入伍将近一年,环顾四周,同时一起入伍的战友"老乡",先后入团、入党,我有点沉不住气了。可是,连长多次与我促膝谈心时语重心长:"一线的同志很辛苦,付出的多,接受考验的场合也比我们频繁,党团组织优先接纳他们更合理。"听了连长的这番话以后,我就暗自下定决心,要接受考验,要迎接更多挑战,决不能落到战友后面。之后的日子里,我除了口头与连长软泡硬磨,还写了一份态度坚决的决心书,坚持要求下"基层",到最艰苦、最危险的第一线去工作去锻炼!连长看我这么执着,终于"拗"不过,同意我进入电工班,直接服务于第一线。

电工班是我连深入施工最前沿的主要工种之一,电工的工作现场,就是隧道施工掌子面的"眼睛",时刻与施工连战友们共进退。在施工作业时,风枪手们轮番上阵,只见他们顶戴安全帽,脚踩齐膝的高统雨鞋,满身泥浆,满脸油渍和汗水,在不断的吆喝声中,或手托、或肩扛、或怀抱挺着几米长钢钎的风枪,在坚硬的岩石上打炮眼,"掌子面"里尘土与冷却水飞溅,钢钎钻入岩石的撞击声与风枪排气声,交织轰鸣不绝于耳……为了保证隧道建设按计划推进,电工必须保证电源,灯光照明与施工速度并驾齐驱,不能有丝毫松懈。而每当"掌子面"炮眼装填雷管炸药的时刻,才是施工现场最为惊险的环节。我必须紧密配合施工人员,在点燃导火索之后,卷起电线、拎起灯泡,迅速拉出危险区域,以确保电线灯泡不被炸烂。然后与施工人员一起隐蔽,等待爆破声传来。当爆破环节完成,电工就推闸送电,打开大功率轴流排风扇,抽出隧道内爆破产生的大量硝烟和尘埃,待隧道里能看清人影时,再放回电线,挂上灯泡,在灯光照明下,施工人员、装渣机设备、翻斗车在电瓶车推动下依次跟进,接着进行下一轮的施工作业,循环往复,直至搭模板、灌灰浆、隧道贯通、铺道轨……

成昆铁路的修建是世界铁路史上公认的艰难之最,我国整个西南地区,基本是在崇山峻岭的包围之中,深壑峡谷密布,地质状况极其复杂。在我们施工段中,就多次碰到了冒顶和透水状况,塌方事故更是不计其数。记得有一次,我和战友正在隧道里涉水搬移100多斤重的变压器,行走十分困难。头顶部一片危石突然开裂,由于安全员警报提示及时,在一阵急促哨音的指引下,我果断撂下挑子,双手紧攥身边的两个战友一边高喊:"赶快往外跑,要塌方!"一边急速狂奔,只听身后乱石飞滚,惊叫声骤起……终于安全撤离了,我当时虽然闪了腰(落下了至今每逢阴雨天气就腰疼难忍的毛病),变压器外壳也被石块砸瘪了一只角,但幸好人无大碍,工程也未受到大的影响,总算是不幸之中的大幸。

当然,在塌方、透水、瓦斯爆炸等各类事故中,并不是人人都会这么幸运的。有些战友、学兵、民工就因为事发过于突然,主客观上无法做到安全转移,而最终长眠在曾经为之舍命工作、日夜奋斗过的那片土地上。

那个时期,国家经济比较困难,我们连队平时伙食相对较差,每天的伙食费标准是 0.43 元,但施工连队因为体力消耗大,每天的伙食费标准是 0.58 元。差别最明显的就是他们每周总有两三次荤腥菜肴,而我们可能十天半个月才轮到一回。所以每当就餐时,我老远就闻到铁罐包装红烧肉的香味,故意往他们身边"凑",当然,他们也不会让我"失望"。此时我将肉块夹进嘴里,油渍渍,香喷喷,满口酥,十分满足,回味无穷。

由于与施工人员配合默契,加之吸取了老班长等传授的操作经验,我在胆大心细前提下,努力做到眼疾手快,一般的线路故障基本几十秒内就能排除并恢复照明;除了低压线,就连 220 V 的高压电器电源也从不影响正常施工,深得施工连队的赞许。在较短时间内,就成了电工班的一名得力干将。

尤其是成昆铁路通车之后,部队转战襄渝铁路,在陕西安康地区筹建连队营房过程中,我能勇挑大梁,独自挖坑、树杆、装瓷品、登杆拉电线、直到营房灯光通明,各个环节的作业技能,都能熟练驾驭,得心应手。老班长卢长富(1965 年兵,四川简阳人)、副排长吕福洲(1965 年兵,四川泸州人)经过考察,于 1971 年 1 月 16 日,郑重介绍我加入党组织,从而使我在当兵两年内就成为一名光荣的中共党员,实现了人生目标的一次重大升华。

如今,虽然已经过去了 50 年,但当年的军旅生活,仍旧会像过电影一样,历历在目,永生难忘。

(作者为原铁道兵第 10 师 47 团 5 连战士、上海四方锅炉厂武装部部长)

我的战友风枪手

乔正南

我的战友是一位风枪手。不是铁道兵或者工程兵部队的人,对于什么叫风枪手也许不明白。铁道兵战士一手拿钢枪,一手拿铁锤,在和平年代是一支修建铁路为主的技术工程部队。

我的战友姓谢,他身高1.70米左右,长得很粗壮,体重150斤以上,黑黑的皮肤四方脸,两只眼睛炯炯有神,是个能吃、能睡、能干、能吃得起苦的人。他心直口快,有什么说什么,敢于挑重担,隧道施工的风枪手重任,自然而然落在我的战友的肩上。

我的连队在成昆铁路是修建桥墩和路基,转入修建襄渝铁路时担任隧道施工任务,打隧道最艰苦的工作就是风枪手。战备施工任务重,工期紧,条件差。连队隧道施工任务完成的进度快,风枪手能干不能干是关键。

铁路隧道施工是最艰苦、最危险的作业。70年代初的襄渝铁路,地势险恶,靠的是人海战术,不像现在由盾构机进行机械化操作,一次成洞。那个时候只有亲身经历过的,才知道铁道兵的苦与累。就拿隧道掘进来说,最重要的工序就是风枪手钻炮眼,它需要足够的体力。在风枪的操作中,风枪手要用全身的力量把握住风枪,往石头上钻1.5米深的炮眼,一下子需要钻24个炮眼,然后装上炸药,插上雷管,等其他人员躲进猫儿洞后,点燃导火绳爆破。待炮眼爆破后,抢装碎渣土石方,用轨道车推出洞外。

风枪手在打风枪时,体力消耗相当大,进隧道时精神饱满,六个小时一个工班,从隧道出来谁都认不出谁了,除了牙齿是白的、两只眼睛在转动,其他满脸都是黑的,只能凭声音知道是谁。有的风枪手为了抓施工进度,违章操作打干风枪,但石灰尘大,灰尘吸进肺里,容易患硅肺病,一旦患上硅肺病,终身难以治疗。此外,由于头顶上山缝渗水,风枪手们往往脚穿高腰雨鞋,长年累月在隧道内潮湿环境中施工作业,极易关节风湿,腰酸背痛,积劳成疾,威胁生命。

  我的战友使用风枪,最初也是手忙脚乱的。要掌握使用风枪,除了有技术人员指导外,还要靠自己边干边学。一开始,战友虽然人高马大,但不能掌握风枪性能,常常被三四十公斤重的风枪弄得筋疲力尽、汗流浃背。"世上无难事,只要肯攀登。""实战出真知。"风枪手必须熟练操作风枪,才能完成施工进度。风枪手就好比战场上的机枪手,可想而知,完成战备施工、修建隧道关键是风枪手。经过苦练,我战友很快熟练掌握了风枪使用技巧,使用风枪得心应手,在奋战襄渝铁路沙沟隧道中,表现积极,成绩突出,在风枪手的岗位上入了党,立了三等功。

  我的战友完成襄渝铁路建设后,又转入青藏铁路建设,我团的主要任务是关角山隧道,而关角山隧道是青藏铁路的关键之战。关角山隧道地处海拔3 700米以上,每年平均气温低于零下2℃,最低气温低于零下40℃,每年冬寒达六个月以上。隧道全长4 009米,我的战友仍然是风枪手,并担任了班长。隧道里空气稀薄,严重缺氧,对风枪手是一种考验。由于在两条铁路线上施工体力透支,当兵六年的我的战友患上了严重的腰肌劳损,积劳成疾。

  我的战友退役后,腰肌劳损几乎每年要发作一次,每次发作要卧床几天才能康复,至今快奔70岁的人了。有一次去看望战友,正遇上他旧病复发、卧床不起,使我深情地回想起当年艰苦岁月的生活。回忆铁道兵是一支特别能战斗的部队,这不是一种笑谈,那是一段特殊的经历,那是一种无法表达的情感;风枪手不是一个简单的名字,那是令人一生难忘的体验,那是一种生命深处的记忆,那是一段无怨无悔的岁月,那是一曲同生共死的和弦。

  曾经的风枪手,是一种责任,更是我永远的怀念:风枪手是吃苦,是流汗,是忘我,是牺牲,是奉献。

  我经常回想起当年打隧道的情景,老年的时光流水冲不淡记忆底片,当年的战友,越来越清晰地在脑海中闪回,越来越多地在梦中出现,风枪手是一生引以为荣的体验,风枪手是坚强意志的代名词。

(作者为原铁道兵西北办事处助理员、上海市奉贤区委党校总务科副科长)

一段刻骨铭心的记忆

辛绍德

20世纪60年代末70年代初,为落实毛主席"三线建设要抓紧,备战备荒为人民"的伟大战略部署,一条横贯鄂、陕、川三省,连接我国中南和西南的钢铁运输线——襄渝铁路建设大会战打响。以中国人民解放军铁道兵部队为主体,鄂、陕、川三省数十万民工参与的筑路大军先后开进秦巴山区汉水河畔的开山筑路现场。

在当年修建这段铁路的数十万大军中,有一支中国乃至世界铁路史上从未有过的特殊队伍,它就是由陕西省2.5万名六九届、七〇届初中毕业生组成的若干个学生连队(后称"学兵连")投身襄渝铁路建设。按照部队编制,直接由铁道兵部队指挥。连长、指导员、司务长由地方政府抽调干部担任,部队向学兵连派出军代表协助管理。

我当时是铁道兵第10师47团(5847部队)一营四连的一名战士,作为军代表进驻女子学兵七连。我在和这些十六七岁的学生娃们共同生活战斗的日子里,时常为她们那般的坚强勇敢惊叹感慨。她们用稚嫩的双肩挑起祖国建设的重担,用火红的青春铸就了"三线"学兵精神,她们那种火一样的情怀、无私无畏献身祖国的品质、无怨无悔的"三线"情结令我刻骨铭心。

血染的誓言

1971年初春的一天,寒气很浓,天还下着小雨,一大早我们选拔接收学生参加襄渝铁路建设工作组的全体成员在团邹副参谋长的带领下,登上了去宝鸡市的"专车"(搭有帐篷的解放牌大货车),傍晚抵达宝鸡市"革委会"招待所。一到驻地,给我们第一印象是宝鸡市人民那种火一样的热情。我们一下车,市有关领导及接待工作的同志便蜂拥而上,握手问好。"三线战线要抓紧,备战备荒为人民""热烈欢迎解放军首长同志们到我市选拔接收学生参加三线建设"等醒目标语随处可见。第二天上午,选拔接收学生参加三线建设专题会议刚结束,就见到一早就来到招待所大门口等候的人群,他们当中有校长、厂长、家长,更多的还是来自不同学校的学生,他们有的要见亲人解放军,有的要亲自递交申请书……当时我们看得出有些人的表情还很激动。

连续几天的选拔工作,让我应接不暇,有的拿着学生的申请书要我表态,有的拿着工厂的政审表要我签字,有的学生家长见到我,恳求一定要把他的娃带走。我们到学校目测、排队时,有的学生踮着脚,有的干脆垫砖块,还有的学生软磨硬缠要去"三线",让我一时难以"突围"。更让我震惊的是:许多学生用鲜红的血书表达心愿,有用手巾写的,有用白布写的,也有用白纸写的。这些从小就受延安精神熏陶、从小就向往军营生活、在红色热土上成长的学生娃,他们把去"三线"作为忠于毛主席、有革命理想的唯一标准,同样显得尤为纯朴可爱。

这里,我不得不讲一个让我至今想来仍撕肝裂肺的故事:有一位父母是宝鸡市棉纺厂职工的女孩,姓蔡。那天,我在她爸妈所在厂的子弟学校选拔,因为她身材明显矮小,年龄又太小,被我刷了下来。晚上9点钟左右,首长正在听取我们工作组的汇报,突然有人敲门,刚一开门只见一位弱小的少女"扑通"一下直接跪在我的面前,她正是姓蔡的那位同学,她哭着说:"是您到我们学校,是您把我刷下来了,我向您下跪,我要跟您走,我要去'三线'。"当时的我不知所措,连忙把她扶起来,指着邹副参谋长对她说,这是我们的首长,有话慢慢说,她点头了。首长以父辈的语气耐心地说服劝解她,我还不时地插话,好像她并没有听进去多少。突然,她又一次跪在首长面前,一边哭一边说:"我爸妈是工人,还是模范,我能吃苦,会干活,我还上过少年戏曲培训班哩,我现在就给你们清唱一段可以吗?"首长看着她眼角的泪花,不忍心打断她,便说:"小姑娘唱吧,欢迎!"她擦干眼泪,挺胸亮相,一段秦腔清唱《只盼着深山出太阳》,声情并茂,我们在场的人都为之动容。一阵掌声之后,首长说:"唱得好,今后你一定会成为一名优秀的戏剧演员。"但小姑娘马上一本正经地回答:"不,首长,我一定要跟你们走,参加'三线'建设,我爸妈还在门外等结果呢。"她说着就咬破了自己的手指,鲜血滴到她自己摊起的衣襟上。我们为她止血,首长又立即命令两名同志,把她爸妈请进来,耐心地向他们讲明,为什么要按标准选择学生参加铁路建设的道理。临走时,她又放出一句话:"如果把我撂下,哪天走,我要去卧轨,为幸运的同学们送行。"这话说得多么偏激却又显得十分痛心无奈啊!"毛主席挥手我前进,三线战场炼红心",这是当时同学们的共同口号;"再见吧,妈妈,铁路不修通,誓死不回头",是他们发自肺腑的心声。正是靠这般誓死的追求,这些当选的娃娃生,满怀理想和美好的憧憬踏上了充满艰辛、充满自信的征程,去践行他们那血染的誓言。

燃烧的青春

1971年3月,我作为军代表和由212名女学生娃组成的5847部队第七学兵连,一起来到她们在襄渝铁路建设工地驻地——旬阳县沙沟公社富强大队一个名叫黑狼沟的半山坡上。上去没有路,营房是部队刚为她们搭建的用铁架子支撑、油毛毡盖顶、以芦苇为墙的简易住房。麦草铺地当床,无电缺水,没有厨房。此情此景,对于这些生活在城里、在父母身边成长的花季女孩来说,所形成的强烈反差,实在让人难以想象。

刚到工地的头几个月里,先不说施工的种种艰辛,吃饭、睡觉就成为连队最棘手、最难解决的问题。这些花季女孩晚上睡在潮湿的地铺上,蜡烛照明,遇到雨天哗哗的流水从床头通宵流过,同学们戏称为动听的"催眠曲"。炊事班的同学们每天起五更、睡半夜,也只能凑合着让全连人啃馒头、吃咸菜、喝白开水。由于当时燃煤难以供应,每天200多号人吃饭要烧的柴禾,还要到几十里路外的大山里去砍伐。这些女孩整天施工干活,汗流浃背,黑狼沟下边的小河沟,就是她们洗澡、洗衣服唯一的去处。面对如此困苦的生活环境、甚至连经过磨难的成年人也难以完全承受的艰辛,这些女娃们都表现得十分坚强自信、从容自若,经常听到她们挂在嘴边的那两句话:"苦不苦,想想长征二万五;累不累,比比革命老前辈。"

一次,天刚蒙蒙亮,有一批同学提前起床,要去大山里背柴。吃早饭时,我发现一位姓李的同学一碗清水面条没吃几口就撂下了,便跟着队伍上了山,我当时没有多想,就和一位同学紧跟其后。这条老祖宗留下的羊肠小道,弯多,坡陡,一不小心就会掉下陡壁的山崖。去的路上她的精神还算可以,返回时走到一个转弯处,肩上的木柴前撞后挡,身体失衡,滚落到坡下悬崖边,幸亏被一旁的灌木丛挡住,否则后果不堪设想。我们正要去搀扶时,她已一骨碌爬起来,扬起两只手擦了擦脸上的泥土汗水,扛起那根木柴就上路了。我们拗不过她,就跟在她后面缓慢前行。太阳快落山了,她似乎用尽全身的气力,爬上最后一个台阶,连柴带人一起瘫倒在柴堆旁。同学们见状纷纷围上来,搀扶着她问长问短,卫生员随即给她查量体温：39.6℃。

顿时，作为军代表的我，一种负罪感涌上心头。正是她，一个吃不下饭、发着高烧的小姑娘，竟然在我的眼皮底下如此这般的坚忍顽强，以惊人的毅力把那根看成比自己生命还珍贵的木柴扛回到终点。我流泪了，我失职，我愧疚，我的心好长时间不能平静。是什么力量支撑着她？答案只有一个，是理想和信仰。后来，我在会上说起这件事，她站起来很自豪地说："那天，我战胜了自己，我赢了，换成哪位同学都会这样做，你们说是吧。"会场上响起阵阵掌声。

也就在这几个月时间里，煤和电的问题相继解决，地铺改为木条搭起的通铺，芦苇墙改成柳条泥巴墙，挖了水井，改建了灶台厨房，用石块铺设了上下山和营区的小路，偶尔还能采购到一些鱼肉和蔬菜，生活环境得到了一些改善。同学们风趣地说："我们安居乐业，毛主席知道了就更放心了。"

在汉江滩边一线，女子学兵七连摆开了筛选沙石的"战场"。为了完成每人每天的筛选装运沙石任务，夏天，在40多摄氏度的高温下干活，热气蒸得满脸焦疼，头晕眼花；冬天，腿脚在汉江水里冰冻得失去知觉，脸冻伤，手裂口。每天还要将筛选好的沙石分装到翻斗车上并及时运往隧道口用于打拱。为保证洞内打拱需要，姑娘们还要连续装好几车，每车4吨。在筛沙现场，只见沙锹飞扬，挥汗如雨，几车装下来，累得精疲力竭，有人晕倒，有人吐血，还有的学兵付出了一生的代价。例假不休息，血顺着腿流，加上长期冷水洗脸洗澡，患上严重的风湿性关节炎，有的还导致终身不育，这是一种何等沉重巨大的付出啊，当然这是后话。

每当连续降雨，公路便多处塌方，交通被迫中断。隧道施工急需物资只能改为水路运输，七连的女娃娃们又承担了一般应由男同志干的活，成为抢运物资的先锋。一次，天下着小雨，连队突然接到抢运水泥的任务，连长、指导员给每人发了一块用于搭盖水泥的黄油布，便直奔江边装有80吨水泥的驳船。为了争速度、抢时间，大多体重不足百斤的姑娘却扛起每袋百斤的水泥，小心翼翼地踏过几块摇晃不定的跳板，涉过沙滩，再攀爬到十多米高的半山腰上的公路装车。扛上水泥腰直不起来，靠脊背支撑；坡陡爬不上去，靠人前拉后推。汗水、泥土糊满了涨红的脸，很难睁开双眼，她们咬着牙数着步艰难爬行，有的学生被压趴在地上，爬起来挥去汗水继续扛，无一人退缩掉泪。

隧道施工，是襄渝铁路建设中最硬的骨头。隧道地质结构复杂，洞内危机四伏，险象环生，塌方频发，每时每刻都经历血与火的洗礼、生与死的考验。"为了加快三线工程建设，让毛主席睡好觉，我们甘愿挑战自我。冲刺身体极限，到大山'肚里'挥刀舞剑。"誓师大会一结束，学兵七连挑兵选将，组成一个排，进入隧道和部队战士、男民兵、男学兵一样，站在高高的支架上，扛着风枪打炮眼，撸起袖头填装炸药,手工捣固拱内水泥沙浆,用最原始的办法,一锄锄、一锹锹地把石渣装筐上车,搬运出洞。满脸的泥浆糊得睁不开双眼,有时还要强忍手脚腰肩压磨的剧烈疼痛。但她们巾帼不让须眉、轻伤不下火线,和男同胞们一样勇敢顽强。

还有一种壮举发生在男学兵连攻坚决战前的誓师大会现场。会场设在隧道口,会场后面摆放着多口棺材,全连战士都在这些棺材上密密麻麻地签上了自己的名字,为了祖国的三线建设视死如归,和英雄黄继光堵枪眼、董存瑞炸碉堡一样感人肺腑、英勇悲壮。我每每想起这些惊心动魄的场景,除了那种难言的酸楚,更多的是无尽的感慨:他们无限忠于毛主席,献身祖国的三线建设,燃烧着自己的青春岁月,无私无畏,是一支含着泪水义无反顾地继续勇往前行的英雄群体。

永 恒 的 情 结

40多年后的2017年,在鲜花盛开的季节里,原铁道兵5847部队部分战友和学兵应邀相聚古城西安。话友情兴奋喜悦,诉衷肠思绪万千。一位女学兵战友,虽年过花甲,满头斑白,却精神焕发,不减当年英姿。她一眼就认出了我,一把拉着我的手深情地说:"幸代表,当年是你把我带到部队、带到火热的襄渝铁路建设工地,正是那段火红的岁月,改变了我人生的轨迹。我感谢大山,我爱襄渝。"在随后几天相聚的日子里,她,还有几个学兵战友向我讲述了几十年来无以数计的学兵战友们一年又一年、一批又一批、一次又一次地重返魂牵梦萦的青春故乡——襄渝铁路建设工地所诞生的许许多多讲不尽、叙不完的动人故事。他们到大山,在青山绿水间寻找曾经的梦想;他们到工地,见证曾经用血水、汗水、泪水换来的隧道桥梁;他们到驻地,拜访邻居老乡,以各种方式回报大山人民的深情厚意;他们到墓地,祭奠长眠于大山深处的亲密战友;他们还多以"襄渝情怀、战友情深"为主题不间断地开展规模不等、形式多样的庆祝纪念活动。因为这里的山山水水、一草一木都和他们的青春融为一体,是他们从心灵到肉体艰苦磨炼的地方,是他们的人生由青涩走向成熟担当的地方,更是他们一笔无形的精神财富。

2007年5月中旬,七连的学兵一行多人在连指导员汪琦的带领下,还有她老伴同行,重返旬阳县蜀河镇,来到当年汉江河滩的备料场,挥锹扬沙,重现当年场景;来到黑狼沟连队驻地,拜访房东老乡,寻找早已不见踪影的营区、小路、小河沟的"澡堂";来到蜀河隧道,抚摸着幽深的隧道,亲吻着锃亮的铁轨,眼含着泪花,哽咽着念道:"黑狼沟,蜀河隧道,我们回来了。"尽情地享受着蜀河的山山水水,一草一木。

在襄渝烈士陵园,学兵们肃然伫立,静静地聆听主持人充满真情的悼词:"你们知道吗,你走了,留下望眼欲穿的老妈妈天天盼儿归,直盼得心力交瘁,两鬓白发!你们知道吗?你们走了,众多的战友退场时在坟前痛哭得撕心裂肺!为什么,这是为什么,我们一同来,却不能一同归!巴山汉水,你们告诉我,我们年轻的战友,他们还是孩子,怎么就这样说没就没了。你们还不知道,花前月下与恋人相拥依偎的滋味,你们也不曾有携妻随夫走进圣洁婚礼的殿堂,你们更没有品尝贤妻做过的一口饭、老公送上的一个吻,更不用说去感受咿呀学语的儿女对爸爸妈妈甜蜜的呼唤、去享受儿孙绕膝的天伦之乐。你们去了,虽说凄惨,但也悲壮,你们为国家、为人民利益而死,共和国的旗帜上有你们血染的光辉,也许,后来人不知道你们是谁,但是,他们一定都知道你们为了谁……"字字句句,声泪俱下。

2010年8月,来自全国各地120多个连队的2 000多名三线学兵欢聚一堂,纪念陕西学兵参加襄渝铁路建设40周年。会后,以卢存智、惰流东、田渭东等为代表的战友先后重返安康、旬阳、紫阳等地,为驻地老乡修路引水工程、项目引资等捐资百万余元,捐助图书、课本、计算机等学习和工作用品,充分表达了学兵们对青春故乡的情怀。

同年8月,安康遭受洪涝灾害,西安市未央区人大主任朱经建等四处奔走呼号,社会各界捐资17万元,购大米第一时间送往灾区……

几十年思念没变,几十年激情依然。时光磨砺可以淡出多少往事,唯独"襄渝情怀"这源头活水,让魂牵梦绕青春故乡,永远潜藏在广大学兵的生命中,凝为永恒的情结。

半个世纪过去了,往事成烟云。那一段女子学兵连任军代表的岁月,那些学兵们鲜活的形象,是我一生中刻骨铭心的记忆。

(作者为原铁道兵第10师47团报道组成员、湖北省钟祥市东桥镇副镇长)

汉水行舟历险记

黄永法

1969年3月入伍，到1970年元月底，我在四川德昌部队驻地生活了不到一年，就随同先头部队前往陕西旬阳的蜀河镇。当时俱乐部共派去了三人，除我外，还有上海籍的沈福根与四川籍的郭存永两位战友。我们的主要任务，是去那里为修建襄渝铁路的铁道兵战友、学生兵、民工们放电影的。当时，我们带了一架16毫米的放映机，一对35毫米的提包放映机，另外还带了一架小型发电机。

从西昌至安康，几天几夜的长途行军十分艰辛。尤其是到达安康以后，因为安康至部队驻地旬阳没有公路，我们只能走水路。

记得那天一大早，军车把我们送到汉江边的码头，只见江边停靠着几艘大木船，其中一艘大木船上的三个船工，一见到我们就马上下了船并径直向我们走来。领头的船老大向我们一一打过招呼后，就让我们把车上的货卸下来，又让身边的两个船工，帮我们把从车上卸下的货一一搬上船去。

大木船可装十几吨货，除放映设备外，更多的是其他的一些军用物资。大约搬了两个多小时，全部的货物都搬上了船。这时，船老大与船工都站到各自的位置准备起航。船缓缓起航后，船工们边摇着橹桨，边哼着船工号子，优美动听的号子声在江面上空回荡着。

船行江面，从山峰倒影的水面驶过，就像是一幅水墨画在水中穿行。难怪古人说"分明看见青山顶，船在青山顶上行"呢！船大约行驶了一个多小时，江面渐渐狭窄起来，水流也随之加快了。这时两船工停下了手中的橹桨，其中一位对我们说："这一路上有好几处狭谷，第一个狭谷快要到了。"他的话刚说完不久，水流开始湍急起来，只见急流伴随着哗哗之声撞击在礁石上，溅起一个个高高的浪花，不停地发出"叭叭"的响声。这时，只见船老大双手紧握舵把，眼睛睁得跟铜铃似的,一眨也不眨地注视着前方。

船老大虽然在这条江上生活了很多年,然而那么多的狭谷险滩,哪里是安全的航道,哪里有危险的暗礁,他未必一一都记得清楚。在多少年以来的风风雨雨中,他所以能靠这条江来养家糊口,首先是靠他的技能和胆识,其次还得靠他的运气。我看着船老大把舵的那种紧张神情,也着实为他深深地捏了一把汗。大木船颠簸得越来越厉害了,只见船老大一会儿将舵把拉过来,一会儿又将舵把推过去,迅速避开了左边的一个大礁石,又灵活地绕过右边一个大漩涡,迅速冲出了狭谷。

江面渐渐又宽阔起来,水流随之也缓慢起来。两船工又摇起了手中的橹桨,号子声又重新飘荡在江面上空。一连几天的长途跋涉,这时我感到有点疲乏,就和另两位战友紧挨在一起坐在船舱里,耳边的号子声就像一首催眠曲,渐渐地把我带进了梦乡……也不知过了多久,忽听到"呼"的一声巨响。我立刻从迷糊中惊醒过来,只觉得船身猛地晃动了一下,同时听到船老大惊恐地大声喊道:"哈了!哈了!"(坏了!坏了!)说时迟,那时快,又见船老大猛将身体往后一仰,双手用力将舵把往后一拉,随即船头急速向左转了个方向,船冲向了浅滩。

这时,我才注意到,船底早已被撞出了一个大窟窿,江水哗哗地从船底涌入,船舱内的放映机等已被水浸泡。我们几个急忙跳上甲板,发现甲板上的发电机还没浸水,准备将发电机搬上岸去。此时,只见一个瘦高个的船工迅速脱下衣裤,赤条条地"扑通"一声跳入江中。木船虽然停在浅滩上,但船工跳下江后,其腰部以下仍浸泡在冰冷的水里。等船工靠近船沿并站稳后,我们将发电机的整个包装箱,抬起来轻放在他的肩上。他皱了一下眉头,又咬了咬牙关,双手扶着压在肩上的重物,一步一挨地向江滩移动。紧接着,我和另一个船工也跳下了江去。在下水的一瞬间,我全身触了电似的抽搐了一下,只感到一股彻骨的寒流袭来,浑身上下刺骨的疼痛。

我迅速靠近船沿,船上的战友将浸湿的提包放映机放到我的肩上。人泡在刺骨的二月江水之中,肩扛沉重的货物,脚踩高低不平的石块,十分艰难地、一脚高一脚低地探索着,向30米外的江岸蹒跚前行。

大约往返了十几分钟,我的身子已经麻木了,双脚渐渐地不听使唤了。正当我绝望之际,忽见江边出现了兄弟部队的一支小分队。他们见到我们这番情景,不由分说也跃入冰冷的江水中,十多名战友排成一行队伍,把船上的货物一件件都传递到沙滩岸边。

在岸边不远处,另一支兄弟部队炊事班的战友,早已为大家准备好了姜汤与木柴。我们一到那里他们就点燃了木柴,战友们围着柴火,边喝着姜汤边烤火取暖。我们在兄弟部队住了三天,等木船修好后又重新出发。

到了旬阳县蜀河镇部队新驻地下连队放电影交通不便,汉江是唯一的交通枢纽。为此,我们长期租用了一条小木船。小船只有四五米长,在汉江里行驶就像是水上漂着一片树叶,显得格外渺小。小木船上,只有一位掌舵的老大与一位船工。每当外出放映遇到逆水而上时,我们三个放映员必须上岸与船工一起拉纤。

有一次我们去某连队放映,因刚下过暴雨,江水异常湍急。又因逆水行舟,我与上海兵沈福根上岸与船工一起当"纤夫",四川兵郭存永因身体欠佳,在船头用长竹篙撑几下为纤夫助力。不久,小船行驶至一处狭谷,狭谷处急流滚滚冲击着船舷,远远就能听到"啪啪"的响声。我们三个"纤夫"用力拉着肩背上那根粗粗的竹绳,身体越来越向前倾斜,前胸几乎要触到地面,但小船就是不能前进半步。我们在原地僵持了十几分钟后,又再一次用力向前,顿觉背后一松,还没有来得及反应过来,我们三个都已栽倒在地。当我们一骨碌爬起来回头看时,才知道纤绳已经断了两截,小船也早已被急流冲到百米之外了。我们奔跑着、追赶着,就怕小船翻入江中发生意外。

此时,善于见风使舵的船老大,紧张又小心地把着舵,始终让小船保持着纵向漂流,并慢慢向江岸边靠拢。终于,小船在江边一块巨石旁停稳了,大家这才松了一口气。

小船停稳后,我们又换了一根更粗的竹绳,准备重过这个险滩。这时,四川兵郭存永放下手中的竹篙说:"我在这里也使不上劲,干脆也上岸与你们一起拉纤,多一个人多一份力,兴许这回能冲过险滩。"说完他也跟着上了岸,与我们一起当起了"纤夫"。小船行了大约有四五百米的距离,我们又回到了刚才的险滩处。此时,我们发扬铁道兵"一不怕苦,二不怕死"的大无畏精神,人人毫不惧怕,个个精神抖擞,随着大家的一声吼,齐心协力一使劲,小木船终于逆流而上冲过了险滩。

那天,我们虽然在途中耽误了一点时间,但当晚为连队放映电影的任务没有受到影响,我们的"两不怕"精神,得到部队首长的表扬,我还受到了团部的嘉奖。

(作者为原铁道兵第 10 师 47 团电影组成员、上海市奉贤区教师)

关角山：你见证了铁道兵铮铮铁骨

孟树林

1973年10月襄渝线全线贯通，我们随后就开始学习动员准备上青藏线。首先是组织学习《毛主席和尼泊尔国王的谈话》、中央军委命令和叶剑英副主席的重要指示，宣讲党中央、毛主席对修建青藏线的高度重视和殷切期望，提高同志们对修建青藏线伟大战略意义的认识。

1974年3月下旬，我们连就着手撤离老区的准备工作，并派出魏副指员、李树谦、袁武学、张建文等十几个战友打前站。连长苍根京是曾上过青藏高原的老同志，我们向他打听草原上好不好？他告诉我们"草原上美得很，遍地是鲜花，到处是牛羊，有一眼望不到边的大草原"。问草原上草长得有多高？连长说"有半人高"。心想那不就跟花园一样吗，真是美死了。我们的那个高兴劲真是别提了，为我们再也不用钻山沟而欢呼。

发放高原服装后，4月8日就开始从5760部队农场往火车上搬家，一个排一节闷罐车厢。连长再三叮嘱不要把棉衣、棉皮帽、大头鞋、皮大衣装箱，要随身携带，冷了要穿的。当时安康的蚕豆快要熟了，天气和北方的夏天差不多，已经很热了。大家背上后说"都是一个中国能有多冷"，排长以下都没人信也没当回事。听说路上走五六天才能到，把工具箱一类全压到床板底下，床板上就放着被褥留足空间便于路上玩。4月12日晚12点我们恋恋不舍地离开安康，经阳安线、宝成线后到陇海线。

一过天水就看着不对劲，铁路旁的树叶还没绽开觉着凉凉的。到西宁火车站往南边远处的大山上一看，满山积雪在夕阳照耀下闪着寒光，这下才害怕了。从兵站吃饭回来的路上，沙尘暴中夹带着雨点，落在军装上全是一个个泥点，军装一会就成泥彩服。回到车上大家便翻腾开了，折腾了半天，大多数都加了一身绒衣。到了后半夜越睡越冷,感觉好像睡在冰上一样,穿上大衣也不行,闷罐车内比冷库还冷。天亮时车停下不走了,拉开车门一看:好家伙!眼前是一望无际的雪原。说是到哈尔盖了,心想,这天气怪,地名也怪,干脆叫雪儿盖不是更好。

到供给站吃饭的路上,一个个冻得腰都伸不展,穿着绒衣和大衣就跟没穿衣服一样。吃饭时,一尝全是生的,别说战士,排一级干部都不干了,硬是说人家供给站把饭没做熟就叫人吃,人家再三解释也没人听,饭往盆里一倒不吃了。路边的厕所也和内地的不一样,盖得像个小楼,上厕所还要爬楼梯,真是到了另一个世界了!

回到火车上,啃了点干粮后把火车上的货卸了装上汽车,忙了半天出一身汗,冷风一吹好多战友都感冒了。又坐上大篷车继续赶路,看着平平的公路坐在车上,总觉得汽车是往前蹦跶着跑的。走了有几十里路,看见后面有一个汽车轮子斜着向草原上飞过去了,车队停下后才知道,后面一辆车外边车轮螺丝被颠断了。下到地上才发现公路上横着一道道沟槽,就像人洗衣服用的搓板一样,难怪汽车是蹦跶着跑哩。

颠簸了一路,天擦黑到达目的地关角山下。下车时往下一跳地上软乎乎,还有点弹性,觉得很奇怪,到帐篷里用蜡烛一照,只见满地全是羊粪。住的帐篷一刮风,呼呼啦啦摇摇晃晃的晚上就没法睡。从亚热带低海拔地区一下来到高原上,高原反应特别强烈,再加上感冒头疼得要命,平地走路都喘得不行。都到四月底了还冷得够呛。记得一次出操时,我班的排头兵杨英武不见了。出完操回到帐篷,只见他撅着屁股弓着腰在床上忙着什么,走到他跟前一看,只见他一大撮头发竟冻在帐篷的三角铁架上,怎么扯也扯不下来,人被固定在那动弹不得,最后用热水才把头发从三角铁架上分开。初到关角山冻伤的特别多,湿手粘到铁器上冻伤比烫伤还严重。衣服、帆布手套带点水粘到铁器上,一扯就是一个洞,还没报纸结实。

想起刚到关角山下连队驻地看到崭新的帐篷,一排排安装得整整齐齐,连部的平房也盖好了,打前站就他们十几个人干了这么多活,真是辛苦他们了。也好奇他们在这荒无人烟的草原上刚开始是怎样生活和工作的,李树谦战友给我讲他们刚来的一些故事:

他们来得早,天气比我们来时冷得多。他打前站去团部领器材和生活用品时,在天峻县招待所住宿,就一张床、一床被褥、一个枕头。他睡觉时往被窝一钻就像站进冰窟窿一样,被子又硬又凉像盖张铁皮似的。最令他难以接受的就是那个枕头了,上面渍了很厚一层头油,看着油汪汪的,一挨上去就蹭一脸油,又冷又滑的没法枕。还有那经人体发酵过的羊膻味,简直难闻得要命,熏得他身上衣服上几天都是那股味道。

我们顾不上休整,高原反应还没有过去就投入了营房建设。营房院里院外的羊粪就打扫了几天,操场上先一天整理得光光的,第二天起来,一堆一堆的新土又堆得满操场都是,原来是草原上的地老鼠在捣乱,人白天平土,地老鼠晚上翻土。连长叫我们到公路那边拉石渣给操场上铺了厚厚一层石子,又到后来五连驻地那边搬了一个修公路涵洞用的大水泥管,用它在石渣上反复滚压才治住了。

以后我班抽去给营部盖平房垒围墙,一开始没经验,挖来草皮块像垒砖墙那样垒,墙垒得端端正正的,但吃顿饭工夫再去看时已经变形了。第一天垒的第二天去看时全倒了,好不容易挖来的草皮也浪费了。这时向一位赶着大木轮毛驴车的老者打听,他连说带比画我们才知道,垒草皮不能坐泥,不稳时用干土垫叫干打垒。刚到草原啥都不懂,尽闹笑话。一天傍晚又来一辆大木轮车,赶车人把车停到连队门前的公路边上。路边土坑下有个深坑,赶车人拿着羊皮跳下去挨着土坑就睡了。第二天早上,我们都吃过早饭了,但毛驴车还在那里。走过去一看,先天晚上下的雪被风一吹把坑给填平了,我们都以为雪把人捂死了,几个人跳下去就刨,刨开一看人家还睡得正香呢!嘴里还嘟嘟囔囔地嫌我们把他的好梦给搅黄了,真是好心没干成好事。

转入关角隧道施工后,最难啃的骨头就是大塌方后的处理工程,这比开挖新洞不知要难上多少倍,这任务当然非我们一连不可。因为我们一连有敢打硬仗的优良传统,有在襄渝线上处理塌方出了名的能人副连长肖从炳、班长彭继龙。一开始我们九班和木工班几位同志从平道进去,绕到塌方渣石堆里面铺设斗车轨道。从一号横通道口到渣石堆前有十几米要在水中架桥铺轨,水深在1.5米以上,一般人下水只露个头。连里给拿了七八瓶酒,下水的必须喝酒,我是沾酒就醉的人。那天原想喝一点就行了,我正喝着忘了是谁揭起瓶底给我就灌了几大口,当时就站不住了,一下到水里酒劲立马就没了。我们几个在水里冻得话都说不清,两个人背靠着背还好点。费了老大劲总算把桥搭好,木工班仲功礼因患有感冒一出水就撂倒了。

三十多米长的塌方口要把它封住谈何容易,渣石碎屑稍一动就滑落不止,为堵住渣石从不同角度不知打进多少根小钢轨。处理这段塌方最危险的还是打边墙。南面的边墙全都垮掉了,要从塌方的渣石堆上往下挖深井,挖一处浇铸一处,也是用小钢轨做骨架。挖深井一旦垮塌,下面的人躲都没处躲,随时都有被活埋的危险。下井挑选的都是精干利索的战士,腰里拴上绳子,看到情况不妙上面就往上拉。有好几次都是把人从渣石中拽上来的,人拽上来了,埋在渣石里的脚被划出一道道血印。深井一开挖就停不下来,直到把混凝土浇筑完为止,经常是一个班三十六七个小时连续干,把人累得困得下班走路走着就睡着了,有几次我人还在走着就迷迷糊糊地做梦了。记得一个1975年入伍的新战友边走边睡着了竟撞到斗车上把脸都撞破了,人滚到泥里摔到沟里那是常事。

关角山下,冬天要冷到零下三十七八摄氏度,那真是滴水成冰啊。有一天,我老远看见李康焕在洞口水沟里洗手,这时有两个人从洞里推出来一台装满泥渣的斗车。李康焕见他们推着很吃力,他跑过去帮着推车。我见他推车咋还嗷嗷叫着,便帮着推车。别人忙着干活没注意都走开了,我看他咋还在斗车后头叫唤呢,不好!怕是冻到哪了!我扑过去一看,他的双手还连着车架子。我急忙把电瓶车上的喷灯拿来点着,朝他手上面远处的架子上喷火,热量传过去后他收回一只手,又用同样办法又喷另一只手,这才把他从斗车解救下来。再看两只手掌手指全变白了,肉皮都厚硬得就像用烙铁烫过一样,他疼得龇牙咧嘴的,好几天以后手上就脱了一层皮。

冬天洞内施工最头疼的就是水,裤子打湿后一出洞就结成冰,冻得硬邦邦的。走路两腿互相一碰,裤子的膝盖处烂得最快,会烂个大洞,棉花也磨掉了,就剩一层里子,再结实布一冻冰,糟得就跟纸一样,好多战友都落下老寒腿这个病根,痛苦终生。我的双腿也是那时留下的终生"纪念"。穿过大头鞋的人都知道,那是皮子做的够结实吧,我记得有一天早上一名战友站在水沟沿刷牙,另一个战友倒洗脸水时不小心把水倒在刷牙战友的一只脚上,等刷完牙这只脚早就与地面冻上了,他一抬脚"吱啦"一下,鞋帮扯起来了,鞋底还与地上的冰粘着哩。

棉衣棉裤几个月下来,棉花就露在外面了,吊的絮絮络络的,"钻到藏民羊群里很难分出哪个是人、哪个是羊"。这话不是我说的,是当年一个新华社记者来工地采访时说的。

青藏线上的战友们在这种恶劣环境中,不仅高寒缺氧,而且由于条件所限,常年很少吃到新鲜蔬菜和水果。到冬天土豆成主菜,一连几天上顿下顿都是土豆,看到吃土豆都怕了,退伍后几年都不想看到土豆。由于长期缺乏营养,许多战友的指甲盖都陷下去了,指甲像个勺子一样,放上个小珠子摇着都滚不出去。长期超越人体耐受极限,年轻时感觉不到,到了老年各种疾病就找上门了。

(作者为原铁道兵第10师47团1连副排长、陕西省洛南印刷厂员工)

青藏高原上的"尖兵连"

王四景

青藏铁路全线建成通车,前后经历了五十多个年头。五十多年来,有一支从未离开过青藏高原铁路建设的英雄团队,为了祖国的建设和发展,他们把最宝贵的青春献给了青藏铁路建设,这支英雄的团队就是被授予"风火山尖兵连"(原铁道兵第10师英勇善战的隧道挖掘连队)。

从当年的"支部建在连上",到如今的"项目干到哪里就把党组织的战斗堡垒作用发挥到哪里",一代代共产党员用青春、生命和忠诚铸写了共和国铁路建设的光荣史册。

20世纪70年代,为配合国家铁路科研单位进行冻土实验研究,尖兵连隧道掘进队,三次来到海拔5 000米以上的可可西里无人区,担负青藏铁路风火山实验段施工,被当时铁道兵党委授予"风火山尖兵连"称号。

为了打通当时世界海拔最高的铁路隧道——关角山隧道,这个团队中有27位官兵献出了生命,其中25名是年轻的共产党员。

进入新世纪,时任党委书记的周玉成先后动过两次心脏手术,安放了5个支架,但仍不顾医生的劝阻并以惊人的毅力,先后9次来到可可西里无人区。正是在这种精神的感召下,风火山冻土隧道被成功攻克、打破了西方人"青藏铁路过不了风火山"的预言,创下了吉尼斯世界纪录。

2001年,青藏铁路二期工程"格尔木—拉萨"开工。"风火山尖兵连"的全体党员写下请战书:当年,我们的战友为青藏铁路献出生命;今天,我们要踏着他们的足迹,把铁路修到拉萨。"风火山尖兵连"就这样又踏上了当年为之战斗、牺牲过的地方,承担起海拔5 010米的世界第一高隧道——风火山隧道的修建工程。那一年,35岁的共产党员任少强同志被任命为隧道掘进队队长,领着队伍上了山。

最终,冻土隧道施工难题被他们成功破解,并在青藏铁路建设中全线推广。

2001年10月18日凌晨2点,沉睡地底亿万年的冰渣裹挟着碎石突然喷涌而出,正在掘进面施工的隧道掘进队总工程师杨立燃当时就惊呆了——这不仅是他第一次、也是我国的铁路建设者第一次遭遇碎屑流。顷刻间,泥沙涌出量就达到50余立方米。怎么办?他们迅速调来器械进行掌子面回填。由于出水量极大,他们想出了将编织袋装上弃渣进行封堵的办法,一边堵沙,一边排水。解决了眼前的问题,但如何能实现长期封堵?为了找到最有效的办法,他们将实验室搬到了工地上,水泥、水玻璃……一样一样试,边配比,边实验,边施工,终于将碎屑流成功凝固,封堵在岩石中。

隧道掘进队技术主管刘恒玮,大学毕业后拿着报到介绍信找到领导,头一句话就是:"请把我分配到工程难度最大、技术含量最高的岗位上去。"一次队长孙引浩带着工友们在安装拱架,没想到碎屑流又突然涌出,三个来不及躲避的工友,被倾泻而下的泥石流埋在齐腰高的水泥中。当时险情让刘恒玮至今历历在目,情况万分危急,孙引浩爬起来马上带领大家一块儿抢救伤员。很快三人得救了,但孙队长的手也被落下来的大石头砸伤了。他到医务室简单缝针包扎后,又赶回工地,带领大家继续处理险情。孙引浩严谨负责的作风深深打动了年轻的刘恒玮,他暗自下决心要成为队长那样的人。

修路人换了一代又一代,但铁道兵精神却始终在青藏高原绵延激荡。半个多世纪以来,这支队伍的施工技术、装备水平和职工的生活条件、安全保障都发生了很大的变化,有了很大的进步。但是挑战极限、吃苦奉献、勇创一流的"铁道兵尖兵连"精神却永远没有变。

20世纪60年代在高原奋斗的年轻人现在都已七八十岁了,现在还奋战在青藏高原的年轻人,也都已经是第四代青藏铁路建设者了。但是"风火山尖兵连"的旗帜却没有换;时代变了,党员的战斗堡垒作用却没有变;技术施工及生活条件变了,铁道兵第10师勇于吃苦耐劳英勇奋战的精神却永远没有变。

人迹罕见,奇寒缺氧,这就是原铁道兵第10师广大官兵长年施工的青藏高原无人地带。五十多年来,工程干了一段又一段,人员换了一茬又一茬。一个个"不可能完成"的高原隧道被他们贯通,一个个铁路工程史上的"人间奇迹"在他们手中被创造,这是因为党旗始终是这支队伍的前导、党员干部永远是这支队伍的灵魂。铁道兵第10师"尖兵连"的光荣称号,也永远在激励着他们攻坚奋进。这也就是我原所在的铁道兵第10师,一支长年奋战在青藏高原上的英雄团队。

(作者为原铁道兵第10师后勤处助理员、上海市徐汇区市政工程公司总经理)

蘑菇云升起，我冲进核爆试验场

李国余

1969年3月，我应征入伍，成为中国人民解放军铁道兵部队的一员，感到无上的光荣与自豪，终于实现了我少年时期的梦想。

新兵集训结束后，我被分在铁道兵第10师47团18连。艰苦的生活条件，繁重而危险的战备施工任务，是每一位铁道兵战友都有的深刻体会。我们铁道兵战士打起背包走天下，正如一首红歌中唱的那样：毛主席的战士最听党的话，哪里需要到哪里去，哪里艰苦哪安家……在那一不怕苦、二不怕死的时代精神鼓舞下，我们挥发着满腔热血，抱着能挑千斤担、不挑九百九的责任感，乐于奉献，勇于奉献，为了在祖国的大地上修建出一条条铁路大动脉、加快社会主义四个现代化建设而努力奋斗。

部队"三支二军"结束后，我回连队参加展园隧道施工不久，我又接到了一项特殊命令，即参加国家核试验任务，实实在在地体验了一段防化兵的感受。当时国际形势十分紧张复杂，党中央提出了"深挖洞、广积粮"、"备战备荒为人民"的号召；同时，为了适应未来发生核战争的需要，各军兵种都相继组建了防化兵部队，并积极参与国家核试验的各项大任务。

铁道兵也组建了防化中队，当时铁道兵共有15个师，从其中驻扎在三北地区的八个师中，每个团选派3名战士，每个师15名，合计120名组建成铁道兵防化中队。我们47团选拔的3名队员是：1968年入伍的四川籍兵方明成、1969年入伍的山东籍兵孙传志、1969年入伍的上海籍兵李国余。

集训从1971年3月开始，我们到师部集训，由师部一名作训科参谋带领，主要内容是加强政治思想教育，提高备战思想意识；加强保密教育，保守机密，诚信守诺；强化体能训练，增强体质；穿戴防化服及防毒面具……在烈日当空、骄阳似火的时候,我们从正午出发,行进在崎岖不平的羊肠小道上,野外训练结束后,我们参训的防化兵从防化服中倒出了汗水。

作为一名军人,实弹训练虽不是我们铁道兵的主要任务,但为了适应未来核战争的需要,我们戴上防毒面具、穿上防化服进行实弹射击训练,我还取得了优良成绩。学习核武器相关理论知识,了解核爆炸后产生的光辐射、冲击波及放射造成的各种损害,需要我们做好充分的思想准备,尽管有防化服及防毒面具保护,但也要做好核爆炸后可能受到的污染。我们参训的防化兵们也深深懂得,只有平时多流汗才能战时少流血,一切服从党的需要,一切服务于国家和人民的利益。为此,我们16个人,人人积极投入到艰苦而枯燥的核爆炸后的防化训练之中,为下一步正式参与国家核试验打下牢固而结实的基础。

当年9月底,我们接到了命令,师部派车把我们从安康送到西安火车站,登上了开往北京的列车。我们估算了一下,9月30日晚可抵达北京,准备第二天可参观国庆典礼。当到达北京后,铁道兵司令部接待我们的干部说:"你们早到了两天,这两天你们可以自行安排活动。"原来"9·13事件"发生后,取消了庆祝国庆活动。我们被告知军人上街一定要注重军容风纪,必须服从部队纠察的指挥等注意事项。10月3日,各部队参训人员到齐,接下来仍以保密教育为主题。约一周后,我们与其他军种部队防化兵一起乘上专用军列,从北京出发,经过五天五夜,到达吐鲁番,下车后再乘军车到达马兰新村(当时人称小北京)过了一夜。第二天继续乘一整天军车,直至傍晚到达了核试验基地。

核试验基地在戈壁滩,10万平方公里无人烟,寸草不生,缺少水源,用水比用汽油还贵。在当时这里是个很绝密的地方,为了迎接核试验,铁道兵防化部队继续进行强化集训,带队的是司令部一位副师级领导,我们又做了各项参试的准备工作。记不得是在核试验之前还是之后,由基地领导传达了"9·13事件"。那天,我们集中在大饭厅内,共有三四百人听传达,整个屋内鸦雀无声,我们都凝聚精神,空气像要爆炸一样,感到十分的紧张。

已经记不得是11月份还是12月份的某一天,我们全体参试指战员围坐在指定的安全地带,戴着防护镜,两耳用棉花球轻轻塞住以保护耳膜,静静地等待着那一伟大时刻的到来,内心感到无比的紧张与兴奋。大约下午2点不到,广播里传来了党中央命令,经周总理批准,我国第十二次核试验(地下相当于20万吨TNT炸药当量),将于当天下午2点准时起爆。听到这一消息,我们紧张而激动的心情难以形容。大家屏住呼吸,静静地听着倒计时……5、4、3、2、1起爆的口令。此时,一声沉闷的巨响,眼前光亮一闪,脸上微微一热(光辐射),只见一股蘑菇状的烟云直冲云霄,片刻间全场热烈欢腾,激动相拥,齐声欢呼,我国又一次核试验成功爆炸。

行动最快的是空军,二三分钟左右,飞机穿过蘑菇状烟云,进行高空取样,接着是炮兵从地下室钻出来,向蘑菇状烟云发射降落伞进行低空取样……各军兵种都有各自的任务。待到蘑菇状烟云散尽,戈壁沙滩上依然是蓝天白云,用肉眼已看不出任何异样,但放射性物质时时处处暗藏在地表与空气中。随后各参试部队(如装甲兵、摩托兵等)齐进并发,各自奔向自己的测试目标。我们铁道兵是乘坐解放牌军车进去的,我们三人一组,一位是记录员,负责记录桥梁损坏程度;第二位是检测员,负责报出桥梁周围的放射性数据;第三位的我是小组观察员,用的是像一支钢笔一样的仪器,随时报告我们自身受到的放射性的计量。我们三人默契配合,紧密合作,圆满完成测试任务。

参试人员进入核试区有严格控制,每次进入测试目标,都要经过基地指挥部的批准,我进去了多少次,确实也记不清了。乘着测试的机会,我也到地爆中心洞口边观察了一下,地下核试验留下了约两个足球场大小的洞口,深度30米左右。期间,我们还到第一颗原子弹爆炸地点实地参观。毕竟已过去了46年了,好多往事确实已经模糊了。

我们参加国家核试验的主要任务,就是去完成铁道兵司令部制定的各项测试项目。核试验爆炸后,对于受损的铁道和桥梁的损害度作出评估:如抢修需要的人力物资、受损处的放射性强度、抢修需要的时间、如何进行抢修的方案等都要一一作出计算。这些数据只有经过实战体验才能比较正确地计算出来。尽管我们交出的仅是各项数据,但也是我们每一位防化兵战士的心血,我能为国家的防化事业做出点滴奉献而感到自豪。

核试验任务结束了,我们回到北京,受到了铁道兵司令员刘贤权等领导的接见,表彰我们圆满完成各项任务,鼓励我们回到各自的部队努力参加铁路建设,并放假数天让我们游览北京各景点。至今,我仍保留着当年在十三陵和五位战友的合影,照片背面写着"防原子战友合影留念"及姓名。

如今,我已享受到了国家优抚医疗政策,不知这些战友是否已享受到?但愿他们身体都健康,时而想起一起参加我国第十二次核试验参试战友们,心中就有无限的牵挂。

(作者为原铁道兵第10师47团18连战士、上海证券有限公司南桥营业部经理助理)

二、如歌岁月　再苦再累只等闲

军人生涯锤炼了我坚强的意志

诸新荣

1969年3月,我和奉贤籍600名青年一起应征入伍,成为中国人民解放军铁道兵的一员,来到四川西昌。经过新兵团短期集训,我们上海和山东的四位新兵被分配到一营三连一班(木工班),参加成昆线铁路建设,在隧道施工中承担模板搭建的任务。

由于隧道内机械设备、排风管道、打风枪、风镐等响声很大,在施工中相互说话声音听不清,干活主要靠手势、表情、眼神和相互间的默契才行。所以,新兵到了木工班后,必须由技术过硬的老兵一对一地帮教上岗施工才行。我们四位新兵中有一位是刚从上海市区学校出来的小青年,与我们农村出来的不一样,他从未经历过繁重的体力劳动锻炼,连工具都不会使用,来到铁道兵部队对他确实是个很大的挑战。由于他在施工中适应能力差一些,时间长了难免会引起老兵们的不满,其本人也产生了一些消极情绪。

在周末的班务会上,第二位带他的老兵又提出不愿带他,让这位战友的思想压力更大了,老班长既着急又无奈,班务会气氛有些紧张。此时,我又想到排长曾对我说过的一句话:如果这位战友再不行就打算调离木工班。为了全班工作,也为了不让上海兵掉队,我主动向班长提出由我这位新兵带新兵的想法,得到了班长的鼓励和支持。这位上海战友听到我主动要求带他时,脸上流露出激动的笑容。在我带他一起当班时,我看他虽然不会做木工技术活,但干其他活积极主动,重活累活都抢着干,心情好,干劲足,和我配合得很好。当我表扬鼓励他时,他兴奋地说:"你在帮助我,我懂的,我全听你的。"从此,这位战友像换了个人似的,他的转变使我们一班的新老同志更加团结,工作效率上去了,得到排连领导的赞扬。

我自分配到三连木工班后,经常听到排班长和老兵们议论我们刘生副连长的神奇。他是上海人,学的是木工专业,看起来个子小,但力气大,隧道施工机械样样精通,还会开车,对隧道施工管理特别严格,在全团名气很大。在施工现场碰到一些反应较慢、配合不够默契的战士,训起来也很厉害,还会骂人,有时会用脚踢等,所以在施工现场只要看到刘副连长来了,大家有些恐惧感,都怕接近他。我连队有个木工李师傅,属于部队从地方特招的人,班长常让我与李师傅一起做一些连、营部木制生活用具,刘副连长常来我们木工间,有时也自己做一些木工活,对我很关心,平时还拉拉家常,所以我没感觉到他怎么严厉。

我分到三连还不到两个月,有一天,突然听到全连集合的哨声,原来施工现场发生了严重塌方事故,连首长动员组织全连力量进行突击抢险,由刘副连长带领我们木工班组成抢险突击队。我们到了施工塌方外围后,因塌方区与已打好的弓顶连接处工作面较窄,人不能进去太多,怕万一里边再塌方人逃不出来,所以连长要求我和陈副班长两人配合刘副连长工作,班里的其他战友在边上配合我们三人施工,再由负责安全的副连长带着几名安全员,用大功率手电筒一边为我们施工抢险照明、一边不停地查看山洞石窟上有无裂缝等危险情况。

我顺着手电筒光线往里面一看,山洞塌得像个大空谷阴森森的,还听到有些地方还有小石头和沙石掉下来的声音,随时有塌方的可能,让人感到很恐惧。刘副连长指挥着我们把外面传递进来的圆木按门字形状,一根一根像架桥一样争分夺秒地往里架,他始终在塌方的最前端,我们三个人之间的配合完全是靠手势、眼神和默契。当一人抱住木头放到某个位置时,另一人就拿起扒钉放上去,再一人就马上拿起锤子钉上去,显得紧张而有序。

正当我们争分夺秒一步一步往前挺进时,突然听到一声巨响,等我反应过来时,我已经被一股很强的劲拖到了弓架下面,拉我的是另外一位管安全的副连长。好险!掉下来的石头砸在已支撑好的木架子上,没有砸到人。面临这种场景,连队领导以身作则冲在最危险的地方,又无微不至关心爱护缺乏自我防护经验新战士情景,好像一股暖流涌向我的全身。经过连续几个小时奋战,我们终于架起一座木架长廊,穿过了塌方区域,为后续混凝土浇筑提供了安全保障。

我入伍差不多两个月左右,有一天杨排长找我谈心,让我感到很突然,因为杨排长是我们全团活学活用毛主席著作的标兵,是团党委委员。他和我谈心时,用非常温和的语气表扬我的工作表现,还启发引导我写入党申请书。此事让我感到太意外,简直不敢相信自己的耳朵,我想我分配到老连队才两个多月,因为在应征入伍前,在厂里我会木工活,分到三连木工班这正好是发挥了我的专长,虽然我在新兵带新兵和处理塌方方面得到领导和战友们的肯定,可是我离入党条件还相差很远呀!杨排长对我政治上的关心帮助引导,使我深受感动,对我是一种很大的鼓励,不但让我对部队生活充满信心,更锤炼了我坚强的意志。

1970年6月,我们转战襄渝线铁路建设。到了陕西省旬阳县,首先要建营地,我接到刘副连长命令,让我到团部作训股报到。到了团部听了作训股领导的动员后得知:团部在地方或部队各营做过木工的技术骨干中抽调了12位战友,组成一个基建木工班,专门负责团部营房建设管理,地方上的木工等技术人员组成的民工连,则负责团部营房的施工。

在动员会上,尹参谋宣布我任木工班班长,当时我心里深感压力很大,因为12位战友中只有我是1969年的新兵,其他都是老兵。我们在与民工连木工师傅一起施工时,当地老师傅对我们年轻解放军战士都很尊重,相互学习,但也有个别地方木工师傅对我们年轻战士的木工技术持怀疑态度。后来因为天气凉了,团里管理股决定为团部各办公室准备一批冬季烤火用的火盆架子,此刻,检验我们军人木工技术水平的时候到了。

接到此任务后,我与民工连木工师傅下达任务分工交底时,其中几位民工师傅提出:解放军同志你们也来一个人与我一起做火盆架子。当时,我心里很清楚,地方上几位木工师傅提出这一要求的目的,是他们认为我们年轻的战士一定是只会说不会做的,所以借这个技术性的木工活,想摸摸我们的底牌。那时因为我们相互间都不了解,我虽然在家乡船厂学过一段时间的木工,可要与当地木工老师傅比,心里难免有点紧张。但不管怎么说,我多少学过一点木工活,再说我是班长,所以我谦虚地说:"我和你们一起做。"

于是,我和他们几位当地木工老师傅各做了一批火盆架子,在制作过程中,因我做的是拼角的,制作工艺比他们做的复杂,内行人一看就懂,敢做拼角的说明技术不一般,制作完工后看上去很漂亮。当双方将各自做的火盆架子放在一起时,民工连师傅们的面部表情瞬间变了,他们带着笑容对我竖起了大拇指,因为我做的几个火盆架子明显比民工连做的美观很多,我们班的几位老兵也为我鼓掌。从这件小事以后,班里的老兵和地方民工连的木工师傅们对我这位新兵班长更加尊重了。

在部队领导的关心帮助和部队艰苦环境的锻炼下,我得到了成长,增强了战胜一切困难的自信,锤炼了我坚强的意志。

(作者为原铁道兵第10师47团团部木工班长,现为上海宏普通讯器材有限公司董事长、总经理)

魂牵梦萦铁兵情

谷嘉泉

如今,我已过了古稀年龄,白发灰白,脸上皱纹爬上了眉梢。铁道兵生涯虽然年代已久远,但往事却历历在目。

我属虎,1969年20岁不到应征入伍,加入了中国人民解放军铁道兵部队,10年后到了解放军艺术学院,5年后在中国人民解放军总政治部上海文化采购供应站任职。岁月风霜无法削减我军人的秉性,艰苦铁血的部队履痕,如斧凿刀刻般地融入我的血液里。

时至今日,我只要与当年入伍时的战友相见,或在书籍、电视上看到有关铁道兵的文字及影像,那种艰苦卓绝、险恶困厄、冰天雪地、血与汗、生与死搏斗的军旅岁月,仍让我魂牵梦萦。铁道兵当年转战千里,逢山凿路,遇水架桥,特别能吃苦、特别能战斗的特殊禀性,旁人是无从领略的。

铁道兵编制,太奇特了:兵部下辖师,依次团营连排,一个师五个团,一个团五个营,一个营五个连。通常概念的三三制,铁道兵里不见影踪。一个班拥有16名战士,可见其满负荷运转的强大功能。遍布全国的纵横交叉干线支线,但凡有平行的铁道延伸,便有数十万名铁道兵战士在浴血奋战,涌现出无数血与火、惊天地、泣鬼神的故事。

时至今日,每当阴雨天气,我的背部脊椎就隐隐作痛,那是修建成昆铁路时,部队在险恶环境时自己受到的创伤留下的后遗症。记得一次部队在铁路轨道铺设时,顺着山坡就地休息打尖。我以一根水管作椅子,顺势坐在上面就餐,不知怎么一滑,滚下山坡,顿时昏死过去,背部肩胛火灼火燎钻心刺痛,当时恶劣的气候和陡峭的山势,医疗条件根本无法救治这么严重的摔伤,必须送往几百里外的师部医院。一路的颠簸,我已经摔痛的部位痛得难以形容,浑身几乎散架一样的虚脱。直到今天依然后怕和刻骨铭记。

铁道兵部队之所以被称打不烂、拖不垮的"铁军",是因为有永远不能忘记的众多钢铁人物。让我铭心刻骨的是铁10师李兴弟师长,李师长是四川人、1932年入伍的老红军,长征时在四方面军带领全连仅剩下的几名战士,冲破层层包围,一路披荆斩棘,吃尽千辛万苦,终于到达延安。当天彭德怀闻听李兴弟回来,高兴地设宴招待,让他编入盐城新四军部队。李师长夫人许萍也是非常厉害的一位女军人。1940年从盐城纺织厂投身革命,与李师长一起参加过大大小小的战役不少于100次,战功卓著。

当年我还是小战士的时候,就听说过李兴弟师长的故事。李师长那是一位军神呀,让他指挥这支开路先锋部队,没有打不赢的战役。虽说不是与敌人对峙火拼、强攻退守,但面对的却是穷山恶水、险峰峻岭、冻土泥沼……某种程度上,各种血与火的考验,是和平时期,没有入过伍、当过兵的人绝对想不到的。即便是军人,隔跨兵种,也不会知道铁道兵的那些可歌可泣的往事。而这些,正是一位昔日老兵的情怀所在。当年的战友今何在?真是一日兵营半世情呀……

1972年夏天,我在师部干部科档案室工作的时候,有幸在四川乐山遇见了自己为之敬仰的李师长。戎马生涯里残酷的战争创伤,让李师长在1965年就到了四川乐山沙湾镇的家属基地离职修养。同行的唐干事悄悄地告诉我,李师长军人脾气十足,资格也老,行政级别为十级。他的故事如果连成一串,准保精彩纷呈,让人振聋发聩。可惜等到察觉到了有价值的故事与自己擦肩而过、飘然远去时,才真正地懂得:人生不是活过的日子,而是被铭记的岁月。

部队这座大熔炉、好学校,培养造就了一批批人才:有技术尖子、学习标兵,更有铁铸铜打无坚不摧的施工硬汉、战将。提起昔日让自己钦佩有加的战友,我仿佛回到了当年并肩作战的时光:逢山凿路,遇水架桥,铁道兵前无险阻;风餐露宿,栉风沐雨,铁道兵前无困难。

铁道兵是一支工程技术部队,前身是中国人民解放军东北民主联军护路军,1946年诞生于东北战场,1949年5月改称中国人民解放军铁道兵团,1953年改为铁道兵,1984年1月1日铁道兵部队集体转业并入铁道部,改称为铁道部工程指挥部。永远的铁兵,铁骨铮铮。翻阅铁道兵军史材料,这真是一支能征善战、勇于打硬仗的铁军之师、威武之师。

1984年元旦,铁道兵整建制撤销并入铁道部。面对军旅生涯中的巨变,我审时度势、从容应对,拥抱人生中转折机遇,用自己扎实的本领,愉快地迎接各种人生挑战。

我任职总政治部下属的中国人民解放军总政治部上海文化采购供应站,1952年建站的时候,这枚印章上的字密密麻麻,上面冠以"中国共产党中央军事委员会"的全称,很具军事权威性。采购站坐落在上海市区的巨鹿路上,刚开始,有五幢全清空洋房,工作人员仅四五人。任务嘛,就是为全军提供文化后勤保障。

我任职站长期间,手头控制的物质指标,如彩色电视机、冰箱及自行车等热门商品,炙手可热,供不应求,每一张供应券都是不菲的价值。可是,凭着军人特有的秉性和忠诚事业的信念,我为自己立下规矩:常在河边走,就是不湿鞋。我顶住了形形色色的干扰与诱惑,交出了一份自己认为欣慰不已的答案:拒腐蚀,永不沾。我始终认为,人在做,天在看,暴富之人,不管在任何区域,老天会与他算账是迟早的事。

我的军旅生涯十分清晰明了:10年铁道兵、5年解放军艺术学院、23年总政治部上海文化采购供应站,2006年以大校军衔退休。

至今,让我最难忘的岁月,就是铁道兵部队这种不为名、不为利、不怕苦、不怕死的精神,这种精神已经渗入我的肌肤血液里,也渗透到我在总政治部上海巨鹿文化采购供应站的工作中。我是当家人,是站里的主心骨。军人以服从命令为天职,确保部队文化设施的及时供应补给更新,是我工作的主旋律。在这个重要的岗位上,我兢兢业业,不辱使命,交出了让领导满意、颇受官兵好评的答卷。

(作者为原铁道兵第10师干部科干事、中国人民解放军总政治部上海文化采购供应站站长)

成昆铁路施工苦在哪？

胡可荣

"逢山凿路，遇水架桥，铁道兵前无险阻；风餐露宿，栉风沐雨，铁道兵前无困难。"叶剑英元帅的题词，是对铁道兵官兵"一不怕苦，二不怕死"精神的赞美。

成昆铁路施工苦在哪？主要苦在1964年9月刚上马至1966年10月的北段施工中。当时的营连干部中参加过修建铁路的很少，多数人连导洞、中层、边墙、马口等名词都没听说过，别说施工经验了。当技术员讲施工方法说到挖马口时惹得大家哄堂大笑，说技术员瞎说，马口怎么长在地里面？所以从干部到战士都是新手，不懂施工方法，进度慢，事故多。

成昆线施工是新中国成立后最长、最艰苦的第一条干线。此线北起成都，跨大渡河、金沙江，穿越大小凉山、横断山脉，南抵昆明，纵贯四川、云南25县市，全长1 125公里。铁路盘山展线，迂回重叠，穿岸跨水，桥隧相连，共有隧道441座、长352公里，大中型桥692座、长90公里，有的车站一半在洞内或是在桥上。桥隧总长相当于从北京到山海关修了一条地下铁道和空中走廊。挖土石方8 000多万立方米，如果堆成一米见方的长堤，可绕地球两圈。

成昆铁路是毛主席亲自确定、周总理直接组织的第一条"红线"。"红线"的含义是什么？是加速国家经济建设、连通北京与大西南的大动脉的交通运输线，是与"帝修反"争时间、加强国防的战略线，是加强民族团结、改善人民生活的幸福线。正由于这样重要，所以党和国家下了最大决心，调集全国物资和人力支援修建成昆铁路。我记得仅汽车运输方面就有北京、河北、河南、山东、黑龙江等10个省市的车队参与。

成昆铁路一天不修通，我就睡不着觉。钱不够，把我的稿费拿去。没有路，我骑着毛驴去看。这就是当年毛主席要加快修建成昆铁路的决心。当时的口号是:"一不怕苦,二不怕死。""革命加拼命,拼命干革命。""有条件要上,没有条件也要上。""争速度,抢时间,先工作,后生活。""宁掉一身肉,任务不落后。""修的革命线,年年要大战,月月在决战;日日要加班,干了正班干副班,完不成任务不下班。"

当时的困难主要表现在三个方面:

一是不适应梅雨天气。古有"蜀犬吠日,天无三日晴,路无三里平"之说。从9—11月,几乎天天是雾夹小雨,三套单军装加工作服没有一件是干的,不管上班还是在家都穿着湿衣服,那滋味真够难受的,对北方人来说是苦不堪言。要施工,先修路,淋着雨在黄泥里爬滚,路滑是一方面,连鞋也穿不住。后来看到当地老乡,下雨天都是赤着脚艰难行走;为防牛行走滑倒,便在牛蹄缝中缠稻草绳,谓之牛穿草鞋;去集市卖肥猪赶不动,只好用滑竿抬着,谓之猪坐轿。我们当兵的也只能光着脚丫子走路。

至于施工用的水泥、黄沙、木料、生活用品及发电机、压风机等,全要用扛、抬、拉的方式运送,其困难程度可想而知。通信连架高压线,一根水泥电杆,一个连队的人也拉不上山,只好在山上找树架临时线。成昆铁路从沙湾到大石板隧道(接近峨边县)近100公里,连拉架子车的路都没有。

二是工作时间太长、睡眠少。在修建成昆铁路初期,名义上是一班倒、两班倒,实际上没白天没黑夜地干,几年中没有星期日、节假日,连过年也不休息。要过革命年,创开门红,毛主席为加快修建成昆铁路睡不着觉,我们怎能睡觉?战士累到什么程度了?在工地吃饭时有的人只吃了几口,碗还在手中端着,人就呼呼地睡着了;有推斗车的,由于路面不平跌倒了,便在泥水地上睡着了。如有单个上下班的战士,走到半路就倒在路边了。偶尔组织看一次电影,能有几个战士打起精神睁开双眼看?看电影就是一次难得的集体睡觉的机会。我当时任连副指导员,对工程不太懂,做思想政治工作、安全教育、工前动员、点名讲评等是我的本职工作。我虽然知晓战士们很累,但连队集合时我不敢让战士们带马扎坐,因为一坐下,他们就睡着了。

人的机体承受能力是有限的,机器运转时间长了也要停下来冷却,何况人呢!这种状况到成昆铁路南段以后再没出现过,基本上是四班倒,按点下班,睡眠时间能保证,还有节假日。当时在部队有这样一种说法:1960年前的兵经受的是挨饿的苦;1965年前的兵经受的是睡眠少、工作劳累的苦。

三是劳动强度大。那时候几乎没有一台大型机械,施工完全靠手挖肩扛的。当时成昆铁路上唯一的机械(具)就是风枪、风镐,后来又有了捣固棒和电瓶车,其他所有活都是用双手、拼体力。如推大斗车两人一辆,平板斗车一人一辆,拌和水泥时一人扛两袋水泥,几筐沙石料(按比例下料),由两人用方铁锹对推,每次20余锹,要对着翻三遍,然后再从四周向中间堆,再踩平,如此反复几次,就这种简单的和水泥,都会把人累得满头大汗,两臂酸痛。如果要打一节拱、一面边墙不知要和多少水泥!

那时抬沙子石子每次都是两大筐,卸车背水泥时有扛两袋的。我记得有名战士虽然没文化,但个子高,力气大,能吃苦,干活拼命。他用一只手打风枪,搬沙石料时不用和别人抬,两手抓一筐就跑,扛水泥一人能扛三袋,由于干活卖劲,被提为副班长。所以那时候的党员和班排干部确实是实干出来的,有些战士由于表现突出,虽然入党了、提干了,但没有几年身体也累垮了。

从以上具体事例可以看出修建成昆铁路,充分体现了我们铁道兵"一不怕苦,二不怕死"的精神。

中铁20局局志统计表明:铁道兵35年共牺牲8 314人、伤残59 234人,其中10师牺牲503人,在部队病故202人,伤残675人。从时间上看,主要在成昆、襄渝两条铁路中,但成昆铁路上牺牲伤残的基本上是战士,襄渝铁路上牺牲伤残的多为地方民兵、学生兵。因为经过成昆线铁路的施工锻炼,指战员们已经掌握施工技术;修建襄渝线时,我们的班长、老战士都可派到民兵连、学兵连当军代表指导工作了。

回顾铁道兵的历史,据我知道的先后有四位英雄:第一位是修复陇海铁路攀登渭河八号桥墩的登高英雄杨连弟(后来以他的名字将该连命名为杨连弟连),第二位英雄是我团1965年入伍的四川籍战士徐文科,在隧道塌方时被夹压在两块大石头中间,当时人未死,但石头太大,没有任何机具可以起吊石头,又不能打眼放炮,团、营、连三级领导眼看着却无法施救,十几个小时后牺牲了。这个入伍仅半年的战士很坚强,没叫一声苦,直到临死前还不停地呼喊革命口号。第三位英雄是硬骨头战士张春玉(可能是8师的)。第四位英雄是我师48团副团长梁中孟,大约在1976年,当时我们部队在青海,他回山东休假时偶遇一匹拉车的马受惊奔跑,前面有几名小孩,他为救儿童拦惊马英勇地牺牲了。

(作者为原铁道兵第10师47团司令部政治协理员、甘肃天水地质学校测绘系党支部书记)

难以释怀的铁道兵情结

孙宝根

1962年7月,盘踞在台湾的蒋介石叫嚣反攻大陆。我作为一个满腔热血的青年,积极响应祖国的召唤,应征入伍踏上了保卫祖国和建设祖国的征途,加入了中国人民解放军铁道兵的队伍。

在去部队的途中,映入我眼帘的,是一列列载着军人、大炮、汽车驶向福建前线的军用列车,呈现出一派紧张的战争气氛。到达部队后,在山西省代县县城进行了为期一个月的紧张的新兵训练,结束时授予我列兵军衔,给我戴上了帽徽和领章,真正成为一名光荣的中国人民解放军战士。

入伍后,我所在的师、团番号一直未变,为中国人民解放军铁道兵第10师47团。在"以艰苦为荣,劳动为荣,当铁道兵光荣"的"三荣"思想指导下,一切都是因陋就简,以"节省、节俭、能对付、凑合过"为出发点,在成昆线和襄渝线上又提出"先生产,后生活"的口号。1965年8月底,我奉调到团政治处任群众工作干事,1969年初转任团保卫干事。

官兵同甘共苦

刚当兵时,在山西省代县峪口岗上,担负的是总参测绘局的国防保密施工任务,修建放置保管军用地图的仓库。我们连所住的地方是个峡谷口,南、西、北是黄土山,东边为峡谷出口。南北相对,傍山挖有15个窑洞:连部两个(一个是四位连首长住,另一个是文书、通信员、司号员住)、司务室、勤杂班、炊事班、九个班每班各住一个,另一个是菜窖。窑洞受地理位置的影响,凡坐南朝北方向的很潮湿,坐北朝南的相对好一些,我们班属前者,潮湿的滋味一言难尽。最为难受的就是晚上睡觉,打开被子时被子是潮湿的,没有一点干燥的感觉,但为了休息只得钻进被窝里,靠身体的热量来吸纳潮湿的被子。可是,人在被窝中刚感觉有点干爽时,起床的时间也到了,整个晚上人体对被子起到了"烘干机"的作用。

更艰苦的是,窑洞只有一个门进出,空气形不成对流,不透气,一个班十来个人住在里面,空气质量可想而知。年轻人的汗脚臭天天闻,如果偶遇有人消化不良放个臭屁,那就遭殃了,臭气散发不了,得臭数个小时,人人呼吸着"臭氧"。全连半个篮球架的场地,是唯一一块可容纳全连百来号人集合的地方,其他没有半点娱乐设施。

在天津市郊甜水井的地方,我们被安排在一间平时农户关鸡堆放杂物的偏屋,当时也没消毒设施进行消毒,只作简单打扫就支起床铺便算"安家"了。谁知晚上躺下后,全身被咬得奇痒难忍,起来掀开被子细瞧,才发觉竟然是"鸡虱"作祟。这样的"享受"折腾我近两个月时间,直到现在提起这事,我还会全身起"鸡皮疙瘩"。

在成昆线北段乐山沙湾土坟堡,所住营房全都建在山坡上。一个排一幢约70来个平方米的简易草屋,是全排六十几号人唯一休息和活动的场所。由于整个营区找不到一处有篮球场那样大的平地,不仅全连无法集合在一起,排里活动(当时我是排长),也只能是先与四位班长打好招呼,然后吹个哨,各班就在原位,战士们有的坐在床铺上,有的坐在马扎(一种可折叠凳子)上,我就站在中间位向大家传达上级要向下布置的事,组织有关学习也是如此。一个班,连床铺在内不足20平方米,全都睡上层铺和下层铺。对于睡觉,大家希望冬天越长越好,因为天气寒冷,互相紧挨着挤在一起暖和。夏天就难受了,本来天气就炎热,汗淋的身体碰在一起更加热,所幸大伙年轻,加之大强度施工的疲劳,大都能倒头就睡,这种难受的感觉也就自然便"消化"了。连队如此,作为一级指挥的团首脑机关也不例外。我从1965年8月底到团机关,在所住的地方无一不"享受"着同样的恶劣环境、过着同样的艰苦生活。在乐山沙湾轸溪,团机关设在公路便道的下方,司令部住的是个庙宇,政治处住的是新盖的草房,与团首长同住一个院内,我们三个群众工作干事住12平方米多一点的一间茅草屋,三张床铺两张办公桌,我没有办公桌,办公时只得在两位同事的桌子拼端进行。在院内住着的团首长,团长和副政委带有家属,一家老小连同办公室也只有两间房,单身的住一间,整个团机关没有一项娱乐设施。在德昌小高,政治处住的是农村的一个水碓作坊,我们与电影组住在一起,戏称"炮楼",中间隔开后,我们三个群工干事靠一架约四五十厘米宽的梯子垂直上下与进出。在旬阳蜀河沙沟,住的是干打垒和生产大队的仓库房。干打垒也好,仓库也罢,房子都小、黑、潮。在青海天峻,茫茫草原不见人烟,出去若不小心就会迷失在旷野而丧命。空气稀薄,缺氧是必须面对的,初到时,头有裂开来一样的疼痛,心跳过速,犹如要跳到体外的感觉,难受至极。水烧到80℃就开了,做饭、蒸馒头如果不用高压锅就煮不熟。在这样的环境里,充分体现着官兵平等。

用津贴买点心充饥

在如此艰难困苦中,照样要拼命干活,施工同样半点也不能耽误。在国防施工的山西代县,连队距施工现场约2公里,全是步行上下班。在部队"三三制"时,我和四班的蒲年根、六班的张关友战友被排里选为风枪手。风枪有32公斤重,虽然有支架可承载,但实际操作时,陈旧的风枪支架很不听使唤。为完成当班任务,我们弃支架抱着风枪打,这样虽然劳动强度大,但推力大,又可起到赶进度的作用。为防止粉尘吸入得硅肺病,施工时,上级要求打水风枪,风枪手都穿着不透气的防水服作业。由于是抱着风枪打炮眼,在8小时的工班时间里,里面的衣服一直被汗水所湿透,每当下班脱掉防水服时,防水服里面可以倒出不少的汗水,湿透的内衣也得靠身体的热量慢慢地吸干。在山西我们整整住了八个多月,三班倒轮流上班,从白班(上午8时至下午4时)到中班,从中班(下午4时至半夜12时)到深夜班(半夜12时至第二天上午8时),日复一日,由住地到工地,从工地回住地,从没有离开岗上这个区域,说句玩笑话,是在一个封闭的环境中活动了240多个日日夜夜。

在天津甜水井,主要任务是挖沟渠,作灌溉和排水用。"甜水沟"挖50厘米宽、30厘米深,"咸水沟"挖50厘米宽、50厘米深,百米长的沟渠,前者两人一条,后者三人一条,每天要计算应完成的土方量,便可知劳动强度有多大。虽然每个月有45斤的定粮,但每顿只能吃到两胶木碗(当时部队发的餐具)土豆小米饭,说实在的,对一个年轻人来说,吃这一点只是填填肚子的一角而已,加之副食品供应也极度匮乏,为了有体力完成任务,只得拿出平时节约下来的津贴,高价去买"火烧"(是当地一种似烧饼的面制食品)作点心,一天买四个,上午吃两个,下午吃两个,可以说从当兵开始所节约的津贴全部用在了买点心充饥上。

对于吃,有两件事始终难以忘记的。一件是清水煮鱼。那时在当地的老沟渠里到处都能抓到鱼。咱班里的徐造龙战友抓鱼技术高超,每个休息日他就出去抓鱼,每次都能抓好几斤回来。抓来鱼就借用房东家的锅,放点盐用水煮一下,觉得很香也挺好吃,根本不觉得有鱼腥味,这也算是对身体营养的额外补充。

另一件是当场吃掉发给的路途干粮。那时我们去徐水县(今徐水区)大王店新建的八连,在刚刚吃好早饭后,老连队发给我们途中吃的干粮,战友们在领到干粮后竟然当场就把它全吃了,我们这帮年轻军人为了能填饱肚子,竟不考虑途中要挨饿的后果。

我亲历两次生死考验

在成昆线北段,我参加了大桥湾1号隧道出口的掘进任务。该隧道全长1 200多米,它的出口在大山的半山腰中,从谷底到隧道垂直高度就有110米之多。开凿隧道先得把口子面搞好。口子面的施工,先在隧道定位的上端以一定比例坡度向下进行,因没有机械,全是人工打眼放炮。施工时腰间拴根绳子作为保险,人悬浮在峭壁上,酷似猴子戏耍,一个人把住钢钎,一个人抡大锤,打眼放炮,一点一点地顺势往下削,在这样的环境中施工,天天经受着胆量与意志的考验。

做好了隧道口子面的外围辅助工作后,就转为隧道掘进施工。隧道施工,又分为上道坑、下道坑、中层和扩大。只要上下道坑掘进顺利,中层和扩大就容易得多了。道坑向前推进,须由打炮眼爆破来实现。道坑的面称为掌子面,在这个面上,要打上掏心炮、辅助炮、压顶炮、边炮和反炸炮,五种炮眼起着不同的作用。爆破时,所装炸药量和点燃次序也颇有讲究,先点燃掏心炮,意欲把心掏出,让中间空;其次点辅助炮,在掏空心的同时再让空间大些;再是边炮和压顶炮,最后为反炸炮,这样炸下的石渣可松散些,容易往外装运。

道坑掘进全由人工来实施,根据任务量和掌子面大小,一个工班组织八副钢钎打炮眼,每副钢钎在一个工班必须完成2.5米以上深的进度。为完成任务,上班后大伙都是一个劲地拼命干,可以说是不要命地干,特别是上深夜班,快到天亮时,由于持续高强度的劳动,每个人的眼睛都深凹,疲惫不堪。这个工班在工地有一顿早餐,吃这顿早饭是一个很大的难题,这时大家都不想吃饭,硬是要继续工作,挨个动员叫一定要吃早餐,而且要求尽量多吃点,往往这些动员也是徒劳的,真叫人心疼……

隧道施工,是与大自然打交道。复杂的山体和地质条件,不确定因素是难以预料的,这就要经受着生与死的考验。我亲身经历两次,第一次发生在山西的国防施工中。当时我上第二层排架,正向上爬着,突然从洞顶落下一块足有1立方米大的石头,擦着我身体左侧坠下,幸亏没有挨着,不然也就"光荣"了。另一次在成昆线大桥湾1号隧道,我记得那天上中班(下午4点接班至深夜12点下班),为了赶进度都提前接班,上一个工班刚放了炮,没等炮烟排尽,我和安全员便冲到了掌子面,在烟雾中检查刚放炮过的下导坑顶端的危石,把松动易掉的石头撬掉,认为可以了就招呼全排入内扒渣,目的是尽快使风枪手好早早打炮眼,如果顺利,一个工班有可能放两次炮,这样进度更快了。正当大伙集聚在掌子面扒渣时,我突然发觉有碎石掉落,凭直觉是一种坍方的预兆,便果断地叫大伙撤离,当全排刚撤出掌子面,我最后一个到支撑排架时,只听"哗啦"一下,坍下30多立方米的石头。当时我真吓蒙了,心好像要跳出来一般,如果迟上一两秒钟,后果不堪设想,全排在掌子面上的人能活着出来必定屈指可数,生与死也的确在这一瞬间,多么的令人毛骨悚然啊!

就是在这样情形下,回过神来后赶忙作安全检查,迅即就又恢复了施工,着实是"一不怕苦,二不怕死"的真实践行。在这种艰苦的环境里,我们挺过来了,而且没有一句怨言,这无疑是一种意志和信念的考验。

就日常生活保障而言,那就更谈不上了。不仅没有娱乐设施享受,连简单的生活设施也没有。我们干的都是体力活,劳动就会出汗,按理讲出汗就得有个澡洗,但对我们来说洗澡简直就是梦想。我当兵从山西到天津,从河北到四川,又从陕西到青海,没有一地建有澡堂,也没有洗过一次澡。热天,用冷水擦擦冲冲不成问题,冬天长时间没有澡洗身上的难受也可想而知,身上用手一搓就是一团"污垢疙瘩"。说到洗澡,也有一件有趣的事。1967年四五月间,我随车玉荣副团长、于总工程师一行去成昆铁路南段德昌县打前站设防,当行进到越西县境内,见公路旁有一处冒着热气的水潭,水非常清澈且又热,大家不约而同地脱了衣服,痛痛快快地在水潭洗了个温泉浴,都说舒服,这在当时也是一种获得感,以至终生难忘。

1977年12月,部队根据我本人的申请,批准我复员回乡。从此,我脱下了军装,离开了战斗了16年的军队集体,离开了尊敬的首长,离开了朝夕相处的战友们,但战友情始终挥之不去,深深存于脑海的记忆之中。

(作者为原铁道兵第10师47团保卫科干事、浙江省安吉县经委干部)

我人生中的三段触"铁"经历

方海良

北京铁道学院五年孜孜求学,毕业后分配入伍铁道兵;18年建设成昆、襄渝和青藏三条铁路;参加组建上海市地铁公司,18年建设上海地铁——我人生中有了三段触"铁"经历。

第一次触"铁":在北京铁道学院孜孜求学

1960年我统考进入北京铁道学院(现为北京交通大学),父亲对此非常满意,说是一辈子捧到了"铁"饭碗。我们同学来自天南海北,有应届毕业生、留级生和调干生,有来自农村或城市,年龄差距跨度达五年。这真是一个全新的新天地,这样的环境对一个青年的磨炼是何等的重要。

"一颗红心,两手准备","服从祖国需要"是学子们一种人生境界的座右铭。我被录取的是机电系电力机车专业,报到时分到了理化系(说是集中优秀学生培养科研人才)。一年后又被调整到了"铁道建筑系桥隧专业地下铁道专门化",还算顺利,在"文化大革命"前夜终于毕业了。

大学五年也是难忘的。入学半年后,就感受到天灾恶果袭来,粮食定量被减少,吃树叶包子那是改善伙食,喝的是酱油汤,营养的缺乏,有些同学身体开始浮肿。学生的思想教育结束后,我们去北京西山地区参加社会主义教育运动,看到首都北京近郊农村的实际现状,我们就不再抱怨、也无语了。

我上完五年制大学全部课程后,1964年去贵州省参加桥隧专业施工实习,这是一座全长2 000多米的"大寨隧道",我与工人师傅同吃同住同劳动。工人师傅对我们这群学生的关怀、体贴,使我们感到父母般的温暖;晚上要起来看看我们是否睡得好、会不会着凉;工地上处处注意到我们的安全,危险的地方总要我们站远一点;技术上毫无保留地手把手教我们;重活不给我们干,说我们骨头架子还嫩,说实习主要是体验,不是来当劳动力的,等等。

1965年上半年,在贵昆铁路水城附近的滥坝进行毕业实习中,那时的"三边"(边勘测、边设计、边施工)做法给我留下了深刻印象。如在地质资料没有搞清的情况下搞设计又急于投入施工,其后果如德坞大桥的桥墩东倒西歪;滥坝附近填方路堤塌陷,邻近的房屋坍塌,为此,给国家造成了几十万元的经济损失。深刻的教训在于几个数据的不准,受到大自然的惩罚,吃了不少苦头。

实习使我体会到,在与自然界的斗争中不能有半点马虎,实习也是一次思想作风、工作态度的锻炼。实习中,我还圆满地完成了"隧道衬砌拼装化"课题的毕业设计。这两次实习,我思想受到了深刻教育,书本知识与实践结合在技术上也是一个提高,为我毕业后参加工作打下良好基础。

毕业之际,成昆铁路建设已经全线展开,需要大批工程技术人员,那年代的学子是:坚决服从国家分配,到国家最需要的地方去。经国务院高教部批准,全体学生实行了现场毕业分配。1965年8月我被分配到中国人民解放军铁道兵第10师,开始了军旅生涯。

第二次触"铁":难以忘怀的铁道兵情结

实习技术员成为建造轸溪中桥的主管技术员。

在四川西昌师部报到后,我被分配到沙湾轸溪47团3营12连,在大桥湾隧道口参加为期半年的隧道施工实习劳动。连长、指导员在全连的战斗动员是这样讲的:铁道兵的工地就是战场,隧道就好比是一个个阵地、碉堡,上级下达任务是必须完成的,完不成任务那还是一支部队吗?对得起这身军装吗?对得起送你参军的家乡父老吗?战斗动员后士气高涨。上了正班、再干副班,干了副班、再加班,这就是一支铁军的气质。作为一名大学生,从北京一路下到荒芜人迹的山沟,作为人生的第一课,对我的思想的冲击、震撼是何等强烈!我生活在战士之中,年龄也是相当,战士每月6元的津贴,为什么能这样拼命!当时的口号是:建设大三线、修通成昆铁路战备路,让毛主席睡好觉!

人生第一课就是这样开始的:打风钻、扒装石渣、运倒石渣,立模板、拌灌砼。连、排干部及战士们对我们这些学生兵是很关怀的:不安排干重体力活,教给一些劳动技巧,更多听到的是要我们注意安全。由于当时铁道兵部队极度缺乏技术人员,很重视对技术人员的培养、锻炼和压担子发挥作用,本人受益极大。

为了实现成昆铁路1971年7月1日通车目标,大力推行桥梁工程快速施工,我作为轸溪中桥的主管技术员,编制了施工组织方案,使轸溪中桥施工成为成昆铁路首个采用挖孔桩(也称为新技术)的工程。那是1966年2月,我作为当铁道兵刚过6个月的实习技术员,全面负责轸溪中桥施工的技术员,当时肩上的压力是很大的。

为了加快铺轨进度,"西工指"又下达16米及以下跨度桥梁一律在现场制作和预架设。此任务又选派给我。从1967年开始,制定计划、提出所需设备、选调技工组成专业队伍,培训人员和示范操作等全部工作都由我承担。当时我选要了"钢筋闪光对焊机"(因为直径25毫米螺纹钢必须对焊),部队中还没有这类司机,我只能看着说明书自己先学会操作,再教战士去掌握。经半年多的筹备,1968年就开始现场预制了三孔钢筋混凝土梁。

在作战股主管工程质量责任重大。

之后,我被调回47团作战股工作。1969年下半年起,我负责全团管区从沙湾至金口河段全部工程的竣工文件编制工作。那时因技术人员少,一个技术员或工程师要承担分管好几个工程,要收集齐所需资料难度大,有不少还需现场重新测绘和核对。我采取专职和工程项目责任人、分散和集中编制等方式,耗时一年多按期完成编制任务。

部队工作作风也是一种无形的榜样和教育,有几件事至今记忆深刻:我第一次写了技术报告上送后,被47团的于总工程师叫去,指出报告中有错别字,把我批评一通:技术报告文字上不可出现差错,你是一个大学毕业生,所以要严格要求你,退回更正后再报。有这样一次经历,培养了我一生严谨的工作作风。

1971年7月1日成昆铁路建成通车后,本人也转战襄渝线。也有一项新的挑战:担任沙沟大桥整体滑动顶升模板设计,是圆形直筒桥墩,采用螺杆旋转顶升,属一项技术革新项目,完成设计、进行钢模加工交付使用。

推行"基本建设投资大包干",实行"独立核算、自负盈亏"。

1973年起至1982年的10年间,我在铁10师作战科工作,战斗在青藏铁路。由于1974年全国开始推行"基本建设投资大包干",1978年中央军委4号文下达铁道兵体制改革,实行"独立核算、自负盈亏"。我在师、团领导的支持下做了两项工作:

一是在原作战科张振海副科长领导下,成立师核算办公室,组织各团专业技术人员编制施工预算及全师的总预算。二是师设立计划科(我先后任副科长、科长)、团设立计划股、营连设立"五笔账核算"小组。由此,全师上下推行经济核算,实施铁道兵特有的"五笔账核算"即人工费、材料费、机械费、运输费、管理费的核算,确定责任单位部门,各级分工负责。计划科编写各种经济核算教材,对各级干部、业务人员进行反复培训;编制工程预算、实行验工计价;编制年度计划、下达考核目标。通过三年多的努力,使10师被铁道兵兵部认定为师级单位中第一个实现"独立核算、自负盈亏"目标的单位,计划科及本人也为此立功受奖。

都说军队是"大学校",本人在这座带"铁"字的"大学校"18年,受到培养和锻炼,受益匪浅。1982年底,铁道兵要"兵改工"的大局下,我也要求安排我转业回上海,在上海市规划局工作。

第三次触"铁":实现上海地铁"零"的突破

1984年,市府决定启动上海地铁建设,市建委将我调到"上海南北快速有轨交通筹备组"。我在北京铁道学院学的正是地下铁道专业,把所学专业报效国家是我等专业人员的追求,我知道建设的艰难还是坚决服从。1985年3月16日,上海地铁公司挂牌成立,本人是六位公司班子成员之一。

1992年10月12日"上海市地铁总公司"成立。指挥部会议决定:由我着手组建上海地铁实业公司并任总经理。地铁公司成立初期设立了"经营部",后机构变更为"经营开发部",在这个部的基础上独立出来组建成"上海地铁实业公司",500万元注册资本,独立二级法人。在我退休前,上海地铁实业公司在地铁1号线六座车站旁单独或与区联合建成了九座商业大楼(建筑面积总量达39.88万平方米,地铁得益15.35万平方米)。

1993年5月28日地铁1号线徐家汇以南段试运行,实现上海地铁"零"的突破。1995年4月10日地铁1号线全线建成运营,2000年12月26日地铁2号线一期及东延伸、3号线一期(明珠线)建成通车,我也在2002年第三个"铁"字单位里奋斗18年后退休了。

(作者为原铁道兵第10师司令部计划科科长、上海地铁实业公司总经理)

我当兵后的"第一堂课"

金伟达

光阴弹指过,岁月不饶人。转眼半个多世纪过去了。忆往昔,找寻一下逝去的记忆,那些曾经的岁月,仍历历在目。我当铁道兵最难以忘怀的一件事,就是刚入伍不久即去青海执行至贵德县老虎嘴段公路的抢修任务。

这段公路(当时均是泥石路),由于地势险峻,冰山雪地,加上当时正处于60年代初期,青海的物资条件极度匮乏。由于公路堵塞已近半年未通车,从而严重影响着贵德与西宁间的物资交流和当地老百姓的日常生活。

我们部队于1962年底抵达老虎嘴,就在老虎嘴边安营扎寨,帐篷也只好搭在雪地上,过起了边训练、边施工的浪迹天涯的野外生活。

老虎嘴地处海拔4 000米左右的高寒地带,平均气温都低于零下15℃,空气稀薄且缺氧。我们住的帐篷又不密封,晚上需穿着棉衣棉裤睡觉。有的战士早晨醒来睁不开眼,一抹竟是眼皮上结了薄冰,只好慢慢地用口水湿润后才能睁开双眼。说实话,有时刚小便完尿液就结了冰。当时,我们还未能用上高压锅,吃的米饭、馒头常常是夹生的,后来只能顿顿吃烙饼了。在这样艰难困苦的条件下生活工作的经历,让我刻骨铭心,一辈子不能忘怀。

俗称老虎嘴的地段,虽不会吃人,但其地形地势的险恶程度可见一斑。它由两座冰山相依,冰山顶峰上的奇幻雪景,分外壮观。两座冰山中间隔着百丈峡谷,蜿蜒至谷底,皑皑积雪,犹如水乡的河道,飘落而下。而公路就筑在冰山的半山腰上。可怕的是,高寒地区气候变化异常,不经意间就有穿谷巨风袭来,人一不小心就会被吹落万丈悬崖。

这段公路因常年失修,路况极差,既有山体滑坡、导致岩石挡道,又是大块冰、冻土,积雪前后穿越这段特殊的地段,跌宕起伏,别说通汽车,就是人也很难行走。我们每天在雪地里早训后 8 点钟拿起工具,扛起枪,雄壮的队伍浩浩荡荡奔赴工地。在工地上,我们以班为一个作业组,进行施工作业。当年我们使用的工具,不像现在用的是机械电气设备,而是简易的铁锹、洋镐、钢钎,且施工还不能使用炸药,因放炮震动会引起路旁山体冰块、泥石脱落,造成二次堵塞。

面对这险恶的施工场境,我们毫不畏惧,却以"钢钎穿透千尺涧,铁锤砸开万重岩"的大无畏气概,心往一处想,劲往一处使,硬是用洋镐、铁锤、钢钎这些简陋工具,砸开几十厘米厚的冰块和挡道岩石。若遇到难以砸开的巨石,我们好几个战士一起,喊着号子,用钢钎、撬棒,边拉、边撬、边推,将其推进深谷。此外,作业时为抵御巨风,我们一个班抱成团来抵御巨风的侵袭。就这样,我们硬是用洋镐、铁锤、钢钎这些简陋工具,将抢修老虎嘴地段的公路向前推进。

我们是刚入伍的新兵,加之驻地也常有野兽出没,所以正常的军训和岗哨必须要坚持的。曾记得有一天深夜,我接替子夜的岗哨后不久,便来了一群狼(大小 7 只,大概是一家子),在离我十几米的地方虎视眈眈地盯着我。此时此刻,我也强烈地感到狼群可能会突然扑上来,身上冒出了一身冷汗。但又一想,当了兵就不怕死了。于是,我深深吸了口气,握紧手中的冲锋枪,子弹也推上了膛,横眉冷对地怒视着狼群。出乎意料的是,狼群却在嚎叫声中渐渐地离去了。我纳闷了:野性十足的狂野动物,它们为何对我不撒野行凶呢?下了岗后我再也没睡着觉,而是反复思考这个问题。我想:一是可能我这个紧握手中枪的威严战士把它们吓跑了;二是也许狼也通人性,看到我们革命战士,不辞劳苦,在高原缺氧的冰天雪地里劈山修路、为民造福而有所感悟吧!

我们以"舍得一身剐,敢把皇帝拉下马"的拼搏精神,在雪域高原摆开战场,历经几个月的艰苦奋战,终于扫除了老虎嘴这段公路上的所有障碍,完成了长达 20 公里路面的抢修任务。虽然这在铁道兵征战史上微不足道,但对我来说,却是上了第一堂生动的艰苦奋斗的课。

当我们看到满载货物的一辆辆汽车奔驰在修复的公路上,看到沿途民众挥手高呼"向解放军学习致敬!"藏族同胞跷起大拇指,喊着"金珠玛米亚克西……"时,我深刻地领悟到:人民军队为人民,再苦再累也心甜!

(作者为原铁道兵第 10 师 47 团宣传股干事)

布哈河铁路特大桥是怎样建成的？

唐盛德

青藏铁路布哈河铁路特大桥长 282 米，历时三年多才修建竣工。这是 20 世纪 70 年代青藏铁路上跨度最长、海拔最高、最宏伟壮观的铁路大桥，也是最难修建的一座大桥。

布哈河，藏语名"务哈曲"，即野公牛的意思。发源于祁连山支脉疏勒南山的岗格尔雪合力冰峰，上游叫阳康河，到了天峻后叫布哈河。河水大部分注入青海湖，是青海湖水的主要补充河流，因此，布哈河又被称为青海湖的"母亲河"。

随着青藏铁路的延伸，天峻草原上的布哈河特大桥，是当时我国铁路中海拔最高（3 200 多米）、施工难度最大的，没有一点建桥经验可循。布哈河主河道丰水期河面宽约 180 余米、深度 1—2 米，河里的流水基本上都是岗格尔雪合力冰峰的冰融水，自是非常寒冷，且流速湍急。282 米长的铁路特大桥在内地也是重点工程，何况是在青藏高原上修这样长的大桥！师团首长对此工程都非常重视。

5 月至 9 月是草原上最佳的时节。抢时间，抓速度，修建哈河铁路特大桥，成了当时修建青藏铁路的"重中之重"。我们营担任大桥修建的主力，营里接受任务后，很快集结了全营的兵力进入工地，分住在布哈河东西两岸。

建桥的前期工程，是大桥的桥台和开挖桥墩基坑。亘古以来沉寂的布哈河热闹了，每天工地两岸都呈现出一派热火朝天的繁忙景象，思想政治工作开展得有声有色。因常有五六级的大风，工地上不能竖立高大的标语牌，战士们在工地上用鹅卵石摆出"下定决心，不怕牺牲，排除万难，去争取胜利"、"精心设计，精心施工"和"百年大计，质量第一"等一条条标语。指挥部的高音喇叭每天都播出"工地战况"，极大地提高了施工干部战士的士气。

挖掘机和装载机开挖大桥基坑，确实提高了工效。但是总还是有许多机械够不着的地方,还需人工作业。铁道兵的三大宝"洋镐、铁锹、破棉袄",在这里得到了充分的施展。我们下到基坑挥动镐锹开挖土石方,然后再一筐一筐地抬到地面。三四米深的基坑里总是有排不完的积水。虽是六七月份,毕竟是冰峰上渗出的雪水,只要一站在基坑的水里,脚底立即就感到寒气彻骨。基坑里的积水经常淹没我们穿的水靴,给施工带来很多不方便,我们索性改穿"解放鞋"。每次施工回到营房里脱下鞋时,就会看到一双双被冰水浸泡后,如同胡萝卜一样红彤彤的双脚。时间久了,不少人的双手双脚开始掉皮,随后皮肤由红变紫变黑,有的人为此留下了终身的疾病!

每天的施工时间已没有"8小时"的概念,基本上是10个小时,只要天未黑尽都还继续施工。要说不辛苦那是假的,每天收工回到营房就感到全身像散了架似的,不想吃东西,只想躺下休息。但是,谁也没有叫过苦叫过累,大家都只有一个念头,要抢在冰封雪冻之前挖出桥台桥墩基坑。

当时有人说我们是在"疯狂地施工",那也不为过!大家成天忙于施工,到了不辨白天黑夜的地步。还闹出过一次笑话:一天夜里月亮分外皎洁,把天峻草原照得如同白昼,大家正睡得十分香甜时,司号员小邵吹起了起床号,很快集合出操,跑了几圈后,仍不见邻近的连队有出操的迹象。副连长和我们两个排长也很纳闷,好像是没睡多久啊,是到起床的时间了吗?现在说起来可能谁也不会相信。

那时手表是稀罕之物,我们三个连队干部竟然没有一个人有手表,更别说战士了。副连长问小邵:"到起床的时间了吗?"小邵说:"天都大亮了,再不吹起床号就误事了!"再问他现在是什么时间,小邵无以回答。只好让小邵和另一个战士跑步去营部去看墙上的挂钟。过了一会儿小邵和那个战士回来了,小邵悻悻地不吭声,那个战士一阵哈哈大笑说:"营部墙上的挂钟才3点半啊!"哈哈哈……队伍里的战士一下子笑开了。

有的战士说:"少爷兵,你他妈的成'周扒皮'了!学半夜鸡叫!"小邵真名叫邵叶明,广东籍兵,当时只有18岁,身体瘦弱,没有力干活,便当了司号员,因他参加施工时间少,再加上"邵叶明"的谐音,便被战友们戏称为"少爷兵"。自那次"半夜鸡叫"事件后,"周扒皮"的名字一直被叫到他退伍。

7月的某天上午,草原上天空晴朗,阳光灿烂,真是难得的好天气。我们正在开挖大桥桥墩基坑,忽然草原远处乌云翻腾,按以往的经验,可能会有冰雹或一场雷阵雨。果不其然,不一会儿,先是冰雹,后是雷雨,我们想躲避一阵后再继续施工。不曾料到那天的大雨,是我们到天峻草原上从未见过的阵势,雨一直下个不停,不一会儿,布哈河的河水不停地翻滚奔腾,有消息说上游阳康河正泛滥着洪水,工地指挥部立即下达停工撤离的命令。我们刚离开工地不久,草原上的大小河流横溢着滔滔的洪水,真的是如同"野公牛"一样,铺天盖地四处冲撞奔流。

工地上来不及收拾的工具,瞬间被冲得无影无踪,各个参加施工的连队顶着大雨组织队伍往草原高处搬迁。果然,大雨一直不停地下了两天两夜,整个天峻草原几乎成一片"海洋"。正如我们担心的那样,辛辛苦苦开挖了一个来月的大桥基坑被夷为平地。

进入10月,已是"北国风光,千里冰封,万里雪飘"的冰雪世界。日平均温度零下25度左右,呵气成雾,吐痰成钉。钻心刺骨的寒风昼夜不停地呼啸,刮起的指头般大的石子打在脸上生疼!这个时候沙尘暴已屡见不鲜,强烈的沙尘暴袭来,能见度多半只有四五米。此时的天峻草原真的如同月球一样沉寂,以前常能见到的鼠兔、旱獭早已不见踪影,更看不到天空中的雄鹰。

从天峻县的气象和农牧资料得知:这个时节所有的农耕活动都没有了,牧民们赶着牛羊已进山避风雪去了,当地的人在这个时候是不出门做事的,多半是躲在家里温着酒,吃着风干的牛肉,喝着"三泡台"茶,"吹牛"和没完没了地唱着"花儿"打发时光,等待明年春天的到来。

难道我们也要停下工来"窝帐篷"吗?那是肯定不可能的事!我们部队有着光辉的历史,自组建以来先后在解放战争、朝鲜战场及和平建设中,锤炼成了一支名副其实的铁军!在困难面从不退缩,也就没有克服不了的困难!

一场高原严寒施工开始了,只是天气太冷,每天工程机械发动十分费劲,往往需要半个多小时的预热才发动得着。大地被冻得如同钢铁一样的坚硬,巨大的挖土机挖在地上就会打滑,或也只挖起很少一点土。再就是随着基坑的挖深,挖土机已不能自如进入基坑里作业。铁道兵的"三大宝"在高原严寒施工也"失灵"了。挥镐使劲一挖,手被震得麻麻的,也只挖出一点白白的痕迹。几天下来,工程进展得十分缓慢。

连里发动大家开动脑筋想办法,如何提高工效,经过讨论,一致认为何不采取在内地施工"开山放炮"的办法,或许工效会不错。第二天我们在工地上用钢钎打眼放炮,果然效果很好,大块大快的土石方被炸开了,工程进展快了。"放炮"开挖土石方的方法很快在全营展开,布哈河两岸每天定时都会响起轰轰的炮声。

进入12月,我们所担任的桥台基坑开挖达到了标准,我们提出是否可以灌注大桥桥墩。请示报告送到团、师机关,好久没有得到明确答复,大家在焦躁中等待。因为,其间大桥桥墩施工曾走过弯路。后来才知道,在我们国内尚无高原冬季水泥灌注经验可循，师团首长还在慎重的考虑之中。

不久，师团首长和专家工作组来到我们的工地，经验收，认可了大桥基坑已达到了标准。但谁也没有把握可以肯定能灌注大桥桥墩。工地指挥部召集了所有干部开会研究讨论冬季可否进行水泥灌注的问题。经过半天的会议，大家一致认为，只要保证水泥灌注后的温度、养护等问题，应该是可以的。决定可先作大桥桥墩实体灌注实验。

于是，我们在工地上搭起一个"窝棚"，严格按照灌注水泥的配和比做了几个试件，然后精心养护。一个星期后，师化验室用仪器检测，完全达到了指标所需的强度和硬度。当时谁也没有想到，就是这个实验，开创了我国高原冬季水泥灌注施工的先河。

在零下25℃—零下29℃环境中灌注水泥的关键是温度，一定要保证温度在零上18℃—25℃。提高温度的唯一办法就是生火。有的同志提出是否可砍些沙柳，或在草原上捡些牦牛粪作燃料？这些提议很快被否决了，一是不能破坏草原植被生态，二是不能和藏民争燃料（藏民一年四季的燃料都是牦牛粪），再就是这两样东西也是少之又少，解决不了根本问题，要解决根本问题还得用煤作燃料。

很快灌注大桥墩所需的模型板、高标号的水泥、沙石料、脚手架、棉絮、草袋、木材、煤料等运到了工地。一场"比、学、赶、帮、超"的冬季施工"大会战"展开了。布哈河两岸就像来了一群鄂伦春人，搭起了巨大的大兴安岭森林式的工棚。工棚里则是大桥墩基坑，我们按照图纸在基坑里架起大桥墩模型板，经师团首长和专家工作组验收合格，才开始进行桥墩混凝土灌注。工棚里，发电机、搅拌机昼夜轰鸣，灌注桥墩所需的数百吨水泥、沙石料，全凭我们肩扛背负送到混凝土搅拌机平台上去，严格按照大桥墩水泥配方比例搅拌，再一筐一筐地倒入基坑，每灌注一层都要认真进行捣固。

施工采取"三班倒"轮流作业，工棚里始终都充满了欢声笑语。施工中我们穿的衣服从未干过，每个人的身上总是湿淋淋的，且还沾上厚厚一层水泥浆，在工棚里还没感到什么，若走出工棚立马就被冻成了冰筒子。施工中我们虽然戴了手套，那手套是棉线制品，只是上面有一层"胶"，增加一些耐磨性，不能隔水保护手，整天和水泥打交道，强烈的酸碱侵蚀，使得我们每个人的手都严重失水，变得如同柳树皮一样粗糙不堪。

那年天峻草原格外寒冷，出现了少有的多雪天，好像是在考验我们，但我们义无反顾地坚持下去了，每天的施工照样进行。两岸的电灯在寒风中不停摇曳，远远望去宛若闪烁的星星。下雪天的夜晚，透过灯光看纷纷扬扬的雪花飞舞，恍如在梦幻中。

水泥灌注好后的保温和养护是至关重要的环节,养护所需的水,取自布哈河里冰块。每天,我们都要到布哈河里取近 20 吨的冰块,在取冰的过程中经常都有人摔倒摔伤。我们再在工棚里用行军锅一锅一锅地化水,这样也提高了水泥混凝土养护所需的温度。

在零下 28℃的气温里,要保持工棚里 24 小时的温度在零上 18℃—25℃,那是非常困难的事。为此,我们在封得严严实实的工棚里守护着炉灶,不得有任何马虎。由于整天在烟熏火燎中生活,时间久了,大家的脸上只有眼白和牙齿是白色的,其余的部分都是黑色的,我们自称是"刚果人",一天工作下来,每个人的鼻孔里都会挖出浓浓乌黑的污垢。

随着时间一天一天地过去,大桥桥墩在我们的辛劳中不断增高。第二年青藏高原的春天(5 月),布哈河铁路特大桥的桥墩屹立在布哈河畔两岸。经专家工作组验收,完全达到了铁路特大桥的标准。

布哈河铁路特大桥冬季施工的成功,开创了我国高原铁路建设的先例。消息传到北京,随后来了一些新闻媒体采访。我们在收音机里听到了中央人民广播电台播出我们的事迹。大家确也高兴了一阵,但没搞什么"庆祝""庆贺"之类的活动,一切都是那样的淡定。

(作者为原铁道兵第 10 师直工科副科长、四川省仁寿县体育局局长)

龙羊峡上架大桥

徐顺堂

1962年10月12日左右,铁道兵10师47团1营1连,奉命从青海省贵南南滩军马场,转战黄河上游青海境内的龙羊峡,要在龙羊峡上建造一座公路悬索桥。

我们五班作为留守部队,乘坐四辆马车,装载40斤羊肉、3 000斤土豆,于10月底最后离开南滩军马场。马不停蹄,经过两天的长途跋涉,终于到达黄河龙羊峡南岸的一片长满沙柳的滩涂上。

远眺河对面,就是我们连队日后的驻地,但被咆哮的黄河挡住无法过去,我们只能望河兴叹,就地卸下羊肉和土豆。烧起一堆篝火,晚餐很简单,将卸下的土豆抓几个往篝火里煨着吃,一连好几天,天天吃煨土豆,乏味极了。晚上睡觉,天当帐篷地当床,第一次尝到了风餐露宿的滋味。第二天一早醒来,大家面面相觑,哈哈大笑起来:一看每个人的头发、眉毛、胡须上,都挂满了雪白的霜。

就这样,在荒凉的滩涂上足足等了一个多星期,终于等到了一只牛皮筏子,将羊肉和土豆运到了黄河北岸连队的驻地。而我们十多个战友饿着肚子,摸黑走了十多里路,总算到了过黄河唯一的通道——一根钢索和一个只能容两人的铁吊罐。我们小心翼翼地拉着绳索,缓缓地滑到了黄河的北岸——即我们一连的驻地。

一到驻地,吴排长带我们钻进一个地窖式的帐篷里,地面只见帐篷顶,地下挖有2米深的地窖,中间挖了一个过道,两边放上一些麦秸当床铺,帐篷的铁横梁上挂着一盏昏暗的马灯,门边砌了一个煤灶。

一进帐篷,一股暖流扑面而来,与帐篷外零度的气温形成鲜明的对照。吴排长介绍说:"龙羊峡的冬天很冷,最低温度要达到零下28℃,采用地窖式帐篷可以保暖防冻。"一个战友风趣地说:"哈哈,我们都成了钻地洞的耗子了!"

第二天正巧是星期天,吃好早饭闲来无事,我约了几个战友到驻地周围熟悉一下环境。一看地形不错,三面环山,南临黄河,北面有一口子,通往海南藏族自治州的州府恰卜恰的一条公路,那地方很少下雨,山上只长诸如骆驼刺、甘草等耐干旱的植物。整个驻地被黄河的咆哮声笼罩着,说话不提高音调,对方就难以听清。

那天晚上,我在昏暗的灯光下写家信,其中就写了一首题为"龙羊峡公路悬索桥施工有感"的诗:"龙羊吼声十里传,遥看彩虹跃浪尖。西风无情亦易怒,苍山有意也难青。"以抒发我对龙羊峡的初步感触。

不久,连队进入施工的前期准备阶段,从西宁运来了铁锤、铁镐、箩筐、扁担等施工工具,还装来了木料、钢材、水泥、炸药等施工物资。大约在春节过后的2月底,正式进入龙羊峡公路悬索桥工程的施工阶段。此时,荒无人烟的龙羊峡顿时沸腾起来了。建造现代化的公路悬索桥,却没有一台机械设备,全部采用人拉肩扛抡大锤的原始施工方式,真是一项史无前例的宏伟壮举。

全连百分之九十的战士,均是一些毫无施工经验的新兵蛋子,而我更是一介肩不能扛、手不能提的文弱书生,要圆满完成这座公路悬索桥的建设任务,确实困难重重。但是我们却凭着一颗"保卫祖国,建设祖国"赤诚之心,采取以老带新、边施工边学习的办法,充分发挥有一技之长的战士的技术骨干作用,成立了木工班、铁工组、钢筋工组、爆破组等技术班组,克服了施工技术上的种种困难。

面对11级硬度的石灰岩,战士们抡起大锤打炮眼,人拉肩扛搬走一座山。有的战士手臂被大锤砸肿,手指震得干裂出血,肩膀抬得红肿异常,不喊一声痛,不叫一声苦,仍然坚持施工。通过半个月的初期施工,战士们抡大锤打炮眼的技术越练越精湛,姿势越抡越优美,砸之有力,进度加快。

经过战士们三个月的艰苦奋斗,硬是用双手、铁肩践行了"逢山开路,遇水架桥"的豪言壮语,爆破声隆隆,钢钎声铮铮,奏响了完成龙羊峡公路悬索桥第一期工程的序曲。正当战士们在黄河岸边紧张施工的时候,突然从南岸三连传来了湖州籍战士张家骏因下河捞木头而光荣牺牲的不幸消息,大家沉痛万分,纷纷脱帽默哀致敬!

进入第二期工程,主要是开挖两个锚碇坑,并浇注钢筋混凝土,其作用是固定两束钢丝悬索。锚碇坑大约长5米、宽3米、深4米,要在这样的狭小空间打炮眼,其难度可想而知了。为了加快进度,战士们采取两个小时一轮班的办法,分别在坑底、坑的四壁打炮眼,层层爆破,逐步深入。由于锚碇坑的空间狭小,把握钢钎的人只能半蹲着朝向坑壁,而砸大锤的人仅靠摆动手臂的关节打钢钎、凿炮眼,还常常因互相磕碰,受伤、流血的屡见不鲜。我也不例外,曾被大锤击中左脑,至今留下了右手颤抖难以提笔写字的后遗症。

战士们不仅要经受施工过程中各种困难的挑战，还要受到恶劣的自然条件和施工环境的考验。五六月份是龙羊峡地区沙尘暴频发季节，狂风怒吼，风沙铺天盖地，帐篷里、衣服里、鞋子中甚至鼻孔里都塞满了泥沙，眼睛睁不开，戴上风镜都无济于事，难受的程度无可言状。

第三期工程，是在河岸边浇注钢筋混凝土的塔架基础，建造桥墩，以固定高高耸立的塔架。木工班、钢筋工组则在工程技术人员的指导下，制作塔架的模板、扎钢筋并浇注水泥钢筋混凝土的塔架预制件，然后用卷扬设备将塔架预制件吊起，固定在河岸边的桥墩上。以后的悬索的固定、安装、调试以及索夹、吊杆、加劲梁的安装、桥面的铺设主要由聘请来的桥梁施工单位承担，而北岸的一连和南岸的三连负责协助桥梁施工单位的一些辅助性工作。就在即将竣工的时候，一连的一位1963年入伍的甘肃兵，在铺设桥面木板时，不慎踏空坠入河中，献出了年轻的生命。

苍天不负铁道兵战士的无私奉献，经过一连和三连两百多名指战员历时八个月的艰苦奋斗，终于在1963年10月底建成了铁道兵建路史上第一座总长200米、宽12米的公路悬索桥。从此，龙羊峡上架"金桥"，险恶天堑变通道。海南藏族自治州府、党委在通车的当天，在龙羊峡公路悬索桥的桥畔，举行了盛大的通车典礼，成千上万名穿着节日盛装的藏族同胞从四面八方赶来，他们载歌载舞，热烈庆祝龙羊峡公路悬索桥的胜利通车！

（作者为原铁道兵第10师50团直属机械连班长、浙江省桐乡市交通运输局财务科科长）

在"天路"上造桥

王补石

在我 15 年的铁道兵军旅生涯中,曾先后参加了成昆、襄渝、青藏铁路以及陕西省白水县的专用铁路的建设。经过部队精心培养、本人刻苦学习,从 1972 年底起,我有幸成为一名铁路工程技术人员。在襄渝、青藏等三条铁路建设工地上,留下的由我担任技术指导建成的诸多隧道、桥梁、路基、涵洞等,至今仍在发挥着它们的功能。

作为一名铁路工程技术人员,记忆最深的要数青藏铁路上的藏龙沟中桥。1974 年 8 月,襄渝铁路通车后不久,部队便开赴雪域高原修建青藏铁路,就是现在俗称的"天路"。我们团当时驻扎在青海省天峻县,当地海拔三千多米,人烟稀少,全县人口不足 5 000 人,而全县面积远远超过上海市全市面积。由于属于高寒地区,缺氧超过百分之四十,所以对于初上高原的部队指战员来说,走路直喘气、流鼻血是普遍现象,甚至晚上更是难以入眠。当地全年之中无霜期仅四五个月,即使在夏季,仍然可以看到远处山顶上的积雪。且昼夜温差巨大,冬季最低气温可达零下 20℃。

藏龙沟中桥,位于青藏铁路天峻火车站至关角隧道之间,桥东头为路堑,桥西头为路堤,桥梁全长六十多米,设计建有两个桥台、一个桥墩。此桥由铁道部设计院设计,其桥梁跨度、长度在青藏铁路诸多桥梁中可能并没有什么特别之处,但其中一个桥台不仅高度很高,且长度达十多米,又是后仰式,即上大下小的样子,还在桥台中部留了一个很大的孔洞,此设计可节省 20—30 立方米的混凝土。1975 年 3 月间,营里领导指定由我负责该桥建设的技术指导,我营 12 连负责该桥的施工。作为技术指导,就是按工程设计图并参照铁路桥梁定型图,将该桥建在设定的方向、高度和里程上,严格按照铁路桥梁施工规范,保质保量地完成建桥任务。

当年，我们是初上青藏高原，缺乏在高寒地区建设铁路桥梁的施工经验，客观上受到高原恶劣的气候条件限制，加上团、营下达该桥的施工任务较晚，所以实际开工时间已是当年的七八月份。施工开始后，我严格按照桥梁施工技术规范，尤其是在灌注桥梁墩台混凝土时，除了严格选择沙石、水泥等建材外，更让该连队必须按照沙子、石块、水泥的配比进行施工，一旦发现连队战士没有将沙子、石块过磅，立即予以制止纠正。为此，连队有些战士曾当面责怪我过于认真。

我牢记毛主席"精心设计，精心施工"的教导，要求营部实验员对每次灌注的混凝土及时采样做好试块，并按时送实验室试压，以确保混凝土施工的质量要求。经过该连指战员的艰苦奋战，至当年的10月下旬，该桥的混凝土工程已完成大半，但该桥第一个桥台中部预留的孔洞以上部位混凝土没来得及予以灌注。当时最低气温已低于零下10℃，土壤严重冰冻，桥台后仰部分亦已无法及时回填，为确保工程质量，只能停止当年的施工。

第二年，我休完探亲假返回部队时，已经是1976年的4月底。当我归队后上桥梁工地查看时，发现该桥第一个桥台中部预留的孔洞表面出现横向裂缝，便及时向营领导做了汇报。后经师、团技术部门领导会同铁路设计院的设计人员现场勘查，并检查了当时的施工记录及混凝土试块试压强度记录，排除了我在该桥施工技术指导中的责任。后来我又接着完成了该桥剩余工程的技术指导工作，将该桥桥台预留孔用混凝土作回填处理。

事后该施工连队的主要领导，对我敢于坚持原则、严格按照桥梁施工技术规范进行技术指导表示深深的谢意，否则，即使我不坚持原则因此而受到处分，但该连队的主要领导必然要负质量事故责任，更为重要的是避免了国家财产遭受巨大损失。

上述事情发生后，使我再次深切体会到毛主席对我国铁路建设者关于"精心设计，精心施工"题词是何等的重要！在此后的军旅生涯或是由部队转业回地方的工作中，无论是从事检察工作、纪检工作还是信访工作、综治工作，我都能坚持认真、细致、踏实、敢于坚持原则的工作态度，这些都源于15年军旅生涯中从事技术工作所养成的习惯。

（作者为原铁道兵第10师47团3营助理工程师、中共奉贤区委政法委综治办副主任）

把这三个桥墩炸了重建

王民立

静静流淌的布哈河,是青海湖的母亲河。青海湖一多半的水来自布哈河。如今,布哈河已经是著名的旅游景点了。

布哈河水不算深,但是河床挺宽。青藏铁路的布哈河特大桥是青藏线一期最长的一座大桥。

雄姿挺拔的布哈河特大桥,当年差点成了豆腐渣大桥!这个故事是我父亲在 2002 年、他 86 岁高龄、我采访他的时候讲述的。

在青藏线的建筑史上,有两件大事件是值得记录的:一件是关角隧道大塌方事件,127 人被塌方堵在里面,经过抢救,全部生还,堪称奇迹;另一件是布哈河特大桥三个桥墩被炸掉重新浇筑,保证了青藏铁路经过了历史的考验。后一个事件,也许有不那么令所有人愉快的情节,所以似乎倒被历史遗忘了。

1975 年的夏天,在我陪父亲进青海的路上,一直问父亲有没有高原反应?他都说没有、没有。二十多年后才说,其实他有。初到乌兰的一段时间,他只觉得头发胀、脚打飘,连门口的一条小沟都跨不过去,血压也骤然升高。

他还没来得及适应高原反应,就接到了一项紧急报告。根据师监察工程师的报告,某团在 1974 年冬季施工中,为了赶速度,布哈河特大桥的桥墩,没有按照冬季施工的要求施工,质量存在问题:一是混凝土"豆腐渣"问题;二是基础没有挖到底。按照要求,基础应该是平的,结果呈锅底形,这种形状的基础上的桥墩是不牢固的。在施工中,技术干部发现了问题,汇报到领导那儿,但是没有得到重视和改进,并且继续施工,现在桥墩均全部施工完毕,监察工程师非常着急,紧急请示怎么办?

1974 年 3 月,铁 10 师三上青海高原,正式修建青藏线第一期工程。一期工程所经地区在青海省境内,大部分在海拔 3 000 米左右,是当时中国海拔最高的铁路。沿线干旱少雨，寒冷多风，冰冻期长，严重缺氧，施工任务十分艰巨。当时中国铁路施工队伍基本没有高海拔地区修筑铁路的经验，比较起来铁10师算是青藏铁路的筑路元老了。1959年和1963年曾经两次上青藏线进行了短期施工，都由于当时国家经济困难而被迫停止施工。即使那样，施工经验仍显不足。

布哈河起于天峻县，于刚察县的鸟岛处注入青海湖。天峻县和刚察县是青藏线一期海拔最高的地区。布哈河特大桥距离入河口十多公里，海拔高度大约3 200米。这里全年冰冻期长，最长172天，最短136天，平均152天，也就是说一年中有近四个月时间是冰冻期。这里的土是冰川冻土，表面上看有草，其实下面的土是冰冻的。结冰深度最深是2.99米，也就是近3米的深度都是冰冻的。

这么深的冻土层，它的施工难度就很大了，要把冻土层挖穿，再灌注速凝混凝土。难在一个是冻土很硬很难挖，二是冰冻期长，混凝土灌注的过程中先灌注的就结冰了。一旦过了冰冻期，混凝土里的冰化了，就成了豆腐渣了。而且，冻土会热胀冷缩，这个力量叫作冻胀力，足以让桥墩不稳固，桥墩不稳固，火车通过能安全吗？为了避免冻胀力的影响，桥墩就必须采用防冻的耐久性设计，对混凝土的抗冻等级要求很高。不仅是设计要求高，施工要求也很高。

在国内，类似地区混凝土工程，冬季是不施工的。当时，父亲人还在陕西安康负责襄渝铁路移交工作，但是重大问题师领导之间还是要电话商量的。接到从青海来的电话，当时父亲的意见是：最好不要冬季施工，如果一定要冬季施工，就要严格按照配方加用助凝剂，并且要做好保温工作，用油毛毡覆盖。可当时为了赶施工进度，师领导仍然决定冬季施工。

为确保施工质量，对高原冬季施工提出了非常高的要求，有一套严格的操作程序。比如混凝土施工时必须达到一定的温度，并保持一定的时间，而且还应选用速凝水泥以快速凝固。如果温度不够，混凝土凝固不好，混凝土中的水分就会结冰，冰化了之后就会形成空洞，就像豆腐渣一样是脆的，不能承受压力，达不到要求的强度，火车开过去时肯定会垮掉。

再比如桥的墩台基础，应该挖到设计深度，且底部应该呈正方形。若不如此，深度不够，或者底部呈圆弧形，这样基础不牢，桥也会垮掉。如果铁路桥垮掉，尤其是在列车运行时垮掉，后果不堪设想！所以，施工质量问题，一直是父亲非常重视的大问题。

听了监察工程师的汇报，父亲感到问题非常严重，就觉得自己的高原反应问题是个小事情，所以既没有跟医生说，也顾不上吸氧、降压等治疗措施，一心只急于弄清楚实际情况。

正好，那个施工连队到乌兰来施工，于是父亲就亲自到连队去调研，向连队的干部战士了解当时施工的情况,印证了监察工程师汇报的问题是基本准确的。该团的参谋长也反映施工质量确有问题,父亲又进一步向该团副总工程师了解情况。副总工程师反映当时为了赶进度,施工时确实没有严格按照要求操作。他发现问题以后,向有关团领导作了汇报,但是他的意见没有被采纳。

40多年前,无论是干部还是战士,对国家、对人民都是忠心耿耿的,都希望多快好省地完成任务,但是为了赶进度,有时候就忽略了工程质量。再加上"文革"期间受"左"的思想的影响,有的行政领导干部对技术、对知识分子不够尊重,尤其对不是党员的技术干部所说的话有时就更不听从了。父亲把了解到的基本情况向师领导做了汇报:因为桥墩已经全部修好了,如果质量真的有问题,坚决主张炸桥。

炸桥?这可是一件大事!

本来就是为了赶进度才在冬季施工,如果炸掉重来,岂不更加影响施工进度?于是,师里就向铁道兵兵部和西南指挥部作了汇报。铁道兵兵部和西南指挥部接到报告后立即各派了一名同志到10师,由师技术科科长带队组成的一个调查小组组织调查。经过对桥墩钻孔取样,压力机试压,结果没有达到规定的压力标准,说明桥墩质量确实有问题。在汇报会上,检查小组的同志汇报了调查情况后,感到面临的矛盾比较多,下一步如何处理,一时还难以提出意见。

正因为布哈河施工难度那么大,好不容易砌起来的三个桥墩炸掉太可惜了。师里主要领导对于查出的问题提出补救措施:是不是在桥墩表面抹上水泥看不出来就行了?父亲认为,目前还不是研究如何采取补救措施的问题,而是应该继续调查是否还有其他隐患。因为根据父亲所了解到的情况,实际问题比已经查出的问题更严重。如果隐患不彻底查清楚,将会影响到如何处理的决心:如果处理不正确,那么将来可能造成不可估量的损失。

师领导接受了父亲的意见,把情况向铁道兵兵部再次作了汇报。兵部领导也非常重视这个问题,决定由兵部总工程师亲自来10师复查。经复查,果然发现问题很严重。为了确保青藏铁路的质量安全,在兵部总工程师亲自主持下,炸掉了已经初具规模的三个桥墩,进行了重建,以彻底清除工程质量隐患,确保了青藏线一期工程的交通安全。

1984年5月青藏线一期工程西宁至格尔木段,中国海拔最高的铁路交付营运。时隔17年后,2001年6月,青藏铁路二期工程开工,这个消息让父亲非常兴奋。2002年底,格尔木到南山口的既有线路改造成功,顺利到达昆仑山。当年青藏线一期工程就是止步于南山口,给铁道兵将士留下了遗憾。

这是我2002年对父亲的一次采访,那两年时有报道,这里的桥因为施工质量问题而垮了,那里的楼又因为豆腐渣工程压死了人。父亲说,现在与二十多年前相比,经济条件好得多了,施工设备先进得多了,技术力量强得多了,内地的施工难度比高原施工难度小得多得多。为什么还一而再、再而三地出现施工质量事故呢?父亲觉得关键是缺乏铁道兵的工作精神,没有始终把国家和人民的利益放到第一位,于是给我讲了这个故事。

那一年,86周岁的父亲依然关注着青藏铁路一期的运行情况,因为这里有着铁道兵将士的心血,有着战士们的青春和生命,有着国家和人民的重托,更有着父亲对中国铁路建设的至爱和真情。令父亲感到欣慰的是经过实际应用证实,青藏线一期,这条铁路没有因为施工质量而发生安全事故,当年的铁道兵部队,给国家、给人民交上了一份满意的答卷。

修建青藏线二期的队伍就是当年铁道兵改建的队伍——中铁建,原来的铁10师的队伍第四次又上了青藏线,修通世界最高隧道——风火山隧道的还是铁10师的后来人——中铁建20局。

三十多年前青藏线止步昆仑山下,就是当年世界上都没有解决在冰川冻土上如何修铁路的问题。于是当年国家决定在风火山进行冰川冻土实验,父亲兼任中国冰川冻土小组副组长。风火山隧道实验工程就是铁10师修建的,实验一直进行了三十多年,给国家决心是否继续修建青藏线二期提供了翔实的依据。

2006年青藏线二期修到了拉萨,7月1日全线通车,我的弟弟作为铁路通信专家登上了开往拉萨的第一辆列车。让父亲更加高兴的是,在他生前、在他90多岁高龄的时候,终于看到了青藏线全线通车。2007年父亲病逝。

2019年,43年过去,布哈河特大桥雄姿挺拔,成为旅游景点,这是铁道兵的光荣,也是铁道兵精神的一座纪念碑。

(作者为原铁道兵第10师医院军医、"女兵故事"作者)

千里行军越秦岭

朱土才

1971年3月,部队奉命开赴陕西旬阳,参加襄渝铁路建设。团机关成员和同批次的连队指战员一起乘坐军列,经由刚通车的成昆铁路到西安西站集结。

到了西安后又接到命令,调集部分官兵进行长途拉练"苦练铁脚板",政治处宣传股的刘耀宗股长、宣传股报道组的曹心泉和我三个人参加了这次穿越秦岭的千里行军,后勤处参加拉练有我的同村战友丁忠益。曹心泉是为拉练部队打前站的先遣队员。

拉练部队起程那天是个大晴天。我们一早起来打理行装,围着两个大盆简单地吃了顿早饭就整队上了路,目的地是陕南旬阳县,途中主要路径是穿越秦岭。

行军的第一天,走的是平坦宽阔的大马路,那时从西安到榨水县城方向的公路上车辆很少。行军途中除了必要休息,一路行走没有什么阻碍。我们高唱着"背上了那个行装,扛起了那个枪……"的《铁道兵之歌》,浏览着阳春三月故都郊外的明媚风光,雄赳赳、气昂昂地阔步前行。公路两旁农田里的蚕豆花开,不远处那些高矮不一、似山非山的土丘不时映入眼帘,直到后来才知道其中有些是皇陵。

吃着早上发的馒头、就着随身携带的凉开水,解决了当天的中午饭。到了下午,有些战士开始体力不支,行军的队形也不如出发时那么整齐,速度也慢了下来,到达住宿点(一所学校)时天际已成暮色,接待站的战友已经准备好了饭菜,许多人尽管饥肠辘辘,但一屁股坐在背包上再也不想起来。

三扒两扒吃过晚饭后,大家开始打水洗脚,因为人多脚盆少,所以只能几个人合用一个。有的战士脱下袜子看到脚背肿了、脚底起了泡,嚷嚷着不知所措;热情的老战士帮他们用毛巾擦擦脚,用手捋捋肿块,有的还从针线包中拿出缝衣针,为脚底起泡的战友挑刺水泡,引流放水。

这一天的行军虽说是平地,但行程有115里,这对长期与风镐、钢钎、铁锤、铁锹打交道,缺少野战军长途拉练训练的铁道兵来说,确实是一种新的考验。我从小生活在农村,深知农业劳动的艰辛,但入伍后大多数时间在团机关工作,如此长距离的负重徒步行军也是首次。一天跋涉下来,两腿又痛又酸,脚底磨出了水泡,真担心后面几天翻山越岭的路怎么走。

为了缓解第一天行军的疲劳,拉练指挥部首长安排我们在宿营地休整一天。也许是前一天真的走累了,但更重要的是受军纪的约束,大家都乖乖地待在宿营地,没有一个人上街外出。第三天天蒙蒙亮,起床的号声响了,大家一骨碌从地铺上爬起来,穿好军装,匆匆漱洗,打好背包,吃过早饭,带上分发的午饭干粮和行装,集结在操场上等待出发的号令。

临行前领队的首长告诉我们,今天是正式进入秦岭山区的第一天,上山的路程40里,下山的路程30里,山下山上温差大,天气状况不一样,脚下道路高低不平,有的地方是悬崖峭壁,大家一定要发扬"一不怕苦,二不怕死"的大无畏革命精神,团结协作,相互帮助,安全闯过第一关。

"立正,向右转,齐步走!"一声口令,二百多人的拉练队伍,以双人队形迎着晨曦走出校门,踏上沙石道路,向巍巍的大山进发。初春的山区,晨雾缭绕,寒气凛凛,越向前行进树木越多;左顾右盼,道路两侧依然是黑咕隆咚,只有远处的狗吠声和鸡鸣声,提示着附近山里还有人家。

大约行走了一个多小时,我们踏上了坎坷不平缓缓上坡的山间小路,队形也由双人行改为单人走。此时,大家的衣服都已被雾水打湿,但谁也没有一点怨言。休整一天的效果果然不错,从上山开始已经翻过了几个山头,现在又走到了一座山峰的半山腰,但行军速度比刚进山时差不了多少。

走着走着,前方的山路越来越难走,为了调整心态和保持体力,我们在一段稍微平坦的弯道上休息了大约一刻钟。此时山上阳光灿烂,举目远眺,天高云淡,层峦叠嶂,青松翠柏,奇花异草,给人以心旷神怡的感觉。

继续前进的号声响了,长长的队伍在蜿蜒曲折的山路上缓缓移动,远远望去犹如蠕动在苍山间的一条巨龙,时而昂首弓身,时而摇头摆尾,随着地形地势的变化而演绎出勃勃生机。

路越来越窄,坡越来越陡,有的路段一边是悬崖峭壁,一边是万丈深渊,如果正前方行走,战士们随身携带横跨在背包上的步枪要被峭壁卡住,所以只能侧身通过;有的路段是山民在岩石上硬凿出来的羊肠小道,上下步阶相距一二尺,上坡下坡都要扶着岩石借一把力才能通过。山里的气候瞬息万变,一大片雨云飘移了过来,遮住了太阳的脸,天空落下了不大不小的雨点。此时,前行的队伍临时停了下来,大家从背包中抽出雨衣,裹着背包披在身上,以防被子被淋湿。

队伍在险峻的山路上继续前进。也许是爬山爬得累了,我觉得有点上气不接下气,每当踏上稍微平坦一点的路面,身心就觉得格外的舒畅,即使是一米两米或是一步两步。远处的山顶上白雪皑皑,脚下的路越来越潮湿,越往上爬,路边、树上的积雪越多,身上也越觉得冷,但不论环境如何变化,我和其他战友一样,小心翼翼地走好每一步。大约下午一两点钟,我们终于爬到了山顶,环顾四周群峰起伏,云雾缭绕,绿树参天,翠竹摇曳。当走过标记着"太乙岭海拔2 003米"那块擎天巨石时,我紧绷的心绪放松了,脸上绽放出征服者的笑容。

翻过山顶后有一段缓坡,队伍停下来稍作休息,大家拿出干粮就着凉水吃午饭。我有意无意地四处眺望,发现左下方山坡上有几间窝棚,屋顶黑乎乎的,分不清是瓦片还是树枝杂草,凝望了许久也不见周围有人畜的动静。这段缓坡比较长,走起来也比较轻松,我边走边暗忖着:下山的路也许不会太难走。

过了不多久,队伍前行的速度慢了下来,原来看得见的长长的队伍人影越来越少了。有人告诉我前面正在下坡,当我走近陡坡口时,只见下面人挨着人,有的一只手揪着小树杆,有的人双手扶着岩石,一步一颠地往下走。有人踩空了路面,碎石骨碌碌地往下滚,吓得下面的人直喊"怎么啦"、"小心呀"。下山的路确实不好走,特别是陡坡和峭壁边的小道。

记得这天下坡时有一段路特别惊险,一边是深不见底的沟壑,一边是草木不生的崖壁,下坡的路实际上是一级级台阶,要说是台阶吧,但好几处只是脚掌大的一个窝,越是挖"窝"的地方坡越陡,有的"窝"与"窝"相距四五十厘米,旁边除了光秃秃的石头还是石头,连棵草都没有,走到这里我只能坐到"路"上,用脚后跟交替撑着"窝"向下行进,一段路下来,本已泛白的军裤臀部被磨出了小洞。这正应了"上山容易下山难"的俗语。

上山下山,下山又上山,跨过溪流,绕过山冈,夜幕降临时我们终于到达宿营地。宿营地是一个小山村,住的那间房子好像是没安门的大棚棚,

吴仕平摄

地上铺的是木板,因为天黑且人又十分疲惫,所以也没有对房子的结构等加以留意。宿营地没有电灯,只有一盏高悬在屋中间的马灯,光线很暗,有些战士从包里拿出蜡烛点上,为洗漱、吃饭提供些方便。

晚餐带有山里的风味,让我不能忘怀的是那道辣椒、萝卜炒腊肉的菜,虽然辣得合不拢嘴,但有肉吃也不怕辣了。小山村紧挨着一条小溪,吃过晚饭我和大家一起到溪边洗碗、洗脸、洗脚,然后就回到屋里,打开背包和衣睡觉。山村的夜晚十分恬静,除了风声、牛羊叫声和偶尔从远处传来的狼嚎声,几乎再也没有别的动静,我躺在硬邦邦的木板铺上,回想着白天行军的经历,迷迷糊糊地进入了梦乡。

"有蛇!有蛇!"我被叫喊声惊醒,跃身坐起睁眼一看,屋子里好几个人已经坐在铺上,都在不知所措地东张西望。也许真的有蛇进了屋,但屋子里黑乎乎的,灯光昏沉沉的,什么也看不清。一阵惊慌之后,大家怀着忐忑不安的心情重新入睡,直到起床的号声响起。

进山第二天的路程不长,大约60多里路。那天我们沿着溪流左拐右拐迤逦南行,晌午时分在一处滩地休息吃饭。此时,看见左边山坡上一个挑夫,一肩挑着货物,一手用带有丫杈的木棍斜撬着颈后扁担,正艰难地朝山上走去。远远望去,那个人身材魁梧四肢强壮,头戴斗笠脚穿麻鞋,肩上一副担子一头是用藤筐装的货物,足足有半人多高,另一头是直接捆绑在扁担头上的布包,里面不知装的什么东西。

过了一会,挑夫把身上货物放到山路边上的一处小平地上,用手中的带丫杈的木棍把扁担撑住,扁担另一头连同布包直接搁在山路的斜坡上,摘下斗笠坐到石头上休息。队伍中有一位出生山区的战友告诉我,这筐东西有200斤重,带丫杈的棍子上坡时撬在后面可以借力,下坡遇到陡坡可以当拐杖用。听了这几句话,我对挑夫肃然起敬,敬佩山民们为生活肩挑重担、上下山坡的吃苦耐劳精神。

团部机关设在旬阳县沙沟公社沙沟大队,西距旬阳县城100多里。拉练队伍的确切目的地是旬阳县蜀河镇,距沙沟20多里,中间还隔着汉江。从西安出发到蜀河,一路上经过雁塔区和柞水县、镇安县、旬阳县一区三县地界,经过了青铜关、红军镇、双河镇等关隘或山区小镇,进入旬阳县地界后基本上是沿乾佑河下行,在秦岭山区行走了11天,中途休整2天。

记得在穿越秦岭的第四天傍晚,队伍从一座山峰上下来,走进一处长满齐腰高野草的山谷平地,我看到右后方的另一座山的半山腰正在开筑一条新公路,直到后来才知道这是镇安地界。那天走在队伍最后面的是刘股长和一营的肖教员两位老首长,他们随身携带的物品已被三名收容队员拿了,虽然手里拄着用树枝做的拐杖，但仍气喘吁吁、步履蹒跚，首长们毕竟年纪大了。

到达蜀河镇的确切日子，如今我已经记不清了。只记得是晴天而且已是下午二三点钟，我们到达蜀河镇江边时，前面的队伍已经过江，渡口待渡的人不多，待到我们过江时已是最后一批。

汉江蜀河渡口的水面比较宽，水流不是很急，我们七八个人登船后，艄公把船撑离码头，临时为拉练战士服务的同志抓住临时系在江岸两边的麻绳，快速又稳稳地把我们送到对岸，我们爬上早已等候在江边公路上的卡车，巅巅簸簸地到达机关驻地，与先期到达的许干事、孙干事、朱桂林、朱瑞华等战友相拥抱合、互致问候。

千里行军翻越秦岭，是我四年军旅生涯中感触最深的一段经历。我领略了秦岭腹地生机勃勃的原生态风光，亲耳听到了"自从解放后，再也没有看到过解放军在这里走过"的山区老百姓话语。

行军途中，我的同村战友丁忠益（已故），一直与我同甘共苦，有时还帮我背包，这一份战友加兄弟的情谊，我今生永远不会忘怀。

（作者为原铁道兵第 10 师 47 团干部科工作人员、上海市奉贤区南桥镇农业服务中心党支部书记）

终生难忘的军人生涯

朱国祥

回想当年在铁道兵部队的军营生活,尽管已过去了近半个世纪,但军营生活所经历的许多往事至今想来,仍历历在目,仿佛就发生在昨天,终生难以忘怀。

1969年的五六月间,我们奉贤的600名新兵与闸北的400名新兵在结束了新兵连的集训后,被分配到铁道兵第10师47团的各个连队。我被分到了47团4营16连。当年为了备战,正大力加强三线建设,急需尽快改善西南地区的交通状况。为落实毛泽东主席"成昆线要快修"的指示,铁道兵有好几个师及数十万民工奉命修建从四川成都至云南昆明的铁路——成昆铁路,正日夜奋战在铁路工地上。但由于我们连队正在"支左",因而,我们这批分到16连的新兵,坐解放牌大卡车到16连"支左"的驻地——西昌林学院。没有"文化大革命"经历的人肯定不知道何谓"支左"。1966年开始的"文化大革命",并未如原先设想的那样:从大乱到大治,两三年内基本结束,至1969年,"文化大革命"已进入第四个年头,全国各地混乱的局面非但没有改善,反而闹得更凶了。那些高举"造反有理,革命无罪"大旗的造反派们对使用"大字报、大辩论"的文斗方式搞"文化大革命"已毫无兴趣,对使用钢针、铁棍的武斗也觉得不过瘾。趁着中央军委对部队下达的"对待造反派'骂不还口、打不还手、更不能动用武器……'"等六大禁令的颁布与实施,公然抢劫部队的枪支、弹药,真枪实弹地开了起来。为了控制当时的混乱局面,毛泽东主席令军队介入,支持"左派",于是有了"支左"的称谓。

我们连"支左"的驻地西昌林学院的前身是四川林学院,于1962年迁址西昌,是一所专业性很强的大专院校,校址距西昌城仅7公里,校舍依山傍水,倒也风景秀丽。校址南面的邛海更是一处著名的风景胜地。邛海古名邛池,属更新世早期的断海湖,已有约180万年的历史,湖水清澈透明,其状如蜗牛,水域面积

31平方公里,湖水平均深14米,最深处34米,是四川省第二大淡水湖。"文革"后被命名为四川省十大风景名胜之一。以恬静著称,景色四季各异。春天天光水色、上下一碧,一片浩瀚波光闪耀在山碧影之中,舟行碧波上,人在画中游,岸边柳眉桃腮、燕语呢喃;夏日湖水盈盈,彩霞耀眼,山寺渔村,相映生辉;秋日天高气爽,落霞孤鹜,秋水天长,使人流连忘返;冬日天净水明,红枫翠柏,侧映湖面。诱人的邛海景色,与西昌晚间皎洁的明月形成"月初邛池多诗意"情怀,意大利著名旅行家马可·波罗在浏览邛海后兴奋不已,对其景色大加赞叹。在其《马可波罗游记》中写道:"碧水秀色,草茂鱼丰,珍珠硕大,美不胜收,其气候与恬静远胜地中海,真是东方之珠啊。"也有专家评价道:"洞庭雄阔,鄱阳奇伟,太湖深秀,西子浓妆,邛池淡抹,各有千秋,邛池尤以恬静见胜。"

如此一处风景秀美的读书圣地,却由于"文化大革命"的原因,学校早已停课,师生走的走、逃的逃,校园内大多地方是人去楼空,到处杂草丛生,一派凄凉景象,留下的只是看家护院的老头、老太。记得那天早饭后不久,骤然响起了阵阵枪声,为避免误伤,连长命令全连战士必须待在宿舍里(宿舍安排在林学院教室里),靠在墙根,不得外出。

正当大家吃得津津有味时,连部通信员急匆匆跑来说,连长命令我们班火速带上工具,跑步去林学院实验大楼抢救伤员。我们只得放下手中的饭碗,拿起铁锹、钢钎,直奔实验大楼,尽管饭还未吃好,但救人要紧哪。我们全班立即分组搜索伤员,循着"救命"的微弱声音,终于发现一名造反派被压在一个墙角落里,实验大楼爆炸后钢筋混凝土压住了他的双腿,但上半身所处的地方恰好有一个空隙,才没有被压死,大概爆炸时被震昏了。面对这个伤员的实际情况,在没有大型起重工具的情况下,要救出这个伤员的唯一办法就是为这个伤员挖出一个脱身的通道,为了避免第二次伤害,我们小心翼翼、一点一点地作业,地方小,大家只能轮番作业,同时不断地安慰伤员,让他一定要坚持住。两个小时过去了,通道终于打成了,我们竭尽全力,终于把这个伤员拉了出来,一探他的鼻子,已经没有了气息……几个小时的抢救最后是前功尽弃,真令人唏嘘不已!尽管没有救活这名伤员,但我们解放军战士"救死扶伤"的行动得到了附近群众的赞扬。

(作者为原铁道兵第10师演出队队员、上海市奉贤区金汇中学校长)

十多条枪的子弹上了膛

徐顺堂

前些日子,几个战友提议,要我写几篇有关部队生活的回忆录,于是,我翻阅了当年的日记,并且根据战友提供的资料,写就了一篇因误会而差一点擦枪走火的回忆文章。

我清楚地记得:1962年7月1日"三年自然灾害"期间,我与桐乡83位战友一起踏上去北京良乡的征途,经过不到一个月时间的新兵训练,又奉命开赴青海贵南军马场,执行"护秋"的任务。贵南军马场位于西宁东南一个大草原,海拔3 450—4 000米,空气稀薄,缺煤无电,生活条件极其艰苦。

1962年8月14日早上,我所在的铁道兵47团1连2排5班,在广东籍吴排长的带领下,作为连队的先遣班先行出发,步行去离驻地东面40多里的山沟打柴。一路上我被眼前的景色惊呆了:一碧万顷的草色向远方舒展,犹似一块硕大无边的绿色绒毯,连绵逶迤地与遥远的地平线挽手相连。山坡上有星星点点的几个黑色的藏民帐篷,几头牦牛悠闲地啃着嫩草,几缕炊烟在天空中袅袅升起,给荒凉的草原增添了不少生机。乳白色的羊群流动着,仿佛一朵朵疏淡飘逸的云,在层澜叠涌的绿浪里泛起微漪……草原的天空真蓝,朵朵白云挂在上面,还不时地变换着形态,不远处,有几匹骏马在草原上欢快地奔驰着……真像歌里唱的那样:"蓝蓝的天空白云飘,白云下面马儿跑……"

正当我们快要到达目的地的时候,突然在东北方向的一个山口出现一队背着枪的藏民马队,朝着我们奔来。面对这突如其来的情景,立即引起了吴排长的警觉,为防止意外,他命令我们跑步抢占前面不远的一个小山包,尽管只有一百多米的路,但在高原严重缺氧的情况下,我们个个脸色刷白,气喘吁吁,心都快要跳出来了。全班分成两部分,排长带领七个战士在山上,班长和包括一名机枪手在内的三个战士在山下,全副武装扑倒在地,静观其变。不一会儿,从小山包的东南边又来了一队藏民马队,将我们团团围住,形成了一个包围圈。这时情况十分危急,排长马上向我们发出"准备射击"的命令,十多条枪"咔嚓"几声,子弹全部上膛。我在山上向下望去,只见对方以一字形排开,架起五挺轻机枪,也做好了战斗的准备。此刻我们始终恪守"不开第一枪"的铁律,一分一秒地等待着,但他们并没有向我们开枪,只是勒住马的缰绳在原地徘徊着,嘴里不住地发出"阿罗,拍玛拍玛……"的喊声。他们的话我们听不懂,打又不能打,怎么办?正当我们感到十分困惑的时候,碰巧在山脚下路过一个放羊的汉族小伙子,班长向他一打听,才恍然大悟:原来是两个"抢亲"的马队!此时大家如释重负地大笑起来,就这样一场因语言不通而造成的"误会",在一片欢笑声中结束,草原又恢复了往日的平静。事后才得知"阿罗,拍玛拍玛"就是"同志,没关系、没关系"的意思。

接着,我们全连一百多名战士,唱着军歌,走进山谷,争先恐后地拿起洋镐、铁锹进行着打柴的活儿,而我则被分配担任站岗放哨的任务。我站在山冈上,远眺着一望无垠的大草原,看见一位身穿白色羊皮藏袍、腰缠橘红色腰带的藏族汉子,从山口扬鞭策马而来,他高歌时那摄魂震魄的天籁之音,久久地在山谷中回荡。

第二天一早,遵照营首长的指示,为了维护党的民族政策,于清钺连长和二排吴排长、文书胡可荣及一位藏语翻译等一行四人,乘马车直奔洛加,就因语言不通而造成的"误会"向当地藏族同胞公开道歉。据吴排长回来说:"我们一行四人一到洛加,就受到藏族同胞的热情接待,生产队长向我们连长献上白色哈达,连长也向他们回赠了盐巴、茶砖等礼物,然后生产队长拉着连长的手,在一片掌声、吆喝声中走进用白色毡毯铺就的帐篷中盘腿而坐,他们拿出镂花的银碗按照汉族人的习惯用干牛粪擦了一擦(他们自己从来不洗碗或擦碗的),倒上羊腥味十足、有点咸的奶茶(用羊奶、茶砖和盐巴烧煮而成)招待我们,奶茶是他们招待贵宾最珍贵的饮品,藏族人有一句俗话叫作'宁可无食,不可无茶',所以来客一定要喝,而且必须喝完,否则就是看不起他们……"

从此,这场因语言不通而造成的"误会"便成了军民、藏汉大团结的开端,在美丽的大草原上,到处有藏族同胞的歌声和笑脸,洋溢着祥和、友好的气氛。

(作者为原铁道兵第 10 师 50 团直属机械连班长、浙江省桐乡市交通运输局财务科长)

一次艰难的押运

陈根发

六年铁道兵生涯,是我永远难忘的经历,其中有一次艰巨押运任务,更使我终生难忘,记忆犹新。

我是1969年从上海闸北应征入伍的铁道兵战士。经过三个多月新兵团训练,我被分配到铁道兵10师47团2营8连。8连是铁道兵标兵连队,曾多次集体立功受奖。由于工作需要,在我入伍半年多时间里,连队接受上级命令去四川西昌担任执勤工作。

一天下午,班长(1965年入伍的四川籍战友)告诉我,他接到连长命令,连里有一项艰巨任务交给十班五位战友去完成。接着班长叫上我和其他三位战友(两位是1968年入伍的四川籍战友,一位是1969年入伍的山东籍战友)来到连部办公室,由连长下达战斗命令。进入办公室,看见连长一脸严肃,我们五位战友见此情景,心中没底,不知要去执行的是什么任务。很快我们整齐站立,围着办公桌听候连长指示。

连长脸色严峻,一五一十地下达命令,严肃地交代了这次去成都工商银行金库押运钱款任务的艰巨性。按规定,去银行金库提取钱款,这样重要任务,非专业押运队伍是不能担当的,当时属于"文革"动乱期间,一些工作无法正常展开,只能委托部队武装押送。此外,连长特别强调了此次任务的危险性。因为,从西昌支行坐车押运钱款,需要两天时间,路途要翻越大小凉山,我军解放大西南时,国民党胡宗南军队被歼时的残兵败将就地成匪,随时可能会发生意外。

接受了连长的命令,听了沿路复杂的治安情况介绍,在班长带领下,我们几位战友异口同声地大声表示:"请连长放心,我们坚决完成任务。"接受押款任务后,在班长严于彬的带领下,我们一行五人于第二天早晨7时不到,领了武器装备(我记得每人配备一支冲锋枪,20发子弹),坐上5吨军用卡车出发了。

卡车在公路上行驶,班长坐在驾驶室副驾驶位置上,我和其他三位战友枪弹不离身,坐在后面无座车厢里。一路上,我心跳很急促,表面上很镇定,心里却七上八下(毕竟是才入伍半年多的新兵),希望能平平安安地完成这次押运任务。

60年代后期,由于国家基本建设差,四川省内公路也不太好走,卡车前后绕过大小凉山,翻越盘山公路,经过两天近500公里路程行驶,终于顺利到达工商银行成都总行。

当晚,我们一行五人留宿在成都总行。第二天一早,我们在班长带领下赶到总行金库。由于提前通过电话联系,我们五人在总行金库保管人员三次打开库门后,顺利进入金库。入库后,在保管员指引下,我们五位战友帮助把装有钱币的木箱搬上卡车,总共有几十箱,还有几箱现金支票。

那时,我只有20岁左右,木箱每箱重20斤,一次搬两箱,来回跑了五六趟。这样的体力活,平时根本就没干过,由于要赶时间,尽快完成押运任务,当时虽然感觉有点累,但是心里还是挺开心的。装完车后,班长让我们立即上车,也顾不上休息,催促司机马上发车,就这样急促往回赶。

卡车慢慢地行驶在逶迤的公路上(5吨卡车车厢内装满了几十箱钱币,还有我们四位战友坐在上面),尽管路途很艰苦,但是战友们始终很乐观,保持高度警惕,双手紧握冲锋枪,随时准备对付突发事变。车子经过20多公里行驶,来到夹江县,天色已是傍晚,我们把车开进武装部大院。下了车,我们五位战友由班长带领仔细检查了货物及车况。由于车上装的货物特殊保密,为了安全起见,我们也住进了武装部宿舍。

第二天天刚亮我们就起来上车往回赶。上车后,班长又一次提醒我们四位战友,因为回来路上,车要经过大小凉山,随时可能会有意外发生,要求大家保持高度警惕,紧握冲锋枪,随时应付突发事件。经过石棉县,这段路是有名的危险路段,雨天一身泥,晴天一层尘。这次押运任务的司机,是一位1965年入伍的四川籍老兵,他技术好,处理应变能力强,碰到这样的公路,很轻便驾驶过去。车来到大小凉山,盘了几次山路,很快过了危险路段(很幸运,没有土匪出现)。经过两天行车赶路,我们一行五位战友终于顺利圆满完成了上级交给的押运任务,把从成都总行运回来的几十箱人民币(具体数量已记不清了,事后得知,每只木箱装有20万元人民币),安全交给工商银行西昌支行,圆满完成了一次艰巨的押运任务。

(作者为原铁道兵第10师47团8连战士、上海协昌缝纫机设备有限公司检验员)

我在木工班立了个三等功

李在同

1969年春天,我当兵来到四川德昌新兵训练基地,经过一段时间的训练之后,我被分配到铁道兵第10师47团一营二连。可能是因为我有非常不错的木工特长,把我分到了二班(木工班)。

连队为欢迎新兵的到来,特意杀了一头猪,安排了一顿我的家乡山东口味的饺子。说实话,自离家以来这是第一次吃上面食。我们高高兴兴包饺子,由于四川的战友不会煮饺子,把饺子煮成了一锅面糊糊。

不久开始施工了,我们穿着雨衣、雨裤、高筒水靴,第一次进入现场,这给我留下了很深的印象。隧道的施工条件非常艰苦,隧道内似"水帘洞"。战友们凭借自己的一双手、一把铁锹、一把镐,把水泥沙石装在翻斗车里,一锹一锹地将水泥沙石料,用力锹在那一排排的支架模板中。水里来,泥里去,泥水、汗水混在一起,冻得人发抖、嘴唇发青,满身都起鸡皮疙瘩。

洞内施工非常危险,一不小心就会造成大塌方。在一次支边墙过程中,上面泥石不断塌落,而边墙基础里的水,两台水泵都抽不出去。模板在水里像小船,现场非常危险。如果不及时支好模板、打上混凝土,时间一长可能造成大塌方。指导员吴吉尧亲临现场用手电照明,上面的泥石不断地往下掉,我不顾危险下到基础里,跟我同时下去的还有上海籍战友陈金达、淄博籍战友孙传富,其他战友给我们供料,紧张的施工仅仅用了不到一个小时就完成了。水泥翻斗车就在旁边,我们木工班支好模板后仍留在现场,配合施工班打混凝土。连队指导员看到用这样快的速度支模板非常满意。

支拱架要比支边墙更难、更危险。工作面不能开得过大,只能一米一米地挖,在那狭窄的洞内到处都是横三竖四的支撑,这给施工带来极大的不便,有的支撑不能拆掉,要等水泥凝固了才能拆除。打混凝土更是困难,在狭窄的地方铁锹都用不上，只能用手一把把地把水泥沙浆塞进去，躺在模板上用脚捣固，手指被水泥沙子磨出血，浑身是水泥，满脸是泥沙。由于木工班活少，我就主动帮助施工班一起干，有时一干就是 12 个小时。

1970 年成昆铁路全线通车。当年 11 月底我们奔赴襄渝线。连队徒步行军翻越秦岭山，到达陕西南部旬阳县蜀河镇的险滩沟。这里山高没路，仅在一条汉江里有几只小木船，几十万大军聚集在汉江两岸，生活条件非常艰苦。紧需的物资不能及时运到。我们的床铺是用树枝编成的片，高低不平，上面铺一层稻草当褥子，早上起来腰酸背疼，生活更加困难，吃菜只有压缩菜咸菜。为了解决吃菜难的问题，我们班开荒种菜，我们班菜地面积大，菜的品种也多，有萝卜、辣椒、南瓜等，我们还在工棚里发豆芽。半年多的时间里我们班上交蔬菜 2 000 多斤，成为种菜大王。团部新闻报道员朱瑞华写我们菜园"险滩沟上南泥湾"的通讯，登上了三家报纸。

实践证明，我们班在施工方面也比其他连的木工班速度快，同样条件施工，我们甚至比有的连队木工班速度要快 1 倍。1973 年夏季襄渝线全线大会战，为了快速打通蜀河隧道，营里决定把我们班调到营部，二连、四连两个连的木工班组合在一起，由我任班长，统一安排工作。

我对这支新组建的班，既严格要求，又要使战友们心情舒畅。因此，我对他们讲，施工现场就是战场，只要进入工地，就是进入战场，要争分夺秒抢时间，要把抢回来的分分秒秒用来补充咱们的休息时间，因为我们班不足 20 人，每天 24 小时工作，四个施工班每班都有打混凝土的任务，所以我们只能跑步前进才能完成。在这种情况下，每一个战友扛着 280 多斤重的钢拱架一路小跑。我们班不管白天还是黑夜，需要木工班支架，随叫随到。为了给战友们挤出一点休息时间，为了不打疲劳战，确保施工进度，我每次都是提前到现场查看能否支模板。在这次大会战中，我每天的工作时间都在十几个小时，有时一天只能休息四五个小时。长时间的劳累，一次我晕倒在工地上，住进蜀河卫生队，一个星期后我主动要求出院又投入了紧张的战斗。

在这次会战中，连、营、团首长对我的工作非常满意，给我记了三等功，五年的部队生涯我获得了五次嘉奖。

我怀念部队，怀念战友，怀念为三线建设献出宝贵生命的英雄们。在中国人民解放军建军 90 周年之际，我重游战斗过的西南钢铁"大动脉"，心情无比激动，这美好的回忆永远铭记在我的心中。

（作者为原铁道兵第 10 师 47 团 2 连木工班长）

我留恋那当兵的日子

王新华

在喜庆党的九大后,当时上海奉贤共600名青年应征入伍,奔向祖国最需要的地方。

1969年3月10日上午10点,接送的10辆大巴车集中在奉贤中学广场上,我们庄行公社的72名青年被安排在第五辆车上,前往上海北站转乘军用列车。火车渐渐驶离至亲的故乡,开往大西南——西昌地区德昌县。

3月15日抵达了目的地。我们几个新兵蛋子被安排在8817部队二营五连一排二班,正式开始进入新兵连训练生活。经过一个月紧张的新兵连训练,迎来了我一生中最自豪的一刻:军帽上缀上红五星,闪闪亮;红通通的领章,如两面红旗挂在肩膀两边的领子上。此刻,我的眼眶湿润了,知道自己已经从一名普通农村青年,成长为一名光荣的中国人民解放军铁道兵战士。

1968年入伍的四川乐山兵——兰厚源,是新兵连我班的班长,新兵连的高排长负责教我们唱歌《铁道兵之歌》:"背上了那个行装,扛起了那个枪……铁道兵战士志在四方……"

几个月的新兵连训练短促而难忘,我们惜别了新兵连,被分到铁10师47团52分队机械连,加入修建成昆铁路的行列。我的工作是学开电动压缩机,机房在安宁河边上,住勤在4营20连,那里有20名战友,大多来自我家乡的邬桥公社。部队生活虽艰苦但充实,并且战友之间都朴实无华,大家团结友爱,每当思乡时互诉衷肠,有的战友不识字,我还代笔帮他写信向家里报平安。

1971年,为了修建襄樊铁路,我们55团5855部队33分队的机械连驻扎在陕西省安康市关庙村,我被分配为开推土机,每天就是与石头、渣土打交道。有一次在汉江边上操作时,发现一艘船翻在河中,我立即放下手中的活,一个箭步跳入河中,救起了两名落水船员。同年,我在一次开山洞爆破任务中被石头砸伤,紧急救医后,保住了性命,但永远失去了自己的脾脏,当年我荣获了三等功。

  1973年年底,我们部队又被调至河北省承德县修建沙通铁路。当铁路完工时,我也已在部队度过了五个年头。五年的部队生活,完成了三条铁路干线建设,虽说不是盖世之功,但这三条铁路的每一个螺钉螺帽上,都有着战友们的辛劳汗滴。每每想到此,我心里就觉得非常的自豪!

  1974年4月1日,退伍回家的日子,虽说思乡之情难耐,但当真的脱下心爱军装的时候,心里还是空落落的,一种莫名的惆怅情不自禁地涌上心头。儿时最向往的梦想,神圣的军人生涯;人生美好的五度春秋,在部队大学校里锻炼;心中最深刻的记忆,也留在这个人生的"大熔炉"里。当坐着大篷车,看着一辆辆运送老兵的汽车,缓缓地驶离部队驻地的那刻起,我不禁热泪盈眶、心潮澎湃……

(作者为原铁道兵第11师55团机械连战士)

救死扶伤的岁月

候孟春

1975年，我从省会西宁应征入伍，来到雪域高原天峻，成为铁道兵第10师47团卫生队的一名卫生员。

为适应海拔3 700米的高原生活，部队决定新兵在青海省湟中县集结进行政治、军事、体能上三个月的封闭训练。

当我们完成既定的科目训练后，团卫生队派来一辆救护车，接我们11名女兵到天峻团卫生队。救护车在颠簸的青藏公路上摇摇晃晃地走了十几个小时，晚上11时左右，我们终于到达了卫生队。

接兵的是一位叫胡启明的老兵，他幽默风趣，平易近人，新老兵之间的距离感一下子拉近了许多。他后来担任卫生队司药，兼任团支部书记，是一位很有能力的年轻干部。

虽已近深夜，卫生队仍然灯火通明，队领导和老兵们迎上来，热情地与我们握手，帮助我们提东西。我们从车上下来时，感觉头晕晕的，脚似踩在一堆软软的棉花上，天空很低，好像一伸手就能把星星月亮摘下来。

卫生队营区是由几排干打垒建成的营房，外墙用厚厚的白石灰粉刷，俨然是电影中见到的战争年代战地医院模样。一会儿，炊事班报告说面条煮好了。队首长把我们带到队部，炊事班为我们做了一盆可口的面条，让我们在远离父母的高寒缺氧军营，感受到了部队大家庭的温暖。

晚上，卫生二班的男兵们把寝室腾空给我们11名女兵住。由于部队营房刚建成使用，尽管有人居住，但房梁上还是积了厚厚的一层霜。值夜班的女兵大姐特别关爱我们这些小女兵，不时地会给我们居住的火炉加煤。这一夜，我们睡得很香甜。

第二天，我们几个新兵早早起床，到炊事班帮厨。此时，杜美田班长和老兵们已经做好了早饭,一锅热气腾腾白花花的大馒头很诱人。这时,王副团长到炊事班检查工作,他掰开一个馒头,看到里面的夹生面,批评了炊事班的老兵们。他说:"部队刚到高原,如果我们的生活、饮食不能保障战士们生命给养需要,我们是要承担非正常减员的。"这时,我看到杜班长不停地用手摩擦着围裙,眼里含着委屈的泪花。后来,我们知道,这不是他们的错,在高原缺氧的状况下,是很难蒸出满意的馒头的。后来部队配备了高压锅,蒸馒头的问题就自然解决了。

雪域高原天峻县,是我军旅生涯中一段最艰苦、最难忘的青春岁月。有欢笑,有眼泪,有磨砺,有成长。许多年来,我仍不时沉浸在对那段生活的回忆中,继而幻化出我心中那群我尊敬的首长和我那些活泼、年轻、可爱的战友们。

1974年初,卫生队从陕南,移防至青藏高原,这对每一个人来说都是一次生命的极限考验。进入高原,有的女兵年纪轻轻患了高原高血压、肺水肿。有很多女兵生理期不来月经。脸、手、脚是肿胀的,那时因为年龄小,没有觉得是什么大问题。在北京部队大院长大的女兵李炳华,刚到高原就出现休克,经及时抢救才脱离了生命危险,尽管这样,她仍然又坚持在高原战斗生活了三年,她给我们树立了榜样,我们都把她视为姐姐。

初入军营,我们这些没有任何医学常识的新兵,接受了在当时医疗条件下最严格的医学培训。一天卫生队蔡连水副队长告诉我们,施工连队有一位战士不幸牺牲了,卫训班的女兵们要为他送别。说实话,当时我们每个人的心中都是胆怯的,但有任务,硬着头皮也要上,我们在首长的要求下完成了各自的任务。到了晚上,有的战友竟几夜难眠,情急之中不得不两个人一个被窝,相互鼓励着入睡,终于战胜了恐惧。

1971年入伍的老兵李炳华、王明芬告诉我,她们清晰地记得为这些牺牲的战友送别时的情景:一盏小马灯,一只脸盆,一个暖瓶,一套崭新的军装,这些就是入殓的用品。有一次,一位牺牲的战友多处骨折,为他穿衣时不知怎的,一只胳膊搭上了她们的肩头,她俩大喊一声跑向门口。待情绪稳定后,战友们接着为牺牲的战友穿衣,她们一边穿一边说:"好战友你别吓我们,我们只想让你容颜再好看些,明天首长和战友们来看你时,不让他们太难过……"

在天峻驻地,我们的卫生队名气很大,信誉很好。当地老百姓有病都愿意到我们卫生队就诊。一天晚上,我们刚刚开完班务会,就有人通知我说门诊来了急诊病人。我跑步到门诊,看到一个老乡双腿离断骨折,失血很多,病情非常危急。我立即请来门诊蔡吴江医生和卫生队李经纬主治医生,他们当即送病人到手术室抢救。我火速返回门诊,将两条离断的腿送至手术室,希望能够断肢再植。在紧张有序的抢救中,我看到了他们娴熟的配合和一丝不苟的操作,看到了他们对生命的尊重和敬畏。虽然经过一番紧张的抢救,终因事故发生的时间太久,加上医疗条件限制,病人终因流血过多而死亡。

50岁上下的朱志祥军医,慈祥善良,有时喜欢喝点儿小酒。有一次早上查房,他给一位做了肠道手术的小战士检查术后肠是否蠕动时,小战士的屁气刚好排在朱军医的脸上。小战士吓坏了,没想到老朱军医笑呵呵地说:"臭小子,你就不能等我检查完再排呀。"然后乐呵呵地拍了拍小战士,给别的伤员检查去了。

李春浩军医是病房医生。有一次,新兵周素江给一位战士做青霉素皮试,做完后就到别的科室去取东西了。回来后,只见李军医黑着脸站在护办室大声说:"你胆子太大了,给病人做皮试,为什么离开?一旦出现问题你能负得了这个责任吗?"周素江惴惴不安地等待着队务会上的批评。没想到,李春浩军医在队里没提这件事。这以后小周在工作中严格按规程操作,再也没有出现过差错。

卫生队赵文华、丁二菊军医是医学院毕业生。赵军医对工作要求标准高,在与他共事的日子里,他仅表扬我一次,可评先进的名额,他总是让给我,我知道这是他在不断激励我进步;我和丁军医经常守在卫生所,她希望我多学习一些医疗知识,为以后的工作打下一个好的基础。有一天,丁军医和赵军医把药房所有的药都写上了拉丁文,去掉了汉字,没办法,我只好下功夫记住了这些拉丁文。直到现在,我仍为他们当年诲人不倦、扶持后生的无私付出而感动。

卫生员的岁月,卫生队军医们救死扶伤的精神,感染我、激励我、伴随我成长。我从一个来自城市的懵懂少女,渐渐地成长为一名"一不怕苦,二不怕死"的铁道兵战士,并光荣地加入了中国共产党。

几年以后,我和我的战友们再次来到天峻烈士陵园,看到那一座座年轻的坟茔,那久远的怀念和悲伤再次袭上我们的心头。站在烈士墓前,我们轻轻地告慰这些年轻的战友,青藏铁路通车了,你们的愿望实现了,祖国和人民、战友将永远怀念你们!

后来,我回到地方。我时刻记得部队首长给予我的教诲和帮助,希望自己能够做一个有信念、有追求、有责任、有温度的人。这是我一生受之不尽的财富。

(作者为原铁道兵第10师47团卫生队卫生员)

难忘的铁兵生涯

傅烈文

1969年12月我应征入伍,成为一名光荣的中国人民解放军铁道兵战士。虽然只有短暂的六年铁兵生涯,却给予我人生一笔无价财富而终生受用。我参加了成昆、襄渝、青藏铁路的修建,在共和国的版图上,为祖国、为人民的交通大动脉作出了贡献。几十年过去了,每一想起,我心潮澎湃,仿佛那首《铁道兵战士志在四方》犹在耳边萦响,那段难忘的战斗岁月如影像呈现在我的眼前。

新兵下连

1970年4月,在湖北祁家湾新训结束后,我和22个新兵被分配到铁道兵第10师47团勤务连。我们到达老部队团机关驻地四川德昌小高的第二天,嘹亮的军号声把我们唤醒,一位身材高大魁梧的首长训话说:"你们这些兵都是从各新兵连挑选出来的,都是好样的,按我们部队的光荣传统,新兵入营,特别是机关兵,都是要先下连队锻炼。铁道兵就应该知道铁路怎么修,隧道怎么打,钢轨怎么铺,否则的话当了几年铁道兵连这些都不知道,那不闹笑话了吗?从明天起,你们就下一连去锻炼一个月吧!"后来我们才知道这位对我们训话的团首长就是我们47团的国波团长。

一连是全团的标兵连,我们一起分到团机关工作的22个新兵又一起被分到了一连。我和另一个新兵小广东黄同被分到了一排四班。我们一排四班的任务是清除坑道石渣,通俗一点讲,就是把隧道坑道内的土石方用斗车运出洞外。刚进隧道施工时,我十分害怕,总认为隧道顶部裸露的山石面目狰狞、张牙舞爪,随时会掉下砸人。在老兵们的言传身教当中,我渐渐地学会和明白了许多,胆子也大了起来，不像开始进隧道那么紧张、那么小心翼翼、那么害怕了。而和我一起分到四班的新兵小广东黄就不那么幸运了。他性格内向，言语很少，和他一帮一的老兵是个上海兵，在一次推斗车出洞倒渣时，由于车速太快，加上刹车的木棒折断，结果斗车带渣掉下沟壑，幸好人无大碍，上海老兵碰伤了腿，小广东黄磕掉了一颗门牙。这次意外事故，上海老兵可没少挨批评，我们班长也在全连安全会上作了检查。

成昆线地质结构复杂，泥石流、暗河、滑坡、流沙、溶洞等，有地质博物馆之称。崇山峻岭，除了隧道就是桥梁，一连负责的芝麻地隧道，泥沙黄土夹卵石结构，弄不好，随时都有塌方的危险。一次，二排六班在开挖边墙，突然边墙山体坍塌，一下子把正在挖土的一个老兵和一个刚入伍新兵埋住了。六班的战友们毫不畏惧，不顾边墙有继续坍塌的危险，一边支撑边墙顶部，一边拼命刨土救人，一边呼喊着被埋战友的名字。隧道内其他施工的战友们闻声赶来，二话不说，紧急投入抢救战友的战斗中。施救中怕误伤埋在下面的战友，大家只能用手刨、扒、抠，顾不了手指划破流血的疼痛，硬是在最短的时间内把战友救出。有人这样诠释战友二字："战友即生死之交，换命兄弟。"我说对，要不是亲眼所见，亲历这次抢救行动，我很难有如此深刻的体会。

战 友 情 深

成昆铁路通车后，部队就开始拔营离川，转战襄渝铁路部队移防至陕南安康旬阳。1970年10月下旬，我们团机关、勤务连到达西安火车站东货站已是傍晚时分。我们下车后，宿营的是几间废弃厂房。为了抵御寒冷，我们采取两人或多人一铺合睡。勤务连连长早上了襄渝线，连部就剩下我和指导员两人。由于住房紧张，我只能和指导员合睡一铺。由于没有铺板，没有铺草，被褥只得铺在冰冷的水泥地上。睡下后，总觉得背冷，开始我和指导员各睡一头，后来改为两人并头睡，但还是觉得寒冷，指导员把他包裹里可以御寒的衣物全都拿出来，但还是无济于事。此时，我和指导员只能相互偎依、紧扎被角、裹住身体。又睡了一会儿，寒冷使我俩无法入眠，指导员叫我跟他还挤紧一点，不要怕难为情，还把我紧紧地搂在怀里，可谓"抱团取暖"。我知道，指导员身体不好，又有胃寒的老毛病，我就尽量少占被位，让他多盖一点，因我年轻，火气大。他呢，总关照我睡好，不时地给我披好被子。

就这样,迷迷糊糊、似睡非睡的大约到了凌晨4点的时候,我感觉指导员还是没有睡着,就借口要上厕所,对指导员说:"指导员,你睡好,我去方便。"我从被窝出来后,根本就没去小便,而是直接走向连队的临时哨岗。站岗的林柏贵副班长见是我,对我说:"通信员,你怎么不睡觉?"我说:"林班长,指导员叫我来换你站岗。"我还怕他不信,于是又加了一句,"你明天有任务。"我不得已用这样一种方式,就是为了让指导员安稳地睡一会儿。

天亮我回去,见指导员睡得正香,我顿觉欣慰,没有惊动他,忙别的事情去了。后来,指导员问我下半夜到哪里去了,我不敢说谎,我说:"反正睡不着,我去换警卫班站了一岗。"指导员没说什么,用感激的目光望着我,他知道,我这么做,目的是好让他多踏实安稳地睡上一觉。

特 殊 集 合

刚到陕南襄渝线,部队的生活是艰苦的,虽然比当地老百姓要优越许多,但施工部队修建铁路是干体力活的,必须吃饱吃好,所以吃饭是件大事。部队人员大多数是南方人,四川、湖北、广东、上海、江西居多。南方人爱吃大米,对于面粉却吃不惯,况且当时对于供应细粮(大米、面粉)有比例规定,细粮占供应总粮的22%,这样一来,南方籍的战士就要受憋屈了。但尽管如此,我们吃着粗粮和少量的细粮,啃着窝窝头,喝着玉米糊糊,咽着咸菜、压缩菜、萝卜干,但当地老百姓的小孩子还是对他们的父母讲,解放军叔叔天天在过年,可见当地人的生活是很苦的。

有天连里突然来了一次紧急集合,也就是这一件小事,深深地刺激和感动了我们,它虽然过去几十年了,但我至今仍然记忆犹新。

那是我们部队刚到沙沟不久,一个当地的小孩趁站岗哨兵没注意,溜进了我们连。他看见炊事班伙房外桶内漂浮着馒头,便用手掏起来就吃,恰巧被我们连长看到。连长没有吱声,也没有驱赶小孩,而是紧急集合全连,让全连战士看见了这一幕。最后,连长语重心长地说:"同志们!我们再也不能糟蹋粮食了,这里的老百姓日子过得很苦,我们不能因为馒头放了点碱就随手扔掉,看看这孩子吧!"连长的这番话,虽不多,但一字一句深深地烙在我们的心上,小孩子给我们每个战士上了一课,他教育我们懂得如何珍惜粮食,爱惜粮食。从这以后,就再也没有人乱扔和乱倒剩菜剩饭了。

深山背柴

陕南旬阳沙沟交通不便,许多物资运不进来,大部队集结,造成生活用煤紧张,所以驻地连队都要进深山背柴烧火。部队在安顿下来以后,家属也开始陆续来队探亲。当时,我在连部既是通信员又是代理文书,接待招呼跑腿的事都是我办。冯副指导员的家属是浙江杭州人,长得很漂亮,齐眉短发,婀娜得体的身姿,典型的江浙一带的美人。副指导员家属来时,正好副指导当班,他要带领全连战士进山背柴。

按理说,家属临时来队,冯副指导员可以不去,或者与其他干部换班,但冯副指导员坚持要进山。副指导员的家属为关心副指导员,也执意要跟我们一起进山背柴,说是想看看深山老林,我们劝都劝不住,最后副指导员表态,就由了她。没有办法,照顾连首长和连首长家属的任务自然而然地就落到了我的身上。

进山背柴那天,冯副指导员他是最高长官,带队的也同样背一捆柴。冯副指导员体质很差,身材属纤瘦型,他家属怕他吃不消,不仅自己捆了一捆,还从冯副指导员捆好的柴捆里抽出了几根加进自己的柴捆里。我们对她说,你就不要背了,全当进山玩玩,她不干。我们又劝说,那你就少捆一点,就当是帮冯副指导员背的,她还是不干,我们只得由她。每次进山背柴,警卫排一班长背得最多,几乎是我们的1倍。他是四川人,好像对此类活计特别在行。背柴时,他总是带把柴刀和绳子,到达背柴地点后,他先用柴刀把柴木砍短,然后用绳子把柴木捆成两捆,像担柴禾一样把柴担起来。他还有一个诀窍,两捆柴,一捆重,一捆轻,担柴时,人靠近重头,这样在爬山下坡转弯时,轻的那头向上,转向的空间就大了,不受任何影响。而我们呢?几乎都是一捆柴,扛着走,扛累了换肩,行走慢不说,还受地形的限制,非要到比较宽阔的地方才能换肩。一班长不仅每次背得多,而且还返回得快,大家气喘吁吁返回到连队时,他早已洗漱完毕了。

我们和冯副指导员及家属,走走歇歇,歇歇走走,回返又是翻山越岭,我们是汗流浃背,副指导家属也是粉面桃花,但她不叫苦不叫累。你想,一个大城市里来的,一个从未走过山路的女人,怎么能和我们年轻小伙子比呢?但就是那一天,她硬是一步不落地跟着我们队伍,把一捆柴背进了我们连队的伙房。

(作者为原铁道兵第10师47团勤务连班长)

军旅生涯故事多

唐国勋

1969年3月10日,是我终生难忘的日子。我和奉贤600名入伍青年一起,乘车前往上海火车北站,与闸北的400名入伍青年同坐一列火车。我生平第一次坐"闷罐车",能出远门看看祖国的大好河山,充满了好奇和兴奋。五天五夜后,到达四川甘洛车站(乐山市境内),下车步行一两个小时后,转乘老部队派来的军车,一整天路程到达位于四川省德昌县境内的新兵集训地。

我在火车上的最后一个晚上睡觉着了凉,感冒发烧。事出有因,当晚带我们新兵的山东籍赵连长要求我们明天凌晨起床。我当时心里打起"小九九",当晚没有打开自己的军用背包睡觉,怕第二天来不及打背包,就与朱跃明(江海跃进村人)商量两人合盖一条被子,结果着凉发高烧。一整天坐在军车上头痛欲裂。新兵胆子小,不敢声张,怕出差错,甚至想到因此而退兵回老家的问题。真是想得太多,就此而熬着。结果,第二天起不来了,浑身酸痛,大腿迈不开步子,一天不吃不喝。好在年轻力壮,吃了点药后,第三天基本康复,便一门心思投入新兵训练活动。

我编在新训一营三连。到训练场地要过一条深20米左右的沟坎,跑步爬沟顿觉气喘吁吁,上气不接下气,感到有点奇怪,不知道到底是怎么回事。经了解才知道,训练地处四川凉山山脉,海拔普遍在千米以上,从东海之滨的海拔二三十米,突然来到千米以上山区,初来乍到,身体一下子不适应,走路气喘吁吁也在常理之中,几天后就渐渐适应了。

当年新训条件艰苦,上课、听报告没有凳子,在露天操场上一律席地而坐。第一天就发生了好气又好笑的情景,让人啼笑皆非。上完课,当听到"全体起立"口令声后,整个操场上一片手拍屁股的声音,顿时尘土飞扬,排长气得差点骂娘。

"坐下。"稍等片刻,"起立",又是一阵拍打声。"坐下","起立",这样反复了三四次,大家突然醒悟过来:当一名合格军人,就得从"不拍打屁股"开始做起。以后上课听报告,"全体起立"后再也没有拍打屁股的声音了。

新兵整理内务是一项基本功、必修课。可是,轮到我值班整理内务就抓瞎。其实从内心就不把它当回事,叠被子、铺床单、折棉大衣之类的小事,用不着那么认真,也不虚心向班长郑发昌请教,我叠出的被子没有棱角和线条。班长看了直摇头,批评我不重视内务卫生整理。他曾对班里有关同志说我因为入伍前有工作单位而清高,有骄傲情绪,甚至瞧不起人。他比较欣赏的如屠德龙、闻仁均、阮纪龙。因为他们虚心好学,叠的被子方方正正,铺的床单整整齐齐。自此以后,班长基本不叫我值班整理内务,我也不把此事放在心上,也根本不当回事。结果上述三人分在汽车连,学驾驶、修汽车,是一项顶呱呱的技术活,"吃香"得很。

我入伍前在厂里工作三四年,有一定的技术基础,特别是金属焊接技术自感很好,立、侧、昂焊样样在行,还有一定的钳工基础,则被分在施工连队,心里非常难受。心里想想倒霉透了,施工连劳动强度与农村劳动没有多大差别,我对农民"面朝黄土背朝天"的辛苦劳作亲身感受实在太深太深了。当初的心情,好像打翻了五味瓶,酸甜苦辣,真不是滋味,又不敢说出口,心里直埋怨带兵的班长"不识货",有眼不识泰山,像我这样有技术的应该分在机械连队才是。这时才恍然大悟,会整理内务捞到个好工种,一个小班长也有大权力哦。

当初那个年代,施工条件差,机械化程度低。基本都是人拉肩扛、锹镐铁锹手工操作,加上地质差,大小事故时有发生。我到老连队两个月不到,就发生被石块砸中、三天不能动弹的经历。当时,我手持铁锹配合装渣机清运石渣工作,由于驾驶员操作不慎,装渣机出轨,便猛踩油门利用抓斗惯性往上甩,不料斗内有块约二三公斤重的石块顺着惯性甩出来。我正在装渣机后面弯腰捡拾掉在轨道中间影响机器行进的石块,甩出的石块正巧砸中我的屁股靠近腰的部位,顿时痛得昏死过去。本班另一位山东淄博籍大个子战友王志训马上背起我到营卫生所急救,后到团卫生队救治,幸亏未砸中要害,否则老命归天。

在修建襄渝铁路"滚滩二号"隧道时,有一个在坑道掌子面施工的班,突然遭遇塌方,牺牲了六位战友。我亲眼看到这些烈士遗体安放在营卫生所,卫生员们为他们清洗污血,个个面目全非。在料理烈士们的后事中,我还亲自为他们抬过棺木。我还记得其中一位叫李国才的上海市区兵机灵,塌方时跑得快,还好老命没丢,但一条腿就此消失,装上假肢,一等残废。事故发生后,全连近200人悲痛欲绝,炊事班做好的饭菜,没有一人去打饭。

铁道兵筑铁路、四班倒、连轴转,昼夜不停地施工。一年一个月军训,十一个月施工,几乎天天跟黄沙、石子、水泥打交道。比如,浇灌隧道拱顶混凝土,就靠人工搅拌,先干搅,后加水,用铁锹四个人面对面,你一锹翻过来,我一锹掀过去,来回搅和,在坑道内哪怕是寒冬腊月,个个都干得汗流浃背,甚至赤膊光膀子,不穿上衣。特别是那些闸北区来的城市兵,刚到老连队是手不能提、肩不能扛,娇生惯养,能说会道,一副"少爷兵"派头。尽管我们同是上海兵,但城市兵与农村兵不合伍,称我们为"阿乡"。几年下来,跟我们农村兵一模一样,体力活样样在行,"部队是大熔炉"果然名不虚传。

我在施工连队受伤两个星期后的一天,连指导员叫我到团司令部作训股报到,方知是让我去学习混凝土工程质量专业知识。工程质量试验工作,也就是每天上班去隧道内检查各连浇灌砼时黄沙、石子、水泥的配合比例,取砼样品为压强试验做成试块;我们要求连里每个工班都要有砼配比记录;每个工程段面每天要进行一次砼样品试块取样,以保证砼质量不出差错。

工程试验员工作干了约一年半,营教导员见我头脑活络,叫我干营部给养员。为了改善营部食堂伙食,我动了不少脑筋,曾去驻地汉江对岸山上老乡家里买牛,一人挑了好几十斤牛肉走山路,几个小时回营地;用部队供应的白糖(当时,当地白糖属稀缺物品,很珍贵)去山里老乡处交换山鸡,以此解决春节聚餐问题。请探亲假期间,在家乡想办法采购了粉碎机托运回到部队。之后又到机械连寻掏角铁、圆钢、三角皮带、皮带盘等材料,用自己在入伍前厂里学会的金属焊接技术,敲、打、锯,鼓捣鼓捣,居然安装了一台磨豆浆的机器,煮豆浆,做豆腐,以改善伙食。如此这般,不一而足,做到力所能及、问心无愧,尽到了自己的责任。

六年军旅生涯,曾为军人今为民。作为军迷的我,虽已年逾花甲,但凡涉及军事话题或阅读军事书籍、观赏军事影视时,"背上了那个行装,扛起了那个枪,雄壮的那个队伍,浩浩荡荡,同志啊,你要问我到哪里去啊,我们要到祖国最需要的地方……"《铁道兵战士志在四方》的旋律仿佛在耳边回响,参与修建成昆、襄渝、沙通三条铁路的峥嵘岁月就会在脑海中不断闪现。

(作者为原铁道兵第 11 师 55 团 2 营部化验员、上海市奉贤区人大常委会提案办公室副主任)

我在女学兵连当军代表

陈根发

在铁道兵修筑的铁路线上,曾经活跃着成千上万名支前民工的身影,但鲜有女人入足其间。唯独襄渝线,在数万学兵中,有许许多多女学兵参加大会战。1972年,我奉命担任女学兵连军代表,和这些热情奔放的年轻女孩战斗生活在一起,长达近一年时间。让我明白啥叫"初生牛犊不怕虎,巾帼英雄胜须眉"。青春期女孩的战斗精神,让我对女性迸发的能量有了全新认识。

1969年4月,我参军来到了正在修建的成昆铁路的铁道兵10师47团二营八连当兵。八连是铁道兵的标兵连队,主要承担成昆铁路的路基和桥梁建设。这里山高谷深,川大流急,筑路石质坚硬,造桥墩高百尺。但我连是一支敢打硬仗的队伍,修路架桥,所向无敌,为1970年7月1日成昆铁路胜利通车作出了积极的贡献。

不久,部队转战来到陕西,修建襄渝铁路,先是配合兄弟连队修公路,搞营建。1971年上半年开始担负沙沟大桥的建设……沙沟大桥位于两座大山之间,沟底是大山里流出的溪水。说是"溪水",实质上是崇山峻岭的一个泄洪口,只要一下雨,安静的溪水就会猛涨几百倍、上千倍!浑浊的泥水,夹杂着大小石头杂物狂奔直下,把一切阻挡物冲得荡然无存。再则,这"沙沟"名是指,这里是汉江的活沙滩,有大量的黄沙,随着汉江水位的涨落而起伏移动,所以叫"沙沟"。

沙沟长约300米、宽约200米,在这样恶劣的自然环境下造桥难度之大,可想而知。而更没想到的是,有一项难度更高的任务在等待着我。半年后,我被安排到西安来的女子学兵26连担任军代表。一个大男人,整天同姑娘们战斗生活在一起,会有诸多不便,思想上需要有多大的定力,才能应付自如!万一碰出火花,给部队荣誉造成损失,就不好交代了。指导员看出了我的犹豫,很严肃地说:

"陈根发同志,组织上是经过慎重考虑,才决定派你去担任军代表的,你是八连兵,要在执行任务中为连队争光。"这一席话,如醍醐灌顶,驱散了我的胡思乱想,下定决心,要像洪常青一样,当好娘子军里的军代表。

从此,我与城里来的初中毕业生们一起工作、学习、生活。看到的、听到的、感受到的,有太多太多!这些十六七岁的女学兵们,个个都是巾帼英雄(毫不夸张),她们不怕苦、不怕累,吃苦耐劳,聪明能干,是我所难以想象的,真正是巾帼不让须眉……一年期间,我目睹了这些女学兵们参与了修公路、架桥梁、打隧道、建路基。铁血男儿能干的活,她们都能干!铁血男儿不能干的活,她们也照样干得很好。她们担任电工、木工、钢筋工!化验、检验、电瓶工!抡大锤、打炮眼、打风枪、扎钢筋、背水泥(每个人一次背两袋)、挖路基!还几乎担任了后勤战线的全部工作:养猪、种菜、供给,无所不能……在这襄渝线上,她们不但锻炼了自己,更是时刻影响着铁兵、民兵和男学兵!她们不甘落后的精神、冲锋在前的意识是如此强烈,就像筑路史上的一簇花、一盏灯,时刻爆出鲜艳及亮点!以下是最使我难以忘怀的一件事、一件关乎着我生命的大事——

有天中午过后,该上班的学兵排都上班了,倒班的学兵们都在休息(她们是四班倒,九顿饭)。我安排完其他事宜后,坐在我不足 10 平方米的办公室兼卧室的工具箱旁(没有办公桌)给父母亲写平安信(当时交通不便,寄一封信,要两三个星期才能收到)。突然轰隆隆几声炮响,紧接着就是噼噼啪啪、叮叮咚咚的石头雨声(对铁道兵来说,石头雨是司空见惯的)。不好!没容我反应过来,"嗵"的一声巨响,我的小屋被砸中了!瞬间又是"嗖""嗵""哗啦啦"一阵大响,眼前一下子就黑了。怎么了?我被砸中了?没感觉疼呀?可呼吸为什么这样困难?眼前为什么全黑了?"小陈!小陈!""副指导员!副指导员!"屋外急切的呼叫声,我听得真真切切,出了什么事?我的脑袋还在迷糊。只听"嗵"的一声,门被撞开了,与我一起当军代表的指导员陈炳南冲了进来,紧接着文书小李、卫生员及其他女学兵都冲了进来。"小陈!怎么样?""副指导员你没事吧?"看着我灰头土脸地站在工具箱旁没事,大家都放心了。再看看我的小屋,屋顶被砸出个大窟窿,那陈年灰沙漏得我满屋满身,整个人成了一座灰砌雕像。所以当时我感觉眼前都黑了,但石头并没有砸到我!再一看,真是吓了一跳:一块约 50 厘米大小的石头,正砸在我身旁的地上,离我脚边不足 10 厘米。妈呀!真是悬呀,差一点就没命了!

"副指导员,你吓死我们了!"一个学兵说,咱连遭遇大石头雨了,还有好几处屋顶都被砸坏了!当时我们住的房子,有铁皮活动房,有自垒石板房,连部及炊事班都是石板房。"副指导员,你看咱们这操场,还有好几块大小不等的石头,好家伙,真吓人呀……"这次石头雨,确实给我连带来了损失,但无一人伤亡,真是万幸呀!可这石头雨是从哪儿来的呢?事后调查,原来是某连修公路,几个经验不足的战士,一是把炸药装多了,二是把炮眼对上了我连驻地方向……真危险呀!想想都后怕:要是我坐的地方偏一点,要是各排还没有去上班,要是正好在出操或集合时间,那……这件事虽然让人虚惊一场,也确实没有影响到学兵们的情绪,但我问姑娘们:"为什么?你们为什么不慌?"她们说:"没啥!在咱铁道兵里,这不能算个事!""上次一块大石头把咱们炊事班正在做饭的大锅都砸漏了,做好的饭都漏没了,营长让我们去营部吃的饭。没伤到人就行……"好啊!这么轻描淡写!这些城里来的女学兵们,可真不简单哟……通过这件事情,让我对这些十几岁的女学兵们,更加刮目相看了。她们真是女中豪杰!是一群跟我们一样的、真正的、名副其实的铁道兵战士!是我们的好战友!

(作者为原铁道兵第 10 师 47 团汽车连战士)

汽车兵的故事

向守京

1969年12月,我穿上军装,走进军营,成了一名光荣的人民解放军战士,成了一名英雄的铁道兵部队的汽车兵。八个寒暑春秋,我先后参加了襄渝线、青藏线的建设,为共和国的钢铁动脉洒下了汗水,贡献了青春。秦巴山川,青藏高原,见证了我们汽车兵栉风沐雨、风餐露宿的几多艰辛;傍崖临涧的山道上,高寒缺氧的雪地里,留下了我们多姿多彩、生动难忘的多少故事。

山边撞车

1970年,铁道兵10师47团从四川成昆线转至陕南修建襄渝线。我们汽车连就驻在旬阳县蜀河镇汉水南岸山坡上。新训分到汽车连,又经过汽车训练,跟车实习。

1971年10月,我单独开一辆很老旧的苏联50年代产吉装斯150型汽车。新兵开最破旧的车,这已成为连里一条不成文的"规矩"。不过,开这样的车也有它的好处,就是在行驶中什么毛病都可能发生,什么部件都可能坏损,频繁出现的故障需要我们想办法排除,我们能学到更多的驾驶技术和修理技能。当时,我和三排的几辆车在陕西省平利县驻勤,主要任务是从平利山上运送隧道施工顶部支撑用的背顶木至安康,再用船沿汉江运至蜀河工地。

1971年11月上旬的一天,我满载一车背顶木,由平利运往安康。汽车在蜿蜒的山道上缓缓行驶,在一左转弯处,突然对面驶来一辆地方车,急弯会车,我乱了方寸,只知踩刹车,拉手刹让车停住,却不知打一把方向,眼睁睁看着汽车撞到右边劈山开路留下的一个山包上了,致使右边翼翅板变形,保险杠弯曲。不过还好,因车速不快,损失不大,车还能正常行走。

车撞后,陈班长下车看了看,也不吭声,将我的车倒离山包,又向前停好,对我说:"走,慢慢开。"我坐上车,心里慢慢平静下来,还以为班长会狠狠批评一顿。不过我的心情还是比较沉重,开车也更拘谨,生怕转弯又遇上来车。到安康卸完货,大家帮忙将保险杠拉直,把翼翅板敲平,几乎跟原来一样,因为车很破旧,一点也看不出来。

在班会上,班长认真分析了事故原因,要求大家做好安全工作。我作了深刻认识。后来回到连队,一天上午,我正在车场上修车,赵连长走到车前和我打招呼,然后围着我的车转了一圈,微笑着对我说:"你开的是汽车,还是推土机?"我开始一愣,但很快就反应过来了,我说:"连长,您知道了。"他说:"你们班长已经跟我汇报了,以后开车要注意安全。"我连忙点头:"是!一定注意安全。"

雨 中 修 车

转战襄渝线后,西安是我们部队人员、物资的中转站。我们出车较多的地方也是从西安经宁陕、石泉、汉阴、安康至旬阳,沿途崇山峻岭,沟壑纵横,要翻越秦岭、平河梁、月河梁三座高山,很多路段傍崖临涧,弯急坡陡,路况十分复杂。开始,我们都是走这条路。镇安至旬阳的公路通车后,从西安出发,可翻越秦岭左转,经柞水、镇安至旬阳。这条线不用翻平河梁、月河梁两座高山,路面也比较宽阔平缓,又近很多,我们一般走这条道。

1973年6月中旬,一天晚上,我们班正在组织学习,连部通信员小李子给我送来出车西安的派车单,并说连长找我有事,我即和他一起到连部。连长跟我说,这次去西安只有你一辆车,也没有押车的,装车时你要将物资清点好,捆结实,回来时到西安转运站带回两个人,路上一定要注意安全。我到西安装好车后去转运站,原来是我们团机械连孟副指导员探家后带爱人、小孩一起回部队。

我们从西安赶早出发,翻山越岭,一路都很顺利。车过镇安,天空突然阴沉下来。雨说下就下,霎时,电闪雷鸣,粗大的雨点狂暴地打在车上,黑沉沉的天像要崩塌下来,雨刮器开到最大档也无济于事,我只有放慢车速,缓缓前行。突然感觉汽车方向盘沉重,直向左偏,我知道是左前轮漏气了,忙将车靠右停下。雨越下越大,瓢泼如桶倒,关好门窗,雨水还是不时钻进车内,打湿了我们的衣裤。

我们无法下车换胎,只有等。雷鸣电闪,雨大风急,我们的心里更急。天公不作美,等了好长时间,也没有一点下小的迹象,我一看表,时间已不早,就对孟副指导员说:"看来不能等了,只有下去换,不然天黑了怎么办?"他说:"下这么大,怎么下去?"我说:"将衣服脱光,放在驾驶室,只穿裤头下去。"他默认了。我脱光衣服下去换的时候,他也脱了衣服下来,两人很快就换好了。

这时雨也下小了些,因有副指导员的爱人和小孩在车内,我们无法换下湿透的短裤,穿上衣服。正不知怎么好的时候,我抬头看见右边山坡上不远处有户人家,我急忙赤膊跑上去,说明情况,拿下一把雨伞和一顶斗笠,我和副指导员抱着脱下来有些湿了的衣服到这户人家换上。这户人家的主人对我们非常热情,倒上热茶,让我们坐下休息。喝完茶,我们说不能休息了要赶路,因没有多的雨具,男主人用雨伞将我们一一送上车,我们很是感激。晚上,我们不能按计划赶到旬阳了,就住在赵湾旅社。旅社主任对我们也非常热情,专门生火帮我们烘烤打湿的衣服。

强 行 超 车

在陕南山重水覆的千里运输线上,据说,有一支驻在西安的安徽车队最厉害,是他们的天下。1970年,铁道兵进驻,常年在山沟中摸爬滚打的铁军汽车兵,不惧山间险道,开起车来敢冲敢闯,很快成了我们的天下。我们人多车多,年轻人争强好胜,什么情况都可能出现,争道,抢道,占道,霸道,和地方车的摩擦由此产生。摩擦引发事故,事故加深矛盾;矛盾不断激化,事故逐步升级。由碰碰挂挂,到撞车翻车,到车毁人亡。为此,军地双方在安康召开了专题协调会议。会上,认真分析原因,妥善解决问题,达成共识。会议号召军民团结起来,文明礼貌行车,预防事故发生,共同搞好安全工作。

1973年8月的一天,我出车西安,空车返回,车上还有其他连队一位老兵张班长同行。翻过秦岭,我们行至一较平缓宽阔的路段时,遇上前面一辆地方客车,车速较快,开始我不打算超它,跟了一段后,觉得还是要超过去。我几次打算超车时,不是快超越时前面来车了,就是遇有障碍,都没有超成,为此心中很是恼火,认为是对方故意不让我超过去。我再次看准路况、时机后,下定决心一定要超过去。这次超车在快要超越时,遇到一平缓的右弯,因路面较宽,能看清前面没有来车,我还是加油猛超,刚好拐过弯,两车头快要齐平时,我突然发现左前方不远处有一堆山上滚落下的土石挡住了去路。这时,已别无选择,也来不及多想,我猛加油门,右打方向,绕过土堆超过去了。两车虽然没有发生撞擦,但我还是担心后面的车,放慢车速,叫旁边坐的张班长从后窗看看。他一看,说:"坏了!坏了!车歪了。"我问:"翻没翻?"他说:"没有。""车开上来了。""快赶上我们了。""已经跟在了我们后面。"张班长不断地向我告诉情况。这时,我才放心地加速前行。后面的车越跟越近,我加速他也加速。这样跑了一段后,我总觉得有什么情况,心里不踏实,干脆将车靠边停在一路宽处挥手让他先行。我停下,他也停下。我还未来得及下车,客车司机就气呼呼地跑到我的车门旁大声和我理论:"你是怎么搞的?不知道我的车上装着一车人!"我虽然有些心虚,但也不甘示弱:"我们有急事,超车你不让。你知道你车上装着一车人,还加油猛跑。""我是靠边让你们超,我放的空档还加什么油。""下山放空档跑得更快,你让道不让速,我怎么超过去。再说,我的前面突然出现一堆土石,我撞上去?"我们激烈争辩时,车上下来很多乘客,围住了我的车头,大家七嘴八舌,有的气势汹汹,手指着我,像要打人的样子。客车司机40多岁,看上去还很耿直爽快,虽然说话的声音很大,但对我还比较客气,没有过火的动作。他看人越围越多,马上制止乘客的过激行为,要他们都上车去。这时,他的气好像消了很多,对我说:"小伙子,山区行车,要注意一点。"我说:"以后我们都注意一点,刚才我又不是故意的。"他说:"行,走吧!"我说:"你跑得快你先走。"他说:"你有急事你先走。"他上车后,我几次示意他先走,他还是不走,我的车在前面就先开着走了。到柞水县后,我将车开到旅社,让他先走,免得老跟在我们后面,总感觉有种压力。当时回想起来确实有点后怕,如果车上的人出了事,后果不堪设想,幸好旁边不是悬崖峭壁,而是很平缓的浅沟。如果出了问题,我是有责任的,因是弯道强行超车。这次重大事故险情的深刻教训,成了我人生的财富。

雪 夜 救 车

1974年,铁道兵10师继1959年、1963年之后,第三次进入青海省,参加青藏线西宁至格尔木第一期工程建设。这里,水的沸点低,煮饭,特别是煮面条、下水饺,再怎样煮得开,吃起来总是生味,煮不熟,只有用高压锅才好一点。这样的气候环境,对我们每个人来说都是一个极大的挑战,然而,我认为对我们汽车兵来说,更大的挑战还是去木里拉煤。

1976年11月的一天,我出车木里运煤,卸完车后回到连队。晚上,雪越下越大,我刚睡下不久,帐篷外传来喊声:"七班长,你们班13号车在离阳康不远的那个大拐弯处滑到沟里了。"我问:"情况怎么样?"对方答:"不要紧。""人呢?""还在那里。""你们怎么不把他带回来?""他不回来。"开13号车的小王上午去时就滑到沟里了,受当时通信条件所限,晚上返回的人才能带回音信。他在那里又冻又饿,已经待了一天。来不及多问,我快速穿衣下床,向谢排长汇报情况,连夜开车前去。

  风雪之夜,我们一辆车孤单地行驶在冰天雪地里,发动机时大时小的轰鸣声,西北风时紧时断的呼啸声,打破了夜晚的宁静。厚厚的皮大衣也抵御不住严寒的侵袭,我们冷得有些发抖。紧闭车窗,指望着发动机温度升高能给驾驶室内带来一些温暖。高原上白茫茫的一片,没了参照物,有些地方分不清哪里是路面,我凭着印象,谨慎驾驶,特别是岗地,更加小心,生怕驶出路面。坐在旁边的排长不停地问我:"还有多远?""不远了。""快到了。"我含糊地回答着。

  经过几个小时的奔波,我们到了那个拐弯的地方,周围白茫茫一片,什么也没看见。排长说:"你是不是记错了地方?"我说:"这条路我熟得很,绝对不会记错。"我们又下车仔细寻找,这才发现旁边沟下露在雪上面的汽车车厢尾部两边车架上的角。原来,汽车左转弯时,因操作不当,滑到沟底,头朝下,尾朝上,大雪覆盖了山沟。我们又找人,没有发现,就大声喊:"小王!"从驾驶室内传来了回声。我们急忙扒开雪,打开车门,发现他缩在驾驶室里。我叫他快到我的车上去,这时看见他没穿棉裤。我问:"你的棉裤呢?"他答:"怕发动机冻坏,盖到上面去了。"面对这样的战士,面对这样的战友,我和排长无言以答。忍了一下,我带着既生气又心疼的口气说:"怕把发动机冻坏,你人冻坏了怎么办?"看来,当晚是没办法对汽车进行施救了。反复观察了地形后,我们返回。

  一路上,我们都在商量如何将车弄起来。用吊车吊吧,距离远,角度不对,无法吊;用汽车拉,地形不允许。最后决定,在上面用钢筋打桩固定滑轮,慢慢将车拉上来。回到连队,天已快亮,根本无法入睡,我们只好围着火墙烤火。早餐后,我们开着两辆车,带上了两个滑轮,还有钢丝绳、铁丝、大锤等物。这个办法果然有效,经过我们五六个人几个小时的努力,汽车拖上来了。经检查,一切都还好,几乎没有什么损坏。这时,大家才感到饥肠辘辘。我们将早餐冻硬的馒头放在汽车发动机排气管上烤热,大家匆匆吃后,整装上路。三辆车顶着凛冽的寒风,沿着冰冻的山道,向木里进发。

(作者为原铁道兵第10师47团汽车连战士)

老母亲送独子参军

杨祖恩

1959年,我在奉贤中学初中毕业后考入了上海市重点中学——松江二中。1961年夏天,正临高中二年级期末考试,一场轰轰烈烈的征兵运动在校内开展。学校专门停课两天,校领导在全校师生大会上作动员。松江二中是个名校,对政治十分看重,大会要求全校男同学人人报名,接受祖国的挑选,要求女同学也不能闲着,都要参加宣传员工作,还要求做到征兵、考试两不误。

我想自己生在旧社会、长在红旗下,从懂事开始就接受党的教育和培养,我虽刚满17岁,但也不算小了,应该响应祖国的召唤,于是也下了决心报名。校动员大会后的第二天,团支部和入团积极分子到学校小花园开会去了,全体女同学也另外开会去了,课堂里只剩下为数不多的几个男同学。这时我心想:"难道我是落后分子吗?""是英雄是狗熊咱们走着瞧!"这天就写了决心书。又一狠心,一咬牙,用刀片划破左手食指,又用右手用力一挤,鲜血立即涌了出来,滴在决心书上,接着我写下了"决心"二字,又画了个心的图样。血书完成以后交给了班主任,全班同学知道后给我投来了敬佩的目光。

后来通过体检,又通过其他方面的筛选,初选合格的同学为数不多。由于我是家中独子,取得父母亲的同意和支持成了问题的关键。于是,我便成了班里男生中符合入伍条件、需要重点做思想工作的对象。

我是父母亲的唯一儿子,还有一个姐姐比我大16岁,生我时母亲39岁、父亲40岁,是老来得子。其实在我姐以后,母亲又生过三胎,而且都是男孩,当时医疗条件差,均在不到1岁就夭折了。在农村,父母对我这个独生儿子,是多么的看重。

一开始我就写信给父母,告知了有关情况和我的态度,希望取得父母的支持,班里的全体女同学也出面给我家里写了动员信。后来,十多天过去了,一点动静也没有,当大家焦急万分的时候终于盼来了我母亲的回信,当我拆信时,心跳加快,手在发抖,再当我看到信上"同意儿子参军"的字样后,我立即热泪盈眶,高兴得跳了起来,高声呼喊:"我母亲回信了!同意我参军了!"同学们听了都很高兴,班干部把信贴在墙上,让同学们分享这份喜悦。

静下来后,我详细阅读已贴在墙上的信,内容大体是这样的:祖恩我儿:来信收到好几天了,只因你父亲养蜂去了江西,我不识字不会写信,再加上思想斗争很复杂……两年前,你到松江读书我也舍不得,参军一定要出远门,而且至少要三年,更是舍不得,当娘的我几夜眠勿起(睡不着),后来想通了,儿子已长大,你决心参军,当父母的不应阻拦,参军是光荣的,是保家卫国,我同意了。你父亲方面的工作我来做。这种光荣的事情他一定会赞成的,望儿子到部队以后常给家里写信。这信是请居委干部邵阿姨代写的,他们听说你要参军都很高兴……信件最后署名:母亲蔡增允。还慎重地盖上印章并按了指印。

接下去,班级课堂后面的黑板报更新了,什么"血的保证,钢的行动""向未来的解放军战士致敬""向光荣母子学习"等,那期板报四分之三的篇幅写的是我,我激动得几天睡不着觉。

1961年7月27日傍晚,学校在松江县府大礼堂召开大会,会上宣布了入伍同学名单,我上台领取了"入伍通知书"并佩戴光荣花,我和老母亲的事迹在校会上得到了表扬。那次全校批准入伍的同学有95位,在松江二中历史上是空前的。记得那天校会结束后还看了电影,电影结束后再回到教室开"班欢送会",一直到凌晨2点才结束,因为第二天就放假,天亮后各自回家。回家的一星期主要是向亲戚朋友告别。

入伍通知书要求8月4日下午4时到松江报到。那一天,从来不出远门的母亲在姐姐的陪同下送我到松江,中饭以后我又送她俩到松闵线方塔招呼站回家。公交车来了,看着姐姐扶着已经56岁、身高才一米四十、体重才70斤还缠着小脚的母亲,我眼睛湿润了。

8月10日傍晚,松江各界人民敲锣打鼓送亲人入伍时,我身边一个亲人也没有,当火车在晚上10时零2分开动时,母亲瘦小的身影再次呈现在眼前,母亲啊!你个子很小,但精神很伟大,竟然一个人做主,作出送独子参军的举动,你以实际行动表达了对祖国、对共产党的热爱。

我入伍后先在江西鹰潭新兵训练,结束后分配到铁道兵11师53团机械连。1962年6月,蒋介石企图反攻大陆,全国紧急战备,我铁道兵53团机械连奉命从江西临川上顿渡镇开往福建光泽,担任保卫鹰厦线的任务。部队到达目的地,机械装备暂卸在车站铁道旁,为保护机械安全,我们每天日夜到火车站站岗,这使我有机会目睹我军调兵遣将的宏伟场面。

那时,一切民用列车停运,为军车让路,我目睹着一列列军车不断开往前线。有的是一辆解放牌汽车拖一门大炮,一辆接一辆,几十节车厢连起来,一眼望不到头;有的全是救护车,排成一条长龙;封得严严实实的是枪支弹药。再还有是拉着兵员的,有一次停车后,从窗洞探出光溜溜的脑袋,对着我:"喂!当兵的!福建到了吗?"我回答:"到了,这里是福建光泽县。"我问他们:"你们都剃光头了?"回答说:"首长讲了,光头负了伤好包扎,我们连队全理了光头,这也是命令。还有我们的军装反面都写了姓名和部队番号,牺牲了遗体便于处理。"

什么叫紧急战备?我在光泽火车站站岗时的所见所闻就是紧急战备,高度体现出"紧急"二字,我每当与人讲起这段经历,总是情不自禁地激动。

1964年部队扩编,我又分到13师64团机械连,期间担任空气压缩机司机班长,转战于福建、江西、浙江,参加过修筑公路、修铁路、打隧道、打山洞油库等国防工程,在部队服役七年,1968年5月退伍回奉贤老家。

（作者为原铁道兵第13师64团机械连班长）

投身铁兵　无怨无悔

李如银

"当兵后悔三年,不当兵后悔一辈子!"当过兵的大多说过这句话。"后悔",看起来是"否定",但与其说是"后悔",更应该理解为自豪。所要表达的更是对从百姓到合格军人蜕变所经历历练和考验的自豪感。而后一个"后悔"才是发自内心的肺腑之言,更应理解为一种庆幸和光荣!

穿上绿军装

说起来,当上一名铁道兵,还是一件很偶然的事。原本是南京军区空军地勤部队招的兵,在换军装前一天才由空军地勤改为铁道兵,服役地也由江苏南京变成青海。

1978年3月9日,是我人生转折的重要日子,我的从军之路、我人生中诸多第一次也由此开启:第一次见到铁路,第一次坐上火车,第一次离开家乡。下午2时许,随着一声汽笛,长长的军列缓缓驶离新浦火车站,经过近30小时行驶,军列于11日晚上7时许到达青海省湟中县平安公社。塞外的皑皑白雪、荒凉的黄土高原、陌生的西北方言,时刻提醒着不满18岁的我,已远离家乡、远离父母、远离熟悉的山水草木。新兵训练期间,严格的作息时间、艰苦的军事训练、近乎刻板的内务要求,特别是毫无征兆的紧急结合,悄悄地销蚀着初入军营的新鲜感和为国戍边的自豪感。细心的青海籍班长及时发现了我的思想波动,像兄长一样和我拉起了家常。班长年龄不大,文化程度也不算高,但其朴实的语言、娓娓道来的亲身经历让我心里踏实了许多。

两个月新兵集训转眼间过去了,第一次穿着佩戴上帽徽、领章的军装,让我们这些被老兵们称着新兵蛋子的年轻人精神焕发,兴奋、自豪难以掩饰。

下午从新兵连驻地出发,经过一夜车程,于早上9点多到达团部所在地天峻县城,我和43名新兵被分配到铁道兵第10师47团18连。载着我们的汽车在草原上行驶约1小时便到了连队。在欢迎锣鼓和鞭炮声中,我们被老兵们簇拥着迎进各班。我被分在全团小有名气的六班。这个班获得的奖状、锦旗几乎占了全连的三分之一。

温暖在军营

18连是47团最艰苦的连队之一,而我们六班承担的又是全连最艰苦的工序——将爆破后大小不一的片石(直径超过20厘米还需改锤)搬上斗车,卸到碎石机投料斗。

也许是神经绷得太紧,也许是家事干扰,施工中我负伤了。那是1979年2月的一个下午,因前几天接到姐姐来信得知母亲因病住院,心里恍恍惚惚的,在推着斗车卸料时没在车轮下垫上防滑块,因惯性下滑的斗车轮子压过脚掌,瞬间伤口流出的血浸透了厚厚的施工棉鞋。贵州威宁籍班长发现后,一边背起我一边请示排长调车,将我送到营部卫生所。在营部卫生所简易手术室里,军医熟练地清洗着伤口、剪掉几近断开的肌肉,那剪刀嚓嚓声至今想起都令人感到不寒而栗。包扎处置后,班长在向忙前忙后的军医表达谢意后,背着我轻轻放在平时只有连首长才有资格享受的解放车驾驶室副驾驶位置,司机也放慢车速、避开坑坑洼洼,平稳地将我送回班里。养伤期间,连首长问寒问暖,排长送来配发给自己的营养品,班长和战友们争着给我端病号饭、洗被褥床单。尤其难忘的是,同班安徽籍老兵怕我寂寞,主动将自己最珍贵的"家电"——半导体收音机借给我,这个收音机陪伴我度过了整整一个月病号时光。

结缘关角隧道

如果有人问我当兵什么事最值得骄傲,我会毫不犹豫地回答,参与关角隧道施工。能参加当时国内海拔最高、线路最长、地质条件最复杂的关角隧道施工,是我一生最值得炫耀的经历。

关角隧道全长4 010米,轨面标高3 700米,地处膨胀性岩层,地下水较为发育。1975年隧道大塌方曾将洞内施工的127名官兵堵在洞内,引起中央领导以及铁道兵总部、兰州军区首长、青海省委省政府领导高度关注,师、团领导亲临作业面指挥抢险。经过洞内外官兵14个小时艰苦奋战,最终被堵人员安全脱险,无一伤亡。

1982年,我从原长沙铁道兵学院毕业,分配到10师47团一营一连任排长。一连的主要任务是炸除管区内旧仰拱、矮边墙,重新浇筑边墙、铺设道床、换轨枕板。当时我任一连二排排长,任务是炸仰拱、换轨枕板。当时机械设备简单,洞内光线灰暗、通风条件差,大部分工作靠战士们肩挑背驮。运输车辆是被称为翻斗车的5吨解放自卸车,拌和设备就是0.4立方滚筒拌和机,而洞内装渣、给拌和机上料全部由人工操作,扛枕木、抬钢轨、背水泥更是家常便饭,劳动强度可想而知。

施工条件差,体力消耗大,没有让战友们退却。施工中人人奋勇争先,脏活、累活争着干。危险区域、关键工序总能看到干部、党员身影,轻伤不下工地、带病坚持上班者随处可见。

1983年,青藏一期工程哈(尔盖)格(尔木)段试通车,1984年五一劳动节正式交付营运。坐着列车奔驰在自己亲手修建的铁路上,看着不同肤色乘客发自内心的赞誉、热情洋溢的笑脸,听着藏族同胞粗犷豪放的歌声,战友们无不露出会心的笑容。

1984年1月1日,百万大裁军为我的从军梦画上了休止符,军人身份随着领章帽徽摘下也怅然结束。虽已离开军旅、告别军营,但多年同训练、同学习,同劳动、同休息,同欢呼、同悲戚,形成的官兵情、战友爱,早已成为伴随终生的记忆和宝贵的精神财富。和谐友善的连队氛围,热烈浓厚的军营文化,充满激情的青春岁月,积极向上的进取精神,始终激励着我,无论是顺境还是逆境,都能让我冷静思考、从容面对。

脱下军装已经整整35年,但昔日火热的施工现场、战友的深厚情谊、一望无际的草原、数不尽的牛羊,无时无刻不在脑海中浮现。我庆幸,曾经是光荣的铁道兵一员;我自豪,曾经是一名建设青藏线的战士。回顾一生,我没有虚度青春年华……

(作者为原铁道兵第10师47团1连排长、现任中铁20局集团第二工程有限公司高级政工师)

人们称我为"保安司令"

黄亚明

1973年2月我退伍回乡,回到当年工作过的奉城参加农业劳动。当年5月被招收进上海市公安局南市分局,1974年12月调入奉贤县公安局,先后从事交警、治安、政保工作及基层派出所等公安业务。

1989年7月,县公安局党委任命我等人筹建上海市保安服务总公司奉贤县公司。我从军营到警营干了20年,如今,一下子转入由公安机关领导的事业单位、实行企业管理半军事化管理的保安服务公司工作,并担任总经理职务,对我来说是一个全新的考验。

保安服务公司是改革开放的新生事物,是新型的治安防范组织,担负着协助公安机关维护社会治安、预防和打击犯罪、保障客户单位安全的重任,是公安机关一支不可缺少的辅助力量。我在保安公司任职和服务的十多年来,公司取得了极大的社会效益和经济利益。

据不完全统计,截至2003年12月底,人防客户178户,技防客户1 190户,押运客户10多家,押运车辆10余辆,拥有为民经营部等三产单位,保安从业人数1 277人。公司始终把社会效益放在首位,截至2003年12月底,各驻点保安队员积极配合客户单位进行防火、防盗安全大检查6万余次,消除各种隐患事故和不安全因素5 800次,发现和扑灭火警火险200多次,抓获违法犯罪嫌疑人390人,预防和制止各类违法犯罪600多次,避免经济损失200万元。由于保安队员认真负责,截获各类无证、多装、多运物资出门4 008次,货物折款150余万元,协助公安机关查破刑事案件200余次,缴获赃物折款50万—83万元。此外,保安队员为客户单位和人民群众做好人好事10 036次,参加抢险救灾200余次,救死扶伤80次,为民排忧解难、调解矛盾纠纷1 197次,拾金不昧358次,拾物归还折款12.86万元,收到表扬信和锦旗上万件。

1995年3月4日中午时分,客户单位金汇镇金达棉纺厂露天腈纶棉堆放处突然火光冲天、浓烟滚滚,眼看乡镇企业的集体财产要受到极大损失,驻点保安队员倪文龙、叶知淼冲上前去灭火,由于没有防毒防烟面具,吸入大量的有毒气体。虽然在119消防队员及全体职工的抢救下,保住了企业集体财产大部分免遭损失,但我们的保安队员叶知淼受伤严重,被急送县中心医院抢救治疗。3月6日下午,县、镇、公安局、保安公司领导分别去医院看望了叶知淼同志。县中心医院领导非常重视抢救工作,配备了医院医术最好的医生和护理人员。

随着市场经济的发展,乡镇企业如雨后春笋般崛起,我敏锐地意识到,物品的运输安全成为一个突出的问题。乘着改革开放的春风,经过近一年的紧张筹备,郊区首家"上海市押运有限公司奉贤押运部"于1998年4月8日应运而生。这件改革大事引起各级领导的重视,并有200多名新闻记者采访报道,成为全市的一大新闻。

保安公司,旧社会称之为镖局。在改革开放中诞生的保安服务公司,当时隶属于公安机关领导的事业单位,实行企业管理半军事化管理,人们称我这个总经理为"保安司令"。这一新生事物,国内鲜有现成的做法和经验。于是,我除了在实践中探索外,还计划走出去到国外取经,学习他们对保安管理、业务发展的先进做法。

说来正巧,1998年9月初,全国保安系统拟计划组织一个30余人考察团赴美国考察。市保安总公司在确定上海小组名单时,我作为上海市保安服务总公司奉贤县公司总经理,理所当然入选上海7人考察小组名单,赴旧金山、华盛顿、洛杉矶、纽约,考察美国的保安、消防、警犬培训基地,勘查现场和抢救伤员、处理各类事故等。

此次去美国考察学习近一月,有一件事我印象特别深刻。记得我们考察团下榻在洛杉矶宾馆期间,一天早上6时许,突然一辆轿车从高速公路翻冲下来,仅离宾馆30米左右。一会儿,直升机、警车、救护车的警笛声阵阵,在2—3钟内就把伤者送往医院,拖走事故车,疏通高速公路,不影响车辆通行,他们多兵团协作,处事高效,值得我们学习。

我当奉贤县保安公司总经理时,工作再忙再累,坚持发扬铁道兵不怕苦、不怕累的精神,带领全体人员努力拼搏,硕果累累。保安队员张春其同志2000年被公安部、全国总工会、共青团中央授予首届全国先进保安员称号。公司成立以来年年被市总公司、市农口系统、奉贤县政府等评为文明单位、先进集体、先进党支部等。

(作者为原铁道兵第10师特务连警卫排公务班长、上海市公安局奉贤分局助理调研员)

三、柔情似水　此身只为家国兴

你们永远不会知道这是什么东西!

胡煜军

1969年4月入伍铁道兵,那时候我正好是20岁。1984年1月铁道兵并入铁道部,脱掉中国人民解放军的绿军装,换上铁路工人的蓝制服,我已是35岁了。15年中,我参加过成昆铁路、襄渝铁路、青藏铁路等也许称得上是世界铁路建设史上最难的铁路工程的施工。人生中最宝贵的青春岁月也是在这些艰难的施工中度过的。15年的时光是漫长的,经历、见到、听说的事情也许多许多。几十年过去,年轻时的轰轰烈烈,到了现时也已是平平淡淡,不值一提。许多原本记忆深刻的人和事,已经在记忆中渐渐地淡出忘却了,但刚入伍时发生的一件事现在回想起来还记忆犹新。

探索未知世界本是人的天性,为此人们不断冒险,甚至不惜牺牲自身性命。但探索冒险要在掌握一定的知识前提下,如果一味地无知蛮干,其后果大多是悲剧。

我们到成昆铁路施工的时候,正是四川闹"武斗"最凶的时候。我所在的铁道兵第10师47团2营8连,是全师的标兵连队,从铁路工地直接调到四川西昌参加"支左"工作。我们一个连队四个排,170多人驻扎在当时的西昌军分区八一小学内,当时驻扎在这个小学的还有西昌军分区的一个剿匪连队。西昌的"造反派"是很厉害的,真刀真枪地干,死了很多人。我们到的时候,还听到枪声,但"武斗"已基本平息了。在制止"武斗"中,也有军人牺牲。又加上我们到后没几天,剿匪部队在凉山剿匪中牺牲了两位战士,我们参加了他们的追悼会,这让我们这些新兵真切体会到当兵是什么:当兵绝不仅仅是经受生活艰苦的磨炼,还要有牺牲自己生命的思想准备。

当时我已是连队的文书了,连队的通信员是一个1968年入伍的老兵(在连队里比你早入伍的都管叫老兵),他还负责看管一个仓库,他经常带我到里面去。

仓库是一所学校的大教室，里面堆满了从"造反派"那儿收缴来的各式各样的物品，还有许多武器。武器中有各种砍刀、匕首、长矛，还有许多土制的枪弹，甚至还有炸弹、土雷，就像一个武器博物馆。

没事时，我们在仓库里面翻找东西，非常开心。一次，在一大堆土制武器中，我们找到了一样东西，小拇指粗细大小，不锈钢外壳，刻有英文字母，亮闪闪的，特别精细。这时候连部还有一位军医和卫生员，他们资格要老一些，但都不知道是什么东西，而且都不懂英文。

好奇心，让我们都想把它打开看看。于是找来了钳子、扳手、钢锯，反正仓库里什么都有。我们想尽办法要弄开它，看看里面究竟是什么东西。先是拧，拧不开，就用钢锯来锯，因钢制外壳坚硬无比，钢锯也很难锯开。正在我们不屈不挠非要把它锯开的时候，也许命不该绝，走进来一位干部——我们营部的一位副教导员，是一位参加过抗美援朝战争的老军人。他见我们几个人围在一起，就问我们在干什么。当我们向他汇报，不知道这是个什么东西、怎么也弄它不开时，他拿过来看了看，说了句："你们永远不会知道这是什么东西！当你们锯开时，你们也不会在这个世界上了。"说完这句话，他就走了。

后来我才知道，这是美制反坦克地雷里的一个引爆雷管，里面装的是一种特殊的烈性炸药，它的爆炸威力不亚于一个手雷。

后来我再也没有进过这个仓库，再后来通信员就复员回家了。

（作者为原铁道兵第 10 师计划科科长）

狼牙山下新八连

许洪翔

20世纪的60年代初,连续三年的自然灾害,严重影响了国家的经济建设。没有新建铁路项目,铁道兵的作训任务相应也有了重大调整。

1962年的浙江兵,就是在这种形势下穿上了军装,当上了铁道兵。当年6月,嘉兴地区五个县的600名风华正茂的热血青年,从家乡登上了闷罐火车,一直向北,分别拉到了山西、青海和内蒙古。新兵训练一个月后就分到了老连队。

铁道兵调整后的任务可以说五花八门,纷繁复杂。仅我们师就有建水库的、修公路的、建高楼的、守油库的,还有种庄稼的、打坑道的,等等,什么都有,什么都干。为了适应不同任务的完成,部队相当分散,战线拉得很长。其中,海宁、安吉两个县的200名新兵就是直接拉到山西代县,经过短暂的新兵训练,被充入到铁道兵第47团二营四、五、六连,执行打坑道的任务。半年多一点的时间,又因国际局势的变化,停止坑道施工,等待新的命令。1963年春,部队整编,由"三三建制"改为"四三建制"。由此,二营从原来的"四、五、六"连建制,变为"五、六、七、八"连建制。整编后的任务更为零碎,部队更为分散,战线拉得更长。仅二营的四个连队,又分别移防到北京、天津及河北的易县、蔚县接受新的任务。

八连就是在这次整编中新组建的连队。干部、战士大部分由原二营的四、五、六连抽调,再补充了当年山西入伍的新兵,全连有170来人。我原来是二营四连六班的战士,也是这次整编中被抽调变为二营八连的战士。八连集结完毕,便撤出山西代县,奔向新的征程。

新八连,驻扎在河北省易县一个叫塘湖的地方。虽不起眼,但它在狼牙山脚下。狼牙山五壮士的英雄气概全国闻名,所以,新八连的全体官兵,为能在英烈所在地执行任务而感到光荣。

记得部队到了塘湖后,这个原本很安静的地方立马就热闹起来了。经过短暂时间的整治和修理,整洁的营房非常亮眼。军营上空,时不时地传出高昂的军号声,战士嘹亮的歌声和训练场上的口号声。营房内外,包括方圆几里的庄稼地里、村庄、小集镇上,到处都可以见到年轻军人的身影。就连通往塘湖镇的马路上,运输的马车增多了,给养的汽车也经常出现。这一切,都给塘湖这块土地带来了勃勃生机。

八连的主要任务是搞农业生产。现在回忆起来,连队很有战斗力。新建的连队,白手起家,一切都是新的。人员是新的,干部、战士、老兵、新兵、北方人、南方人,本来互不相识,真是为了一个共同目标走到一起来了。任务是新的,搞农业、种庄稼,虽说部队成员多数来自农村,但为数不多的老兵已是好几年不务农了,绝大部分是1962年的浙江兵和1963年的山西兵,而这两批兵好多来源于学生和工作单位,对农活基本上是生疏的。环境也是新的,地处狼牙山脚,远离师、团、营机关,独立在外执行任务。如此等等,困难可想而知。但在连长、指导员的带领下,全连官兵互敬互爱,齐心协力,不等待,不依靠,通过报刊,了解军内动态,主动把握上情;结合连队实际,积极走访群众,拜当地农民为师,尽快掌握农业知识。从而全连士气高昂,你追我赶,干劲十足。战士们每天迎朝阳,顶烈日,披晚霞,从抢季节犁地、播种,到按农时锄草、施肥,再到收割、入仓,自始至终呈现出一派生机勃勃、紧张有序的大好局面。初战初捷,这一年的玉米、小米、高粱、大豆、花生等作物,收成都很好。硕果累累的丰收景象,现在想起来都为之高兴。

连队在搞农业生产的同时,政治教育抓得很紧,军事训练也非常刻苦。我印象中,天一下雨,就是听课学习。晚上,除了看电影(次数很少)、班务会、连里点名外,基本上都是自学。平时,劳作回营房的战士,虽然一身泥土,非常辛苦,却还是每天见缝插针地挤时间,练刺杀,走队列,积极开展"三五步、三五枪"活动。北方入冬早,天气非常冷,但农闲不忘练兵,冰天雪地里,照样摸、爬、滚、打,冬训任务依然出色完成。

连队在执行各项任务的同时,很注重思想作风建设。在全国学雷锋高潮中,全连官兵以雷锋、南京路上好八连为榜样,以狼牙山五壮士的英雄主义思想和全军的先进典型事迹鞭策自己。当时,做好事蔚然成风。官兵间互相洗衣服、洗床单、帮助缝补衣被、打扫环境卫生、帮厨、挑水都抢着干。每当出差开会外出,也会主动找事做,而且不留名。在总参管理局召开"四好连队、五好战士"代表大会时,连队选派的参会代表,在去参加会议的路上,利用候车时间,分别在徐水车站帮助装卸工人卸木头,打扫车站卫生。在列车上又主动帮助列车员送水、拖地板,一路上忙个不停。连队每次到塘湖镇上看电影,入场时队列整齐,歌声嘹亮;场中队伍肃静,纹丝不动;散场时,最后撤离,不留一点垃圾。连里还派员帮助当地训练民兵,还派员给学校的少年儿童当辅导员等,把军队的光荣传统传授给当地群众,积极实践了全军发出"走一路、红一线,住一地、红一片"的要求,军民关系非常融洽。正是在雷锋精神的鼓舞下,全连官兵人心齐、意志坚、作风正、纪律严,非常好地继承和发扬了我军"团结、紧张,严肃、活泼"这一光荣传统。

一个新建连队,远离领导机关,克服种种困难,如期完成了各项任务。这里面的因果关系,我当时不会想,也说不清。后来,特别是现在,我才真正懂得毛主席"支部建在连上"这一英明论断的深刻含意,是强大的"堡垒"在起作用。它指挥着八连战斗,圆满完成了生产、学习和训练的任务;它培养着八连"能吃苦、能奉献、听指挥、守纪律、顾大局、识大体"的铁道兵精神;它教育了全体官兵,怀着共同的信念,树立正确的人生观,刻苦磨炼,为人生道路起好了步。

1964年,国家经历了三年自然灾害后,国民经济有所好转。这一年的秋季,大家知道八连要归建了,要参加三线大会战,都非常高兴。在秋收任务繁重、归建时间很紧的形势下,连队党支部又发出了"鼓足干劲秋收,整好作风归建"的号召,全连上下积极响应,百倍努力,保质保量按期地完成了任务。

就在这年的10月,满载胜利喜悦的八连告别了塘湖,高唱着《铁道兵志在四方》的兵歌,奔向了祖国大西南。铁路建设大会战的需要,铁道兵再次整编又改为"五五建制"。八连随后又变成了第47团五营二十三连。至此,八连短暂的历史结束了。但八连"团结、友爱、民主、向上、风正、气顺"的点点滴滴,随着后来的各种变化,始终铭记在我的脑海里。

半个多世纪过去了,但在我的心目中,铁道兵47团二营新八连,就是狼牙山下的"好八连"!

(作者为原铁道兵第10师47团组织股长、浙江省湖州市人大常委会副主任)

荣誉,激励着我成长

许洪翔

荣誉,每个人都喜欢,因为它对你是一种鼓励和鞭策,也是一种动力。当然,荣誉也需要正确地加以把握。

我们这一代人,生在旧社会,长在红旗下,从小沐浴着党的阳光,接受了良好的教育。荣誉也是一种教育,人的一生,各式各样的荣誉在你身边,激励着你的成长。

1962年,我18岁,那个年代,当解放军是最光荣的,我就在这种光荣感的激励下报名参了军。从此内心就种下了"当兵好好干"的念头。不管是新兵连还是后来的四连、八连,我在工作、学习、生活上都刻苦努力,非常积极。在军事训练、战备施工中,真的做到不怕苦、不怕累,样样抢着干。班务会上我积极发言,墙报、黑板报上我经常写稿。连里开大会或者全营看电影,我也会大胆主动地在会前或在电影放映前,指挥本连队唱歌、拉歌。平时,大小劳动更不用说,打水打饭、扫院子、整内务,都想抢在前面多干点。所以战友对我很好,班长、排长也高兴,连里、晚点名时我经常受到表扬。在雷锋精神的鼓舞下,我也真心实意地做好事,不留名。我帮战友洗衣、打水,吃饭时让同班战友多吃一点,外出执行任务时,在列车上主动让座,帮助列车员送开水、拖地,帮助老年旅客拿行李等,类似行为也曾受到过好评。特别是在四连的一次隧道施工中,因冒顶导致洞口几乎被堵死。当时连队一名大尉连长,领着我们班共七个人在洞内作业。塌方的沙石砸在头顶用作支撑的钢板上,伴随着巨大的响声压弯了钢架,使得我们无法站立,非常害怕。又因为,塌下的泥石堵住了洞口,无法脱身。在洞内一片漆黑,洞顶继续有泥沙、石子往下掉,冒顶随时再次发生的情况下,让我们内心更为恐慌。此时此刻,连长首先稳定大家的情绪,同时摸黑把其他六名战士拉到他身边,再三鼓励大家,要镇定不要慌,等待外面的救援。

我们七名战友焦虑地等了好久好久，终于看到了被救援的战友们打开的缺口。此时，洞内的七名战友迅速地被一个一个拉到了洞外，这才知道我们已经困在里面四个多小时了，我们经受了生死的考验，自然也受到了上级的嘉奖。

这些无形的荣誉感，本身就告诉我们做什么是对的，应该怎么做是好的。简单的道理鼓励我处处、事事争上游当先进，短短两年内我评上了五好战士，先后入了团，提了副班长，加入了中国共产党，军衔也从列兵晋升到上等兵、下士和中士。

在诸多荣誉中让我感到难忘的一件事，是1964年五一节前夕，连里让我和马白白战友一起上北京参加解放军总参直属机关共青团代表大会。当时，我所在的八连驻扎在河北省易县狼牙山脚下的唐湖镇，直接受总参管理局徐水农场管理，主要任务是搞农业生产。那时候我是连里的材料员，马白白战友是炊事员。总参直属机关召开共青团代表大会，能分配给基层连队正式代表、列席代表各一个名额，是一件很不容易的事，这充分说明总参机关对我们八连的高度重视，确实是我们八连的光荣。

我作为正式代表上北京开会，心情十分激动。那个时候就知道北京有个天安门，伟大领袖毛主席住在中南海。原本到北京好像是一种奢望，没想到，我能去北京开会了，这是多么大的一种荣誉呀！我已经记不清具体是哪一天，具体是坐什么交通工具去的北京。但有一点，印象非常深刻。就是那天临近傍晚了，我和马白白战友是在一辆军用卡车上进了北京城。当时汽车进城时，看到北京那么大，高楼林立，车水马龙，加上华灯初放，夜景非常的美丽。一时间，我好像眼睛不够用似的，死死地盯在前方，又不时地扫视周围的一切，生怕错过每一个景观。卡车在城里大约开了40多分钟，进了总参管理局招待所。因为时间晚了，招待所的战友马上安排我们先吃饭。食堂漂亮、大方、干净，炊事员也十分热情。早就饿了的我和马白白战友，就馒头、稀饭加面条，吃得非常开心，吃得非常饱。吃好饭，又被领去入住。住的是四个人一个房间，当时还没有现在的标准间，但我们已经相当满意了。

大会是在国防部大礼堂举行的。大会的主题是把学雷锋推向高潮。主要任务是报告共青团工作，倡议掀起学雷锋新高潮，选举出席全国共青团"九大"代表。根据大会的任务，会议举行了三次大会，其余时间是讨论。大会会场大方、简朴。但几次大会主席台上有哪些首长已经记不住了。会议期间，总参谋长罗瑞卿大将、总政治部主任肖华同志接见了与会的全体代表并合了影。四天的会议正赶上五一节，大会特意安排我们在天安门广场参加庆祝五一节活动。当时的场景非常激动人心，人山人海，红旗招展，群众载歌载舞，充满了节日气氛和时代气息。因为整个庆祝活动是以大团体为单位的,我和马白白战友虽进不了活动的中心地带,但就在周围体验如此壮观的场面已是十分高兴了,特别是后来从报纸上得知周总理也和广大群众一起参加庆祝活动,真的感到无比的幸福。

开完会回到连队,立即向连长、指导员汇报了开会的情况,向全连传达了会议精神,这对全连是一次鼓舞,对我和马白白战友是一次更大的激励。在全连掀起学习雷锋的高潮中,我和马白白战友在各自的工作岗位上比原来更加努力……

现在回忆起这件事,发生的一幕幕好像就在眼前。那是有生以来第一次去北京,第一次参加这样高级别的大会,第一次看到并受到那么大的领导接见,第一次在天安门广场参加五一节庆祝活动……好多好多的第一次,这是多么大的一种荣誉啊!

荣誉也是一把双刃剑,把握得好,是你前进中的动力,把握得不好,则成为你前进中的绊脚石。正是因为积累并比较好地把握了这些荣誉,使我在18年的部队生涯和回到地方的工作中,以它为动力,不忘初心,坚持清清白白做人,认认真真做事,正确把握并激励着我不断成长,并走上了湖州市的领导岗位。

(作者为原铁道兵第10师47团组织股长、湖州市人大常委会副主任)

我参加了国宴,上了国庆观礼台

赵祥根

去年,应朱瑞华战友之邀,要我写几篇反映我们铁道兵峥嵘岁月的回忆文章。为了写好文章,我只得翻箱倒柜地寻找保存的在部队期间有关的笔记、信件等历史资料。翻着翻着,翻出了我的"宝盒"——里面装着1970年我到北京参加国庆观礼、国宴时的请柬、菜单和老照片等一个写有"铁道兵赵祥根同志"的白皮信封,我凝视着、抚摸着这个珍贵的信封,顿时勾起了无限回忆。

国 庆 请 柬

我清楚地记得,1970年9月下旬,成昆铁路即将胜利通车,我所在的铁道兵第10师47团一营一连(我时任连指导员),从四川德昌小高驻地,辗转襄渝线开始了开凿陕西蜀河隧道的战斗。正当我带领全连指战员进入开掘隧道的前期准备阶段时,上级领导通知我,即日动身赴京,参加铁道兵学习毛主席著作优秀"四好连队""五好战士"代表大会,我在47团政委王成林同志的带领下,下榻解放军政治学院礼堂临时搭建的大通铺宿舍内。

9月30日下午,我和铁道兵10师陈友国师长在大会主席团上入座,倾听了铁道兵司令员刘贤权作的报告。席间,大会工作人员通知我立即跟他去参加一个会。到会议室不久就开会,会议很简短,领导说:我们几个同志将参加今晚国庆宴会。参加国庆宴会还有"硬骨头战士张春玉""学习毛主席著作标兵韦彩猷"等几个战友。

最后,领导发给我们每人一个白皮信封,我的那信封上写着"铁道兵赵祥根同志"。信封内装着两张请柬,其中一张请柬呈橘黄色,是10月1日在天安门东

5台红观礼台的国庆观礼请柬。请柬是对折的，封面中央印有非常漂亮的金黄红色的国徽，下边印有金黄色1949—1970字样。

另一张是参加国庆宴会的请柬，封面也是白色对折的，中间印有金红色国徽。第一页是国庆筹备小组宴会组通知、要求。第二页是有周恩来总理署名的请柬，其内容为："庆祝中华人民共和国成立二十一周年定于一九七〇年九月三十日（星期三）下午七时在人民大会堂宴会厅举行招待会。"

国 庆 宴 会

晚上6点华灯初上，我们从驻地出发乘坐天蓝色上海牌小轿车到达人民大会堂北侧，从北门进入宴会厅。红色的地毯，金黄色的扶手，灯火璀璨，金碧辉煌，把人民大会堂打扮得富丽堂皇。我在引导员带领下，按照请柬上第四区第256桌的席位入座，我平生第一次参加如此宏大的国庆宴会，行动上有些拘束，心理上有些紧张。

国庆宴会开始前，我小心翼翼地往菜单上一看，主菜有酱鸭、陈皮鸡、盐水大虾，冷拼有叉烧肉、酱牛肉、虎皮鸡蛋、花生米、酸甜藕片等，点心有月饼、蛋糕、小面包等，水果有哈密瓜等。酒水在菜单上没有注明，但在20世纪六七十年代一般以茅台酒为主，还有红酒、黄酒、青岛啤酒、崂山矿泉水等。宴会开始前，整个菜桌用白色薄塑料布罩上的。

国庆宴会从晚上7点开始，历时一个半小时左右，乐队演奏"迎宾曲"，宾客手持请柬进入宴会厅。当乐队奏起庄严的国歌时，会场中的全体就席者起立，包括在现场原来不停忙碌走动的服务员们都在原地肃立。乐队奏国歌完毕后，由周恩来总理致欢迎词，总理致辞比较简短。致辞结束后，周总理高举酒杯与全体嘉宾一起，"为中华人民共和国成立二十一周年，为伟大的祖国繁荣昌盛，为全国各族人民大团结干杯！"尔后全体宾客共同起立，相互敬酒碰杯，开始品尝国宴的美味佳肴。此时此刻，每个人的脸上都洋溢着激动、喜悦的笑容，整个宴会达到了高潮。

听多次参加国宴的同志说："参加国宴吃不饱。"但我却没有那种感觉，因为我那一桌都是部队军人，没有地方同志，所以大家不拘束、比较随意。宴会的菜肴加工很细，鱼、肉都去了骨头，吃时不用吐鱼刺、肉骨头，连水果哈密瓜都是去了皮的，可直接吃进嘴里。宴席上虽然只是凉菜和点心，可这对在部队里一直吃大锅菜的我来说，无异于一场"盛宴"。整个宴会现场始终由乐队伴奏着轻音乐，宴会最后在《国际歌》乐曲中结束。

国 庆 观 礼

国庆节这天一大早,我们部队的与会人员早早地吃过饭,排着整齐的队伍到天安门前等候。天安门广场人山人海,扩音器里一个劲儿地播放着《东方红》《歌唱祖国》《社会主义好》等歌曲。当扩音器里传来观礼人员开始入场的号令后,我们部队的观礼团人员也纷纷走向观礼台。我的心怦怦直跳,以前跑过那么些路,经历过那么多事,却从没见过这么大的场面,并从没和这样一些重量级的人物在一起过!我被安排在天安门东 5 台红观礼台的西南角座位上,在观礼台下面设有休息室,还免费供应饮料等。当我登上观礼台,看着前方高高耸立的人民英雄纪念碑,想了很多很多,想说的话也太多太多……

"毛主席来了!"欢呼声把我拉回现场。此时全场掌声震耳,我使劲鼓掌,尽情欢呼。我的手掌拍得生疼,嗓子喊得也生疼,我激动得禁不住流出了眼泪。"毛主席万岁!""中国共产党万岁!"声声汇成了欢乐的海洋,整个天安门广场沸腾了!毛主席和埃德加·斯诺夫妇一起登上了天安门城楼!升旗仪式开始了,望着缓缓升起的五星红旗,听着、唱着国歌,把我带回到那个战天斗地、可歌可泣的艰苦岁月,更想起那些长眠于地下的战友……

更加激动人心的时刻到了,毛主席开始讲话了!从我的位置看毛主席很清楚,我仰着脸直望着毛主席:毛主席身材魁梧,精神非常好。毛主席讲完话,又向天安门城楼下的群众挥手致意,还转向我们东侧的观礼台,微笑着招手致意了老大一会儿。

之后,国庆游行活动开始了:海陆空三军代表队、工农商学以及各界群众代表队,整整齐齐,精神饱满地一一走过天安门城楼前,接受毛主席等国家领导人的检阅。我站在观礼台上可真是开了眼,甚至都看傻眼了……此情此景,让我激动得热血沸腾。那个国庆节的夜晚,我几乎一夜没合眼。

能够参加 1970 年的国庆宴会、国庆观礼,是我这一生的幸福,是我一辈子的荣耀。如今新中国已经走过了 70 个不平凡的春秋,我也已是将近 80 岁的老人了。在即将到来的新中国 70 华诞之际,我自然又回忆起那个令人终生难忘的国庆节。再看看我保存了近半个世纪的 1970 年国庆宴会和国庆观礼请柬,当年的激情再次燃烧起来……

(作者为原铁道兵 10 师 47 团 3 营教导员,北京金泰集团西城分公司党委副书记、纪委书记)

军中业余"乌兰牧骑"

岑绍钰　陈步青

千里巡演　路遥知马力

1964年,根据部队思想建设和文化生活的需要,我们铁道兵10师47团部决定成立战士业余演出队。于是,在完成创作等前期工作的基础上,在全团范围内抽调了二十多位文艺骨干,进行排练。形式上,有相声、数来宝、对口词、枪杆诗、上海苏滩、小组唱、表演唱、舞蹈、独奏、弹拨乐、器乐合奏等,部队生活气息和地方特色浓郁。内容方面,有歌颂军民鱼水情的舞蹈《藏胞歌唱铁道兵》、表现部队军训生活的《打靶舞》,等等。音乐类节目,如笛子独奏、器乐合奏和弹拨乐合奏,是队里的强项。经过紧张的排练,顺利通过审查,汇报演出也一炮打响。演出队声名鹊起,这支被称为军中"乌兰牧骑"的战士业余演出队,由此开启了成昆、襄渝、青藏等铁路数十年的巡演之旅。

在山西大同参加总后勤部202办事处举办的文艺汇演。那一次,参演的队伍有来自其他兵种的,有来自铁道兵兄弟部队的,还有202医院的演唱组。我们这组节目独家演出了一个半小时,组委会评价很高,还邀请我们留在大同对外公演半个月,还与市文工团、话剧团同台演出。

为包头钢铁厂职工、包头铁路工人俱乐部礼堂以及铁路职工演出,密切了军民关系。记得那天,我们离开包头坐上去兰州的火车,在车上遇到了看过我们演出的列车员们。列车长当即决定,安排我们到列车员专用卧铺车厢去休息,餐车师傅还为我们做了可口的饭菜。那年月正开展学雷锋,我们就主动帮列车员打扫卫生,去广播室表演诗朗诵、说相声,去车厢给旅客们唱歌、演奏乐器。这种军民互动,感情很真实。

在西宁为施工部队演出时,因第一次来到高海拔地区,有好几个南方籍同志开始出现气喘、头晕现象,但还是咬牙坚持下来。我们带去了团首长的关怀,而指战员们则用热烈的掌声表扬了我们。在呼和浩特内蒙古军区汇报演出时,当时台海局势动荡,我们及时加演了移植节目独角戏《蒋兵自叹》,反响很好。在北京,我们以工地为舞台,向正在建设京西宾馆的二营指战员们慰问演出。

转战西南 情系成昆线

1965年初,演出队进行了入川后的首次集结。与以往有些不同的是,人员组成有些变化,演出任务更繁重了。在两个来月的时间里,我们沿成昆线为施工部队、民工、群众演出,到过青龙场、犍溪、沙湾、五通桥,去了乐山地区的几个大型厂矿、水电基地。这时候的演出队,在乐山一带已经"小有名气",不仅仅只是起宣传教育、鼓舞士气的作用,还成了加强军民团结的纽带和军政之间友好往来的使者。

由于我们的节目内容丰富、形式活泼而又短小精干,师部又以我们团演出队为班底,调入了兄弟团的几名骨干,组成了师演出队,并增加了男高音独唱、山东快书、四川清音等节目。毫无疑问,升级版的演出队,整台节目质量和演出水平有了明显的提高,也增大了对外演出的频率和范围。我们向西南局和三线指挥部的首长汇报演出,还奉命代表三线部队在重庆市公演,先后去矿区、钢铁厂、炼焦厂、军工厂、空军飞行大队等部门慰问演出。

西南铁路建设是党和国家的战略大局。几十万铁道兵战士、民工沿线摆开战场,这是何等的气势磅礴!业余演出队作为植根于部队的一支小分队,我们的脉搏时刻与部队一起跳动,我们兵演兵,说的唱的演的都是自个家里的人和事,这种情感是专业团体无法企及的。当然,在与一些专业团体和兄弟部队演出队的接触中,我们虚心请教、取长补短,学到了不少知识。如学到了不同光线条件下化妆的基本技术等。这一年,团部还批准演出队添置了一批乐器,如琵琶、大阮、二胡、革胡、打击乐器等,一下子来了个"鸟枪换炮",这样的"豪华"配置,当时在同等规模的演出队中是很少见的,加上我们演出中的表演水准,不少人还以为我们是专业的。当我们告诉他,我们只是业余演出队,人们感到既惊讶又佩服。

铁血军魂　名扬北京城

1965年9月3日,47团5营22连战士徐文科在隧道施工时,因发生塌方被落石砸中而牺牲。根据徐文科烈士生前的表现,师党委追认他为中国共产党正式党员,共青团中央授予他模范共青团员称号。团部决定成立徐文科英雄事迹宣传队,着手节目的创作排练,并正式向部队内外演出。

1966年2月1日接到命令,我们这支徐文科宣传队将要去北京,向即将召开的团中央九届三中全会和铁道部等中央机关作汇报演出。进京汇报演出,这个消息令人振奋,也感觉压力很大。为此,师宣传科专门请来了四川歌舞团的一位老师来指导排练。整台节目大部分是表现徐文科的生前事迹,说唱类节目居多,形式上有数来宝、山东快书、柳琴书、上海说唱、独唱、小组唱等,还有合奏等。

这位老师在排练中细致认真又很平易近人。根据剧本的情节,他对每一句台词、每一个动作都进行反复推敲、精心设计。排练间歇还教我们跳新疆舞、拉呱。他说,本来想加入更多专业的高难动作和艺术造型,但是,看到大家在表演中那么朴实真切,已经不需要再加过多的专业色彩了。通过他的悉心指导,排练进行得很顺利。我们虽然相处时间不长,此后再也没有见过面,但他在排练中的细致严谨,对于圆满完成日后的一系列演出,功不可没。

从3月26日起,我们在北京待了将近一个月,先后向团中央、铁道部、铁道兵部、北京局、华北局、铁道学院、石油学院等单位做了演出。西南铁路大会战的信息很快在京城得以传播,我们的演出队也引起中央人民广播电台的关注,专门请我们去录制了器乐合奏《铁道战士走天下》、男声独唱《红书台》、山东柳琴书《歌唱徐文科》三个节目,在文艺节目时段向全国播出。录音结束后,中央人民广播电台文艺广播部给每一位同志赠送了一本纪念册。五十多年过去,有的同志至今还珍藏着它。

在铁道兵部和团中央的演出令人难忘。4月5日,在铁道兵兵部机关礼堂演出后,崔田民政委、王副政委等首长上台接见了我们,并和我们合影留念。4

月9日,在团中央礼堂汇报演出,积聚了半年之久的激情,终于完美地迸发出来。汇报演出成功了!激动的心情还没平静下来,我们的眼睛还噙着泪花,这时,团中央书记处书记王道义率领廖初江、董加耕、徐学惠、王经文、陈代富等全国闻名的青年英雄模范人物登上台,亲切地和我们握手。他们每个人都做了简短而热情的讲话。王道义书记说:"你们的演出我看了很亲切。因为我在四川就看过了。你们的节目很好,充满了革命的内容、革命的精神、革命的干劲。"他还说:"我发现你们的演员都是多面手,这很好,符合毛主席的要求。你们在西南,现在是隔着窗户吹喇叭——名声在外!不过还要加强宣传。演出很成功,我代表团中央向你们表示感谢!"

动荡岁月　熔炉炼真金

"文革"期间,团演出队有过两次集结。一次是在1966年的下半年,上彝寨、去傈僳族区慰问演出。在山坡的坝子上,我们看彝族同胞们吹葫芦笙跳舞,听他们唱歌,向他们学习口弦的吹奏方法。通过近距离接触,我们了解了少数民族的风土人情和生活习俗,促进了军民感情。对队里搞创作的同志而言,更像是一次绝佳的采风。后来创作公演的小歌舞剧《安宁河上架金桥》,似乎就是这次军民联欢的情景再现。接着,去了凉山自治州首府昭觉。在自治州礼堂为当地的干部群众做慰问演出,第二天也观看了凉山文工团的精彩演出。通过观摩交流,我们觉得他们自创的一个舞蹈《抢修》很有生活气息,与铁道兵修桥铺路的劳动场景相似,完全可以移植过来。于是,我们双方人员一边热心教,一边专心学,很快地就把整个节目连同乐谱一股脑儿带回部队。没多久,在师部所在地西昌,我们与西昌专区文工团一起联合为各界民众慰问演出。

为了使演出队一专多能、短小精干的"乌兰牧骑"特色得以薪火相传,团里特地举办了一期文艺骨干训练班,把新老队员召集在一起,采取一对一、手把手的方法,传授培训。这也算是我们这批老队员留给部队的一份纪念吧。

(作者为原铁道兵第10师47团演出队队员)

一段军歌嘹亮的往事

颜炳荣

1962年8月,我应征入伍,光荣地参加了中国人民解放军,成为铁道兵部队的一员。1964年10月,部队奉命从内蒙古移防到四川省乐山市沙湾镇,担负成昆铁路施工任务。四年后转至德昌县成昆铁路第二期工程。

记得那是1969年的春天,在红军当年的长征路上——四川省安宁河畔的新兵训练团,迎来了一群来自上海的新兵,这是一批有理想、有抱负、有文化知识的青年,他们的到来为部队建设增添了新鲜血液。从此,我们之间多了一个称谓,叫作战友。加之我们的家乡浙江与上海是近邻,又同饮黄浦江的水,更多了一份浓浓的老乡情。

那次新兵训练结束不久,上海的战友服从组织安排,分配到各自的岗位上。当时团机关驻地在德昌县小高,扈凡(曹鑫泉)、朱桂林、朱瑞华三人相继调入政治处宣传部门,开始深入连队、施工一线的宣传报道、文化创作工作,这也为他们复员后分别成为《解放日报》记者、《上海汽车报》社总编打下了良好的基础;杨国诚分配在勤务连从事通信技术工作,由于认真负责,刻苦钻研业务,技术上精益求精,后来成为团机关通信部门的掌门人;林小弟从给养员、司务长到管理员,为机关干部、战士的伙食改善任劳任怨、不辞辛苦,默默无闻地奉献在后勤保障工作岗位上;陆瑞明、朱土才、谷嘉泉、郭庚年、孙新宇、胡煜军、徐新华……他们中有的在保卫部门工作,有的在营、连担任书记员、文书、收发,为部队的安全保卫,为各级领导之间的上情下达,发挥了重要的联络沟通和资料积累作用。还有大多数战友分在基层连队:有的是汽车驾驶员,往往是常年驾驶着解放牌汽车,翻山越岭奔驰在从西安到陕南,或者是从西宁到天峻的长途运输线上;有的是开着翻斗车,起早摸黑地穿梭在施工工地上;有的是挖掘机、推土机、装载机、空气压缩机、鼓风机、发电机等机械的操作工、修理工，不少战友成为施工一线重要的技术骨干力量。总之，上海战友在各自不同的岗位上，为军队建设和铁路修建发挥了积极的作用。

因为有多年的战友情，即使各自回到地方上仍不忘在部队里建立的情谊。如：周海涵复员在上海铁路公安部门工作，当时我还在部队里，有几次回家探亲归队时，从上海到西宁的火车卧铺票一票难求，托小周帮忙，他总是有求必应，无论是在车票的数量上，还是时间上都给予充分的满足。还有王尔康战友的一次热心相助，也让我至今记忆犹新。那是部队即将从陕西调防至青海，我从西安回家探亲时托运了两件行李，途经上海从火车中转时，王尔康特意赶来帮助我从火车站转运到大达码头开往平湖的轮船上。真挚的战友情，让我久久不能忘怀！

战友啊，是否还记得：从安宁河畔到汉江两岸，从秦巴山麓到青海高原，我们肩并肩、手挽手，逢山开路，遇水架桥，战胜了一个又一个艰难险阻。无论是在建造沙沟大桥、陈家沟大桥，还是在贯通芝麻地隧道、腊鹅隧道、沙坝隧道、新房子隧道、蜀河隧道、展园隧道、关角隧道等重点工程中，都洒下了我们辛勤的汗水，留下了我们战天斗地的豪迈身影！

战友啊，是否还记得：夏日的汉江南北烈日如火，挥汗如雨；冬日的青海高原寒风刺骨，滴水成冰。我们曾一起翻山越岭，为秦岭山脉的山高谷深、道路艰险而惊心动魄；曾经一起为青海湖壮丽的湖光山色和鸟岛奇观而欣喜不已。我们一起战酷暑、斗严寒，历经三千六百多个日日夜夜，终于迎来了成昆铁路、襄渝铁路的相继接轨通车。当本世纪初喜庆青藏铁路通车到拉萨的时候，我们感到格外的高兴和自豪，那是因为我们曾经参加过青藏铁路西宁到格尔木段的建设。

人生多少事，平常一首歌。那是一段激情燃烧的岁月，一段军歌嘹亮的往事。上海的战友，从你们入伍至今已近半个世纪，50年在历史的长河中，只是一瞬间，而对于一个人的一生来说，绝不是短暂的。这50年来，我们早已从部队回到了地方，彼此都在不同的岗位上，为祖国的建设和社会的发展添砖加瓦。现在，虽然绝大多数人已经离开了工作岗位，但是那份建立在战友之间的真挚友情，至今没有丝毫改变，已成为我抹不去的记忆，这份浓浓的军旅战友情谊，让人珍惜一辈子。

（作者为原铁道兵第10师47团司令部军务股参谋）

进军大西南　修建成昆路

罗士权

1964年9月11日下午1点半,我营官兵集中在营部所在地旗下营伏虎村的打谷场上,召开紧急动员大会。会议由田营长主持,副政委牛庚子作动员报告。内容是:我们要去大西南修建具有重要国防意义和经济意义的成昆铁路,改变"蜀道难,难于上青天"的困境,要使天堑变为通途。毛主席、党中央把这一重大任务交给我们,是对铁道兵全体官兵的信任,也是我们铁道兵的光荣。从这天起,我们就动手整理物资,为早日奔赴大西南做好行军准备。

9月18日,是我连离开旗下营太平村、前往四川的日子,上午,各班、排为房东打扫院子,擦拭玻璃门窗,为水缸担水,因为下午我们就要告别乡亲,奔赴新的地方。

我部来此地已经十多个月了,虽是塞北内蒙古卓资县有点寒冷,但我们都喜欢上这块地方,去冬今春,我部在这里开展过冬季大练兵和郭兴福教育法的练兵热潮,进行过军事技术和施工技能的大比武,增长了知识,提高了本领。在这里,我们吃过苦、流过汗,建造了公路,筑好了水渠,平整了街道,还造起了新房子。乡亲们关心我们就像关心当年在这里打击日寇的贺龙部队一样,我们和当地群众结下了军民一家亲的情谊。

在我们整队出发时,太平村的大娘大婶大嫂和父老乡亲们,拉着我们的手,往我们的挎包里塞鸡蛋和干饼等食品,嘱咐我们完成任务后再回来。这情景过去只在电影中见过,今日亲身感受,非常激动。告别了乡亲,告别了太平村的山山水水,乡亲们的音容笑貌和太平村古朴美丽的景象将永远留在我心中。

9月18日下午1点,我团官兵集结在旗下营火车站。3点45分,列车启动后在包兰线上奔驰。经过六天的行程,9月23日上午10点30分,军列到达终点四川成都南站。午餐后,从列车上卸下物资,又立即装上汽车。下午4点,我和给养员赵景春等后勤人员,奉命押车向乐山进发。晚上7点,到乐山县粮食加工厂晚餐住宿,这里因接待部队临时改为接待站,工作人员很热情,照顾很周到。第二天早上6点,我们就登车向轸溪前行。来到大渡河北岸,汽车和人员都上了轮渡,渡过了大渡河继续向南。上午9时许,我们到了轸溪镇(公社)友谊大队水磨沟生产队,我连后续部队陆续到来。

我连在水磨沟住了四个月,在此期间,修好了通往工地的汽车便道后,就搬到轸溪大渡河东侧半山腰上一个叫芭蕉园的小村庄。在芭蕉园,我们自己动手,平整土地,在山坡上搭起一座座茅草棚当营房,每个排住一座。

我连的任务就是要在这半山腰里打通成昆线上的灰窑瓶隧道。连长杨寿春、指导员王维宽等连排干部以身作则、身先士卒,亲临第一线指挥战斗,干部战士以不怕疲劳、连续作战的作风,实行三班制作业,停人不停工。施工中大家想办法、出主意、动手动脑,开展技术革新,搞一些小发明小创造,加快施工速度,提高工程质量。"干部战士勇拼搏,开凿隧道灰窑瓶。苦干实干加巧干,优质高产争先进。"这首小诗是对当时施工情况的真实写照。收工回来,战士们个个衣裤湿透,无人叫一声苦,第二天又精神百倍地战斗在隧道里。

灰窑瓶隧道洞口的工地上,整齐地堆放着钢筋、水泥、原木等施工物资,四周彩旗飞扬,到处是毛主席语录牌和"加快铁路建设,支援世界革命"等鼓舞人心的标语。在工地俱乐部里,张贴着战士们的决心书、各班排工程进度表、好人好事表扬稿和先进人物名单。呈现一派团结紧张、条理有序、情绪高昂的战斗气氛。隧道洞门两侧有一副对联:"滴滴汗水为了革命,车车石渣埋葬美帝。"这些豪言壮语正是英雄们战胜困难的精神食粮。走到隧道,里面灯火通明,压风机隆隆响,风枪突突叫,电瓶车运石渣来往奔忙。我们就要用辛苦的劳动,在这穷山恶水之间打出一条幸福的大道来。

(作者为原铁道兵第10师47团2营营部书记员)

流金的记忆碎片
——部队生活的那些事、那些人、那些故事

启 凡

六年的铁道兵部队生活短暂而难忘。半个世纪过去了,特殊年代、青春岁月、流金日子里的那些事、那些人、那些故事,如今只剩下记忆的碎片……

一

1968年底,铁道兵部队来上海征兵,闸北和奉贤分别有400名和600名青年应征入伍。

地处闸北的上海市机械工业学校共有倪玉良、郭长林、顾鸿兴、王来有、王强恩、沈福根和我七人光荣入伍。那年正处在"文化大革命"风起云涌的变革年代,毛泽东主席号召"知识青年到农村去,接受贫下中农的再教育,很有必要"。全国掀起了轰轰烈烈的知识青年"上山下乡"运动。我们学校是上海市机电工业局直属中专,我们是六八届毕业生,毕业分配的主要去向是安徽小三线、甘肃工矿、黑龙江军垦农场或自找门路去农村。我和倪玉良同在学校金属热处理专业6402班,我们是班干部,"文革"一开始就满怀政治热情,积极响应毛主席和校党委的号召,投身到"文化大革命"运动中去。1968年底,部队来校征兵,工宣队领导征求我的毕业去向意见,我毫不犹豫地表达了去部队当兵锻炼的意向。在当年能去部队当兵是一件何等光荣的喜事!

经部队审查,现实表现考察,我校毕业生中共有七人被批准入伍,我和倪玉良是一个班级唯一有两人同时入伍的,大家纷纷投来羡慕和祝贺的目光,学校也为我们举行了隆重的欢送仪式。

二

入伍新兵训练在四川省德昌县螺髻山下驻地举行,新兵团长国波和政治处主任牛庚子亲自到上海和山东选人带兵,熟知两地新兵的禀赋特点,因材施教制定训练科目,开展逢山开路、遇水架桥、艰苦奋斗、志在四方的铁道兵精神和革命传统教育。也许是首长了解我的特长和在校情况,有意考察和培养一个新兵,破例把我安排到新兵团团部,跟随首长下连队,检查新兵训练情况,把撰写新兵训练总结报告的任务交给我。我惊喜惶恐,最后用连续26个小时的时间,不分昼夜撰写修改成总结报告,向首长交出了第一份考试答卷。

新兵训练结束后,我们学校六人全部分配到团修理连,沈福根一人直接去了团电影放映组。那年的新兵队伍中唯有我们学校七人是中专毕业,拥有机械制造、铸造和金属热处理等相关专业技术,连队很欢迎,和我同在修理连锻造班的有上海新兵葛文进、山东新兵赵炳辉,他俩一个身高一米八、一个满脸络腮胡子,与他俩相比,我显得体瘦文弱。

一个月后,修理连指导员找我谈话,告知团部要借调我去政治处宣传股工作。第二天,我搭上部队工地施工的翻斗卡车,来到了团部驻地德昌小高,宣传股长刘耀宗接待了我。这是一位身穿洗涤明显变浅泛黄却笔挺的军装的老兵,个儿不高,精神抖擞,门牙前突,但笑起来和蔼可亲。他介绍了股里的基本情况和我的工作,在和几位干事一起的办公室里安排了一张我的桌子,我的睡床则安放在他的屋内。在与刘股长朝夕相处的日子里,他言传身教,大处着眼,小处着手,培养我的良好工作作风和生活习惯,点点滴滴,至今记忆犹新。修改文稿,他要求斟字酌句,反复推敲,直到满意为止。去吃饭了,他关照办公桌必须整理干净,没完成的稿子还要锁进抽屉。晚上睡觉我脱下军装鞋袜,他叮嘱必须叠好,放在规定的地方。

一天,他召集先后借调到股里的三位新兵开会,给我们讲了一个木匠学习造房子的故事。他说从前有一位小木匠,心气很高,想造个大房子。他画图纸,找木材,平地面,砌砖块,房子造得很快,可是还没上梁房子塌了。师傅看了告诉他,盖房子必须首先打好地基,才能往上盖,只平整地面,不深挖基坑,房子是盖不成的。而急于求成,偷工减料,花拳绣腿做表面文章更是大忌。没过几天,刘股长让我们三人中的一位新兵回连队锻炼去了。股长没明说,我们心里明白,这位新兵眼高手低,爱睡懒觉,没写出一篇令人满意的稿子。

玉汝于成,细节决定成败。刘耀宗股长的一言一行,潜移默化地影响着入伍新兵基本素质的日常养成。

三

1970年7月1日成昆铁路竣工通车。

成昆铁路是我国西南地区的一条重要铁路干线,北起成都,南至昆明,全长1 096公里,是国家一级单线电气化铁路。沿线三分之二的线路为崇山峻岭,地势陡峭,地质情况复杂,铁道兵在这里创造了世界铁路建设史上的奇迹,先后开凿隧道427座,总长340多公里,架设桥梁近千座,总长一百多公里。联合国把成昆铁路和美国阿波罗登月、苏联发射第一颗人造地球卫星,并称为"象征20世纪人类征服自然的三大奇迹"。

通车前夕,中央各大媒体纷纷前往沿线工地采访。当时我从47团宣传股借调到铁道兵第10师宣传科已半年多了,参与采访收集素材等工作。宣传科由科长张国柱和干事祝家骅、印一平、钟斌、陈志鹏、胡必书等人组成,相处得十分融洽和谐。一天,张国柱科长把我叫去,交代一个任务,派我代表10师去成都铁道兵西南指挥部集训,参加成昆铁路通车报道。由于时间紧迫,决定坐飞机去成都。西昌机场很小,乘坐的是苏联安二型螺旋桨小飞机。当年要乘飞机是一件不容易的事,必须具备县级以上单位的证明,我心里既高兴又紧张。高兴的是师里把这么重要的任务交给自己,紧张的是这是我生平第一次乘坐飞机啊。飞机在简陋的跑道上起飞后,翻越在大小凉山的峻岭上空,云雾过处,机身剧烈抖动,上下颠簸,全然没有今天我们乘坐的大型喷气式飞机安全舒适的感觉。

飞机在成都双流机场降落后,我去西南指挥部统一安排的马家花园集中报到。据说马家花园是抗战时期,一位姓马的川军师长为免遭日军轰炸,选择在成都西北郊处,辟建的别墅。别墅环境优雅,非常适合闭门写作。

不久,一大批新闻报道在中央和地方各大媒体先后刊发出来,其中《人民日报》记者采写的长篇通讯《豪迈的人》刊发后,中央人民广播电台又改编成广播通讯,播出后,全国上下引起极大反响。铁道兵战士在建设工地舍生忘死、架桥铺路的英勇事迹在军内外广泛传颂。

四

在师宣传科,我作为一名正在争取入党的积极分子,参加过一次让我终生难忘的发展新党员支部大会。

这次支部大会审批发展两名新党员,一名是师宣传科的干事胡必书,另一名是师俱乐部干事杨庆珍,这两名同志的家庭出身背景和现实表现,引起了支部大会上党内热烈讨论和思想交锋。

胡必书是湖北百里洲人,出生中农,天资聪明,勤奋好学,书法摄影,撰写文章,样样出众。缺点是生活习惯较懒散,清高孤傲,特立独行。他出差到上海,联系做毛主席像章业务,在上海金属制品公司结识一位姑娘。出差任务完成了,这位姑娘成了他的未婚妻。此事在师机关传得风言风语。针对这些情况,宣传科的党员一致认为,胡必书同志工作很出色,主流是好的,个性虽有缺陷,但可教育改正,同意他入党。但其他科室的党员认为胡必书还不够一名共产党员的基本条件,要继续接受党组织考验。大会举手表决时胡必书没超过半数,审批没通过。

杨庆珍是云南人,出身地主,天生一副好嗓子,曾是《东方红》音乐舞蹈史诗的领唱候选人之一。她漂亮爱美,热情活泼,是师政委徐冰的夫人,师刘副政委作为杨庆珍的入党介绍人之一,介绍了她的情况。大会审批讨论时,一位干部子弟站起来发言,坚决反对杨庆珍入党。他说杨庆珍同志出身剥削阶级,至今母女关系很好,未能与家庭划清界限,平时穿便服,爱打扮,喜欢吃零食,从上海等地寄买糖果,有严重的资产阶级思想和生活方式。讨论表决时,虽有不同意见,但绝大多数党员仍然举手同意杨庆珍同志入党。

"文化大革命"是个特殊的年代,扭曲了社会心理,影响着人们心目中评判是非、美丑的标准。这次普通的支部大会就是当年部队党内政治生活的真实写照。

五

成昆铁路通车后,部队开始分批转战襄渝铁路。我从10师师部回到47团宣传股,参加团机关组织的拉练和转场。部队从德昌坐火车到西安,稍事休整,开始步行拉练。翻越秦岭进入陕南,经柞水、镇安、旬阳到达汉水与蜀河交界处的蜀河镇,一共走了六天。团机关设在汉水南岸的沙沟村。

这次转场与其说是一次拉练,还不如说是一次难得的军事训练。翻越秦岭考验了部队吃苦耐劳精神。

秦岭是华夏文明的龙脉,主峰太白山海拔3 771.3米,是陕西关中平原与陕南地区的界山。我们翻越的是秦岭终南山,海拔在2 500—3 000米之间,我们行军走过的路段冬季大雪封山。那天早晨5点我们开始登山,9点到达山顶分水岭峪口,每个人的衣服都已被汗水浸透。山顶因终年刮大风,所有的树枝齐刷刷朝一个方向生长,生态奇异。站在山顶,远处群山风景尽收眼底。下山不多时,部队传达口令,前方是麻风病区,不得停留,不准说话,快速通过。俗话说上山容易下山难。长时间不间断快速爬山行军,有些干部、战士脚底起了泡,下山时膝盖疼痛难忍,甚至只能横侧着身子走路,但当天近百公里行军没有拉下一个人。

这次拉练,我安排在尖刀班,走在大部队最前面,主要负责做路标,刷标语,每天提前半个小时走,提前一个小时左右到达宿营地。尽管第一次翻那么多山,走那么多路,风餐露宿,不但得到了锻炼,没想到体重还增加了好几斤。

六

47团机关搬到沙沟后,宣传股先后从基层连队选调人到报道组学习工作。刘耀宗股长让我负责报道组的日常管理事务。上海兵朱桂林、朱瑞华、郭长林,湖北兵辛绍德、李明亮,山东兵韩耀先,四川兵杨克贵等曾一起相处共事。

报道组集中在一间很大的机关营房内,每人一张办公桌,挨着摆放各自的睡床。围绕股长布置的任务、出的题目,有分有合地下连队、跑工地,采访报道干部战士中涌现出来的典型事迹、先进个人。有时跟部队首长去蹲点,调查研究,撰写部队开展的建设"四好连队""五好战士"活动的总结报告。不夜的工地,火热的生活,深深感染着我们这些来自五湖四海的年轻人。为及时宣传表彰铁路建设进展情况,能在《解放军报》《铁道兵报》《陕西日报》等军内外报刊上多发表一篇文章,每个人都很努力,都很珍惜,互帮互学,你追我赶。为拟定一个出挑的文章题目,斟酌一个正确的标点符号,大家都会争得面红耳赤,讨论结束,又为自己的点滴长进庆贺欣喜。

报道组里除了团结、紧张、严肃、活泼,更多的是融洽、自由、宽松、有趣。那年头,部队生活条件很艰苦,天天吃海带、冬瓜、脱水干菜,连队杀猪包饺子是难得的一次伙食改善,我们经常会得到连长和指导员的邀请,赶去蹭上一顿美餐。平日里,我们不站岗放哨,更缺乏射击训练,兴趣来了,会去连队借上一杆枪,到山沟里鸣枪打鸟。朱桂林、朱瑞华是报道组里的高产写手,当兵前就结婚了,是公社里的党员干部,他俩在传授写稿经验的同时,经常会风趣地讲些幽默轶事。

一次外出采访,我们顺便到老乡家买回几只草鸡,因不方便到伙房加工,我们悄悄宰杀后想办法自己加工。没灶台,找个电炉,没锅子,把洗脸洗脚用的铝制盆洗干净凑合着用。想喝酒,打开一瓶白兰地。傍晚,我们请来宣传股金干事和胡干事,一起享用这顿美餐。美酒伴土鸡,房间里洋溢着欢声笑语。

说来也巧,这天晚上机关放映内部电影《山本五十六》和《啊,海军》。或许是为了赶时间,喝得快了点,我喝醉了,头晕难受。有人提示,我张嘴用竹筷抠了一下喉咙,全吐了出来,总算没错过机会赶去一饱内部电影的眼福。

七

1972年12月10日,我在47团政治处党支部大会上加入了中国共产党,入党介绍人是宣传股金伟达和鄢存彬两位干事。因为我生父的家庭出身和历史问题,党组织做了特别多的考察和培养工作,我也比同年入伍的战友晚了两年左右加入党组织。

我的生父李慕生出身浙江乌镇,是镇上有名的地主家庭,他是三房合一子,从小受宠惯养,成人后游手好闲,出入上海,花天酒地,并在解放前夕加入了三青团组织。解放后被判刑在安徽枞阳劳动改造。刑满释放后在当地农场务工,直至退休回老家。

我母亲曹桂英出生在农村富农家庭,由父母做主包办嫁入李家,因生父长在上海,离多聚少,个性不合,感情不好。1949年农历三月初九生下我三个月后便离开李家,送我到外婆家,自己只身到上海帮佣。1951年在上海登报与生父离婚。母亲吃苦耐劳,聪明贤惠,做饭绣花缝衣样样能干。在何香凝家帮佣时认识了同在何家的男佣扈步云,不久,他们组成新家,生了我妹妹后,继父去徐家汇一家染料厂当了一名工人,并入了党。母亲先后去里弄组织的洗衣坊和生产组。1958年我10岁时从外婆家来到母亲新家,与继父和妹妹团聚。在外婆家我6岁上小学,到上海进入杨宅路小学,1961年考入上海复旦中学,1964年考入上海市机械工业学校,住校学习五年,1969年3月应征入伍。

为全面了解我的这些家庭历史情况,部队党组织派专人赴乌镇,到枞阳调查,分析认为生父与本人只是血缘关系,没有任何政治经济上的影响。母亲历史清楚,早已脱离富农家庭,没继承任何财产,自食其力,自立自强。本人积极上进,现实表现突出,属工人家庭出生,可以加入党组织。

在外婆家上小学开始,我随母亲姓,叫曹鑫泉。入伍后,为融入母亲新家,感恩继父的养育,我在入党前夕,正式打报告,改原名曹鑫泉为扈凡,祈愿平平凡凡才是真为一生追求,组织上批准了我的意愿。

一些老同学、老战友,至今仍叫我曹鑫泉,并不知晓我改名扈凡的真实由来。

八

1974年,一个消息传来,团政治处干部股已讨论决定提拔我为宣传股干事。这是一个喜讯,是件好事,我却忐忑不安起来。

在部队锻炼两三年,回家找份满意的工作,这是当年上海兵最普遍的想法,也是我的初衷。报道组里,朱桂林、朱瑞华两位走得最早,回上海后进入《解放日报》社。郭长林随其后,回上海分配到一家大型国有企业。凡是从部队复员回上海的个个都有理想的单位,处在"文革"知青上山下乡的年月,那是人人都羡慕不已的。

母亲在街道生产组,继父在工厂,随着年龄上去,身体状况一年不如一年,也希望我能早点回去成家立业。所有这一切,让怀有私心的我鼓足勇气找团政委王成林汇报思想,表白复员回家的复杂心情。

回顾自己在铁道兵部队走过的路,我十分感激组织的培养,领导的关心和厚爱,周围的每一个人都给了我教益和温暖,我永远不会忘却他们中的每一个人、每一件事、每一个故事。而如今当领导决定让我在部队长期干下去的时候,我却婉拒了,想早日回家找份舒适的工作,照顾年迈有病的父母……深深感到羞愧和内疚。

王政委是位儒雅、睿智、大度、理解人、体贴人的首长,他话不多,听我说得多。最后笑着说,理解上海兵,尊重个人意愿。

在报道组最后的几个月里,政治处安排我与几位干部一起出差,去郑州、北京、上海联系安排几位转业干部的工作。复员前夕,我又去了青海格尔木青藏铁路建设工地。

1975年3月,我复员回上海,先后去上海实业交通电器有限公司和上海汽车工业(集团)总公司工作,2010年,在《上海汽车报》社总编岗位上退休后,又在上海市企业联合会、上海市企业家协会担任信息中心主任和《上海企业》《上海企业家》两本杂志的副主编至今。

保尔·柯察金说过,一个人的生命应当这样度过,当他回首往事的时候,不会因为虚度年华而悔恨,也不会因碌碌无为而羞愧。一方水土养育一方人,上海兵有自己的个性,自己的思考,自己的选择。如今当我回首部队生活的那些事、那些人、那些故事时,可以告慰老首长、老战友,我们没有虚度年华,没有碌碌无为,我们是永远的铁道兵战士。

(作者为原铁道兵第10师47团政治处报道组长、《上海汽车报》总编)

军人生涯圆了我的记者梦

朱瑞华

今年11月8日,在第20个中国记者节前夕,我的30多万字新闻作品选《痕迹》一书可定稿,可望年内出版。回顾在《解放日报》四十多年新闻工作生涯,始终难忘四年岁月如歌的铁道兵生活,她圆了我当一名记者的梦。

60年代末,美国叫嚣对我国进行核打击,珍宝岛枪声骤响,苏联在我东北陈兵百万,政治风云变幻莫测。毛主席、党中央作出战略性决策,规划三线建设,在西南、陕南等大后方的崇山峻岭中修建成昆铁路(成都—昆明)、襄渝铁路(襄阳—重庆)等战备铁路,以保障战时我国政治中心、沿海经济中心与西南大后方之间的联系。

在这样的大背景下,1969年3月8日,我和奉贤600名热血青年一起(奉贤历史上征兵人数最多的一年),响应祖国召唤应征入伍,成为一名中国人民解放军铁道兵战士。

记得在新兵集训的第一天,新兵团集合开大会,国波团长发表讲话。他给我的印象很深,他身材魁梧,不苟言笑,一脸严肃,与其说是讲话,还不如说是训话更确切些。从此之后,我才深深地感受到军队有严格的纪律,作为一名军人,要以服从命令、听从指挥为天职。

1969年,我22周岁,属大龄新兵,被分到铁道兵10师47团一连。一个月后,连队朱秀文指导员知道我在地方上曾担任党的政治工作指导员,就让我这位已有四年党龄的新兵,为连队上了一堂党课,并出了一期黑板报,当天下午就宣布我任连队文书。

1971年3月,部队从四川成昆铁路德昌小高驻地,开赴陕南旬阳修建襄渝铁路,我所在的47团一连驻扎在旬阳县沙沟公社的羊子沟。铁道兵每移防至新驻地,都是自己动手兴建营房,这不足为怪。可是,奇怪的是连队在羊子沟山坡上建了两次营房,垮塌了两次。第三次建房时,好奇心驱使我去山坡的建房工地瞧瞧。见到程风田连长正在工地指挥战友们挖墙基,我便好奇地问:"连长,为什么要挖这样深的墙基呀?"连长感慨地告诉我:"前两次,我们将作墙基用的片石,直接铺在仅有一层薄土的建营房山坡上,结果,暴雨一来将在建营房冲塌了。这次,我们作了调查分析,找到了墙基没有挖到山坡薄土下的石头层、墙基被暴雨冲塌的原因……"

连长的一席话,让我茅塞顿开。我马上联想到:全国正在开展学习毛主席哲学思想活动,毛主席教导我们,一切情况产生于调查情况的末尾。连队两次垒墙基被暴雨冲塌后,这次认真调查清楚山坡建房土石层结构情况,不就是学习毛主席哲学思想的结果吗?

我入伍前在家乡曾创办全县首家大队(村级)油印小报《风雷战报》。直觉告诉我,这三次垒墙、前两次垮塌有教育意义。于是,我将连队首长第三次垒墙建房时运用毛主席哲学思想、调查研究、摸清情况取得成功事例,写成一篇"三垒墙基"新闻故事。当时,也不抱什么希望,将写的稿子邮寄给了报社。真没想到,"三垒墙基"的故事被《安康日报》刊登了。

部队特别重视新闻报道,大概是首长们需要新闻宣传来提升鼓舞指战员们的战斗精神吧!连队文书自由投稿被报社录用的消息不胫而走。没过几天,王成林团政委亲自打电话给我营教导员曾广记,将我调入团政治处报道组。从此,我走上了部队的新闻报道工作,并与先期已在报道组的我们同年入伍的上海籍战友曹鑫泉(后改名扈凡)、朱桂林组成三人小组,以后,与我同年入伍的上海籍郭长林战友也调入团报道组。直至1973年春天,已经26虚岁的我,以神经衰弱失眠入院一月为由、婉拒提干主动要求退伍。回上海前夕,47团报道组人员几乎为清一色1969年入伍的上海兵。

回忆起来,我的新闻采写水平之所以提高得较快,得益于"文章不厌百回改"。当时,我们报道组四位青年军人吃住在办公室,四人中无论谁写了稿子,都愿意在组内读一遍,组员"听众"作为对立面,从稿子中找问题、挑毛病,大家畅所欲言,有时争得面红耳赤。最后,大家感觉到实在挑不出毛病了,经得起推敲了,才将稿子邮寄给军队、地方报社。这种投稿前"评报"的做法很管用,稿子被军队、地方报社采用率很高。

写"永恒的主题",这是我在新闻报道工作实践中悟出来的一条"秘诀"。我们47团驻扎在深山老林,交通不便,通信落后,信息闭塞,报纸、邮件来回约半月,抢"新闻"没有优势。因此,我写新闻报道,一是注重写有重要纪念意义的稿子,这是"永恒的主题";二是对稿子精雕细刻,讲究质量。

1971年,是部队移师襄渝线后的第二年,阳春三月,我查阅了资料表明:当年的5月7日,是毛泽东主席关于军队"这个大学校,学政治、学军事、学文化。又能从事农副业生产"的"五七"指示发表五周年。我敏锐地感到,全军肯定要搞纪念活动,军地报纸一定也会大张旗鼓进行宣传报道的。

我通过团后勤部门了解到二连贯彻毛主席"五七"指示,利用业余时间在驻地的险滩沟开荒种菜,蔬菜不但自给自足有余,还支援兄弟连队。当地有歌谣:"险滩沟,光溜溜,只见种,不见收……""连队指战员搬走一块块石头,担来一筐筐熟土,播下一粒粒种子……"我用上述生动的文字,精心写成一篇题为《险滩沟上"南泥湾"》的通讯,4月上旬分别邮寄给军队和地方报社。捷报频传,在毛主席"五七"指示发表五周年期间,《铁道兵报》第二版头条位置以《险滩沟上"大寨田"》标题刊登此篇通讯,《陕西日报》《安康日报》以《险滩沟上"南泥湾"》标题刊登了这篇通讯。一篇新闻通讯被两家省部级、一家地区级报纸刊登,这在铁10师以及整个铁道兵部队不多见,在部队引起较大反响,我也受到了团首长的表扬。

吴仕平摄

搞新闻报道工作,要有"新闻鼻子""新闻眼"。1971年,我在阅读体育杂志时,有文章提到1971年是毛主席发出"发展体育运动,增强人民体质"号召20周年的内容……我的"新闻眼"亮了,我的"新闻鼻子"也嗅到了"有戏",于是注意寻找新闻线索。

有一次,我翻山越岭下连队采访。军车途经汉江一侧一营驻地的公路时,睹见一批战士正在山坡上打篮球,觉得很惊奇。事后去采访了解到那时的军营里,业余生活十分枯燥,爱打篮球的战友向连首长建议,利用业余时间在山坡上辟出了一方平地,建了半个篮球场。为防止篮球滚下汉江,战士们又编结绳网把球场围了起来。在汉水江畔的军营里建起半个篮球场,既丰富了战士们的业余生活,又增强了战士们的体质,加快了隧道施工的进度。《半个篮球场的故事》,在《铁道兵报》上刊登之后,许多连队也纷纷仿效,在山坡上的军营里辟建半个篮球场,成为汉水江畔一道亮丽的风景。

修建襄渝铁路的施工物资,如钢材、水泥、木材以及筑路大军生活资料,很大部分需要依靠汉江水运来解决。当地大多是小木船,根本不能适应襄渝铁路施工的需要。为此,部队发扬"铁道兵面前无困难"的精神,虚心学习造船技术,在汉江江滩上建造了载重量达数百吨的铁壳船。我团自行建造的"钢铁舰队",在汉江上劈波斩浪抢运筑路的施工和生活物资。我深入采访后,一篇 3 000 字左右的通讯——《造船记》,在《铁道兵报》二版头条位置刊发。

1973 年,我退役后仍笔耕不辍,于 1982 年进入上海市委机关报——《解放日报》,从事记者编辑工作至退休,先后在《解放日报》上发表了 400 多篇新闻稿件,多篇稿件获得省部级奖。退休后,我担任上海市奉贤区老新闻工作者协会会长,先后编辑成书《感动》《"游"在奉贤》《一起奋斗的 40 年》等书籍。

我主编的约 50 万字的《光荣啊！铁道兵》一书,以铁 10 师指战员、学生兵战友为主撰写的回忆录,讴歌了铁道兵在修建成昆、襄渝、青藏等铁路中"逢山凿路,遇水架桥,铁道兵前无险阻,风餐露宿,栉风沐雨,铁道兵前无困难"的峥嵘岁月。

《光荣啊！铁道兵》一书,由上海大学出版社出版,出版社已申报中宣部主题出版物,今年 9 月举行新书首发式,向我们伟大祖国 70 华诞献礼！

(作者为原铁道兵第 10 师 47 团政治处报道组成员,《解放日报》资深记者、编辑)

一支军歌醉此生

——600奉贤健儿投身铁道兵的峥嵘岁月

朱桂林

1969年3月8日,这是一个牵动成千上万奉贤人心弦的日子。这一天,奉贤600名健儿唱起《铁道兵战士志在四方》的军歌,在家人、亲友和各级领导的欢送下,毅然告别家乡,昂首汇入中国人民解放军铁道兵队伍,奋勇奔赴环境恶劣、人迹罕至的彝区、藏区和中蒙边境,凿山劈水,铺路架桥,大步成长为祖国人民赞誉有加的"最豪迈的人"。

屈指之间,50年光阴悄然逝去。然而,在600名奉贤健儿的心田,投身铁道兵的这段峥嵘岁月,仍然像当年那般炽烈,那般自豪,那般如歌如诗,"呼呼"跃动。

人生如歌

忆往昔,话"老铁",年近古稀的战友唐仁军对笔者说,每次外出学习参观,旅游度假,他最爱坐高铁,最爱寻"中铁建"的建造铭牌,每次总会自豪地对同行说,全国这么多高铁,百分之八十是"中铁建"建的。这"中铁建"呀,前身就是我们铁道兵部队。

这份执着的豪情,源自刻骨铭心的记忆。因为,每一块金色铭牌之处,总有铁道兵战友长眠的陵园。

至今,战友们仍然记忆犹新。入伍一年半后,部队完成了外国专家考察了几十年不敢动工的成昆铁路建设,移师秦岭山脉的汉江之畔,修建襄渝铁路。这里有国家急需的战备物资,工期特别紧。施工部队实行"四班倒",昼夜开工。汛期来了,秦岭地区连续三天下起倾盆大雨,原本水流湍急但平稳的汉江,水位一下子陡涨了10余米,咆哮的激流夹着成吨重的巨石翻滚而下,声震天际。就在人们埋怨这鬼天气的第三天清晨,一个惊人消息传出,在有400多奉贤健儿服役中的铁47团,一座已经掘进了近500米,还有200多米就要打通的隧道,被山洪倒灌,正在施工的140多名战友困于洞内,生死不明。部队立即组织官兵想方设法截流分洪,全力抢救。10多个小时后,隧道内的洪水终于排尽,40多名战友壮烈牺牲,80多名战友在洞底洪水无法淹进的高压空气中咬牙坚持,奇迹般生还。惹祸的,竟是一条洞口下方10多米、平时不见水流的小山沟。当地上年纪的老乡说,他们这辈子也没见过这条小山沟会有这么大的山洪。

牺牲是英勇的,抢救是成功的。值得庆幸的是,参与施工的近10名奉贤战友无一牺牲。医生们连声说,想不到奉贤兵的体质和意志竟然如此出色。

令部队首长和战友们想不到的事情,真的很多。新兵分到连队后,不少首长和战友的心情喜忧参半。高兴的是,部队进了批有文化的兵,忧的是他们能否吃得起苦。不久,大家都称赞奉贤兵脑子活、肯吃苦。战友仇扣志在工地上经常挑起两大箩筐、400余斤的黄沙大步如飞,令身高马大的山东战友自叹弗如;战友王新华担任支撑工,从不会到会、从会到精,他在隧道洞内搭起的支撑架多次顶住了小地震般的塌方,被全师行家誉为"支撑王";战友王补石和胡煜军,刻苦钻研隧道和桥梁施工管理的科学知识,迅速成长为铁路建设的工程师和管理者,他们为如期完成青藏这条"天路"的卡口工程"关角隧道"多次立功受奖。

我们更要铭记,入伍不到两年就升任副排长的战友陈龙生,在一次带领队伍行军途中不幸被山上滚落的石块砸中头部而倒下;战友倪水明分到连队不久,便在一次扑灭山火中英勇牺牲,荣立二等功。他们在祖国最需要的地方,用自己的青春年华谱出了一曲豪迈的人生之歌。

岁 月 留 香

部队移师襄渝线后的第二年仲春,战友朱瑞华用具体、生动的文字写成的一篇题为《险滩沟上"大寨田"》的通讯,在《铁道兵报》第二版头条位置刊出,这在铁47团乃至整个铁道兵部队引起轰动。通讯描述了铁47团二连官兵学习大寨精神,为克服当地无菜供应的状况,在地无一尺平的险滩沟上,运石垒田埂,搬土造菜田,修建起了几片足有3分地大的菜园子。事情虽小,意义巨大,既反映出铁道兵军营生活的清苦,又展现了官兵们自己动手、改善生活的努力。这篇通讯至今读来，仍能领略到战友们当年以苦为甜的高尚心境，仍能品尝到"大寨田"里蔬果的清香。

"要问生活苦不苦，想想红军二万五。"这是当年战友们常说的一句励志话。在川西北彝、藏、羌地区的成昆线工地，虽然一个月吃不上一次鱼、几顿肉，但大米饭还是有保证的，尽管远不如家乡奉贤的大米饭软糯。来到秦岭山脉汉江畔的襄渝线工地，每天的主食常是山芋粉、高粱粉和上一点小麦粉蒸成的"三合一"馒头，又黑又糙，偶尔吃上顿米饭，还是与红高粱一起煮成的，撒出去能砸痛人。吃的苦，住的也苦。部队建营房要"干打垒"做墙，找不到足够的山泥，只能以细箭竹、细树枝糊上少量山泥浆作墙，铁皮作瓦。秦岭山里入夏气温常常高达40℃，至冬气温则往往低到零下10℃，住在如此简陋的营房里，那个真叫"夏暖冬凉"。有位战友百感交集，写出了几句真情洋溢的小诗："垒墙壁，安新家，向阳坡上战士家。沐晨风，迎朝霞，阳光先到咱的家。甘为祖国修铁路，冬凉夏暖任随它。"

艰苦的军营生活，真的能锻炼人。家境优裕、白净帅气的战友寿权坤，在连队炊事班学会了做饭烧菜。他把萝卜老叶用盐腌后再烧增加鲜味，把老南瓜切片晒上一天再炒改善口感，想方设法改善伙食，成了战友们公认的"大厨"。在仓库工作负责分发物资的战友李四海和宋亚林，看到战友们成天干着与沙石打交道的重活，新军衣才穿个把月，便已破烂不堪，就用心学缝补活，年年都会把成千上万件军衣补得既好看又耐穿，成为部队的超级缝补师。那时的军营里，没有收音机，没有电视机，业余生活十分枯燥。爱打篮球的几位奉贤籍战友向连、排干部建议，利用业余时间在山坡上开辟一方平地，做了一副篮球架，造起了半个球场，让大家有空能打打球。为防止篮球滚下汉江顺水溜回上海，大家又编结绳网把球场围了起来。之后，不少有条件的连队也跟了上来，汉江畔的半个篮球场多了，成了军营里的一道美丽风景。

再出彩的文字，也无法准确表达战友们当年的那种情怀。行文至此，笔者脑海里浮现起了新兵训练营中的生动一幕：训练快结束时，新兵团举行了一场自娱自乐的文艺会演，山东淄博、上海市区战友演出的快板、山东快书、男高音独唱等节目，一个比一个出彩。我们奉贤战友压轴出场，拿出的竟是这样一个节目，只见潘志敏、朱仁欢、仇扣来、韩光荣四位战友欢笑着跃上舞台，后三人的右手搭上前面人的右肩，四人同时迈开欢快步伐伸出左手全力向台下战友招手，合着队形变换的步点，他们用方言齐声唱起了自编的歌曲："开心里格来，开心里格来；我为祖国修铁路，党的教导记心怀；汽笛声声传八方，再苦再累心也甜。"三次变换队形，三段歌词唱罢，全场轰动，满堂喝彩。

军 歌 常 吟

"背上了那个行装,扛起那个枪,雄壮的那个队伍浩浩荡荡。同志呀,你要问我们哪里去呀,我们要到祖国最需要的地方。……同志们哪迈开大步呀,向前走啊,铁道兵战士志在四方。"当年,唱着这支旋律优美、雄浑豪迈的铁道兵军歌,600 奉贤健儿告别家乡,走进军营,奔赴祖国最需要的地方。多年之后,大家仍然唱着这支军歌,雄姿英发,凯捷还乡,受到家乡父老热情迎接。他们知道,这批经历了和平时期最严酷的血与火洗礼的奉贤儿女,一定能为家乡作出非凡奉献。

战友们果然不负众望。短短 10 余年,名为"上海宏普通讯器材有限公司"和"上海贤波光通信设备有限公司"的民营企业便在奉贤众多企业中脱颖而出,成为一颗耀眼的新星。它的掌门人,便是从"老铁"荣归故里的战友诸新荣。

依据一个个实例,家乡父老给 600 奉贤健儿的归乡行列出了几个鲜明的特征:

一是甘吃苦。徐道良、吴煜军、程德林、陈世才等数十位战友之所以成功创办企业,无不得益甘于吃苦这一"老铁"的传家宝。不少几十年安于农业劳作的战友,更是如此。

二是乐争先。仲夏的一天清晨,头天上晚班的交警大队战友姚炳荣刚起床,端起碗还没吃上一口早饭,突然有人电话报警,南奉公路江海段发生交通事故,面对正要上班接岗的队友,他不容分解地说了句"让我去",便骑车赶往现场。谁知,才到现场,他被一辆飞驰而过的军车擦飞,当场身亡。也是这年中秋的一天中午,沪杭公路肖塘段发生重大交通事故,战友韩伟刚为让队友们中午多休息一会,争着前往处理,在人群围观处被一辆疾驶的卡车撞飞。面对英灵,人们悼念他们,颂扬他们注满"老铁"精神的青春年华。

三是勇攀登。在部队小有名气的土记者朱瑞华、朱桂林两位战友,退伍后相继进入全国著名的《解放日报》工作。面对众多新闻写作高手,他们不甘落后,虚心学习,奋勇赶超,很快成为报社的业务骨干。

军歌常吟,乐醉此生。是呀,若无"老铁"的这段难忘经历,600 奉贤健儿哪来如此这般的精彩人生。

(作者为原铁道兵第 10 师 47 团政治处报道组成员,《解放日报》资深记者、编辑)

我人生中的 N 个第一次

郭长林

我是从学校参军的,铁道兵第 10 师 47 团是我参加工作的第一单位(有人认为当义务兵不算工作,我认为算,因为军龄是算工龄的)。在这个单位中我经历了许多工作和生活中的第一次:第一次参加培训、第一次受嘉奖、第一次跳槽、第一次刮胡子、第一次住医院、第一次醉酒……

第一次直面生死

1969 年 3 月 10 日上午,我们上海市机械工业学校七名应征入伍的同学身着陆军装,背着背包和水壶,在校领导和部分师生的欢送下到达新兵集结地。我们七人被分配在铁道兵 47 团新兵团三连,然后登上闷罐子火车前往四川省。

第三天的早上天未亮,火车到达四川省甘孜的一个兵站。吃完早饭天才蒙蒙亮,我们被安排转乘配有帆布棚的绿色军用卡车。卡车开动后没多久就进入了山区。我是第一次乘车进大山,很有新鲜感。尽管我们还穿着冬装,但山坡已现绿色,山中的公路就像黄白相间的带子嵌在绿色中和褐色的崖壁旁,我们的军车就在这带子上行走,浩浩荡荡。这种场面以往只能在电影里看到,现在变成了现实。

战友们午饭吃得很饱,因为我们被告知:晚饭要到新兵训练营驻地吃,估计晚上 8 点才能到达驻地。午饭后,战友们可能由于饱食的缘故,大多坐着打瞌睡。我由于早上有些晕车不想吃饭,午饭时仅喝了半碗稀饭,没有睡意,侧身透过卡车挡板的间距看外景。发现我们的卡车在转弯处与对面车辆会车时,我们的车处在崖边,车外是不见底的深渊,山崖谷底横卧着一辆军用卡车和一辆吉普车,往下看,那卡车只有一双皮鞋的鞋盒大小,吉普车像只带饭的饭盒。这一看我吓一跳,我想如果刚才我们的车轮再偏外一尺,那么我们现在横尸谷底就是大概率事件了。

我推了一下旁边的战友,想让他也看一下险境,这时我看到排长向我招手,一脸严肃地示意我坐下。我赶紧坐下,不敢说话,但脑海里翻滚着刚才看到的画面:山崖谷底没有路、没有水,但有绿色杂草,卡车和吉普车就横卧在杂草上,车周边没有散落的东西。估计已有人下去施救和清理过,可能由于车辆太重或已严重坏损,只能放弃在谷底。我想,人要沿着陡峭的崖壁安全地下到谷底简直不可能,救援者是如何下去的呢?我越想越惊怵,看来当兵的人真得随时面对生死……

天已黑了,在车上颠簸了一天的我和战友们,在饿、累中进入了坐睡状态……突然,我身体失去平衡向前扑去,同时听到"砰"的一声闷响,我惊醒了,第一反应是"翻车了!我们要坠崖了!要掉到深谷底去了!"在失去平衡的一瞬间我倒在了战友的身上,我本能地想抓住什么,可什么也没抓住。惊恐中我判断车还要继续翻滚才会坠地,但就在这时,我感觉一切都静止了,没有声音也没有翻动,现场一片寂静。"不翻了?我们在自由落体?"我疑惑了。"别压着我!"突然一个战友叫了起来。我清醒了:我们是翻车了,但着地了!

翻车了,但我没被压着,也没有受伤。脸朝下的我侧过脸由右向上看,看到车上的防雨帆布被震没了,看到了星星闪烁的天空。我们应该赶快离开险境!我迅速站了起来,但又不敢动了,因为我们倒在上面的人一动,下面被压的人就会发出痛苦的叫声。"上面能走的人一个一个下来,当心脚下,别踩着人。快!"车旁有人在指挥。原来是后面的车看到我们翻车了,赶来救援。在一位首长的指挥下,我们能站的人一个挨一个地挪动到车尾,在车尾旁两个老兵的帮扶下成功落地。这时我才清楚地看到:我们的车侧卧在山路内崖边路旁的梯田里。

下了车的战友们被安排在路边等待,我们就站着呆呆地看着两个老兵将新兵一个个从车框内搀扶着地。到最后一个战友被扶着着地时,我们发现一车人没什么大碍,大家顿时兴奋起来。"这车是怎么翻的?""这是什么地方?""现在几点?"在大家叽叽喳喳的议论中,我知晓了:我们已穿越了大相岭、小相岭两个险峻的山脉,翻车的地点在由西昌去德昌的路上;我们的排长是唯一一个在翻车时被甩出车厢的人,幸好伤情并不严重;新兵战友有四人需去医院观察治疗。

翻车是由于驾驶员打瞌睡,驾驶员要受处分(我们车没有副驾驶,现在看来其实驾驶员受处分有点冤枉，因为那是无奈的疲劳驾驶）；我们被通知在原地等待，部队另派一辆卡车送我们去新兵训练营。到达新兵营已是半夜零点以后了，在早就在营地等我们的班长的安排下，大家草草地吃完饭就睡觉了。我们的床是木板铺就的大地铺，十多人睡成一排，一个班住一屋。房屋建在山坡上，房屋是泥地、土墙、茅草顶。

　　这一夜，我躺在离地半尺高的床板上辗转反侧。只听有人发出了抽泣声、哭声，我的鼻子也是酸酸的。我想：我们如果死在这次翻车事故中，太亏了，我们连一张戴上领章、帽徽的军人照片都没留下，太冤了。我想到了我的老爸，他当过兵，他赞同我参军，他说部队是锻炼人的好地方。新兵报到的那天他坚持要送我到车站，一路上他帮我拎着旅行袋，我们并排走着，他关照我在部队要守纪律、听命令、注意安全，说着说着，言语间有哽咽，说不下去了。我感到他要哭了。在我脑海里老爸是个坚强的人，我不想看到他流泪，就说："车站快到了，你不要送了。"他还真听从了我的话，把旅行袋交到我手上，说了句"那你自己照顾好自己"转身就走了。我朝前走了几步转身看远去的老爸，只见向前走的他双肩在抽动，右手像在抹泪。我怕父亲转身看我，赶快含泪转身大步朝前走。现在我明白了老爸要表达意思是：作为军人不仅要吃苦，还要随时面对各种险情，随时准备牺牲。他不说透，是他于心不忍，不敢说呀！想着想着，我也默默地泪奔了。突然我听到又有人加入了抽泣的行列，我担心起来：班长会不会恼怒，他会不会开灯进行训话，那样我们可太狼狈了。这时一种新声音出现了：低低的鼾声。我想这家伙心真大，这种环境中竟然能安然入睡，高人！但随着鼾声的出现，抽泣声、哭声渐退，只留下鼾声继续……

　　第二天，我忽然认为那位高人应该是班长，班长有管理之责，当时若是批评大家，我们肯定会认为他没有人情味，如果他任由大家宣泄情感，可能会惊动四邻把事情搞大，引来上级的干预，甚至问责。不管他是无意为之还是有意为之，他睡着了就是好结果，因为他可以说"不知道"。所以我认为班长如果无意为之，是他有"福气"；如果他是有意为之，那他就是"大智慧"。

第一次在报刊上发表文章

　　1971年4月，在修理连文书岗位上干了近两年的我争取到了一个去西安参加部队委托《陕西日报》举办的培训部队报道员学习班的机会，培训结束后的9月初，我顺利地被借调到团宣传股报道组，完成了人生中的第一次跳槽。

报道组的主要任务是通过我们采写稿件向《铁道兵报》《解放军报》《人民日报》及当地省报、地区报、军区报等报社投稿,把本部队先进单位的先进事迹和先进理念、干部和战士中的好人好事宣传出去。我们报道组组长是我的同学曹鑫泉(后改名为扈凡),当时组员有朱桂林、朱瑞华、幸绍德、杨克贵和我。1973年,朱桂林、朱瑞华退伍后又调入了李明亮、韩耀先。

到报道组一个月后,我对宣传股的人和工作有了基本的了解,就开始寻找报道线索,采写报道。由于我是我们组里唯一一个经过培训才到报道组的人,自感有压力要写出些有质量的报道见报。在1971年的后三个月内除了完成股里的交办任务外,抓紧采写了四篇稿件向报社投稿。到年初总结时,我发出的稿件竟无一被用,面对颗粒无收的窘境,我无奈地对曹鑫泉说:"来了近四个月,'投名状'都交不出来,有愧啊。"曹鑫泉说:"不对,你在培训期间已有文章见报,'见面礼'早有了。"我很奇怪,我在培训期间没有向任何一家报社投过稿,怎么会有文章见报?"不会是同名同姓吧?"曹鑫泉见我不信,就拿出他的剪报夹,找出一页剪报递给我。我一看文章名:"斩断美日反动派侵略的魔爪",作者:解放军某部郭长林。曹鑫泉在上面的标注是:1971年7月11日《安康日报》第三版。这的确是我写的文章,但确实不是我投的稿。

我想起来了,那是我在参加培训时候的事。1971年6月底,倪玉良和我随陕西日报社一位年轻记者到汉中地区采访。汉中地区政工组的李干事接待我们时告诉我们,汉中地区正在组织观看日本反动影片《山本五十六》《日本海大战》《啊,海军》,并组织大家对三部反动影片歪曲历史、抹杀实事、把战犯描绘成"英雄"、把肆虐说成"自卫"等行径进行批判。李干事建议我们看完电影再到勉县等地去采访,我们的带队记者同意了。李干事当即给了我们第二天的电影票,同时郑重其事地嘱咐我们,看完电影一定要写批判稿,还给了我们几张《汉中日报》的宣传资料。我们承诺一定写。虽然当时处在"文革"时期,但我没有写过批判稿。"文革"期间学校停课时,有的同学回家"逍遥",有的同学在学校继续"闹革命",我和一个同学联系了一家工厂去劳动实习了,同时还住在学校,既不"逍遥"也不"闹革命"。我想我是军人,又扛着省报招牌,现在要交批判稿,不能太掉渣,得认真对待。于是我仔细阅读了宣传资料,并在看电影时关注每一个细节,希望能找到写批判稿的突破口。真是幸运,还真让我找到一个突破口,那就是《啊,海军》中的一个"赠笔"镜头:在日本军国主义培养"宝贵人才"的海军学校的展览室里,被吹捧为"帝国命运"的空中"英雄"平田一郎,将他"效忠帝国"的同学本多的遗物——一支钢笔郑重其事地赠送给他的学生,并意味深长地说:"水已经干了,拿去继续使用吧!"我就以"赠笔"一事为突破口,批判日本军国主义企图东山再起的狼子野心。稿子一晚完成,稿长约有1 300字。我们把批判稿交给李干事后就去了勉县。十几天后,我们回到汉中地区向地区政工组通报采访情况后,李干事对我说:"你写的批判稿有特色,可惜我们这里的宣传期已过,我把你的稿子转到下一个放映地区去了,他们可能用得着。"当时我没在意也没理解他的话意,嗯了一声,就和他谈起其他话题,连句"谢谢"都没说。我没想到的是他说的下一个放映地区就是我们部队的所在地——安康地区,这是我第一次在报刊上发表文章,我的稿件还成了当地的学习材料之一。

我对曹鑫泉说完这篇文章的产生经过,曹鑫泉略带调侃地说:"你这篇文章写得好,感情真挚,文字流畅,一气呵成。从这篇文章可以看出你有写作功底,我相信你在报道方面一定会大有作为的。"我知道他作为同学不好意思一本正经地开导我,才用肯定的方式给我一鞭子。我知道报道组投稿的主攻方向是《铁道兵报》《解放军报》《人民日报》及省报,地区报上的文章难入他法眼。事后我将那篇文章对照我留有的草稿看了几遍,文章的第一段被删减、改写了部分,其他的未改动。我自我评价:文章段落可以,突破点准,但文字稚嫩,口号类话语多,缺少辛辣味,更谈不上有功力。我寻思《安康日报》之所以愿意刊发此稿,是因为当时的宣传教育急需!我又寻思《铁道兵报》《解放军报》什么时候需要什么方面的稿件呢?于是翻出《铁道兵报》《解放军报》上两年的旧报,总结每个月的宣传重点,发现的确有一些规律,如:建军节和春节前后,军民关系的报道多;新兵入伍老兵退伍期间,发扬革命传统的报道多;"七一"前后党建报道多;紧跟形势的报道和意境佳、文笔美的故事永远都吃香……我顿时明白了:要投其所需,才能提高稿件被报刊刊用的概率。我们报道组的成员都是有所建树才被觅来的,都有两把刷子。而我虽然参加了培训,但由于原有功底薄弱,培训时又没有强化训练(那年代是全国人民学习解放军,报社又有军代表参与管理,如果我是记者,也不敢对解放军学员指手画脚,更不要说严厉要求),一篇完整的实习稿都没写过,现在想要有所作为,期望值不能太高!我想,既然我没有朱瑞华那种在报道中穿插哲学理念、做到事与理相融相映的本事,也没有朱桂林那种把通讯写得像散文般优美的能力,更没有曹鑫泉那种写长篇报道信手拈来、马到成功的功底,那我就老老实实地写短消息、小故事,写豆腐干文章(这是培训班老师教导的)。功夫不负有心人,到年底盘点时,我大有斩获:《解放军报》刊用两篇小故事,《铁道兵报》刊用三篇短消息、四篇小故事,《人民军队报》(兰州军区政治部办)刊用一篇短消息。那时,报刊刊用文章是不给稿费的,但到年底会按刊稿数量寄来等量的纪念品,那年我收到的纪念品是报道组最多的。我松了口气,总算没给毛遂自荐来报道组的我丢脸。

第一次行致哀军礼

1972年8月初的一天夜晚,报道组接到团部通知:除了有紧急公务和值班人员外,司、政、后全体官兵到施工连队的工地劳动三天,参加各营连的工地大会战。

大会战的第一天,团部派车将我们参加劳动的人送到各个施工的隧道口。我和另一位战士被分配在离团卫生队不远的一个隧道口,我们一下车,隧道口一个头戴安全帽的战士向我们走来,他中等身材,眉目俊朗。"你们是来参加劳动的吧,我是副排长,我姓周,具体安排你们的工位。"我们自报姓名后,周副排长又问:"你们在坑道工作过吗?"和我同来的战友说:"干过。"我说:"没有。"他对我说:"你在这等我一会。"接着他带领和我同来的战友去隧道口对面的卸石场,让他去卸从隧道中用料斗车运出的石渣。接着周副排长给我戴上一顶安全帽后就领着我朝隧道内走。

我是第一次进隧道,我好奇地东张西望,周副排长边走边关照我不要走在料斗车走的轨道上,以免绊倒或被进出的轨道车撞到。走了40多米,前面出现了一条与我们走的隧道相交叉的隧道,我好奇地问:"这应该是将来的火车走的道路吧?""是的。你就在这里等我,别再往前走,我一会儿就过来。"过了十来分钟,我看见周副排长推着六个料斗连在一起的车过来。他让我和他一起把车推到隧道外的卸石场,然后又推上已卸完石块的空料斗车返回到隧道中的交叉口。他交代我,我今天的任务就是在隧道的交叉口把装石块的料斗车推出去,把空车推进来。我说:"那我直接到里面的工作场地把车推出来就行,何必要先由里面的战士推出来?""那可不行,里面随时可能出现险情,你没有隧道工作经验,对付不了的。"这时我想起了我们朱股长传达通知时的话:"到了工地要听现场指挥的命令,不可自作主张!"周副排长见我不说话了就说:"那这里就交给你了,千万不要到处乱走。"于是,来一车,我就往外推,再往回推空车。有时要等很长时间才来一车,但我也不敢随便走动。

推了一天车刚回到团机关,朱股长又向我们报道组下达了新命令:为了收集部队各营、连在大会战中的情况,报道组成员接下来分别到各营连去收集情况,晚饭后集中汇报。

第二天上午我到四营收集情况,下午又赶到配合四营施工的学兵营了解情况。了解完情况就搭上一辆本部队的卡车往团部赶。卡车上已站着五名军人,

第一篇 我们是"最豪迈的人"

由于我在脑海中过滤着收集到的情况,思考着晚上该如何汇报,没有和车上的人搭讪说话,一个人扶着车板静静地思索着。

不知道过了多久,我突然感觉车速慢了下来,慢得形同走路,还响着"呜——"的低声喇叭长音。"为什么?"我迅速转身向前进方向看。这一看我愣住了,心脏"咯噔"一下加速跳动起来,前面就是我昨天参加劳动的隧道口,隧道口对面的路边放着四口黑漆棺材,棺材旁站着两个守护的战士。隧道里出事故了!四个战友牺牲了?我情不自禁地立正,举起右手向隧道口、向棺材敬礼,车上的战友们也纷纷举手行致哀礼,直到卡车缓缓驶过隧道口,车上致哀的低声喇叭长音停止我们才放下敬礼的手。

我再也平静不下来了。我望着远去的隧道口思绪万千,假如我今天继续参加劳动,假如我没听周副排长的命令离开挖隧道的作业区,那么我可能也牺牲了。我感悟到:昨天周副排长把我和另一位机关来的战士安排在相对安全的作业岗位,是对我们的照顾,他把相对的安全留给了我们,而把绝对的危险留给了自己和他的部属,这就相当于在战场上为我们挡子弹呀!我的眼睛湿润了,鼻子发酸了,我脑海里闪现了周副排长那张眉目俊朗的脸……

这就是我作为军人第一次行致哀礼。所幸,没有第二次。

(作者为原铁道兵第10师47团政治处报道组成员、上海通用汽车财务部高级经理)

阿拉报道组的"四大天王"

韩耀先

我是1972年年底从"天地显罡煞之精,人境合杰灵之美"的水泊梁山入伍的。

我清楚地记得,那年的冬天,不是太冷。我们一千多个"梁山好汉"坐在没有篷子的解放牌汽车上,迎着凛冽的寒风,高唱着"我参加解放军穿上绿军装,我走进红色学校扛起革命枪……"的雄壮歌曲,告别了难舍难离的父老乡亲。

在河南商丘火车站下汽车后,我们登上一列长长的绿色列车。列车开动了,接我们的排长教我们唱起一首新歌:"背上了行装扛起枪,满怀豪情斗志昂扬……"(当时唱的《铁道兵志在四方》是进行曲,"文革"结束后才又恢复了原来的曲调)这时候才知道,我们当的是铁道兵。

列车好像知道我们这些正值青春年华的热血男儿和它的特殊缘分,跑得特别欢快,鸣笛特别响亮。听着车轮撞击钢轨发出的"哐当""哐当"声音,我们也觉得格外悦耳、格外亲切。

第二天,当火红的太阳升起的时候,我们到达了新兵团驻地——位于西安郊区的户县大王镇富村。紧张的新训生活开始了!星星还没有隐去,嘹亮的军号声就把我们从睡梦中唤醒。出早操、走队列、学射击、练投弹……吃饭要抢,不然还没吃完集合号就吹响了;上厕所一律都是小跑,怕耽误训练争分夺秒;洗衣服、给家里写信只能等到星期天。新兵团的生活就是这样紧张而又辛苦、单调而又充实。

一天,我正和战友们一起趴在冰冷的雪地上练习卧姿射击,新兵连指导员和一位高高的个子、瘦瘦的身材、长得像电影《冰山上的来客》里的杨排长样子的干部向我们排走过来。指导员问我们排长:"哪个叫韩耀先?"排长便向我喊:"韩耀先!"我马上站起来立正大声回答:"到!"指导员和那个"杨排长"笑了。"杨排长"和气地问我:"你是山东人民广播电台和《大众日报》的通讯员?"我说:"是。""杨排长"又问我："你是什么文化程度？"我回答："高中。"他们临走时，"杨排长"对我说："明天你跟我去采访几个新兵，写篇报道。"

三个多月的新兵团训练结束后，我们"满怀豪情斗志昂扬"地开赴秦岭深处、汉水江畔的襄渝铁路建设工地。我被分配在47团勤务连测化排化验班。几个月后，一纸调令又让我到团政治处宣传股报道组报到。后来才知道，在新兵团我被"杨排长"和司令部的张宝祥参谋同时选上了。记得"杨排长"带我采写报道后没几天，张宝祥参谋把我叫到连部，问了一些化学方面的问题，我都对答如流，最后又让我写了几组化学方程式。我之所以能够分到勤务连测化排化验班，原来是得到了张参谋的青睐。

真是缘分啊！走进宣传股，我第一眼看到的就是在新兵团带我采访的"杨排长"。原来，这位年轻干练、英姿飒爽的"杨排长"，是宣传股的资深干事，名字叫胡可荣，他是甘肃天水人，1959年11月入伍，多次被评为"五好战士""学习毛主席著作积极分子"和"四好连队先进代表"，并且两次荣立三等功。他热情地把我介绍给宣传股的全体同志。

报道组当时已有五位老兵，两位是1969年入伍的上海兵，一位叫曹鑫泉（后改名扈凡），一位叫郭长林；两位是1970年入伍的湖北兵，一位叫幸绍德，一位叫李明亮；一位是1971年入伍的四川兵，叫杨克贵。走进报道组，不论是入伍的年限，还是新闻的采写水平，我都是一个地道的新兵。

这五位老兵个个身手不凡，都是采写新闻报道的高手。扈凡是报道组的组长，捕捉新闻、采写稿件、组织策划等方面的能力都非常强。他特别擅长新闻人物的采写，如当时他对战隧道塌方能手——一连一排副排长肖崇炳的报道，就打了一个极为漂亮的短平快，稿件先后在《铁道兵报》《解放军报》刊登。真是让我们羡慕不已！要知道，那个年代报刊很少，中央只有"两报一刊"（《人民日报》《解放军报》和《红旗》杂志），各省自治区直辖市各有一张当地的日报，军队系统各大军区各军兵种各有一张四开报纸，全国只有几十家报纸，要想在报纸上登一篇稿子是相当难的。郭长林老成稳重，新闻敏感强，善于从平凡的生活中发现新闻点。幸绍德入伍前是中学校长，文字功夫十分了得，稿件结构严密、逻辑性强。李明亮可谓报道组的"小帅哥"，报道角度新，又写得一手漂亮的钢笔字，哪个编辑看到他的稿子不感到赏心悦目？杨克贵头脑灵活，文思敏捷，写稿出手快，大有倚马可待的本领。

"三人行，必有我师焉。"与我朝夕相处、同室共眠的五位战友都是自己的老师啊！走进这样一个人才荟萃的集体，与这么几位有才识、有智慧的贤士为伍，我实在是太幸运、太福气啦！我暗暗下定决心：珍惜机缘，好好向他们学习，尽快提高自己的新闻采写水平,为部队宣传报道工作作出自己最大的努力。几位老兵如兄长般地对我关怀备至,耳提面命地教我怎样进行深入细致的现场采访,如何精心提炼新闻主题,怎样揭示人物的内心世界,如何挖掘稿件的思想深度……特别是扈凡组长,更是经常亲自带着我下连队"抓活鱼",指点我怎样选择报道角度,帮我一字一句地修改稿件,甚至连一个标点都不放过。

他们几位老兵还常常在我面前念叨:咱们报道组原来还有两位高手,也是1969年入伍的上海兵,一位叫朱瑞华,一位叫朱桂林,可惜你来之前几个月他俩退伍回上海了,回去后都进了解放日报社。作为上海市委的机关报,《解放日报》可是一张在全国都有较大影响的大报。要想成为这样一家报纸的编辑记者可不是那么容易的。他们两位既非科班出身,又无家庭背景,是完全凭自己的真才实学迈进高门槛的解放日报社的。他们退伍之前,我们报道组的阵容非常强大,实力相当雄厚,四位上海兵是响当当、硬邦邦的顶梁柱。当时,我们团的宣传报道工作搞得风生水起,有声有色。那个时候虽然还没有"四大天王"的说法,但他们四个就是干部战士、更是我们报道组几个人心目中的"四大天王"。40多年后的今天说起他们,战友们仍然念念不忘,一致公认他们是报道组"最厉害"的。毫不夸张地说,他们那个时期是47团宣传报道工作最辉煌的时期。

左一郭长林、左二朱瑞华、右一曹鑫泉(即扈凡)、右二朱桂林

在庆幸自己有缘遇到五位贤师良友的同时,我也时常为与另外两位"天王"失之新老兵交替而感到遗憾。

然而,万万没有想到的是,我抱憾多年的心事40多年后竟然得以梦圆。

2017年春暖花开的季节,年近八旬、德高望重的胡可荣干事发起组织47团宣传股的战友聚会。宣传股及所属报道组、电影组和文艺宣传队能联系到的30

多位战友,兴致勃勃地从北京、上海、成都和甘肃天水、湖北钟祥、广东江门、山东淄博、陕西咸阳等地赶到古城西安相聚。

"犹记昔日少年郎,英姿潇洒好俊相。如今聚首难相认,缘是容改鬓挂霜。"当年的壮小伙儿升级为大爷大叔,当年的小姑娘儿现在坐公交车有人让座。40多年后再聚首,大家的激动、喜悦、感慨之情真是难以言表。

参加聚会的战友,既有三进青藏线、在宣传股干了八年的老干事,也有兵改工的"收官股长";既有汗洒成昆线、襄渝线、青藏线的老铁道兵,也有能歌善舞、吹拉弹唱的"三线"学兵……最让我兴奋和激动的是报道组的几位老兵全来了,"四大天王"一个不缺、一个不少。报道组的阵容最为整齐、人数最多,一共来了八位。老组长扈凡向大家一一介绍了报道组"八大金刚"的简要情况:四个人一辈子坚守新闻岗位直到退休,两个人当了政府官员,一个人获得注册经济师的高级职称,一个人成为央企的管理人才。

退休后仍笔耕不辍,现任上海老新闻工作者协会奉贤分会会长、奉贤区老新闻工作者协会会长的"四大天王"之一朱瑞华,在会上为上海战友纪念入伍50周年出书征稿。我觉得这件事很有意义,便当场响应。于是,回来后拉拉杂杂写了这篇东西,借此向"四大天王"和报道组的全体老兵表示谢意!向47团的全体上海战友致敬!

(作者为原铁道兵第10师47团报道组成员、人民铁道报社副总编辑)

西安战友聚会期间,报道组成员与胡可荣干事合影(从左至右依次为朱瑞华、幸绍德、郭长林、扈凡、胡可荣、朱桂林、杨克贵、李明亮、韩耀先)

在"陕报"学当记者的日子里

倪玉良

1971年年中,我当时已从铁道兵47团调入10师宣传科一年多,正逢陕西日报社有两个学习名额,科里定了我,另一个是47团宣传股的郭长林。

郭长林是我入伍前中专同学,到部队由新兵营一起分配到47团修理连,朝夕相处了半年多,此次两人能结伴同行都甚为高兴。

从西安长途汽车站出来,我们直接去了报社。接待我们的是报社的一位负责人,开口竟是江南口音,我们用上海话回他,他笑笑说:"噢,也算老乡了,我是嘉兴人。"这是一个处事很干练的人,话没二句,就将这次学习安排作了简要介绍。他说:"你们学习期两个半月,安排在汉中和延安各40天,前40天到汉中,由记者站黄站长带。"

一

第二天,我们跟老黄去汉中。一路上翻山越岭风光无限,汽车驶出群山,进入汉中盆地。平坦的公路两旁,稻田蔬菜果树一抹翠绿,竹林树丛围起的瓦房鳞次栉比,炊烟袅袅,随风摇舞,鸡鸣狗吠……似又回到江南水乡村景。

车进县城,进入一个只有围墙没有门的园子,在一溜五间的平屋前停下。下车后,老黄指着门口挂着"陕西日报汉中记者站"牌子的第三间:"你们就宿我隔壁那间。"说着顺手递给门钥匙。进门,两张单人床上被褥齐全,日常生活用品也应有尽有,打开一个没有上锁的橱柜,里面还有油盐酱醋挂面酱菜等。

晚上5点不到,老黄过来叫吃晚饭。走过一个像露天戏台子的地方,老黄指了指说:"这就是当年诸葛亮点将台。"呵,当年刘关张叱咤风云、孙曹刘三国大战的地方？我心中低吟一句。到了一家就近的饭铺，老黄吩咐老板"老样三份再加个菜"。

一会儿，三大碗米饭端上桌，老黄指指黄澄澄、亮晶晶的块状物说："这是洋芋饭，这里百姓都吃这个。"正说着，一式三份浮有几片肉片的青菜萝卜大碗菜也来了。肚子已饿的我们狼吞虎咽起来。老黄关照说："不急，还有一个菜。"待添加的韭菜炒鸡蛋上来时，老黄对我们说："平时我们其实很少自己煮饭或去饭店，都是采访到哪里就在哪里吃派饭的。"

第二天，我们跟老黄去采访一个生产大队妇女主任。妇女主任姓刘，40来岁，皮肤微黑。迎下我们后她说："大队部正开着会，到我家说去吧，不远。"到她家坐下，她忙着倒茶送水，老黄已和她聊上了："你们大队有个叫啥刘歪脖的现在咋样了呢？""噢，你问他呀，现变好啦。""咋好啊？""对婆娘好了，下地干活也肯卖力气了，最突出的是不再赌了。"

老黄和刘主任的一问一答，恰似拉家常。他们两个继续兴致勃勃地聊着，我和长林则不时做着笔录。"唉，说罢说罢把吃饭的事丢下了，你们有想问的尽管问啊，我现做饭了。"老黄对她说了句"不要铺张呵"，回过头来对我和长林说起了采访的入门技巧……

他说："采访的目的是发现、挖掘有用的素材，但切忌急于求成、直奔主题，这样得不到生动而有血有肉的东西。所以，遇到任何一个采访对象，你首先要让对方感到你是一个可亲近的人。"老黄的一番言传身教确使我们茅塞顿开，受益匪浅！而手脚麻利的刘主任一会儿工夫已端上了饭菜，洋芋饭加荤素三菜一汤，吃得我们满嘴喷香。

接下来几天我们都跟着老黄学习采访。晚上又由老黄教我们如何梳理整合采访素材，去粗取精，组织文字……这样约有半个月，之后老黄就要我们独立进行采写。期间，老黄采写的那篇大队妇女工作的报道，在《陕西日报》农村版头条刊出。虽不熟悉农村生活，但跟着经验丰富热心施教的黄站长采访，我们学到了不少东西。

二

坐汽车踏上延安的旅程，沿途丘陵起伏，放眼竟似黄土掀起的波浪，一群群雪白的绵羊和放羊的老倌、孩童在波涛中飘忽，坡谷中星星闪烁般的窑洞似小船点点。与陕南汉中小江南相比，陕北黄土高原的景色，自是别有洞天，又有一番情趣。

客车进入延安,眼前的延河见底,只有缓缓的细水流淌着,延河边高坡上耸立着的宝塔,是革命圣地延安的象征……

陕报延安记者站驻设在延安宾馆。入住后,想拧水龙头清洗一路沾满的灰尘,却滴不出一滴水。去服务台询问,服务员指着墙上张贴着的一张纸说:"刚来的?自己看看。"是个通知。告知"正遇干旱,用水紧张,每个房间一天一热水瓶开水、每人一天一茶缸自来水,要节约用水……"

一茶缸水,包括刷牙洗脸洗澡洗衣……真是见了鬼了!而看来是大势所趋,只能既来之则安之了。我们对服务员说:"那就给水吧。"服务员叫我们在房间等候。过了刻把钟,开水和两大茶缸自来水送上。见自来水混沌沌的,我们正要张嘴质疑,服务员无可奈何地笑着说:"很抱歉,我知道你们要说什么,现在的水就是这个样的,对不起!"话已说得如此,也只能摇摇头,直视那缸混浊的"自来水"傻傻发呆了。好在已近傍晚,我们两个合用一缸水,铺张地擦洗了身子,还洗了脚。

第二天起来,在水贵如油的境况下,刷牙漱口用了两口水,洗脸只滴湿毛巾一角擦了擦算数。早餐一碗小米粥加一个掺玉米细粒(当地称苞谷)的馒头和一块咸菜。因还未安排采访任务,早餐后我们去了延安大会堂、枣园毛泽东、朱德、周恩来等曾指点江山工作生活过的窑洞。午饭在城区找了处饭店坐下。要饭的成群结队地等在饭店门口,只要有人离桌起身,便会有三四个人冲进来争夺食物。我们要了碗面条,上来后草草下肚便离桌。

到第五天,记者站刘站长回来,见面后他对我们说:"你们在汉中由老黄带着是很幸运的,他师大中文系毕业,功底好人又热心,到延安你们就不可能有这个幸运了。我们的记者成天踩点跟踪,跟国家级报社竞争,捉个新闻难啊……"歇了口气他接着说:"子长县有个老红军有不少新闻点,他对军人很友好,你们去或许会有收获。"说着他吩咐手下给我们开介绍信、买车票并告知行走路线。

隔天,我们来到子长县城,已是中午,早餐早已消化,可叹却找不着饭店。长林见到一个挎着竹篮卖鸡蛋的农妇,一下两眼放光,推推我说:"不如买几个鸡蛋充充饥吧。"我即说"好啊",一问价钱,农妇说:"子蛋(那里的叫法)3分钱两个,要几个?"我们说要12个。

拿下鸡蛋这才发愁,生的啊,怎么吃?又是长林眼尖,他指着不远处挂着开水供应牌子的小店。给了店主2分钱,一会儿店主就将煮熟冷却后的鸡蛋递给了我们。我不介意地问店主:"怎么延安城里缺水而你们却没问题?""噢,他们靠延河,而我们打了很多机井,我们自家就有一口。"两人各六个鸡蛋下肚,营养实惠只用了人均一毛钱。

按图索骥找到县委宣传部,递过介绍信,接待我们的老太冷冷地瞧了下介绍信又看了看我们,在一张纸上写了几行字盖好章,递给我们时还是挂着那张冷冷的脸,说:"采访老人的人很多,你们自己掌握好。"老太的神情确令人蛮够受的,但此时也无暇多想了。

耿老红军的家,三面围墙五开间一座平房。敲开门进去是个挺大的园子,瓜蔬果木、盆栽花草五彩缤纷。耿老看上去50来岁,身板硬朗,和颜悦色。将我们引进屋正中的客厅坐下,我们递给了县委宣传部的纸条,老人未看一眼往桌上一放,转身取来杯子为我们倒水。

老人给我们初步印象良好,我和长林毫无顾忌地与耿老聊起他的经历。耿老1936年18岁时就参军,身经百战受伤多处,从战士做到师职。抗美援朝回国后,老人在战友升官踏入仕途时却急流勇退,打报告要求解甲归田返回故里。领导苦口婆心劝说,他坚持己见不为所动。经耿老当兵时的连长,此时已是部队高级领导的老首长打招呼,子长地方领导妥善安排好了耿老回地方的生活。

说起缘由,耿老对我们说:"其实,像我这样放弃大城市生活享受,不愿当官的在延安地区各县有不少人。""为什么呢?"我们问。耿老笑了笑说:"我一个农民,一介武夫,没有文化知识,打仗凭一股勇气冲锋陷阵行,但搞建设指挥做决策我有自知之明,明知当不好为民做主的官,还不如安安分分做个好农民……"

耿老的一番由衷表白,朴实无华却字字落地有声。这时我抬头又看了看进门就见过的毛主席像两边挂着"保家卫国""返璞归真"的条幅,心中恍然彻悟,不由更对耿老肃然起敬。庭园门口与耿老告别时,我问耿老:"采访您的记者很多,为什么您对当兵的特别友好和善?"耿老沉思了一会说:"战争年代有句话,老乡见老乡,两眼泪汪汪。现在和平年代了,我把当兵的都认老乡了,自然容易亲近……"

(作者为原铁道兵第10师政治部报道组成员,上海华通开关厂军工处处长、上海华通开关厂有限公司副总经理)

新兵营岁月

倪玉良

1969年4月,军列载着上海闸北入伍的400名铁道兵新兵,历经两天两夜到达四川甘洛。从甘洛火车站出来已是傍晚时分,在统一指挥下,新兵们分坐十多辆军用卡车,沿着盘山公路驶向新兵集训地德昌。

离新兵营地不远处,我们乘坐的那辆车忽然翻倒。经历长途跋涉、在昏沉沉睡意朦胧中惊醒的新兵们,不由得大呼小叫。在那翻车一瞬间,我猛地站起拉住了侧旁的车棚铁杆,只是脚下都是人头人腿竟无处插足。好在车翻倒即止,慌乱中一车人赶紧争相往车外摸爬,待我爬上公路竟眼前发黑一下晕倒在地……

事后听战友们七嘴八舌地说,营地卫生队医生赶来给我喂了碗糖开水不久我就醒了,说是一路呕吐胃空低血糖引起的。而我们那辆车之所以在已驶入平坦公路时翻倒在公路与农田相间的沟里,是因无副驾驶员替换,司机连续两天两夜开车过度劳累头昏眼花所致。兵友们将当兵即遇的这一场虚惊,自嘲戏称为"大难不死,必有后福"!

新兵训练营地设在山脚下开挖出来的平地上,我们机校七个同学都被编入新兵三连二排。初来乍到军营,新鲜感、奇趣事层出不穷。抬头低头所见的群山起伏、怪石嶙峋的山坡、幽幽深谷、树林丛中掩映着的烟熏火燎、七歪八斜的破旧村落,与刚离别不久的城市形成巨大反差。

新兵集训第一天,连长宣布训练科目及作息、纪律等要求规定,指导员介绍了营地周围情势概况,并提醒山地有虎狼出没,因避造反派抢夺枪支,晚上站岗放哨发木棍代替枪支,要注意人身安全……一个星期的队列训练就是向左向右向后转,立正稍息报数正步走……老兵严肃认真,新兵们也都不敢怠慢马虎。

白天训练苦乐相伴,而在荒山野岭深夜站岗却遇到了一桩难忘的事情。那天子夜1点至凌晨3点,轮着我和另一个新兵去半山腰的蓄水池站岗。两人各提一根木棍心里七上八下地往山上走去,虽有月光残影,四周还是黑咕隆咚阴森可怕。绷紧心弦总算到了蓄水池,换下两个兵友,我们两人一站一坐心神不宁地好不容易熬到凌晨3点,交接岗毕,我们就急匆匆地往山下营地走去。当经过一个村落时,黑暗中发现距我们五六十米开外,闪烁着两束阴森森的蓝光,"不好,是狼!"两人同时脱口而出,情急之中我说:"快扔石头。"说着就捡起一块石头狠狠扔去,蓝光在原地未动,接着又连续扔了好几块石头,这才见那两团蓝光往左一拐朝上山方向跑了。第二天,村子里传出话说,有好几家鸡窝遭狼袭击,要不是解放军赶走了狼,损失会更大……

经过爬行、越障、野营等训练科目,开始了持真枪瞄靶训练。一个星期练"趴、蹲跪、站"三种瞄准姿势,要数站着瞄准最吃力,托枪的左臂总不由自主地晃动,练得时间长了手臂总往下沉,即便第二天一觉醒来,手臂仍是酸楚疼痛难忍。

实弹射击的那天,新兵们显然是神采飞扬,兴奋异常。第一次实弹射击的冲动神秘感,与紧张心情交织在一起,渴望、期待撕扯着每一个人的神经。实弹打靶五人一组,每人九发子弹,趴、蹲跪、站三种姿势各三发。前几组打得都不错,我是第六组,趴着射出的子弹获28环,蹲跪25环,站立射击只获19环,总72环。在最后的总结评定中,名列我们连98名新兵前15名,成绩还算可以。

新兵营训练生活结束的大会上,新兵代表校友曹鑫泉(后改名扈凡)及另有几位上台发了言,有艺术天分的新兵还表演了文艺节目。接着就宣布了所有新兵正式入制归属的部门、连队。我们机校七人除扈凡和沈福根被直接安排去团部政治处报到,其余五人则分配到了修理连。

回想起铁道兵新兵营那段岁月,虽无惊心动魄、震撼人心的场面,却也不乏苦乐相间、阅历视野感知的升华。时过境迁,它是人生经历不可或缺的一笔财富。

(作者为原铁道兵第10师政治部报道组成员,上海华通开关厂军工处处长、上海华通开关厂有限公司副总经理)

当兵生活的趣和乐

倪玉良

1969年4月应征入伍铁道兵,开始在47团修理连,以后调师机关宣传科,四年后退伍至今已近50年。

回想当年部队生活,虽然既苦又累,又很枯燥单调,但其中的一些趣事乐事,如今俯拾过往青春岁月的碎片,仍津津乐道,回味无穷。

一

47团修理连营地,安扎在安宁河岸边"沙巴"的一块平地上。不足百人的连队,用的是从安宁河抽上来蓄在废弃翻斗车里的水,吃的是在乱石冈辟地自种的菜和自养的猪。营地周围群山环绕,除了当兵的稀有人烟。仅凿洞放炮机械运转隆隆声、清晨军号声、日夜不停的运输车辆奔驰鸣号声,给原始寂静的荒山带来了些生气。

刚到部队,生活环境、质量反差的现实,对上海兵来说似乎并不可怕恐惧。每逢假日,漫山遍野的游走,一路海阔天空聊天说地,见到路边的野小毛桃,手心擦擦就送进口里,苦涩酸甜杂味俱全仍觉得蛮有滋味,还会带回浸在糖水里慢慢享受。

有次走至连队开垦的田地,见有几处柴草烧熏过的土坑,知是连里四川、广东老兵的"杰作",我们何乐不为?随手找来些石片,挖个小土坑放上柴草燃烧,待坑四壁草灰满堆,即将地瓜、土豆放在火红的柴灰中,并盖上石块闷上半个小时。天南海北神聊一会后挑开石块,顿觉一股香味直冲鼻腔,然后大家各取所需大嚼一顿。

二

有一天,上海兵有人感叹没有照相机,为未能摄取驻地附近好风景而遗憾。心有同感,一锤定音。很快,连队所有上海兵凑份子买了架海鸥 BF 方镜照相机,并托人带回显、定影粉、裁边刀,开始自拍自洗照片。一段时间后,又请开车床的山东兵"开了个小灶",为照相机加工成了"二次成像"的配件,玩起了升级版。这下,玩丰富也玩野了。

那一天,天气特好,蓝天白云,风和日丽。连里九个上海兵趁午休时倾巢出动,钻进山里拍二次成像照片。越拍兴致越高,忘乎所以得竟忘记了归队时间。待转神返回时,已超过作息时间半个多小时。

从新兵训练分到连队才几个月,这可算是破天荒的一次严重犯规!一路上,大家不由得神情凝重,心思不定,这时有人发声不如这般那般……

回到连里,操场上空旷无人,九个人排成队进连部办公室,齐声喊了声"报告!"正低着头看文件的指导员惊诧地抬起头,一看是我们即双眉紧锁,带着火气问道:"怎么啦?!"我们中有一位马上回答:"指导员,今天我们犯错误了,是来向您承认错误接受批评的。"指导员冷凝如霜的脸稍有舒展。接着九个人七嘴八舌地说了这么个意思:"这是第一次拍二次成像的照片,找景致好又能成像的地方,进山深了点,我们拍啊拍,没想到嘻嘻哈哈昏了头,直到没了胶片一看时间已过头了,这才一路疾跑回来。我们知道犯了大错,就直接来了连部,认错请罪……"

听了这么一大箩话,指导员本已舒展的脸已没有了火气。但仍佯装着严肃地说:"是要严厉批评,无组织无纪律,晚点名你们逃不了!"接着他又冲我们笑着说:"你们这帮上海小滑头贼精,若这次躲躲闪闪,不狠狠处理你们才怪!好啦,不要一个个哭丧着脸,回岗位去吧。"

晚点名时指导员是这样说的:"今天几个上海兵午休时外出拍照超过了作息时间,是违反纪律行为应严肃批评!但他们已主动向我说明了情况并作了检讨,此事就到此为止,大家要引以为戒。"

三

1969 年底,我调师机关宣传科,不久部队从四川西昌移师陕西建设襄渝铁路,师机关在安康。

一次科长布置我去两个团,收集"批林批孔"情况。在一个团出来去另一个团时,已近下午3点,团里派的车送我一段路后因前方施工,我只好弃车徒步行进。

非常艰难地行走在布满碎石的一条山沟里,滑摔了两三跤后才爬上公路。此时,天已漆黑一片,借助山坡上施工场地洒下的微弱光线,我终于临近目的地——去江对面团部的摆渡口。

黑咕隆咚中,我放声大叫"摆渡啦!"声音刚落,却听到附近岸边传出一个女人的声音:"解放军同志,江对面渡船听不到你的声音喔,上我的船宿一晚吧。"早前部队进行险情教育时,就闻这汉江两岸有道拉客女神出鬼没的风景线,今天却遇上了。

我忙说了声"不用",即又大声吼叫摆渡船。这段江面宽阔,加上施工连队嘈杂的机械运作、人员操作呼唤声,叫了七八声渡船仍没有动静。拉客女又传过话来"兵哥哥唉,叫不赢的喔,还是上我船来……"我没再理她,接着又更大声地叫了起来。好一会,才见江对岸渡船亮起了一束灯光晃动过来了,到团部已是晚上8点半。

四

在师部第二年8月份的一天,我随师副政委到47团视察调研。在团部遇见了报道组的扈凡、郭长林。闲聊中说起在航运队的上海兵顾鸿兴提议搞一次"小火轮上的聚餐"。因我在团里要待些时日,正遇上个星期天,此事就定了。

筹备工作是鸿兴和还在连里的几个同乡兵一起做的。上山去农家采购鸡鸭蛋菜蔬,猪肉只能找炊事班的熟人"顺手牵羊"搞一些,汉江里的鱼由鸿兴搞定,再买些当地土酒,不到一个上午的时间,聚餐所需的东西一应俱全。

星期天,鸿兴一早就把船上的其他人支走,只留下船上的厨师。厨师手脚麻利功夫好,两个小时左右酒宴即始,鸡鸭鱼肉洋洋洒洒满满一大桌。喝的酒是当地产的"柿子酒",有点像十滴水的味道,比较难喝,好在菜味不错又丰盛,大家自是十分尽兴。

一年多时间里,上海兵好几人从老连队分别后,较长时间未见,酒兴一涌话匣打开。汉江两岸淡抹却清新的景色也撩人,难得的一次小聚,虽不似古代圣人豪杰般的对酒当歌,小火轮上的聚餐却也热热闹闹,足足吃了四个多小时仍意犹未尽……

第二天回到师机关,我将副政委视察调研时的有关讲话、指示整理成文,经副政委指点三易其稿后,加个应时贴切的标题发给了当地报社,也算是公私兼顾了。

五

宣传科长钟斌,广东人,这是一个至今令我十分怀念和敬仰的人。他性格温和、燥烈兼而有之,对领导从不唯唯诺诺,敢坚持己见据理力争,对同僚下属尤其是我们这样小当兵的,却百般爱护体恤。我到宣传科尚不到一年,因文工队排演样板戏《红灯记》,需采购服装道具和乐器,此任务本应是科里文体干事的事,但他交给了我,说:"你家里父母年老,到上海把事办妥后可多待些日子陪陪老人家。"

1973年2月底,家里居住地街道党委发来电报,说我父亲病危让我即回。科长获悉后马上找到我说:"已替你安排好车,下午即去西安回上海,去后如有不测马上电报告知我,你安心做你该做的事,我会替你办好复员退伍手续……"

办完父亲丧事回到科里,科长布置了一个隆重的欢送仪式,科里不管会不会喝酒的领导、干事、战友,都一一敬我满满的一杯西凤酒,深情表达宽慰和情谊。

科长钟斌秉性耿直心地善良,在我退伍不久,他也终因难讨领导欢心、仕途受阻而转业回广东家乡。与他性格相仿的我在回地方企业工作相当长一段时间里,潜心效作不遗余力也颇有心得。

(作者为原铁道兵第10师政治部报道组成员,上海华通开关厂军工处处长、上海华通开关厂有限公司副总经理)

那年汉江发大水

朱土才

1971年8月1日早上,陕南秦巴山区汉江流域,狂风怒吼,暴雨如注。9点多钟,雨势已经小了,我穿上塑料凉鞋,拿着盆子到团机关伙房去领饺子面和馅。走出办公室门向南一瞧,平日里水流很浅踮着脚尖就能跨过的沙沟,此刻,浊流倾泻,一片汪洋。沟水面有几十米宽,通往伙房的土路在水流中也是若隐若现,十分难走。

从伙房回来,我的鞋底鞋肚都是泥,不得不在临近营房的浊水中连鞋带脚洗了洗(从此落下了烂脚丫的病根),光着脚走进办公室,同许干事、孙干事等人一起包饺子庆"八一"建军节。

门外风已经小了,但雨还在下。我瞅了个雨隙拿着包好的饺子到伙房去煮。只见沙沟里的水势还是那么大,被水冲下来的树枝树杆,不时地顺流而下,间或还有斗大的石块从眼前滚过,从不远处传来"哗哗"的洪水冲击沟底岩石的声音。

下午,雨停了,太阳从云端里露出了脸,被雨水浸透的场地很泥泞,没有几处下得了脚的,见了住在对门的战友也只能隔空喊话。也许是地形的缘故,感觉太阳西落得特别早,趁着天色还没有黑,我踏着崎岖不平的山路信步向沟底走去。

不远处,汉江波涛声响阵阵入耳,越向前走涛声更大。在离汉江江岸不到200米的地方,我站在一块表面比较平整的巨石上,向汉江眺望,但见平日里清澈见底的汉江,水位猛涨,浊浪滔天,沙沟底施工用的采沙采石场不见了,拉沙石料的汽车便道也被水淹了一大截,江水如脱缰的野马咆哮着向前奔腾,成垛的树杆树条逐流翻滚……

天渐渐地暗了下来,江水还在不停地涨。洪流有多大的破坏力?洪峰究竟怎样可怕?我没有亲身经历过。带着诸多疑惑和不解,循原路回到宿舍。是夜,我心绪不宁,半宿未眠。

第二天，我有事去连队。因为隧道工程沿着汉江边走，部队营地都在附近，所以下连队必须沿着汉江简易公路走。我边走边看，只见汉江的水位比昨晚高了许多，公路路面低洼处都已积水。目睹汉江，江面上一片狼藉，各式各样的漂浮物在浊浪裹挟下翻滚向前，江中水流汹涌湍急，涛声震耳欲聋。江边峭壁旁，浪花翻滚，有的地方浪花蹿起有几米高。河道转弯处，更是漩涡疯转，好像河床漏了底。

到了蜀河镇渡口对岸，隔江望去，昔日离江面二三米高的渡口码头不见了踪影，比码头高几十级台阶的蜀河镇街面也被江水淹没。小渡船不知停靠在何处，艄公也不知去了哪里。

在回来的路上，听上夜班的战友说，昨天夜里真是吓死人，洪峰过来的声音地动山摇，从上游被冲下来的船上有人拼命喊救命，其声之悲真是令人毛骨悚然。有啥办法，流速每秒几十米，有心无力，爱莫能助。

那个年月，信息传递不像现在那样快，那一次洪水造成的损失也知道得很少，只是在后来的闲聊中听到一些片段。有人说，停泊在汉江中的好几艘运货的驳船被冲走了，正在施工的汉江旬阳大桥的基础工程被冲毁了，一艘船在水流汹涌的湍急河道转弯处倾覆了，船上十多人落水遇难，团里一位首长掉到江中后被救上来了……

20多年后，也就是长江发大水全线抗洪的那一年，汉江再次暴发大洪水，据悉，安康城险遭灭顶之灾。我所经历的那次汉江发大水，虽然比20余年后那次灾害要小得多，但自然界那种人力无法抗衡和令人胆寒的恐怖，一直牢牢地印在我的脑海里。

（作者为原铁道兵第10师47团干部股工作成员、上海市奉贤区南桥镇农业服务中心党支部书记）

我在首长身边的那些事

黄亚明

1969年5月新兵团训练结束,我被分配到铁道兵第10师47团一营五连二排五班担任电瓶车充电工。

当年的夏末一天,田排长通知我到连部报到。连长郭金聚宣布,从现在起,你是连部通信员。任务主要是连长、指导员的指示上传下达,负责连部的安全保卫、一切事务性的杂事并配合文书做好书写材料的整理及接待工作。当年10月,铁道兵西南指挥部保卫处杜处长、师部保卫科王干事等组成专案调查组,来我连调查、取证一排长所谓收听敌台之事。我有幸接待了首长们。由于我比较机灵,师保卫科王干事推荐我去师部当警卫兵。于是我服从命令,于1970年2月底被调入师部直属警卫排当上了警卫员。

三个月后,我奉命跟随时任师军务科科长的吕洪江,他是位老革命,此时,他兼任四川省会东县县委书记、"革委会"主任。那时会东县"文革"中酿成的派别斗争错综复杂,在会东县跟随首长的一年多时间里,我目睹他凡事以身作则、率先垂范的工作作风。他坚持下乡,带领县委班子成员,跋山涉水,翻山越岭,深入农村少数民族地区,与民族干群同吃同住同劳动,体察民情,为改变会东县及山区贫穷落后面貌奔走呼号。

记得1971年9月的一天上午,我跟随吕洪江首长下乡,来了到八区(即嘎吉区)。这是个离县城最远、最偏僻、最贫困的山村,而且是彝族集中居住区,对面就是云南省的巧家县,中间有金沙江相隔。

我们到达这个区后,由于车辆不能通行,只能沿着山间的羊肠小道步行,当我俩背着简单的行李步行至三分之二的山区道路时,前面出现了一段难以行走的山路:右侧是悬崖峭壁,中间仅有供一人走的小路,上面是砂石,下面是黄泥。

当时首长已经50多岁,但他根本不当一回事,在悬崖峭壁的小路上勇往直前。而我是个只有20来岁的年轻人,双脚却根本不听使唤,实在是站立不起来,不敢朝前行走,两手着地爬着一步一步往前移,生怕要掉进万丈深渊。

在首长的指导和鼓励下,我总算走完了约1公里的险路。中午12时左右终于到了县下属的政府部门所在地。当时走路累得够呛,肚子饿得咕噜咕噜直叫,我想当地政府一定会给我们准备一顿丰盛的午餐。而事实上,会东这地方太贫困了,中午招待我们的是土豆和辣椒酱,这就是主食,没有其他菜了。据介绍,我们来到的这个地方,解放以来,还没有县级一把手领导光临过。当时《四川日报》专门报道了县委书记兼主任吕洪江首长的先进事迹。

我在会东县跟随吕洪江首长在少数民族地区考察时,遇到了原47团五连五班的1968年入伍的战友韩正荣,他是和我一个班的。1970年1月他退伍回乡,工作表现出色,我将他推荐给首长。经党组织考察,他不久被委任少数民族七区的武装部长。

在四川会东县期间,我还有幸认识了上海支边的张医生、中医院谢医生及奉贤胡桥的老乡、支边的潘医生等上海人,感到特别的亲切,真有"老乡见老乡,两眼泪汪汪"的感觉啊!

1971年12月,我奉命调回师部警卫排,做好保卫首长绝对安全的工作。期间跟随多位首长,如铁道兵肖副司令员等。跟随首长们下连队检查工作、慰问官兵、配合破案等。1972年1月10日凌晨2时多,时任警卫排二班副班长的我,接到保卫科卫副科长的紧急电话,说首长要火速赶往46团,调查所发生的恶性爆炸案子。我立即跟随师政治部副主任徐志超、保卫科缪干事、卫副科长等人,从安康出发,途经旬阳,赶到46团二营调查核实发生恶性爆炸案子的缘由。确认1月10日1时10分,违规堆放在营部招待所的4 000多公斤炸药爆炸,是人为报复事件,炸死干部战士和家属9人,炸伤2人。由于我们警卫人员高度警惕,周密布防,确保了专案组等一行首长的安全。

1972年,我被调任师警卫排公务班长,我积极认真做好接待服务首长的公务工作,得到了首长的表扬。1973年2月,因家中的原因,本人申请退伍的要求终获批准,回到了自己可爱的家乡。退伍后我在家乡奉贤的公安部门工作,先后从事交警、治安、政保及基层派出所等公安业务。

(作者为原铁道兵第10师特务连警卫排公务班长、上海市公安局奉贤分局助理调研员)

西昌,我在远方思念着你

顾瑞龙

1969年夏,我所在的铁道兵10师47团八连,在成昆线上的金沙江畔干了几个月的供料任务后,不久即奉命开赴西昌城从事执勤任务。

西昌城背山临湖而筑,湖,便是距城区约两三里地的邛海。邛海闻名遐迩,据传天气特别晴朗时,人们可以从湖面直视湖底沉下去的古城殿。西昌,是美丽的,它是我国西南凉山区域内的重镇。

而我连的驻地,是当时的西昌军分区营区,也是解放战争中西南剿匪指挥部所在地,它僻静中显豪华。我们连便驻扎在大门口的第一、第二幢两边开的办公楼内。

我连的任务,是白天晚上24小时在城区内执勤巡逻。其时还因在"文革"期间,西昌的两派斗争还很激烈,故我们执勤巡逻时昼夜荷枪实弹。

我们班上,除几个1968年的四川籍老兵外,其余均为1969年的上海兵与山东兵。而我喜欢与山东兵搭班,因为他们不仅个儿大,性格上又比较好相处。我印象最深的是王勇与王欢全两人。他俩平时话语不多,但对我绝对尊重,从没二话。

这体现在两件执勤中的小事上。一次,是刚进入夜幕,我因有事,故由王勇带班巡逻。下岗回来后,王勇即刻跟我汇报了一件让他值得欣慰与回味的事。

他说,华灯初上时,他们巡逻至县中心医院门前操场时,一位只有一名形体较小的女性陪伴的孕妇,不慎跌倒在地。而那孕妇,本来个儿就大,王勇见状后,开始有些难为情,但一会儿,即刻上前横抱起孕妇直冲医院。检查后无恙的孕妇,甚是热情,在病房让王勇等喝了茶、吃了水果。她还当着他们的面,让医生撩开衣裤,检查胎情。王勇汇报临了,又幽幽地跟我说,你是当班领导,明天应该去看看那孕妇的。真他妈见鬼。第二天,我一个19岁的小伙,还真的在王勇指领下,去医院探望了她。

还有一次,夜已经深沉。我们一组五人,半自动冲锋枪与半自动步枪都上着膛,行走在西昌城一条窄小的巷道间。突然,我们右前方的拐角处有一个黑影一闪,很快便消失了。

我马上觉得有情况,即命令王勇带上两个小个的四川老兵,从我们已经熟知的小学那边包抄过去,我则与王欢全两人从他消失的方向沿墙摸索着前行。几经七转八弯,我们两方终于围拢在一处废弃了的旧房舍内。人,是找不到了,只见墙角落的一处地上,有两三滴血与一些毛发之类的东西。值此,王勇一本正经地请示我,还追不追,我说,时间已到,我们只能交给下一班去论处了。

冬去春来,我们已在西昌工作生活了大半年。这半年多的岁月中,有些事,有些人,至今让我久久不能释怀,好像还在眼前。

我清楚地记得,那一天,是一个晴空万里的下午。因为王勇有其他安排(白天两人一班),那天,我一个人,腰扎武装带,红五星军帽戴得特别端正,巡视在西昌城里最繁华的大街上。

大约下午三四点钟吧,我隐隐听到有一个小男孩的哭声从不远处传来,我走了几处,那哭声不但不停,却越发加剧。此刻,我走不动了,回转身向哭声循去。不一会儿,我来到了小男孩身边,只见小男孩已哭得泪水满面,哭泣中里轻喊着"妈妈、爸爸"。

孩子走丢了,怎么办?有人即刻提示我,打电话让县广播站播放寻人启事。我牵着孩子的小手,立马找到邮政局,打了电话。十来分钟吧,邮政局门前来了位高挑美丽且落落大方的姑娘,她自报是县广播站的,她说她带孩子去站里,一边广播一边等父母亲。她还说:"解放军同志你带个孩子巡逻多不方便啊。"

在她正欲转身走去,急疯了的父母亲赶到了孩子身边……孩子让父母领走了,站立在当街的我,只见她朝这边灿灿地一笑,并说:"我姓魏,魏朝的魏。"又说了句:"你,人不错的。"便优雅地转身离去了。

之后的好几天,这一幕,始终在我的脑海里挥之不去。终于有一天,我按捺不住了。那天的中午,我鼓起勇气寻走到县广播站。找谁?问谁?正当我在房外墙根处来回踌躇时,她从十余米外的小门间出得门来。见到了我,才迎面走了几步,没有言语,只微微一笑地便转身向来的门里走去。我像是有一根红线牵引着,不由自主地跟随着她进入了她们单位的院落与站舍内。

于是,我便知道了她是北京人,长我一岁。在站内兼职编辑与播音。自此,我与她不间断地相处,日益加深了情感。而到后来的后来,我才知道,她随着一位野战军的干部去了西昌卫星发射基地,成为那里的第一批创建人员。

1971年7月1日,成昆铁路全线通车。中央决定举行通车典礼。典礼就放在西昌,成昆线西昌县车站就近。我还记得,那时车站附近还是光秃秃的一大片山坡。为典礼,部队特地用施工机械,平整出天安门广场那般大的、以铁道线为中心的上下两片场地。临时的主席台则用毛竹、木板、芦苇片搭建在铁轨上方的八九十米处。

我还清楚地记得,当时真可谓人山人海,红旗、歌声、乐曲汇成了一片海洋。我因为是站在执勤部队方队的第一名,也可能因为,我不但长得高、又很英武帅气,所以和另外一名地方部队的战士被选上,值守在主席台正面的两侧。

披绸戴红的火车头轰隆隆地开过了,典礼也结束了。我只记得,典礼结束后,从主席台上首先下来了一位长得又黑又矮又丑的老军人,只见他向我点了点头,而他后面的另一位长得又白又高又俊的首长,却拍了下我的肩并说:"小伙子,不错!"

前面一人,便是原人民空军司令员、中共中央政治局委员吴法宪;后者便是大西南名将,时任成都军区第一政委、中共四川省委第一书记的张国华。

事后,我不禁感慨,这可是我有生以来,除了1967年10月,在北京毛主席第二次接见红卫兵时,在20米左右远距离地见到他老人家之外,又如此近距离地见过这么大的部队首长,第一次,也是仅有的一次。

(作者为原铁道兵第10师47团电影组成员、上海沃野建筑公司董事长、总经理)

我在军中作画忙

黄永法

1969年春天的一天上午,我从47团一营五连搭乘了一辆军车,一路颠簸着向团部驻地德昌小高疾驰。公路旁的树木飞快地从眼前闪过,由近及远;山风阵阵,迎面扑来又从耳边呼呼而过。此时虽已进入夏日,然而四川的夏日仍然是那样气候宜人,柔和的阳光照在脸上、身上,让人感到十分舒心。

离小高越来越近了,此时我不由得激动与兴奋起来,因为我马上就要到达团部宣传股了。其实,从昨日接到调动工作的通知到此时,自己心里就一直未平静过。大约又过了一刻钟,军车在小高停了下来,我提着简单的行李迅速跳下车,迈步向团部宣股走去。

报到后,我就被安排到了宣传股俱乐部工作。俱乐部的领导是河南籍的刘迪华主任,二三月份来我们奉贤接新兵时,他担任了新兵营的教导员。在我们心目中,他是一个和蔼可亲且十分能干的部队首长。刘主任交给我的第一个任务,就是画毛主席巨幅画像。

这一天,主任把我带到了团部广场,并一起察看了那里的环境。广场面积很大,南临一条通往远方的公路。北靠我们团部机关营区。主任指了指广场北边对我说:"经机关领导研究决定,这边要竖几幅毛主席画像,这里四周环境空间比较大,所以画面也必须大一些。"说完他稍稍停顿了一下,看了我一眼继续说:"我去你们奉贤接兵时曾到过你的母校——曙光中学,学校老师曾向我介绍过你绘画方面的特长,并看到你在学校图书室前画的那幅毛主席像,足足有三层楼高。这么高大的主席像竖立在这里也挺合适、挺气派的。"说到这里,他轻轻拍了拍我的肩膀又说:"好吧,这个任务就交给你了……"

接到这个任务,我虽然感到有点压力,但内心还是充满了激动和兴奋。因为这是一次锻炼自己的好机会。我暗自下定决心,一定要认真完成好这个任务。

于是，我先去找木工班的战友商量，定做了四个高七米、宽五米的大木框。接着又去后勤处找来了一大捆麻布，用麻布代替油画布固定在大木框上，再在麻布上涂刷两层白胶，等到白胶干了之后，画布就像鼓皮一样绷得紧紧的。几天后，战友们帮我把大木框竖立在广场上并固定好，而且在画框前还搭建好脚手架。一切准备工作好了后，我便开始动手画像了。

记得第一幅画，是毛主席在天安门城楼接见红卫兵时的照片。毛主席穿绿色呢制军装，头戴绿色呢制军帽，在红领章红帽徽映衬下，左手扶着城楼栏杆，右手向大家挥手示意，略带微笑，神采奕奕。因为这张相片是半身特写镜头，作画时相片经放大后，主席的头部就有一米多高。无论是形体还是色彩，把握起来都增加了不少难度。在作画过程中，我不时地从高高的脚手架上下来，跑到五六十米远的地方看看形体是否准确，色彩哪里需要调整。如此反复，不知道爬上爬下多少次。

四天后，第一幅主席像画好了。在这期间，每当战友们经过这里，总会停下脚步，他们看着、议论着、点赞着……之后，我又马不停蹄地在旁边连续画了三幅同样大小的主席像。从此，机关广场这边就成了一道亮丽的风景线。几个月后，中央领导参加成昆铁路通车典礼后来我们团视察工作，他们一行就集体在毛主席巨幅画像前拍照留影。

我在宣传股俱乐部工作，大多做的是与绘画有关的事。除了画主席像、画宣传画外，更多的是画幻灯片。每次外出放映，我总要在现场收集资料，当场制作幻灯片。利用放映前的一点空隙时间，把部队基层出现的新鲜事、好人好事，通过图文并茂的幻灯片来宣传发扬，以此鼓舞士气。

令我没想到的是，在此期间，我还画过不少战友的遗像。记得第一次画的是一位营教导员的遗像，听说这位教导员是病故的。当时提供给我的不是一张标准的证件照，而是一张三寸大的全家照，照片上教导员形象只能看个大概，具体细节根本无法看得清。又没有现成的放大镜。咋办呢？后来有位战友提醒了我：幻灯机的镜头也有放大功能的。何不用这当放大镜试试呢？我听了心里一亮，于是就找了一架幻灯机并把镜头卸了下来，然后放到照片上一看，果然照片放大了许多倍。这位教导员的形象特征终于能看清楚了，方正的国字脸上，一对大眼睛炯炯有神，浓黑的剑眉，眉间透出英气，挺直的鼻子下两道勾纹，更显出一脸坚毅刚强的气概。

看清了要画的人物形象特征，我心里踏实多了。于是，一张铅画纸、一支炭笔便开始动手画了起来。我先把人物形象在纸上定好位，随之轻轻勾勒出大体轮廓，并画出了大体明暗。然后再深入局部渐渐将细节表现出来。一个小时后，教导员的形象在纸上渐渐地显现了。两个小时后,形象更清晰了……来取画像的领导一看画像差不多画好了,急忙双手拿画像左看右看了两下,满意地说了一个字——"好!"并迭声道谢。说完便拿着画像转身急着离去。边走边还说:"马上要开追悼会了,大家都等着这画像呢!"

部队转战修建襄渝铁路之后,画人物像的任务便多了起来。战友们夜以继日地开挖隧道,塌方事故中牺牲时常发生。为了不影响追悼会的进行,好多次,我在繁忙工作中接受突击画战友遗像的任务。

画遗像,一般大多能提供一张照片,哪怕是一张生活照。可也遇到过没照片的,一点参考资料也没有。全凭战友口头描述来完成。记得那次,当我耐心仔细聆听完战友的描述后,这位在施工中牺牲的战友容貌,终于渐渐地浮现在我脑海里。于是,我拿起炭笔,把自己脑海中的人物形象表现出来——把听觉形象转变成视觉形象,这是以前在侦探小说里才有所耳闻的,可在我入伍期间,却让我亲身体验到了。

部队是一所大学校,能培养各种人才。部队又是一个大熔炉,能磨炼人的意志。就本人而言,经过四年部队生活的锤炼,除了技能上的提高外,更重要的是还学会了吃苦耐劳,学会了坚强不屈。

退伍还乡之后,我走上了教育岗位,成为一名光荣的人民教师——经过自己的不懈努力,通过自学考试拿到了上海师范大学美术系的毕业证书,成为一名合格的中学美术教师。目前虽已到了退休年龄,但仍受聘于奉贤区少年宫,担任美术教育工作,并在辅导学生参加全国美术等级考试的过程中,曾四次评为上海市优秀辅导老师。

在这里,我由衷地感谢我的部队,感谢曾经关心过我和帮助过我的战友及领导,因为有部队,有你们大家,才有了我的今天。

(作者为原铁道兵第10师47团政治处电影组成员、上海市奉贤区中学美术老师)

我在修理营里"长大"

陆 伟

西昌城西有个地方叫长板桥,铁 10 师后勤部修理营就驻扎在桥堍西北面,营房靠近河滩,营区大门紧挨国道,那是成都到西昌的必经之路。

1969 年 5 月,告别了德昌新兵团,我们新兵七连一排两个半班的 30 余名上海籍战士被分配到师后修理营、汽车营。

我在修理营营部通信班当通信员,一年后到师后政治处助勤。或许是因为那个非常时期和特殊环境,在西昌修理营里的生活,让我长大成人。

枪走火差一点"光荣"了

一天,营部文书饶金华从铁制档案柜里拿出几个档案袋,从中先后取出几个用纸包着的物件,仔细一看,原来是一把五四式军用手枪的部件,扳机、枪管、套筒、复进簧、弹夹、握把,分装在几个袋内。"手枪!"我这个到修理营"老连队"后还没有看到过一支枪的新兵蛋子顿时两眼放光,很想伸手把玩一下。同时又十分纳闷,好好的一把枪,为什么要"大卸八块",藏在档案袋里?饶文书小心翼翼地把手枪零部件逐个擦拭一遍,上好油,又重新用纸包好分装入档案袋,锁进铁柜。他告诉我这是修理营仅存的一把手枪。

又一天,同为营部通信员的小孙不知怎么竟从通信班值机(十门电话总机)小屋杂物堆里翻出一把信号枪来。我和小孙都从未见过这短短粗粗的"怪枪",我接过来,把枪管凑到眼前往里看去,没看出什么名堂,而实际上枪管内有一发信号弹,"暗藏杀机"。我把枪交还小孙,他拿着耍了一会,使劲扳下击锤,摆着瞄准射击的 Pose,然后……"嘭"一声巨响,我只觉眼前火光一闪,耳朵轰鸣,一团火球从我左侧擦身而过,直扑墙角一堆棉大衣,烟火瞬间在屋内弥漫开来。小孙慌忙扔下枪,拽着在一旁吓得发愣的我,连滚带爬从窗口跳出(幸亏是一层的平房,窗外就是菜地),大呼:"教导员,不好了!不好了!!失火了!!!"还是饶文书反应快,赶紧提了一桶水冲到通信班小屋,"哗"地浇到棉衣堆上。通信班长吴安国也端着水盆赶来,大家七手八脚将火扑灭,这才避免了一场大祸。事后,我看到晾晒在外的那几件中弹起火的棉大衣,有好几个焦黑的大洞,足见信号枪近距离可怕的杀伤力,心中不免有些后怕,差一点"光荣"了!

修理营的祝树良营长、岳殿财教导员都是经历过解放战争、参加过抗美援朝的老革命,祝营长(后调任师司令部作训科长)体格壮硕,身板挺直,相貌威严,极富军人气质;岳教导员(后调任师后政治处副主任)相貌温和,说话慢吞吞的,像个老太太。两位胶东半岛农民出身的营首长都是忠厚长者,对我们这些小兵十分关爱。我们入伍后,环境所迫,条件限制,连枪都没摸过,更别说信号枪之类特种枪械,确实是毫无军事常识的"菜鸟"。"走火"事件发生,营首长没有批评两个傻傻的冒失鬼,倒是责怪营部管理员申世勋工作疏忽,未将信号枪妥善保管,枪里还装了信号弹,以致被小孙翻出玩弄走火,所幸没有伤人。

铁道兵主要承担铁路施工任务,此特性决定我们接受军事训练相对较少。在当时当地的特殊环境里,部队的军训更无从谈起,士兵的军事素养普遍较差。同年12月,在部队恢复不久的射击训练中,师后汽车营某"菜鸟"战士在靶场擅自操作,导致入伍不到一年的上海籍战友姜正荣不幸中弹牺牲,令人十分痛惜。姜正荣烈士就安葬在西昌烈士陵园(我们2014年曾去祭扫),其胞妹姜正萍(当时还不满16周岁)继承哥哥遗志,于1970年初"接替"入伍,分配在我们修理营女兵排。

修理营有个军械所,负责修理全师的枪械武器。通信班战士每人配发了一

支崭新的五六式冲锋枪(仿大名鼎鼎的苏制AK47突击步枪),我爱不释手,背着枪拍过几张照片。嫌枪托颜色淡而无光不好看,到军械所要了"泡力水"自己涂抹。由于不懂刷漆工艺,涂上去的"泡力水"咬不住,于是又用砂纸磨去再刷,一遍又一遍。有干部终于发话了:制式武器不能随意改动哦!我们几个只得罢手,用"松香

水"擦去"泡力水",使枪恢复原貌。

特别的"成人礼"

1970年4月24日晚,修理营营部党支部召开党员大会,讨论吸收新党员。申管理员是支部书记,祝营长、岳教导员等营首长都到会了。我的入党介绍人是营部的两名干部张泉、冯子清。在这庄严神圣的时刻,刚满18周岁即被吸收入党(没有预备期),我无比激动。

当晚支部大会结束时,正赶上中央人民广播电台8点钟的新闻联播节目,一个特大喜讯传来:我国成功发射了第一颗人造卫星("东方红一号")。整个军营沸腾了,大家都抬头仰望星空(那时西昌的夜空真美),追寻那个小小的移动反光点,一遍遍收听卫星发出的"东方红"乐曲声。我更是别有感触:我国第一颗人造卫星上天的日子,正是我的入党纪念日,对于一个刚满18周岁的青年来说,是一个多么难得的"成人礼"啊!

"文革"结束后,党组织曾有重填入党志愿书的要求,许多党员都重新填写了。我的志愿书仍是"原版",没人通知我重填,我也不认为有修改的必要,因为历史本来就是这样的;那也是我的"卫星",虽然水平不高,制作粗糙。

"东方红一号"是酒泉卫星基地发射的。几年后,西昌也成了我国重要的航天器发射基地。2014年,我和一些战友实地参观了西昌航天基地,不禁又想起1970年4月24日晚上修理营的欢乐场景,时空穿越,十分感慨。

(作者为原铁道兵第10师47团修理营战士、上海铁路公安局副调研员)

我与火车比速度

李在同

那是1973年的夏天,我和我的战友一行四人回山东探亲。在武汉上火车时,和我们一起落座的是一位年轻的中年妇女,她抱着一个七八个月的小男孩。上车时有三位男同志把她们母子送上车,临别时,有位同志对我说:"解放军同志,路上请给予多多关照……"我说:"别客气,我们人多没问题。"

一路上,我们轮流照看着小孩。旅客们都问我这孩子多大了?叫什么名字?我说这不是我的孩子,我不知道。这位女同志可能太累了,加上患有感冒靠在座椅上就睡了,孩子的哭声仿佛听不见。后得知她是吉林人,要在郑州换车去北京,再由北京换车去长春。火车进了郑州车站,下车时她对我说:"解放军同志,你帮我送上去北京的车吧。"我说:"好的,没问题。"战友们拿着我的行李先下车了,我怎么也没想到她的东西太多了,后悔没和我的战友们一起送她转车。我问她:"你一个女同志还带个孩子,拿这么多东西上车下车能行吗?"她说:"我到北京就好了,北京车站有人接我。"

因为我们乘坐的火车晚点,从郑州开往北京去的车已经启动了。行李少的和年轻的乘客都挤上了车。由于人多,车上的人都聚挤在门口,她虽是紧紧抓住车门,仍怎么挤也挤上不去。此时,后面跑来一小伙把她推上了车。由于车上的人堵塞在车门口,所以我无法把她的行李送上车,火车开了,我只好紧紧跟着火车往前跑。

火车驶出站台速度越来越快,列车员高声喊道:"别上了!太危险了!"我气都喘不过来了,只好拼命往前奔跑。我心想:不是我要上车,而是行李要上车啊!我一边往前奔跑,一边紧盯车门,一有机会我就把包裹往车上抛。等最后一个包裹,也是最重的一个包裹向上抛时,因车速太快,包撞击到车门的栏杆,连包带人倒在水坑里。等我起来时车已经驶出了一节车厢的距离了。我抱起包裹在那石子道上拼命往前奔跑至车门前,做好准备用足力气投入了车门内,我终于完成任务了。

等我摇摇晃晃回到站台时,战友们正焦急地找我。他们见我满脸汗水,浑身是水,面色发白,上气接不上下气,就问:"你不是去送人吗?怎么弄成这样了?"我背靠一根电线杆瘫坐在站台上,好半天才说出刚才发生的这一切。

几十年过去了,每当我想起当年与火车比速度这件事时,我仍在想:这位女同志携带这么多的行李,途中要多次转车,不知她母子回家的路是否走得顺畅?

(作者为原铁道兵第 10 师 47 团 2 连战士)

金指导员让我当上了铁道兵

杨克贵

1970年底，我的家乡四川省开江县开展了征兵工作。我几乎带着绝望的心态报了名，因为前两年的征兵我都参加了，因当时"文革"派性的原因，都被公社"革委会"刷了下来，使我丧失了当一名海军和空军战士的机会。这一年在公社粮站大晒坝体检目测时，我看见一名军人在注视着我们。他高挑的个子，瓜子脸，笑不露齿，文质彬彬。后来知道，他就是我们接兵部队的指导员金伟达。

体检像前两年一样过了关，但我却度日如年，非常担心又被刷掉。俗话说，事不过三，这次要再被刷掉，那我当兵的愿望将彻底破灭。那期间，我每天都要上场镇去探听消息。有一天我经过讲治街道国营食堂门口时，突然发现金指导员在帮助营业员收付款。我喜出望外，眼前忽然一亮，像遇到了救星似的。心里在强烈地要求去见指导员。我上下街来回走了两遍，踌躇再三，终于跨进了食堂，主动和金指导员搭上了话。

我向他报告我想当兵。他当时很严肃地对我说："我们可是铁道兵，修路架桥打隧道非常艰苦。"我回答我知道，因为这之前的一年中，我曾和亲戚一起在达县覃家坝5831部队干过小工，5831部队就是铁道兵31团。我见过他们的施工场面，见过军人们穿着工作服打风枪。我坚定地表示："铁道兵我也愿意。"而后我们聊了几分钟，他和蔼地问了我一些问题，我一一作了回答。我感觉到金指导员似乎比较满意。

在走出国营食堂回家的路上，绝望的心稍许得到了一丝安慰，不管咋样，我有机会见到了接兵的金指导员。之后，公社的政审开始，我隐约地感到有我的名字，终于有一天通知我到县城换军装。接到通知的那一刻，我几乎死了的心终于又跳动了，因为我已经当兵了！从公社步行17公里到县城集中的路上，带领我们的是接兵的徐志臣排长,他对我说:"你是金指导员亲自点名要的兵。"我心中明白,是我那次见金指导员起了作用,是金指导员让我当上了铁道兵战士。

在乘坐的军列上,徐志臣排长宣布我为新兵训练七班副班长,领着一车厢的新兵老乡战友背诵"老三篇",进行政治学习。到了新兵连驻地陕西长安王曲,我作为二排七班副班长,协助赵班长整理内务,带领出操。我们住在老乡家里,全班睡大炕,在老乡的院坝里出操训练。新兵训练结束后,被分配到了汽车连。

一天晚上,连部文书伍光义通知我到连部。我当时还以为犯了什么错,到连部会议室,看见指导员刘振国和副连长赵德为、杜洪德及副指导员王耀武都在场。后来知道连长赵仕经带领部分人员已到旬阳县蜀河去开辟新驻地了。我当时腿都软了,头上冒汗,而连首长们只是笑着你一言、我一语地问了我一些问题。

第二天,通知我到连部报到当通信员。后来听文书说,连部发现我写的连黑板报稿子字迹不错,就挑选我为通信员,移防到陕南后又接替了文书的工作。汽车连的文书,除了一般文书工作以外,每天要详细了解上报车辆的完好状况,晚上要领受运输股的任务,然后将任务分解到每个驾驶员头上,什么时间到什么地方,拉什么都要下达清楚,哪怕是深夜12点,也要把派车命令送到每个驾驶员。

1972年,我被抽调到团政治处报道组驻勤,属宣传股具体管理。说来真巧,在那里我又见到了我尊敬的金指导员,他的职务是宣传股干事。当时,虽然不能肯定我到报道组是不是金指导员的推荐,但我永远铭记,是因为金指导员让我当上了铁道兵,我才有这个机会去团政治处报道组。可惜我到报道组不久,金指导员便复员回上海了。之后,我转业到地方工作期间,1993年和1997年两次短暂经过上海,曾找过金指导员但未果,至今近50年未曾谋面。

金指导员让我当上了铁道兵,我才能和铁道兵结下了深厚的感情,一干就是14年,直到铁道兵部队撤并。1974年4月,我有幸被提拔为干部,先后在团政治处任新闻干事、宣传干事、组织股干事以及师组织科干事。1984年3月,我转业到家乡四川达县地区劳动人事局工作。

金指导员让我当上了铁道兵,是我人生中最关键的一步。是铁道兵的军营锤炼了我,是铁道兵的精神激励着我,使我能在一生之中发挥了自己的光和热。这也许就是对金指导员让我当上了铁道兵的感恩之心吧!

(作者为原铁道兵第10师47团政治处新闻干事、四川省达州地区人社局副局长)

永远的记忆，我的一连

李明亮

1969年12月10日，我从湖北潜江弃艺从军，在湖北省黄陂县祁家湾完成了新兵训练，1970年6月18日，被分配到铁道兵第10师47团1营1连。

到老连队的当天，我和同乡的战友李书国分到了炊事班，当时内心很不情愿，嘴巴还嘀咕：当兵的路走对了，可门进错了。我那时候的想法，当兵就要当海军、空军或者是步兵，现在不仅是当了个修铁路的铁道兵，还是个伙头军。当时炊事班长晋华江是1965年入伍的老兵，在欢迎我们新兵的班务会上，他请来当过司务长的副指导员张华，向我们介绍炊事班的光辉历程，讲述了连队和炊事班历年来许许多多先进感人的故事。

由此我了解到，一连和一连炊事班不简单。修建成昆线时，在全军节约煤炭运动中，炊事班在司务长张华的带领下，科学改造炉灶，成功创改了双眼回风灶，使当年人均煤耗降低达到三两以下，改灶节煤的经验得到铁道兵后勤部的表彰，被树立为改灶节煤先进单位。自此，一连炊事班的双眼回风灶在铁道兵部队广泛推广运用，并荣立了集体三等功。张副指导员的讲述深深打动了我，"三百六十行，行行出状元"，在炊事班也大有可为！我当即就表示了要以前辈们为榜样，继承他们的优良传统，愉快扎根炊事班工作的决心。

当年，我们炊事班11个老兵，每个都身手不凡，多面手班长晋华江、烹饪高手吕均池、腌菜大王田兴强、白案大师缪水仁、改灶能手戴地昌、精算给养员金仁华、小豆腐……我在炊事班的半年里，炊事班老战友们的那种艰苦奋斗、敬业精艺、科学实干、永求上进的精神感染了我。我到连队时，连队也刚从成昆铁路移师陕南襄渝线不到两个月，干打垒、草屋顶、铁皮瓦的营房还未完全建好，但炊事班不仅建了伙房，就连猪圈、豆腐房也都建好了。

陕南山区由于交通不便，当地生活物资严重缺乏。缺少新鲜蔬菜，部队只能吃压缩菜和蛋粉，细粮极少（好像只有10%），主要供应玉米、高粱、山芋面等粗粮。为了搞好连队伙食，我们炊事班的战友们发扬光荣传统，把成昆线上的好经验带过来，自己养猪、腌菜、磨豆腐。小作坊里，副班长田兴强制作的四川泡菜和各种腌菜有十几个品种，猪圈里20多头大小猪，大猪膘肥体壮，小猪活泼乱跳。豆腐房里，一副石磨，一头毛驴，一天生产30多斤豆腐。战友缪水仁开动脑筋想办法，粗粮细作，把玉米、高粱等粗粮改做面条、发糕、卷饼，把原来大家吃不下的窝窝头、糊糊变成了战友们喜爱的可口食品。为此，团后勤部门多次在我们连队召开现场会，推广我们的经验。

刚进入襄渝线施工，因为当地煤炭供应不足，而且质量很差，团里要求我们炊事班在原来改灶节煤成果的基础上，在新的环境下摸索新的节煤经验。接到任务后，炊事班压力非常大。面对困难，连里由张华副指导员挂帅，成立改灶攻关小组，在总结过去经验的基础上，炊事班的战友们集思广益，从厨房里面的刀工到灶房的火工，反复分析探讨。尤其是改灶高手戴地昌和副班长田兴强，每天晚饭一结束，他俩就根据白天发现的问题，立即扒锅改灶，有时为了解决一个难题，时常反反复复研究到深夜。

经过近一个月的不断探索，反复对锅灶间距、加煤方法、煤炭再加工等多方面进行试验改进，最终将原来的双门回风灶改为双眼双门回风灶，并提出了煤炭颗粒要加工成粉的要求。同时，制定出了加煤勤观火苗、少开风门、定量添加的操作标准，使耗煤标准不断创新低，并且在利用废弃的煤矸石做生活燃料上也获得成功。为表彰先进，改灶攻关小组受到团、营的嘉奖，炊事班再次荣立了集体三等功，我也光荣地成为一名共青团员。

1970年底，正当我立志在这个先进集体中来好好磨炼自己的时候，我被调到连部当了通信员，两个月后又担任文书工作。我在一连期间，连里有四个连首长。一个是被称为"拼命三郎"的连长苌根京，他那种管理上过于严苛、工作上身先士卒的作风实在让人敬畏，一个是温良恭俭让、善于做细致思想工作的指导员赵祥根，还有一个是埋头苦干、任劳任怨的副连长彭德福和一个被人称为智多星的副指导员张华。这个强柔佳配的班子，把一连带得朝气蓬勃、生龙活虎。他们和前任一起，把一连锤炼成为一支能打硬仗、能打胜仗的隧道施工队伍。

在成昆线，一连担任全团称为"烂洞子"的芝麻地隧道施工，处理塌方上百次，没有发生一起亡人事故。襄渝线，一连担任蜀河隧道出口施工，在地质复杂、塌方不断的情况下，曾创造了连续三个月百米成洞的好成绩，被树立为全团隧道施工标杆单位。他们还培养了一支特别能战斗、不畏风险、技术精良的处理隧道塌方的队伍——三排。

一连三排的名声曾享誉全师,在襄渝线上多次奉命到兄弟团去帮助处理塌方获得成功。因成绩突出,副排长肖崇炳被师在处理塌方的现场直接提拔为一连副连长,木工班长王新华因处理塌方经验丰富,胆大心细,技术过硬,多次荣立三等功和受到师团嘉奖。

在我心里,连队就是一个家,连首长是家长,战友们是兄弟,连队就是战士成长的土壤和摇篮。一连严格管理的光荣传统,敢打硬拼的优良作风,特别能战斗的队伍,是我一生成长进步的源泉和动力。我以前有一种过分讲卫生的习惯,每天晚上会把衣服叠好放在枕头底下压平,早上洗脸后还要擦些防裂霜之类的东西。一天,袁连长讲我怕苦怕累瞎讲究、资产阶级思想严重,当时我不服气,顶撞了他。突然他大声对我说:"走,跟我去隧道里看看。"说实在话,那时我到部队已经一年多了,从来还没有进过隧道,当时是害怕加新奇。我赌气地从司务长那里要来水鞋和安全帽,跟着他进了隧道。隧道内刚放完炮,烟雾和粉尘还没有排尽,五节的手电筒打着也看不清路,不小心我一下摔倒在水坑里。连长看到我这个狼狈相,也不理睬我,我自己爬起来继续前行。可快到掌子面的时候,他不让我再前进了。只见他紧了紧安全帽,径直走到掌子面下,查看爆破效果,指挥安全员清理危石。

晚上,指导员知道我闹了情绪,就把我叫到他的身边,做我的思想工作,给我讲连史,讲他和连长十多年在一起战斗的各种趣事,还教导我处世的原则和方法。我回想起当时连长不再让我前走、而他却不顾安危地在掌子面和战友们一起处理危石的情景,回味刚才指导员苦口婆心的谈话,我深感惭愧与内疚。这一天的经历,他这无声的行动和教育,让我彻夜未眠。从此,我会不断地自我反思,自觉地克服各种不良习惯,我的进步也就从这里开始。

在我成长的道路上,老战友的表率行为,热情传帮带的品质,让我终生受益。就说我们勤杂班长袁焕兴和老文书朱瑞华,他们两个都是上海奉贤籍的兄长。我到连部时,是一个刚到部队的新兵,什么都不懂,什么也不会,是班长在工作上从待人接物、礼节礼貌、言行举止等方面言传身教,帮我快速适应工作,在生活上又无微不至地照顾我。由于我当年人小体弱,有一次我病了,他就像一个大哥哥那样帮我洗脸擦身喂饭,把我床铺上的呕吐物清洗得干干净净。

老文书朱瑞华入伍前就是入党多年的共产党员,大队干部,文笔好,水平高,干练老成,是大家公认的大哥。我文书工作的起步和后来调到团宣传股工作,都离不开他的推荐和帮助指导。他在一连担任文书期间,连队黑板报办得图文并茂,有声有色;他写的总结材料、连队先进典型材料,受到团、营连首长的高度赞扬。我接替他担任文书后,工作怎么做,材料怎么写,真是一窍不通。记得我接替他的工作不久,上级就要求上报连队总结材料,只读了七年书从没拿笔杆子做事的我,不知道如何是好。加上时间紧,我压力非常大,连续几天坐立不安。后来决心去请教他。当时我还担心朱哥不教我,在我揣着忐忑不安的心情到团机关找到他时,他二话没说,立即放下手中的工作,耐心细致地给我指导。他从写材料的格式、要领要求、注意事项讲起,到如何收集素材、如何列出提纲、如何突出重点,并把他过去写的材料给我做参考。他那种热情立即感染了我,也使我茅塞顿开,理清了思路,我于是下决心拜他为师。在以后的日子里,包括1972年由他推荐我到宣传股后,我诚恳地请教,他热情地指导,使我的写作能力有明显提高,也为后来的工作打下了比较坚实的基础。

  14年的军旅生活,我在一连只有两年半的时间,虽然时间不长,但却是我步入社会的起步点。以至在后来的若干年,我都自豪地对别人讲,一连是我从戎后最温暖的家,是培育我成长的肥沃土壤,它的优良传统、过硬作风、开拓精神、战友情怀,把我这一个农民手艺人锤炼成了一名真正的铁道兵战士。

  1973年我离开一连,45年来,不论当年从连队到机关,还是后来的"兵改工",不管我的工作环境怎样变化、工作岗位怎样调整,最难忘的岁月还是在一连的那些日子,脑海浮现的许许多多画面总是和一连联系在一起。一连,是我永远的记忆,我珍惜它,我怀念它……

（作者为原铁道兵第10师47团作训股股长、中铁20局上海秦江公司总经理）

杜军医是我人生的领路人

侯孟春

与杜拴盈军医相识,是在雪域高原天峻卫生队简洁的门诊室。那时,他刚刚从成都医院进修回来。他善良和蔼,对到卫生队看病的战士很热情。

我们47团承担了哈格段重点工程关角隧道的施工。雪域高原终年寒风刺骨,一年四季我们都要穿着厚厚的棉衣工作。在基层一线的战友们因长年在寒冷、潮湿的隧道施工,很多人患有风湿和腰肌劳损。常规西药已无法帮助他们解除病痛。有一天杜军医在药房拣了几味中草药,用高度白酒浸泡了一瓶药酒。我不知道派什么用场,后来我才发现,他用药酒为来自一线战友作按摩治疗。

当兵前,我曾看到报纸上介绍,解放军某医院用银针打开治疗聋哑的禁区,所以我对杜军医针灸按摩颇感兴趣。他诊疗时我每次都仔细观察,从心里认定这门古老的医学,有许多值得认真钻研学习的学问。

有一次,我的战友张梅秀病了,嗓子哑得一点声音都发不出来,非常痛苦。我们不忍心她被病痛折磨,虽然天已经很晚了,我们还是决定请杜军医给她看看。他让我先给小张做一次口腔喷雾,一会儿,他拿出银针在小张的耳朵上扎了几针,然后让小张发音。一会儿,小张在他的引导下能发出声音了。没想到这小小的银针竟有这样神奇的疗效,从此我喜欢上了这门医术。

不久,卫生队来了一位面部神经麻痹的地方干部,杜军医对我说:"你也学习这么久了,我给你选几个穴位,你给他针灸吧!"我非常珍惜这次学习和实践的机会。看到这位患者眼睛闭不上、嘴歪向一边、流着口水挺难受的样子,我就用杜军医配制的药酒为他按摩,然后给他针灸,大约二十几天后他就痊愈了。为了感谢,他精心选了一个白白的无一根杂色的牛尾巴送我,我婉言谢绝了。

从这以后，我经常向杜军医学习推拿、按摩的手法，学习经络学、阴阳平衡辨证施治、五行学说等理论。在参与门诊治疗中，为找准穴位，我经常自身用指压按摩的手法，去体验针灸时的酸麻胀痛。我有时感冒了，在脸上找几个穴位按按就好了，久而久之，也就不想服感冒药了。

雪域高原天峻驻地，有一位藏民来卫生队看病。他远远地走来，你都会闻到一股怪怪的味道，令人难受，更不要说近距离诊治了。但杜军医在接诊时，从从容容。天气寒冷，他像给战士看病一样，把听诊器握在手心里，再放到这位藏民胸部。看到杜军医大医者仁心，我很感动，在为这名藏民患者静脉注射时，我也认认真真地消毒，整整用了一小把棉球。

在与他共同工作的日子里，有时他也会给我们讲讲医学常识。如抗生素的使用、输液的适应证等。关于用药，他叮嘱我们：能口服就不要肌注，能肌注就不要静脉注射，能静脉注射就不要输液……

有一次，一位基层战友生病，在门诊第一次注射抗生素。由于平时对抗生素过敏反应有些了解，做完皮试看没有过敏反应，我便慢慢地为他注射。待药液推完后，他也慢慢地倒在我的脚下，没有一点意识。在这危急关头，我没有慌张，立即用肾上腺素药，为他进行皮下注射，然后解开风纪扣和第一个纽扣，并一股子劲全力把他抱到治疗床上，然后到门诊部把杜军医找来。

这时患者已慢慢苏醒，杜军医检查一下说："不要紧，再观察一下，给他开点口服的药吧！"这次事故把我吓坏了，杜军医说："青霉素延迟过敏的情况发生过，你这次处理得很好。"通过这一事例，让我深刻地认识到正确使用抗生素的重要性。

后来杜军医先后担任团卫生队的队长、师医院副院长。无论在何种岗位他都兢兢业业、全心全意地为患者服务。40多年以后再见到他，我说："杜军医，我希望你永远当医生，永远做一名让人民、战友信赖的好医生。"

退伍后，有一年我到西藏旅游，因为想到青海看看昔日的战友，坐一次我们修建的青藏铁路，所以决定乘火车到西宁。在车上我遇到台湾旅行团一位女士。车过唐古拉山，她发生了严重的高山反应，随团医生给她服了药，效果不明显。看到她难受的样子，我说："过去我是部队的一名卫生员，我的一位老首长曾教过我针灸按摩技术，我试着给你治疗一下，看能否减轻一下症状？"她同意了。经过我的针灸与按摩，她终于挺过了高山反应。

（作者为原铁道兵第10师47团卫生队卫生员）

告别了,军旗!

侯 卫

转眼"兵改工"已经 30 多年了,当年铁道兵集体告别军旗那一幕时常在我眼前回放。

1983 年 12 月 31 日,是我们铁道兵离开部队序列的日子,是我们集体告别军旗、脱下军装的日子。

作为铁 4 师文化科干事的我,全程参与了那天的告别仪式,更准确地说就像以前无数个会场一样,也是我布置的,而且我的那天参与整个会场的布置,成了我对部队所做的最后贡献。

我们因地制宜,用三合板画了铁路路徽的大样,特地做了一个大大的路徽,并亲手涂上红油漆,放在了十面红旗的中央。在放置路徽之前,我的战友、后来成为我丈夫的他,默默地走到我身边,取下钢笔,拧下笔帽然后交到我手里。我心领神会,悄悄地在徽章背面的下方一笔一画地写上自己的名字,然后把笔还给他,他也在我的名字下方一笔一画地写上他自己的名字。接着我噙着满眼的泪花一点一点地、认认真真地把一面又一面的红旗像人民大会堂那样折好。在布置会场的整个过程中,我们都闭口不言,彼此之间只用眼神和手势传递信息。彼此的表情都凝固了,我们知道,这不仅是最后一次为铁道兵布置会场,也是我们与军旗最后的告别。

告别仪式终于如时到来。大会开始,师警卫排长扛着军旗缓缓步入会场,走向主席台中央,全体官兵集体向军旗行最后的军礼。此时偌大的会场静得能听到绣花针落地的声音,能够听到每一个人的呼吸和心跳声。当主持人宣布降军旗、升铁路路徽时,不少人流下了惜别的眼泪,抽泣声此起彼伏。我站在幕侧,看着台上台下的所有官兵,哭成了泪人。我的泪水更像决堤的洪水,因为我已确定转业,军装同样也不再属于我!

第二天,当我进入师部大院,发现年轻的战友大多穿上了那个年代流行、时髦的便装，而年纪稍大的战友依然穿着绿军装，只是没有了帽徽领章。整个大院突然之间给我一种顿失庄严、朝气蓬勃的感觉。再抬头望望天空，晴朗的天空似乎阴沉着脸，朝阳似乎也没有昨天的明亮。这种感觉持续了好久、好久……

（作者为原铁道兵第4师文化科干事、铁道兵战友网网络系统常务副总协调）

一个节目让我进了团演出队

王雪林

我于1969年3月应征入伍,到了部队才知道我们是光荣的铁道兵部队。当时,部队正在修筑成昆铁路,营房驻扎在四川省西昌地区德昌县的小高人民公社,可谓是深山老林。铁道兵是逢山打隧道、遇河架桥梁的部队,条件十分艰苦。

入伍的新兵必须要经过三个月的军训,在新兵连队训练到一个月的时候,连队召开一次联欢晚会,要求每个班出一个节目。当时参加过"文化大革命"初期学校"毛泽东思想宣传队"的我,表演了一个独唱、独跳《北京有个金太阳》,一下子被团部演出队的老兵看上。第二天被借调到团部演出队,经过几个月的学习、排练,开始代表5847部队演出队到部队的基层和周边的地方慰问演出。这些演出既激励了广大指战员的斗志、鼓舞了士气,又密切了军民关系,激发了人民群众对子弟兵的热爱,还成了加强军民团结的纽带。

由于我们的节目内容丰富、形式活泼,又短小精干,有独唱、山东快书、话剧、表演唱、舞蹈等,所以深受基层官兵的喜爱和地方百姓的欢迎。一年后,成昆铁路即将修通,部队转移到陕西省安康地区的旬阳县修建襄渝铁路。部队驻扎在偏僻的山里,生活条件十分艰苦,文化生活也非常枯燥,在这样的环境下,部队领导向演出队提出了更高的要求,以鼓舞广大指战员的士气。

当时,陕西省西安市抽调了大批初中、高中毕业生到部队参加铁路建设,同时也为我们部队演出队补充了大量的文艺骨干。从此,演出队的水平得到了提高,演出水平达到5847部队演出队表演历史上的最高峰。

记得有一个话剧《打不打》,其中有三个人物:连长、班长和新兵,我扮演其中的新兵。讲的是一个新兵从城市入伍到大山深处,面对恶劣的环境,根本无法接受军事训练的艰苦和施工劳动的强度,思想出现了动摇,斗志衰退,吃不起这样的苦和累，想当和平年代中的"逃兵"。后来经过连长和班长的一番强有力的政治思想工作，以英雄人物为榜样，言传身教细心引导，最后新兵终于转变了思想，变后进为先进，第二年被光荣地评为"五好战士"。

记得有一次去地方慰问演出，去山区的一个县城，时间大约是汛期，下午出发时天气有些阴沉，汽车走到一大半时开始下雨了，雨越下越大，离慰问演出目的地还有两三公里时，突然前面山体滑坡，一下子把道路堵住了，汽车被挡在路途中。当时还没有先进的通信工具，只能派两名战士步行去县城向领导报告情况。该县领导接到报告后立即安排人员带了工具车抢险，我们演出队的全体干部、战士跳下车，同前来救援的同志们一起奋战，经过两个多小时的通力奋战，终于把险情排除了。

赶到演出的场所天已经黑了，礼堂里挤满了老百姓，按正常演出的时间已超过半个小时了，这时广播里向观众说明了原因。为了不让老百姓失望，体现部队作风，我们演出队的全体军人顾不了吃饭，简单化了一个妆，马上开始慰问演出。虽然大家饿着肚子在演出，但个个精神抖擞坚持演出了一个半小时的文艺节目。

当领导在我们演出结束的讲话时提到，解放军官兵为了不耽误大家的时间，这台戏在没吃晚饭的情况下完成的。顿时，全场观众全体起立，报以热烈的掌声，久久不肯离去。这是对子弟兵的热爱和尊重！

1975年3月，我退伍回地方之后，踏踏实实安心在农村劳动。六年的铁道兵生涯，为我奠定了吃苦耐劳的扎实基础。当年6月，我被选为大队班子成员。以后几年，我先后担任大队党支部书记、乡工业公司总经理、乡武装部长、乡分管文卫乡长、镇分管工业镇长等。

（作者为原铁道兵第10师47团演出队队员、上海市奉贤区副调研员）

凉山深处彝家支农趣事

乔正南

1969年下半年的秋收季节,成昆铁路工地已近收尾阶段。上级指示部队,在完成修建铁路的同时对周边的农村进行支农。

所谓支农,就是在农村贯彻毛主席的革命路线,宣传毛泽东思想,支持农业生产,在冬季到来之前,把农民庄稼地里的农作物全部收回来。我们连队驻扎在成昆铁路线的对岸,站在连队背后一条通往渡口的公路上,很明显地看到成昆铁路的山坡上,写着"抓革命,促生产,备战备荒为人民"和"工业学大庆,农业学大寨,全国学习解放军"的大幅标语。

一个星期六的早上,各班抽两名战士,我是其中之一,到连部集合,由一名副连长带队,我们肩背挎包、水壶,腰系武装带,沿着凉山脚下一个山沟里前进。入伍以来第一次步行进入阴森森的深山沟,踩着曲曲弯弯高低不平的山路行走,觉得既新鲜又好奇。大山里的小路,路边开着小花,洁白芬芳,却如秋菊一般,散发着淡淡的幽香。越往里走,越感到空气的清香,溪水流淌,鸟语花香,山坡上的野果到处可见,我真想摘一个品尝一下什么味道。但出发前指导员就教育,不吃老乡的东西,遵守部队纪律。

大约走了两个小时,估计有十几里山路,有一个山寨,也就是我们去支农的目的地。有几十户人家,山坡上住着彝族同胞,山脚下住着汉族同胞。

在这里,我也顺便说一下彝族同胞那时的生活习惯,他们没有固定性、永久性的住宿,没有固定的房子,冬天什么时间太阳照的长,哪里暖和,他们就在这个山坡上住。到了夏天,哪个山坡凉爽,就搬到那个山坡上住。彝族同胞生活特简单,主要以土豆为主,一年四季以土豆为生存,看上去皮肤较黑,实际上也有靓丽的姑娘,也有帅小伙,彝族姑娘出门背个小箩筐,小伙出门披个黑斗篷,也是大山里一道风景线。

彝族同胞有一个隆重的节日,那就是每年 6 月 24 日的"火把节"。"火把节"这天,他们找一个平一点场地,把一把把燃烧用的树木捆绑在一起,火光映红着天空,在一起欢歌跳舞。在我们支农的那个地方,汉族也去观看彝族的"火把节",见到解放军进山里来,他们互相转告、庆贺,表示热烈欢迎。

那天我们支农,看见彝寨高高低低的小田梯,大小形状不一,有土圆形,有长方形,田梯里的水稻已成金黄色,它正向着我们招手。在高低不平整的山坡上,大部分种上了土豆,那里土地肥沃,土豆种下去不用管理长势很好。土豆和水稻是当地彝民的主要粮食。这个山寨里的人,95%的人没有去过县城,他们最远到过当地的人民公社所在地。

我们分成两个小组,一组收割水稻,一组上山挖土豆。到正午时分,太阳正在头顶,我们吃从连队自带的馒头、开水充饥。老乡煮上土豆给我们送来,副连长对老乡们说:"我们有三大纪律八项注意,来到这里干点农活,是落实毛主席的指示,是应该的,我们不能吃老乡的土豆。"

下午,我们接着收割,一直干到太阳被山顶挡住。由于山高沟深,日照只有五六个小时,我们务必在天黑前归队。等我们队伍集合要返回部队时,这个山寨的寨主和乡亲们,依依不舍地与我们告别。老乡们知道我们是修筑铁路的铁道兵,他们伸出大拇指连声称赞铁道兵好!

(作者为原铁道兵西北办事处助理员、上海市奉贤区委党校总务科副科长)

我人生的三次难忘经历

唐仁军

1948年11月,我出生于上海奉贤邬桥镇的一个贫农家庭。由于家庭贫困,兄弟妹妹共四人,父母无力支付读书费用,连初中一年级都未读完就结束了学业,之后在生产队劳动挣工分。到18岁那年,被抽调到大队牧场工作,任出纳会计。1969年3月应征入伍,跨入了铁道兵行列,成为一名光荣的解放军战士。经过四年多的部队锻炼,练就了一身吃苦耐劳、不怕艰苦、办事认真、雷厉风行的工作作风。

1973年3月退役回到家乡,当年7月我被调至公社文化站工作。起初,我完全不知道为什么到文化站工作,后来才得知,因为我会拉二胡,在部队的时候经常参加营部、团部的文工团演出,在个人档案材料中有记载,所以回乡后只待了四个月,就有了到机关工作的机会。

后来在邬桥镇机关连续工作了16个年头,凭着自己在铁道兵部队练就的工作作风,干一行、爱一行、专一行、成一行,从一个文化站站长到公社团委书记,再到宣传干事,后升到党委宣传委员,然后被县委组织部看中,于1989年11月调任奉贤县新寺镇担任党委副书记。

1993年12月,我被调任柘林镇党委书记;1997年11月被调任奉贤县食品总公司党委书记,组建申兰集团后,被任命为上海申兰集团党委书记、副总经理;2002年1月,又被调任奉贤区农业委员会副主任;2008年退休后,担任奉贤区农民合作社联合会会长,一直到2014年正式退休。

回想整整50年的工作经历,甜酸苦辣都尝过,使我记忆犹新的有三件事,在我脑海里无法抹去。

第一件事:那是在部队时担任连队材料员期间,负责连队隧道施工、造桥用的工具、雷管、炸药等材料的采购和发放,连长经常要我到山里、小集镇上去采购材料。记得当时，成昆铁路完工，转战襄渝铁路施工，刚开始路也没有，全靠两条腿走。有一天，连部叫我去采购材料，身上带1万元现金，1970年时的1万元不得了啊，排长怕我一个人遇到坏人（当时我刚满21周岁），就给了我一把手枪壮胆。

这一天早上6点出发，走了二三十里的山路，一直到晚上7点才回到连队，连长看我安全回来，材料也都采购好了，非常满意，我也松了口气，脸上露出了满意的笑容。

第二件事：在任申兰集团党委书记时，记得在1999年11月，有一次去柘林供销社谈玉米生意，谈得比较晚了，就吃了晚饭，6点过一点就开车回家，开到沈陆村附近时，突然从马路右边窜出两个捡破烂的人，由于我来不及刹车，撞了上去，造成一死一伤的交通事故。当时按照交通法规处理，对方是主责，我是次责，对我扣证半年，罚款500元。事故费用由保险公司赔付90%，我个人承担10%。

本来想这件事情过去了，想不到，没过两个月，当时四团镇的党委书记也开车发生事故，造成了一个遛狗老人的死亡。那怎么行！当时任县委书记的施南昌说："我不得不挥泪斩马谡了。"将两个党委书记降职处理，将各镇处级干部的驾照收起来由县纪委统一保管，不准公车私用，当时轰动整个奉贤县。

尽管我是次责，但心里也一直很内疚，毕竟那是一条生命。说来也巧，2000年冬季我到松江大学城游玩的时候，看到上海外国语大学里的静湖内有一个人头浮在水面上，静湖很大，将近50亩地，水又很冷，怎么会有人在水里，走近一看，是一个女大学生，由于个人感情问题想不开而自杀。我当时立马叫老伴看好并劝导她，我开车到门卫喊来两个保安，大家一起到池里把她救上来。

第三件事：我在奉贤区农业委员会工作时，从2005年到2014年，一直担任奉贤区农民合作社联合会会长的职务。从奉贤的第一家合作社组建，到后来发展到500多家，带动全区农户8万多户，年销售农产品达到20多亿元，在全市首创，在全国也处于领先地位。我个人两次赴北京参加"全国农民合作社论坛"，并在大会上做过15分钟的发言。

50多年的工作经历，风风雨雨，甜酸苦辣，什么都经历过了。回想起来可以总结为四句话：做事要认真，待人要和蔼，工作要担责，名利要淡泊。

和和气气过一世，平平安安过一生；身体健康，家庭幸福，事业有成，这是我追求的目标。

（作者为原铁道兵第10师47团8连战士、上海市奉贤区农业委员会副主任）

部队真是个大学校!

戴涛章

1968年冬季国家征兵,我时年18岁。我从小喜爱军营,服役当兵是我的梦想,这与我大哥、二哥都参过军有关。征兵动员工作全面开展后,大队党支部根据我家庭父母身体不好,尤其是父亲胃不好经常出血,且大哥当兵虽已退伍回乡,但二哥尚在部队服役,几个姐姐都已出嫁的实际情况,起先未将我安排在名单内。

当我知道这一情况后,心里那个急啊,便无心在水利工地劳作,找到当时接兵部队赵排长,表示坚决要去当兵的意愿和决心,诉说家庭困难可以克服,两个哥哥不能影响我的参军。赵排长见我这个小伙子长得还有点帅气、决心又大,也动了心,表示与大队干部商量商量。

在以后的几天里,我对父母表示要去当兵的诉求和愿望。父母也被我缠得没有办法,只能勉强答应我。大队党支部和干部也根据我父母的意见,终于同意送我去体检。就此我去县城南桥参加体检,一路检查,关关合格,最终圆了从军梦,那个高兴劲就别提了。

1969年3月8日,我与当时庄行公社60多位热血青年整装出发,集中在奉贤中学住了两天。3月10日,我们奉贤600多位应征入伍的青年,分别乘坐10多辆大卡车来到上海北火车站,立刻上了"闷罐车"。稍许时刻,与闸北的400名入伍青年坐上了同一列火车。火车开了五天五夜,于3月15日凌晨到达四川乐山地区甘洛县火车站。

随即徒步行军约两个小时后,上了由老部队派来的军车前往新兵训练目的地。我们这些绝大部分从未见过大山的小伙子,也从未体验汽车在盘山公路上行驶,只感觉到身临险境、如履薄冰啊!心好像到了嗓子眼,一路颠得头昏眼花,有的呕吐不止,着实给了我们一个下马威。车一路颠簸了大半天,大概下午五六点钟,我们到了四川西昌地区的德昌县境内的新兵训练基地。

到了新兵训练基地,给我印象最深的是初到营地全排大哭一场,引起思想波动,惊动整个新兵团。原因是到了新训营地的第二天一早,大家手忙脚乱地起床洗漱,编在我一个班的一位庄行同乡因新牙膏口封住无法挤出,就用小刀子用力一削,不小心削到手指,一时鲜血直流,他顿时哭出声来。这一哭不要紧,全班十几位同乡新兵昨天坐了大半天汽车,疲劳和盘山公路险象惊吓阴影未消,加上兵营周围高山峻岭如在井底,此景此情,顿时全班新兵号啕大哭,引发全排大哭。哭声震惊全连,乃至全团。为此,在将近两个月的新训期间,"上海兵娇生惯养、怕苦怕累"的偏见影响一时。因此,新兵团一度作为政治思想教育的重要课题。

1969年5月中旬,新兵训练结束。我们上海与山东淄博1 000多新兵,全部分到铁道兵第10师47团所属各连队,继续修建德昌县境内的成昆铁路。我与庄行同乡潘志敏、张云根、李梅昌、陆吉龙、张潮吉和平安的顾卫国、陆文元、陆爱国、金芹才、周根海、张学国、董明龙、范引官等20多位战友分到了5营21连,我分在8班。

部队的生活是严肃活泼的,也是多姿多彩的;有喜事,有烦事,点点滴滴让人难以忘怀。

军旅生活锻炼了人,也造就了人。铁道兵既要架桥修路,又要扛枪训练,这要比其他部队更是多了一份光荣的任务。我也从一名刚出校门的农村小伙子,融入部队这所大学校,锻炼成长为一名光荣的中国共产党党员,并铸就了敢说敢干、敢于吃苦、办事规矩、思想较为成熟的有志青年。

火热、紧张、艰苦的部队生活,确实令人难以忘却,时常萦绕在我的心头。部队养成的作风和习惯,学到的知识和养成的责任担当,为退伍后回到地方参加工作、融入社会奠定了良好的基础。

退伍后在地方工作,无论是担任乡镇党委、政府部门领导,还是掌舵一家国企期间,我时刻不忘自己是一个当过兵的人,牢记当兵人的责任和担当,认认真真做事,清清白白做人。

六年多的军旅生活,使我能够从一个弱冠少年,成长为有理想、有志向、有一定工作能力的青年,我由衷地感受到:部队真是个大学校!

(作者为原铁道兵第11师55团2营6连文书、上海奉贤城建集团恒良置业有限公司董事长、总经理)

战友们说我是"铁算盘"

乔正南

20世纪70年代初,我们铁道兵部队完成修建成昆铁路后,转入修建襄渝铁路。我连驻扎在陕西省旬阳县蜀河镇沙沟公社的沙沟口,连队面向滔滔汉江,在人烟稀少的崇山峻岭间,算得上是个不错的地方了。

有一天星期六的傍晚,指导员找我谈心,首先肯定了我在材料员的岗位上干得挺好,然后说:"现在老兵退伍结束了,要对有些勤杂班人员调整,准备让你担任给养员(上士)工作。"对于这一没有思想准备的调动,我一下头脑懵了,当时没有及时表态,不知不觉眼泪从鼻梁两边流了下来。

指导员发现我的泪水,他开导我说:"不是你没有干好材料员而调动,而是让你担任给养员更加重要的岗位。"这时候我才慢慢地向指导员表态:"不是不愿去,是怕不能胜任给养员的工作。"把农村出生的劳动双手给指导员看:"我不会打算盘,不会管理钱、粮这种事务。"他开导我:"业务不会好学,难学的是人与人之间的交际,千难万难,做人最难。"过了几分钟,我好不情愿说出"试试"二字,"干不了,请指导员给我换岗位。"

第二天,我办了材料员移交手续,接了给养员工作,进了连队司务室。原给养员早准备好,打开抽屉给我经费营账、粮秣账、现金、粮票,清点后,并有一份移交单,移交人×××,接收人×××,签交人×××,让我在账本最后的余额数上签章。交接完手续后再双方搬铺盖,一天之内办完材料员移交、给养员接任手续,这正是部队雷厉风行的具体行动。可是,这天晚上我却失眠了,整整想了一夜。原来的司务长升任副指导员,按理账目是司务长的事,我只管采购,现在两人的工作量一个人担,自感压力大(因司务长暂时缺任)。

第三天,我背上挎包和水壶,带上馒头就向蜀河镇出发。听说镇上有团后勤处供应组,买菜由他们统一调拨,没有供应组的调拨单,直接去菜农手中是卖不到菜的。在那个计划经济时代,什么都要按计划,调拨单开到哪个生产队,你就走上几里路到那个生产队。这个生产队有什么菜,你就买什么菜。当天估计好有多少数量菜可买,第二天再派几个人用扁担挑回来。

连队要吃上一顿新鲜蔬菜,还要摆渡过汉江,走上十几里山路去买菜。在耕地面积极少的秦巴山中,驻扎在汉江边上修建铁路的人多,不仅有铁道兵部队,还有民兵、学生兵,僧多粥少,蔬菜副食品供需矛盾非常突出。

为此,我向连首长建议,一是连队利用施工倒班的空余时间,搬石担土种菜,只要有铺板大小的地方都要种上菜,补充一部分自给蔬菜;二是要充分利用上级调拨的绿豆、黄豆而自发绿豆芽、黄豆芽,多做豆腐,增加豆制品种类。比如老豆腐切成薄片,放在油锅里炸后,再切成丝炒菜;豆腐切成小方块炸成油豆腐等等的多品种豆制品。此外,豆渣可以喂猪,豆制品吃的多,豆渣就多,豆渣多猪也喂养得多,猪喂养得多了,连队的伙食也改善了。我连除五一劳动节、八一建军节、十一国庆节、元旦和春节必杀猪外,每个月中旬还要杀一头猪,改善连队的伙食。

在襄渝铁路建设中,由于陕南自然条件恶劣,蔬菜副食品供应紧张,影响到部队的战斗力。为战备施工任务的顺利完成,做好后勤生活保障工作,营部每季度开展伙食评比活动。在开中午饭前的20分钟,通知各连队把主副食饭菜带到营部进行评比。我连挨着营部驻地,等到营里各连到齐后,通知我连把饭菜带到营部,然后自评、互评,再由营首长和管理员作小结,评出第一名、第二名,其他为第三名。由于我连炊事班在班长的带领下,不断地调整主副食品种,经常被评为第一名,营首长开会表扬咱连队伙食较好,这样连里首长脸上也光彩。1972年,是奋战襄渝铁路关键的一年,连队给炊事班荣记集体三等功。连队给炊事班记三等功的情况实属不多见。

连队司务室在长期没有司务长的情况下,我和炊事班长和副班长三人,制定每个星期的食谱,星期一至星期日,菜谱不重样,主食轮流换。对各班人员变动情况及时用表格式写上人数,贴在炊事班打饭窗口,各班人员有多有少,有的八人,有的十人,在打菜打饭时要体现出来,连队包粉丝包子、白菜包子时,按人数发,做到人多人少有别。时间久了,战友们给我起了个绰号,叫"铁算盘"。这个名字不是说我算盘打得好,而是说我"抠门",细账算得准……

(作者为原铁道兵西北办事处助理员、上海市奉贤区委党校总务科副科长)

黑龙沟买菜记

王永达

1972年3月,我们47团二连在四川西昌完成了成昆线铁路的建设,告别了安宁河,来到了陕西安康位于汉江边上旬阳县蜀河镇的险滩沟——襄渝线铁路的建设工地。当地地名很有趣,都是以沟来命名的,如黑狼沟、沙沟、羊子沟、险滩沟、黑龙沟等。

当时我是连队的给养员,负责连队100多号人吃饭吃菜采购任务。粮食由部队后勤统一供给,菜主要由连队各自解决。记忆最深的事就是上山买菜,最艰苦但也是最有趣的。

那时候,山区群众的生活也相当困难,山上只能种点粗粮杂粮,用石磨磨细后喝点稀饭,就这样过日子。当地群众就利用山沟里稍微平坦的地方种点菜,也就是萝卜、南瓜、青菜、茄子和豆角之类的。他们看到铁道兵为山区修铁路吃菜有困难时,宁愿自己挨点饿也要把本来就不多的菜卖给我们。群众的这种精神确实感动了我们铁道兵,这就是军民鱼水情吧!

记得7月的一天,早饭过后,我带领连队的理发员、司号员,每人带上一根自制的扁担、两条麻袋,又出发去买菜。我们一行三人从连队沿险滩沟一路下来来到了汉江边上,招来摆渡船到对岸的黑龙沟,沿着黑龙沟往里走。因为沟口采购方便,所以人很多,菜也相应少,要想买到更多的菜,就只能往沟的深处走。走了一个多小时的山路,才能看到当地群众种的零星蔬菜。因为正值7月,农户家最多的就是屋前宅后或者山坡上种的南瓜。南瓜在没有完全成熟前,都能作为蔬菜炒着吃。在1972年那比较艰苦的年代也就这样过来的。

我们就这样这家买几个、那家买几个,最后每个人都装了两个小半麻袋的南瓜,掂掂分量,每袋有七八十斤重。当时我们三个年轻力壮,都能挑重担,但是走不了这崎岖的山沟。怎么办?后来我发现每一个山沟自上而下都有流水,我们何不利用这顺流而下的山沟水,把麻袋放在水里拖着下山呢?于是我们各自把麻袋口扎紧,同时用绳子把两个麻袋绑在一起,我们在沟里走,绳子的一头紧紧抓在手里。就这样,一人拖着两麻袋南瓜沿着山沟水流往下走。虽然弄得浑身湿透,但相比肩挑确实是省力多了。

一路上,时而山沟深、时而山沟浅,水也就自然深浅不一,结果还没有拖到汉江边上,麻袋就磨破了,南瓜也从麻袋中漏了出来,沿着山沟水滚到了深水潭处,漂浮在水面上。这时候,我们就得把南瓜一个个往下推。到靠近汉江边最近一个水潭中,我们就逐个把南瓜捡起,修补好麻袋上的破洞,装好南瓜,摆渡回险滩沟这边。幸亏南瓜结实,只是擦掉了一点皮,不影响食用。剩下一公里的路,就只能挑着回连队了。回到连队,早已过了午饭时间了。

当时我们是施工连队,24小时分四班昼夜施工,战士们相当辛苦,体力消耗很大。为了保证战士们有足够的体力和精力去完成襄渝线铁路的施工任务,后勤保障至关重要,这就要求我们必须想方设法、不断变换花样改善战士们的伙食。日常战士们吃的菜除了外出采购外,我们连队还发扬我军优良传统——南泥湾精神,自力更生,自给自足。各班利用休息时间在连队周边见缝插针地垦荒种菜,但凡能适合在险滩沟种植的蔬菜我们都播种,蔬菜种子都是战士们从各自家乡带来的。同时,在机械连队五连的配合下,我们自制了电动钢磨,用来磨黄豆做豆腐,利用废弃的菜叶、泔脚水和豆渣养猪,在山坡上放养了十几只羊。部队后勤部门还不时分配送来鱼、肉、蛋粉、罐头等。多管齐下,保证了战士们的伙食,从而保证连队有旺盛的战斗力去完成襄渝铁路艰巨的施工任务。

现在回忆起当年的情景,仍感到十分有趣,也算是建设襄渝线过程中的苦中作乐。那时候我们毕竟还年轻,能为建设成昆铁路、襄渝铁路作出点贡献,自己也觉得很自豪。

(作者为原铁道兵第10师47团2连战士、上海市奉贤区教师)

我爱上了炊事班工作

卫顺良

1969年3月8日,我穿上了军装,10日离开了可爱的家乡奉贤。军列走了五天五夜终于到达四川省德昌县。三个月的新兵训练结束后,我被分配到铁10师47团九连炊事班工作。刚开始,我一百个不愿意,我是来当兵保家卫国的,不是来当"火头军"的,于是,思想上闹起了情绪,人整天闷闷不乐。

1968年入伍的四川籍班长高光平看出了我的心思,他动之以情、晓之以理的教育开导,让我的心思慢慢地开了窍。我认识到:干革命工作不能挑瘦拣肥,炊事班工作也是不可缺的革命工作,连队副食如果搞不好,怎能保证战士们有充沛的体力去开挖隧道?懂得了这些道理后,我安心炊事班的工作了。

思想通了,一通开百窍。在家时我不会煮饭,都是妈妈煮好了饭菜,我吃现成的。在炊事班工作,不会煮饭烧菜怎么行啊!于是,在班长和战友手把手的指导下,我慢慢地学会了煮饭炒菜等炊事班人员必须要具备的基本功。

第二年,部队转战陕南旬阳修建襄渝铁路,陕南秦巴山区地理环境差,交通不便,土地资源贫乏。除了铁道兵大部队在此施工外,还有大量配属部队施工的民兵、学生兵,数万人马在此集结,可想而知,部队的副食品供应十分困难了,尤其绿叶蔬菜供应经常断档,无奈之下只能以压缩蔬菜代替。

连队施工任务繁重,战士们体力消耗大,缺乏绿叶菜怎么行?我们炊事班的任务更重了。在部队,人们都说上海兵头脑活络,在这样的情况下,我与班长商量出了解决连队副食品短缺方案:

一是由我带领几个战友爬山涉水数十里,进深山采购新鲜蔬菜。

陕南地区不仅山高坡陡,而且地少土瘠,当地山民只能种植苞豆、地瓜、南瓜等主粮以及自家食用的新鲜蔬菜。筑路大军一到,就是有钱也买不到优质新鲜蔬菜。我们连的蔬菜采购队,虽然爬山涉水数十里,也只能采购一些南瓜、萝卜等解决燃眉之急。

二是我们想方设法采购黄豆、绿豆,做豆制品、发豆芽。

另外就是落实毛主席的"五七"指示,学习革命老前辈发扬南泥湾精神,利用连队周边零星坡地开荒种菜,解决了连队指战员食用新鲜蔬菜的难题。

(作者为原铁道兵第10师47团9连炊事班长)

艰辛的探亲路

王群（军嫂）

40多年前，作为一名军嫂的我，探亲旅途中的艰苦情景，如今回忆起来，仍历历在目。笑看往昔历经岁月，细品流年写意人生，一路艰辛满是情。

那是20世纪70年代初，利用寒假，我去祖国的大西南探望修筑成昆铁路的丈夫。从家乡出发乘轮船到长安，乘火车到达上海北站。买了去成都的车票。附近的旅馆有四张高低铺，我睡在上铺，一路劳顿早早入睡。正睡得迷迷糊糊时，一阵窸窸窣窣的响动，虽然很轻，仍然惊醒了十分警觉的我。

因为床边的旅行包里，藏着一块刚买的手表。在那个物质生活十分贫乏的年代里，什么东西都得凭票供应，结婚时丈夫连块表也没有，工作十分不便。结婚后我省吃俭用终于积攒了买表的钱，又四处托亲朋好友才终于求到了一张表票。临行前，我把手表用衣物包了又包，藏在旅行袋下面，并在拉练上锁了一把小铜锁。

小小一块表耗费了一年的心血，凝聚了我的一往情深。因此听到床头的动静，就一骨碌翻身伸出双手握住了那人的手。下铺那位的手被我紧紧抓住，她连忙解释说："臭虫咬得我睡不着，我起来拿挂在床头的包里的清凉油。"我才松开了手，她拿了清凉油也没再说什么，大家继续睡觉。而我一直似睡非睡到了天蒙蒙亮，就轻手轻脚地拿起行李来到火车站。

坐在候车室内，我的座位旁边有四五个30岁左右的男子。坐等签票时，想到大山深处比这里条件更艰难，突发奇想再去买些糖果糕点给战友们，于是把包托这几位男士看管。小卖部人不少，好不容易买了匆匆返回到候车室门口，看到刚才闹哄哄的候车室，这时却冷冷清清，原来坐满了人的座位以及排得像长龙一样的队伍消失了。

没了那几位男子,也没见我的包,我顿时心慌意乱,心急火燎地向四周张望。突然发现,进口处旁边的椅子上站着几个人在招手,我停睛一看原来是他们,我捧着糖果气喘吁吁地跑向那里。他们告诉我:他们没买站台票,无法帮我拎进去占个座位,只得在这里等我。我激动得连声说:"谢谢!谢谢!"这事虽然过去了近半个世纪,但我感慨萍水相逢的他们如此尽心尽责,替一个陌生人保管包包,真的令人感动不已,至今常感叹那时的民风真好。

上了火车,我把行李袋放在随时能看到的行李架上。坐了整整36个小时,列车终于到达成都。我无心参观著名的杜甫草堂、青羊宫等名胜古迹,只希望早日到达目的地,把手表戴在丈夫手上,了我的情、圆他的梦。我顾不上歇息,买票登上了前往峨边的火车。

又经过10多个小时终于到达峨边站,接下来的路程是搭部队拉货的车进入大凉山。在食宿站才知,正逢寒冬腊月,平时两天的路程,因路滑难行三天时间才能到西昌的德昌县。我一人呆呆地住在食宿站,留意代号"8817"的拉货车。在孤单寂寞中度过了两天,第三天终于坐上了去德昌美姑的货车。

驾驶员是个东北大汉,他看我拿着个大旅行袋,就伸手帮我拿,欲放在车厢里。我见状连忙拿回放在驾驶室,我的双腿下。他笑着问:"包里有啥宝贝?"见到部队上的同志如自己人,我就直言带了一块表,是给在部队上的丈夫买的。他听了连忙说:"你们那里能买到表,是稀罕的东西。"

原本在家晕车的我,这次得坐三天卡车,而且全程是在悬崖绝壁的盘山公路上行驶,再苦再难也得去,况且有车子乘坐已属不易。汽车离开峨边不久,驾驶员在四个轮子上缠上粗重的铁链条。我感到十分奇怪,这样车子还能滚动吗?司机大哥告诉我:"汽车过凉山,脚踏鬼门关。"缠上铁链增强摩擦力,在雪地行走防滑,不易滑落悬崖。听他一番话,我毛骨悚然,然而我也只能"背水一坐"了。

汽车行驶在又窄又陡的简易公路上,路上全是厚厚的积雪。有的路段几乎都是急转弯,当年修筑公路真的很艰巨呀!这时我想到了丈夫不久前来信告诉我:他们在大渡河支流安宁河上架大型铁索桥,他没讲架桥的艰辛,但我现在坐车行驶在崇山峻岭之中,体会到成昆铁路比这修建公路工程更大、困难更多,对这些官兵敬佩之情油然而生。

一路上的"警示牌"不断提醒我们:前方是事故多发路段。偶尔对面的车过来,得靠边等待会车。大凉山真有那种"千山鸟飞绝,万径人踪灭"的境地。不经意间往窗外一瞟,车外就是万丈深渊,不由得令我心惊胆战。那盘山公路仿佛悬浮在空中。就这样,在凉山彝族自治州的深山老林里慢悠悠地颠簸了三天,终于到达了美姑(听名字挺好听的地方)的深山沟里。

  和东北汉子在狭小的驾驶室里,朝夕共处了三天,我理解了他们的工作真的是踏在鬼门关上,稍不留神就会跌落万丈深渊、尸骨无存,因而对他产生了深深的敬意。我主动对他说:"下次来探亲,我给你带块表来。"他高兴地说:"谢谢!谢谢"!

  然而我失信用了。司机大哥把我安全地带到了丈夫的身边,可是我没有实现对他的承诺。丈夫第二年调到陕西安康修建襄渝铁路,那时没有互联网、手机,我无缘再见到这位东北大哥。

  一次探亲旅途,走过的行程都是故事;一路上的艰辛,都是幸福。这将近半个世纪的岁月,弹指一挥间。回忆透过指间的光阴,一如这次旅途,虽说充满艰辛,却收获浓浓情谊。

(作者为原铁道兵第10师47团排长徐学权之妻、家乡学校教师)

第二篇

咱们是"不穿军装的铁道兵"

一、青春淬火　生死历炼

血色青春

姜淑凤

1970年8月的某天,从镇安翻山越岭,步行了七天,终于到达了沙沟——我们的连队驻地。

初到26连驻地,看到的是:半山腰上两排曾为部队某连搭建的铁皮房和一排"干打垒",中间有着类似操场的较为平坦的一块空地,宁静而又安详。

然而就在这里,开始了我们近三年的学兵生涯,也见证了我们花样年华的怒放和芬芳。三排的四个班,被安排在最下面的一排铁皮房内,每个人分配到了铺有稻草并用十几厘米粗的树干做床沿的、近60厘米宽的地铺。

为了让我们学兵尽快进入角色,部队给我们每个排派了一名排长,给每个连派了两名指导员,两位连长则是地方干部。

简单的安顿之后,我们就在铁道兵排长的带领下,进入了施工角色……

女炮手的风采

我连接到的第一个任务是修公路。看着那起伏的山峦、杂乱的野草、沟壑纵横、怪石嶙峋,我们都犯了愁,这可从何下手?三排长是位四川男兵,憨厚老实,不善言谈,他简单叙述着作业要求,拿着工具示范,忙前忙后地照顾着大家,并叮嘱一定要注意安全。

公路要修建在半山腰,因此必须使用安全带将人悬挂起来并头戴安全帽,两人一组,一人手扶钢钎,另一人抡大锤,协同作业。18磅的大锤抡起来非常吃力,还要准确无误地砸在直径两三厘米的钢钎上,真是不容易。我们一群十六七岁的城里姑娘,力气小,没经验,准确度差,扶钢钎和抡大锤的战友们不知道吃了多少苦,受了多少罪,砸手、碰头、伤胳膊的,不计其数……

炮眼打好后,接着就要安雷管,装炸药。最初我们没有经验,放炮后石渣崩得不远,几乎是覆盖原地震松而已,施工进展缓慢,劳动强度却很大。经过多次的失败、探索、研究、试验,铁兵排长和学兵们群策群力、开动脑筋,逐渐摸索出了一套方案,即:将炮眼儿打成品字形或梅花形,而且还要小角度倾斜于地面打横洞,这样一次放炮,就可以炸出路面宽度,并将大部分的石渣掀翻到沟里,大大减轻了除渣的工作量,也加快了施工进度。

部队首长表扬、嘉奖我们,说学兵连聪明能干、吃苦耐劳、技能掌握快、又敢于创造发明,并号召铁兵战友向学兵们学习,这是多大的荣誉呀!大家别提多兴奋了!

为确保施工进度及战友们的安全,铁兵排长及安全员是最操心的,每次施工前后都要进行安全检查,消除隐患。一次,我排的安全员老詹与一名战友配合,正用钢钎排除一块险石时,却眼见另一块巨石一晃!老詹赶紧手拉安全绳,头迅速向左一偏,那块巨石擦着老詹的身体右侧,轰隆隆地滚落下去。为她观察地形、站岗放哨的战友急切地大喊:老詹注意呀!

轰隆声和尖叫声惊动了铁兵排长一行人,大家急切地向出事地点跑去……虽然老詹的头没有被碰到,可右胳膊却被滚落的石块擦伤了一大片,一些石渣已经深深嵌入肉里,老詹正试图用手抠出石渣……还有一次,老詹所在的三人小组正打炮眼,由于炮洞要求微倾横向掘进,且有2米多深,所以只能挖出直径约30厘米、供一人匍匐进出的洞,老詹每次都抢着进洞挖掘。又深又闷的洞里,空气污浊且供氧不足,挖掘一段时间后都要退出来,换换气,再继续掘进,条件非常艰苦。

收工时间到了,有些班排开始吹哨子,准备放炮,可洞内的三人仍在作业。最外面的战友听到了哨音,急忙喊两位出来。三人正往洞外退行时,炮手们发现了她们,并紧急制止了点炮行动。等三人慢慢退出来才发现,她们所挖的大炮眼上面,也就是老詹操作点的头顶,正对着那个即将被点燃的、品字形的炮位,倘若炮手没有发现她们,那后果真是不堪设想!

当大家收工准备归队时,铁兵排长又抓了老詹一个公差,让她去汉江边放哨。当时沙滩上有民工正在熬制炸药,不论老詹怎么劝说,民工就是不走,他们不放心熬制了一半的炸药。这时炮响了,铺天盖地的石头如雨点般砸落下来,民工和老詹左躲右闪,眼看着一块石头砸落下来,老詹一个闪身,石头径直落到了她的脚前……前后不到20分钟,老詹竟两次虎口脱险,真是福大命大!

三排还有一位"活宝"郝玲,是名点炮手,一次点完炮后,忘记拿走因为干活热而脱下的、妈妈缝制的绿绸子小棉袄。炮响后小棉袄被炸得七零八碎,像仙女散花一般从天而降,躲在远处掩体内的指导员看到后大惊失色,全然不顾危险,径直向现场冲去!还以为是出大事,真是虚惊一场。

在现场,类似于这样的惊险场面时有发生。1971年2月的一天,三排长、排副、九班长、十班长及安全员等五人负责点一组梅花炮,五个炮捻一样长,五人同时点燃并迅速向山下的掩体跑去,可还没来得及躲进掩体,石头就铺天盖地般砸落下来,一块石头径直砸向三排长,幸亏指导员眼疾手快,一把推开了三排长,才得以幸免。

但飞石却将一位民工兄弟砸伤,后经抢救无效,失去了宝贵的生命。民工牺牲后不久,他的父母又把妹妹送到了工地,继续完成她哥哥未竟的事业……

连队的营房自己盖

公路修到了我连对面的山腰,炮响后,无情无眼的石头雨把我连的营房砸塌了。一排和三排,分别在新支的帐篷或未塌完的铁皮房废墟内委屈了一宿。从此,我连开始了边施工、边营建。在指导员的指导下,我们从打地基、割柳条、编篱笆墙、和泥、糊墙开始,并进深山采伐杉木,自己动手,自建住房。

房子承重墙及屋顶需要长一点材料,但想找到一根直且碗口粗的3米多长的杉木材确实不易。十班副和老詹费了很大的周折,终于找到了一根3米多长的杉。要知道山路上扛东西最怕"长",一分长则一分险,特别是两人合抬就更加危险。她俩配合默契,艰难地将3米多长的杉木抬回了连队。

因为要边施工边搞营建,人手不够,连里要求每人每天在下工的时候,顺路带回一块石头或石板,一方面要加固营房的地基,另一方面要修建我们从沟底到连队的上山之路,还要砌猪圈、修操场……

再有房子围墙扎好后,和泥要加麦秸草,可是当地人基本上不种麦子。后来听当地老乡讲可以用一种杂草代替麦秸草,经过反复试验,终于研制成功。我们三排的战友们,干中学,学中干,终于成功地打起了双层铺,可容纳全排四个班的"营房"。

隧道内的生死考验

时间到了1971年下半年,襄渝铁路指挥部要求铁道兵、民兵、学兵们大干

100天,争取提前完成下半年的任务,向毛主席他老人家报喜,多次受到团、营嘉奖的我们怎能不跃跃欲试?

学兵26连强烈要求进隧道作业。营长架不住我们的软磨硬泡,终于同意我连进入沙沟隧道。任务有二:一是洞内一切电、水、气、测都由我们负责;二是协助部队扒渣,做力所能及的工作。于是这扒渣、推车的任务自然又落到了我们三排肩上。在隧道内,每班次安排铁兵一个排、学兵一个班配合作业,铁兵们扛着风枪打眼装炮,学兵在后面扒渣、装车、推车、倒渣,时常经受隧道内的生死考验……

有一回,由于郝玲操作不当,把帮忙倒渣的一名铁兵战友扣进了斗车里,而斗车却继续向前冲去……这名小战友个头较小,站在车斗里没露出多少,所以自己根本跳不出来。此时,这台车向前已到了洞外铁轨的前端,铁轨下面就是几十米深的山涧及滚滚汉江,隧道里一列长长的斗车队,势不可挡地正在冲过来……小战友如果再不跳出来,就有可能被撞下山涧,命悬一线了。郝玲急切地哭喊着……

就在这千钧一发之际,在另一条轨道上倒渣的一名铁兵战友冲了过来!奋力地拖住斗车,一把将小战士从车里拽了出来。就在此时只听"咣当"一声巨响,长长的出渣斗车队将这台斗车撞飞,斗车坠落滚滚汉江。

郝玲和铁兵小战友是幸运的,可下一班的林菊兰却着实让人捏了一把汗。渣车装满后,林菊兰和一位铁兵战友一起向洞外推去。洞很长,她们熟悉沿路导轨上的每个岔口及接头,快到洞口下坡时,就开始用脚着地以减缓车速。但惯性使得斗车依然向前冲去,直接冲到了铁轨尽头,带着林菊兰和石渣一起向下落去。

救人!有人掉下去了……铁兵及战友们急呼!坠落中的林菊兰没有慌张,扭头躲避着斗车和石渣,身体后仰,脚后跟使劲蹬着碎石渣,终于没有继续下滑!避免了一起事故的发生。

一个阳光明媚的清晨,在刚刚接班进洞不久,一位铁兵测量员扶着测量仪正准备测量,突然洞顶有几块儿碎石脱落。一位铁兵安全员一个箭步冲上前,一把推开了标测员,一块大石掉了下来,直接砸扁了这位安全员的头颅。第二天,目睹砸扁了的带血安全帽,我们不禁为之动容,又一位年轻的铁兵战友,永远留在了他事业未竟的襄渝铁路。

进洞施工固然危险、劳累、潮湿,多少次的山体崩塌、冒顶,多少次的瓦斯超标、哑炮爆炸……但困难与危险吓不倒我们!在排渣、推车的同时,还兼顾着扛运支撑木、运送扒钉、修理运渣车等任务。

一根支撑木直径三十多厘米，长约2米。我们两个女孩子要想把这个庞然大物，从沟底运到洞里，两人需要绝对的配合默契，嘴里喊着"一、二、三"，一起起步，一起前进，一起放下，稍有不慎，就会砸腿、闪腰。有一次，我们十班配合部队三排施工，轰隆一声巨响，整个掌子面顶部石块坠落。有人大喊一声：不好，塌方了！瞬间风枪声、鼓风机声戛然而止，洞内一片漆黑，照明灯灭了，高压送风管断了，通风管压扁了，沙沟隧道大塌方，惊动了团部，营长亲自带人抢险……

汉江滩上的一夜恶战

大会战期间，为了鼓舞士气，团部经常放映露天电影。放映前铁道兵及学兵们经常相互拉歌，气氛融洽，热闹非凡。一次电影放至一半，突然影停灯亮，广播里传来了副团长急切的声音：全体注意！马上就要下大雨了，请各连迅速带队回去，注意安全！

指导员命令：集合，向后转，跑步走……我们按原路返回，再到团部上面的路绕道，从另一个山头下到我连驻地。原本十多分钟就到家的路，绕了一个多小时才浑身泥水、狼狈不堪地返回连队。正准备换洗，"嘟……嘟嘟……"全排紧急集合。三排长急切地从外跑进来说：连里命令我们排去汉江边卸船，船上水泥已经被雨水淋湿，必须连夜打成水泥块儿，不然损失就大了……

全排人在各班班长的带领下，迅速向汉江边冲去。到了江边，已经有部队的几个连在抢险、卸船。我们也赶紧加入抢卸水泥的行列中，有人背一袋儿，也有人背两袋儿的，原本就一百斤重的水泥，被雨水打湿后，更是死沉，两袋儿水泥一上肩，压得人直接趴下，但战友们爬起来继续……

卸完水泥后，我们就开始了紧张的和浆、搅拌、灌浆、筑型……将一船水泥全部装入模板铸造成型后，天已经大亮了，雨也停了，碧空万里的天边出现了彩虹……奋战了一夜，疲惫不堪的女孩子们，浑身上下都没了模样儿，大家你看看我，我看看你，忍不住都哈哈大笑起来！笑声久久回荡在巴山、蜀水之间……

回想起三排三天三夜也说不完的往事，情不自禁地为我们自己鼓掌！近三年的时间里，用我们浸满血色的青春，织就了我们独一无二的花样年华。

（作者为原配属铁道兵第10师47团施工女子学兵26连学生兵、西安冶金机械厂技工学校高级讲师）

逝去的时光

陈明霞

时间的长河总是以它的速度向前走着。走过流年的山高水长，总有一处风景，会因为我们而美丽；总有一份付出，唯美了整个曾经。

那是1971年2月27日的清晨，天气很冷很冷，天空中还飘落着小粒的雪。15岁懵懵懂懂的我和19位初中同学，爬上一辆解放牌大卡车，拥坐在自己捆扎好的衣被行李上奔向宝鸡县，与我年龄相当的初中生们聚集。我们女生组成了200多人的连队，我们去目的地——陕西旬阳县修建襄渝铁路。

3月2日，专列出发了。在湖北六里坪短暂休息后，在接应的部队官兵指挥下，大家分乘多辆军用带篷大卡车向秦巴山行进。天渐渐暗了下来，大山里一片漆黑。前方无路了，部队领导要求我们，大件行李船运，小件行李随身。我们开始了长途步行。

黑暗中，同来的四个女孩手牵着手，紧盯着前方微弱的光源，恐惧地随着人流高一脚低一脚艰难地行走着。不知走了多少路，天亮时到达了目的地。驻地部为女学兵连的到来，让出了他们山坡上简易的住房，自己住进了刚刚搭好的帐篷里。

在离部队和男学兵连稍远的山坡边，我们平整出一大片空地，建造自己的家园。我们学当地人盖一种叫"干打垒"的房子，就是用木板夹住两边中间填进土，站在上面用一种工具夯实土，再向上换板直到够高度。我们用这种方法盖起了四栋宿舍、一栋炊事班房和连部用房。

最怕听到吹紧急集合哨

我们被编为5847部队女子学兵20连。除了繁重的体力劳动外，我们还要经受队列军训、内务叠被、集合跑操等。刚组建连队时,我们最怕听到吹紧急集合哨声了。紧急集合哨一吹,我们半夜三更背着背包跑出去好几十公里,天亮了返回来,披头散发的、提鞋抱被哭的都有。哎,要多狼狈有多狼狈哩!

这里还有一段小插曲。到驻地没多少天,女学兵们还没完全适应部队的生活规律。一天休息日,连队里的女学兵三三两两、三五成群地自由活动。在汉江边,有的洗衣服、有的洗头、有的坐一起说悄悄话,还有戏水玩的。我则站在江边一块大石头上,茫然地遥望着不知哪个地在发呆……

突然,有人大喊快跑,连队又紧急集合了。女学兵们立即停止手里所有的活,发疯般向山上的操场狂奔,我也随人流跑到操场边和大家一样,猫下身子听威严的指导员训话,并悄悄商量着对策瞅准机会溜进去。一批、两批、三批的人溜进去了,可我脚发软、腿不听使唤没跟上。唉!眼看就剩我一人,没办法就硬着头皮上……刚跑进去蹲在我们班后面,只听前面传来一声大吼:刚跑进来的是谁?站起来!

我们所在的操场是部队开会、集合用的大操场,右边台阶上面是营部首长宿舍,周边还有营部机关及各连队。平时,只要我们女学兵连在操场活动,男兵们都会有事没事路过或观望。你想想,那个年代、那长年累月在深山里施工的男兵们,突然在他们清一色的世界里,出现了一群豆蔻年华的女学兵,青春的萌动那简直是……

我吓得蹲在那里低下头不敢动,一会指导员严肃地从前面径直走到我跟前大声说:"站起来!喊报告重新进队!"我偷窥围在操场周边的男兵们和我们连全体人的目光,简直都想在地上找个缝钻进去。指导员看我低头不动,让我站起来重喊报告入队,这下我完全暴露在了众目睽睽之中,我那个窘啊……

指导员在重复着,我在羞愧地流眼泪……泪水滴在地上厚厚的土里,形成一个个小窝。此时,固执的我耍起小性子,双手插到临来时妈给买的一件绿条绒上衣插兜里,歪着头就是不吭声。僵持了很长时间。终于,指导员大声说:"进去蹲下!"

从此,我被别人记住了。以至后来重新打乱分排分班,人家见我第一句话就是:"我知道你,你就是那个不喊报告跑进队伍的战友。"哈哈……

后来,也就是在三线几年里,我很怵靠近指导员身边。其实,指导员是个外貌冷峻内心非常善良的人。现在想起来,后悔而可笑。如果有重新,如果再有机会,我一定要站立笔直,声音洪亮地高声喊:"四排十五班陈明霞报告重新入队!"这彰显青春活力、充满自豪感的一声报告,却被当时幼稚的我搞砸了,唉……

永远忘不掉的三个女孩

在连队,对我影响很深而永远也忘不掉的三个人,就是从扶风县来的秦燕、刘团、李涵。她们三人的父母都是知识分子。她们三人都很有修养。她们三人身上有一种不可言传的气质使我仰望。她们三人也很有意思,在去三线的行囊中还带有搓衣板和扫床笤帚,你从这里就知道她们对生活质量的追求。

秦燕,高挑冷傲,能歌善舞,有幸和她在一班待过,所以近距听过她的歌声。尤其是有次我们班在山坡上劳动,大家休息时随坡席地而坐,秦燕给我们唱《五彩云霞》,那美妙高亢的歌声令人震撼,那歌声我觉得比原唱还要好。还有走姿,我们排队上山背柴刚好她走在我前面,一看就是有功底的舞者。秦燕在连队待了没多久就调去了文工团,后来三线回来上了陕西师大,再后来听说在西工大工作。

刘团,怎么说呢?在我眼里她长相漂亮、典雅,是非常优秀的大家闺秀的标准形象。在后来的日子里,刘团渐渐成长为连里的吃苦耐劳的模范,是开会必表扬、大会必表彰的先进。那年代我们都还没听说呢,她身上穿了一件紫红色涤确良衣裳,看着她被汗水浸透的衣背我常常在无知地想:她身体里怎么能蕴藏着那么大的力量?三线归来,她义无反顾地嫁给了营部上士,听说是在一次一起外出工作有病的照顾中被感动,这只是听说而已。后来,刘团随夫去了杭州,是名老师,生活幸福。

要说前两位像女神,那李涵就是最接地气的了。初见李涵,人如其名。她长相秀外慧中,很有知性。扎着两个小刷辫,穿件样式很符合她气质的劳动布上衣,也就是现今的牛仔布衣。我忘不了她有个特点,休息时爱坐在二楼的铺上像个观棋者,不喜不悲地静静聆听……她知识渊博,但又非常谦虚。我俩比较相通,都是默默无闻的人物,连里开表彰大会,几乎没听到过我们的名字。三线回来,李涵被分配在武功车务段绛帐车站工作。后她随父母回了北京,供职林业部出版社。

我在鬼门关上走了一回

经过一小段时间的简单修整,我们搬入了自己盖成的房子,并将人员打乱重新进行分配。我被分在了4排15班。那时只有15岁的我身体单薄,要扛起50斤的面粉上山,将10多斤重的石头扔上翻斗车、粉碎机。不久进洞扒渣,要把碎石装上轨道斗车并运往洞外,并将满满一车车从洞外搅拌好的水泥砂浆推进洞的深处。从那时起,我知道了隧道是这样修成的。先掘进的下面部分叫下导坑,再掘进的上面部分为上导坑,中间部分叫落中层。

用斗车往洞里运送拌好的水泥砂浆,是我们班的任务。推斗车需要两个人,我和我们班外号叫张三的战友一组。一次,我们两人推着满满一车砂浆,踏在晃晃荡荡的木板上向洞的深处走去,倒完砂浆后向洞外返回时,像往常一样,用力将空斗车推着跑几步,然后两人快速跳上去,站在斗车后下方边沿上一路滑向洞口。

可这次不幸发生了。当我俩喊一、二上时,我上来了,可她没有上来……悲惨的时刻到来了!那斗车的插销原本应该一前一后的,竟然成了一顺顺,顷刻间斗车厢向一边倾斜了下去,我的右手瞬间就被厚重的铁厢体挤进缝隙,但车轮载着车体和上面爬着的我还是无所畏惧地勇往直前……剧痛和恐惧袭向自己身体,撕心裂肺的哭喊声随着还在疾驶的车轮在洞内的各个角落蔓延。在上道坑边沿施工的铁道兵战士、民工、学兵们,瞬间停下手里的活,立即狂追斗车……

"咣当",一声巨响,斗车被洞口的拦挡标给拦停并弹了回来,幸好人未被弹落山谷,在鬼门关上走了一回。气喘吁吁追上来的人们和洞口工作人员,齐心协力地把我的手从车厢缝里给弄了出来。我哭得泪眼蒙眬,被一群人给送到了洞外卫生室。大家不让我看,我也不敢看,但还是边哭边窥了一眼啊!我的手背上像放了个血馒头……第二天,战友们陪我去部队营卫生所换药,那里的陈医士用四川话说:"昨天没看清原来是你呀,哭天抢地的……"

我的同学肖梅英没了

经过一年多艰苦岁月的磨砺,我们学兵20连200多名女孩子越来越吃苦能干了,再没有比我们连干这么重体力活的女学兵连了。为什么要拼命呢?为什么要透支年龄、体力不成比例的我们?我真的不会用豪迈的语言来讲述。我那时真的很小,不懂,只有拚命地来完成自己拼命才能完成的任务。

在这时刻,发生了一件让我永生都无法忘记的事情。那是一天深夜时分,沉睡的我被伸进蚊帐的手推醒。睡眼蒙眬的我看到,三排的一个战友急促地在床边叫我。看到第一眼的她,我一下清醒了,因为和她在一班的是我一起来的同学肖梅英,今晚她上夜班。半夜三更来床前喊我,一股不祥顿时涌出心头。我立马抓住前来的战友,用惊恐而带颤栗的声音胡乱喊着:"怎么了?出什么事了?肖梅英怎么了……?"

一屋子的人都醒了,坐了起来。前来唤我的战友一改她平日风风火火的性格,用低沉的声音对我说:"指导员让我叫你马上去施工现场,肖梅英受伤了……"我边哭边胡乱地穿上衣服,外面一片漆黑,我和三排的战友借着微弱的手电筒的光,跌跌撞撞地、哭泣着、相互搀扶着、高一脚低一脚地来到了施工的洞口。

这时,左右两边的洞口空地灯光一片雪亮,人们胡乱地来回奔跑着。一看就知道出事了。还是三排的战友拉着我来到用席子围住的卫生所后面,刚好席子上有几个小洞……我哭泣着向里看去……地上摆放了一溜人,其中只有一个女的,那就是和我一起来的同学肖梅英!此时,我晕了过去,什么都不知道了……这是发生在自己身边迄今为止最为悲惨的一幕……一个女学兵、两个铁道兵、三个民工……那么鲜活、那么年轻的生命,瞬息之间……

后来得知,放完炮进洞干活,在还来不及撑上橡木的掌子面发生了大面积塌方事故。同学肖梅英是在塌方抢救的混乱中被最后在两块岩石下找到的……她没有外伤,是被渣石活活捂死在了石头下面……她比我大,当年18岁左右,是她家里的老大。

家乡得知噩耗,县民政局一位领导和肖梅英的父亲、妹妹赶到了驻地。

我的二哥也随他们一起来了。那几天里,我们和肖梅英一起来的三个同学,受部队首长和连领导关怀,与家乡的亲人待在一起,没去工地干活。由于我哥哥的到来,营教导员记住了我,从三线回来后,我们有通信来往。肖梅英的牺牲,我是那么的悲伤,我们四人一起从家来,我们四人应该好好地回家去的,可如今……肖梅英的妹妹,继承姐姐未完的任务留在了三线工地,当然部队考虑安全因素,将妹妹梅菊安排在了炊事班工作。

我们四人也挺有意思,真是来自五湖四海:一个河北,一个河南,一个山东,而我来自山西,各自都是因为父亲工作而相聚在了这个小县城里。虽然那时的我们生活内容没现在丰富多彩,但我觉得却是那么的惬意和快乐。没有什么富有不富有,没有什么官大官小,没有什么钱多钱少……我们一起上学、一起玩耍、一起上山砍柴、一起下河洗衣,那么的单纯,那么的快乐。我怀念那个年代、那样的日子。

1973年7月,襄渝铁路即将竣工时我们离开了一生魂牵梦萦的地方。我被分配在铁路部门工作,我和当年同是学兵的一个帅小伙结了婚,并有一个漂亮的女儿,如今,还有了一个可爱的小孙女。

回忆已经成为我们这个群体的习惯,一段刻骨铭心的经历就足够日后长久回忆,即便许久许久以后,那些宝贵的往事也并未远离,只是被埋藏得更深,正默默地而又温暖地留在了心底。

艰难困苦的岁月磨炼了我们的筋骨,劳动汗水坚定了我们的意志。三线建设艰苦锤炼的经历,成为我们一生最宝贵的精神财富,我们在各行各业中赢得了社会的赞美,我们堪称是共和国的栋梁。

我们年轻时曾如此渴望命运的波澜,到最后才发现人生最曼妙的风景,竟是我们的夕阳。春华秋实,四季轮回,各有风采。该经历的都已经历,该放下的一定放下,该享受的就去享受。切记,来日没有方长。

(作者为原配属铁道兵第10师47团施工女子学兵20连学生兵)

青春致祭

张 龙

在三线的时候,对于危险,大家已经能安然若素、泰然处之了,"死人的事情是经常发生的"。到三线的第二天就有女子八连的常宝珠从山坡滚落而亡,这是去三线后最早殉难的宝鸡学兵。修铁路要凿隧道架桥梁,会遇到各种各样的危险。很多人都有过不同的危险遭遇。没有遇到过险情的不说是凤毛麟角,也是少之又少的。

团部仓库要拓建一个料场,我连一排接受了这个任务。仓库在山沟的一个略宽敞的空地,沙沟小溪静静地流淌,在这里转个弯流向沟口,流进汉江。在小河对面的崖壁下,一个料场正在扩展中。这天,连长检查工作来到了这个工地。一排的30多名同学们正在"杀起来干",却有一种不祥的感觉随着崖边上跌落的石块时时砸在心头。那崖壁约三四十米,直溜溜的,乱石粗砺,不时有砂石扑簌簌地掉下来。连长来了,排长像见到了救星,马上向连长汇报并提议提前收工。同学们竖起耳朵,眼巴巴地盼着连长说"撤",连长看了一下表,时间还早,没有立即表态。抬头看了看悬崖,蹲下身子看着大家继续劳动。过了一会儿,有一块较大点的石头又落了下来,离连长蹲着的位置不远,把连长吓了一跳,立马站了起来。一排长见机又再次给连长说:"回吧。"连长答应了,一排的同学高高兴兴地一溜烟回去了,一路上兴高采烈——提前了半个多小时就收工了。

中午,还不到下午上班时间,就接到电话通知,说那里塌方了,上午干活的地方全部被掩埋了。一排同学感到幸运,全连同学感到幸运,连长更是感到幸运,不过我觉得他应该更感到后怕! 为此,连长在面对塌方危险的时候,当机立断,处理得当,在千钧一发之际挽救了三十多条生命,受到了营团的表扬,荣立三等功。

其实，在三线的两年多的时间里，危险如影随形，时刻在我们身边，稍有大意都可能酿成事故。我们经常可以听到哪里哪里塌方冒顶出事故了，听多了，也就疲了，不在乎了，甚至学说着一些满不在乎的言语，对近在眼前的危险往往视而不见，习以为常了：

我连理发员容平夫到大桥工地去劳动，从施工的桥墩上掉落下一根拔撸（一种形状像问号的1米左右长、拇指粗的钢制工具），端端正正地落在了容平夫的头上，砸烂了安全帽，头上开了一个大口子，还好各层脚手架减缓了落下的力量，不然就酿成大祸了；刘诗风从脚手架上一个趔趄掉下，双手却抱住了一根横杆，他人吊在杉木杆上，摇摇摆摆，把在现场的我们惊出一身冷汗；在开挖桥基时挖掘机硕大的挖斗，贴着刘伟头顶呼啸而过；还有人在浇筑混凝土时，差点被绳索打到钢筋林立的模板中，被混凝土掩埋；有人要冒着危险去排除哑炮，有人在隧道塌方时要架起支撑木；有的在扒渣时随石渣从漏斗掉入斗车；还有人因斗车溜车差点翻入汉江……

两年的时间倏忽而过，沙沟隧道已经贯通，沙沟大桥的桥墩高耸挺拔，像一座座纪念碑屹立于蓝天白云汉水间。工地上没有了往日的喧嚣，西安的学兵已经回到了阔别的家乡，我们在工地做着收尾阶段的工作。我和刘伟、马三、张亚绪四人去拔掉桥墩上固定模型板的钢筋。桥墩上模型板已经拆除干净，却留下

沙沟大桥建设中

了固定模型板的钢筋在那里，我和刘伟、马三、张亚绪的任务就是拔下这些钢筋。我坐在特制的上下三圈钢筋焊接起的吊篮里，完成了任务后，卷扬机往下放，同伴们一时疏忽，没有及时放开底部的绳索，头顶的钢缆放下，脚底的绳索拉紧，吊篮立刻就来了个底朝天，我已经形成头朝下的状况。卷扬机继续下降，我抓紧吊篮的边缘叫了起来，好在开卷扬机的铁兵发现了情况，立即停止下降，并改成上升，到吊篮成为正常状态时停了下来。我虽被惊吓到了，却是有惊无险，平安躲过一劫。

在一号桥台上，我们班在做最后的收尾工作，我直起腰想跨过一根杉

木干过那一边去,没想到却踩在那根横着的木杆上,木杆一滚,我身子一歪,失去平衡,立即贴着桥壁掉了下去,我下意识地伸出手想抓住一切可能抓住的东西,但什么也没有抓住,瞬间跌落到有五六米深的桥台基础的悬崖边上,额头碰到了崖边的石头,只听见"嘭"的一声,感到有人跳了下来,然后就什么都不知道了。其实我晕过去的时间并不长,我醒过来的时候,班长白长林正背着我往营卫生所跑呢。至于这期间是谁把我背上来,还有谁背过我,就一概都不知道了。到了卫生所,检查了一下,并没有什么大碍,前额可能是人体最坚固的地方了,也没有包扎,刘伟等同学扶着我回到连队后,休息了几天。不过,我双手的手指却在坠落时受了伤,最后掉了三个指甲。

回忆往事,我也觉得自己命大。但不是每个人都有这么好运气的。

1973年4月3日,曹建国刚休了两天的病假,清洗了衣物,收拾好后,提前一天就去上班了,反正在连里闲着也没有什么事情。11班是一个木工班,原来是配合军工、铁兵安装模型板的,现在大桥的桥墩已经建成了,就等着架梁了,木工班的任务改成拆模板了。

太阳慢慢升起,一层薄薄的云彩不时地遮挡着太阳的身影,有点晕。曹建国们在六号桥墩上,用拔撸拔掉长钉,撬起扒钉,然后用拔撸伸进模板缝隙中用力一撬,模板就掉到几十米深的桥墩下面了——模板外的护栏已经坏了,有的甚至翻到下面去了。上午10点多,已经拆了几块了。又一块模板要倒下了,此时,曹建国鬼使神差般地扶了一把,也许是想不让它倒下,也许是不想让好端端的木板摔烂,也许就是下意识,但这一扶即成千古之恨,那4米高的木板仍掉了下去,曹建国也随之掉了下去,重重地摔在了沙滩上。

离六号桥墩最近的14班同学们,最快地赶到并把他背到了营卫生所,他并没有外伤,却已经回天无力了。卫生所外面的我们,人声鼎沸,愿意为他输血,愿意做一切事情。但这一切都不需要了,他永远地离开了我们,离开了这个世界,告别了他曾经为之流血流汗也流过泪的地方。等待他的,是那个无尽黑暗的角落里的永恒。

在那个桥隧占了整个工程百分之七十以上的襄渝铁路艰巨工程上,死神并不那么陌生。按规定,工地上死了人,是要立即入殓的。团部的仓库离我们不远,除了工地需要的钢铁木料而外,最醒目刺眼的就是很多上了黑漆的和还没有上漆的棺材,杂乱地摆放在仓库一隅。我们时常要经过这里,看到那些刺眼的棺木时,从来没想到有一天,我们的同学、战友也会使用到这么一个木匣!

棺材很快就拉到了,正在哭泣同学们愤怒了,不知是谁带的头,把曹建国的遗体连同担架一起抬了起来,就上了学兵10连的驻地,放到四排外面的一个席棚里。

那天晚上,我们学校一起来的同学都去连部开会了,我独自守着曹建国的遗体。担架就放在那薄木棺材上,白色的床单上压了一块瓦片,昏暗的月光下,偶尔的微风吹过,床单微微地拂动,周边的一切都沉寂在死亡的哀伤中。

因为是内出血,曹建国腹部已经都鼓起来了。第二天,曹建国的遗体入殓后,被大家簇拥着抬下连队驻地,抬往坟场,在大家的哭泣声中下葬了。后来三排用水泥做了一个碑,立在了他的坟前。那个坟场,是三线建设牺牲者众多坟场的一个。它占据了几乎一座山头,大小不一的坟茔,形状各异的墓碑,记载着学兵、铁兵、民兵们的奋斗和牺牲的事迹!

曹建国的哥哥来了,估计家里老人已经无法承受得起这突如其来的打击。女子七连的我们七位同学,从几十里外风尘仆仆地赶来了。追悼会上,一个大大的花圈,中间一朵大花代表曹建国,周围34朵小花代表着我们来三线的34名同学,寄托着我们的哀思,祭奠着我们的青春不再。

(作者为原配属铁道兵第10师47团施工学兵10连学生兵)

夏天的记忆

刘蒲菊

岁月匆匆,青春不再,沧桑的皱纹满布面颊额头。隔着厚重的历史回首往事,什么都渐渐淡忘,唯独襄渝线永不忘怀,那一件件、一桩桩酸甜苦辣的往事,已经鬼斧神工般雕刻在心田。穿透时光隧道,返回艰苦卓绝的三线建设岁月,撕开结痂的伤痕,再现当年悲壮的血色青春。

20世纪60年代末70年代初,国际形势风云变幻,毛主席发出"三线建设要抓紧"的伟大号召。于是,沟通川陕鄂三省的战备铁路襄渝线全面开工。为配合铁道兵部队施工,陕西省一批六九、七〇届初中毕业生,义无反顾地投身到浩浩荡荡的三线建设中,建立了一支鲜为人知的学生兵——三线学兵连,在共和国的铁路建设史上,奏响了一曲壮丽的青春之歌。

初到三线建设战场的日子,迎接学兵连的是一系列难以想象的考验。风餐露宿,超越生理极限的施工任务,死亡的威胁,饥饿的体验,封闭寂寞与尘世隔绝,简陋不堪的生存环境,那艰苦的场景,现代的年轻人只能在影视剧中看到。

碍于戒备森严的军纪,女子学兵29连孤独地驻扎在远离大部队的山峰上,周围杂草丛生,与鼠虫蛇兽比邻。晚上去上厕所,时不时遇见草丛里窜出蛇鼠。无奈之下,胆小的女学生,晚上出门手里提个棍子,边走边抡。在帐篷里居住时,老鼠床上床下乱窜,窝就安家在我们的铺下,时常发现一窝窝的鼠崽。晚上睡觉时我的脚后跟常常被老鼠咬伤。也许是长年在石头沙堆里磨砺,脚上的硬茧太厚,也许是施工太过疲乏,睡着后竟浑然不觉,走起路来才感觉疼痛。胆小的女孩子,简直是谈"鼠"色变。

夏天悄然地来到,我们开始了和蚊子、蠓子血刃的高温季节。陕南山区潮湿闷热的气候,杂草丛生的环境,孳生着肆虐的长腿花蚊子、针尖似的蠓子小咬,在潮湿黑暗的隧道内,在学兵连没有门窗的油毛毡宿舍里,在女学兵备料的沙滩上,它们肆无忌惮疯狂地追着咬人,叮咬得人体无完肤。当你拖着疲惫酸痛的身体下班归来,油毛毡宿舍简直是个大蒸笼,汗水流淌的身体成了吸血鬼蚊虫的美食,这些可憎的吸血蚊虫,残忍地对学兵的肉体展开进攻。学生们的皮肤抓挠得鲜血淋淋,直至感染溃烂化脓,令这些城市来的学生们苦不堪言。

山脉深处,掌子面里,风枪怒吼,山岩颤抖,掘进爆破,浓尘硝烟……铁道兵、男学兵、民兵挥汗如雨,脸抹得像黑包公,衣衫褴褛,不惧生死,奋战在隧道里。为了赶进度,他们往往节假日不休息,加班加点几十个小时连轴转已经是家常便饭了。

女学兵们奋战在洞外的各个工地。在汉江运输船上,向山坡工地搬运水泥、木材、炸药等隧道施工设施设备;在隧道施工中,抢修运输便道,抢扒道渣。为保障隧道工程顺利进行,我们是一颗小小的螺丝钉,哪里需要哪里拧。女学兵们的主要任务是保障隧道施工的沙石料供应。为此,水流湍急的汉江边滩,女学兵们奋力装车备料,她们所经受的苦难和伤痛,是如今的同龄女孩无法想象的。

夏天的沙滩被烈日晒得像火炕,高温达到四十五六度。备料的女学兵们进入到沙滩,整个人就像加速的机器旋转起来,紧张忙碌地抬石、碎石、筛沙、备料装车。赤日似火慷慨地馈赠给每个女孩子,汗水如溪流似的流淌,脖子、头皮、脊背上长满了密密麻麻的痱子。衣衫上尽是白花花的汗渍,就像画满了万国地图。身上蚊虫叮咬挠破的脓包,被汗水腌得感染溃烂,渗着脓血。双脚整天泡在湿热灼烫的沙滩上,脚趾头溃烂了,江水一浸,钻心的疼痛。抬木料时虽戴着垫肩,肩膀还是磨破了,血迹、汗水在磨破的肩膀上粘成一片,还粘住了衣衫。

夏天扛水泥,女孩子娇嫩赤裸的脖子被水泥烧烂,火辣辣的疼。在陕南漫长的夏季里,经常听到某某在沙滩上中暑昏倒的消息,这已经是司空见惯的情景。再没有初到三线时听到谁谁晕倒了、一惊一乍的神情。渐渐的,肩膀磨烂的皮肉结成了干痂,不再那么锐疼了,成了一种深度的钝疼。手掌的肉皮让铁锨把磨成血泡,又磨成厚硬的茧子。挥锨装石沙时,没有了那种火烧火燎的疼痛感。少女粉嫩姣好的脸颊晒得黑红,这些女孩从内心到外形全都变了,变成了健壮的劳动者,没有了往日那纤弱的影子。个人与个人之间,班与班之间在铆足劲地比赛。沙滩上的石头越来越少,日渐增加的备料任务逼得女学兵不管不顾不准下江的禁令,冒险就在江水里打捞鹅卵石。

女学兵动情地说:"我们所做的一切,比起那些冒着生命危险,在隧道打风枪的铁道兵、男学兵、民兵来说,实在不算什么。为了早日建成战备线和帝修反抢时间,流血流汗累断筋骨也心甘!"

日复一日、年复一年的磨砺,这些柔弱的六九、七〇届初中毕业生,在艰苦卓绝的三线战场,摔打成一个似钢似铁的战士。那令现代青少年无法想象的极限劳作,极度疲劳,难以果腹的伙食,饥肠辘辘的煎熬,面对死亡的威胁,对学兵来说,犹如学生上学、工人上班、农民种地一样,习以为常。我们别无选择,只有小丫扛大旗,用与年龄不相称的成熟,坚强承担起指挥部下达的各项施工任务,119名年轻的学兵,永远长眠在秦巴山巅,给我们活着的战友,留下无尽的哀痛悲伤。

那一代三线学兵鲜为人知的经历,抛洒的汗水鲜血乃至牺牲,都会随着时间的流逝散去。可是我心中的三线之旅却远远没有结束,弘扬三线精神成为我一生的神圣使命。

1999年,我的孩子在湖南部队服役,家信中提到他们在烈日下训练汗流浃背、风雨夜里站岗疲惫不堪。我在孩子的信里察觉到了一种情绪,于是在给孩子的封封回信中,深情地讲述了当年铁道兵、学兵为了抢修战备铁路流血牺牲、为革命理想献身的精神,讲述了那一代三线人与共和国一起走过那段艰苦岁月的悲壮经历,三线精神在我们心中熠熠生辉,穿越时代而常青,并意味深长地告诫孩子:"年轻时的痛苦历练,等多少年后你再回头看,就不是一种痛苦,而是一种经历,一种值得骄傲的经历。"

偶然间,我的信被孩子的连长看到了,连长给连队的战士读了我的几封家信,在连队掀起了学习三线精神的活动。当孩子来信告诉这些情况后,我感到非常欣慰。我愿为弘扬三线学兵的奉献精神尽绵薄之力,告慰那些英年早逝的年轻英灵。

时光飞转,弹指一挥40多年过去了。当夏日里身着凉爽衣裙的我漫步在林荫大道时,眼前就会晃动着:陕南夏天那看不到头的沙滩上,火球似的烈日下,到处都是穿着再生布施工服、筛沙抬石装车的女学兵身影,汗水流淌的黑红面容。眼前就会晃动着:一队队隧道里出来的男学兵,腰间扎根导火索,脸和破衣烂衫一样脏得发黑,像用墨汁泼过一般,只露出一双疲惫的眼白瞳仁。风枪、骄阳、汗水、学兵服,交织成令我至今难忘的交响曲。

每每这时,我的心就猛烈地颤栗着,一股烈焰呼啦啦在体内升腾,泪水盈满眼眶,我的灵魂会回到陕南的山水间,徘徊在兄弟姐妹的安息地。日思夜想的陕南,刻骨铭心的襄渝线,那个没有名利纷争的圣土,永远是我灵魂的栖地、精神的家园。

(作者为原配属铁道兵第10师47团施工女子学兵29连学生兵)

苦乐年华

李 玲

　　当年十六七岁的女学兵娃儿们，第一次离开父母、离开大城市，来到陕南深山，参加襄渝铁路建设，开山修路，隧道施工，沟壑架桥。其中的艰难辛苦，我们走过来了，其中的苦中有乐、苦中作乐的场面，刻在了我的脑海挥之不去。至今想起，也会令人回味无穷。

　　刚来到襄渝战地，因为当时还没有公路，我们首先投入了公路的建设中。为了早日修通这条公路，我们连续奋战。修路中，要清除放炮后的石渣。有的战友负责装筐，有的战友负责拉筐向汉江里倒渣。装筐的战友，只要看到有空筐来到眼前，就不停地装。筐装满了，负责倒渣的战友迅速抬起筐，就向汉江边跑去倾倒。当时我是和一位叫李军长的长得又高又壮的战友合作，我们两人抬一个筐。

　　由于连续奋战，为了抢时间，我们不停地重复着这样的动作，人都有些麻木了，就像机器人一样。有一次，我和李军长看到筐装满了，我们俩又迅速抬起筐向汉江边跑去。"一、二、三"，随着喊声，我们将筐使劲向江边儿甩出去。突然，我本人连同筐里的石头被一起甩了出去，是筐上的绳子磨断了，我顺着陡坡滚向汉江。

　　在向下翻滚的时候，我清醒地意识到，一定要制止下滑，如果滚落到汉江里就没命了！同时，我还要随时躲避上边不停地倒下来的渣石。在向下滚落的同时，我迅速地翻身坐起来，不时地回头看，脚在不停地使劲。就在离汉江不到一米远的地方，我终于止住了下滑。

　　但坡上的人并不知道我已经滚下了坡，还有人不停地向坡下倒渣石。因为天黑和疲劳作战，那位与我一同抬筐的战友，拉着空筐又去装渣了，并没有发现我已经不见了。当筐装满了，她就喊我："李玲！人哪去啦，快来抬筐啊！"见无人应答,她才发现我不在了。

我在江边,试图爬上坡去。坡土松软,上面还不时地有石头滚落,陡坡有三四十米高,我根本无法攀登上去。后来,在公路拐弯的地方另外一个连队有人看到我滚落坡下,大声喊叫着阻止坡上的人:"别再往下倒渣啦!坡下有人,快住手!"

这个时候我们连队的人和那个李军长,才知道我已经滚落到了汉江边。好惊险啊!可是怎么上去哪?上面有人想出了办法,对我喊道:"你别急,我们去找安全绳,一会儿就拉你上来。"

绳子甩下来了。我系好安全绳,上面的人一起用力拉我。在我向上攀登的时候,脑海里竟然出现了英雄们登上珠穆朗玛峰时的画面,我仿佛就像一个正在攀登珠穆朗玛峰的英雄一样,没有一点胆怯和害怕。

上到坡上,战友们都围过来问候我:"快看看有没有伤到哪里?""李玲你怎么滑到坡下啦?"我平淡地一笑:"绳子断了,把我也给甩下去了。没事,没事,我好着呢!"大家这才恢复了平静。

随着施工进度的发展,公路修通了,我们又加入了进隧道清渣石的工作。一位叫郝玲的班长,在进隧道时前后一起干活的都是一个班的学兵战友,干着干着就与铁道兵人员混在了一起。隧道内昏暗的灯光下,粉尘弥漫,加之一身工装让人难辨男女,劳累让人更是有些浑沌。郝玲内急,拍拍前面一位正在弯腰扒渣战友的屁股:"唉,走,上厕所去。"前面那个战友站前身来,她搂起前面战友的脖子,就一起向隧道外面走去。

那个战友一声不吭地顺从。走着走着,快到隧道口了,外面的阳光照亮了从隧道里出来的人。郝玲感觉到有些异样,一扭头,才看清楚了战友的脸:"哎呀妈呀!什么时候变成男人的脸啦?"郝玲一声叫唤,像触电一样放开了搭在战友肩上的手,吓得跑开了。如厕回来,郝玲向我学起了刚才的尴尬,把我笑得前仰后合。原来,那是一位铁道兵男战友,因为他怕吓到女学兵,在郝玲拍他屁股时他也就没敢吭声,他乖乖地顺从着跟她朝外走,大气也不敢出,直到快出隧道时才露出了真面目。哈哈,这个笑料让我们笑了好久……

随着隧道的挺进延伸,女生上厕所要跑到隧道外面去,要走的路更远些了,为了节省时间不影响施工,女生们常常憋尿,但有时憋不住会尿裤子。有一次,我实在憋不住就尿裤子了,为了不让别人发现,我就往地上有水的地方一坐,回到工地继续施工。到了下工回连队时,路过一条小河,就在河里把裤子在身上揉揉搓搓,也就算是洗过澡了,回到连里再换上干净的裤子就好了。

这样的处理方式我有过多次,别的战友也有过,慢慢地很多战友都留下了尿急的毛病。早上起来排队上厕所,提着裤子扭秧歌成了我们女子连一道独特的风景。在隔一条河的对岸,营部铁道兵每天早上都会看到我们女子连如厕排队的队伍。有一天早上,河对岸的营部铁道兵向我们这面喊叫:"喂,上女厕所的队伍里怎么混进个男的啊?"

原来是学兵战友在饭里发现有长头发。营长来连队检查工作时得知这一情况,给连长说了,连长狠狠批评了炊事班。结果炊事班一位战友赌气,便将一头美丽的长发剪成了男式短发,便造成河对岸铁道兵看到的假象。

艰苦的施工,磨砺着我们的意志,丰富了我们的人生,苦中有乐、苦中作乐的经历是我们风华成长中的点滴火花。点点火花成为我们聚会中难忘的经久话题。

(作者为原配属铁道兵第10师47团施工女子学兵26连学生兵)

那山 那水 那人

魏凤琴

2009年7月5日,对于我们亲历三线见证襄渝铁路修建全过程的学生兵来说,注定是个不眠之夜。央视一套于6日凌晨52分播出了五集纪录片《见证——亲历三线》。

祈盼数载无果,今朝再现亲历。我想凡得到信息之学兵,无论以后几十年的经历如何,都会激动不已、翘首以待、一睹为快的。因为那短短的三年三线建设磨炼,每一位学兵的感受是刻骨铭心的。何况那段铁血襄渝,又是我们这些当年稚气未脱的少年迈向社会的第一步。

半个小时的播出转瞬即逝,那莽莽秦巴的崇山峻岭,碧波荡漾的汉江绿水,古色古香的蜀河小镇,唤起我无穷的追忆。泪眼蒙眬中又见蜀河,我情不自禁伸手触摸荧屏:那年那月那人、那山那水那情……

记忆,如闸门泄洪般喷涌而出;思绪,早已飞回我魂牵梦绕的蜀河——我的学兵八连……

带血的家书

1971年3月6日,山城宝鸡"5847部队学兵八连"鲜红的连旗下,聚集了200余名豆蔻少女,她们满怀青春的梦想,踏上了人生的旅程,积极投身到襄渝铁路建设中。

火车转汽车,再负重步行几十里,几天的长途跋涉终于到达了驻扎地——蜀河镇对面的羊子沟。举目望去,莽莽群山夹裹着滚滚汉江,"脚踩秦巴山,头顶一线天",是此处地形的真实写照。层层叠叠的群山怪石嶙峋、杂草丛生,山间到处峭壁悬崖,想找一处稍稍平坦的宿营地竟成了一种奢望!

我们八连初始的营房,是羊子沟山上的十余顶帐篷。一条曲曲弯弯的羊肠小道直通到那里,沙砾小路崎岖不平,又窄又滑。初到的那天,已是凌晨2点多,大家走得晕头转向、筋疲力尽。军代表只得选了几位身体好的战友,打着手电沿着只能走一个人的小路,手脚并用爬到了营地,全连战友硬是坐在背包上相互依偎着,在部队一连操场上过了半宿。

艰苦的环境,现实与向往的差距,丝毫没有冲淡少女们的激情。她们胸怀青春的梦想,像离巢的雏燕,对世界和未来充满了新奇、憧憬,义无反顾地向梦想的蓝天展翅。

悲剧的发生是那样的突然。由于她们对大山的险恶全然不知,在上场后的第四天,常宝珠战友手里攥着刚刚写好的第一封家书,高高兴兴地去发信。当走到小路的一个拐弯处时,脚下砂砾一滑,瞬间坠入几十米深的悬崖。凄厉的"救人"声惊动了军代表和战友们,军代表不顾个人安危飞身辗转跳下谷底,托起了七窍喷血的常宝珠。虽经全力抢救,也未能挽回她的生命,一只含苞待放的花蕾就这样过早地凋谢了。直到生命的最后一刻,宝珠战友的手中仍紧紧地攥着未能发出的浸满鲜血的第一封家书。家书里有她的青春梦想,更有她初到襄渝的豪言壮语,她壮志未酬心不甘啊!

我的世凤战友

马世凤战友,齐耳的两只羊角辫,上场之初年龄刚过15周岁,可她人小心大,瘦削干练,面对险情,她临危不惧,救人于危难。

说她人小心大,是指她的心胸,遇事她总是为战友们着想,从不计较个人得失;说她瘦削干练,是指她的坚忍不拔,再苦再累从不在困难面前低头。

她积极响应号召来到三线,来到八连,每天总是乐呵呵的,她用行动感染和温暖着身边的战友们。行军路上,没出过远门的战友走几十里山路连热带累,大汗淋漓、气喘吁吁,脚上磨起了血泡,身子像散了架子。瘦弱的世凤二话不说,抢过战友的大衣、行李,硬是加在自己肩上,整个人像扛着一座小山。到了驻地,她的袜子早已和血水粘在一起。炊事班的大锅笨重又不好抬,干练的世凤拿起杠子和军代表一起一步一步从山下一直抬到山上。军代表对这位倔强的小姑娘连声赞叹,战友们更是加油鼓劲声一片。在世凤战友的作息表中,没有下班的概念,一有空闲,她就去帮助炊事班担水、劈柴。战友们都说,马世凤就像一只上足了发条的陀螺，浑身有使不完的劲儿。

尤其是在宝珠战友出事后，许多战友惊呆了、甚至不知所措，世凤战友积极协助抢救工作，她毫不犹豫抱来自己的新被子铺在宝珠身下。宝珠战友身上的鲜血和呕吐物喷了她一身，她全然不顾，帮助军代表紧张有序地做人工呼吸、包扎止血。宝珠战友抢救无效牺牲后，她又默默地帮助料理后事，为宝珠战友擦洗血迹、梳头净身，清洗血衣，让宝珠像熟睡的少女依旧漂亮、整洁，直到亲手送战友入土为安。事后，连里考虑那床被子已无法洗干净，想给马世凤换床新被子，马世凤坚决不肯，她说："洗不净怕啥，我一样盖的！"就这样直到退场，她一直盖着那床带有血渍的被子。

马世凤战友的事迹被学兵战友广为传诵，她被连队树为学习的榜样，被47团授予"学兵标兵"。殊荣面前，朴实的马世凤竟连一句豪言壮语也不会说，只是淡淡一笑："我也没做什么，这都是我应该做的。"

1971年8月，襄渝线施工进入大会战阶段，世凤战友所在的八连机械排全力配合蜀河隧道施工。一天，电瓶车拉着十几节装满石块的出渣斗车风驰电掣般驶向洞外，轨道上视察安全工作的刘副团长只顾观察支撑木的隐患，待他发现飞来的斗车已经来不及挪步。说时迟，那时快，刚刚路过的马世凤来不及多想，一个箭步冲到刘副团长跟前，用尽全身力气把刘副团长从轨道上拽出。只几秒钟，电瓶车擦身而过，两个还未站稳的人半天回不过神来，好一个"有惊无险"！

事后，战友们问世凤，你哪里来那么大的劲儿啊，刘副团长体重少说也有两百来斤，你体重不过几十斤，怎么能够拽得动他啊？世凤战友腼腆地一笑："我也不知道哪来的劲儿，只知道人急了，什么事都顾不上了。"问她知道救的是谁吗？她说："我只看到一个人影，也不认识他是谁，是谁也得救啊，修建襄渝线都是一个战壕的战友！"多么朴实的话语啊，这就是给我留下深刻记忆的世凤战友，她是我们学兵八连的杰出代表，也是我们学兵的骄傲。

我的连队我的家

千余日的襄渝鏖战，记忆中更难忘的是我的连队，那是个何等温暖的家呀，在200多位姊妹的心中，那里是最最温馨的港湾。

战友们自集结的那天起，从相识到相知，朝夕相处，并肩战斗，荣辱与共，生死相交，共同经历了血与火、生与死的洗礼。襄渝线上，小小年纪的她们遍尝人间苦难，饥饿、艰苦、超负荷的劳累、流血、伤残、甚至付出年少的生命。换命之交铸就了融化在血液中的浓浓亲情,她们是没有血缘却你中有我、我中有你的至亲姐妹!

忘不了,星星点灯地当床,潮湿的被褥和衣躺;忘不了,扛柴路上饥和渴,搬运水泥的苦累脏;忘不了亲手建的土坯房,亲手扎的竹板床;忘不了,酷暑难耐修公路,三伏备料在河床……

怎能忘记,硝烟弥漫的掌子面,女电工总是拉灯在前,撤线在后,一次次把生的希望留给战友;电瓶车上、抽水机旁、空压机房、风门口前,处处都有八连战友矫健的身影。我们巾帼不让须眉、轻伤不下火线、重伤不离战场,哪里有危险,哪里就有我们八连女学兵!

被褥湿透,我们相互依偎,体温温暖着彼此;饥渴难耐,我们相互帮衬,仅有的食物、饮水一再谦让,共同分享;极度疲劳,我们背靠背互相支撑,青春的汗水挥洒在一起;战友受伤,痛在大家的心里,毫不犹豫地献血救援,我们的热血融合在一起。

两三年未吃到新鲜的水果啦,西昌慰问团发给我们每个人一只梨,大家舍不得吃,派代表送到伤病住院的姊妹手中,战友相拥,感动的泪水流在一起。谁说我们这个家里的成员没有血缘关系,那流淌在战友血管里的鲜血怎能分得清是我是你?那挥洒在一处的汗水、泪水早已把我们的心凝结在一起。在奋战襄渝铁路那激情燃烧的岁月里,连队这个家的温暖呵,远远超过了小家的温暖!

襄渝线那艰苦卓绝的战斗经历,我们无怨无悔,这是我们终身的精神财富。几十年来,无论身处顺境、逆境,我们都会自强不息、泰然处之,我们感悟到了:恶劣的环境,锻造了我们坚强的意志;吃苦耐劳,培养了我们坚忍不拔的优秀品质;甘于奉献,夯实了我们直面人生的基石;勇于进取奋发向上,铸就了我们人生道路上永不言败的硬骨头精神。

如今,我永久的眷恋;襄渝、蜀河……一切的一切均已远去。几十年的沧桑,多少往事,经不起岁月的磨砺淡出了记忆,唯有青春故乡的"襄渝情怀",仍魂牵梦萦在我们的心头,在生命的那片记忆中永远鲜嫩如初。

那山,那水,那人……

(作者为原配属铁道兵第 10 师 47 团施工女子学兵 26 连学生兵、中铁宝桥集团会计师)

逐浪英魂

杨慧萍

1972年7月1日,是我们5847部队学兵20连的战友们终生难忘的日子。这一天,我的好姐妹丁萍、马鸿雁为抢救国家财产舍己救人,与洪水英勇搏斗,献出了自己尚未成年的宝贵生命。

那天早饭刚过,连部就通知:"今天有大暴雨,三排去两个班,赶在洪水到来之前把汉江边的两车板材装运到材料库。"我们班班长丁萍第一个向排长请战,排长便把任务交给了我们九班和十班。

就在这时,天空乌云翻滚,倾盆暴雨直泻而下。我们两个班的二十几个人冒雨跑步来到江边,迅速抢运完木料。返回途中,看见公路边堆料场有两车木料,班长当即下令卸车。当时,磨子沟工地上的施工器材、斗车、木料已被暴涨的山洪卷入汉江急流之中。铁道兵17连的材料员和我连在家轮休的三十多名战友,不约而同地冲向汉江抢捞,我们两个班紧随其后。

我们连副指导员安排四五个人一组,拖着捞出的木料迅速向安全地段转移。突然,一个浪头把那位材料员卷入激流之中。危急时刻,站在最前面的五名学兵毫不犹豫,立即手拉手冲到水中去救人。可是水大浪急,她们又人小力薄,很快被打入漩涡冲散了。这时,那位会游泳的材料员已经从浪中钻出。他发现险情后又扑向江中,救出了两位学兵。一位叫常春华的战友凭借懂点水性的特长,死死抓住一根3米多长的木头,在大家的救助下游上了岸。当材料员返身再去抢救另外两名学兵时,她们已被激流卷走,这就是我的战友丁萍、马鸿雁。

战友遇难,全连姐妹号啕大哭,仿佛要用泪水和哭诉唤回她们曾经如同花蕾一般鲜活的生命。团、营、连几级领导反复给我们做思想工作,想要稳定大家的情绪,不料却使大家陷入更为深切的思念之中。

我们学兵20连是由宝鸡地区11个县的240多名女学兵组成的。我与丁萍同在十班,她是我们的班长。她1.65米的个头,虽略显瘦弱,却因为出身于军人家庭而具有一种坚强、干练的特质。在我们相处的日子里,她一直身先士卒、严于律己、宽以待人,无论在上山扛柴的山路上、维修公路的涵洞旁、砸石装车的汉江边还是推车出渣的隧道里,她总是争挑重担。记得一次暴雨之后,我们全班去抢修公路,丁萍带头钻进窄小的涵洞里,用手清除淤积在洞内的泥沙,两只手都磨破了,她却不吭一声,一直坚持到最后。

1972年5月6日在罗向崖隧道出渣时,我连战友肖梅英和两名铁道兵战士、三名民兵一起被大塌方夺去生命。肖梅英的父母刚拭去眼角的泪水,就把二女儿肖梅菊又送到了三线建设工地。丁萍战友怀着崇敬的心情,把这一切都告诉了母亲。她在6月14日给母亲的信中这样写道:"……妈妈,她们是为了祖国利益而死的,死得其所。妈妈,祖国建设不付出一定的代价是不可能的,要奋斗就会有牺牲。所以,我即便出了什么事,妈妈也不要难过,不要悲伤,要挺得住、想得开。我们连牺牲的那个同学的家长就是很好的榜样,大女儿为祖国建设牺牲了,又把二女儿送来,继续完成姐姐没有完成的事业……"谁能想到,这封信竟成了她留给母亲的遗言!这就是我的好战友、一位为了三线建设可将自身生死置之度外的女学兵的博大胸襟!丁萍牺牲后,她那伟大的母亲还给连队党支部写信,赞扬女儿的高尚情操,表示为有这样的女儿而感到骄傲。

45年过去了,我一直没有忘记这位与自己并肩战斗并长眠于巴山脚下、汉水之滨的战友。我常常把自己珍藏的战友遗像和一份载有通讯《巴山青松》(报道丁萍、马鸿雁事迹)的报纸翻出来看看,尽情地回忆"恰同学少年"时的峥嵘岁月。愿牺牲的战友们永远年轻,永远与我们共同修建的襄渝铁路同在,愿英烈们的事迹和精神永载三线学兵的光荣史册!

(作者为原配属铁道兵第10师47团施工女子学兵20连学生兵)

学兵78连

刘新中

一

这是一个遥远而陌生的称谓。

1970年,襄渝铁路建设全面拉开了序幕,作为大三线建设的重要工程之一,它的战略意义是不言而喻的。铁道兵投入了八个师的兵力,动员了近百万名民工。此种背景下,陕西组织了一百多个学生连队,请缨参战,铜川以六九、七〇届两届初中毕业生为主体组建了学兵78连。

1971年初,在大雪纷飞里,这支年轻的队伍从市政府门前出发,一面鲜红的大旗,一杯浓烈的壮行酒,颇有"风萧萧兮易水寒,壮士一去不复还"的悲壮意味。

从此,学兵78连和母亲铜川之间,形成了一条真正的热线。

二

襄渝铁路建设的艰苦超出了人们的想象。

由于交通不便,后勤给养跟不上,年轻的学生们面临的第一个考验就是饥饿。十七八岁的小伙子,正是长身体的时候,却常常饥肠辘辘。繁重的施工,大强度的劳动,给予他们的只是一碗清汤,一块发糕或馒头,几粒黄豆或几根压缩菜佐餐。这就是全部的营养。一次打桥墩,连续奋战了十几个小时,大家饿得眼冒金花,仅仅希望吃上一顿饱饭,但送来的饭仍然是每人一块小小的发糕,许多人委屈地哭了,跟班劳动的连长为此向炊事班发脾气。一次为了抢吃喂猪的豆腐渣,军代表喝斥不散,抡起了扁担,几个人腰上腿上结结实实挨了几下。十一班战士邓宝斌写打油诗给司务长提意见,被勒令检查。为了吃,许多人不惜违反纪律,偷挖附近老乡地里的红薯,搓半生不熟的麦子。1972年铜川市组织了慰问团到陕南铁路工地,他们带的慰问信许多人瞧都没瞧一眼,对带来的几扇猪肉欢呼不已,令慰问团的同志潸然泪下。

年轻学生们面临的第二个考验就是死亡。他们刚到工地的第一天,民工连放炮,一块石头飞起,一位女民工的脑壳当场被削去,白花花的脑浆惨不忍睹。他们感受到了真正"战争"的气息。隧道施工,机械化程度太低,血肉的身体和冰冷的石块拼搏,年轻的学生们经受住了考验,汗与泪流干了,剩下的唯有血与火。

1972年,他们施工的罗向岩隧道发生大面积塌方,一名女学兵、两名解放军战士、三名民工当场身亡,六具尸体齐刷刷摆在洞口。指导员向他们通报这一噩耗时,泪流满面。他们把悲痛深埋在心底,细雨蒙蒙的追悼会一结束,他们默念着动人魂魄的挽联"青春永将巴山照,忠魂常伴汉水流",又一头扎进隧道中。活着干,死了算!无数次,他们与死神擦肩而过。一次在上导坑,漏斗塌陷,九班长等人当即被埋入,三排长张平安陷进半身。千钧一发之际,他们挽手抱腰,一边抱住越陷越深的三排长,一边跑下去砸漏斗。据跑来帮忙的解放军战士说,如果不是措施得力,再晚几分钟,陷进去的几个人就没命了。他们人人都写过这样的红色家信:"要建设就有牺牲,假如儿子不幸在三线牺牲,望父母亲人不要悲伤……"这种内容的信曾使得铜川山城的父母亲人们心惊肉跳,今天看起来,无疑带有强烈的时代色彩。但的的确确,这是他们真诚的心声,是他们对死神的轻蔑和藐视。

三线建设,是对人意志最好的磨炼。年轻的78连,迅速地成长起来了。曾经在父母眼里稚嫩的面孔,开始刚毅,有棱有角;单薄的身子,开始健壮。黑瘦的脸膛,破旧的施工棉袄,腰缠导火索,肩扛风枪钻杆,这支队伍看上去寒酸,但却充满了阳刚之气,勇猛、顽强。卸船,200斤重的麻包,他们一口气不歇,可以从江边背到山顶;背水泥,他们撂着干,一次就三袋四袋;隧道掘进,他们的进度常常列全营之首,硝烟未散,就弓着身子扑了进去,数次被呛得吐血。铁道兵营长毕风富夸奖他们:78连能战斗,能打硬仗、恶仗,是好样的。

三

1973年,随着襄渝铁路线上的一声火车鸣叫,带着遍体伤痕与荣誉,78连全体回到了山城铜川,被安排到市属大大小小十几个单位。

襄渝铁路建设尽管不足三年时间,但学兵完成了自己从少年向青年的过渡,竖立起了自己的人生坐标,坚定了自己的做人信念,培养了一往无前、勇于吃苦的精神。这不足三年的时间,是高质量的,是人生的精华与浓缩。

当时对三线学兵安排有个政策,为减轻城市就业压力,原则上不回原地安置。但时任市委书记的张铁民一句话定了乾坤:这批娃娃是好钢,回来,好钢用在刀刃上。

铜川的经济发展不均衡,市属企业普遍机械化程度低。78连年轻的学生们没有盼到应该有的体面工作,几乎全部被安排到了生产第一线。襄渝生活,他们普遍落下了毛病,胃病、腰肌劳损、关节炎等,但谁也没有要求照顾。如分到庄里陶瓷厂的30人,不是装烧窑,就是抱大泥。京剧《红灯记》里李玉和赴宴斗鸠山以前,有一句颇为人们熟悉的豪言:"有这碗酒垫底,什么样的酒也能对付!"78连年轻的学生们有襄渝铁路的磨炼垫底,什么样的苦也能吃得了、什么样的罪也能受得了。他们用三线精神激励自己,用死去的烈士的行为对照自己,咬着牙迎接困难。很快,几乎都成了生产的骨干。

命运注定这一伙人与苦难为伴。他们刚背起书包上学时,正是"三年自然灾害";需要读书的时候,正是"文化大革命";长身体的时候,却以瘦弱的身躯,早早投入共和国的建设事业;上有老下有小的中年,时逢体制改革,经济调整,许多人所在的工厂发不出工资,他们又要肩负生活的重负……

苦难只对懦者逞威,78连的学兵战士没有被苦难压垮,昔日是这样,已经被惊天动地的三线壮举所证明,千里襄渝为他们树立起了丰碑;现在依然是这样,他们用行为证明了三线建设大熔炉锻炼的学兵战士是好样的,他们的行为体现了一种和襄渝铁路血肉相连的精神承继。

沮河引水工程中,有他们动人的事迹;公务员队伍里,有他们不倦的身影;企业的发展中,有他们的鲜血和智慧;下岗职工再就业的行列中,有他们默默地参与……他们用平常之心、平常之行为,塑造了78连的形象,荣不惊,辱不惊,认认真真做人,无愧于学兵战士这个称号,无愧于三线生活的滋养。

四

78连的番号永远地消失了,但78连永远存在。这种存在,形成了一个强大的"三线情结",他们聚会谈襄渝,梦里回陕南,从来没有忘记自己曾是学兵战士。

时光迅速地流逝,许多人的个人际遇几经变迁,有的成了工程技术人员、编辑记者、医生职员,有的成了厂长经理,有的步入领导干部的行列,有的成了个体户,有的仍在原来的岗位上辛勤耕耘……

世事变幻,各种价值观、人生观纷纷登台,但纷繁的外部世界并没有对"三线情结"造成冲击,并没有动摇他们心中的精神圣土。只要一说起学兵生涯,大家禁不住眼睛发亮、喉头哽咽。1991年,全连大聚会,在铜川饭店,一天一夜,大家哭笑怒骂,尽情放纵自己。当从咸阳赶来参加聚会的连长返回时,许多人抱着汽车大哭,他们怀念的是生死与共的78连,是自己血与火的青春,是一种永远不灭的学兵精神。

1997年,一部分人重返陕南旧地,熟悉的山水刚一进入视线,他们的眼眶就湿了。在旧营地,他们百感交集,竟无言以对;在夜晚的江边,他们遥望对岸稀疏地灯光,仿佛又回到了当年。今夜是昨夜,一梦二十年,伴随着江水的波涛,他们痛痛快快地哭了一场。三排长张平安身患重病,大家怕他身体吃不消,劝他不要去了,但他执意前往。他说:"这是一种夙愿,我的精神、理想的根在那里。坐汽车不行,我就坐火车去。"

78连,一个遥远而又陌生的称谓,一块至今仍然熠熠闪光的精神圣土。

78连,刻在苍茫的秦巴山间,刻在铜川山城的每一寸土地上,刻在78连每一个战士的心上。

曾经的78连,生死不渝的78连,永永远远的78连啊!

(作者为原配属铁道兵第10师47团施工78连学生兵,陕西省艺术馆研究员、作家,著有长篇小说《绿太阳》等)

与死神擦肩而过

卫建平

为了保证襄渝铁路建设的大量人力资源,1970年至1971年,陕西省政府动员征集了两批共25 809名六九、七〇届城市初中毕业生,组成了"三线学生民兵"(简称"三线学兵")奔赴三线战场,他们以十六七岁的稚嫩之躯,担负起了建设共和国的重担。我就是这"三线学兵"队伍中的一员。我们连队的番号是5752部队5809团学兵17连,先后驻扎在紫阳县西南约70华里处的权河口和温家沟。

在那艰苦卓绝、如火如荼的三线建设战场,这儿那儿,每天可能都会发生惊心动魄的事情,每个人可能都会遇到或看到这样那样的险情。那些难忘的经历无一例外的,都在我们的心灵深处刻下了深深的烙印……

激 流 惊 魂

1970年8月28日,经过了一天60多华里的徒步行军,我们连队终于到达紫阳县权河口。然而,到达三线战场的第一天,我连就发生了一件惊天动地的事情,让严酷的大自然真真正正给了我们一个"下马威"!

60多里山路让我们走得筋疲力尽、汗流浃背,身上黏糊糊的,所以到帐篷里一放下随身背包,我们就不管不顾地一窝蜂下到任河里打起了水仗。紧邻我们帐篷的那一段任河宽阔而宁静,河水碧蓝碧蓝的十分清澈,河水凉丝丝的,沐浴其中感觉特别舒爽。然而,谁也没有想到,如此温柔的河水中居然潜藏着要命的危险!

表面看起来宁静而柔和的任河底下的流速其实是很快的,在河边感觉还不是很明显，稍往深处走一走，就会有被冲得站立不稳的感觉。尽管军代表和连干部一再告诫我们不要往深处走，可危险还是发生了——我连一位身体瘦小的战友一不留神被冲倒了，急速地向下游的激流处漂去。激流处乱石击水，惊涛拍岸，别说被淹死，撞也得把他撞死！

面对如此险情，大家一片惊呼，可都不知道该怎么办！就在这千钧一发之际，我连的贾小平同学鞋都没顾上穿，光着脚丫子就向下游追去。

河边的乱石硌得贾小平趔趔趄趄，几次跌倒了又爬起来继续奔跑，脚硌烂了，鲜血染红了乱石，可仍然没阻挡住他急速追赶的脚步。终于，在河水眼看就要汇入激流的一个难得的河湾处，贾小平奋不顾身扑入河中，一把拽住了战友……

战友得救了！初入襄渝线眼看就要在我连发生的悲剧终于没有发生。千钧一发之际能够毫不犹豫豁出来、冲上去，贾小平身上的忘我精神和高贵品质，让全连战友由衷叹服！也让军代表和连队干部意识到——这帮子学生娃不简单嘞！

发生这样的险情，绝对是军代表和连干部们始料未及的，也着实把他们惊出了一身冷汗。如果在到达目的地的第一天就出了人命，他们该怎么向组织交代呢？这可真是不幸中的万幸啊！

所以从那天起，我连就宣布了一条铁的纪律：从今以后，任何人、不管出现任何情况都不得下任河洗澡——更别说游泳了！而且在以后的施工中，连队干部、特别是指导员对安全工作都抓得特别紧，工前工后反复强调，每个工班都配备有专职安全员严防死守。指导员也常常亲临施工现场检查施工进度，特别是重点检查安全工作，及时提出指导意见，从而有效地躲过了好几场灾难（当然也不乏侥幸因素），保证了我们连 185 人一个不落地全部退场返回（虽然伤残人员还是不少）。能取得这个"伟大的胜利"，兴许也与这件"激流惊魂"的事件有关吧！从这个角度上来说，贾小平和那位不慎遇险逃生的战友都是"功臣"啊！

两 度 昏 迷

1972 年早春，几天前一场早来的春汛，咆哮着的汉江浪涛将已经编扎好的襄渝铁路任河铁路桥二号桥墩沉井桩——钢筋笼，从河滩加工场地冲到了河床里。洪水退后，必须马上把钢筋笼从河水里打捞上来，下到桩坑里，为打混凝土做好准备——任河的下一场洪水不知什么时候就会突然而至，必须争分夺秒抢时间!

打捞拖拽钢筋笼的任务交给了我们学兵17连一排。在尝试用绳子拖了几次收效甚微之后,战友们急了,纷纷跳到了河水里,我也毫不犹豫地跳了下去。

当时虽是初春,但天气乍暖还寒,棉衣都还没有脱,河水更是冰凉刺骨,一跳下去,立刻便剧烈地打起了寒颤。但战友们咬紧牙关坚持着,紧紧围在钢筋笼两边——岸上用绳子拽,水下肩扛手推一起使劲,一、二、三呐!一、二、三呐……随着震撼山岳的劳动号子,钢筋笼开始一寸一寸地向岸上挪动。

时间在一分一秒地过去,我泡在冰水里的身体由起初针扎般的疼痛到渐渐麻木,最后感觉血液都停止了流动,浑身抖得简直无法控制,上下牙床在剧烈地碰撞,头也开始有些发晕,意识渐渐变得模糊起来,喊号子的声音越来越小,直到两片嘴唇成了无声的翕动,可我仍在努力坚持着……

不知道过了多长时间,这大约有一两吨重的钢筋笼终于被拖出了水面,在岸上战友们山呼海啸般的欢呼声中,我们挣扎着爬上岸的战友却一个一个"扑通""扑通"地昏倒在了河滩上!

突然,背部一阵剧烈的灼痛将我刺醒!还没等我睁开眼睛,身体又开始剧烈地抖动起来,刚听见有人大喊:"有电!有电!"我便又一次昏死了过去。

再次醒来的时候,我奇怪地发现自己怎么会浑身光溜溜地躺在铺着雪白床单的床上。忍受着浑身的疼痛和极度的虚弱,本能地刚刚挣扎着动了动,便听见有人惊呼:"醒了!醒了!"随即,便看到一位穿着白大褂、戴着军帽的铁道兵卫生员和围在他身后的战友们微笑着向我簇拥过来……

后来,在战友们绘声绘色的讲述中,我才明白了事情的经过。

原来,我昏倒在河滩上以后,被刘继林等战友背到了工地的动力(380伏)配电房里,放到了配电箱下面的木板上。因为我浑身都是水,而木板下的密集电路又绝缘不好,使我在冻昏以后又发生了一次严重的触电事故!幸亏发现及时,立刻把我送到营部卫生所抢救,才避免了更加严重的后果。

借此机会,我要真诚地补上我的感谢——没有战友们争先恐后地及时抬我就医、没有营卫生所军医和卫生员们的全力抢救,也许我会荣幸地成为烈士,像119位少年捐躯的学兵战友一样,静静地长眠在连绵巍峨的大巴山深处,"尽职"地守望着我们用鲜血和汗水浇铸的襄渝铁路,守望着一列列满载物资和欢声笑语的列车从我的身边风驰电掣、铿锵驶过……

(作者为原配属铁道兵第10师施工学兵17连学生兵,曾任"三线学生连网站"版主)

江中求生记

李 涛

1971年10月上旬的一天,汉江掀起了特大洪峰。往日清澈、温驯的江水顿时如脱缰的野马,咆哮着,翻滚着,狂泄而下,江面霎时膨胀得吓人。

那时,几十万筑路大军正在隧道里、桥墩上昼夜鏖战,我却待在营部宣传队里无所事事。因为,我们精心排练的歌舞节目没有按计划下部队巡回演出。

江水不停上涨。我和宣传队员们站在驻地门前的半坡上,看着眼前的惊涛骇浪,既觉得心悸,还有点儿莫名其妙的亢奋。几位来自部队的队员说,自从来到这里,还没见过汉江发这么大的脾气。

忽然,从上游拐弯处漂来数不清的原木,霎时便密密麻麻布满江面。我们想,一定是上游的江水漫上了工地,将支撑隧道排架的木料冲走了。正议论着,忽然营部的喇叭里响起许杰营长焦急的声音,说的好像就是江中木料的事。冲动的宣传队员们顿时血脉贲张,几个急性子的已经边脱衣服边往江边跑去,准备抢救这些木料。

看到几位先到者已经"扑通扑通"下了水,我也来不及多想,瞅准正漂来的一根原木,几步跨入水中。刹那间我到了江心,那根原木也正迅速漂来。我调整位置等着,几秒钟后它就到了我身侧。我双手往木头上一搭,不料它一下子就将我打开了。这时我才意识到,木头并不像在远处看到的那样在水面上漂着,而是在湍急的水中滚动着,打着旋儿向下疾冲。我猛吸一口气,双臂用劲向原木拢去。不料这次抱得太紧,急速滚动的原木一下把我半截身子拖入水下。我赶紧松手,但双臂和胸脯已被原木擦得一阵钻心疼。我往旁边一闪,这根木头就顺流直下,这时我才想起了其他战友,四下一看,不由大吃一惊:宽阔的江面上竟只剩下我一个人!奋力回头,才看见远远的上游处,先下水的那五六位战友都像企鹅一样,整整齐齐地蹲在沙滩上。想必他们已与离岸近的原木经过一番搏斗,终于和我一样败下了阵,这才及早"回头是岸"。可我已经到了江心,怎么办?

又一根原木翻滚着到了我面前,可我再也不敢用劲抱了,只想依托着它回到岸边。木头仍在江水中翻滚着,可我用尽办法也借不上一点力,只好无奈地离开它,眼睁睁看着这也许是最后一点生存的希望远去。

此时,我已筋疲力尽,仰躺在水面上一望,只见公路上几个穿军装的人边跑边挥手朝我喊叫,依稀可辨最前面的是营教导员安玉起。我顿时有了力气,几乎是狂喊着:"教导员啊,你们快点来吧!……"可当汉江又拐了一个弯后,再也看不见后边的人影了。我又挣扎着往下游看去,发现江边有十几个战士,连忙大喊。可他们还没发现我,我已经顺流远去。

游啊游,仿佛过了一个世纪,睁眼一看,心凉透了:我要去的彼岸不见踪影,另一面却似乎离岸更近些。不及多想,我又掉头向对岸游去。眼见得离岸近了,可江水转了一个弯,我要去的北岸却又远了。

我又急又怕,心里一阵迷糊。我也知道照这样挣扎,永远都没有靠岸的机会,但自己已无力控制方向,只得拼命向前……

过了一个险滩,又拐了一个弯,忽然看到了高坡上我们学兵15连那熟悉的营房,看见宿舍里涌出的战友们对着江心指指点点。啊,亲爱的战友们,你们可知道:这个正在水中挣扎的人,就是与你们这朝夕相处的战友!就是从小与你们一起玩耍、一起上学、一起参加三线建设的同学呀!

离连队和战友们越来越远,终于看不见了。我身心俱疲,手一松,江水立即漫过头顶。永别了,战友们,同学们!我好像终于等到了解脱的那一刻。可当浑浊的江水呛入口中时,强烈的求生欲又带着我浮出水面,脑海里异常清晰地浮现出亲人、故乡、校园、老师、同学……不!我不能就这样结束年轻的生命!一个激灵,头脑顿时异常清醒。我鼓起余勇,盯住一个方向拼命游去。这次不论在哪边靠岸,都不改变方向了。

忽然,眼前出现了一个奇特的幻景:风口浪尖上,一个穿军装、戴红袖章、挥着大手的青年形象占据了整个视野。哦,金训华!这是当时新闻媒体全力宣传的一位英雄人物,他正是在洪水中抢救国家财产时献出生命的。此刻,金训华仿佛正在对我召唤:好兄弟,快来吧!于是,我向着那只召唤我的大手艰难地游去……

不知过了多长时间,我终于有了意识。我的脸埋在沙滩里,两手抓着岩石,两条腿却还泡在水中。想往上爬,可身体上的零部件好像都已经不属于我。这时,远处传来了"嗨呦嗨呦"的喊声。费力地扭头一看,只见对岸几名战士正划着小船顺流而下,我知道这是救我来了。我想喊,发不出声音;想挥手,抬不动胳膊。露出水面的上半身感觉不到冷,泡在水中的下半身却似乎不存在了。我的牙关已咬紧得无法张开,皮肤和沙滩是一个颜色,谁又能发现我呢?眼看着小船又向下游划去,我焦急万分却又无能为力。我硬撑着不让眼睛闭上,绝望地看着湍急的江水和越来越小的小船。

不知道过了多长时间,小船重又出现,并在几经周折后停靠在离我十几米远的岸边。战士们跑过来,七手八脚地把我托上了船。他们全都脱下棉大衣铺在船舱里,然后按摩、揉搓我全身。很长时间以后,我才有了冷的感觉,"啊"地大吼一声,手脚可以活动了。

到了对岸,沙滩上聚集了很多人。不知是谁递给我一瓶白酒,我一口气喝了半瓶多。上了公路,围的人更多了。人群中有解放军、学兵,还有民兵。他们全站在公路两旁向我鼓掌。我光身子穿着一件军大衣,像个凯旋的将军。回到宣传队,大家抹着泪眼一窝蜂涌出来,那场景令我终生难忘。一位上海兵已哭得瘫软在床上,哽咽着说:"小李子啊,我以为再也见不上你啦!"我夸张地大笑着,并抬腿扭腰让他看:"没事!"

倒在床上,我整整昏睡了一昼夜,醒来时手脚却又僵了。又是得益于队员们长时间地摩搓,我才慢慢下床,踢腿、扭腰、伸胳膊、下蹲。好多天后终于恢复正常,但却落了个腰、腿、肩遇凉就酸、软、痛的病根。事后才知:在下游丹江口专门有打捞各种物资的部队和设备,江中的木料根本用不着我们打捞。许杰营长在广播中喊的,也是让各连提高警惕,增强责任心,不要使人员和物资受损失之类的话。

(作者为原配属铁道兵第 10 师 47 团施工学兵 18 连学生兵、陕西省《宝鸡日报》记者)

二、花样年华　苦中有甜

他们创造了月成洞 50.80 米的纪录

——记 5847 部队学兵 12 连

李进京

1972 年 8 月,5847 部队学兵 12 连在沙沟隧道施工中,取得了月成洞 50.8 米的骄人成绩,创造了新的纪录,全连荣获集体三等功。

1972 年 9 月 1 日,在 5847 部队隆重的庆功大会上,5847 部队学兵 12 连受到了团部的表彰。

5847 部队学兵 12 连,由宝鸡县虢镇中学、车站中学、渭阳中学、群力中学、县功中学、石羊庙中学、眉县中学、太白县中学的 225 名七〇届初中毕业生、社会青年和带队干部组成。1971 年 3 月 2 日起,在旬阳沙沟配属 5847 部队修建襄渝铁路。连长杜国英(宝鸡县粮食局干部)、指导员王凯(宝鸡县文化局干部)、司务长陈金(宝鸡县红卫丝厂干部)。

电视剧《亮剑》中李云龙有一句著名的台词:"狭路相逢勇者胜。"我们的连长就是我们连队的魂,他是军队转业干部,他被从宝鸡县粮食局抽调出来担任我连连长。他和指导员一起用解放军的英雄事迹教育我们、培养我们的战斗意志、带领着我们拼搏,铸就了我们 12 连敢打敢拼的战斗作风。

从 1971 年 3 月起,我连就配属 5847 部队 9 连参加了隧道施工。在 5847 部队 9 连首长和战友的言传身教下,我们逐渐掌握了隧道施工各个工序的专业技术,随后我们就承担了上下导坑掘进和打拱等项任务,多次取得优异成绩。经过一年多的锻炼,无论从施工经验还是体力耐力方面都有很大提高。

1972 年 8 月之前,我连从沙沟隧道横洞口和部队分开施工后,就到了出渣洞开始向沙沟隧道的进口方向掘进,施工任务分上下导坑、刷边墙等施工。就开始三个工作面施工,出渣洞的右上洞还开了一个小洞,方便人员进出。

1972 年 8 月,5847 部队开展"八月大战超额完成战备施工任务"大会战。会战前,连里召开了誓师大会,并且制定了周密的施工方案,全连战友摩拳擦掌,纷纷表示：一定要团结一致，齐心协力、作出新贡献。会战开始后，上下导坑的掘进更是打破常规，每个工班放炮力争两次。每个施工排之间都展开了竞赛，炮放过后烟雾还没有排完，安全员（都是副排长担任）就进洞排危石，装渣的车和打风枪的紧随其后也进去了，要赶在下班时间到来之前再放一炮。该交接班了，下班的舍不得走，上班的抢先进洞。四个排长也经常为此翻脸争吵过，到最后混到一起干活，分不清谁上班谁该下班。连续在洞子里干几天的人不计其数。我们使用的风枪钻杆都超过了1.7米的，掏心炮都要打2米多深。每次爆破手装填炸药时，装的都是8管炸药的炮眼。

我们连在大会战中是采取上下坑道、打拱顶、取中层、切壁墙同时进行的，因为一个排四五十人进洞施工，不可能只在上下坑道两个工作面施工，而是分为四个乃至五个工作面同时施工，这样就为创造月成洞新纪录提供了保障。

大会战中，木工班的正副班长合理分工，一人测量支模型的尺寸，一人带六人支模型，拱顶、边墙、水沟都要支好模型才能浇注水泥，还要有人跟班放模板。当时我们支了拱顶支边墙、支了边墙支水沟模型，有时在洞里一干就是12个小时。为了超额完成施工任务，有许多战友带病坚持工作。木工班也获得了集体三等功的荣誉。

学兵12连炊事班共10人，按照连里会战誓师动员大会的要求，炊事班上夜

左一为二排长潘瑞福，中为学兵12连副连长王德录，右为三排长杨志军

班的 2 人,白天进洞加班六个小时;上白班的 8 人,下午进洞加班六个小时。记得在会战之中,炊事班曾参加过的工作内容就有扒渣装车、协助进料装石子和水泥、协助推翻斗车、用混凝土打拱、擦风枪等。勤杂班和连部所有工作人员,在完成本职工作的同时,每天也要坚持进洞工作六个小时。

当年,学兵 12 连在旬阳沙沟隧道施工中创造了 50.8 米的月成洞纪录,这个纪录是铁道兵 47 团 2 营测量班用水平测量仪按照铁道部襄渝铁路规划设计图纸,一个毫米一个毫米测量出来的,是经得起任何检验的。据当时代替统计员工作战友的回忆,上级部门已经确认 50.8 米的纪录后,连长还让给下月留下了几寸。创造月成洞 50.8 米的纪录是全连上下齐心协力、人人进洞参加战斗取得的。仅这次,47 团 12 连就获得集体三等功 8 项、个人三等功 20 项、营嘉奖 40 项。

"敢打硬仗,能打硬仗,不怕牺牲,不怕流血汗"是我们连的一贯作风,集体三等功是全连战士用生命、鲜血、伤残和健康换来的,是全连 200 多人心往一处想、劲往一处使获得的。我们 12 连无愧英雄连队的称号,我们 12 连人人都是英雄。

(作者为原配属铁道兵第 10 师 47 团施工学兵 12 连学生兵)

哦，第二故乡

袁智强

反映游子重返故里的心境，是文学之海中一朵永不停息的浪花。这其中，贺知章的"少小离家老大回，乡音无改鬓毛衰"堪称执牛耳之作。在汗牛充栋的此类题材作品中，除了人所共知的本意之外，"故乡"在很多人的笔下具有特殊的含义——既非籍贯也非出生地，而是人生之旅中一个终生魂牵梦萦的所在，谓之"第二故乡"。"久有凌云志，重上井冈山"，"几回回梦里回延安，双手搂定宝塔山"，此类佳句抒发的正是思念第二故乡的情怀。

作为一名普通的新闻工作者，我自然难望毛泽东这样的伟人和贺敬之这样的文坛巨匠之项背，我的第二故乡——安康市旬阳县的沙沟，也无法与延安和井冈山这样的革命圣地相提并论。然而，2001年的3月9日至12日，当我与600余名当年的三线学兵战友一起，回到在25 800多名学兵的梦中流淌了28年的汉江边时，其欣其思也与前辈们无二。

10日参加完营造"三线学兵防护林"活动以后，11日一大早，我们5847部队学兵12连的四位战友便乘一辆桑塔纳，沿汉江北岸的316国道疾驰。车过旬阳县城和关口镇之后，我们就瞪圆双眼，紧盯对岸飞速后退的一座座山头。一会儿，我们异口同声地喊了起来："沙沟大桥！"

这座巍然屹立于春光之中的大桥，就像村口的老槐树，标志着我们的故乡到了。于是停车，请司机帮忙按动快门，记录下我们四人隔江与大桥合影的瞬间。那一刻，透过自己的泪光，我看到了三位战友眼角那一片晶莹……

在昔日被我们称作"小上海"的蜀河镇稍事停留，我们从那座新修的上有两道彩虹的汉江大桥上驶向南岸，首先赶到了位于蜀河火车站上面山坡的烈士陵园。本打算兵分四路寻找我们连牺牲了的战友的坟墓，不料刚走几步，眼尖的部守成就喊起来："那不就是全生的墓吗？"我们朝他手指的方向冲过去，果然不错。拨开眼前的枯枝，依稀可以辨清碑文是："李全生同志现年16岁，系陕西省宝鸡县虢镇西街人，1971年3月参加襄渝铁路建设，于1971年11月10日因公牺牲。"

在单位担任工会干部的陶保魁毕竟比我们有经验，他指挥道："再找蒋宝强的墓！"

出乎意料地顺利。还没等我们散开，在宝鸡考古界小有名气的刘怀君就发现了与李全生的墓仅米余之隔的蒋宝强的墓。碑文大致相同，不同的只是宝强"现年18岁"，牺牲时间为1971年12月8日。

插好上书"学兵12连"的红旗，摆好祭品，点燃两挂鞭炮，四位战友扑在墓前尚未返青的枯草上，顿时悲声大放。保魁边哭边诉："全生、宝强：29年以后，我们代表全连二百多位战友看望你们来了！"

我与丧生巨石之下的全生不很熟悉，但同排的宝强就牺牲在我的眼前。此时，我婆娑的泪眼，似又看到了那令人撕心裂肺的一幕……

那是一个乌云密布的中午。约12点一刻，我们奉命从公路旁边的库房往洞口抬水泥。行至狭窄的简易公路拐弯处，走在最前边的我见一辆油罐车由于方向打得过猛而迎面朝我们冲来，下意识地朝后面喊了一声"快跳"，便扔下水泥筐向公路右侧的崖下跳去。宝成、宝强和另一位我已记不清姓名的战友也做出了与我同样的选择。谁料，那辆可恶、可恨、可咒的汽车，竟如疯狗般朝着崖下的我们追来……

惊魂未定的我与迅速赶来的战友们一起，四人一批，轮换着抬起宝强的头、腿、腰，跟跟跄跄地赶到了约2公里之外的营部卫生所。路上我发现，宝强苍白的脸竟是那么平静，平静得仿佛根本不是在与死神搏斗，而是睡在我们那竹片编成的床上进入了梦境。

在刺骨的寒风中满头大汗的我们坚决不肯离去，守候在卫生所的窗外。我多么希望，整日承受超负荷体力劳动的宝强只是累了，用不了多久他就会醒来，依旧和我们一起抬水泥。然而，没过多久，我们却被吴军医告知：宝强已经离我们而去，他那如蓓蕾初绽的青春的生命，定格在永远的18岁上！

啊！我的恒久年轻的战友们，连队离去已有28年。在这漫长的岁月中陪伴你们的，莫非只有我们亲手筑就的铁路上那列车的汽笛声？请你们原谅吧，我们的确是来得太迟了！……

一步三回头地离开陵园，我们把自己与沙沟隧道一起留在了胶卷里。那一刻，唯一能够形容我心情的只有一个词：百感交集。我甚至一遍遍地在心里问自己：难道我们的欢乐与痛苦、自豪与迷惘、理想与失落、成绩与代价、收获与缺憾，都是在这黑黝黝的山洞里交织？我们连 50.8 米的全线月掘进纪录，竟是在这里创造？我们就是因为从这里掏出了大山的五脏六腑而荣立了连队集体三等功？

走过陌生的山间小路，我们来到了当年的"家"。整整 30 年前，我们第一次来到这里。那时，我刚 15 岁挂零。如今，当年的"学娃子"又回来了，而此时的我已然鬓有雪丝！此地也已物人两非，不见了当年的嘈杂与"繁华"。房东张大伯早已辞世，他的儿子张正地（他比我大一岁，当年我们都叫他"张娃子"）闻声迎了出来。几双手攥在一起，不停地摇啊摇，仿佛要抖落蒙在其上一万多天的历史风尘。

顾不得在张家喝口水，顾不得擦一把满脸的汗和灰，我们急切地在院落内外寻觅、辨认着自己青春的印迹。这儿是四排住过的地方，那儿是我们亲手平出的篮球场；一排的房基上麦苗碧绿、菜花金黄，二排、三排的宿舍则被翻盖成张正地兄嫂的住房。目睹此景，我不由轻声吟咏道："离别家乡岁月多，近来人事半消磨。唯有门前镜湖水，春风不改旧时波。"

作为二排八班的战士，我在自己当年的宿舍、如今张家的住房内，与主人的彩电肩并肩，以头顶上的吊扇和腊肉为背景，用相机记录了秦巴山区人民摆脱贫困之后初步富裕的生活。笑得满脸是花的"张娃子"拿出影集，让我看他正在哈尔滨工业大学念大二的儿子。他嫂子则端出一盘核桃、一盘柿饼招待我们。核桃我们没吃，柿饼则被我们带回了宝鸡，并毫无愧怍地告诉房东：当年我们可没少偷你们家这东西吃。张家大嫂闻听此言，抹着眼角说："那时候，你们学娃子吃的苦可是太多了！"

是啊，我们是没有少吃苦，用在司法系统工作的战友的话说，现在的犯人也没有当年的我们吃的苦多。但苦尽甘来，当我们在 30 年后看到了第二故乡的人民享受到了襄渝铁路带来的福祉时，心里比吃了蜜还要甜十倍！正是从这个意义上，数万学兵战友才会齐声高呼：青春无悔！

与张家三代人照完"全家福"，我们不得不心有不甘地辞别。汽车缓缓启动，透过车尾旋起的尘土，张家在家的大小近十口人，仍依依不舍地把我们送了一程又一程，依然在山坡上向我们招手。我不由得在心里默念：再见了，第二故乡！再见了，曾经养育过我们的乡亲！我们一定会再来，我们的战友们一定会再来！

（作者为原配属铁道兵第 10 师 47 团施工学兵 12 连学生兵、陕西省《宝鸡日报》记者）

难忘的学兵生涯

高宗魁

四十多年前,在我国钢铁大动脉——襄渝铁路动工修建的时候,陕西省的25 000多名六九、七〇届初中毕业生,按铁道兵部队建制,组成了学生民兵连(简称学兵连,后人习惯地称之为"三线学兵连"),在陕南襄渝铁路建设的工地上,用他们对祖国、对人民的一腔热血和满腔热情,以他们十六七岁的青春年华和稚嫩身躯,谱写了一曲惊天地、泣鬼神的人生壮歌。他们所经历的血与火、生与死的磨炼,铸就了当年学兵们在人生征途上的精神和力量的宝贵源泉。

回想当年,亲身经历的那些令人激动、令人难忘的工作和情景,犹如放电影一样,清晰地浮现在我的眼前……

一包馒头渣

1971年2月27日,我们学兵12连225人在宝鸡县招待所集中,学习、训练了两天后,于3月2日乘专列离开虢镇,奔赴当时我们谁也不清楚的襄渝铁路建设的战场。临行前,我的同学李峰的母亲给他送来了一包馒头。谁也没有想到,就是这一包平平常常、普普通通的家常馒头,却永远地留在了我的心中。

我们在火车上坐了三天三夜,这期间,每天的两顿红烧肉、大米饭,吃得我们这些绝大多数未出过远门的毛头小伙子们,一个个欢天喜地、神采飞扬,车厢里充满了无忧无虑的欢歌笑语。此时谁也没有顾及这包馒头,更没有谁会想到,"饥饿"的威胁正在向我们逼近。

3月4日凌晨,到达六里坪后,整整休息了一天一夜。当时襄渝铁路从襄樊方向才修到六里坪,而公路也是铁道兵到来以后,才从半山腰上凿出来的,弯多路险,崎岖不平,勉强能走汽车。5日早晨吃完饭后立即集合乘汽车出发。经过整整一天的颠簸,天黑以后到达险滩沟。前面公路还未通,无法驶汽车,只有换乘"11号"了。几个连队的人在接待站草草地吃了一碗米饭后,整队出发"急行军"。这时李峰发现,提包里的馒头已变成了碎渣。他说扔了吧,带上是累赘。我一看,也觉得带上没多大用处,但转念又一想,这毕竟是粮食,扔了可惜。而且我们都经历过三年自然灾害的困难时期,糟蹋粮食是一种罪过。再说,当时粮食凭粮票供应,是非常紧张的物资,就说还是带上吧,到驻地找个猪圈倒了,也算没有白扔。于是我们就轮流换着提着,跌跌撞撞地走了起来。

不知走了多长时间,前面传来"口令":"停止前进,驻地就在上方"。夜色中,我们抬头看到了半山腰上有一排排房子的轮廓,等爬上山走到跟前以后,才看清是部队战士为我们临时搭建的帐篷。当时眼下是黑乎乎一片,也不知道是平川还是高山,大半夜的急行军,一个个都累得筋疲力尽,人困马乏,所以一进帐篷,倒头便睡,我把找猪圈倒馒头渣的事忘得一干二净。

第二天蒙眬中听见了起床的哨声。走出帐篷一看,四面全是高山,脚下是滚滚的汉江,没有一点我们想象中宽阔平坦的迹象。当即一丝凄凉和忧伤涌上了心头。开饭了,我们的第一顿饭是部队九连炊事班做的,米饭和炒白菜,吃得还比较理想。当天连里组建炊事班,由部队派两名炊事员帮助做饭。第二天我们就吃了一顿又糊又硬的夹生饭,接下来的几天也不理想。当时由于交通不便,运输困难,大量的工程设备急需运进来,生活物资就非常紧张,副食奇缺。我们连续吃了几天的咸菜、粉条,还有海带和压缩菜以及生一顿熟一顿的大米饭,这样过了五六天后,普遍都有了一种饥肠辘辘的感觉。

到驻地后的3月13日下午,全连集合去营部参加部队为我们举行的欢迎大会。我因为有一件崭新的军装而被连长指定为旗手,高举着学兵12连的大旗,走在队伍的最前面,也算是风光了一次。大会结束回到连队后,连长宣布,过来到三线后的第一个周末。于是,我与李峰、锦泉和长乐四人相约去山顶闲谈。到山顶后,分别坐在几块石头上,眺望着眼前绵延不断的群山和脚下波光粼粼的汉江,我们感到无限的惆怅。

说了一会话后,大家都沉默无语,此时饥饿难当。我突然想起那一包馒头渣,忙问李峰倒了没有,他才如梦初醒地记起了提包里的馒头,还在帐篷里搁着。顿时,我们几个都来了精神。于是赶紧下山,在帐篷外的路边,我们席地而坐,等着他取来了提包,六只眼睛都焦急地看着他把提包打开。李峰先尝了一口:"没坏。"他激动地说:"真是谢天谢地,看来老娘想得确实是太周到了。"于是我们几个就如饿虎扑食一样你一把、我一把地吃了起来,于是这一包本该倒进猪圈的馒头渣无意中就成了我们的一顿美餐……虽然当时没有一丝咸菜,没有丁点佐料,但那个馒头渣的香啊,至今我都能想得起来,这恐怕就是人们常说的"饥不择食"的最深刻的切身体验了吧……

一 屉 包 子

1972年5月份,我们从参加了团里举行的纪念毛主席"在延安文艺座谈会上的讲话"发表三十周年而举行的文艺汇演后,就一直按照团党委的统一部署,在全团范围内巡回演出。因此,在这段时间里,营部通信班的战士们与我们相处得非常火热。尤其是四川籍战士小郭更是和我们形影不离,他迫切地要跟我学二胡,为此,我们几个与小郭的关系处得非常密切。

过八一建军节的时候,整个工地都放假休息,我们的演出结束后,也回连队休息。小郭要我们去营部玩,于是,我和长乐于8月2日上午吃过早饭后,去营部通信班找小郭玩。

到营部的时候,小郭的三个老乡已经早早地到了,并准备了当时非常罕见的瓜子和水果糖。我们在一起非常开心地吃着说着聊着,不知不觉就到了下午开饭的时间了。小郭的三个老乡告辞回连队吃饭。我们也要告辞,无奈小郭坚决不让走,要留我们吃饭。他从营部炊事班给我们打来了米饭、烧豆腐和炒白菜,我和长乐一人吃了一份。这时,和营部驻扎在一起的部队七连上士路过通信班,他和我们也非常熟悉。他发现我们在此,便返回七连炊事班,给我们端来了一屉包子。我们俩一看,简直高兴坏了。说实话,到三线一年半了,还没有见过包子是啥样呢。于是,我们放下米饭碗后,便又如饿虎扑食般地吃了起来,反正小郭是熟人,也不会见外。

包子的馅是大肉和压缩菜做的,个头不算太大,味道应该还是不错的。但当时我们谁也顾不得品评包子味道的好坏,只顾狼吞虎咽般地吃。至今回忆起来,我只记得一个"香"。小郭在一旁好奇地看着。在三线,学兵们当时普遍吃不饱,这个情况大家基本都知道。但小郭根本就没有想到,我们能吃得下这么多东西,他像发现了什么"怪物"一样地看着我们。当我们把这一屉包子一个不剩地"消灭"了的时候,他不无羡慕地说:"你们吃得真香,真想不到,你们能吃得下这么多东西。"我和长乐也都心满意足地说:"今天真是解馋,这是到三线以来吃得最饱的一顿。"

事后,我和长乐也都感到非常纳闷。一屉包子少说也有30多个,我们却是在吃完米饭、豆腐和炒白菜以后,又把这30多个包子"装"进了肚里,想起来确实有点不可思议。

一 块 蛋 糕

1972年8月以来,襄渝铁路的建设进入了攻坚的状态。面对这种情况,营党委指示文艺宣传队编排一台以"紧密结合施工安全实际、号召大家重视施工安全"为主题的文艺节目。以期通过宣传演出,提高大家对安全工作的重视,尽量减少和避免伤亡事故的发生。为此,营部宣传队于8月20日集中编排新节目。

宣传队集中以后,队长滕云生(部队八连的一位班长,上海人)给大家传达了营党委的指示,要求大家集中精力,群策群力,想方设法,认真排练,争取在最短的时间内,拿出一台高水平、高质量的新节目。除为现场的战友们鼓劲、加油外,还要为即将到来的"十月大战"做好鼓动宣传工作。经过研究和考虑后,决定把创作、编写新节目的任务交给我和岁福、锦泉三人,要求我们以最快的速度编写出几个紧密结合施工现场实际的节目。

第三天晚上,我们一直熬到了凌晨1点多。由于再也想不出更好的节奏和旋律,正打算就此定型,准备偃旗息鼓回去休息的时候,吴副教导员风尘仆仆地走了进来。他头戴安全帽,脚穿大胶鞋,衣服和手上沾满了泥,一看就是刚从工地回来的样子。我们忙起身让座:"教导员辛苦了!"吴副教导员说:"你们怎么还没有休息?"坐下后又说:"我们刚从沙沟隧道回来,出口处,一辆斗车翻在了轨道中间,满车石渣把路堵死了,我们整整搞了一个多小时,才把路疏通了。"听吴副教导员说到这里的时候,我的脑海里突然浮现出隧道里推斗车及身材高大的安全员挺身而出、紧急排险的情景,随之,一段欢快流畅而又极富节奏感的旋律出现在我的脑海里,我赶紧拿笔写了下来。等副教导员出去洗手的时候,我把这段曲子整理了一下,并让岁福和锦泉试唱了一下,他们都觉得非常满意。

正当我们在兴奋地修改试唱这段曲谱的时候,吴副教导员换了衣服和鞋,手拿着一包东西走了进来。坐下后他说:"来吧,孩子们,你们也辛苦了。这是老乡前天从师部给我捎来的,大家都尝尝,垫垫肚子吧。"说着打开了手里拿的那个包,我们一看,是一包金黄色的蛋糕。这可是好东西,来三线快两年了,别说吃,连见都没有见过。

听了吴副教导员的话,看着包里那非常诱人的金黄色蛋糕,大家都非常兴奋。我真想拿过来就吃,可是,部队的规矩和常识又使我不能动手去拿。尽管我们不算是真正的"兵",但近两年的军营生活,军人的作风和礼仪,我们已经非常熟悉。对于我们来说,吴副教导员是"上级首长",我们一群"小兵",怎么能随便地吃他的东西呢……

吴副教导员是山东人,50岁左右,是参加过抗美援朝战争的老铁道兵。由于文化程度低,所以至今仍留在营教导员这个职务上。他忠厚坦率,正直大方,与战士的关系处得相当好,对于学兵,更是疼爱有加。尤其是对于我们学兵12连,他更是有着一种特殊的感情。其中一个主要的因素是,我们的杜连长,也是一个有着十多年军龄的军队转业干部。凭着他不减当年的军人作风,硬是把我们连带成了一个能打硬仗、敢打硬仗的过硬连队。进入隧道施工以后,我们连的工程进度一直是遥遥领先,而吴副教导员也就最关心我们连的施工情况和安全情况……由于铁道兵常年转战南北,居无定所,因此,吴副教导员是孤身一人在部队。而且,铁道兵所到之处,均是条件艰苦、交通不便、物质贫乏……想到这里,我们更不忍心动他的东西。

一看我们都不动,吴副教导员就拿起一块蛋糕说:"吃吧,孩子们,不要客气。你们为部队建设做出了很大的贡献,这也算是为你们节目的成功演出鼓劲加油吧!"我们说:"谢谢教导员的关心和支持。"随之,我们每人拿了一块蛋糕,捧在手中,不忍心吃下。岁福说:"请教导员回去休息吧。"然后又用开玩笑的口气说:"您在这里会'影响'我们的'工作'哩。"吴副教导员一听就"哈哈"地笑出了声,笑过之后说:"那好吧,我就不'影响'你们了。不过,你们节目要演好,也要休息好!"于是,我们把包里的蛋糕包好,簇拥着吴副教导员回到了他的房间。返回后,我们细细地品味着那块蛋糕,一股浓浓的上级对下级、长辈对小辈的深切关怀的暖流,奔腾在我的心间。

一 碗 柿 子 酒

1973年2月15日深夜,我们三个结束了营部的演出以后,沿着公路返回连队。就在快要到达沙沟隧道出口时,突然听到路边有人呻吟。循声走近一看,路边的大石头旁躺着一个人,看样子好像是腿受伤了。我们忙问了情况,他说是民兵10连的。刚才在隧道里施工,被突然掉下的石头砸伤了右腿,由于施工现场人手紧张,因此,伙伴们给他做了简单的包扎后,把他送出洞外,便又赶回去干活了。他拿了一根木棍,寻思着自己爬山回连队,无奈腿痛得厉害,所以他打算躺在这里等同伴们下班回来再说。

听了他的叙述后,我们顿感胸中热血沸腾。看到他无法独立行走的痛苦状况,我们未加思考和商量,就不约而同地表示要把他背回连队。这位民工听了后连连摆手:"要不得,要不得。你们学娃子也够辛苦了,快回去休息吧……"我们不由分说,一个人背着,两个人在旁边护着,就开始行动了。

虽然我们几个当时都已是十七八岁的小伙子,在三线一年多的时间里,山路也没有少走,但如今是背着个人,走的又是深夜中的崎岖山路,不一会就满头大汗、气喘吁吁了。好在我们有三个人,可以轮换着背。一路上我们背的背、扶的扶,就这样轮换着向前走着。不知过了多长时间,终于看见了前面的灯光,他说那就是他们的连部。我们像看到了"胜利"的曙光一样,顿时来了精神。快到门口时,从屋里出来了一个人(后来知道这是他们正在值班的连长)。他看见我们正背着一个人,便赶紧把门打开,把大家让进屋里。进屋后,我们把伤员慢慢地放在了一把椅子上,这时我们才长长地出了一口气。

伤员刚坐定,就哽咽着说:"连长,真是苦了这几个学娃子了,他们硬是要把我从洞口背回来。快给他们喝点水。"这位连长一边招呼卫生员护理伤员,然后又叫通信员给我们打水洗脸端茶,还要安排炊事班为我们做饭。我们一听,顿感不安起来,便赶紧说:"连长同志,救死扶伤是我们学兵战士义不容辞的职责。我们在一条隧道里施工,这是我们应该做的,决不能给民兵同志添麻烦,更不能再打扰炊事班的同志们了,我们不吃饭。"

经过我们再三的推辞和谦让,连长说:"学兵同志们,我非常感激你们的行动,不让你们吃一顿饭,我心里过意不去呀。"我们说:"这实在算不得什么,我们做的还不够。"连长说:"这如何是好,叫我们怎么感谢你们呢!"稍一停顿,他返身回屋,拎出了一个小塑料桶,又随手从桌上拿了一个粗瓷碗,边往里倒边说:"学兵弟兄们,实在对不起,没什么招待你们。这是我们陕南人自酿的柿子酒,请各位兄弟们尝一口,权且是我们的一点心意。"我一听,话说到这里,看来这个酒不喝是有点不近情义了。尽管我们还从来没有喝过这种自酿的酒,但也顾不得这些了。于是我接过酒碗,狠下心喝了一口,顿时一股辛辣、苦涩的液体咽到了肚里,随之而来的是苦涩中略带甜味的清香……这陕南人民自酿的柿子酒,永远地留在了我的心中。

一次难忘的演出

大约是10月下旬的一天,滕班长说:"团长要我们营宣传队明天晚上去团卫生队慰问演出。"一听此言,大家的困意顿消,受到鼓励的高兴和喜悦之情溢于言表,所有的人都显得异常兴奋。

团卫生队位于蜀河隧道处汉江对面的蜀河镇,卫生队的那座白色房子,恰在蜀河与汉江交汇处所形成的那座高高的小山包上。我们下车来到江边的渡口,一只小船载着我们,沿着宽阔的汉江顺流而下,然后慢慢地拐进了较窄的蜀河里,直接停泊在卫生队所在的那座山脚下。卫生队的几个战士已经在这里等着我们,他们帮着把演出用的乐器、道具搬了上来,领我们进了一间较大的办公室。放下东西后,我们出去看了一下演出的场地,然后回来就开始做演出前的准备工作。

这时,卫生队的一个小战士送来了两支步枪。他给跟前的几位同伴打了声招呼后,把枪放在乒乓球台上就转身走了。因为我们的一个节目里需要两支步枪做道具,而在部队,枪是不缺的,因此,基本上是每到一地演出,都是"就地取材",顺手取来两支就把问题解决了。

当时,我正背对着门口坐在墙角的写字台前熟悉一段乐曲,突然传来"砰"的一声低沉而沉闷的响声。顿时,嘈杂声戛然而止,整座房子里突然静得出奇。我扭过头一看,大家都面面相觑地看着我,我的两位队友也傻傻地看着我。其中一个手里拿着一支枪,脸上一副木然的表情。我再一看,大家也都以一种异样的眼光和表情看着我。我低头看了一下我自己,觉得没什么特别的地方。再转过身时,我才发现,在我刚才坐的对面的墙上,距我头顶约有二三十厘米的地方,有一个黄豆大的痕迹……刹那间我突然明白了过来:"刚才的声音是一声枪响,而子弹就是从我的头顶上方飞了过去。"幸亏我是低着头,要不然,恐怕……后果真是不堪设想。想到这里,一阵后怕使我坐了下来,而我的那两位队友此时已瘫坐在了地下……

听到枪声后,正在外面布置舞台的滕班长立即冲了进来。他一进门就大声喊着:"出什么事了?"他先看到瘫坐在门口的两位同志,然后扫视了一下全屋,未发现异常,才问道:"伤着人没有?"大家都摇了摇头。待确认确实没有伤人以后,他才如释重负地说:"谢天谢地,假如你们谁要是如此'光荣'了的话,我怎么向营首长交代?"

这件事在我的心中留下了永不磨灭的影响,三十多年来,一直清晰地留在了我的心间,挥之不去,使人永难忘怀。

(作者为原配属铁道兵第 10 师 47 团施工学兵 12 连学生兵)

我一顿饭吃了五碗冷面

苟存喜

自从 1971 年 3 月上场以来,我们学兵 15 连最初在罗向岩打横通洞。就在这年夏末,各个学兵连队出现了痢疾疫情,影响了连队的施工作业。

说来也巧,我们连有十几个陇县农技校毕业的中专生(是我们学兵中学历最高的),他们中间有学中医的,建议说三颗针里含有黄连素,能治痢疾。于是,连队就派了人到棕溪镇的山里挖三颗针药材。

我们连队距离汉江下游的蜀河古镇,大概有三四十里路。距离汉江上游的棕溪镇(棕溪镇其规模远不及蜀河镇大)就十几里路远。

连队把担药的任务分配给了我们四班。我们一行八人从山里担了几麻袋三颗针药材,全连煮水喝,止住了痢疾,使痢疾疫情没有在我们连队流行!

说起棕溪担药,还有一段让人啼笑皆非的故事呢。那天我们一行人马翻山越岭,把药担出来到了棕溪镇子上时,已经是下午两三点钟,中午饭还没有吃,饥肠辘辘。大家建议去解放军连队吃饭。当时部队有个规定,学兵出公差,可以到铁道兵连队吃饭,交 0.19 元,半斤粮票,可以管饱吃(这一点是我们向往已久的)!

由于错过了饭点,路过的解放军炊事班里已经没饭了。我们求炊事班兵哥哥说:"只要有吃的就行,我们不挑剔!"那个兵哥哥说:"还有一大盆冷面条,不知你们……"我们非常高兴地说:"行!行!行!"把钱和粮票交给兵哥哥以后,我们就冲进了的炊事班(那个速度真如同饿虎下山),我的战友他们跑得快,抢的是大碗;我跑得慢,抢了个小碗。小碗有小碗的优势,我很快就把一碗吃光了,马上又去盛。最后结果,我拿小碗的吃了五碗,我战友他们拿大碗的吃了三碗(冷面条一碗可以盛得高高满满的)。说实话,我比我的战友们吃得还要多。

这是我在襄渝铁路建设中吃得最撑的一次。唉,真是太饿了!实际上我们已经吃饱啦,只是由于长期的饥饿,仍感觉不到饱而已。把那一大盆冷面条吃完以后,我们摸着肚皮问那个兵哥哥:"还有没有吃的,我们还没有吃饱呢!"那个兵哥哥跑进炊事班一看,大叫说:"你们咋这么能吃呀!"唉,大凡在施工连队的学兵们都知道,在那个年代,吃顿饱饭是学兵们的奢望。

那天,我们的确是吃饱了,吃得肚子撑得连路都走不动了。无奈歇了好久,我们才开始上路,嘿!回到连队还闹了几天肚子哩!

(作者为原配属铁道兵第 10 师 47 团施工学兵 15 连学生兵、陕西省宝鸡市人才交流中心管理人员)

一个指导员眼中的女学兵

汪 琦

20个世纪70年代,国家主要出于三线战略的考虑修建了襄渝铁路,它东起湖北襄樊市,经陕西安康、西接重庆市,横跨川陕鄂三省,全长894公里。整个线路沿汉江峡谷而上,穿武当,越巴山,地形险要,极为隐蔽。这条铁路的陕西段境内山高水急,桥梁和隧道占总长的80%,是一条名副其实的地下通道和空中走廊。正是为了修建这条襄渝线,1970年9月至1971年初,西安、宝鸡、咸阳等地先后动员了25 800多名初中毕业生(其中女学生4 000多名)开赴陕南的崇山峻岭,和铁道兵、民兵一起,逢山凿洞,遇水架桥,历时近三年,建成了当时中外筑路史上最为艰难的襄渝铁路(正式通车在1978年6月)。这批学生当年被统称为"学兵",由他们按部队编制组成的连队,称作"学兵连"。

1968年10月我走出西电走上社会,第一站是宝鸡一家民用工厂,被分配当车工接受再教育。1971年春节后我把出生刚过百日的女儿丢在上海奶奶家回到工厂,为解决夫妻分居问题正式向领导提出调动申请(老张单位已发出商调函)。正在协商"扯皮"中,工厂接到市"革委会"命令,要求派出两名党员其中必须有一名女同志,三天内去市里报到,任务是担任学兵连干部参加襄渝铁路建设,时间两至四年。工厂军管领导召开党员大会走过场作动员,之后找我谈话说指派我去。当时"三线建设要抓紧"是泰山压顶的政治任务,毛主席老人家说过,三线建设搞不好,他睡不好觉,"骑着毛驴也要到大西南去看看",我除了服从组织决定没有别的选择。但是到市"革委会"报到时,我还是向负责接待的张干事说明了自己的实际情况,对工厂的做法表示了不满。他听后表示理解和同情,但接着告诉我组织上的难题:原本要求借调的干部全部都是党员,但实际上做不到,尤其女党员只物色到包括我在内的两个人,这是底线数。他希望我无论如何先顾全大局,在完成任务后,由他负责给我与北京方面联系调动,那时候工厂就管不了了。我感到他很诚恳,也只好答应下来,随即投入了相关工作。我与铁道兵派来的干部一起到各中学招"兵"。十几天后,全市各基层单位抽调来的36名干部(其中6名女的)便带着2 500多名十六七岁的中学生离开了宝鸡。我没有时间考虑自己的事情,甚至来不及详细写封信告诉老张这些突发的情况。

学生们男女分开每200余人组成一个连队,共成立12个连队,其中两个女子连,编入铁道兵10师47团序列。每个连队配有三名地方干部任连长、指导员、司务长;部队向各连派驻五名军代表,分布在连部和四个排各一名,完全按照当时铁道兵的建制管理和使用。我担任学兵七连指导员,并和军代表组成党支部、任支部书记。当老张收到我临行前匆匆发去的"通知书"时,我人已到了秦巴山区腹地——安康地区旬阳县蜀河镇对岸3公里外的山坡上安营扎寨。满怀憧憬期待着夫妻团聚的老张如被一桶冰水灌顶,意外与不明就里引起满腹怨气,气得他拒不回信以示抗议。三个多月后,当在临时搭建的帐篷里,顶着昏暗的煤油灯,看到了阔别数月再熟悉不过的字迹时,我强忍着眼泪用心念了一遍又一遍……那是一个没有自我的年代。一年之后,老张趁到西安出差的机会历尽辛苦偷偷地跑到连队驻地看了一眼才真正原谅了我。这是后话了。

我们学兵七连由212名女学生组成,她们当时都还是16周岁上下的未成年人,凭着听从党召唤的一腔热血报名来到三线,迈出了她们人生旅途极为艰难的第一步。

陕南山区原本人烟稀少,除了汉江上偶尔驶过的小汽轮和摆渡的小木船外,只有叠留着祖祖辈辈先人脚印的羊肠小道,山里的老乡几乎与世隔绝。我们去时看到的所谓公路,不过是为修襄渝线、铁道兵放炮炸山开出的一条环山通道,沿途基本上全是一边悬崖、一边峭壁。峭壁上的危石来不及清理干净,更谈不上做防护墙,一经风刮雨打日头暴晒,碎石随时都可能滚落下来;道上晴天扬灰、雨天泥水,路面到处坑坑洼洼,车子开起来颠簸得如同做震动试验,但是当时所有的施工和生活物资全凭这条破路转运。就是在这样的条件下我们进了山。

我连单独驻扎在一个名叫黑狼沟的半山坡上,前不着村,后不着店,附近只有四五户老乡为邻,多亏有几个军代表男子汉给我们壮胆。刚到那里学生们(我还是习惯这样称呼她们)住在铁道兵事先搭好的一溜子铁架子简易房里,墙是芦席围的,地上铺着些麦草,隔成四大间一个排一间。连部则临时拉了两顶帐篷安顿下来。不久雨季来临,我们在帐篷的四周和中间(两边是地铺)挖排水沟,连通起来把雨水引向坡边,晚上睡在帐篷里,头顶和脚边都是潺潺流水……200多号人的吃饭问题更大,部队的安排是头三天由当兵的用大卡车送,一天两顿,三天后自理。我们赶紧组织炊事班,在军代表带领下,搭棚子,挖灶坑,支起一口大铁锅;第四天起炊事班的孩子们天天两点多起床揉面做馍,填柴吹火,忙到八九点钟只能蒸熟馒头,全连人就着咸菜喝白水啃馒头,一天也只能吃上两顿。当时运输跟不上没有煤烧,每天都要派出一到两个排的人力,每人带上两个馒头当干粮,天蒙蒙亮就出发到山里头买柴火,说是柴火其实就是小树木,到那里现买现砍然后扛回来。往返七八十里曲曲弯弯的山路很难走,特别是走到崖边时木材长不好转弯,只得一边用一只手挽住肩上的木材、另一只手扶着崖边慢慢地旋身,一不小心就会连人带柴掉下山去。学生们稚嫩的肩膀压得通红出血,脚上磨起了水泡,却没有一个人半途弃柴的。我和连长隔天轮流带队去,返回时队伍能拉开几里路长,我们一定要陪在最后一名学生身边回到驻地,从不敢放手。留下的人员收拾环境做开工准备,一周后投入施工。

我连担负的任务主要是沙石备料和公路维修。备料就是在汉江河滩上筛沙,并将河卵石、河沙分别装上翻斗车运到洞口提供隧道打拱用(开车是当兵的)。冬季凛冽的寒风吹得女学兵们脸上手上道道裂口;夏天烈日如火,河滩温度高达四十五六度,热浪烤得人发晕站着不动都汗流浃背。但是为了保证洞内施工进度的需要,无论春夏秋冬,她们总是头顶草帽肩搭毛巾挥汗如雨拼命地干。

开始一个班装一车沙石要二十多分钟,后来四五分钟便能装满一辆4吨翻斗车。维修公路,就是保证我连附近到蜀河隧道洞口这段约5公里的路段畅通。那条放炮炸出来的山路路况很差,坑坑洼洼的地方全靠女学兵们从河滩抬沙子石头上来填平。随着运输量的不断加大,公路维护工作量日益繁重,特别是天气恶劣的季节经常发生塌方或危石下落挡道,学兵们必须冒着危险及时排除障碍疏通公路,有时还要承担临时的物资转运任务。

记得第一次抢运水泥是在第二年的初夏,因连降几场暴雨过后,山洪暴发造成严重塌方,前端险滩沟的路基被毁公路运输中断,隧道施工急需的物资只得改成水路运输。这天,天还下着小雨,我连突然接到抢运水泥的任务,给每人发了一块黄油布,连长和我便带着大家赶到现场,只见泛着白沫的汉江边上停着一艘满载80吨水泥的驳船,船边搭着几块跳板连接着河滩泥沙地,河滩尽头一条蜿蜒的小路通向半山腰,几辆军用卡车停在那里正等着把水泥运到蜀河隧道急用。

时间紧任务重,这些女孩子们争着一人扛起一袋水泥就走,一袋100斤重啊,当时她们绝大多数人的体重还不到100斤呢,有的孩子个头小,一袋水泥压到肩上腰都直不起来,她们就让战友把水泥放在背上,依靠整个脊背支撑着弯着腰迈开步子。体力实在不行的就两人抬,而谁都会把水泥袋往自己这头拉以减轻战友的负担。她们咬紧牙关艰难跋涉,脚下泥沙灌满鞋子,脸上雨水汗水和着水泥灰往下淌,但是没有一个人退下来,全连硬是在预定的时间内完成了抢运任务。

打隧道历来是男人的活,然而修建襄渝铁路却创造了女人进洞的奇迹。随着隧道的延伸,我连一个排被派到洞口和隧道里,配合部队和男学兵连施工,她们开卷扬机通风机、当洞内照明电工、负责出渣,就是将掘进中炸下的石渣用铁锹装上电瓶车运出隧道等等,紧张的时候还要派到拱架上,操作捣固棒搅匀模板中的混凝土,震得浑身打颤满脸泥浆。别的隧道还有让女学兵打风枪的,好在我连没有摊上。

在那穷山恶水中,全连一二百人每天往返几十里路上下工,司务长或学生上士经常带人摆渡过江,去蜀河镇甚至翻山越岭采购副食品等,这途中的安全问题就十分令人担忧;施工中随时可能发生的伤亡事故更是如影相随,连长和我天天提心吊胆,特别遇到天气不好的时候。我自己也曾经两次遭遇险情与死神擦肩而过,想起来都后怕。

女学兵们承受着超负荷的体力劳动,付出了常人难以想象的代价。当时的生活条件异常艰苦,进场两个月后部队用卡车运输供应上煤,才结束了天天爬山扛柴的日子;半年多后通上了电才告别了煤油灯。平时吃得最多的是压缩菜,改善生活就是每班加发两个罐头,很难吃到新鲜的蔬菜和鱼肉,主食以白面为主搭着大米玉米面高粱米。炊事班的热水只能供给少数来例假的人用。女孩子们长年山作妆台水作镜,在黑狼沟的小河里洗澡洗衣服。后来在军代表指导下学生们把墙改成用柳条编泥巴糊的,冬天暖和了一些。用木料搭成通铺使地铺变成了床。还盖起了伙房,炊事班有了像样的案台和锅灶。自己动手打了口井,基本解决了全连生活用水问题,但洗澡还得下河。她们就地取材,用片石板把从公路到营房的小土路铺上八十多个台阶,这样一来抬煤扛面上下坡时好走了许多。所有这些"工程"都是女学兵们利用业余时间逐渐完成的。连部后来搬进了老乡的一所"干打垒"墙石板顶的房屋里,门前有块平地成了全连点名聚会的地方。

然而无论怎样的艰难困苦,都挡不住花季孩子们对快乐的追求,营房里公路上河滩边小河旁,到处都有她们的歌声嬉戏声。逢年过节我们自己搞联欢,她们唱样板戏唱信天游、跳白毛女、吹笛子口琴、拉小提琴,我还教她们用上海话唱紫竹调《庆祝国庆》,那是国庆10周年时上海流行的歌,歌词是"五星红旗哗啦啦地飘,六亿人民齐欢笑……"她们很有兴趣,很快就学会了。平时学生们最爱唱的歌就是《铁道兵之歌》《铁道兵战士志在四方》,每当看到她们唱这些歌时自豪的神情,我就会想起在唱起《当兵为什么光荣》《雄伟的井冈山八一军旗红》带给我的感受。话说回来,毕竟都是初离家门的孩子,而且绝大多数人两年半中没有回家探过亲,她们想家啊!她们常常唱起"抬头望见北斗星,心中想念……"把对家乡亲人无尽的思念寄托在自己的歌声里。

那个时代赋予这些稚气未脱、充满幻想的学兵们大山一样沉重的使命感,使得他们形成了具有英雄主义和理想主义的一个群体,他们面对苦难选择了与共和国英雄们一样的坚强和勇敢。抢运水泥时有的学生被压得趴倒在地上,马上站起来挥去眼泪继续干;一个班长带病坚持筛沙,累得吐血都不肯去看病休息;有个小排长施工中砸断了右手小指,被送到团卫生队截去了小手指,始终没掉一滴泪没吭一声气,那年她年仅17岁。

说到这里我不能不提到更加苦难的男学兵,他们虽说是男人,但他们还只是未成年的大娃娃啊,而他们却承受着和铁道兵、民兵一样的重任。有个男学兵连在一个名叫烂石滩的地方打隧道,地质条件如其名一样恶劣,掘进中天天小塌方三天大塌方,出渣时人常常要爬进去,每个人进去前腰里都捆着一条长长的麻绳,为的是如果牺牲了好沿着麻绳找到他的尸体,但面对死亡的威胁没有一个人退缩。这条隧道建成后起名"炼石滩隧道"。还有一个隧道在掘进中遇到一段最为坚硬凶险的石层,会战动员大会的主席台后面放着十口松木棺材,热血少年们纷纷用木工铅笔密密麻麻地在棺木上签下自己的名字。

苦难锤炼了意志,也凝结了友情。我连一个学生在隧道里瓦斯中毒,许多人把家里寄来的营养品送到她的床前;一个学生的妹妹病故,全班战友瞒着她拿出各自仅有的津贴凑在一起寄回去安慰她的双亲;别的连队发生重大事故伤员需要输血时,这些女孩子们也争先恐后地上;牺牲了的学兵中有的就是在危急关头把生的希望留给战友而献出了自己宝贵的生命……

经历了两年多的磨炼,学兵们走出花季走向了成熟。我和这200多名女学兵在襄渝线上朝夕相处患难与共整整两年零五个月。当1973年7月襄渝铁路全线接轨全部学兵退场时,全连学兵基本上都入了团,还发展了10名党员,连长就是在那里入的党。更加幸运的是,我连一个不缺全都返回了家乡。而在全省40万名筑路大军中,有近万名铁道兵、民兵、学兵战士献出了年轻的生命,永远长眠在了巴山汉水间,其中学兵114名。

(作者为原配属铁道兵第10师47团施工学兵7连指导员、航天科工集团江苏航天管理局退休)

抽水机班女学兵

刘蒲菊

修建襄渝铁路的岁月,它不算长,在人类历史长河中只是沧海一粟,却是三线学兵一生中最悲壮的经历。那与共和国共渡难关的激情岁月,那初出校门与铁道兵同甘共苦、浴血奋战襄渝线,流淌着酸甜苦辣,苦难与快乐共存的青春之歌,时时撞击着我的心扉,那些扬刀立马、奋战千里战备线的年轻战友,那些熟悉的音容笑貌,总是清晰地浮现在眼前,青春岁月里那段刻骨铭心的铁血史,一直铭记在记忆里。

原铁道兵47团4营学兵女子29连,当年在修建襄渝铁路建设中,是4营唯一的学兵女子连,这些稚嫩的花季女孩,和男学兵一样,在铁道兵军代表的带领下,昼夜兼程,来到大山深处,成为不戴领章帽徽的铁道兵战士,肩负起修建战备线的重任。她们一头扎进这封闭落后的大山里,没有娱乐,没有书刊报纸,没有节假日休息,没有少女爱美的服饰,连最简陋的澡堂都没有。即使在北风刺骨的冬天,仍然是在汉江这个天然大浴场洗涤征尘。

大山外面的红尘世界,离她们很遥远,唯有铁打的营盘,严明的军纪,一年四季清一色的施工服。食不果腹的伙食,单调繁重的施工任务,年复一年、日复一日地考验着这些娇嫩的女孩,在和平年代建设的战火中,奉献着花季年华的青春。支撑她们前行的是当今物质生活优越的现代人所缺少的一种精神和为共和国献身的一种信仰。

该连一排为机械排,设有压风机、抽水机、通风机、充电机、电工几个班。小朱、小黄、小高、小孙、小赵、小王、小魏、小杨等女孩,当年曾经是抽水机班的战士。这是一群活泼可爱的少女,她们阳光灿烂的笑脸,令山野间的花儿羞涩。她们是一群快乐的百灵鸟,终日里叽叽喳喳唱着悦耳的歌。歌声飘荡在连队里,飘荡在空旷的山野,飘荡在汉江的抽水机船上。

抽水机工,听起来是个舒适浪漫的工种,可是有谁知道抽水机班女学兵那不为人知的艰辛和默默无闻的付出。

抽水机班女学兵上班的回水湾,和大部队密集的陈家沟以及我们连的驻地都离得很远。那地方,前不着村,后不着店,周边渺无人烟,一条哗哗东流的汉江,两边是荒僻的崇山峻岭。几年时间里,在通向回水湾那条偏僻的山路上,无论春夏秋冬,午夜时分,总有几个神色惊慌的女孩,匆匆地走在交接班的路上。

那条偏僻的山路一个拐弯的地方,经常崖石风化,山体松动,大小塌方时有发生。走在漆黑的山路上,既要提防山野阴影里隐藏的毒蛇野兽,还要躲避随时塌落的石头,更要小心翼翼地辨认脚下的山径。如果一脚踩空,后果不堪设想。一排压风机班的王凯,在上夜班的路上,曾失足掉下山,侥幸卡在汉江上面山石的缝隙里,身体擦破了皮,没有造成大碍。还有一些女孩的脚经常被滚落的石块砸得红肿流血,走路一瘸一跛的,戏称"跛脚仙女"。

从抽水机值班室到抽水机船上,有一条崎岖的小径通到江边,一块木板从小径尽头搭到抽水机船上。机器日夜轰鸣,抽水机把清澈的江水抽到山顶的储水池,保障陈家沟段隧道施工用水以及陈家沟里筑路大军的饮用水。这看似普通的工作,责任却非常重大,来不得半点粗心大意。陕南的夏秋季节气候变化无常,即使当地天气晴朗,只要上游刮风下雨,看似温顺的汉江,立刻变成洪水猛兽,那汹涌的波涛,翻滚的浊浪,连根的大树,漂浮的尸体,排山倒海般咆哮而来。那惊心动魄的情景,即使站在远离汉江的岸边,也让你心惊肉跳,更别说站在水中摇晃的船上。

抽水机船所处的位置恰好是个湾,那些上游冲下来的尸体到这儿后,被湾里的激流漩涡冲得打转转,看着被江水泡得变形的尸体,女孩们是又恶心又害怕。没有办法,硬着头皮,拿起长长的撑船竿把尸体拨拉远点,让水冲走。

每次汉江涨水,抽水机班的女学兵,在班长小朱的带领下,跳进水里,为了防止被激流冲走,她们手挽手,站在齐胸的江水里,用自己羸弱的肩膀,死命地将抽水机船推离水中的礁石,保障船体安全。那令人震撼的场面,是一幅活生生的铁路建设中铁姑娘的新版图。

到了冬天,水位下降,抽水机班的女孩子要天天下水,把抽水机船推向深水里,否则就吸不上水,会严重影响洞内的施工。日复一日,年复一年,这些年轻的女孩就在这人烟罕至、冰冷的江水里渡过,落下风湿、关节变形、妇科等疾病。

王玉是一个15岁的女孩,用妩媚姣美形容这个女孩,一点也不过分。她苗条洋溢着青春性感的身材,精致小巧的五官恰到好处。她那常年风吹日晒微黑的皮肤光滑细腻,是我们连队的小美女。抽水机班的女学兵,十分喜爱这个娇柔美丽的小妹妹,亲昵地称她为"小不点"。

1972年初春节刚过的一个夜晚,天空阴沉沉的,月亮藏在厚厚的云彩里,凛冽的山风呼啸,抽水机船上的女孩冻得簌簌发抖。那天晚上,"小不点"和一个女孩值班,寒冷、恐惧、瞌睡一起向她们袭来。"小不点"唱起高昂的《铁道兵之歌》提神壮胆。半夜3点多,"小不点"唱着歌,来回检查抽水机设备,翻卷的浪花溅得满船是水,风大浪急,船晃动着,"小不点"脚下一滑,打个趔趄,人失去控制掉进汉江,歌声戛然而止。"小不点"在水中拼命挣扎,被激流冲得时隐时现。

这一刻,波涛汹涌的江水,将要无情地吞噬一个如花似玉少女年轻的生命。一起值班的女孩吓坏了,恐慌地高喊着:救命啊!救命啊!值班房里的班长小朱和铁道兵战士王兴德,听见呼喊声,急忙飞奔过来察看,只见激流里隐隐有一个人影。班长又惊又吓,失声喊道:"不好了,'小不点'掉江里了!"在"小不点"命悬一线的生死关头,这位不会游水的19岁年轻铁道兵战士王兴德,毫不犹豫地纵身跳进江中激流救人。

王兴德被刺骨的江水冻得牙齿格格作响,巨浪打得他东倒西歪,无法靠近"小不点"。这时小朱班长急中生智,拿起长长的撑船竿,使劲伸向王兴德。王兴德一只手紧紧抓住撑船竿,另一只手奋力去抓"小不点"。经过王兴德一番努力,终于抓住了快要沉下去的"小不点"。班长和另一个女孩,狠命拉住撑船竿,将两人拉回船边拽上船。"小不点"这时已经昏迷不醒,铁道兵王兴德也冻得嘴唇发紫脸发青,颤抖得说不出话。他不顾自己一身湿衣服冻得簌簌发抖,扯过棉衣裹住"小不点"冰冷的身子,抱起她就向营部卫生所跑去。

天亮了,经过军医一番抢救,年幼的女学兵"小不点"终于苏醒过来。当这个死里逃生的女孩睁开眼睛,看着围在床边焦虑关切的战友,哽咽着说:"谢谢大家救了我,谢谢铁道兵战友救了我……"经过抽水机班女学兵的一致请求,团部给予救人英雄王兴德记了三等功。

(作者为原配属铁道兵第10师47团施工女子学兵29连学生兵)

副食品加工厂里的趣事

李 玲

为了改善各个连队副食品短缺的状况,团里成立了后勤加工厂。我们女子连被重新打乱了班排,组成了一个四排,负责后勤加工厂的全部工作。工作有做冰棍儿、做豆腐、做酱油、做点心、榨油、喂猪等,以满足全团部队、学兵、民兵的后勤供给。

说是后勤,看起来没有隧道桥梁施工艰险,但困难和辛苦是在所难免的。

副食品加工厂建在一片坟堆上
夜半"闹鬼"吓晕"豆腐西施"

加工厂的厂址是在一片坟堆上建立起来的。我们在开始倒班做豆腐的时候,后半夜常常会"闹鬼"。有人看到一个白色的人影从窗口飘过去,也有人说看到的是一个脸色煞白、穿着一身白纱的人影从窗口缓缓飘过,而且是不止一个人看到过。"闹鬼"的事情在我们后勤加工厂闹了很久,当时我们一群小姑娘确实是被吓坏了,夜里没有人敢独自一个人去开粉碎机打泡好的黄豆。

记得一次轮到13班班长带着几个人接后夜班做豆腐,王秀华班长一个人在偏僻的拐角处磨豆子,一个叫顾明的战友给她端来泡好的豆子,静静地到了她的身后,拍拍她的肩膀,同时轻轻喊了一声"班长……"话音未落,专心磨豆子的班长以为是"鬼"来了,回过头就朝着肩上的手咬去,随后就晕倒了。这一倒,把顾明反倒吓坏了,赶紧喊其他战友。大家又是掐人中,又是拍打喊叫,慢慢地班长才苏醒过来……

为了消除大家怕鬼的恐惧心理,在一个夜晚,我提前给大家打好招呼,将白大褂工作服顶在头上，从窗外面悄悄"飘"过，让她们看是否跟她们看到的"鬼"相似？这样就用事实证明我的装扮和她们看到的"鬼"一样，而并非真的有"鬼"。我说一定是有坏人在装"鬼"吓人，想搞破坏，让大家不要害怕，要战胜自己的懦弱。慢慢地"闹鬼"的事儿就不再有人提起了。

16岁花季少女体重不足40公斤
背负90公斤黄豆大麻包艰难爬坡

做酱油、豆腐的原料为盐和黄豆，买来时都是大麻包装的，一袋盐有200斤重，一袋黄豆重也有180斤。原料从船上卸下来，转运到后勤加工厂，要靠我们自己往半山坡上搬运。抬、扛、挑、背，办法用尽。开始时是两个人抬，楼梯台阶坡很陡，麻包直往下溜，压得后面的人无法行走，最后只能尝试一个人背着走。180斤重的大麻包压到我的背上，体重尚不足80斤的我走起路来颤颤巍巍的，豆大的汗珠滚落流淌，我咬紧牙关不让自己趴下，坚持把麻包背到工作间，但却因此落下了腰肌劳损的毛病。

酱油原料经过发酵后，要用滚开的水去冲泡，一锅一锅的开水要我们用水桶尽快地提到酱油间。我们手提两小桶开水保持身体平衡，要一路小跑提到20米外的酱油间，一不小心开水溅出来就会被烫伤。我们15班的杨桂芳是工作中最出色的一员干将，在一次开水运送中被开水烫得满腿起了大泡，但仍然坚持工作。她因为工作中一贯能吃苦肯干，荣立三等功一次。

老鼠钻进了女孩子裤腿内往上爬，
鼠肛门内塞豆放鼠归窠咬死同类

加工厂的老鼠多得出奇，个大且不怕人。我们做酱油的工序是炒黄豆、粉碎、上笼屉蒸熟、拌曲发酵再转到酱油池中用开水冲泡。发酵工作间老鼠成堆，经常一推开工作间的门，就能看到在钢丝绳上一排排走钢丝的，老鼠哗啦一下掉下来逃走了。

如何消灭老鼠让我们很伤脑筋。一次我看到有只老鼠顺着墙边慢慢地爬，我逮住了它。如何处置？我没有将它打死，我想起了老人以前说过的话：以鼠治鼠。我把几粒黄豆塞进老鼠的肛门，又用针线缝住，让它拉不了屎，然后把它放了。黄豆在老鼠肚子里发胀难受,它回到老鼠窝里去会咬死同类。但因无从验证,最终也不知这个办法是否奏效。在一次除草劳动中,我们挖到了一窝小老鼠,我在老鼠的尾巴上沾点油点燃,小老鼠烧得乱窜。我怕引起大火,赶紧又去追赶拍打。想想我的所作所为,至今感觉好笑;同时,也感觉做得有些过了,那时到底是年轻啊。

发酵桶直径有1米多,深1.2米左右。一次,我们在清理做酱油的拌料发酵桶,用铁锨掀掉里面的棉被时,发现了一只大老鼠,在桶里乱窜但爬不上来,姑娘们胆小没有人敢下去清理打扫。我是班长,只好我跳下去了。先是拿扫把去捶,它顺着桶转圈,捶得急了突然又不见了,哪里去了?我正纳闷,突然感觉老鼠钻进了我的裤腿,顺着裤腿筒往上爬。好在我里面还穿有棉毛裤,老鼠抓不到我的皮肉。我隔着裤子顺着老鼠爬的裤腿凸起的地方,抓住了它,紧紧地抓住不敢松手;又让桶外面的战友帮我解开裤腰带,我用另一只手戴上手套把老鼠抓了出来。拎出来老鼠一看,老鼠屎都被我捏出来了。

曾经的困苦被我们征服,酸、甜、苦、辣丰富了我们的阅历,磨砺着我们的青春。每当战友们返回当年的故地重游,当年的学兵娃子看到铁路给当地人民带来翻天覆地的变化,仰望高高的大桥,抚摸铁轨隧道,看着时代的列车飞奔呼啸,感慨万分的我们都会感到无比的荣耀和自豪!我们的青春没有虚度,我们小小的年纪为祖国的三线建设添上了一砖一瓦,为祖国备战备荒年代添上了一朵朵小小的浪花。

(作者为原配属铁道兵第10师47团施工女子学兵26连学生兵)

夜行军中女学兵

轩 晖

修建襄渝铁路已经过去40多年了,每当战友们回忆起当年的往事时仍是激动不已。在襄渝线上两年零四个月的战斗生活,发生过许多至今让大家刻骨铭心的事情。在这些记忆中,有不少至今让人提起就捧腹大笑、津津乐道的故事,而其中最让人难忘的就是第一天走到驻地的"夜行军"了……

1971年新学期刚开学不久,学校就根据陕西省政府的有关精神,宣传动员同学们参加襄渝铁路建设。同学们的脸上露出激动的表情,个个摩拳擦掌,学校洋溢着踊跃报名的热浪。

2月27日,最后确定参加襄渝铁路建设的几十名男女同学在宝鸡县招待所集合,军代表组织大家学习三线建设的伟大意义。我校女同学被编为5847部队学兵20连,我又被分到二排,并被任命为二排副排长。

3月2日,我们在虢镇车站坐上了专列,奔向我们谁也不知道的目的地。列车一路走走停停,陆续上来了许多新学兵。尽管大家互不认识,但我们学兵20连的队伍也在不断地壮大。当列车出陕西、过河南、到达湖北的六里坪时,我们终于下了火车。稍作休整,就又坐上了军用卡车,掉头奔向了陕西境内。一路上汽车在坑洼不平的简易公路上颠簸行驶,许多女学兵晕车呕吐,好在汽车是卡车,不用停车,女学兵可以爬在卡车边向外呕吐。最麻烦的就是途中上厕所的问题,一路上公路的左边是大山,右边是汉江,路上没有厕所。卡车充分体现了它的优势,谁要想小解,大家让出卡车的后部,就地解决了,刚开始还都不好意思,但憋急了也就争先恐后地上阵了。

傍晚时分,终于到了陕西旬阳接待站,女学兵下了汽车,个个脸上露出了笑容,好像终于到家了。草草吃了点饭,大家背上了行装,手提脸盆,排着整齐的队伍,步伐是整齐的,心情是愉快的。口里喊着"一不怕苦,二不怕死"的口号,踏上了行军的路程。

一路行军,往上看,满山黄黄的迎春花、红红的杜鹃花,点缀在青山上煞是漂亮。往下看,清澈碧绿的汉江东流水,此情此景让大家不由得唱起歌儿,别提有多高兴了。随着行军时间的推移,行走在石渣路上的步伐慢了下来,女学兵们情绪也沉闷起来。

当我们步行到险滩沟时,天已黑了,而驻地还没有影子。这时的队伍已是像败兵一般不成"队伍"了,大家没了笑脸、没了歌声。事后我们才知道,险滩沟离我们磨子沟驻地还有近80里的路程。天黑后军代表提高了警惕,不时提醒大家跟紧队伍,注意安全。队伍在紧挨着简易公路的山边上行走,当夜深时我们终于走到了沙沟,女孩子已是疲惫不堪,队伍就地休息,大家立刻就地坐在背包上,进入了梦乡,有的顺势躺在满是片石的路上安睡了。睡梦中还有人在讲着梦话。

当继续行进的哨音吹响时,竟然没有一个人睡醒站起来。军代表着急得一个个往起拉人,拉起了一个人,再拉另一个人时,前边站着的又睡着了。连里的军代表们恨不得生出三头六臂来,急得前跑后颠。军代表高喊着:排副,检查人数!我睁开蒙眬的眼睛,点着数不清的人头,跟在二排的后边又前进了。天是黑的,黑得伸手不见五指,路是长的,长得总也走不到头……就这样我们摸黑边瞌睡着边行走着。军代表害怕出意外,让我们手拉手,或后面的人拉着前边的背包绳,闭着眼睛下意识地就这样艰难行走着。直到今天,最后的几十里路是怎样走过来的,大家竟然都无从说起……

第二天当太阳升起时,行军的队伍仍在半醒半睡中前进着。上午10点左右,我们被锣鼓声敲开了双眼,原来磨子沟终于到了。铁道兵5847部队三营的官兵列着整齐的队伍,敲锣打鼓在欢迎我们。当他们看着这群蓬头污面、丢盔卸甲、睡眼蒙眬的女学生们时,无不掩嘴偷笑。我们终于"爬"到了连队。钻进了各班的帐篷,顾不得打开背包,立即进入了又一轮梦乡。

这就是我们这些女学兵,终于走完了今生今世最长的行军路,也是我们在人生的征途上迈出的第一步!

(作者为原配属铁道兵第10师47团施工女子学兵20连副指导员)

指导员是我们的保护神

姜淑凤

2018年5月29日,学兵26连赴四川探望指导员的战友们,发回了与冷指导员相聚的喜悦照片及录像,大家欣喜万分。

当年我们参与襄渝铁路建设,组建女子学兵连时,部队派冷仲华任我连军代表、副指导员。近半个世纪了,26连的战友们终于找到了他。

听到冷指导员向全体26连战友热情激昂的问候,更是无比激动。指导员心里有26连学兵,26连心里更有指导员。47年前的情景也浮现在我的脑海里……

那是1971年3—4月份的一个夜晚,三排10班的战友们前往团部路边小溪旁,倒班为隧道边墙打水泥块。消息传来,施工中没有水泥了,负责部队配送的水泥的还没到。怎么办?虽然已是夜深人静,但施工不能耽误。商议决定:由材料员吴爱英和副排长王雅君一起去营部催水泥,其他人则原地待命。

大家焦急地等待着,总感觉她们去了好久还没回来,于是,班长张爱梅跟我说:"咱俩去接接,看看怎么还不回来?"

去营部的路不远,在距施工现场300—400米处拐个山脚,再走300米左右就到了。班长说,咱俩就在这拐弯处等吧。等了一会,见她们还没回来,班长就坐在路边的石头上闭眼小憩,不一会儿就睡着了。

我这个人天生就瞌睡少,且胆子大。一个人觉得很无聊,就四下看看。

天气很阴,连个月亮都没有,山对面就是我连驻地,整个连院里静悄悄的,偶尔见到站岗的战友拿着手电四处照射,山里时不时传来猫头鹰瘆人的叫声,给人的感觉不是宁静而是……

约莫半个时辰,老远就见材料员她俩回来了,这时我的玩心大发,想着怎样能捉弄一下吴爱英她俩。我见她俩小心翼翼,紧靠山墙边走着,心里一乐,就把搭在脖子上的毛巾取下来,然后像陕北人系羊肚肚手巾一样,把毛巾系在头上,把两个辫子也别进毛巾里,拉紧蓝棉袄,像个男民工一样,朝着她们就走去……

看着她俩紧紧依偎的样子,好像十分害怕,一是因为天黑无人,二是因为山里男多女少,也出过一些不大不小事儿……就在距离她们5米左右时,我突然身子90°一转,横过马路,一声不吭,直冲她们而去!原本就紧张到极致的吴爱英,突然边大声喊着"啊!流氓……"边喊边撒腿向前跑去,夜深人静,喊声震耳:"别过来!再过来我就跳下去!"

我被她的喊声吓了一跳,看来真吓着她了,她真要是跳下去了,那就出大事了,我急忙说了声:"吴爱英,是我,喊啥喊。"她熟悉我的声音,欲跳山崖的脚步停了下来,惊魂未定地说"呀!该死的,你吓死我了!要真是民工,我宁可跳下去。"就在我俩话音未落的时刻,冷指导员拎着手枪冲了上来,大声喊着:"坏人在哪里?出事了没有?……"

事后指导员虽未批评我,但此事对我的触动很大。指导员关切爱护我们的行为举止,也深深刻在了我心里。

另一件事也令人难忘。我们学兵到达驻地时,虽是有现成的铁皮房住,每人约60厘米宽的铺垫着稻草的地铺,但地铺潮湿阴冷,被褥一拧都就拧出水来,且小虫肆虐,居住条件差可想而知。

冷指导员看在眼里,急在心里,曾多次向上级反映,要求给我们女子连改善居住条件,但实在是因为施工紧张、条件有限,部队领导一时还来不及解决我们女子学兵连的困难。于是指导员毅然决定:动员全连所有人员,自己动手、自力更生搞营建解决困难。要求每人每天下工回来时,必须带一块石头或石板之类的材料,凡能用于营建的材料,都加以利用。

有人向冷指导员汇报,有一些物资丢在汉江边的沙滩上,那些木材和油毛毡之类的,咱们搞营建都能用得上,我们可不可以用来搭个离地高铺的。有一天夜里,天还下着小雨,冷指导员叫醒我们一行人,说是有紧急任务,大家立即精神抖擞,整装出发。一会儿来到汉江边,大家悄然无声地抬起一根根木材,还有人扛起油毛毡,十几号人没有发出一丁点声响,真是心有灵犀。

回连的路上,营部岗哨似乎发现了什么,大声问:什么人?并将探照灯来回地照射,大家一下子紧张起来。冷指导员说:"趴下!"我们也不管地面是泥是水,都悄声卧倒,不敢出声。那情景,就像是在战场上,八路军进入了敌占区那样紧张刺激。

后来，全连就是用冷指导员带领大家从汉江边扛回来的木头，自己动手，搭起了结实耐用的上下铺，全连女学兵摆脱了睡地铺的恶劣条件，居住条件大大改善。

那时的我们十六七岁，冷指导员比我们也大不了十岁，但他那吃苦耐劳、一心为学兵着想的精神，永远激励着我们，我们终生难忘。

（作者为原配属铁道兵第10师47团施工学兵26连学生兵、西安冶金机械厂技工学校高级讲师）

学"兵"记

张　龙

我们这批十七八岁的初中生，20 世纪 70 年代初来到陕南，参加襄渝铁路建设。

初到军营，我们就体会到了军营的严峻、艰苦和刻板。为配合铁道兵部队施工，部队是把我们当新兵来管理的。连、排、班都有军代表，就像新兵连队一样。

我们学兵连组建不久，军方医护人员就对我们进行了血型检测。当时我们不懂，后来得知，这是为了以防万一，需要抢救时不用再验血。如解放军战士的上衣口袋里侧，都写有姓名、部队番号、连队、血型等等，尤其还在领章背面写有血型，都是以备不时之需，可以用最快的速度进行输血抢救。

开始每个人发了一双帆布手套、一个垫肩，尝试着配合部队参与铁路建设的施工，其余的时间要组织学习，具体内容都记不清了，好像有三线建设的重要意义啦，解放军内务条例啦，还有一些安全教育啦之类的，还要求每个人都要写日记。

我们也按照部队的要求，把每个班编成三至四个战斗小组，每组三个人，有一个组长。我们每天早晚都要点名，然后进行简单的队列训练，晚上还要紧急集合。不过我们并没有进行其他的新兵必须的训练，因为我们毕竟不是"兵"。而且铁道兵的军事训练本来也不多，铁道兵更多的时候是逢山开路、遇水架桥，是中国铁路建设的一支特殊队伍，是哪里没路去哪里的"铁兵"。

那个时候，最让大家头痛的是紧急集合了。白天要参加劳动，稚嫩的身躯在超强的劳动以后，恨不得躺下不起来，却要被折腾着紧急集合。我觉得当时的各项训练，给人"下马威"的意思更多一些，是为了让我们这些被称为学兵连的初中生们，敬畏这个新的环境，敬畏纪律的约束。其实最重要的是我们并不理解的更深的含义。对于一支几万人的准军事化管理的队伍来说，这些都是必要的基础训练。

紧急集合,是按照军人的标准来要求和进行的。集合的时候,不准开灯,不准说话,不仅动作要快,而且还要打背包。在最短的时间里背上背包,跑到门前集合报数,然后全班跑步到集合地点,全连集合、点名、报数。通常是部队派驻的军代表训话、做点评,表扬快的,批评慢的,然后就解散回去睡觉。解开背包还没有睡安稳呢,紧急集合的哨声又响了……

有时候,紧急集合一夜折腾好几次。这种情况之下,我们都成了惊弓之鸟,晚上不敢睡踏实,生怕起来慢了,会受到批评。于是估计晚上会紧急集合,就提前把背包打好,和衣睡下。但是连领导和军代表会检查的,看睡觉了没有,看脱衣服了没有,发现不符合要求的,是要受批评的,还要看着你把背包拆开,衣服脱了睡下才行。然后你躺下还没有缓过神来,紧急集合的哨声就响了。

按照要求,我们睡觉时鞋尖要朝前放好,上衣怎么放,裤子怎么摆,都是有要求的,以便于在黑灯瞎火的情况下,可以以最快的速度穿好。听到紧急集合的哨声,以最快的速度披上衣服、套上裤子、系好皮带、穿鞋;然后打背包,三横压两竖,再用一双鞋垫着,背到肩上,一边跑一边扣扣子,站到队伍里,再一边点名报数,一边整理衣装。

有时候还会再接着来个跑步,路程不算太远,但有时候会很狼狈。如果有的背包没有捆好,一跑就散架了,提不得,抱不住,就差点急哭了。有一回,我们夜间紧急集合后,跑步到团部仓库,大约两三公里吧。在回来的路上,我觉得裤子很不舒服,用手一摸,才发现原来是里面的秋裤只穿进去了一条腿,另一条裤腿就那么地在裤子里面搭着呢。能舒服才怪!

像我这样丢丑在里面,别人看不见,难受自知。但有时候,在回来的路上天亮了,同学中鞋带没系好的,扣子扣错行的,秋衣穿反了的,背包不像样的,不一而足。你看我好笑,我看你奇特,不仅相互嘲笑,也会自嘲很久。

学兵连进行夜间训练,大家心里也有意见的,可除了服从以外,并没有其他的选择。于是我们每次行进到营部和部队七连的时候,就会"一—二—三—四""一二三—四"喊得格外响亮,不为别的,就为你不让我好好睡、我也得让你醒一会儿!而行进到女子26连对面的时候,也会高喊口号,不过那更多的是有戏谑捣乱的成分了。

(作者为原配属铁道兵第10师47团施工学兵10连学生兵)

三、人生课堂　终身受益

电台直播间里的畅想

魏凤琴

2010年9月6日,买好了下午6时的动车票回宝鸡。结果,一个电话改变了我的归期。是三线建设网站"万家灯火"栏目的版主——好友汉萍:"凤琴啊,今晚,西安人民广播电台'家庭港湾'栏目有约,为咱们三线学兵连40年庆典做一期专访,你一定要去哟……"

我再三推辞,然而好友的一番话,说得我无法拒绝。接着,我只能安排退票,匆匆往曲江赶场。

由于我被"召之即来"的,没有任何思想准备,更没有访谈内容的准备。访谈的内容是节目开始前10分钟拟定的,来不及理清思路,实属仓促上阵,幸有澍伟和汉萍到场助阵,才稳住阵脚。

三线建设的话题,那条贯穿川、陕、鄂三省的钢铁大动脉——襄渝铁路,刻着学兵们的青春印记,那铸就在生命里、融化在血液中的三线情结,是取之不尽、用之不竭的三线学兵的精神财富,尤其是那一百多位与秦巴汉水融为一体的少年英魂……

几分钟后,40年前的经历、积淀,让我们参与节目的三线战友追忆当年,心如潮涌,滔滔不绝,欲罢不能。

主持人李红,是一位资深记者。她亲切的主持风格,广博丰厚的知识底蕴,生动含蓄和深邃的语言,加之她柔美的音色,娓娓动听,扣人心弦。她从"三线学兵参加襄渝铁路建设40周年庆典晚会"说起,引申出今天的访谈主题:难忘、感动、精神、延伸……

一件件记忆犹新的往事,无数次的感动,战友们那种无私无畏、自强不息、甘于奉献、勇于献身的精神,是我们过去、现在乃至今后都不可或缺的民族精神,也正是当下最需要继承和弘扬的"三线精神"!

笑谈往事,感动着听众,也再一次感动着自己。一个小时的直播,转瞬即逝,思绪在襄渝的秦巴汉水间流连,灵魂在感天动地的三线精神中再一次洗礼,沉浸在深深的战友情谊里,我们久久回不过神儿来,只觉得意犹未尽,要说的太多太多……

襄渝铁路建设,三线学兵与铁道兵战友一起,以稚嫩的身躯撑起了共和国的脊梁,为年轻的共和国修建了一条钢铁大动脉。这条大动脉,在过去的 40 年、在现在乃至将来都将伴随着我们和我们的子孙,为祖国现代化的建设发挥着重要的作用。更重要的是在精神层面上,它锤炼了两万五千八百名学生兵。我们是"泰山崩于前,面不改色"顶天立地的英雄儿女,我们堪称是"中国的保尔"。

退场后的几十年,在这支队伍中,有几百名战友走上了厅局级以上的领导岗位,更不乏叱咤商海的优秀民营企业家,还有那师德高尚、业务精湛、教书育人的博士生导师、教授,更有那影视传媒中享誉华夏的知名导演、影视明星。而更多的是始终如一地奋战在生产一线的学兵战友,他们无愧为共和国的脊梁。

三线建设艰苦卓绝的战斗经历,一直被我们视为终生的精神财富。无论身处顺境、逆境,都会泰然处之;我们淡泊名利,心静如水,自强不息,默默奉献,无怨无悔。

时代需要"三线精神",中国需要"三线精神","三线精神"与江河同在、与日月同辉。

(作者为原配属铁道兵第 10 师 47 团施工女子学兵 26 连学生兵、中铁宝桥集团会计师)

那方热土　那群人

尚永生

　　1995年秋,一次偶然的机会,又到了旬阳。襄渝一别,二十多年了,当我在旬阳车站看到襄渝铁路时,触景生情,我蹲下身用手轻轻地爱抚着雪亮的钢轨,百感交集。有道是男儿有泪不轻弹,此刻,眼里却充满了泪花,襄渝铁路,我的女儿!我们离开你时,你还在襁褓之中,而今经过二十多个春秋,你竟出落得如此婀娜多姿、妩媚动人,在你的身躯里,流淌着多少人的汗水和鲜血,有多少少年英魂和日月一起与你相伴、为你永别故乡!你和我们的青春年华血乳交融在一起成长,青春血,壮士泪,说不尽的情思啊,道不尽的衷肠!

　　接待我们的旬阳县高怀德县长得知我曾经参加过襄渝铁路建设时,十分动情地为我斟了满满一杯酒说:"你们为旬阳老百姓出了力,旬阳人民感谢你们。"是的,旬阳人记得那个特殊年代来到大山里的学生娃娃,是他们用自己稚嫩的双肩扛起了通往西南大后方的战备铁路,是他们为今日陕南的经济起飞架起了钢铁的翅膀。

　　东去的列车,行驶在我们亲手修建的铁道线上,当年一幕幕生活场景如电影一般掠过脑海,多少熟悉的身影面容在眼前闪现,多么熟悉的铁道兵战歌在耳边回响,还有聪慧、美丽的东方,那个值得我永远敬慕的姑娘。啊!襄渝铁路,三线建设,你使我们懂得了劳动的艰辛,你使我们懂得了意志、毅力、勇敢、坚强这些抽象的词句,你将祖国的山河装进了我们的胸怀,你帮我们将战友情谊铭刻在心中,你提供了特殊的人生课堂,使我们开始了真正意义上的世界观的重塑。

　　列车经过我们当年修建的隧道时,我专注地盯着窗外,努力辨认着一晃而过的一草一木、一土一石，想找出当年的一丝痕迹，这里的一景一物，都在我心中激起无边的遐想，就是在这大山中，在鲜红的党旗下，我举起了握紧的拳头……我多么想在这里住上几天，看看我们当年住过的营地、走过的山路，祭奠千百壮士英魂，指点当年沸腾战场，舒我昔日少年情怀……

1993年，江泽民同志为"大三线丛书"题词：让三线建设者的历史功绩和艰苦创业的精神在新时期发扬光大。

1996年，陕西电视台《三线学兵连》开拍，这一段尘封的悲壮史实，有许多值得人们记忆的故事，是一个埋藏很深的精神富矿，它的开采，必有惊人的发现，摄制组遍访当年学兵，采编陕西青年运动史上这鲜为人知的一页。

与此同时，大批学兵回陕南探望，来到那些长满青藤蒿草、铺满乱石枯枝但只有他们自己认识的荒坡野岭上，去寻找他们曾经的热土、曾经的少年梦，因为这里是他们青春的故乡。安康地区大规模地营造"三线学兵林"，组织"三线学兵回归游"，修建"三线学兵签名碑"，开展"三线学兵招商引资"活动。每年清明节祭奠三线烈士陵园，是当地中小学生的重要的爱国主义教育活动。

回首往事，犹如鸿爪雪泥。多少年过去，唯有三线建设的岁月依然那么清晰。当这一岁月被同一经历的人认可时，它的独特的价值便凸显在史册上，这段经历完全迥异于各种一时轰轰烈烈很快成为过眼烟云的事物，它产生于那个特殊的历史环境，它提供了特殊的人生课堂。"文革"后期，极"左"思潮泛滥，政治生活畸变，这批青年以率真幼稚的头脑、冲动而盲目的狂热、忠诚而崇高的理想，走上了襄渝铁路战场，在严峻的生活关、劳动关、生死关的考验下，脚踏实地地铸造和实践了"三线精神"。

岁月流逝，虽尘封却不掩其华。长篇小说《白鹿原》的作者、陕西作家陈忠实先生为三线学兵的壮行所感动，在《踏过泥泞》一文中，他写道：在那场以摧毁和破坏为特征的劫难中，三线学兵连的中学生们却成就了一桩建设的业绩，襄渝铁路铺摆在巴山汉水之间，二十多年来火车日日夜夜呼啸着穿梭往来，这是写在陕西大地上的长篇诗卷，在国家和民族处于劫难的岁月，他们选择了建设，以自己的青春年华，以自己的血肉之躯以至生命，义无反顾地踏过了国家和民族发展过程中的泥泞，也踏过了自己生命中的泥泞……

（作者为原配属铁道兵第10师47团施工学兵24连学生兵、陕西省咸阳市委党校教师）

我们想家了

姜淑凤

20世纪70年代初，经历过修建襄渝铁路的人们都知道：无论是男学兵还是女学兵们，近三年的三线建设生活，他们最难忘的应该是：想家、饥饿、劳累、危险，但更多的是历练、成长、友谊、欢乐，令人终生难忘……

绝大多数学兵都想家。因为，我们这些初中毕业都是十六七岁的孩子，从来没有离开过父母，从来没有独立生活过，尤其是到了这与想象的条件相差甚远、劳动强度极大的环境下，生活又是严肃紧张，加上饥饿和劳累，学兵们一时半会儿都接受不了。

但这并不会影响我们青春的闪耀。想家的念头一闪而过，抹掉眼泪，又是有说有笑、叽叽喳喳，这就是青春，这就是一群无忧无虑的十六七岁的孩子……

指导员说：我带过那么多新兵，那么多的连队，真就没见过这么多爱哭、爱笑、聪明能干而且善动脑筋的年轻人，真是一群好苗子呀……

不过就是这群聪明的宝贝儿，也有不少让人头疼的举动：听我们连的战友说，她们一个学校来的男学兵连，因为大家也都想家想得难受，一天排长对战友们说："集合，上山！"大家呼啦一起上山了，"哭！"全体男学兵"呜……啊……"一起狂哭，"停！"大家又一起擦干眼泪，回到连队。

多团结的集体，多么让人心动的场面啊，毕竟男儿有泪不轻弹啊，可他们同样也只有十六七岁呀！

不过我们女学兵想家就想得没那么"含蓄"了。记得来襄渝线时的第一个大年三十，不知是哪个连队施工放炮，石头雨铺天盖地地砸向我连驻地，幸亏没有伤到人，但一块大石头却砸漏了炊事班的屋顶，砸漏了大锅，把刚做好的一锅饭都漏没了……

铁道兵营长让我们全连去营部吃饭,吃着营部给做的夹生饭(因为时间仓促,人数又多)就着盐面萝卜条(因为交通不便,所以条件有限),大家端着碗一下子哭成了一团。不知是谁说了一句:"哭啥?咱这不是正好也来体验体验铁道兵的艰苦生活吗!铁道兵不就是哪儿没路就到哪儿!哪儿艰苦哪修路吗?哈哈!咱就是一群不穿军装的铁道兵吗?"听到这话,大家又你看看我、我看看你,脸上还挂着泪珠,就哈哈大笑起来!想起来到三线建设的第一个大年三十,还真是令人终生难忘!

晚上回到连队,铁兵指导员专门组织全连联欢:玩游戏、拔河,还给我们发香烟、发鞭炮……为了陪我们玩,指导员一人跟我们一个个班拔河,明显是拔不过一个班的十来个人,他就把绳子缠绕在腰上或缠绕在连队黑板报的柱子上(黑板报是在两根埋下的树桩上挂一块石板做的)脚蹬在树桩上,拼命地拉着、笑着……

游戏之中指导员还把自己的胳膊蹭破了一大片,鲜血淋漓,我们看得都心疼!大喊着:"指导员!你胳膊流血了!"指导员说:"没事儿!"其实我们都明白,指导员为了能让我们开心、不想家、不躲在被窝里哭,真是竭尽了全力!真把我们当作自己的孩子一样关心、照顾着。

每当全营集合,部队及学兵连可一起坐在沟底,山涧那小溪静静地流淌在山脚下,与我们一起聆听营长的训话,清澈见底的溪水中,还会见到小鱼、小虾甚至是螃蟹嬉戏……

平日里,我们连与营部饮用山脚下的溪水,大雨天可就苦了炊事班战友,她们把混浊的泥水担回山上,用明矾或漂白药片放进泥汤里搅动沉淀,但稠稠的黄泥汤仍然沉淀不清,炊事班只能用这水做饭,原本金灿灿的玉米糁做成饭后就变了颜色。后来,我们指导员动员全连用桶或盆接房檐雨水做饭。

大雨不光把山脚下溪水变成泥浆,连续几天的大雨还造成了泥石流和塌方,使得我们无法出行。230多人眼看着就要断粮了,连里只有少量的红薯干和压缩菜了,担任二排长的铁道兵女排长不顾连里反对,毫不犹豫地带头下到汹涌的洪水中,要到营部去为我们筹粮。高排长用一根粗绳子,把自己与学兵串联在一起,慢慢蹚向激流中,突然,上游水位猛涨,并冲下来一块吉普车大小的石块……吓得我们全连大喊:"排长!快回来!危险!""不要过去了!排长……"

对面营部的铁兵们也都大喊着:"危险!不要过来!快回去……"营长也急切地喊着:"小高!我命令你快回去!危险!……"哎呀!真惊险啊!我们的心都揪到嗓子眼了,事后营长和指导员狠狠批评了高排长……后来,还是铁道兵的战友们冒着危险,给我们送来了粮食,解决了我连的燃眉之急。感谢铁道兵的战士们,他们总是在我们危急时刻帮助我们,给予我们关心照顾。

虽然我们都是些城里的孩,而且是初中才毕业的学生,从来没有干过什么活,但在铁道兵排长及指导员们的指导下,很快就掌握了施工的技巧,而且还是青出于蓝而胜于蓝,这可是铁道兵们给我们的评价喔!

我们虽为女子连,但我们担当的任务并不少。我们在铁道兵的帮助指导下参与了修公路、建路基、架桥梁、建大桥的施工;男学兵们进隧道、抡大锤、打风枪、打炮眼等,与铁道兵战友一样,每班有隧道掘进指标。学兵们除了卸运货物、筛选沙石、扒运石渣外,还担负电工、电瓶工、水工、钢筋工、化验员、检测员等施工配套保障工作,此外,还包下了养猪、种菜、做酱油、做豆腐、发豆芽等后勤全部工作,以保障连队的供给。

有时大家在静下来的时候,难免还是会想家的,往往一开口的话题就是:我家里不知道怎么样了?我爸妈弟妹不知道怎么样了?我妈胃口不好,咱这粗粮这么多,家里是不是也这样?……

有人说:"我想回家看看,哪怕叫我回家看一眼,就一眼,我也幸福了!"我说:"不让我回家,哪怕让我在空中看一眼,就一眼,我也就放心了。"有时大家想家想得让人不可理喻,以至于见到谁的家长都亲得不得了,一起喊"妈!"。甚至于见到了陕西地方的车都高兴得手舞足蹈,见人就说:"我们今天收工时见到咱陕西车了。"因为平日里见到的都是军车。

有一回一辆西安某单位的车,给某团学兵送给养,停在路边,我们一个班的人一下子都拥上去:"呀!这是咱西安的车!叫我摸摸!""叫我也摸摸!这可是咱西安的车呀!师傅!司机师傅你好!你是西安的?你是哪个单位的?我们是……"兴奋之情难以言表,连司机师傅都被感动得热泪盈眶……

还有一次在收工的路上,见到了两位来部队看望儿子的湖北妈妈,大家一下子都围上去,亲热地邀请两位来我连做客。两位妈妈来到我们三排后,大家都顾不上换衣服,赶紧把自己平时舍不得吃的"好东西"都拿出来,一口一个"大娘好!""大娘吃我这个!""大娘吃豆豆!""吃我这个豆豆!"两位妈妈一下子怔住了,相互对视了良久,突然都哈哈大笑起来,笑得我们都蒙了,我们也相互看着,丈二和尚摸不着头脑,大娘们这是咋了?

大娘们哈哈笑着,笑得前仰后合,笑得眼泪都出来了,笑了好一阵子,终于停了下来擦擦眼泪说:"你们是不是管亲点的人叫大娘?大娘就是姨姨的意思对吗?"我们说:"是呀!怎么了?"大娘们又哈哈笑着说:"你们不知道!在我们那儿'大娘''吃豆豆'是骂人的话。"啊?!我们一下子都傻眼了!"大娘!不!阿姨!我们不知道!我们不是这个意思,对不起!"两位妈妈笑笑说:"我们知道了!我们能看出来,你们都是好娃儿,都是跟我们儿子一样的,来修铁路的好娃儿!"

忽然一位小战友(当时她只有15岁)说:"阿姨!你长得可像我妈妈了,我能不能抱抱您?"说着眼泪哗哗地流了下来,"我想我妈了……"大家一下子都沉默了,有好几个女孩子都流出了眼泪,慌得两位妈妈赶紧给这个擦擦泪,又给那个擦擦泪:"好娃儿!莫哭!莫哭!我抱抱!都抱抱!"说着两位妈妈也流出了眼泪。

第二天我们在上工的路上,又老远看见了那两位妈妈在山坡下部队营房前跟我们招手,我们都激动地大喊:"阿姨!阿姨!""阿姨!再到我们连来玩呀!"但两位妈妈却再也没有来过,原因是部队首长禁止她们再到我们连来,说是怕"出事"!怕出啥子事?我们的心里都清清楚楚……

两年八个月的艰苦劳动终于告一段落,部队首长与当地政府为我们召开了隆重的欢送会。我们则依依不舍地一遍遍地去看看我们曾修建过的公路、大桥、涵洞、隧道。毕竟我们的十六七岁、我们的欢乐青春都献给了这里,对这里的一草一木都产生了浓郁的感情……

卡车把我们送回西安,当车开至沣峪口时,视野一下子开阔了,各车上的男女学兵一下子欢呼起来:"啊!出山喽!"有人把帽子向高空抛去!有人把衣服、毛巾和其他小东西也向高空抛去!沿路之人都惊奇地看着我们,有的人则追着汽车捡东西……

车开至西安,一路上看到什么都稀奇!毕竟与这个城市脱节了近三年,看到什么都新鲜。见到小学生放学就喊:"看,红小兵!"见到交警也会喊:"快看警察!警察衣服都换了!"

我们想家。西安的亲人们啊!我们回来了……

(作者为原配属铁道兵第10师47团施工学兵26连学生兵、西安冶金机械厂技工学校高级讲师)

春节吃忆苦饭

刘蒲菊

零点的钟声刚敲响,千家万户汇同央视春晚的演员们一起庆祝新春佳节的到来。遥望着被爆竹礼花耀红的天际,我的心穿云破雾,又回到了1972年的春节,那是我在修建襄渝铁路战场、三线岁月里度过的一个刻骨铭心的春节。

那年大年初一的清晨,天空纷纷扬扬地飘起雪花。过年了,闭塞困苦的三线学兵简易宿舍没有对联、爆竹,却充满欢声笑语。那时我们女学兵正是爱打扮爱漂亮的少女年龄。大家纷纷换下了破旧的学兵施工服,穿上从家里带来的新衣服,开心地在雪地里打起了雪仗。给寂静的山野,增添了一道亮丽的风景线。

开饭的哨音响了,各班围拢在一起,高兴地等待值日生打饭。这些学兵平日里吃不饱饭,有一顿没一顿的,个个饥肠辘辘,满心期盼着春节能改善伙食,美美地会餐一次。

值日生打了饭,将饭桶放在大家面前时,我们顿时傻了眼。简直不敢相信,这一桶黑乎乎的草根野菜,竟然是今天的过年饭。军代表带领我们高声朗诵:"忘记过去就意味着背叛。"告诉大家,春节吃忆苦饭,是严肃的政治任务,是考验每个战士的试金石。军代表亲自掌勺给大家盛饭。

风卷着雪花,钻进毛竹、油毡搭成的简陋宿舍,一股股寒流侵入胸口。我端着碗,和战友们蹲在地上,无奈地吞咽着野菜草根,只觉得又苦又涩,难以下咽。看看身旁几个女孩苦着脸,眼里储满晶莹的泪花。我使劲眨巴着眼睛,不让泪水流出来。大年初一吃忆苦饭,真的是出乎大家的意料。如果不是政治任务,如果不是大家迫切地要求进步,想入团入党,恐怕宁可饿着肚子,也不想吃这样的饭。

来到三线,学兵们风餐露宿,忍饥挨饿,无论多苦多累,流血流汗,我们都挺过来了。可是以这种方式度过盼望已久的春节,大家心里感到悲哀,很不是滋味,毕竟这都是一些稚气未脱的孩子呀!

我心里默默地鼓励自己,"苦不苦,想想红军长征二万五,累不累,想想革命老前辈",眼前却跳动着双塔古城四合院里喜庆的灯笼、鲜红的春联,闪现着厨房里妈妈那忙碌蒸煮煎炸的身影。在此伏彼起的鞭炮声中,全家人围着桌子喝着香甜的米酒,吃着热腾腾、香喷喷的饺子,那是一幅多么温馨的画面啊!纷乱的思绪被值日生催促的声音打断,我回到现实中来,拨拉着碗里冰凉的"忆苦饭",囫囵吞枣般咽下去。

午后,雪停了,几个同乡战友结伴漫步来到连队下面的汉江。我们踩着积雪,伫立在江边,遥望着家乡的方向,无法言说的酸楚、思念油然而生。对着山水,女孩们不约而同地齐声呼喊起来:"爸爸妈妈,过年好!"这撼人心魄的呼喊声,在山谷里引起嗡嗡的回鸣。远方的父母,你们感受到女儿无法压抑的呼喊了吧。我们忘情地相拥搂抱在一起哭喊着、哭喊着,用少女独特的方式,抒发郁积在心头的酸甜苦辣咸,无限感叹。许久,呜呜的哭声平息下来,女孩们擦干净脸上的泪水,唱着喜爱的《铁道兵之歌》蹦蹦跳跳地回到了连队。

时光荏苒,44年过去了,时代发生了翻天覆地的巨变,那过年吃"忆苦饭"的年代也一去不复返了。可是年少时那一段悲壮的三线铁血史,已深深地镂刻在我的心田,风吹不走,雨洗不掉,岁月越久远,底片越清晰,越绽放出艳丽无比的光彩。

(作者为原配属铁道兵第10师47团施工女子学兵29连学生兵)

一个学兵心中的"三线"

肖新民

46年前,几位戴红色领章帽徽的人到学校招工,同学们沸腾了,以为是要征兵,个个争先恐后,热血沸腾。

去县城报到那天,在一间散乱麦草堆成的地铺上,几个同学狂喜地满地翻滚,麦草花在他们头上、脸上留下的各种怪样,至今都难以忘怀。

红旗、军装、行军、扛枪……今后即成军人的奢望,在这间麦草招待所里浮想联翩……经过两天一夜火车煎熬,又被军用卡车在秦巴山腰高低不平的碎石公路上折腾,抵达目的地时已是明月冷悬、繁星寒亮。

只看出宿营的帐篷在两山一水的斜坡上,层层岩石的山坡草稀林疏,几户农舍显得幽荒寂静,整个山坡的阴影,空旷得像水墨简画……

理想与现实的天差地别,使我们惊呆了!难道这两线山、一线水就是所谓的三线么?几天后,驻地铁道兵给我们这支只有番号、没有军装武器的连队配齐了各级的军代表。这时,才得知,我们没有应征入伍,不是军人,是配合铁道兵部队修建襄渝铁路的学生兵。

我被分在5847部队学兵12连二排。一位瘦小精干、眼睛圆亮的上海兵,成了我们班的代理班长。他和蔼多语,喜开玩笑,由于他的家乡口音总把"人"发音成"能",我们几个人私下里就称他"能班长"!能班长干活很有技巧,在帮我们盖宿舍时解决了许多难题。

他带兵也很有特色,爱与人谈心。他找我谈心时总是鼓励我:"不要像开会一样,随便点,不要只谈工作,讲有趣的事,你有没有女朋友?"我不好意思说,反过来催他回答,他很坦率地告诉我:"已处了第五个女朋友了。"我问为什么不赶快结婚,他苦笑一下说:"这是需要坚强的忍耐和毅力的,当然这也肯定是为了三线建设嘛!"

提起三线建设,我的好奇心又来了:"三线建设到底是什么意思?"他思虑片刻说:"正确的规划应该在毛主席那里!你还是听我说吧:我认为部队让你马上去打仗,你那里就是一线;如果需要你去搞军需供应,那便是二线;咱们现在修战备路,自然就叫三线建设喏!咱们要干好三线建设,说到底就是要先搞好人的问题。你们要一不怕苦、二不怕死,要像战场上的军人一样,冲难关,拼命干,这就是铁道兵的光荣传统和素质……"

我听后突然笑了,亲切地搂住他,不经意间他裤兜里的笔记本掉了出来,一张西湖畔景色的彩色女子照俊俏地飞了出来……

"班长你思想有问题,谈工作还看女人?坚强和忍耐哪去了!"我戏弄他,他尴尬地笑笑说:"你这学兵娃子!哪懂这个……"

(作者为原配属铁道兵第 10 师 47 团施工学兵 12 连学生兵)

一段终生难忘的人生历程

姚岚芳

　　1970年8月,是我从上海来到陕西和父母团聚的第二个年头。那年我16岁,学校里来了几个解放军说是招女兵,当时非常崇拜军人的我热血沸腾,毫不犹豫地把户口本偷出来报了名,我荣幸地被铁道兵部队挑选到第10师47团,参加安康旬阳县修建襄渝铁路。我高兴极了,可是我父母都难过得流泪了。父亲说为了避开上山下乡才接我到陕西和父母团聚的,没想到我的一腔热血还是去了大山深处,急得父亲找到学校里说我身体虚弱,普通话说不好……

　　但是,我还是义无反顾地来到铁道兵部队,和另一位女学生都被编入47团二营的学生26连,我被派到炊事班任副班长。同年9月,我又幸运地被营部选拔到团卫生队工作。卫生队除了丁军医和于护士,都是清一色的男兵。我们四个风华正茂的女学生的到来,给卫生队增添了无数的色彩,自然,也成了卫生队里最耀眼的"队花"了。

　　在卫生队里,首长、军医、医助护士长对我们这些学生卫生员非常好,我每天跟着李军医、丁军医、杜医助、蔡医助、刘班长、黄班长以及男兵战友们一起学习、一起工作,查房、问病情,打针、送药量体温。于护士手把手地教我肌肉注射、静脉注射,教我熟背发药打针的口诀,坚决做到"三查""七对",让我们深深地感受到卫生员工作的责任重大和治病救人的重要性。

　　次年的3月份,卫生队又新来了一批女兵。我们几个女学生就编入女兵班,和男兵们一起正式开始了卫生队的军旅生活。

　　我们卫生队的位置处在蜀河对岸的山上,全队医务人员和所有病号的军需品,都是要从河对岸搬运到卫生队的山上,在这样的环境下,我们几个女学兵和卫生队的男兵女兵一样学习、一样工作。在卫生队的课堂里,由李军医主授医学专业课程,我们白天和晚上都要在病房上班、倒班,休息时间种菜、浇水、施肥,扛大米、抬煤筐，遇到隧道塌方同样要参与抢救伤员。我们也和男兵们一样地搞军训，每天早晨出操、晚上紧急集合、摸黑打背包，夜行军、拉练样样都不差。

记得一次隧道大塌方，卫生队接收了许多伤员需要抢救。那天，我正好当班，学兵28连送来了一个男学兵，他被塌方石头砸伤了骨盆，班长派我来上特护。当时那伤员已经昏迷了，听说其尿道被压迫着不能尿尿，需要紧急导尿。当时我快步跑到手术室，取来消毒用具及导尿管来到特护病房。看到光着身子的男伤员，我一下子就傻了，吓得我都不敢看，怎么下手导尿啊？班长李阳看出了我的心思，她耐心细致地指导我，在班长手把手帮助下，我终于红着脸将导尿管插入男伤员的尿道内。顿时，尿液就顺着导尿管汩汩流出来了……然后李军医、杜医助及时为该男学兵做了手术，用他们精湛的医术又一次成功地挽救了战友的生命。我为自己感到骄傲，更为铁道兵47团卫生队战友们的精湛医术自豪！

有一次，团后勤部用船给我们卫生队送来了许多过冬的燃煤，但需要有人将燃煤运往卫生队炊事班。正巧赶上我们几个女兵在休班，休班中是要执行任务的，我和王兆梅两个人就去执行任务。当时抬了大概有200斤重的一大筐燃煤，从船上过小木桥再往山上抬，谁知我俩人小力气单薄，抬了一大筐燃煤摇摇晃晃的，当走到木桥中间时，突然桥板断了，我俩连人带煤筐一下子掉进河里了。

幸好，河水不算深，刚过我们的膝盖。我俩急忙互相拉着从河里爬上岸边，看着满身湿透的衣服和满脸的黑水，只剩下两个白眼珠子的你我，不由得哈哈大笑开了。再低头一看，一大筐煤被水冲走了，我俩又抱头大哭了一场。在2012年卫生队组织重返故地时，我俩又来到了当年的小河边，看到小木桥已经没有了，但是掉到河里的情景还历历在目……

还有一次，我们女兵休班时轮到我们种菜，我负责浇菜地，当时，我们是借老乡家的水桶浇水，我也去老乡家借了两个水桶。因为从来没有担过水，也不知道两桶水有多重，我直接装满了两桶水，一个人摇摇摆摆地就挑上肩了，没想到刚走了几步，人和水桶就一起从山上滚到了山坡下面，顾不得身上的疼痛，我爬起来就去找水桶，因为损坏老乡的东西是要赔偿的。我爬到山坡下时发现，一个水桶摔裂了，我忍受着浑身的疼痛，用另一只水桶把菜地浇了。去给老乡归还水桶时，我就牢记军队的"三大纪律八项注意"，损坏东西要赔偿，把摔坏水桶的事告诉老乡，并赔给他5元钱，老乡怎么也不肯收。真是军民鱼水情啊！让我感动了好久，至今还不忘老乡的情意。

回忆起在铁道兵军营生活的日子，这一段刻骨铭心的人生历程，是我这辈子最宝贵的精神财富。

（作者为原铁道兵第10师47团卫生队学生兵）

我和炊事班的那些事

张 龙

学兵战友情!

我们学兵连队的驻地在沙沟隧道上面的一个半坡上,吃水要下两个坡,到部队七连旁边的泉水池取水,来回约有个四五里路,回来的时候担着两大桶水爬两个坡,十分辛苦。

连里虽然每天派一个班,用两副水桶给炊事班担水,但也经常供不上需要。有一次,轮到我带着13班为炊事班担水,恰巧有几名同学因为一些原因不在班里,此时,我们班里只有七八名学生,虽然知道任务很重也只得努力完成。

炊事班长李庆丰是从我们排调过去的,看到是我们,故意把半筐馒头放在案板下面,并向我们示意后走了出去。我们这些人就像是老鼠掉进了米仓房里,高兴极了。于是,我们担一次水就拿几个馒头在路上吃,觉得肩上的担子好像也轻了,走路也得快了,半天时间竟把半筐馒头吃完了,那可是我们平常打饭时将近一个排的量啊!

而这一天,我们不到一个班的人马,竟然保证了炊事班的用水,事后还得到了连长的表扬。这样的担水生活,过了不久因为给工地供水的山顶水池建成而成为历史。

过后不久,我也曾调到炊事班干了一段时间,虽然短暂,但那是我最幸福的一段时光了。当炊事员有两个最大的好处:没有危险是显而易见的,更重要的是能吃饱肚子。做饭无须什么技术,只要能赶在同学们收工回来以前把饭做熟,再把工地上的饭及时送到就可以了。

当时的主食主要是馒头,副食只有干萝卜丝和海带,就这样也无法保证足量供应，其中有几天因为食盐断供，出现了白水煮海带的情况。其实萝卜丝和海带大概还是储备物资，不然上哪找那么多现成的干萝卜丝？在这种困难的时候，西安的女子26连，向我们伸出了援助之手，我们用干萝卜丝与26连"换"了一些腊肉（实际上就是支援），于是我们有了肉吃了，有了改善伙食的机会了。

那个时候，我们不会把腊肉做成多种菜肴，即使会也没有那个条件。于是炊事班把这些来之不易的腊肉煮熟，把肥肉与萝卜丝剁成包子的馅儿，酱黑色的腊肉，黄褐色的萝卜干，和在一起那颜色的确不敢恭维，除了盐以外，也没有什么调味料，但我们哪有闲情逸趣去考虑色香味，有肉，这才是最重要的。

大家都吃得很香，没有人去挑剔。那段时间我们几乎每天都吃一顿包子，但好景不长。没几天，那挽救我们饥肠的腊肉就吃完了。现在想起来，也还感觉那是刚到三线不久，吃得最香的几天了。

学兵连粮食不足，以杂粮甚至饲料（豌豆）来代口粮，生活最困难的时候，部队紧急调拨了一些军用物资——脱水蔬菜，即压缩的茄子、压缩的青菜、罐装的鸡蛋粉等，情况才有了一些好转。虽然口感很差，但总算是给我们艰辛的生活增添了些许的色彩。

那时打饭是由每个班的值日生负责，先到炊事班打饭，回到班里再分。其实主要是分菜，馍是定量的，每人两个，稀饭说一句"一人两勺"，由自己盛就可以了。若是汤面条大家都希望能先打，可以快点吃完，也许还有第二次打饭的机会呢。但不论是一勺还是半勺，总是先吃完的机会多一些。

其实打饭也是蛮有技术含量的，盛面条时，把勺子伸到桶底，不搅不动屏住气慢慢端起来，一勺稠面就到碗里了。若值日生是炊事员的好友，那么往往就会多发两个馍，然后使个眼色，当然大家心领神会，多的两个馍就是值日生本人的了。有时候也会数错，少了就会找来要的，多了那就是值日生的福利了。

在炊事班的那段时间，每到我值夜班的时候，就会悄悄地揣上两个馍，摸到四班把正在睡梦中的白少康（1974年殉职）推醒，把馍塞到被窝里让他吃。不知是不是和这有关，仅两个月我就被打发回到班里劳动去了。

某炊事员的故事在我连颇有名。一天他值夜班做饭，正赶上三排学生下班回来。饭还未好，值日生就站在窗外等待。只见这位炊事员用勺子在锅里搅动着，忽然一扬手，把锅里的一个东西朝后窗外扔去，却不巧打在窗框上落在了地上。值日生忙问："是什么？"他答道："是个南瓜把把。"值日生不信，赶紧跑进去一看，却是一只死老鼠，烫得已经脱了毛了。"一只老鼠坏了一锅汤"，当然是要重做一遍了。后来大家见到他时，都爱说一句"南瓜把把"，他则无言以答。

我们连还流传着一个"要饭"的故事。建造沙沟大桥的时候，工地上除我连外,还有部队7连、10连(机械连)男女民兵连(又叫民工连)和学兵26连等单位。一天上夜班时,刚好"苦力排"(对女子26连的称呼)也在附近吃饭,二排长为了逗乐,故意说:"你们谁有本事找26连要个馍来,我输一顿饭。"

结果真有一位同学较起真来,他让大家作证他愿意去。其实那时的肚子问题已经不太大了,虽还欠点,但已经不再是饿得嗷嗷叫了,更多的只是为了开玩笑罢了。于是这位同学径直过去对一位女学兵说:"我们排长没有吃饱,你们还有馍没有?给一个。"这位女生一开始有些吃惊,紧接着叫了起来:"排长,这个小孩要饭呢!"排长过来问了一下,把桶里的馍都给了这位同学。这晚上的夜餐,我们二排的同学比往常都吃得要饱一些。

从那以后,26连的女学兵们在工地吃饭,总要"剩"一些给我连拿过来。而去要饭的李某,也是"一要成名",据说被26连的女学兵戏称之为"要饭孩儿"。据说由于26连经常给我连一些接济,结果司务长陈蓉为此受到了大个子副营长的批评。可能是在领导们看来,她们连结余的粮食那也是国家的,她们无权也不应该送给别人。

我们那时少年不知愁滋味,再多的苦难是我们青春的历练,呈现在大家眼前的始终是一轮鲜红的太阳。

(作者为原配属铁道兵第10师50团施工学兵4连学生兵)

山沟里学煮第一顿饭

孙长河

从白河到兰滩的 120 里的沿江山路、我们 160 多名学兵战友用稚嫩的双脚、用坚韧的信心将它甩在身后。天已经完全黑了,向后面望去,星星点点的手电光打出的光柱,在汉江中映出的亮点,犹如江边一条前行着的火龙。

"到了,到了!"前方传来欢呼声,使我加快脚步奔向大家停留的地方。用手电一照,睹见几顶帐篷散搭在山坡的一块空地上,进门一瞧,无床、无褥、无被,地上连草都没铺。将近 20 个小时的行军,体力已达到极限,极度疲惫不堪的我,什么都顾不得了,身上的小背包都没解,胡乱找了个地方席地而卧,很快进入梦乡。

是哭声惊醒了我。走出帐篷,其他帐篷也传来呜呜的哭声。四面一看,左右都是山,眼前一条江无声地向东流去,和想象中的三线建设场景完全不是一回事。我也掉泪了,叫上战友小清和几个同学默默地向江边走去。天真蓝,温度也高,汉江水很浑浊,脱下衣服穿着裤头,走进江边水浅的地方向身上撩着水,准备畅游汉江痛快一下。突然,"快回来!快回来!"的喊声惊动了我们几个。回头一看,指导员、连长大叫着向我们跑了过来。后果不用说,连骂带批评还说要处分,就差没动手揍我们了。

我是二排七班的,其他成员也记不太清了,我们从江边怏怏地回来后,班长赵峰已从连部接受了为全连做饭的任务。摆在我们面前的是几只桶、几袋面、几盒压缩菜、半桶油、一些盐,一口从没见过的大锅。赵峰问大家:"这饭怎么做?"将近二百号人,蒸馍吧?没发面;擀面条吧?没案板擀面杖。大家都没了主意。

我在家时已经有过做饭的经历,便灵机一动,说:"搓麻食!"大家都说可以。赵峰分配了几个战友去江边捡柴火,靠近沟边老乡准备盖房用的薄石板,也被我们抬了几块过来。几桶从汉江里拎来的水也放在那里澄清着。大铁锅里和面，随意而垒的灶台，几大团面放在洗净的石板上。我作了示范，大家开搓。石板还好用，就是一搓带下一点风化的石渣，在当时，我们也顾不得了。

开始炒菜了，谁也没弄过压缩菜，顾不了那么多了，架火烧锅倒油，油热了把压缩菜往锅里一倒，盐一放，倒些水煮一会，再把几个桶里澄清的水倒入大铁锅内。灶火烧了很长时间，水终于开了，我们将搓好的麻食一半倒入锅内煮。煮开后我看油少，又倒了很多油进去（事后才知那是我连半个月的用油）。这顿饭分两锅煮，全连分成先后两拨就餐。最后涮锅时，发现锅底厚厚一层石渣，还泛着晶晶的亮点（后来才知道那是石英）。

这是我们离开父母、离开家乡后第一次做饭，也是开始艰苦磨炼的第一顿饭，更是预示着我们日后接受生死考验的开始。紧接着，全连遇到拉肚子、冒雨搬家等问题，连队整顿后，又重新分班，配合部队施工。

由此，在襄渝线上，我们学兵连修公路、架桥梁、扛水泥、抱风枪、打隧道，经历了生与死的考验。

历练，我们就从这崇山峻岭的第一顿饭开始啦！

（作者为原配属铁道兵第 10 师 50 团施工学兵 4 连学生兵）

我写的稿件上了铁道兵报

尚永生

三线建设,是党中央于20世纪60年代中期做出的重大军事战略部署。为了防御突发的战争乃至新的世界大战,毛主席号召全国人民"深挖洞、广积粮、不称霸",对可能发生的大规模战争做了周密部署,把全国划分为前线、中间地带和后方三类地区,简称为一线、二线、三线。

根据这一战略构想,20世纪60年代末70年代初,进行了大规模的沿海国防企业和重工业向西南大后方的转移,开始了军事基地和交通运输线的建设。1970年7月和1971年3月,我们这些当年十六七岁的中学生和部分社会青年,分两批先后奔赴陕南安康、旬阳、白河、紫阳地区,满怀一腔报国心参加了襄渝铁路陕西段的建设。

学做土记者

我喜欢劳动,常常在劳动中发现许多动人的人和事,常常为其感动不已,不由自主地就拿笔记下来,营部的广播站开通后,就给他们送稿子,大多是我们学兵连的好人好事,能在广播里听到自己的文字变换成声音,使我激动不已,颇有"成就感"。于是,写稿子一发不可收拾,随便一张旧纸条,甚或报纸的空白处,趴在床边一挥而就,修改后抽空送到五六里外的营部广播站。广播稿中被表扬的战友和班、排,更是欢欣不已,工作劲头更足,很快带动了全连的士气,连长和指导员好像也对我这个土记者有所"赏识",有时专门叫我停工写个东西。能得到领导的肯定,我更加卖力,劳累和饥饿之外,常常有一种发自内心的愉悦,心里充满了阳光、充满了快乐。

三个多月后,营里组织了宣传队,把我和铁道兵19连的文书司书栋调到营部驻勤,为宣传队写节目。写广播稿是有具体对象的,实实在在的人和事,只是语言的修饰。而创作文艺节目,对我来说,真是赶着鸭子上架。对此,我面露难色,被主管副营长狠狠"批"了一顿。不过我这个"鸭子"有些许"悟性",一是记性比较好,二是能"悟",三是特别"敏感",还有一些什么东西自己也说不清,可能是别人所说的"第六感觉"吧。副营长的批评,与其说是督促和要求,不如说是激励,我也学着电影中战士接受任务的模样,大声地表示决心:"一定完成首长交给的任务!"

我和书栋到营部驻勤,任务是为营宣传队编写节目,营部专门为我俩腾了一间房子,书栋是山东淄博人氏,眉清目秀,文质彬彬,上过师范,后来从军,按那时学兵连队派驻军代表的做法,我尊称他为"司代表"。按照当时的军旅风格,我们着手编节目,由司代表拟题,我捉笔,动手写一些当时流行的对口词、三句半、小歌舞、相声、快板等流行节目,及至动手创作文艺节目,才知道是如此艰难。有时为了几个字、一句话,苦思冥想,夜不成眠,辗转反侧,常常是食无味、寝不安身,有时一天连10个字都写不出来。

不知经过了多少磕磕绊绊和不眠之夜,我们的第一套节目终于出炉了,宣传队经过排练、彩排,终于上台演出了,观众反响还好,营部首长满意,看着自己的作品变成有声有色、五彩变幻的节目,真可用"心花怒放"来形容。从那以后也更加关注各种演出,并且向书栋学谱曲,学写词,我们编的小歌舞,都是用我们自己的词和曲,那份欢愉,自不待言。

闪 光 的 语 言

营部办通讯报道学习班,我和书栋都参加了,团部派来了团部报道组的小曹给我们培训。那时我才渐渐地知道部队对文化宣传工作是多么的重视,才知道部队政治思想工作的组织体系和机构以及一整套深入基层的工作方法。小曹是上海兵,见到他的第一感觉就是非常英俊、潇洒,高高的个子,干净整洁的军装,一双有神采的眼睛里透露出春水般清澈的灵秀,从路上走过,年轻姑娘的回头率很高。

小曹给我们讲了通讯报道工作的意义、重要性,特别是时效性,就是"五一"

过后要准备"七一"的稿件,"七一"过后要准备"八一""十一"的稿件,也就是提前量。我们对这些常识性的知识特别有兴趣,整个会场安静极了,只听见用笔记录的声音。那时我们刚从学校出来,没有接触过部队,几乎从没有想过给报纸杂志投稿,更不知道新闻工作的 ABC,大家兴趣极高,听小曹讲话,生怕漏掉一个字。

在讲到文章的写作技巧写作方法时,小曹说,不论写人、记物、叙事,都必须有一个乃至几个亮点,这叫"闪光的语言",这个观点对我们提高写作水平影响极大。比如鲁迅先生的《故乡》里写道:其实地上本没有路,走的人多了,也便成了路。再比如《钢铁是怎样炼成的》中的名句:"人最宝贵的是生命,生命对于每人只有一次,人的一生应当这样度过……"这些都可以归纳为"闪光的语言"。读了这些名著,过后多年让人不忘,其中有些话,使人记忆深刻,我们称为名句,都可以称为"闪光的语言"。

"闪光的语言",后来很快成了我们打趣、说笑的流行语,某某说了句诙谐幽默的话,某某发了句经典的牢骚,某首长讲了个令人哄堂大笑的笑话,不爱说话的人突然开口发言,哇!——"闪光的语言"。

孙 编 辑 授 课

团部通知开会,我和书栋代表各自连队参加,但我因事出发晚了,没有赶上团部的交通车,只好一人背着背包沿着山间公路赶往团部,气喘吁吁地跑了十几里山路,才知道开会的地点在蜀河镇。我转身就赶路,宣传股的领导派人把我喊了回来,告诉我,有一辆小车要经过蜀河,可以顺便把我捎上。这是我第一次来到向往已久的蜀河镇。随着铁路建设的开工,大批铁道兵、民兵和学兵的到来,狭窄的小街上往来穿梭着一群身着工装的年轻学兵和战士,小镇处处洋溢着青春活力和勃勃生机。

在镇上住下,我才知道这是团里办的通讯报道学习班,全团各连都派人参加,负责给我们培训的是从铁道兵报社来的孙编辑。"今天在这么多人面前讲话,我心里直敲小鼓儿……"孙编辑幽默风趣的开场白,一下拉近了我们的距离,北京来的大编辑,在我们眼里是那样的神圣,却又是这样的平易近人。孙编辑讲了通讯报道在宣传工作中的意义,重点是给我们讲如何给报刊写稿件与写稿的前瞻性,稿件的结构、内容、写作的方法和技巧,随后又组织我们讨论,介绍各连队的做法。我和书栋在营部编节目时,经常到各连队采访、收集好人好事材料,我们营来参加会议的人,许多都熟悉,推举发言人时,书栋带头鼓动大家要我发言,因为那时写报道的人不多,大伙都知难而退,巴不得有个人去当"盾牌"。在书栋的倡议下,大伙七嘴八舌,一起起哄,瞬间我成了"众矢之的",没办法,只得去发言了。

孙编辑要我们每人写一篇稿件,我是很认真地对待这个任务的,但又深感力不从心,毕竟底子太薄。晚饭后,我和书栋几个人沿着小街到了镇外,信步走到当地一所中学,久别的校园是那样亲切,教室虽然陈旧简陋,但对知识的渴求瞬间激发了我再次步入这神圣殿堂的欲望。"书到用时方恨少",这半年多来我深有感触,我渴望读书,渴望深造,渴望得到如孙编辑这样的名师指点,可那时我们哪有读书的机会呢?每天都是大汗淋漓的繁重劳动,青春岁月伴随着汗水乃至鲜血、生命倾注在这叠峦层嶂的大山中,这是那个时代送给我们的礼物。虽然我现在没机会深造,今天不就是来学习的吗?我应该抓紧这个难得的机会,自觉学习,充实自己。

我认真构思那篇稿件,故事是我们连队卫生员深夜到山村为一位患病的村民治病。故事内容很简单,但很真实生动。我和七连的一位学兵写的稿子后来被孙编辑带走,发表在铁道兵报上。

退场了。1973年7月24日的一个凌晨,暗暗的晨曦遮掩着星空下东方的天际,我们登上了去安康的货轮,团部的宣传车在陡峭江岸的公路上放着"南泥湾"的歌曲,"咱们走上前,鲜花送模范",凌晨的江风吹来,我觉得脸上有点凉,用手一抹,竟是不知什么时候挂上的几滴清泪。

(作者为原配属铁道兵第10师47团施工学兵24连学生兵、陕西省咸阳市委党校教师)

我的战友张大个儿

潘志强

我的战友张顺,人称张大个儿,是因为他的确长得人高马大!1.85米的个子还膀大腰圆,长方脸,大眼,高鼻梁,祖籍山东,总之长得算是一表人才,落落大方!照而今美女的眼力除去钱的因素,应该可以列入被追求的目标而并不过分。

当年"复课闹革命",闲待了两年的初中六九届、七〇届学生,重新迈进了校门,张大个儿就与我分在了一个班。当时的学校里经常有学生打架斗殴,为烟盒,为吹牛,为斗嘴,为女孩儿,为抢军帽,为某人出气报仇,总之每所初中也许都少不了有那么几个自称或号称"打遍××儿无敌手"的"地头蛇"或"小强龙"。

然而张大个儿却天马行空、独来独往,从不参与任何一个惹是生非、打打杀杀的小团体,更不曾见过他倚仗老天赋于他的一副好模样、好身板欺辱过任何一个男同学或是招惹过一个女同学。

家居西安电影制片厂的张大个儿,最大的喜好就是撑双杠、拉单杠、举哑铃。双杠一撑一百多个,单杠一拉七八十个,而哑铃更是逮点儿空子就举十几二十下。真不知什么原因,学校推荐征兵体检好几回,连咱这当时个头一米六八、坐在班里第二排的、照当今姑娘择偶标准都该打不及格的也被学校与军校选去验了一回兵,却又因双眼近视而被淘汰了下来,而大个儿那么好的兵坯子却连一次机会都没给。乃至30年后我都没想明白这学校与招兵的,包括后来的铁道兵真是有眼不识金镶玉,这么好的材料你不招,真是误我人才,误我将才!

张大个儿块儿大,力也大,却总喜欢扶弱压强。有一阵子学校组织全年级几个班的同学去西郊新西北陕棉十厂学工劳动,住的一座青灰小楼。住二三层的是我们学校,而住一层的则是道北的一所学校。当时的西安人几乎无人不知、无人不晓,道北是一个什么样儿的地界?那里的社会治安由于特殊的历史原因,据说打架摔跤的本领雄居长安之首。有一日,晚饭后下了白班与准备上后夜班的同学们正在休息,忽闻得楼下有人操着道北通行的河南腔破口大骂:"×××!哪个龟孙儿活不耐烦啦,敢从楼上窗户往恁爷爷们头上屙尿?"二层立刻有本校几位平日里喜好惹是生非的主儿针锋相对:"骂谁呢?他奶奶的,吃饱了撑的是不是……"于是乎双方开始了一场脏话满串儿的对骂,谁也不服气谁。约莫过了十来分钟,对方不知从哪儿又涌来了几十号援兵,手中都持着铁棍、钢管或皮带,二话不说百十号人就冲上了楼。紧接着就听得本校那几位雄杰哭爹喊娘的一片凄惨哀号!可谁知那帮道北的学生杀红了眼,不分青红皂白,只要是我们学校的同学,都逃不了挨上几皮带、几棍子!

打遍了二楼的同学,他们又冲上了三楼。我们班几个同学包括我与张大个儿一个房间,除了张大个儿比较镇定地听着外面的动静,其余的都缩着身子紧张得微微发抖。"咚"的一声,我们的门终于被踢开了,一群头戴军帽、身着小背心甚至光着膀子的人便冲了进来。我的铺位是门口第一个,那群人进来便对着我的脑袋抡了两皮带,紧接着一个又对着我扬起了手中的钢管。

"住手!"张大个儿大声地喝斥。"哟,这几巴还冒出个敢扎刺的?""我跟你们素不相识,有啥扎刺不扎刺的?只是想跟你们说这房子里的在学校都是些从不惹事儿的老实娃,与你们完全没有一点儿关系。"

"那好,跟他们没啥关系俺就饶了他们,你敢跟大爷们顶嘴总得有点说头儿!""你们想干啥?"大个儿愤怒的双眼直视着对方。"干啥?就干这!"说着一个打头的举起手中的皮带照着大个儿的脸上就抡了过去。只见大个儿头一低躲过了那一皮带,紧接着一个黑虎掏心一记重拳就揣在了那人的上腹部。

"唉呀……"那位骂了半句便双手捂着腹部身体弯曲了下去。这下可捅了"马蜂窝",一群人扬起皮带钢管都冲大个儿拥了过去。只见大个儿退到了窗户跟前说了声:"有本事全冲我来!"说完就跃上窗台从窗户向楼下的黑暗中跳了下去。"这小子还是个人物,敢从三楼上往下跳,走,追!"说罢那群人扔下我们,转身全部一窝蜂地拥下楼去追大个儿了……实际上窗户外即是农民的菜地,种满了卷心菜还浇了水。他们要追大个儿必须得绕点路,还得跳墙到厂外。

很快,厂保卫科与双方的工宣队赶到了现场,乱子立刻得到了制止。天快亮时,大个儿两脚及裤腿儿沾满了污泥回到了房间。听到我们没再挨打,大个儿淡淡道了句:"那就好!"

1970年在学兵连,大个儿又跟我被编到了一个班。有一天,我们去很远的一处深山里砍柴,返回的时候风雪交加,我突然犯了青光眼,双眼模糊一片。我知道羊肠小道下许多地方都是悬崖峭壁,掉下去就凶多吉少。于是我捂着双眼手摸着山崖的石头向前慢慢地蹭行,大个儿发现后便不容置疑地背起我走。我拼命挣扎着要下来,他才放下我道:"不行咧不要硬撑,有我在你就莫事!"那一天,他拉着我的手一边不时地提醒我注意前行,一边鼓励我:"快了,不远咧,马上就到咧!"天黑透的时候,棉袄全部湿透的我俩终于回到了驻地。两个月后,大个儿又成了班长,那个班被他带得有模有样直到退场……

退场以后,在连里战友第一次大团聚之前,我们俩各自一方,我在富平庄里五号信箱当钢件气割工,他在西安809库当搬运工。这期间我又经历了调动回到西安,分别干过刨工、民警、教师、部队文宣干事、媒体人、工会干部等,而他始终在809库没有挪动。因为,他踏实肯干,人品正直,而且挑大梁办起了建筑装潢公司,给单位既挣了钱又增加了效益,便被升为处长。连里战友第一次大团聚那天,我们都喝了不少酒,后来主持人提议让我起头,唱一曲《铁道兵之歌》。当我领命起头之后,大家齐声高吼,无人不激昂放声歌唱。那歌声感觉快把天都撼动了!歌声刚住,便见战友们三个一堆,五个一伙的起身相拥而抱,放声大哭!我与大个儿、炊事班长等五位战友也是肩搭肩、手搭手地围成一圈,大声地相拥而泣……那场景看得长安大招待所餐厅的年轻服务员们一个个儿的目瞪口呆,她们也许从未见过如此多的大老爷们儿居然集体失态!然而,只有我们自己明白,那一瞬间的泪水与放声大嚎中都饱含着什么……

2010年1月,我查出患了肠癌,紧接着就是手术,而且遵医嘱坚持一个疗程12次。那段日子真是太难熬了!不知道张大个儿从哪儿得到的消息,他与风枪手蔚耿第一轮代表战友跑到病房看我。望着已瘦得不成人样的我,大个儿说:"我相信老天不会让好人过早离开大家的,咱啥人嘛?啥苦莫吃过?啥事莫经过?放心,一挺就过去咧……"大个儿的鼓励应验了!今天已从那天过去了七个年头,虽然化疗的后遗症依然在折磨着我并且又因此接受了两次手术,但我却依然活着……

这七年每隔一阵子,大个儿都会放下手头紧张的工程,专门到家里看我,手里每次都提着水果或什么营养品等东西。第三次手术时他来看我,二话不说塞给我一个信封:"知道你酒喝不成,好东西吃不成,莫给你买啥!这五千块钱你留着,应个急干个啥的……"我说:"我现在废了,几十万也花光了,但日子还过得去。你那么忙别老跑来跑去,看我这既无权又无钱的废物。"大个儿瞪我一眼道:"在我眼里只有当年的兄弟,没有什么处长厅长狗屁长的……"

我知道,大个儿是这么说的,也是这么做的。二十几年前,我们连有战友病故,唯有他,不管病故的战友当年被分配到了哪儿,他都会赶去送别,并宽慰病故战友的家人。

2015年,我又接受了一次历时七个多小时的大开腹手术。手术后发生了严重后遗症,每餐只能吃特制流食。吃东西对我来说只有一个意义,即维系生命!无所谓喜欢或是爱好。这期间,大个儿与战友们常常开车来接我出去小聚。虽然我坐在那里什么也不能吞咽,但我却感到心情无比愉悦。感谢上天给了我一次机会,此生能有幸结识并拥有不止一个两个、三个五个类似张大个儿这样的同学战友、同事朋友,这是我的福气。

　　那一次,我回到家彻夜未眠,半夜起来在客厅里来回踱步。望着大个儿前年气喘吁吁扛到我家的一台健身器械,往事不由得一件件地浮现眼前。恍惚中又回到了大巴山:风雪中大个儿拉着我的手,两人身上穿着师里发给学兵连的那套58式黄棉袄,上面挂满了白雪,还在向空气中散发着汗水生成的白色蒸气,在一条悬崖峭壁的小道上艰难的一路前行……

　　(作者为原配属铁道兵第2师7团施工学兵8连学生兵、陕西省音协音乐教育培训中心主任)

第三篇

铁道兵学生兵战友
新闻作品文艺作品选

一、回忆文章

铁道兵简史

刘政湖

中国人民解放军铁道兵，主要由线路、隧道、桥梁、建筑、通信、舟桥等专业工程部队组成，是一个战时提供铁路运输支持，和平年代担负铁路建设、提供铁道工程技术保障的兵种，从1948年7月到1984年1月，它历经解放战争、抗美援朝战争、新中国社会主义经济建设时期，走过了35年辉煌的战斗历程，为中华民族的解放事业和建设事业做出了不朽的贡献，是人民军队建设历史上光辉的一章，也是中国社会发展进程中一段不能遗忘的历史记忆。

铁道兵诞生于解放战争时期的东北战场，前身是东北民主联军护路军。1945年8月，日本侵略者战败，抗日战争结束。东北民主联军在建立与扩大东北解放区的同时，开始接收日伪铁路管理机构，加强铁路系统建设。为此，民主联军先后在东满、西满、南满地区及中长等铁路沿线组织武装护路部队。1946年6月，东北民主联军铁道司令部正式成立，同年12月改称护路军司令部，苏进任司令员，总部设在哈尔滨，主要任务是维护铁道交通秩序，保证铁路运输畅通。护路军成立后，整合东北地区各护路武装，将原东满护路大队、西满护路保安队、南满护路大队及各铁路公安护路队统一整编，总兵力发展到8546人。1948年1月1日，东北民主联军正式改称东北人民解放军，东北民主联军护路军随之改称东北人民解放军护路军。该年夏秋，辽沈战役即将打响，为保障铁路军事运输的安全和迅速修复遭破坏的铁路，配合我军即将展开的大规模的围歼战和攻坚战，中央认为迫切需要建立一支更大、更强的铁道保障部队。中共中央东北局和东北军区决定，在东北人民解放军护路军的基础上，吸收东北各铁路局1 200名铁路员工为技术骨干，并补入二线兵团8 500人，组建东北人民解放军铁道纵队（亦称铁路修复工程局），黄逸峰为局长，苏进为第一副局长兼参谋长。纵队设司令部、政治部、工程部、卫生部、供给部、材料部和厂务部。纵队下辖四个支队，共1.8万余人。7月5日，铁道纵队在哈尔滨极乐寺举行成立大会，铁道兵从此诞生并走上中国的政治军事大舞台。

年轻的中国人民解放军铁道兵一出现在战场上，就有力地配合了野战兵团的作战。"大军打到哪里，铁路就修到哪里。"铁道兵奋力投入东北地区和关内北宁、津浦、平汉、陇海、粤汉、湘桂等铁路的抢修。从1948年夏到1949年底，铁道部队广大官兵与铁路员工齐心协力，克服重重困难，先后抢通了东北、华北、华东、中南和西北地区的15条铁路干线，共计修复线路1629公里、桥涵976座、车站房屋5898平方米、信号站232座，架设通信线路约5万公里，遭国民党军队破坏的主要铁路干线均恢复通车，有力地支援了辽沈战役、淮海战役和平津战役，为解放军渡江南下、进军西北、解放全中国提供了铁路运输保障。

1949年5月16日，中央军委发布命令，将东北人民解放军铁路纵队扩编为中国人民解放军铁道兵团，并将(北)平保(定)筑路工程总队、华北军区铁甲列车总队、军委铁道部机械筑路工程总队等单位调归铁道兵团，隶属中央军委建制，受中央军委铁道部直接领导。军委铁道部部长滕代远兼铁道兵团司令员和政治委员，副部长吕正操兼任副司令员，下辖四个支队。不久，由山东地方部队和北京和平解放改编的国民党铁甲列车部队，组建了中国人民解放军铁道兵团第六支队。1950年9月18日，中央军委主席毛泽东签发通令，进一步确定铁道兵团属军委建制，下辖3个师2个独立团，共3万余人。

新中国建立之初，铁道兵又迅速积极地投入全国的铁路复旧工程，使8000多公里的铁路迅速恢复了通车。铁道兵团为人民解放战争的伟大胜利和国民经济的恢复发展，做出了重大的贡献。

1950年6月，朝鲜战争爆发。为保障战场运输，刚刚从炮火硝烟中走下来的铁道兵团部队，以中国人民志愿军铁道兵团的名义，又成为整个援朝部队的一部分。根据中央军委命令，1950年10月9日，铁道兵团第1师改为志愿军铁道兵团第1师，11月6日入朝。其后，铁道兵第3师、第2师分别于1951年2月、5月相继入朝。1951年6月20日，又以直属桥梁团和中南军区拨给的4000名新兵为基础成立了第4师。整个战争期间，铁道部队投入兵力为四个师、一个直属桥梁团个独立团和一个援朝铁路工程总队，共计11万人。

自1950年11月到1953年7月停战的33个月中，敌人集中侵朝空军70%左右的兵力，对我铁路交通线进行狂轰滥炸，共出动飞机58967架次，对铁路线投弹达19万枚，平均每7米落弹1枚，累计破坏桥梁1607座次、线路15564处次，给水165处次，通信线路2952条公里，隧道89座次，妄图切断志愿军后勤补给线。面对破坏严重的铁路线,志愿军铁道兵团发扬勇敢顽强、不怕牺牲的战斗精神,开展了持续的反轰炸、抢线路的斗争,做到随炸随修、随修随通。铁路坏在哪里,就抢修到哪里,最终粉碎了"联合国军"的空中封锁,共计抢修抢建铁路延长线1 000多公里、桥梁2 300座次、便线便桥127公里、隧道122座次、车站3 600处次、通信线路21 000条公里,还抢修铁路新线210公里,创建出"打不烂、炸不断的钢铁运输线",到停战前夕,其铁路运力比战争初期提高了7.5倍。停战后,铁道部队又帮助朝鲜人民重建家园,参加了朝鲜北部整个铁路的新建和复旧工程。整个抗美援朝期间,铁道兵有1 136名官兵英勇牺牲,2 881名官兵负伤,涌现了杨连弟等一大批英模,1.21万人立功。铁道兵用他们的勇敢和付出,有力地保障了战争的胜利,在抗美援朝战争的史册上写下了辉煌的一页。

1953年7月,抗美援朝战争胜利结束。9月,中央决定正式组建中国人民解放军铁道兵。9月9日,中央军委发布命令:志愿军铁道兵团四个师一个独立团与志愿军六个铁道工程师,统一编为中国人民解放军铁道兵。在铁道兵领导机关成立前夕,毛主席接见即将出任铁道兵司令的王震。会见中,王震提出请毛主席为新成立的《铁道兵》报题写报头。毛主席欣然挥毫为《铁道兵》报题写了"铁道兵"三个大字。

1954年2月28日,中央军委主席毛泽东签发命令,任命王震为铁道兵司令员兼政治委员。3月5日,铁道兵司令部正式在北京成立,机关设司令部、政治部、工程部、后勤部、干部管理部和计划处、军法处、财务处。从此,铁道兵成为中国人民解放军陆军的一个独立兵种。从铁道兵团到铁道兵整个存续期间,历任主要领导人有:滕代远、王震、李寿轩、崔田民、吕正操、张翼翔、刘贤权、宋维栻、吴克华、陈再道。

铁道兵部队组建之时,编制10个师、1个桥梁独立团、1所学校和2所文化速成中学,共8万人。此后,部队几经扩编,至1974年底,铁道兵共辖3个指挥部、15个师、4个独立团、2所学校、1个科学研究所、1个农场、5个办事处、3所野战医院、9个仓库、15个工厂,实有兵力43万人。与此同时,部队的技术装备也得到相应补充和改善,技术水平和应变能力不断提高,在国家铁路建设和国防建设中发挥了重要作用,成为国家铁路建设和国防工程施工的一支重要力量。

1954—1983年的30年里,为配合我国国民经济的快速发展和国防建设的需要,铁道兵迅速承担起繁重的铁路建设任务。广大官兵发扬"逢山凿路,遇水架桥,风餐露宿,栉风沐雨,志在四方,艰苦奋斗"的革命精神,为构建中华四通八达的铁道网,处处洒下了热血和汗水。铁道兵部队正式组建后修建的第一条铁路是鹰厦线,其后,又先后担负和参加了黎湛、南福、包兰、嫩林、贵昆、成昆、京原、襄渝、京通、青藏、南疆、通霍、兖石等52项铁路建筑和北京地下铁道的修建任务。这些新线大多分布在交通艰险闭塞的边陲海滨、高原僻壤、沙漠戈壁、林海雪原地区,人烟稀少,气候恶劣,环境艰苦,工程艰巨。连同其他国防、林业和各种专用铁路在内,铁道兵共建成铁路近1.3万公里,被誉为"铁路建筑的突击队"。

铁道兵还担负一系列国防工程建设任务,主要有酒泉、西昌卫星发射中心和核试验基地的铁路线、战备公路、飞机洞库等项目,还参加修建中(国)尼(泊尔)公路、上海虹桥国际机场、天津引滦入津等国计民生工程,还在京广、宝成铁路的抗洪抢修、唐山地区地震的铁路抗震抢修、江河防汛、森林灭火、草原清雪开道等紧急抢险救灾中,发挥了突击队作用。

在和平建设的岁月里,铁道兵还参加了三次涉外区域战争。第一次是1962年中印边境自卫反击战。铁道兵部队抢筑错那至达旺急造公路25公里,支援战事顺利推进。第二次是从1965年6月至1970年7月的援越抗美战争。铁道兵部队在越南河内至友谊关、河内至老街、东英至太原三条铁路线上,共抢修线路桥梁约3 500处次,抢建新线和改造旧线479公里,还抢建和保障老街至孟康、老街至巴丹、板丹至西庄三条公路,共长434公里,对越南抗美救国战争的胜利和战后经济建设,发挥了重要作用。第三次是1979年2月中越边境自卫还击战,铁道兵部队担负战区铁路保障任务。在东线,抢修凭祥至谅山铁路32公里;在西线,抢修河口大桥和河口至柑糖、老街至铺镂铁路共37公里,为我军作战创造了有利条件。

从1948年铁道纵队组建到1983年"兵转工"并入铁道部的35年间,铁道兵在战争条件下,共抢修铁路3 600多公里,抢建铁路690多公里、战备公路430多公里;在和平时期,共新建铁路干、支线12 590公里,占全国同期新建铁路总数的三分之一。有8 000多名官兵献出了自己宝贵的生命(包括抗美援朝战争中牺牲的1 136人,援越抗美战争中牺牲的392人),他们至今长眠在祖国大地和异国他乡的土地上;有59 234名官兵负伤或致残,为新中国的建立和发展,默默奉献了自己的血汗和健康。同时,铁道兵涌现出以中国人民志愿军一级英雄杨连第,荣获中央军委、国防部授予荣誉称号的"铁道兵硬骨头战士"张春玉,"雷锋式的好干部"梁忠孟等为代表的大批英雄模范人物和以"杨连第连""抗洪抢修模范连""唐山抗震救灾抢修突击连""唐山抗震救灾抢修先锋连"等为代表的一批先进集体。他们连同那些牺牲和负伤的铁道兵官兵,成为铁道兵群体的光荣和骄傲。铁道兵以其辉煌的成绩,受到党和国家的高度重视。在其35年的历程中,党和国家领导人毛泽东、朱德、周恩来、彭德怀、叶剑英、华国锋等同志多次亲切接见官兵代表、题词勉励,表达对这支英雄部队的高度肯定、信赖和关爱。

1982年4月9日,国务院办公厅、中央军委办公厅发出通知:"中共中央、中央军委决定撤销铁道兵建制,把铁道兵并入铁道部。"该年12月6日,国务院、中央军委正式颁布《关于铁道兵并入铁道部的决定》(国发[1982]35号文件),铁道兵集体"兵转工"正式启动。

1983年2月1日,铁道兵党委、机关正式并入铁道部党委、机关。同年10月1日,铁道兵各师正式纳入国家铁道部建制领导,编制为铁道部第十一至二十工程局。

1984年1月1日,铁道兵部队集体转业,铁道兵指挥部改为铁道部工程指挥部,铁道兵各师分别改称铁道部各工程局,各部队官兵也在这一天最后向军旗告别,依依不舍地摘下领章、帽徽。从此,一个兵种完成了自己的历史使命,铁道兵从中国人民解放军序列中消失。

铁道兵是共和国永远的国家记忆!

铁道兵精神永垂不朽!

(作者为原铁道兵第10师50团宣传队队员,中共常德市委党校科研处处长,铁道兵战友网网站站长)

铁道兵 10 师三上青藏铁路

杨明秀

青藏铁路东起青海省西宁市,经哈尔盖、沿青海湖至刚察,经关角隧道后九跨关角沟经察汗诺、乌兰、德令哈,越航垭,穿泉吉峡,跨察尔汗盐湖至格尔木,到南山口后越昆仑山经那曲至西藏自治区首府拉萨,全长 2 047 公里。第一期西宁至格尔木全长 864 公里,第二期格尔木至拉萨全长 1 183 公里。

青藏铁路由铁道部第一勘测设计院设计,线路等级为一级铁路。此前,铁道兵 10 师曾二进二出青藏铁路。

1959 年 2 月 11 日,铁道兵 10 师奉命修建泉吉东站至格尔木段,3 月师在格尔木设立指挥所,10 师从由修建清绿铁路的 47 团、49 团调两个加强营计 1 500 人,以及铁道部青藏线办事处第一工程处等单位铁路职工 500 人和地方劳改犯 1 200 余人,共计 3 200 余人承担青藏铁路泉(吉峡)格(尔木)段工程任务。此为第一次进入青藏铁路,1960 年 4 月开工,1960 年 12 月奉命停建,部队撤离。

1962 年 11 月,铁道兵 10 师再次奉命移防青海修建海晏至克土段 23.4 公里正线,1963 年 4 月 16 日海克段正式开工,由铁道兵 47 团一营、46 团、48 团承建,1964 年 10 月 17 日交付西宁铁路分局营运,后因国家计划调整,部队再次撤离青藏铁路。

第三次挥师青藏高原

1973 年后,由于国内外政治、经济形势的需要,修建青藏铁路又列入国家重点建设项目。加快这条铁路的修建对于巩固国防、发展少数民族地区的经济、增强民族团结等具有十分重要的意义,中央领导对此极为重视。经国家有关部委研究,确定青藏铁路分两期建成:第一期工程,先集中力量修建哈尔盖到格尔木段(1977年确定延长到南山口),第二期工程修建格尔木至拉萨段。因自然条件复杂,二期工程的开工时间,需视科研和勘测设计工作进展情况另行确定。同时决定,第一期工程由铁道兵担负施工。铁道兵第10师率部于1974年2月三上高原青藏铁路第一期施工。1975年3月,铁道兵第7师参加青藏铁路连湖至南山口段施工。

关角隧道复工

青藏铁路关角隧道位于青海省天峻县境内祁连山脉中吾农山系东延部分关角垭口,隧道最大埋深520米,最高坡点3 689.82米,轨面最高为3 692米,出口3 672米,山顶海拔标高4 200米,隧道全长4 009.89米。关角隧道是青藏线哈格段的重点项目、咽喉工程,也是难点工程。是当时全国海拔最高的铁路隧道,其地处高原严寒、大风气候区,极端最低气温可达零下35℃至零下40℃,终年可出现冰霜和降雪天气。隧道穿越地区地质情况极为复杂,多处断层切割,岩石松散破碎。同时,地下涌水量也很大,每昼夜多达1万余吨。1958年8月西宁铁路局曾开工修建,后因国家计划调整,1961年停工封闭。经过13年积水浸泡和自然风化,洞内塌方淤积十分严重,地质条件更加复杂。

1974年5月开始施工后,关角隧道出口由铁道兵47团一营施工,进口由二营施工,各配属一个民兵连。由于洞内清理工作量大,于1975年8月又陆续从47团三营、四营和46团共调来五个连队分别配属隧道进出口施工。为突击进口落底,又于1977年1月调三营13连配属进口施工。塌方、缺氧给施工带来很大的困难,直接威胁着施工指战员的生命安全。面对艰巨的复工处理任务,担任关角隧道施工的广大指战员,发扬"一不怕苦,二不怕死"的革命精神和革命英雄主义气概,克服种种艰难险阻,为圆满完成剩余工程任务奠定了坚实的基础。

关角隧道战塌方

1975年4月5日上午,约10时30分,关角隧道内1 589立方米土石像山崩地裂般倾倒下来,形成长达52米的塌方带,把铁道兵47团一营正在隧道内施工的127名指战员(干部8名,战士119名)阻断在洞内。

事故发生后,一营干部战士、师团驻关角隧道工作组领导以及10师和47团主要首长火速赶到现场,立即成立指挥所,组织指挥抢险。险情飞速上报,铁道兵兵部接到险情报告后立即发来电报、打来电话,要求全力抢险救人。铁道兵副司令员彭海贵、铁道兵西南指挥部政委苏超分别在驻地乘专机前往。兰州军区、青海省委、省政府相关领导,邻近的兄弟部队领导及驻地海西州领导、天峻县干部职工也先后赶来。一车车抢险急需材料、帐篷、工具、干粮飞速送到现场。正在去牧区巡回医疗的某军医大学医疗队,闻讯后马上赶到隧道口和部队医务人员一道,做好随时进行抢救的准备。

洞内,在这生与死的考验面前,隧道内跟班作业的10师工程师潘建学、一营副营长吴德安、一连副连长彭德福、二连副指员吴扬然等自觉地聚在一起,稳定战友们的紧张情绪。工程师潘建学根据多年的施工经验,果断作出决定,迅速而沉着地带领洞内的一百多人撤离险区。当洞里地下水已经漫过原来筑起的三道水坝这一危险征兆出现时,班长郑仕友带领四名战士冒着生命危险,把原有三道水坝加高40厘米后又筑起了两道水坝,解除了水的威胁。同时,潘建学工程师爬到塌方的渣石顶上,打着手电仔细察看,发现靠北边的拱顶还残存了一节,有弧度便于支撑,决定从拱和边墙的结合部挖小洞抢险自救。党员和老战士组成突击队,一连三排孟树林、张博怀、袁增产、李康焕等战士冲在前面,想办法找木棒做支撑,因空间太小用不上工具,就采用手扒脚蹬的方式一寸一寸地挖,他们把生的希望让给别人,把死的危险留给自己。

经过洞内外指战员们的英勇奋战,4月6日零时30分正洞小导坑打通,一般清新的空气扑进导坑,流入洞中,给洞内战友注入了生的希望。至此,被塌方堵在洞里长达14个小时的127名指战员全部获救脱险,无一伤亡。

关角隧道抢险战斗中的动人表现,是铁道兵战士伟大时代精神的真实写照,谱写了一曲革命英雄主义的赞歌。师党委给予铁道兵47团二连记集体三等功,一连三排记集体三等功,给予师作训科工程师潘健学、47团一营副营长吴德安、47团一连副连长彭德福、副排长李再益、战士袁武学、二连连长郑新成、副指导员吴扬然、班长郑仕友、战士杨志峰等同志记二等功。团党委给予47团一连指战员芣根京、肖崇炳、金仁华、孟忠俊、仲功礼、党百发、李三虎、成耀华、马建相、谭国颜、孟树林、张博怀、袁增产、李康焕和五连的李保存等记三等功。(在大塌方抢险中近百名指战员荣记三等功和师、团嘉奖)。

筑路万丈"盐桥"攻难关

通过盐湖是青藏线施工中的三大技术难题(盐湖、高原、冻土)之一,也是铁道兵担负新建铁路施工任务以来碰到的新课题。这里的盐湖,表层是又厚又硬的盐壳,下面是20多米深的卤水结晶盐。铁路经过的此类地段计32公里,加上两岸的岩盐、盐渍土地段共89公里,施工难度很大。这段线路地质情况也极其特殊,有溶洞密布的盐溶,有硬似花岗岩的岩盐,还有状似海绵、质地松软、人走上去稍一晃动就会陷下去的盐地以及腐蚀性极强的盐卤区。这些地段,从施工到用料,都必须采取特殊措施才能保证路基的稳定。

为保证施工的顺利进行,根据不同的地质情况和盐湖研究所多年的试验,决定采取机械压实地表盐壳、挖掉盐壳换填砂石料以及打挤密砂桩的方法处理基底,然后再在湖面上铺筑路基。战士们把这样铺筑的路基称作看不见桥墩的"砂桩盐桥"。担负施工任务的铁道兵第7师第34团,在这浩瀚的盐湖地带,安营扎寨,奋力拼搏,与盐巴展开了一场顽强的战斗。他们住的是用盐块垒砌的"盐宫",吃的是外地运来的脱水菜,夜以继日,不停地向溶层挤砂,以盐裹砂构筑路基,有时还下到盐池处理溶洞。这年适逢百年不遇的干旱,日久无雨,地表干燥,连盐地极度蒸发的空气都带有几分咸味,生活条件异常艰苦。但是战士们以适应自然、改造自然、叫自然界的丰富宝藏为人民服务的崇高精神,任劳任怨,忘我劳动。打进砂桩5.7万根,总延长13.5万米,灌砂5万立方米,在盐湖上筑起一条牢固的晶体路堤,被称为不见桥墩的万丈"盐桥"。铁道兵第7师34团16连被命名为"盐湖筑路攻关连"。

科技攻关风火山多年冻土试验

在青藏铁路建设中,环境最艰苦、任务最艰巨的是在风火山冻土地段担负施工试验任务的第10师第50团13连。这个试验场地坐落在海拔4750米的唐古拉山口。这里空气稀薄,气候严寒,素有"冰雪仓库"之称,常常狂风呼啸,大雪纷飞,情况瞬息万变,常人难以适应。干部战士常年生活、劳动在这种环境里,许多人有高山反应,头晕脑涨,心慌气短,指甲凹陷,体重下降。为了取得有价值的施工经验,该连从1975年至1977年间曾三度登上风火山,坚持进行试验。1974

年开始,科研人员和铁道兵第10师50团13连,开上海拔4750米的唐古拉山口风火山试验场,进行高原多年冻土铁路施工试验,开展科技攻关。

指战员克服高山反应,发扬吃苦耐劳、拼搏奉献精神,进行科学实验,为青藏铁路施工取得宝贵的经验。担负试验施工的第10师50团13连被铁道兵授予"风火山尖兵连"称号。

在修建哈尔盖至南山口铁路正线的后期,铁道兵部队还担负修建了茶卡铁路支线。这条支线从青藏铁路察汗诺车站出岔,至茶卡盐场止,全长42公里,由铁道兵第7师担负施工。该师在全师范围内组建各类专业分队,实行机械化、专业化、拼装化流水作业,工程进度很快。1978年进行施工准备,1979年3月全面开工,10月开始铺轨,11月底即铺至茶卡,并于年底开出了第一列运盐专列,实现了当年施工、当年铺轨、当年受益的目标。茶卡铁路支线建设,为快速施工创造了新经验,受到了国家计委和国家建委的表扬。

辉煌业绩永记史册

铁道兵广大指战员历时10年之久,胜利完成了青藏铁路哈尔盖—南山口的修建任务。哈尔盖至希里沟段从1975年开始铺轨,1977年12月铺通,1979年9月办理客货混合列车临时运营。希里沟至南山口段1979年7月铺到格尔木,9月铺到了南山口。至此,青藏铁路第一期工程西宁至南山口段全线通车,1983年12月交付兰州铁路局接管。

青藏铁路的修建所面临的困难和挑战,是世界铁路史上前所未有的。广大指战员在严重缺氧的高原"生命禁区"顽强拼搏,在恶劣的环境中挑战极限,以惊人的毅力攻克难关,不畏艰险,永远向前。正是这种顽强奋斗、自强不息的英雄气概,战胜了一个又一个困难,越过了一个又一个障碍,取得了一个又一个胜利,孕育了"缺氧不缺精神,海拔高干劲更高,挑战极限,勇创一流"的铁道兵精神;为青藏铁路洒下了汗水、奉献了的青春,为国家和军队的国防建设建立了不朽功勋,绩震云霄,谱写了很多可歌可泣的英雄事迹和胜利赞歌,他们的辉煌业绩永记史册。

(作者为原铁道兵第10师47团1连文书,青海省国投监事会主席、纪委书记)

五名上海兵献身祖国铁路事业

黄亚明　周海涵

1969年3月,上海1 000名(奉贤600名、闸北400名)热血青年,告别家乡,告别亲人,应征入伍中国人民解放军铁道兵部队,修建成昆、襄渝等战备铁路。期间,严水明、姜正荣、徐国宏、陈龙生、张洪根五名战友不幸牺牲,献身祖国伟大的铁路事业。

严水明烈士

严水明,上海奉贤齐贤李家村人,贫农家庭出身,从小热爱共产党、热爱社会主义。1969年3月响应祖国号召应征入伍,为铁道兵8817部队战士,同年加入共青团。严水明在连队里认真学习毛泽东思想,认真做好自己本职工作,战友之间互相帮助,受到了连领导和战友们的好评,年终被评为五好战士。

在1970年3月2日晚,严水明在连队"支左"期间与地方单位职工在一起扑灭四川西昌地区的某次山火中,不幸跌入山沟中牺牲。西昌地委号召西昌200万人民学习严水明英雄事迹,西昌军分区追认他为中共党员,并追记二等功一次。严水明烈士骨灰安葬于西昌烈士陵园。

陈 龙 生 烈 士

陈龙生,1950年7月生于上海奉贤奉城镇久茂村三组。1969年3月,他响应国家号召入伍,成为一名光荣的中国人民解放军铁道兵第10师47团一营五连战士。由于陈龙生表现突出,成绩优异,1971年被批准加入了中国共产党,并任命为班长。

1973年7月的一天晚上,连队战士集中到营部观看电影,由于陕南山区气候多变,突然狂风大作,营首长命令各连队全部返回。在回连队途中,暴风四起,乱石横飞,行人无法站立,连长命令全部卧倒休息。此时山上突然飞下石片,击中陈龙生头部,急送部队卫生队抢救,终因流血过多、抢救无效而牺牲。

姜 正 荣 烈 士

姜正荣,生于1951年7月23日,1969年3月响应国家号召,于上海闸北湘江中学应征入伍。入伍后被分配在铁道兵第10师直属汽车营。他刻苦钻研车辆维修保养技术,很快成了一名技术骨干。平时他主动为全班整理卫生、抢着打饭等。他还用部队发放的津贴费,救济经济条件困难的战友。

1969年12月6日上午在实弹训练中,连长让他去移靶以安放到最佳位置,当他扛起胸靶向前奔跑时,一云南兵枪走火击中他的后背靠近心脏部位,经多方抢救无效不幸牺牲。他父亲没向组织提出任何要求,又毅然决然地把大女儿姜正萍送去部队,以继承他哥哥未竟的遗志。

徐 国 宏 烈 士

徐国宏,1952年2月生于上海。1969年3月,他响应国家号召入伍,成为一名光荣的中国人民解放军铁道兵第10师47团一营四连战士。国宏在部队思想进步,战友间团结友爱,施工中吃苦耐劳,受到战友们好评。

1969年11月24日晚,徐国宏在成昆铁路(四川德昌)芝麻地2号隧道施工中出渣。当晚8时左右,他与战友将轨道上的渣车推出洞外驶上简易木桥往山下倾倒中,撞上了横在轨道上的一根粗大支撑木,冲击力将人和车一起摔下山沟。由于渣车压伤他的胸部,经抢救无效不幸牺牲。徐国宏烈士安葬于四川德昌烈士陵园。

张洪根烈士

张洪根,1951年生于上海闸北的一个普通工人家庭。1969年3月应征入伍,任铁道兵47团三连战士,参加了位于四川德昌县辖内的芝麻地隧道的施工,1970年7月又奉命转战到了陕南山区。为了加快襄渝铁路建设进度,连队计划修建一条沿汉江岸能运输机械设备和后勤保障物资的便道公路。

10月14日,张洪根与全班战友正酣战在施工现场,他挥舞着铁镐,埋头刨挖着一个装炸药的炮眼……突然从峭壁上滚下来一块大石头,不偏不倚正好砸中张洪根的头部,张洪根当场鲜血直淌,不醒人事,急送团卫生队抢救无效不幸牺牲。

(作者黄亚明为原铁道兵第10师特务连警卫排公务班长、上海市公安局奉贤分局助理调研员;周海涵为原铁道兵第10师47团4营营部统计人员、上海市铁路公安局公安处干部)

陈师长,你走得太早了!

萧根胜

1982年2月2日,农历正月初九,春节过后上班没几天的一个上午,接到师政治部电话通知:原师长陈友国于昨天在西安去世,享年55岁,由各团自行派人前往吊唁。

新年伊始,噩耗传来,真不知是什么滋味。回想陈师长在关角隧道的几个镜头,心中萌生悲凉。

1975年4月5日大塌方抢险中,我和炊事班的几个同志向工地上送晚饭,接近隧道口时,看见洞口站着几位首长,他们穿着皮大衣似在研究有关抢险的方案。一位老兵指了指站在中间那个个子比较矮的首长说,他就是陈友国师长。当时几个领导的面色是一样的沉重和焦虑,我们没敢留步多看,就挑着茶饭走进了平道口。当127名战士从洞内爬出来时,已在工地上紧张指挥了14个小时的陈师长站在新挖开的小导洞口,与脱离危险的干部、战士们一个一个握手问候,给他们以极大的安慰。事后得知,陈师长患有严重的高血压、糖尿病。

1976年5月,为贯彻铁道兵党委4月17日"关于加快关角隧道施工进度"的指示精神,迅速掀起隧道施工高潮,陈友国师长在师党委会上不顾多数同志的劝阻,带着病体率领徐志超副师长及师机关司、政、后主要领导把铺盖搬到关角山下指挥15个连队、2 200名指战员展开关角大会战,掀起"月成洞百米"施工竞赛。

关角山下,生龙活虎的年轻战士可以因走路快一点、站得时间长一点而昏倒,一个正常的人会头疼、胸闷、失眠。而此时的陈师长已年近半百,顽病缠身,他却坚持每天走进隧洞、走上掌子面看质量、查安全。当他看到战士们劳动强度过大、工地施工环境恶劣的情况后,几次在施工调度会上要求各施工单位压缩工班施工时间,千方百计改善连队生活。他还深入连队伙房检查各连的伙食改善情况,而他似乎忘记了自己的年龄,忘记了自己的病体,白天上工地,晚上开会,分析施工形势,研究加快施工进度的措施,多次熬到深夜。我的老乡陆喜安被抽到师指挥所做饭,他看着师领导常常夜以继日加班加点工作,很有感慨地说:"领导们的身体好像铁打的。"

哪一个人的身体都不是铁打的。陈师长的糖尿病体质很难适应那种过度劳累的会战,经常显现出疲惫、困乏的迹象。他让炊事班为他准备了一些花生米,每次上工地兜里装一把,感到不舒服时就往嘴里放两粒生花生。陈师长个子不高,瓜子脸,满脸的温和慈祥,在工地上一般不大好认出他是师长。可是,不少战士都知道,工地上看到吃花生米的,就是陈师长。而此时大家看到的陈师长往往也正是拖着病体顽强向前走的师长,他用一粒粒花生米在支撑着他的心慌、头晕。战士们看到时,无不感到心酸心痛,当然更多的是激奋、鼓舞。陈师长5月上旬到关角山,6月份关角隧道出口首创单月成洞百米纪录,8月份第三次创单月百米成洞的好成绩。配属一营施工的46团17连在平导掘进中当月进了134米。一直到年底,关角隧道出口月月成洞突破百米。冬季应是高原施工的淡季,按规定也是安排干部战士集中休假的季节,而这年的12月份,关角隧道上道坑胜利贯通,当月完成155.1米,创出关角隧道施工以来最高纪录。

参加关角隧道会战的指战员们都忘不了陈师长,都为陈师长的精神所感染。1977年8月5日,经过三年零三个月的艰苦奋战,铺轨列车顺利通过关角隧道,师团指挥所相继撤销,我们这些在连队的战士再没有机会见到陈师长。后来听说,当年的10月份他调到铁道兵西南指挥部当了副参谋长。随后的几年里,我们一直忘不了带着病在关角山组织大会战的老师长。

陈师长去世的消息传来,机关干部对这位三上青藏线、在10师当了七年师长而又曾长期在关角隧道带病蹲点的老首长的盛年早逝无不感到震惊、悲痛,同时也引起了一些同志就高原恶劣环境对身体危害的议论。正在这个时候,又传来团后勤处材料助理员杨忠明回四川休假期间病危的消息。干部病危由干部股负责,而干部股去四川看望的同志还没有到达四川,又收到"杨忠明在四川夹江县解放军42医院因病抢救无效死亡"的加急电报。这样的电报,一年前的2月份一周内收到两封:一封是2月9日三营技术员何木新(广东封开县人,1966年兵)休假期间突发心脏病在广州病故;一封是2月13日团卫生队军医李玉麒(四川长寿

陈友国师长

人,1965年兵)护送老兵回四川,在重庆解放军第三军医大学附属医院病故。

很多事情单独去看很可能没有什么了不起,如果联系起来看就会让人浮想联翩。处理干部战士的后事是组织股的职责之一,办理这样的后事往往让人悲伤、闹心,事后就总想问个为什么。

有一次我见到卫生队杜栓盈队长,都是河南老乡,说话就随便一些。我问他:"高原的缺氧对人的身体能不能造成致命伤害?"

他说:"可以造成伤害,会损害健康、甚至危及生命。"他的话使我受到震动,也想了很多。

记得是我入伍不久,关角隧道出口设立了"高原病研究所"。这个研究所由解放军天津医学院牵头,几个相关单位组织医疗科技人员参加。有一次组织体检时,一位军医说不少同志的心脏有移位现象,当时就让我们吓了一跳。事后得知,经对进入青藏线施工12—15个月的564名官兵全面体检后,查出患有慢性高山病和维生素缺乏症者254人,占总数的45%。

还有一件事让我记忆特别深刻。1977年我到乐都县买回五头架子猪。在卸车入圈时,有一头猪一时没有撵进猪圈,几个炊事员在连队院里撵了两圈后,那头猪跑不动了,才被乖乖地关入猪圈。结果,几个炊事员刚回到伙房,就听到饲养员跑过来说:"那头猪死了。"好不容易从几百公里外买几头猪,刚拉回来就死了一头,连队领导听说后很不满意。由于那头猪不是病死的,很快就褪毛开膛,准备改善一下伙食。当打开猪的腹腔后,发现肺已炸裂,满腹积血。找到了猪死的原因,也让不少人开了眼界,给予了警示。猪是生命力适应性极强的动物,竟然在跑了几圈后当即肺裂死亡,何况脆弱的人呢?连队早操从此不再长时间跑步。

还记得我们营有一位姓王的工程师,有几天心脏不舒服,军医建议他到团卫生队去做一个X光透视。经验不太丰富的医生做完透视,脸色马上变得发白,惊呼:"坏事啦,这位首长没有心脏了!"其他军医闻听立马跑过来,经再次详细检查,王工程师不是没有心脏,而是心脏不在原来的位置,已移位180度,扭到一边去了。从此王工程师得了一个"没有心脏"的雅号。两年后他强烈要求转业了,他怕真的没有了心脏。

当年3月份我去江苏沭阳,处理一个因公牺牲战士的后事,完成任务回程时路过郑州,顺便到家停了一个星期。期间听到两个战友英年早逝的消息:一个是原一营二连战士高万年,我们是一个公社的老乡;另一个是堂街公社的丁建彬,他原来是四营20连的兵。都是不满30岁患肝癌,于年前年后相继去世。那段时间不断接到死人的消息,不停地处理死人的后事,让我对身体健康问题也生出了未曾有过的担忧。返队时,特意到河南省医学院第一附属医院做了一次体检,结果查明我的左心室偏大,心脏稍有移位。当时就让我有些紧张。医生解释,一个人常年在缺氧地带生活,极易产生环境性内脏的异常病变,胸动脉高压突出,心脏扩大,心电轴左移或右移。离开这种环境后可以慢慢复原,如果时间过久就有可能导致质异性病变。

我仅是在海拔 3 000 米以上的地区生活工作过,而在关角隧道内施工,不仅含氧量更低,而且粉尘和机械尾气、各种有害气体的危害会更加严重,这些同志们的身体会怎么样?想来真是不寒而栗!

部队第三次上青藏以后,各级党委对指战员们的生活及健康保护十分重视。1974 年 10 月部队刚到高原,10 月 4 日师后勤部在乌兰召开福利工作会议,分析部队进入高原施工以来官兵福利面临的新情况、新问题。为保证官兵增加营养,吃好睡好,有好的体力投入施工,研究制定了搞好福利工作的六条意见。这个应由后勤领导负责的工作会议,陈友国师长亲自参加,并作了重要讲话。他要求各级领导从关心指战员们的生活与健康抓起,关心大家的身心健康,要带着良心带着爱心做工作……

青藏线哈格段全线复工以后,根据党中央筹建青藏二线的需要,由兰州铁一院主持开展"青藏铁路盐湖、冻土科研实施计划",决定由 10 师抽调一个连配属铁一院担任风火山冻土科研任务。陈友国师长为了掌握指战员们在生命禁区的生活情况,1975 年 9 月 28 日,率领师、团工作组,亲赴风火山深入到执行科研试验任务的 50 团 13 连进行调查研究。确定了从加强连队生活保障入手、提高指战员身体素质的任务,并树立了 48 团 15 连、48 团后勤处搞好高原生活管理的先进典型,推广先进经验。同时决定调 49 团 12 连由刚察县移防乌兰县赛什克公社进行蔬菜种植,弥补外调蔬菜不足,保证连队战士每天能吃上两斤蔬菜。改善生活,增加营养,保障指战员体能素质,成了高原部队的重要任务之一。

实践证明,导致高原战士身心健康受到伤害的不仅仅是缺乏营养、缺乏维生素,重要的是缺氧。防止缺氧造成的伤害有很多措施要落实,遗憾的是由于"抓革命、促生产"任务繁重,时间紧迫,很多措施的落实都被淡化或未曾顾及。几年后,我看到了中国医学科学院卫生研究所于 1977 年 9 月出台的一个《青藏铁路高原施工劳动卫生保护意见》。

这是一个在哈格段修建期间形成却在此期间没有发挥作用的《意见》。没有发挥作用的原因,远不是它没有作为铁道兵党委、机关的红头文件下发,而是与当时的政治环境、体制、形势等有着显而易见又难以说清的因素分不开的。

关角隧道全长 4 010 米、海拔 3 700 米(20 世纪 50 年代初设计时,苏联专家认为海拔3 500米即为生命禁区,中国在当时的条件下无力修建这一工程,所以就没有把这一工程列入建设项目)。第二次复工时进出口基本都已达到千米以上的深度,隧洞每进1 000米与海拔升高1 000米的缺氧量基本一样,而经常有上千人施工,数百台设备运转,每天两至三次放炮所产生的毒气、粉尘对人体的危害也绝非风火山隧道所能比及。正洞施工三年左右时间,不少战士在此是连续作业,常年施工,不少同志入伍入洞、出洞退役,遑论休养。就是正常的休假,也有不少同志没有排上队,没有等得到。

自1974年5月进入青海到1983年离开高原,全师先后有25名师、团、营、连、排青年及壮年干部(还不包括战士),或直接死于高原反应症,或因高原恶劣环境的危害致病身亡。这些怀着一腔热血、肩负着伟大使命的铁道兵指战员们,从踏上高原的那天起,就被阎王老爷点了卯、画了圈,还没有怎么享受"军转民""兵改工"的喜悦和欢乐,就带着青春之躯和对美好生活的无限憧憬,踏上了黄泉路,与骨肉亲情阴阳两隔,魂断天涯……

1977年底,铁道部拟组织专家对进入西藏的滇藏、川藏、青藏三个方案进行全面考察,如果按照《青藏铁路高原施工劳动卫生保护意见》的要求,陈友国师长是不应该再上高原的那一类患者。为了向中央提出真实、详细的参考方案,已任铁道兵第一指挥部副参谋长的陈友国师长不顾疾病威胁,强烈要求带队穿越唐古拉,勘查青海入藏的铁路走向。陈友国师长有以前两上青藏的经历,有誓死修通青藏线的志愿和情结,毅然向上级提出了三上青藏的请求。

决心、意志和精神可以鼓舞人、激励人,但不可能消弭、减轻高原恶劣气候对身体的侵袭和冲击。行至五道梁时,陈友国师再也支撑不住,几次晕倒,被强行送回格尔木。于是,走通青藏线,修通青藏铁路,仍是他的凤愿。

因健康原因离开青藏铁路施工一线后,病居西安的老师长还盼望着铁路全线移交后,乘火车走一趟他为之苦苦奋斗七年的青藏铁路哈格段,再看一看他倾注了大量心血与汗水的关角隧道。然而死神没有给他这个机会,病魔没有满足他仅有的一点凤愿,四上青藏成了陈友国师长终生的遗憾。

陈师长,你走得太早了!

(作者为原铁道兵第10师47团组织股干事,河南峡县人大常委会主任,著有长篇小说《青海长云》)

怀念我的爸爸陈友国

陈立新

1982年2月1日,我的爸爸陈友国,因病情加重在西安去世,那时还不到60岁。我爸爸原是中国人民解放军铁道兵部队第10师师长。他14岁从老家山东当兵,参加过抗美援朝,从当兵那时起,就把自己的一生,交给了国家,交给了军队,交给了铁道兵。他的一生,是革命的一生、战斗的一生,也是慈爱和光明磊落的一生。

爸爸虽然是铁道兵的一师之长,但却是一个非常平易近人的普通军人,对干部、对战士都一视同仁,从不摆官架子,深受广大干部及战士的爱戴和好评。

虽然我爸爸身体一直不好,身患糖尿病多年,经常都是尿糖四个加号,药不离身,又不能多吃主食,但是我爸爸的工作量却非常大,一年四季基本上都不待在家里,经常到基层去,下工地、下连队等。有一年,关角隧道塌方时,我爸爸基本上一天到晚都泡在工地上,随时都要进隧道观察塌方情况,完全不顾自己身患重病、不顾自身的安危。他吃住在工地上,甚至好几次几乎都要晕倒在工地上,让广大干部战士为之心疼而敬佩至深。正是因为有像爸爸他们这样一批能够以身作则、视死如归、带头冲锋陷阵的好领导,所以铁10师的官兵上下一心,个个都是好样的!铁10师也不愧是一个名副其实的英雄团队!

爸爸虽然身居要职,但从不用他的特权谋取私利,对待他的子女也是如此。他常常教育我们,个人的前途必须要靠自己的努力去创造。因此,他在各方面都严格地要求我们。按照当时部队的安排,在我15岁的时候就被送到部队去当兵,临走时还再三交代,在部队绝不能搞特殊化,要严格要求自己,当个好战士。我听从爸爸的教诲,努力践行做个好战士,我也经常受到部队领导及战友的好评,并多次受到嘉奖。

后来,党和政府号召知识青年上山下乡,爸爸又带头响应,将我的弟弟妹妹都送到农村,接受贫下中农的再教育。我的弟弟妹妹也是很为父母争气,他们在工作中不怕苦、不怕累、不怕脏,受到了领导和群众的好评。

我爸爸的严格要求和言传身教,深深地影响着我们的一生。

爸爸虽然对我们要求很严格,但他却又是一位和蔼可亲的爸爸。在我们的生活和成长过程中,给我们以无微不至的关怀和呵护,我们都非常敬佩他,他的一生都是我们学习的榜样。

敬爱的爸爸,我们深深地缅怀你,你永远活在我们心中!

(作者为陈友国师长的女儿)

我编国波团长回忆录

韩耀先

2017年8月1日——中国人民解放军建军90周年的光辉节日。

上午10时,庆祝建军90周年大会在北京人民大会堂隆重举行。中共中央总书记、国家主席、中央军委主席习近平在会上发表重要讲话,盛赞人民军队为中国人民求解放、求幸福,为中华民族谋独立、谋复兴建立的伟大历史功勋:"90年来,人民军队历经硝烟战火,一路披荆斩棘,付出巨大牺牲,取得一个又一个辉煌胜利,为党和人民建立了伟大的历史功勋。"他代表党中央、国务院和中央军委,向在各个时期为人民军队建设作出贡献的转业退伍军人、革命伤残军人和烈军属表示诚挚的慰问。

与此同时,在同位于西长安街南、距人民大会堂仅十多公里的原铁道兵机关、现中国铁建集团公司铁建大厦第一会议室里,一群来自原铁道兵第10师47团的老兵、学兵、铁二代,正同人民交通出版社及人民网、中央电视台、中国交通报等新闻媒体的人员欢聚一堂,举行《誓把彩虹铺天下》一书首发式。

《誓把彩虹铺天下》是一部以47团老团长国波为代表的铁道兵官兵"逢山凿路,遇水架桥,铁道兵前无险阻;风餐露宿,栉风沐雨,铁道兵前无困难"的筑路英雄史诗。全书由国波回忆录等五个部分构成,生动、真实地展示了国波戎马一生、志在四方的光辉历程:冒着解放战争的硝烟炮火,他跨进了中国人民解放军的战斗行列;高唱着"雄赳赳,气昂昂,跨过鸭绿江"的嘹亮战歌,他推着小车奔赴抗美援朝前线;带着战火给他留下的终生印迹——腿上一块未能取出的炮弹皮和受损的听力,随部队转入一个与所有军种、兵种不同的特殊兵种——铁道兵。人类20世纪创造的三项具有划时代意义的伟大杰作之一成昆铁路,镌刻着他跋山涉水、战天斗地的坚实足迹;穿越崇山峻岭、飞架长江汉水的襄渝铁路,回响着他带领官兵勇闯激流险滩、战胜千难万险的铿锵号子;堪称世界筑路史上神话般奇迹的青藏铁路,挺立着他指挥部队斗严寒、抗缺氧、战塌方、铺彩虹的魁伟身影……

作为《誓把彩虹铺天下》一书的第一编辑,我在首发式上发了言。看到与会人员一个个欣喜地认真翻阅手中散发着墨香的新书,我感到无比的高兴和欣慰。

2014年10月,我刚刚退休一个多月的一天,接到了老团长儿子国立军的电话,得知老团长在几个月前去世。他说他爸生前写了一部回忆录,并想同其他有关文稿一起结集出书,但由于天年不虞,未能如愿。现在,他想帮助爸爸圆梦,实现他出书的遗愿。我说这是好事,是一件非常有现实意义和历史意义的大好事。国立军又说,想请我帮助编辑书稿,看我有没有时间。说实话,我退休前后陆续有一些新闻、出版及网站等单位的熟人、朋友邀我阅文编稿,报酬不菲,但除了中国铁路总公司(原铁道部)编纂《中国铁路志》外,我都一概谢绝了。可这次国立军说出他的想法时,我便毫不犹豫地答应了。

国立军把回忆录的纸稿和载有其他文稿的U盘送给我。细读老团长亲自撰写的回忆录,我仿佛又回到40多年前襄渝线的沙沟、青藏线的关角隧道,回到情同手足、亲如兄弟的战友群中,置身于热火朝天的筑路工地;仿佛又看到老团长那高大、魁伟、标准的军人身影,听到老团长那亲切、熟悉、悦耳的胶东口音……

国立军说,13 000字的回忆录都是他爸爸一字字、一句句亲手写的。我知道,老团长的文化程度不高,因其父亲死得早,家道中落,读不起书,靠母亲给人缝补衣服勉强读到高小,抗美援朝回国后才到石家庄铁道兵学校学习了三年。可以想象,凝聚了老团长一生光荣、奋斗、奉献、辉煌的回忆录,字字都浸透着他的心血、汗水和智慧,句句都铭刻着他的青春、梦想和脚步。

"一不怕苦,二不怕死"八个醒目的黑体字,是回忆录的标题。这是贯穿整篇回忆录的主题思想,也是老团长一生出生入死、转战南北的真实写照。原稿由初战成昆线、会战襄渝线、决战青藏线三个部分组成。循着老团长一生走过的战斗足迹,我将其修改为参加革命、推着小车上朝鲜、加入铁道兵、初战成昆线、会战襄渝线、决战青藏线、经验和教训、军校生活、新的开始等十个部分,并且我引用老团长文章末尾"誓把彩虹铺天下,半个世纪前的愿望已成为现实!"的前半句,将标题改为《誓把彩虹铺天下》,与书名完全一致,更加突显其统领全书的作用,也更好地体现老团长毕生追求为祖国修建更多铁路的夙愿。

老团长1985年9月从总政文化学校(前身是铁道兵学院)离休,用他的话说是"人生旅程又一个新的开始!"他将离休作为人生一个新的起点,在海军老干部大学学习，先后于书法班2—9期、文学班3—7期、书画班两期毕业，书法和绘画水平不断提高。他先后担任海军万寿路干休所书画组副组长、中国老年书画研究会会员、中国工艺美术协会会员、中国艺术学会会员、中国爱国艺术家联合会会员……书画作品多次获得过金奖、银奖、优秀奖等。书中选载了他的三幅书法作品。

在襄渝线沙沟团部驻地我曾见过老团长的一双儿女，当时还是十多岁的小孩儿，如今也都已迈入知命之年，并且都非常优秀，事业有成。他的儿子国立军1985年大学毕业分配时，系主任问他想去哪里？他毫不犹豫地说："北京城建！"系主任诧异地问他："为什么？"他理直气壮地回答："我父亲让我到基层锻炼至少十年！要勇于吃苦，掌握一定的领导才能和管理技能！而且，北京城建是铁道兵为承建北京地铁组建起来的，部队转工后更需要大学生！"1997年9月，当他离开北京城建一公司时，公司荣誉柜里的15个奖杯中就有8个是他作为项目技术负责人获得的！老团长的女儿国立耘曾出国留学十年，是美国夏威夷大学植物病理专业博士，现任中国农业大学教授、博士生导师，并当选为中国菌物学会理事。他们的人生所以能够如此光艳，与其父亲的教育和影响是绝对分不开的。在女儿的心目中："爸爸永远是最帅的老兵！"儿子则深切地感受到："有幸有一名当铁道兵的父亲，使自己在人生道路上走了不少捷径！"我便把他回忆父亲的文章标题《一群平凡的人，做了不平凡的事，成就了自己幸福的人生》，直接改为《爸爸教我迈向成功之路》。

书的"经验和教训"部分中，《襄渝铁路蜀河隧道使用"古河"台车施工小结》《襄渝铁路造价为什么这样高》《青藏铁路关角隧道病害调查报告》三篇调查分析性总结非常难得，尤其是署名"国波"、文尾标注写于"1974年7月18日"的《襄渝铁路造价为什么这样高》一文更是弥足珍贵。凡是经历过那个年代的人都知道，在当时盛行"假、大、空"的时期，敢于实事求是，说真话，讲实情，那得需要何等的勇气和胆识啊！由此也足可以看出老团长为人正直、无私无畏的高贵品格。

书中"国波同志回忆录"部分收录了他的战友和部属回忆、缅怀、赞颂老团长的文章，情真意切，令人动容。"火红的年代"部分选编了近20位成昆线、襄渝线、青藏线的筑路官兵、学兵的纪实性作品，将人们带回到激情燃烧的岁月。遵照上海老兵王尔康的嘱托，国立军用一个多月的时间，拜谒了成昆线、襄渝线、青藏线上47团的七个烈士陵园，将烈士墓碑一一拍照，核对了每一位烈士的名字并将其列入书中"烈士英灵永存"一章。

作为书的最后一部分，"永远的铁道兵"展示的是铁二代、铁三代和铁道兵希望学校的文图，让人们欣喜地看到：铁道兵作为一个兵种虽然不在了，但铁道兵战士用生命和心血、智慧和汗水铸就的铁道兵精神永远不会磨灭,并将代代相传、永远相传!

1984年和我一起参与《中国交通报》创刊的老同事、人民交通出版社副社长谭鸿激动地说:"这本书为人民交通出版社添光增彩,我们安排最好的人员编辑这部弘扬主旋律的好书。"他和他所在党支部的党员一起,把参加首发式作为一次特殊的党日活动。

主持首发式的"金话筒奖"获得者、中央人民广播电台"经济之声"主持人王冠,对我进行现场采访后无比感慨:"今天的中国高铁成了国家名片,成了我们生活的一部分。而共和国铁路的起步却是如此的壮怀激烈!而似乎也只有我们这种体制,这种大一统的文化,这种浪漫主义的革命情怀才能支撑起如此不可想象的事业。习总书记今天讲话最后号召全党全军全国各族人民去创造无愧于历史和时代的光辉业绩。"说到这里,他发自肺腑地高声喊道:"当年的铁道兵确实做到了!"此时,他激动得不能自已:"老兵不死,只是逐渐凋零。再次致敬!"

人民网、搜狐、中国青年网、凤凰网、《人民铁道》报、《中国铁道建筑报》(原《铁道兵》报)等多家新闻媒体对首发式进行了报道,在社会上尤其是在老铁道兵中引起热烈反响。如"云朵"网友在微信群里留言:"远去的背影,不散的军魂,永远的铁道兵!"一位没有署名的网友抒发感想:"我们的国波老团长永远活在铁道兵战友们的心里。铁道兵的精神和历史功绩与日月同辉,与天地同存!"很多战友更是希望得到这本书,如远在上海的47团报道组老兵朱瑞华闻讯后就给我打电话想尽早看到此书。

共和国铁路铸有国波和他的战友们的名字!

历史和人民将永远铭记英雄的铁道兵!

2018年12月9日于北京莲花池畔

(作者为原铁道兵第10师47团报道组成员、人民铁道报社副总编辑)

文化入骨　蔼然如春
——回忆我与国波团长的几次交集

韩怀仁

1972年12月我走进铁10师47团的时候,就听老兵说过:我们的团长(当时称部队长)名叫国波。不过那会儿我觉得这个名字跟我的距离非常遥远。团长,那是多大的官啊! 单是一个连长,就让我觉得高不可攀呢,更何况管着好几千人的团长! 我这样一个刚由农村青年变成解放军战士的新兵,怎么敢奢望和团长面对面地说上几句话呢?

我怎么也没想到,一年之后,这奢望居然变成现实了——因为我由施工连队调到团机关当了收发员。收发室就在团机关院子,自然和团首长能天天见面。原来没有近距离接触时,觉得这些首长都高得像天上的星星,只能仰望,无法亲近。及至近距离和他们在一个小环境里生活工作时,才觉得他们都是实实在在普普通通的凡人,他们也有七情六欲,也有喜怒哀乐,也各有各的个性。国波团长给我的印象是:虽然不苟言笑,但却和蔼可亲。在机关院子里,几乎没见他和哪个干部或战士说笑,但也没见他板着面孔训过人。尽管我并不知道他的学历,但是凭直觉我感到他是一个有文化或者喜爱文化的人。果然,1974年第一期的《连队文艺》(师政治部办的一个内部刊物)诗歌专号上,就发表了他的一首诗歌,证明了他确实是有文化的人。能写诗并且写的诗还能发表,他能不是个文化人么? 当然,在刊物目录里看到"国波"这两个字的时候,我心里除了对团长更为敬重之外,还突然生出了一种强烈的自豪感。因为这期"专号"也发表了我的五首诗。我的诗能和团长的诗发表在同一期刊物上,说明在诗歌文化的园地里,我跟团长是可以平起平坐的"诗友"呢! 对于一个入伍刚刚一年的战士来说,这是多么荣耀的事啊! 紧跟着的,就是一种亲近感。通过诗歌,我觉得和团长的距离一下子拉近了。不是有个成语叫"惺惺相惜"吗? 团长既然爱诗、爱文化,想必对像我这样也爱诗的人会另眼相看吧。

果然，1976年2月，我和国波团长不仅有了真正的近距离——两人面对面，相距不到1米的交谈，而且这次交谈让我感到温暖，也给了我后来不断奋斗的一种动力。

那是我人生道路上一次重大转折，铭心刻骨，我一辈子难以忘怀。

在和国波团长面对面交谈的前一天晚上，我和军务股的一位参谋发生了一次较为激烈的语言冲突。不过，这次冲突更深的根子却是扎在1974年的8月间，我和我的顶头上司——通信股一位参谋之间的一次争执。

简单地说，就是我的顶头上司参谋去草原上打猎的时段里，我的本职工作遇到了一个比较紧急的难题，在无法找到他当面请示的情况下，我主动找了两位同年入伍的战友帮忙解决了那个难题。原以为我主动克服困难完成了工作任务是干了一件好事，没想到那天因打猎不顺所获甚少而心绪不佳的顶头上司，却认为我干了一件有僭越之嫌的坏事。他质问我："你一个收发员，有什么资格调动通信排的战士？"因为在他看来，通信排的战士只能由他或其他干部调动，而我这个战士身份的收发员是没有资格调动的。尽管我一再申明我不是调动而请求他们帮忙，但他仍认为我干的是一件错事而不是好事。我那时候年轻气盛，也实在过于认真或者叫作天真幼稚，不善于察言观色，居然慷慨激昂地跟他争辩开了。

那场争论的结果，从表面上看是我胜利了，但实际上却是我失败了，而且败得很惨。那失败的恶果在几个月后即无情地显现出来。

11月份发展新党员的支委会上，尽管别的支委都对我大加赞扬，说了许多好话，但是我的顶头上司却提出了一个让其他人都无法再开口的意见："这个小韩，虽然工作上很努力，很积极，但是有一个很致命的缺点，就是考虑问题幼稚，而且骄傲自大，目中无人，常常自以为是。我觉得还不够成熟，还需要再考验一段时间。"直接领导这样表态了，别的人还能说什么呢？于是，我就继续接受考验。

1976年2月，当老股长王志敏转业我的顶头上司接任股长后，立即决定把我从机关"处理"到基层连队。当时有个不成文的规矩：机关兵下连队，只要没犯过什么错误，一般都下到汽车连或卫生队，顶不济也到机械连、修理连，为的是能学个一技之长，将来复员回农村好歹也有个手艺。只有表现极差或有较大劣迹（如偷盗、不正当男女关系）的机关兵，才下放到施工连队，多少有点"劳动改造"的意味。而新任股长对我的处理意见是：回到原来的连队——正在路基工地上施工的13连。

说实在话，对于这样的处理，我心里是很难过的。偏偏那天又出事了。

已经是晚上9点多了，警卫排的李建民是我同乡，在他站岗的时候，离开岗楼走了二十多米,来到收发室给我还一本书,结果偏偏让军务股查岗的与我有过节的那一位参谋给抓住了。李建民知道大事不好,紧张得说话的声音都有点发颤。他说:"我给小韩还书来了。"

建民的恐惧让我十分同情——他下午刚刚被支部大会通过入党了,随意离岗的错误极可能让他的党员又变水月镜花。我连忙指着桌上那本书作证:"就是。他给我还的就是这本书。"

我的话刚出口,那位参谋立即勃然大怒,伸手在桌上狠狠地拍了一下,大喊一声:"没有问你,谁要你来多嘴的?!"也许是心情不佳肚子里本来就憋着一股火吧,他这一声吼一下子把我的火给点燃了,我也提高了嗓门说:"我主动给你说说情况行不行?"这一下,火全引到我身上来了。他的声音更高,桌子拍得更响,而我居然质问他:"你身为干部,怎么能用这样的态度对待战士?"

言来语去,他竟然被我问得也有些反不上话来了,他愣了几秒钟之后,大声说:"我管不了你,咱们找团长去!"就这样,晚上10点多了,我们三人(那位参谋、管理股余管理员和我)来到了团长的房间门前。团长本来已经睡下了,听那位参谋说有重要情况,就披上棉衣靠在床头听汇报。

那位参谋说:"我从大门口经过时,发现岗楼里没人,结果在收发室见到了那哨兵。我本来要批评的是那个哨兵,可是小韩却跟我大吵起来。"团长问我:"是这样吗?"我说:"小李到我屋里还书是事实。说到吵架,是因为我刚张口说明情况,他就拍着桌子大声训斥我,我没压住火气,就争起来了。"团长问:"还有别的情况吗?"我说:"没有了。"那位参谋也说:"没有了。"团长说:"那好吧,你先回去。"他的声音是沉稳的、平静的,没听出来温和,但也没听出来恼怒。

走出团长的屋子我却并没有走,站在窗外,我听到了那位参谋重新向团长进行汇报,他历数我的种种"劣迹"……

也许是余管理员实在听不下去了吧,他插了一句说:"其实小韩平时表现还是很不错的,本职工作做得很好,没有出过差错,还经常到炊事班帮厨、打扫卫生、卸煤、储存冬菜,全是自觉自愿地义务劳动,真的表现挺好。只是今天晚上有点反常。"

那位参谋"哼"了一声,说:"还不是因为叫他下连队,闹情绪呗!"团长问:"他原来是哪个连的?"那位参谋说:"13连的。"团长略沉吟了一下,说:"那就还让他回连吧。"听到这里,我知道想下汽车连、卫生队、修理连的一切幻想都破灭了,于是便转身离去,回到了自己的屋子。那天晚上,我彻夜未眠。

我绝望了!我入伍时的一切美好憧憬都烟消云散了!我在部队"好好干从而争取端上铁饭碗"的梦想彻底毁灭了……于是,我想到了死!就这样回家,我

"无颜见江东父老"啊！我在床上辗转反侧，哭了一晚上，想了一晚上，最后终于仍然决定：活！咬紧牙关活下去！无论遇到怎样的挫折打击，都绝不要轻易去死！

第二天，公务班的战友悄悄告诉我，在听了那位参谋历数我的多条"罪状"之后，团长已经决定让我下到二营六连去。六连是二营最为辛苦的连队，在海拔3700米的关角隧道担负掘进任务。掌子面上的工作，劳动强度最大，出事故死人也最多。对于品行不端的"劣兵"进行改造，到这个连队去劳动就是对他最好的"教育"。

这个消息让我的心再一次沉进了冰湖雪窟。但是，我不甘心。我要为自己的清白做一次证明的努力。我要说新升任的股长让我下施工连队，是因为1974年那次对他的冒犯；而那位参谋则不仅因为这次我和他争吵，还因为我和战友们曾对他从团部库房拿肉、拿菜、拿花生米、拿午餐肉罐头多吃多占、从工地上拿施工木料给自己做箱子的许多不良作为，在我屋子里时不时地有所议论、抨击，他风闻后成了他憎恶我的原因。我要把这些话对首长说明，我没干坏事，我只是脾气耿直冒犯了顶头上司的尊严而已。

第二天，我直接去找国波团长。喊了报告，团长让我进了屋。问我："你有什么事？"我说："关于昨晚我和林参谋的冲突，有些情况我想向首长再做一些说明。"团长说："你是司令部的战士，有情况先向你们某副参谋长反映吧。"那语调，不热，但也确实不冷。

我退出了团长的屋子，来找某副参谋长，某副参谋长则明显的一脸冰霜。他斜睨了我一眼，冷冷地问："是来做检讨的吗？"我说："昨天晚上吵架，我是有错误的。但是，某参谋的态度……"没等我把话说完，他就大吼了一声："昨天晚上一切都是你的错！那位参谋没有任何错误！"

我压着自己的怒火，问："副参谋长，您能听我把话说完吗？"

他说："我不听！我一句都不想听！昨晚的冲突全是你的错，你必须做出深刻检讨！"我说："首长你还让人讲理不？"他火气冲天地喊："跟你这样的人我就不讲理！"没办法，我只好又来找团长。

团长说："让你找某副参谋长，你找了吗？"我说："找过了。某副参谋长根本不听我说话。"团长说："那好。你坐下来说吧。"

我说："我还是站着说吧。"团长微微笑了一下，从旁边拉了一把椅子，说："坐下说吧。坐下咱俩好说话。"那一笑，让我感到温暖。尤其是刚刚见识了某副参谋长那一脸冷霜，就更觉得温暖了。他拉椅子让我坐下的举动，让我觉得非常和蔼可亲，我觉得他是一个能够倾听战士心声的首长，眼角竟不知不觉有些潮湿。

我坐下了,坐在团长对面,和他相隔不到1米的距离。我望着他,他也看着我。他脸上的神色是平和的,目光也是温暖的。他说:"你把要说的想说的都说出来,我力争不插一句话。"

这神色,这目光,以及这说话的语气,一下子给了我要把想说的话全都说完的信心和勇气。我就从1974年那次争执说起,一直说到昨天晚上我情绪冲动的原因,说了足足将近半个小时。这么长时间里,团长真的一句话都没有插,一直在静静地听着,时而目光里闪出几许诧异,时而微微皱皱眉头似在思考,时而还在桌面上放着的一沓公文纸上记上几个字。我说完了,我承认我昨晚的冲动有错误,但是把我对二位参谋的看法却也核桃栗子枣,一股脑儿都倒了出来,心中有一种如释重负的舒畅。

团长听完以后,很亲切地说:"你说得很好。你说的好多情况我原先还真的不知道。说来这也是我有点官僚主义吧,和你们接触少,了解得更少。不过就你这次下连队的事,你也别想得太多。机关兵吐故纳新,新兵替换老兵,这也是部队的惯例,不一定有什么个人恩怨在里头。至于没让你下到直属队而让你去施工连,你也不要太计较。既然出了昨晚吵架那件事,现在再改变计划显然也不合适。军务股的同志往后还要开展工作。你也别把他们想得太那个,现在让你去的是九连而不是六连,九连主要负责用电瓶车运送石渣,其劳累程度和危险程度,都要比六连好得多。你刚才也说了,你不怕吃苦,这我完全相信。何况九连的工作确实还不是太苦。那么多战士都在隧道第一线能坚持,我想你也一定能在那里干好的。下去以后别背思想包袱,好好干,越是艰苦的环境越能锻炼人,说不定以后你还会有更大的出息呢。"

团长的一番话,像在寒冷的大地上吹来的春风,像在焦渴的土地上降下的春雨,我的心情虽然还说不上豁然开朗,但那种委屈和愤怒,却确实平静了许多。

后来,一位了解内情的干部告诉我:那位参谋最初的确是一定要让我下到六连的。13连虽是我的老连队,但却不让我去了,因为在草原上砸石渣铺路基,辛苦固然辛苦,但到底要安全得多。要教训这个"刺毛兵",还是放到六连让我尝尝掌子面的滋味才更有意义。是团长说了话,才又改变了计划。仅此一点,我心里又一次对国波团长充满了感激。

我打好背包,来到了关角隧道进口的二营九连。我记住了国波团长的话:"好好干,越是艰苦的环境越能锻炼人,说不定以后还会有更大的出息。"凭着自己以往的信念,我努力工作,很快不但赢得了连队战友的信赖,而且也得到了连队干部好感,半个月之后就当上了少数民族班(回族、撒拉族战士)的副班长。班长休假不在,我就成了班里的"最高领导",带着16个少数民族弟兄在隧道里大干苦干。倒石渣时斗车夹掉了中指的一块肉,我到营部卫生所包扎一下继续干活。装石渣时用力过猛,导致疝气复发,一大截肠子滑进阴囊导致走路时腹部被抽得疼痛不已,但我仍然坚持和战友们一起上工地,一次病假也没休。

我用自己的鲜血和汗水向战友们证明了自己不是个坏人,大家和我相处得十分友好。就在我甩开膀子要在这艰苦的工作中实现自己人生梦想的时候,突然接到了一个意外的好消息:师政治部要调我去文艺宣传队搞创作。从此,我的人生道路就又出现了另外一番风景。

我调离铁道兵47团之后,再也没有见到国波团长,但是和他有限的几次交集,却成了我人生中非常难忘的珍贵记忆。

2014年见到国波团长的儿子国立军,得知国团长已经永远离开了我们,我心中不由得生出了几分伤感,不由得又想起了40多年前我和他的那几件往事。

愿老团长在天堂里永远快乐!

(作者为原铁道第10师政治部文艺创作组成员、火箭军工程大学教授、技术四级、中国作协会员,曾获国家级教学成果一等奖、军队院校育才奖金奖,已出版《今夜又是月圆时》《朝霞红晚霞红》《一路走一路唱》《大虬》等八部文学著作)

你的人格魅力影响我一生

颜炳荣

当我翻开战友通信录，您——国波团长"通信录连着战友深情厚谊"的题词出现在眼前的时候，思绪迅即把我带回到 20 世纪六七十年代。您带领着我们跨越山山水水，从成昆线转战到襄渝线、青藏线（哈尔盖到格尔木的第一期工程）的那些共同相处的日子，在那个激情燃烧的年代里发生的一幕幕往事历历在目，仿佛就在昨天。

国波团长，您是一位坚持党性原则、心系人民群众的好领导。记得那是从 1966 年底到 1970 年，我们部队在四川省德昌县担负成昆铁路第二期工程施工期间，当时您是司令部参谋长，我是军务股的保密员，由于文件收发等工作上的关系，彼此交往接触较多，如今回忆起来，有些事情仍记忆犹新。

部队施工任务繁重，工期离通车时间越来越近，当时全国范围的"文化大革命"运动开展得轰轰烈烈，四川省又是首当其冲的重灾区，西昌地区两大造反派之间的争斗日趋激烈，已逐步升级到枪炮相加的程度。

有一天，接到上级通知，说其中的一个群众组织被迫撤退西昌，顺安宁河南下，其中还有不少老人孩子随同，一路向我们驻地沿线而来。为防止可能造成对部队的正面冲突，上级要求从机关到连队全体指战员，要从思想到物质上做好充分准备。

对此，您及时召开办公会议作出具体部署，并迅速以调度会议形式向部队传达贯彻，对加强枪支弹药管理、部队生活及粮食安全等方面提出具体意见，还要求不能影响施工。您同时提出，既不能使部队的一枪一弹落入任何一个群众组织之手，以免造成武斗升级，又要尽可能地帮助解决他们在衣食住等方面的实际困难，尤其是老人和孩子，要尽可能地让他们不受饥饿寒冷以及疾病的困扰。做到饿了有饭吃,冷了有衣被,有病能得到及时医治。这些事在今天看来似乎不难解决,但在当时的特定环境中能够拿出这样的处置方案确实很不容易,只有心里时刻装着人民群众,才能在此时此刻考虑得如此周到。

您又是一位工作认真负责、平易近人的长者。我有一次到您办公室送文件,您正在电话里与对方交谈工作,示意我放下文件待会再回办公室。后来,我知道是因为您要外出较长时间学习,因此需要把所有文件及时清退。我知道您对文件的管理和工作一样,也是极其认真的,放置很有规律,所以很快就清理好了,但是却发现有一份下落不明,当时您对这份文件在登记本上做了尚未归还的记号。直到您学习三个月回来才清退,原来是一位下属股长因工作需要借用的借条放在文件夹里,但未见到借条一时又没有想起来。对一份普通的文件,您的处理是那样认真、那样负责,在我的心中留下了难忘的记忆,认真负责做好本职工作,潜移默化影响了我一辈子。

还是那次防止群众组织冲击部队的工作部署以后,您又一次来到我们股里,检查了解贯彻落实情况,尤其是对部队番号、代号的印章,文件档案材料的管理措施,对此,李长禄股长作了详细汇报。您听后脸上露出了满意的笑容说:"对造反派组织冲击军事机关的行为,我们一定要做好政治思想工作,做好宣传教育,做好安全防范工作,防范于未然。一旦发生此类事件,决不能开枪误伤无辜的人民群众。"

从这一件事情上,使我又一次深切地感受到,您作为部队领导,对每件工作总是有布置有检查,注重抓落实,对待下级讲党性讲原则、阐述道理,是那样的平易近人,是我们年轻人的知心长者。如今细细想来,我从您身上所学到的不仅仅是认真负责的工作态度,还有更重要的是诚恳待人、表里如一的做人道理。对于当年我这样一位刚踏上工作岗位的年轻人而言,前进路上有您这样一位领导、一位长者,是一件多么幸运的事啊!

(作者为原铁道兵第 10 师 47 团司令部军务股参谋)

爸爸教我迈向成功之路

国立军

一群平凡的人,做了不平凡的事,成就了自己幸福的人生!

铁道兵——当年服兵役时间最长(铁道兵五年,而海军、空军三年,陆军只有两年)的一个特殊兵种,一支与众不同的部队!

"背上了行装扛起枪,满怀豪情斗志昂扬,毛主席挥手我前进,奔向祖国最需要的地方!打通昆仑千重山,又战东海万顷浪,林海雪原铺新路,金沙江畔摆战场,精心设计精心施工,万里山河铺上铁路网!一不怕苦二不怕死,建设祖国保卫国防,备战备荒为人民,革命重担挑肩上!胸怀祖国放眼世界,铁道兵战士志在四方!"这就是他们威武雄壮的嘹亮兵歌,这就是他们战天斗地的光辉历程,这就是他们艰苦奋斗的真实写照,这就是他们忘我奉献的博大胸怀!

一群平凡的人,跨进铁道兵的队伍,经过苦与累的锤炼、生与死的考验,便学会了克服一切艰难险阻,具有了一种忘我的精神:远见卓识乐观向上,一不怕苦二不怕死!树立了古人所说的"先天下之忧而忧,后天下之乐而乐"的政治抱负,"鞠躬尽瘁,死而后已"的献身精神,创造出"惊天地、泣鬼神"的工程奇迹!

铁道兵是钢铁汉子的形象:性格鲜明,脾气豪爽,他们有着一副铮铮铁骨,有着一颗赤子丹心,不惧艰难万险,不求名利地位,为了祖国甘愿献出自己的青春、热血甚至生命!

我有幸有一名当铁道兵的父亲——国波,这使自己在人生道路上走了不少捷径!

想当初,1976年我在北京北宫门小学上初中一年级,看到班里很多军人的子女去当小兵了,也跟父母要求想去当兵。父母教导我:"你们俩(指我和妹妹)现在的首要任务是好好学习,天天向上!想当兵要等到大学毕业后,只有这样才能有更广阔的视野,更好地报效祖国!"

1977年2月,我到北京101中学上初二。当时,"文化大革命"刚结束不久,学校千疮百孔,百废待兴,教室的窗户上没有一块完整的玻璃。班里汇集了学校周边一亩园、西苑小街和颐和园三个地方的调皮孩子头,个个膘肥体壮,都不是善主!但当时瘦高的我,摔跤摔倒他们三五个易如反掌,开学的第一天,我就把他们都摔服了!当年,父亲当铁道兵在四川、陕西修铁路,母亲下放湖北"五七干校",我跟随奶奶在山东博山伯父家上小学。父母教导我要自己的事情自己想办法!起初,为了不被别人欺负,课间、课后我经常用心地练摔跤;后来,为了争第一,我特意找父亲要了本擒拿术精心揣摩,发挥自己腿脚灵活的特点,擅于观察抓住对手的弱点,学会用全身力量与对手对抗,克敌制胜!马上,老师、同学们一致推举我当班长!我在学校领导、老师特别是班主任高楠老师和全体同学的支持和帮助下,带领大家齐心协力修窗户、安玻璃、粉刷墙面等。很快,班集体面貌焕然一新,学习气氛浓厚,初二(6)班成为学校先进班集体!很多年以后,同学们依然都是很好的朋友,当初的经历都难以忘怀!特别是当时西苑小街那位调皮捣蛋的孩子头,一直非常珍惜当时享有的学习机会,多少年以后托关系把儿子也弄到北京101中学,而且想方设法弄到我们当年的班主任高楠老师的班里学习,这一直在我们同学中传为佳话。

国波团长

1979年北京市第一次中考,我成绩很好,考了101中学第五名,前五名中有三名来自原来的初二(6)班,包括后来的1981年高考理科状元。但使我不解的是,父母竟给我换了班。我问父母为什么?他们对我说:一是多接触一些人,二是这个班的班主任负责,三是为今后工作着想。他们认为未来30年在首都北京发展会很好,但未被当时人们重视的有两个行业:建筑业和农业。他们问我喜欢哪个行业?我选择了建筑业。父母教导我:"选择比努力更重要!"既然选择在北京从事建筑业,建筑业是主要同人打交道的劳动密集型行业,未来经常打交道的人是同学最好!符合这一条件的高校有一所——北京建筑工程学院。我当时都傻了:清华大学不合适吗?他们以他俩的亲身经历教导我:"要为未来30年喜欢的工作选择四年的大学学校和生活地点,这样才会事半功倍,幸福一辈子!"

1985年大学毕业分配时,系主任问我想去哪里?(由于我在学校担任了三年系学生会主要学生干部,辛勤地付出了很多,系领导当然想照顾一下)我毫不犹豫地说:"我想去北京城建!"系领导很诧异地问我:"为什么?留校你不考虑?

第三梯队(市委、市政府和市政管委等)你也不考虑?"我理直气壮地回答:"我父亲让我到基层锻炼至少十年!要勇于吃苦,掌握一定的领导才能和管理技能!今后,做任何事都能习惯归零,学会从领导的角度把握大局,这样能受用一生!而且,北京城建是铁道兵为承建北京地铁组建起来的,部队转工后更需要大学生!"系主任高兴极了,感慨地说:"那就去城建一公司吧!如果都像您父亲那样英明,全系的学生我半天就分配完了,也不必整天东躲西藏的。"

1997年9月,当我离开北京城建一公司时,公司荣誉柜中总共有15个奖杯,其中8个是我作为项目技术负责人获得的!如亚运会昌平自行车赛车场是我国第一个符合国际赛车标准的赛车场,跑道工程获得建设部颁发的公司第一个鲁班奖,跑道面层施工技术获得国家级工法,亚运会昌平自行车赛车场获得北京市优质工程奖等。

"一不怕苦,二不怕死!"习惯改变人生,享受幸福!

铁道兵从组建到撤销的35年间,先后有300多万名官兵转业退伍,他们在中国乃至世界的舞台上,以多姿多彩的方式延续着当年开路先锋的时代传奇,"誓把彩虹铺天下"的豪迈壮志、昂扬的斗志是他们最明显的标志!而铁道兵那种"一不怕苦,二不怕死!"不畏艰险、勇于开拓、勇争第一的精神,永远是他们内心世界的主导力量,是他们实现个人价值乃至造福民众的最强动力!正如原铁道部副部长、党组成员卢春房所说:"在铁道兵,我不仅学到了技术,更重要的是在思想上、在作风上、在纪律上得到了培养和锻炼!实际上,为今后的发展,打下了坚实的基础!"中国铁路建筑股份有限公司总裁张宗言在大型纪录片《永远的铁道兵》里说:目前面对全球经济一体化的挑战和机遇,我们更需要把铁道兵精神与现代化企业管理融合在一起!在做强、做大、做优中国铁建的过程中,让铁道兵精神不断地升华,真正成为企业的核心竞争力!

(作者为国波团长之子,现为友邦保险北京分公司高级职员)

爸爸永远是最帅的老兵！

国立耘

整整半个世纪，是我和爸爸的人生有重叠的时间，可是我跟爸爸真正在一起的时间全部加起来也不过三年。因为他常年随部队在崇山峻岭中修铁路，当他离休时我已上大学，之后我又出国留学10年。在我眼中，爸爸是个典型的军人，站如松，坐如钟，行如风，加上一丝不苟的着装，即使是身着便装，也掩饰不了他是名军人，他具有自律、坚毅和甘于奉献的军人特质。

爸爸原本姓马，祖籍山东，是家中五个孩子中最小的一个，15岁时（1946年）参加了中国人民解放军。因为同一个村里的人都姓马，为了不连累族人，就随着早几年参加革命的长兄改姓国。

20世纪50年代，爸爸参加了抗美援朝战争，战火中腿上的一块未能取出的炮弹皮和受损的听力，给他留下了终生的印记。回国后，爸爸随部队转为铁道兵，历经了成昆铁路、襄渝铁路和青藏铁路的建设，直到离休时，他才恋恋不舍地离开部队回到北京与家人团聚。

小的时候，课本里描述的英雄都是那些在战争中英勇杀敌的军人。想着爸爸的双胞胎兄长就是在济南战役中牺牲的，从小当兵的爸爸一定也有些可炫耀的英雄事迹。我曾兴奋地问爸爸杀过几个敌人，当听说他做过的只是警卫员、运输兵和铁道兵，没有上过前线与敌人面对面战斗，我失望极了，也曾为他感到遗憾。可是爸爸只是平静地说："都是革命工作，分工不同而已。"

后来我去了他的部队，看到他和他的战友们在极简陋的生活条件下，用简单的工具和机械在大山谷中架起高耸入云的桥墩，凿开一个个穿山隧道，看着满载物资和乘客的火车在崇山峻岭中穿行，我才认识到他和他的战友虽然不上前线拼刺刀，也不愧是和平时代建设中的英雄。

铁道兵去的地方都是最穷、最偏远的,爸爸在陕西旬阳修建襄渝铁路时,我去过他们的驻地,连汽车都不通。我和妈妈从最近的车站下了火车后,只能搭乘部队运送货物的军用卡车到达爸爸部队的驻地。公路是部队为了运输建设物资临时开凿出的,许多地方只够一辆车通行,加上雨水冲刷而高低不平。坐在车中,我的身体经常因为颠簸被抛起来,头重重地撞到车顶。开车的叔叔路上因为胃痛,不得不休息了几次,妈妈知道后把随身带的治胃疼的药给了他。后来才知道,由于路上人烟稀少,吃饭根本没有准点,时间长了,这些跑运输的汽车兵很多都有胃病。

出于好奇,趁停车休息时,我从驾驶室左边的位子往外看,才发现距车身两三尺远的下方就是万丈悬崖,下面是一条大河,奔腾汹涌的河水冲撞着岩石发出哗哗的声响。我吓得紧紧地抓住座椅,本能地尽量往右靠,再也不敢低头看了。从心里佩服这些汽车兵叔叔技术高超,在这么惊险的路上行驶,那得有多大的胆量和体力呀!后来回来时从另一条路走,车沿着盘山路开了整整一天,我也吐了一天,肚里东西倒腾完后,吐出的都是酸水。

1976年8月,爸爸在青海天峻县修建青藏铁路时我也去过,去前还为将要看到"风吹草低见牛羊"的大草原和体验"围着火炉吃西瓜"的情景而兴奋。我和妈妈在西宁的招待所等了两天才坐上了一辆去天峻的运货车。在旷野中奔驰了一天,除了远处蓝蓝的青海湖和草原上的荒草,只在路过的小镇上见到了几个梳着很多小辫的藏民,牛群羊群的影子见都没有见到。

当时是8月,去的路上我还穿着单衣,晚上才到了海拔3 000多米的天峻县。第二天一早,我就不得不把带来的所有厚衣服都穿在了身上。想跑到周围看看,刚跑起来就觉得身体轻飘飘的,腿像棉花一样软,气也喘不上来了,这才知道高原缺氧是什么感觉。而那些铁道兵战士要在这样恶劣的自然环境条件下,消耗着巨大的体力在隧道中顽强施工。

围上了火炉,可是哪里有西瓜呀,蔬菜都是奢侈品。我们坐的货车就是去甘肃一带购买蔬菜的,运回来的番茄很大,但是硬硬的,没有一点红色。因为,只有没有成熟的果实类蔬菜才能经受长途的运输,绿色的叶菜在那里也是见不到的。我至今还记得一位叔叔,因为他与别的战士不同,没有把我当小孩,跟我说话的语气就像朋友,所以印象特别深。他称我"姑娘",说是他们老家对女孩的称呼。他自我介绍说是爸爸以前的勤务员,这次是利用休息时间来看爸爸的。他跟随部队来高原做准备,是最早一批来高原的。后来是因为手指甲外翻(每个指甲的两侧向上翘起,露出下面的肉),沾水就疼,他就不能做爸爸的勤务员了。指甲外翻是在青海高原生活遇到的另一类身体反应,主要原因是因为食用新鲜蔬菜少,缺乏维生素所致。尽管知道原因后，部队给所有人员配发了复合维生素片，可是他的外翻指甲已经不可逆了。看着他的翻起的指甲和缝隙中露出的肉，想到他未来生活的不便，我的心感到隐隐的痛。

作为铁道兵的家属也是不容易的。作为铁道兵的子女，爸爸在我们成长过程中的大部分时间里都是空缺的。我出生前，爸爸就已经是铁道兵了，每年也就回来几天，还总是来去匆匆。因此，爸爸的样子在我儿时的记忆中是模糊的，只记得他高高的，穿着军装。即使跟妈妈去连队探亲时，他也难得陪我们，不是在工地就是下连队，周日也总是因为有急事，被匆匆叫走。小时候，每当大人们问我想不想爸爸时，我总是努力地想他的样子，然后茫然地摇摇头，因为见得太少，根本记不清他的样子。妈妈早年在中央机关工作，在中央机关下放到湖北五七干校，我们一家人分在三四个地方时也考虑过随军。记得，妈妈带我走访过几位随军的家属，聊家常。几位阿姨说，随军生活并不稳定，铁路建好一段就要向前搬迁一次，小孩不得不经常转学，还要习惯不同的方言，对小孩的学习影响很大。有位阿姨说，她家老大期末考试，几门成绩加起来还不够60分。那以后，妈妈就再也没有提起随军的事，别人问起时，她说主要是为了我和哥哥的教育。

爸爸年轻时的文化程度不高，但他对有文化懂技术的人特别尊重。每当他谈起部队的技术人员在工程中发挥的作用，赞赏与羡慕总会溢于言表，令我也向往之。他自己也利用一切机会学习，一直在努力提高自己。记得我小的时候，爸爸常读错字，总把摄影读成"聂影"，我还笑过他。后来才知道，许多字都是他自学的。因为爷爷去世得早，家道中落后读不起书，是奶奶靠给人缝补才勉强供他读了两年书，一直到从朝鲜战场回来后他才有机会在部队大学学习了一段时间。也许是这样的亲身体验，他总是叮嘱我们要珍惜读书的机会，努力学习。离休后，有了上老龄大学的机会，爸爸特别的珍惜，风雨无阻，连续几年把文学、书法、绘画学了个遍。等到我回国时，满屋子都挂满了他的字画，令他的外孙崇拜不已。再聊起来文学知识，我已自叹不如。

虽然与爸爸相处的时间短，但是他的教诲在我记忆中却是深刻的。印象最深的是从小他就教导我们不要搞特殊化，要自己努力。记得第一次到部队去，到后的第一天他就反复叮嘱我，如果别人问你爸爸是谁，就说是干革命工作的，不许炫耀爸爸的官职，要尊重每一位部队里的叔叔阿姨。我上中学后，每次去部队探亲结束回家之前，他必做的事就是召集我和哥哥进行"训话"，内容不外乎三点：一是好好学习，二是要帮妈妈干家务，三是保持艰苦朴素的作风。也正是这样的教育，使我从小就树立了一切要靠自己努力的信念，也造就了今天的我。

爸爸是个节俭而自律极严的人，他不抽烟也不喝酒，年轻时唯一奢侈的爱好就是摄影。他有个海鸥135相机，记录了他的工程、战友和我们一家人在一起的时刻。

他的行装极简单，一个装着换洗军装的小旅行箱；一个打开就是小书架的木质对折箱子，里面放着他的书，从部队离休回来也基本就是这些。印象中他随身的小用品是，一本很小的繁体字的小字典；一个印着"送给最可爱的人"的破旧的搪瓷杯，这是参加抗美援朝时的纪念品，一直跟他到老；还有一面手掌大的小圆镜，那是他每天用来检查自己军容风纪的。

爸爸没有吃零食的习惯，我们想买零食，从他那里是要不到钱的，因为在他眼里这是不必要的浪费。但是，对于大的必须的花销他又是很慷慨的。所以，我们小时候总结出来的经验是"小钱向妈妈要，大钱向爸爸要"。我当初出国留学的3 000元机票钱（大概是那时爸爸一年的工资了），爸爸二话没说就给我了。

爸爸的自律在我看来有时近乎苛刻。他离休前，正赶上20世纪80年代的大换装，对于从军40年的他，多么希望能在离队前穿一次漂亮威武的新式军装啊。我们也都希望看到爸爸穿新军装的样子，盼着一睹他的风采。当看到他穿着摘掉了领章和帽徽的旧式军装回来时，我和哥哥特别失望也感到奇怪。

后来，妈妈悄悄告诉我们，本来爸爸已收到了一套定制的新军装，因为衣服的尺寸是在半年多前就量好了。后来又有文件说将要离队的人员不在这次换装之列，按说爸爸是可以把新军装留下的，因为并没有人来向他要回。可爸爸抚摸了那套新军装很久，第二天一早又把它叠得整整齐齐地交回去了，都没有穿上它照张相。

爸爸是个温情的人。他常年在外，身体瘦弱的妈妈一个人把我和哥哥带大，他自觉亏欠妈妈很多。离休后他从学做菜开始，慢慢地把家务都包了，还帮我带过一段时间孩子。特别是到了晚年，妈妈身体不好，也都是爸爸在照顾。去世前，爸爸还对我说，他前半生亏欠妈妈的太多，所以用后半生来弥补。

爸爸把他一生30多年的时光都贡献给了国家的铁路建设，他和他的战友们为国家的建设做出了无私的奉献，对此他从无怨言，而且引以为豪。相比牺牲在济南战役中的爸爸的同胞兄长以及那些为祖国建设奉献出生命和健康的铁道兵战士，爸爸是幸运者；相比那些没有机会受到良好教育的铁道兵子女，我也是幸运者；希望人们能够记得爸爸那一代人默默的付出。尽管我与爸爸生长的时代不同，对一些问题的看法也不同，但是在我的心中，爸爸永远是最帅的老兵！

（作者为国波团长之女，现为中国菌物学会理事、中国农业大学教授、博士生导师，美国夏威夷大学植物病理专业博士）

可亲可敬的王成林政委

杨克贵

2017年8月10日,我们敬爱的原铁道兵47团政委王成林在石家庄仙逝。他虽然永远离开了我们,但他的音容笑貌却始终在我脑际浮现,他对指战员的关爱,永远镌刻在我们心中。

王成林政委16岁便参军,在铁道兵47团担任政委七八个年头,后任铁10师政委,石家庄铁道兵学院副政委、党委书记,是一个拥有完美履历的人。

我初见王成林政委,是1972年从团汽车连调至团部政治处报道组驻勤后的一天。团机关驻地在陕西省旬阳县沙沟乡,是一条狭长的窄河沟,营房依河沟而建。王成林政委的办公室与我们报道组相距一两栋房,我们会时不时地见到他。他身材高大,面色红润,戴一副宽边眼镜。虽然是典型的山东大汉,而言谈举止所展示的更多的是儒雅。与人说话总是面带笑容,偶尔会自然地往上推推眼镜。他在我心中的形象,既是和蔼可亲的,又是威严可敬的。

近距离地接触王政委,是我有一次上卫生间。那一次正巧遇到王政委从里面出来,我向他行了一个军礼,说了声首长好。王政委本来已经从我身边走过了,但却突然转过身来,亲切地问道:"小伙子,你是报道组新来的吗?"我赶紧往回走了几步,行了军礼答道:"报告首长,我是报道组的小杨,杨克贵,从汽车连调来不久。""哦",他稍微停顿了一下,对我说:"你们报道组的几个同志都很不错。最近施工任务较重,你们要多下连队和施工现场采访报道,多反映一些基层连队干部战士的工作和生活。"当时我的心情非常激动!没想到政委这么关心我们报道组,关心我们的战士。我暗下决心,一定要努力工作,所以在报道组期间,基本上都是挑灯夜战到12点以后才休息。

零距离接触到王政委,是后来有一次政治处首长派我跟随王政委到羊子沟隧道检查工作。我坐在政委的车上，心里有点紧张，但王政委却亲切地对我说："小杨，不要拘束，在工作中要善于发现问题，思考问题，大胆提出自己的见解。"羊子沟隧道虽然不长，但地质结构复杂，施工难度大，前不久还发生过一起伤亡事故。王政委在检查工作时，每到一处总是要了解干部战士的吃、住、工作情况。他勉励参加施工的干部战士要注意安全，学会劳逸结合；他要求带队施工的干部们要把战士的生命安全放在第一位，坚持安全施工、科学施工。我当时心里就想，到底是政委，他心里装着的是干部战士的生命安全，而非一味强调施工进度，给干部战士送去的是鼓励和激励，而非批评训斥。

回到机关，我把整理好的王政委检查工作的简报，送给政治处牛耀宗副主任审阅，牛副主任让我将他审阅后的简报呈报王政委审阅。在王政委的办公室里，他审阅了稿子后，摘下眼镜夸了我一句，说："小杨，你的字写得不错嘛！"而后，他又问我读了些什么书，我给政委汇报我看过一些古典小说。因为在当兵前，我的邻居是个端公，他家有不少手抄书和线装书，什么说岳传、宋太祖三下南唐、薛仁贵征东，还有三国演义、封神演义等。他又和我聊了一些书中的人物和故事情节，并勉励我要多学知识，好好工作。当时我激动的心情难以言表，几乎是热血沸腾。我一个普通的战士能有幸得到政委的亲切教导，是多么难得！我在心里不断地要求自己，不管在什么情况下，都要不断学习，勤奋工作，不负政委的关怀。这也许就是因为有了王政委的亲切教导，我便能在部队干到和铁道兵一起脱军装才转业到地方。

王成林政委作为党委书记，很善于"弹钢琴"，会当"班长"。他在47团担任政委的几年里，和他配合的几名团首长各有特点：团长国波工作认真，爱兵如子，作风正派，军人外表非常到位；副团长刘居才工作有狠劲，大胆泼辣，敢管敢抓，干部战士戏称"刘土匪"；副团长王连清沉稳干练，善于冷静思考问题。王政委充分调动他们的积极性，让他们在自己的职责范围内，最大限度发挥自己的作用。他和团长国波搭档几年，军政团结，相互尊重、包容，特别是在涉及施工的重大决策上，王政委总是让团长充分发表自己的意见。王政委任47团政委期间，团党委班子团结、上下齐心，各项工作应该说在全师有口皆碑。1976年8月，时任铁道兵司令员吴克华在关角隧道检查工作时，对47团的工作给予了表扬。

王成林政委非常注重部队的全面建设，特别注重在重大问题上因势利导。47团担负的关角隧道掘进，总长4 009米，海拔3 680米，是20世纪我国修建的第一座海拔最高的高原隧道。隧道地质复杂，先后发生过130多次塌方，特别是高寒缺氧，施工困难。王政委一直把抓关角隧道的施工工作作为他的首要任务。他经常深入隧道施工现场检查指导工作，还派出多个工作组，蹲在隧道进出口现场具体抓落实。

1975年4月5日上午10点30分,距隧道出口169米的拱圈边墙轰然倒塌,有1500多立方米的碎石堵死了整个隧洞,正在施工的一连、二连、五连的部分人员和师司令部工程师潘建学,共计127名同志被堵在了洞内。王政委接到事故报告后,立即带领团长国波和副团长刘居才、王连清奔赴抢险现场,指挥抢险。在上级工作组指挥下,经过一营全体指战员14个小时的抢险营救,使127名同志无一伤亡,安全脱险,在铁道兵施工多年的塌方抢险中创造了奇迹。《人民日报》《解放军报》《青海日报》等多家报纸刊登了记述这次风雪高原战塌方英雄事迹的长篇报告《一曲共产主义精神的赞歌》。

王成林政委特别注重抓干部队伍的建设。由于历史原因,铁道兵部队当兵七八年还不能提干的战士不计其数,不少干部入伍十几年了还是个排长。王政委对此很忧心,他常常思考的就是怎样选拔使用好干部,让每一个干部都充分施展英才。"批林批孔"运动期间,干部提拔的工作停止了。1974年上半年,47团要从战士中提拔三名干部。团党委在反复考察、综合平衡之后,从1969年、1970年、1971年入伍的战士中各提拔了一名干部。这三名干部,一名后来担任了46团参谋长,一名成为中铁20局的财务总监,一名转业到地方后也担任过县级领导职务。

此后,在王政委的关心下,1974年至1977年,团里还直接将几名指导员提拔为团副政委,既充实了团党委班子,又激发了干部们的工作热情和进取意识。后来他在师机关工作和担任铁10师政委时也很注意年轻干部的提拔任用。当年师政治部的几名1968年入伍的科长被提拔时,在当时算很年轻的,这些科长有的后来担任了中铁20局的党委书记等。

王成林政委对干部战士的关爱是全方位的,从干部自身情况和部队建设综合考虑对干部的使用。原47团卫生队军医任万武,第一军医大学毕业,是卫生队的骨干。铁道兵在撤并前夕,团里是不准备考虑他转业的,任万武同志一是家庭有困难、二是在地方进修时地方医院同意接收安置他,为此他要求转业并冒昧找到了时任师政委的王成林。王政委了解了他的情况后,认为对干部不能一味地硬留,不光只考虑部队建设,还要考虑为地方输送人才。因此,在会上谈了他的意见并批准任万武同志转业。任万武同志回到家乡四川省达州市后,先后担任了达州市第一人民医院党委副书记和达州市第二人民医院院长,是享受国务院特殊津贴的专家,为当地的医疗卫生事业发展做出了他所有的贡献。

王成林政委的人格魅力,不仅深受部队战士的尊重,还受到外界的称道。王政委严于律己,无论在襄渝线的沙沟还是青藏线的天峻,王政委的家人在生活上从未搞特殊，工作上从未谋利益。儿子王鲁当兵想开汽车，却不敢让父亲打个招呼，在汽车连当了修理工。王政委下部队到连队，干部战士见到他总是投以景仰的目光，即使在部队以外，他举手投足间特有的军人气质饮誉地方。

1974年8月，团机关奉命移防青海天峻县。军列途经兰州时短暂停留，兰州军区在后勤部礼堂举行了欢迎晚会。王政委在欢迎会上做了简短答谢致辞后，我在台下听到兰州军区的一些干部在轻声议论说，没想到铁道兵的一个团政委还有这等气质！还有一次，部队与驻地天峻县召开联席会，会上地方一些同志有些意见，王政委听了大家的意见后做了即席发言，对属于部队的问题，做了自我批评，承担了责任，并分析了问题产生的主客观原因，提出了解决问题的办法。当时我看到地方参会的同志都向王政委投以赞许的目光，报以热烈的掌声。天峻县委政府领导表示完全赞同王政委讲话，军地双方很快统一了认识，使会议提出的一些问题得到了较好的解决。自此之后，部队与天峻县关系融洽，军民关系和谐。

（作者为原铁道兵第10师47团政治处新闻干事、四川省达州地区人社局副局长）

忆王成林老首长二三事

翟所增

作为原铁道兵第 10 师政委王成林麾下的一名老战士,我在入伍后与老首长五年多的接触交往中,尤其是耳闻目睹的有关老首长的事迹,给我留下了难忘而深刻的印象。每当我们铁道兵第 10 师老战友小聚时,谈论起王成林首长,都会流露出敬佩和怀念之情。

严慈带兵的魅力首长

王成林是山东胶东人,戎马一生,他对部队有着浓厚的感情。军人作风极强,性格刚毅,身材高大魁梧。抗日战争初期入伍,参加革命,曾参加过抗美援朝。后来响应国家号召,转入中国人民解放军铁道兵部队。离休前,他是石家庄铁道学院党委书记,军级领导干部。是我们铁道兵第 10 师老战士心目中的老军长。

1977 年 1 月 7 日,是我铭记的日子。怀揣着报效祖国的一腔热血,穿上绿军装,乘上了专列"铁皮闷罐车"离开家乡淄博,直奔西北而去。经过了六天五夜,来到了青海省湟源县大华公社兴华大队参加新兵集训,成为一名光荣的铁道兵战士。集训三个月后,被分配到铁 50 团二营十连当通信员。同年 12 月调到团警卫排,为团首长做内勤服务工作。又过了半年,调到师警卫排公务班。

说句心里话,当兵时也没有想见到大领导。按说,老首长与我这样的普通战士,级别相差太大,距离也相距太远,即便部队整体有行动,通常能听到首长动员讲话,最多也不过见个团级首长,最初对老首长是只闻其声未见其人。然而,冥冥之中的缘分让我跟随老首长,担任他的公务员。

常言道:老兵是新兵的老师。报到后,警卫排首先教育我们遵守部队纪律,如何整理内务、文件送达和礼堂会议布置等。从农村出来的孩子，对这些知识内容，只是做到有样学样，但是对其实质内涵并不能深入理解。直到有一件事情发生，我才真正充分理解并体会到部队纪律的严密性和保密性要求。

有一天王成林首长外出开会，我在他的办公室整理卫生。这时，其他科室有干事来送文件。把材料放到办公桌的时候，我发现他在翻阅机要科室给首长呈送的文件。当时我见他这样做不对，有心去制止他，但心里又怕那名干事身份比我高，我一个从农村刚刚出来的新兵蛋子，眼里没高低得罪了人，以后还怎么在部队干？本着多一事不如少一事的想法，我就没出声制止那名干事的行为。不久，老首长开会回来了，来到办公桌就发现桌上的材料被翻动过。因首长阅过的文件单独放在一边，分类送达。老首长问道："小瞿，你动过我的材料了吗？"我的脸立马就红了，什么也没说。老首长又问："是谁看了我的材料？"我这才支吾地说是某某干事。此时老首长端起杯子喝了口水，让我坐下对我说："小瞿，你来部队有一段时间了，应该知道部队的纪律和保密制度，做到知道的不说，不知道的不问，不该看的不看。严格遵守部队的保密条例和纪律条例才行。任何一点小的疏忽和闪失，都会影响到国家和部队的安全！任何人在纪律面前一律平等。"后来，老首长又及时找到那位干事，进行了教育谈话。通过这件事，我意识到自己的想法太狭隘，光顾虑到自己个人的关系处境，却没想到事情的重大后果。为什么在部队这么要求纪律的严密性和保密性？国家和人民的安全高于一切，部队就是要忠实捍卫国家和人民的安全和利益。

惜才爱才的政工首长

王成林首长是铁10师的政治委员，他的工作是：主管整个部队的政治、思想、教育工作，对上级路线方针政策贯彻实施，党委决策与部署，部队战前总动员，干部培训、提拔、考察、升降、调动使用，都要遵循干部标准原则和权限。在此基础上，他特别关心科技干部的进步，尤其是在战士中发现技术骨干，严遵用人标准，尊重人才，重用人才。对好的技术骨干，推荐到工程院校进修深造，充实到一线队伍中，使他们学以致用，发挥一技之长。同时，还对他们的生活关怀备至。

1981年10月，铁48团在乌兰县希里沟建立大型电厂，我随王成林首长到该工地检查工作。和施工人员谈论工程进度时，团技术科陈亮同志家属患病家里来急电，要求火速回家探望。王成林首长和团领导商量后，就让陈亮赶快回家，并嘱咐有什么事要及时汇报。事后听说陈亮的家属得了癌症，这段时间陈亮的心情也很不好,因为工地的施工期就要到了,而家里那边却连治疗的费用都没有着落。老领导得知后,和我说:"该电厂系重点项目,施工的任务完成,离不开技术人员的现场技术指导,我们铁道兵,是一个特殊兵种,逢山开路,遇水架桥,后方安定我们才能安心在外工作啊!"他就主动拿出钱来让我给陈亮捎过去给家属治病。在老首长的带领下,部队的战友兄弟们纷纷捐钱资助,陈亮化悲痛为力量,不畏困难,不管酷暑严寒,在工地上没日没夜地加班加点工作,为的就是按时完成施工任务,报答首长和战友们的关心关爱之情。

王成林首长对待战士温存善良,就像慈祥的父亲一样;对待工作,认真严谨,无私奉献。在陪伴老首长的短短五年时间内,我们一起经历了很多平平淡淡的事情,一时之间也说不完,只能铭刻在心。

(作者为原铁道兵第 10 师军务科参谋、山东省淄博市博山区社会综合治理办公室主任)

王成林在学院兵改工前后的十年间

王久战

2017年8月10日,王成林同志病逝在河北省人民医院。8月12日的上午,他的亲属儿孙,含泪为他送别。为他送别的还有中国铁道建筑总公司、中共河北省委组织部、石家庄铁道大学的领导同志以及王成林同志生前的战友、同事、部属。至此,经过革命战争洗礼,担任过铁道兵部队团政委、师政委、铁道兵工程学院副政委(副军职)、石家庄铁道学院第一任党委书记的王成林同志与昨日的石家庄铁道学院、今日的石家庄铁道大学告别。

走完人生路程86年的王成林,屈指算来,在前铁道兵工程学院、后石家庄铁道学院、今石家庄铁道大学工作和生活了就长达34年,其中任铁道兵工程学院副政委、石家庄铁道学院党委书记前后加在一起10个年头。

10年间,作为军校时期宣传干事和地方高校校刊编辑部主任的笔者,由于工作的需要,与王成林同志接触较多,对他的领导艺术、工作作风、思想修养等方面,曾有过耳濡目染。待送走老书记后,曾想写点东西,作为对逝者的怀念。

一

1984年的1月1日,是石家庄铁道大学(前铁道兵工程学院、石家庄铁道学院)广大师生员工最难忘的日子。这天的上午,全院1 341名现役军人(含学员484人)恋恋不舍地告别八一军旗,告别铁道兵工程学院34年的军校生涯,集体转业为铁路职工。铁道兵工程学院从此先后更名为石家庄铁道学院、石家庄铁道大学。在告别军旗的行列里,走在队伍最前面的就是王成林等学院领导同志。

王成林,山东莱阳人,1947年参军,曾任铁道兵第10师47团政委、10师政委。1983年6月27日,被任命为铁道兵工程学院副政委,屈张同志任院长。王成林任院党委书记。面对军校向铁路高校的过渡,面对军人向铁路员工的转变,王成林率领院党委"一班人",组织全员认真学习国务院、中央军委《关于铁道兵并入铁道部实施方案的批复》,深入扎实地做好全员的思想政治工作,引导大家树立全局意识、长远意识和百年大计教育为本的思想。他强调:脱去军装,换上了路服,一定要适应新的形

左二为王成林(摄于1992年春)

势,发扬军队的光荣传统,开创学院各项工作的新局面。士气不能减,作风不能变,传统不能丢。在他的主持下,学院开展了校歌和校风的征集工作。"严谨治学,勇于创新,精心育人,志在四方"16个字的校风,就是在这一环境和气候下应运而生的。"兵改工",由军队院校向铁路院校和省属普通高校的平稳过渡、顺利过渡,是与王成林、屈张等同志强有力的领导分不开的,特别是王成林,做了大量扎实的、深入细致的组织工作、思想工作和疏导工作。

"兵改工"之后的第一件大事,是组织了国庆35周年国旗方队,为国增了光,为学院赢得了荣誉。

1984年,新年伊始,当全院师生员工告别军旗、脱下戎装,仍沉浸在依依惜别军旅生涯的情结时,党和国家决定在首都北京举行隆重而盛大的国庆35周年庆典,首都国庆游行指挥部决定组织国旗方队,作为首都群众游行的前导队,并把这一任务交给了原铁道兵部队——铁道兵工程指挥部。铁道部工程指挥部从所属各工程局选调500名刚刚脱下军装的青年职工,又从铁道学院选拔500名学生参加,加起来共计1 000人,进行严格而规范的训练。训练地点就在铁道学院,由学院抽调训练有素的教官,组成训练大队。

王成林在训练开始时作动员。他说,训练大队要发扬铁道兵的吃苦精神,不负党和人民的殷切期望,鼓舞士气,把训练搞好。国旗方队将会成为铁道学院的标志,师生们永远的荣耀和前行的动力。王成林对宣传组的同志提出要求:在

出好《简报》的同时,最好写一首队歌,谱上曲子,让队员们唱着歌儿训练,唱着歌儿进京,唱着歌儿通过天安门广场。

1984年的10月1日,朝阳东升,晨光万里,当国旗方队通过天安门广场时,那整齐豪迈的步伐,那鲜花国旗浑然一体的宏阔画面,赢得了观礼台上的阵阵掌声和喝彩。转眼33年过去,国旗方队成了国家欣欣向荣的象征,成了今天石家庄铁道大学引以为自豪的标志。

二

1990年的11月10日,石家庄铁道学院召开大会,表彰铁道建筑系1892班学生张建平在江西梅岭水库舍己救人的英雄事迹,时任院党委书记的王成林亲自为他颁奖,并为他披红戴花,他要求,全院师生要学习张建平,把校园精神文明建设提高到一个新水平。时任该系党总支副书记的陈继忠写出了长篇通讯《梅岭壮歌》,人民铁道报配评论《喜得东风满校园》在该报上发表,为学院的表彰擂鼓助力。

召开这样的表彰大会,在王成林任党委书记期间先后达六次之多,他每次都要为助人为乐的壮举披红戴花,使校园形成了一股劲、一种精神、一种昂扬之正风正气。

"兵改工"之后的第二年——1985年夏天,学院中专部杨生荣等四名同学随班级在建设中的大秦铁路阳原段实习,发现一农家妇女赶集回返时不慎落在波涛滚滚的桑干河中,四名学生不约而同、奋不顾身地跳下河去,搭救了这一落水妇女。这一舍己救人的义举在桑干河边传为佳话,也传到了我们的校园。院党委闻讯后派出两名同志迅即前去调查采访,与参加大秦铁路建设的中铁16局宣传部共同完成了《桑干河畔爱民曲》长篇通讯,人民铁道报、中国铁道建筑报先后发表。院党委根据调查采访的详情,为他们举行了庆功表彰大会。这是"兵改工"之后庆功表彰大会的第一次。

三

杨生荣等四位同学的壮举,如同雨后一束鲜艳的迎春花,引来了校园的花团锦簇。1985年的7月1日,校刊创刊。创刊后的校刊如鱼得水,把好人好事尽收笔下。几年间,校刊内宣外宣结合,发表了《半是新叶半是花》《当一位老教师病危的时候》《爱与力的效应》《人间自有真情在》《为了一个女大学生的生命》等150多篇消息、通讯和特写,把"喜得东风满校园"的不尽春色推向各媒体,图画般地展现在世人面前。在爱的主旋律中,最令人难忘的一节当属《为了一个女大学生的生命》。

1986年的2月,度过寒假的大学生陆续返回校园。一名黑龙江籍的女大学生不幸染上白血病。当她住进医院之后,为挽回这一年轻生命,上自院党委、院领导,下至普普通通的老师、学生,一时间用关爱、温暖、呵护和真情,把这一年轻的生命拥抱起来,其感人的一幕又一幕,不但使生病的学生和学生家长得到了极大的安慰、看到了生命的希望,也使医院的领导和医生十分感动。主治大夫霍亚强说:"我们从来没有见过这样好的大学,学生有了病,领导如爹娘一样的关心、体贴,学生如兄弟姐妹一样的牵肠挂肚。"

女大学生患白血病,住院治疗需要多大的开支很难一时说得清。一般情况下,像这样的学生,就要劝其退学,由家庭负担治疗。可铁道学院没有这样做,而是把她送进了河北省人民医院。院党委书记王成林、院长屈张说:"为了学生的生命,为了她继续读书,这个钱一定要花!"

待女大学生病情稳定之后,院领导、团委书记、系领导、系团总支书记、辅导员、工会的同志、老师和不少的同学都去医院看望,还为她带去了各种礼品,祝愿她早日恢复健康早日回到课堂。

患病的女同学20岁生日这一天,领导、老师和同学们走进医院,特为她送去蛋糕、红皮鸡蛋、奶粉、罐头……团总支还送去了一张用红笔写下的慰问信:"……我们相信,你会像春天战胜严寒那样,用燃烧的青春战胜病魔!"

爱,能产生奇迹。女大学生在爱的拥抱中经过治疗,健康地走出了医院,回到了课堂。于是,通讯《为了一个女大学生的生命》在铁路系统、河北省乃至全国各大新闻媒体得到广为传播,为爱的春天融入了一股强劲的暖流。

由于爱的积累、爱的延续、爱的升华,使当时的铁道学院处处洒满阳光。时过五年,也就是1990年的6月10日,《光明日报》在头版头条,发表了《石家庄铁道学院教书育人成绩显著》,把"兵改工"之后的思想政治工作,进行了较为系统、完整的总结。

四

1987年前后,由于国内小环境和国际大环境的影响,在国内许多高校出现了不稳定的因素。针对这一新的形势和问题，院党委在是年之初，召开处以上干部会，布置反对资产阶级自由化的教育。王成林着重提出，一定要深入扎实地做好思想政治工作，反对高压，提倡疏导；反对对立，提倡互助；反对简单粗暴，提倡和风细雨。积极创造思想通泰、气氛和谐的校园环境，使师生员工之间相互关心、相互体谅、相互关爱，令行禁止，确保教学秩序井然，教学质量提高。当时的校园，师生们主动抵制不良风气的影响，形成了"团结、稳定、纪律、和谐、进取"的新局面。《铁道学院师生协力，校园生活民主和谐》《石家庄铁道学院广大学生积极要求入党》《为党输送新血液，为国培养栋梁才》等消息和通讯，先后刊登在《人民日报》和《光明日报》上，引起了铁道部领导同志的高度重视。4月20日，铁道部副部长率10所铁路高校的党委书记来石家庄铁道学院观摩学习、交流经验。王成林与会介绍了本院的思想政治工作体会。

1989年春夏之交的那场风波，虽然过去了28个年头，可至今仍给人们留下清晰的记忆。在风云动荡的岁月，在群情激奋的特殊时期，学院党委所展现出来的遇乱不惊、指挥若定，是十分难能可贵的，反映了王成林——院党委"一班之长"的思想成熟、政治坚定和在师生员工中的向心力、凝聚力、影响力。

新学年开始了，新生军训也要开始了。1986年秋，在新生军训现场，王成林对编辑室的同志讲：该写写张玉存，他是个大学生，吃苦精神很强，军训是内行。

1987年学院成立了武装部，张玉存担任了副部长。他靠着"深化国防教育，振奋民族精神"的责任感和使命感，用忘我的工作热情，把学院的国防教育进行得风风火火、扎扎实实，为学院赢得了不少的荣誉。受命四年，办公室里就挂上了五张奖状、三面奖旗，其中有河北省授予的国防教育先进单位、河北省和石家庄市授予的建设双拥模范城先进单位等。学院的国防教育经验，受到了国家教委的充分肯定。

五

1990年9月14日，铁道学院举行规模空前的40华诞庆典，许多德高望重的老将军、老首长、老领导和铁道部、地方党政官员、兄弟高校以及校庆校友欢聚一堂，同来恭贺这一盛大节日。当685名男女新同学身穿军服、头戴钢盔、手持冲锋枪或步枪，雄赳赳、气昂昂地通过主席台时，引来了一阵又一阵热烈的掌声。观礼台上的老将军、老领导、老首长赞叹：铁道兵学院脱去军装仍然军威不减。一位昔日沙场屡建战功的铁道兵老将军紧紧握着院党委书记王成林同志的手说:"就是应该这样培养能文能武的新一代!"

王成林主政的10年,学院始终把艰苦成才、基层成才、边疆成才的人生观、价值观教育贯穿于学生在校学习的全过程,使广大学生牢固树立献身经济建设、立志报效祖国的思想,历届毕业生普遍受到用人单位的赞扬。学院脱去军装的10多年间,共为各条战线输送近万名毕业生,多数毕业生奔赴铁路、交通施工生产第一线,在各个铁路建设的主战场,在公路、港口、码头、机场,在地下工程、隧道工程和军事交通工程等建筑工地,在祖国的天南地北,到处都留下了石铁院学子的身影和业绩。他们经过实践的历练,有的荣获"五一"劳动奖章,有的荣获"火车头"奖章,有的荣获"全国优秀大学毕业生""新长征突击手"等荣誉称号,还有的很快走上了企业领导岗位。他们用艰苦奋斗、志在四方的豪情,用智慧、汗水甚至是生命书写着自己的青春年华,成为新一代大学生的楷模。

(作者为军校时期宣传干事和石家庄铁道大学校刊编辑部主任)

儿子眼中的父亲

王　铸

今年 8 月 10 日，是我父亲去世两周年的忌日。凝视着父亲的军人照，往事历历在目，浮想联翩。

1932 年 5 月 18 日，父亲出生在山东省莱阳县柏林庄镇一户农家。1947 年 1 月 1 日入伍参加中国人民解放军华东警备第五旅，解放战争期间，参加了威海保卫战，还参加过棉花山战斗、古柏岭守备战、威海市诸城巷埋伏战和威海市东南守备战，参加了解放青岛和长山列岛战役等大小战斗数次。

期间遵照中央军委命令，多次参加改编：1950 年 11 月，改编为中国人民解放军步兵 101 师；1952 年 2 月，改编为中国人民解放军农业建设第三师；1953 年 1 月，改编为中国人民志愿军铁道工程第 10 师，隶属中朝新建铁路指挥局，由作战部队转变为铁道兵部队。

从朝鲜战场回国后先后参与了黎湛铁路、鹰厦铁路、成昆铁路、襄渝铁路、青藏铁路等多条铁路建设。期间历任铁道兵 8815 部队、5810 部队、89210 部队干部科科长、后勤部政委，在 5847 部队、89347 部队任政委和师部政治部主任、师政委，1983 年到铁道兵工程学院任副政委、铁道大学第一任党委书记，于 1993 年在任上离休。父亲的一生都是在铁道兵的序列里度过的。

从我出生到记事的时候起对父亲的印象，就是每年突然有一天，母亲忙忙碌碌在准备着什么，很少有的喜悦洋溢在眉宇间，对我们孩子们也表现出少有的爱抚，莫名的快乐也瞬间感染了兄弟姐妹。这时我总是有一种淡淡的忧郁与快乐，一年了，父亲就要从部队探亲回家了，母亲一年的期盼和孩子们所做的梦，就要实现了……

有多少高兴事情想和父亲分享，又有多少难过的事情想告诉父亲帮自己解决，但最终都是自己默默委屈地挨过来了。

我们家是一个多子女家庭，有六口人，爸爸、妈妈，姐姐是老大，其次是哥哥、我和弟弟。父亲在部队一年只有40天探亲假能与我们团聚。母亲为了我们四个子女从早到晚都是忙碌着，哪一个孩子有个头疼脑热不舒服，只能指望自己到卫生所、医院打针吃药，总有忙不完的事情。顾不上哪一个孩子的教育学习，能吃饱饭身体健康就可以了。

父亲要探亲回来，那就是最让我高兴的事情了。晚饭胡乱吃几口问妈妈：爸爸明天什么时间回来？妈妈说你早点去觉吧！我在被窝里想一早接爸爸的时间不要错过了，可是每次自己都睡过头了。

爸爸40天探亲假，我除了上学外，总是想让爸爸陪着玩，可爸爸虽然是人回来了，但总是在处理公务。我刚刚凑到跟前，就说出去找小朋友玩吧，爸爸要忙事情。快乐的时光总是短暂的，从每年大部分时间看照片熟悉的爸爸，到有血有肉会说话刚刚熟悉的爸爸，就又要走了。我撒泼打滚、抱住大腿、把公文包藏起来，所有能用上的手段都用上了，但父亲还是被来接他的吉普车一溜烟地拉走了，想要见到爸爸只能等到来年了。那时只觉得自己心里恨爸爸，但多年以后当自己成为一名铁道兵战士时，才真正地理解了铁道兵广大指战员的胸怀，他们为了祖国的铁路发展和建设，付出了自己的青春、家庭和子女，把自己的一生都献给了国家。

回想起与父亲在一起的点点滴滴，止不住地潸然泪下。在我的记忆中，老父亲是一个对工作精益求精、严格要求自己的老铁道兵战士，在生活中热爱家庭、关爱子女，是一名和蔼可亲的好父亲。

王成林政委

家人常常跟我说起在我2岁时和家人随部队换防到新工地坐火车途中发生的一件事：火车停站期间，我要方便，父亲将我抱到距离火车站台较远的地点。突然火车慢慢地开动了，父亲没有慌张，冷静地抱起我三步并作两步一个飞身跳上火车，一手抓住火车把手一手抱住我，紧靠着车厢门一直坚持到下一站。真正体现了军人的素质，到站后父亲英雄般的被大家簇拥着。这一幕一直鼓舞激励了我的一生，直到今天，遇到困难和问题时，一想到这一幕我就信心满满的。

记得在我还在上小学的时候，因为身体一直不好，患有一种慢性病，需要联系一所较大的医院，才能完成手术治疗。因为当时我们家还住在较偏僻的四川乐山地区，又是处在60年代中期，根本没有合适的医院能完成治疗。

为此爸爸多方打听联系,考察了多家医院,最终选择了离家较远的陕西省西安第四军医大学医院。医院选定后就着手准备去治疗,最困难的是要从四川乘火车到西安去,一是"文革"时期火车票不好买,二是即使买到火车票,时间上也不能保证什么时候能到达,医院反馈回的信息是来了也不一定能住上医院。但为了不耽误治病,爸爸还是决定尽早动身。

买好了火车票,爸爸带着我坐大巴车来到火车站,好不容易乘上火车,经过一天一夜终于到达西安。下车后,爸爸带着我抓紧时间赶往医院,到医院后被告知要等。从早晨等到中午,又从中午等到下午,直到下午5点才住进医院,办完手续后爸爸才松口气,告诉我他出去一下。

我趴在病房的窗户,看到爸爸快步走到医院街道旁一个烤红薯摊,买了红薯顾不上撕去红薯皮就大口吃起来。我突然意识到爸爸已经一天没有吃东西了,为了能住进医院不错过机会,饿着肚子排队等候了一整天。一刹那,我的眼泪止不住夺眶而出,他大口吃着红薯的身影永远定格在我的脑海里。

1970年7月1日成昆铁路竣工通车后,我父亲从铁10师师后勤部副政委调任47团政委。随即部队接到命令立即开赴三线建设的襄渝线,于1970年7月到达陕西省旬阳县蜀河镇沙沟公社5847部队驻地。

陕西南部境内,交通闭塞,物资缺乏,数百公里长的铁路建设沿线没有公路,没有电力,施工初期,工程和生活物资主要靠肩挑背扛。

我在1972年去探亲看望父亲时,对团部的大院记忆犹新。团部设在蜀河镇沙沟公社附近一个依山傍水的山窝窝里的一小块盆地里,一边是从很陡的山上顺流而下的一条水流很急的小溪,一边是坡度在60度的大山,团部门口在蜀河镇一棵很大的皂角树对面,进门后是通信排高大的天线,后一排是团部招待所餐厅兼会议室,再在后一排是警卫班,随后一排是政委、团长办公室兼宿舍,再往后一排是机关各部门。临河边是干部灶、大灶等。靠山边用芦苇席依山围个半圆,里边挖一个大坑,放了一个大铁锅,边上搭了两块木板,就是一个厕所。为什么记得这么清楚呢?因为有一天早上叫尿憋醒了,爬起来就急急地跑向那个简易厕所,一进去就要尿,只听"扑通"一声站起来一个女人,把我吓得提着裤子就往外跑,正着急时,军务股一个参谋迎面急急忙忙跑过来往里冲,我刚要说里面有人,他着急地说"出来跟你说",结果他也闹了个大红脸。这时宣传股干事跑了过来说来队探亲的家属不见了,只听大铁锅方向传来"在这里呢"的声音,由于部队机关没有女厕所,闹了这个笑话。由此可见当时部队基本情况。

蜀河镇是个古镇,在汉江与蜀河的交汇处。过去因为陆路困难,这里就是东西南北来往的重要码头。

有一件事令我终生难忘,也是导致我母亲早逝的主要原因。那时,父亲随部队从成昆线西昌地区直接到陕西旬阳,而我母亲还有其他部队家属还远在四川乐山8815部队(师部)家属基地,我和姐姐、哥哥也在四川乐山。

1970年3月,父亲奉命去师部开会。清晨和文工团及部分领导50多人乘坐部队交通船,沿汉江从陕西旬阳县蜀河码头逆水上行去师部所在地安康开会。当船走到距旬阳15公里一个叫段家河镇的地方时,由于风大河道窄等因素,造成船只倾覆,全船人员落水。只有两个人幸存,其他人员光荣牺牲,父亲是幸存下来的其中之一。

事后听父亲讲述:他在落水的一刹那间,由于身穿冬季军装人一直往江底沉,冥冥之中却清晰地听到我奶奶在喊叫"抱住凳子",此时一条四条腿的船用板凳漂到了父亲身边,父亲拼尽全身力气一把抓住凳子的一条腿,拽到身边趴在凳子上面漂浮着获救……

而此时,远在千里之外四川乐山家属基地的我母亲,正身怀六甲即将临盆分娩,家里的姐姐只有13岁、哥哥10岁、我只有7岁,如果失去父亲,我们一家人该如何活啊!

母亲入住四川乐山解放军第372医院,离家属基地有6.5公里远。母亲住院后,每天的饭由我姐姐放学后做,我和哥哥徒步送去。四川乐山是一个山地丘陵、河流很多的地区,记得那一天姐姐做好面条后,倒在扣碗里,又拿了两个馒头用纱布包好后,我与哥哥下楼出大门,朝着农用机械厂方向的一条小路走去。由于天气不好,我们一脚深一脚浅地走在田间的路上,当走到青衣江边一个河堤上时,突然电闪雷鸣,雷声大得让人无法描述。我吓得大声哭了,哥哥说跑吧,这时一道亮眼闪电,一个震耳欲聋的雷声过后,发现哥哥不见了。无助害怕恐惧,使我不顾一切地哭喊起来。大雨倾盆而下,泥泞的土路接连使我摔了几跟头,我坐在地上哭喊着,这时听见哥哥哭喊声,赶紧循声爬过去,只见哥哥滑落在一个离路面三米深的水沟里,饭碗不见了,浑身是泥巴地在哭喊挣扎,我当时只有7岁,想把哥哥拉上来是不可能的。

不知过了多长时间,一个过路的农民叔叔看到后,用挖地的锄头放下去将哥哥拉上来,到医院后本想解释一下能得到安慰,但得到是母亲的一顿怒骂,委屈恐惧害怕,眼泪像断线的珍珠一样,母亲怀孕临盆即将生产,既着急又无奈,我们娘仨虽然泪眼蒙眬,但不敢大声哭出来。

这时父亲没有消息已好几天了,部队家属基地群工部相关领导工作人员,已频频到我们家看望我母亲。母亲是一个敏感的人,多年部队军属经验使她预感到了什么。但大家的安慰又更使她绝望,有孕在身,她又能怎么办?另外还有三个什么忙也帮不上而只会添乱的孩子……

我不知道母亲此时此刻内心是怎样的感觉,但是母亲病了,是急性肾炎。这一病就是十几年,若干年后肾炎导致尿毒症,我亲爱的母亲在 54 岁时永远的离开了我们。

父亲抱住凳子一直顺着汉江水往下游漂着,几次由于体力耗尽几乎脱手,在漂流了将近 100 公里后,在陕西与湖北交界的湖北省郧阳县附近,被沿江部队一个战士发现后,扔出竹竿救上岸。经过确认(由于当时通信系统落后)几天后才与部队联系上,而这时我的弟弟也出生了,为了纪念此次事件,父母给弟弟起了个小名叫"凳子"。

(作者为王成林政委之子,毕业于石家庄铁道大学,研究生学历,现在铁道大学担任教研工作)

二、新闻作品

愧对子孙的浩劫

——1989年"鳗苗大战"纪实

朱瑞华

一衣带水的日本人特爱吃河鳗。中国老百姓一直不谙扶桑国中事,近年来对外开放,知道河鳗出口能卖好价钱。一时间趋者如云,鱼贩大肆出动,抬价抢购;渔船千舟竞发,狂捕滥捉。

河鳗一时身价百倍。一条头发丝大小的鳗苗竟能卖3元人民币,价格几同于黄金!

烟花三月,正值河鳗苗洄游长江之际,恭候它们的是千万张疏而不漏的网。

中国的河鳗资源正濒临断子绝孙的险境。

东海告急,长江告急保护资源!拯救鳗苗!从中央到地方,禁令接着禁令。然而,"捕鳗苗淘金"的狂潮却是年甚一年,愈演愈烈……

金 钱 的 疯 狂

晨日初上,南通、张家港江段,波光闪闪。涨潮了,原先蛰伏在浅滩上的各等捕鳗苗船只,此时迅即涌向附近江面,有木船、水泥船、帆船,还有柴油桶、塑料桶、汽车轮胎……舟楫纵横,远远望去,江面上黑压压一片……

南通孙老大兄弟三人驾一叶扁舟,在万船丛中一路领先。老二把舵,老三张网,老大自己则两眼直勾勾地盯住前方江面……

三年前,孙氏三兄弟在长江中捕刀鱼,听人说捕河鳗苗可发大财,遂改换行当加入"淘金"者的行列。三年,仅用270天,三幢小洋楼矗起,一条新船下水。今年不到两个月,7万元收入已把钱包撑得鼓鼓囊囊!

金钱的诱惑,逗得"旱鸭子"也蠢蠢欲动。

刚过而立之年的王小毛,原在苏北一家乡办小厂当搬运工,月薪50余元。今春的一天去邻村亲戚家串门,所见所闻,"淘金"的欲火烧得这位"旱鸭子"坐立不安。是日,他从农机站拽了个拖拉机旧轮胎,搭上婆娘陪嫁过来的一只木盆,自个儿在屋前的小河里"试航",第二天即加入了"淘金"者的行列。江面上一头死猪漂来了王小毛的好运。在咒骂和急红了眼的嘈杂声中,王小毛眼疾手快抢在众人头里网到了上面叮咛着上千条鳗苗的死猪。一夜间他就成了"万元户"!首战告捷,小毛初涉江水时战栗的模样荡然无存。"旱鸭子"面对同伴的戏谑,坦然道:生死在天……

据一家报纸报道:一位船老大,春节刚过就偕妻携儿入江"淘金",那天风急浪高,小船不慎倾覆,全家被倒扣在船底。熟谙水性的船老大跃出水面,又拼力救出奄奄一息的妻儿。害怕了?第二天,死里逃生的船老大一家人又义无反顾地摇橹下江……去年,江苏省有上百人为捕鳗苗命丧江海。今春以来,虽无大风侵袭,仅南通市就有20余人溺水身亡。

国家明令禁止在长江内捕捞河鳗苗,但在金钱暴利的驱使下,他们连死都不怕,何以法惧之?!上起江苏射阳,下至吴淞口外,千里江面上捕鳗苗船只星罗棋布,樯桅如林。他们中有经验丰富的渔民,有近水楼台的船工,有扔了锄杆的农民,也有揣着病假单的小青工,瞪着土黄色的江水,眼睛红得都快出血——

鳗!鳗!鳗!

钱!钱!钱!

恨不能竭泽而渔,巴不得一网打尽!!

"鳗特区"掠影

苏北某县。一辆黑色的"皇冠"牌小轿车在茫茫夜色中悄然驶入一处偏僻的渔村。听到三声低沉车笛,暗中窜出几条黑汉,簇拥着数位"南方客"闪进路旁的渔舍。一番讨价还价后,拍板成交。昏暗的灯光下,手持钢皮卷尺的当地佬在测量一捆捆"大团结"的身高。数分钟后,几瓶内盛河鳗苗的液化气钢瓶被麻利地装上了"南方客"的车,小车便在夜幕中消逝得无影无踪……

一位不知高低的"南方客",今年初来乍到,便横冲直撞。一个月黑风高的晚上,稀里糊涂吃一顿棍棒,他清醒了。卧榻之旁,岂容他人酣睡。"南方客"划地为界,此一帮,彼一伙,势力范围内有他们各自的"51号兵站"。

元旦之后,坐飞机、火车、轮船、轿车、摩托车来的"南方客",操着生硬的国语,提着沉甸甸的旅行袋,以一厚叠"大团结"开路,"团结"了当地一些干部和群众,进入"避风港",找到"安乐窝"。他们可以放心地将成捆"大团结"当作被褥,铺在床上安然睡去,自有人为之放哨站岗,甚至有人甘愿租妻让床。

上级渔政机构的"特工"曾乔装前去南方客"兵站"探情,归来后百思不得其解:为何当地人保护"南方客",赛过《沙家浜》里的阿庆嫂?

这些都是真实的故事。

自1985年春开始,上级执法人员前往苏北某县履行禁捕公务,没想到当地人看到戴大檐帽、穿制服的人,饭不让吃,电话不准打。三年中,不是镶嵌着国徽的大檐帽被掀落在地,就是人员被打伤。而不法分子和"南方客"们则受到当地人无微不至的关怀,他们可以在邮局无所顾忌地与遥控的"大老板"通话。通报鳗苗行情,商谈交易价格。发生在今年2月18日的一场"遭遇战",更是让人莫名惊诧。上级执法部门的18名精兵强将,展开了一次"闪电行动"。几名鳗苗贩子被就地擒获,鳗苗和现金被当场扣留。突然间,执法人员竟遭致数百人围攻,混乱中贩子被放跑,鳗苗和现金被抢走……

人们为此纳闷,这里难道是"敌占区"不成?

贩鳗苗的大老板坐镇大城市宾馆遥控指挥,二老板、三老板、四老板们等分别在中小城市把关。鳗苗,成"绝密情报"按联络图由专人运送。即使一站出差错,亦不至于一网打尽。

为逃避沿途检查,鳗苗贩子在当地人的通力协作下化整为零,将鳗苗分别装入充有氧气和水的塑料袋,分散携带。或藏女子"交通员"的胸部、腹部衣服内,或装入羽绒衫、手提包、旅行包、空油箱、备用轮胎中……万一不慎"失风",也可免遭"全军覆灭"之灾。

"有钱能使鬼推磨。"鳗苗贩子为了过关,不惜花钱雇"死人",前面花圈簇拥,哀乐齐鸣,后面送葬队伍一群,哭声阵阵;或救护车中吊盐水瓶,医生监护着危重"病人",一路风驰电掣过关走卡。

尤其令人吃惊的是,鳗苗贩子已由单帮发展到团伙,有周密的计划,严密的组织,配备了对讲机、匕首、三节钢鞭、电警棍,动用了警车、军车、囚车、飞机、远洋轮。什么"鳗苗麻醉运输法"、什么"声东击西障眼法",手段日趋完善,气焰越发嚣张……

SOS!船长呼救

今年3月某日。南通港。黎明前的黑暗。

此时,一艘"东方红"大客轮正溯江而上。

怎么了,主航道内的灯浮不见闪烁?伫立在驾驶室,手持望远镜的船长为之一颤。

蓦地,驾驶室内雷达屏幕上显示前方出现无数黑点……

船首探照灯亮了,但见茫茫江面,点点小舟挤挤挨挨、密密匝匝,30米距离内就有一条捕鳗苗船,江面被交叉拦成数10条"封锁线"。航道灯浮已成了"淘金"者们船只的现成缆桩。

"淘金"的狂潮,淹没了客轮阵阵汽笛。前进不能,后退无路,大客轮陷入了铁壁重围。

强行通航,大船碰小船,犹如顽石击卵。伤人覆舟,有理说不清。

船期!船长的职责。硬的不行,软的怎样?船长接通了高音喇叭的开关。"农民伯伯,请给我们一条出路吧……"

近于乞求的呼喊,随着江风飘落……

浩浩长江难行舟,急红了眼的船长向港监发出呼救:SOS!

2月中旬一天下午,张家港市东北西界港通沙汽车渡口,1公里长的江面,"淘金"船只云集。一道道绿色纱网似屏障一样围绕在浩浩江水之中。江水汹涌起伏,小舟颠颠荡荡。入夜,这么多小舟既没有信号灯,又遮蔽了江上的航标灯,长江被"腰斩"。

港监望江兴叹。千里江面万船云集,"淘金"者约10万之众,他们只有几条小小巡逻艇。力量对比如此悬殊,管得了东,管不了西,抓了这船,跑了那船。仅1月15日至2月12日,9艘中外客货轮因无法航行被迫抛锚。国家重点工程的华能南通电厂,也因卸煤船队不能靠泊面临停产。

南通港告急!张家港告急!天生港告急!通沙渡口告急!江阴水道告急!福南水道告急!吴淞口告急!……

SOS!长江在呼唤。

紧急查禁,强行疏航,亮出了法规、条例、红头文件、加急电报……从江苏省、上海市以及下属的各级政府、人大及水产、渔政部门发出的各种文告,不少于"十二道金牌"!

省长、市长、县长带队,水产、渔政、公安、工商、港监出动,队伍浩浩荡荡……

管用吗?一俟"王师班朝",淘金者故态复萌,长江航道又是"肠梗阻"。

急电传到国家农业部。接农业部渔政局电令,正在东海执行任务的中国渔政22号于3月6日挥师巡航长江。

扣船、罚款、没收……

长江内没有专职的渔政管理船,"光杆司令"岂能与淘金者的"千军万马"匹敌? 你罚你的,我"淘"我的。今天被罚,明日再来。奈何!

巡航在长江。中国渔政 22 号左冲右突,螺旋桨在混浊的江水中犁出条条"S"形疲惫不堪的尾纹……

大战何时方能休?

捉来的河鳗苗都到哪里去了?

有捉鱼的必有收鱼的。从南方省来的鱼贩子以高出国家收购价几倍的重金相诱,通过他们的"地下航站",鳗苗源源外流,从而实现了"国际大循环"。

鳗鲡,简称鳗或白鳝,在江河里成长的又叫河鳗。其貌不扬,但鳗肉细嫩鲜美,含有丰富的脂肪。日本人所以爱吃河鳗,据说有抗病疗疾之功效。80 年代每年的食用量由 70 年代的 3 万吨猛增到 8 万吨,但日本只能自产 3 万吨,而我国的鳗苗资源却举世瞩目。

与河蟹一般,我国中央政府和地方政府及主管部门对这一珍贵的水产资源,采取保护措施,我国渔业法规定,沿海河鳗苗实行持证限额捕捞。

沿长江的省、市也作出了有关规定。

去年,江苏省政府第 24 号文件重申"严禁捕捞进入江、河水域的鳗苗"。今年 2 月 15 日省政府又发出"关于加强鳗苗资源及管理的通知"。

上海市人民政府也分别连续两年作出了有关规定。

但为何屡禁不止? 水产、渔政部门官员认为,由于价格失控,现今河鳗苗成了"水中黄金"。今年国家收购鳗苗"公价"1 公斤 9 000 元(为最高限价),但实际"公价"收购中的最高限价,已被大大突破。江苏有的地方 1 公斤跃为 1.4 万元,浙江平湖县 1 公斤高达 1.5 万元。而 1984 年 1 公斤鳗苗只有 300 多元,六年中涨了几十倍! 至于"私价",1 公斤鳗苗,今年开始为 1.8 万元,2 月底至 3 月初,最高黑市价已"跳"到 2 万多元,为历史最高价格的 2 倍。

来自国际市场的行情,1 吨成鳗价值约 1.1 万美元,1 公斤鳗苗养殖后即可产出 1 吨成鳗。因而,从中国大陆收购河鳗苗,无疑是一笔诱人的买卖。

于是,除了正当的鳗苗贸易外,大量的黑市"国际贸易"在公海上进行:一条鳗苗换一包"万宝路"洋烟。一包"万宝路"在内地又是什么"身价"?

俗话说,"魔高一尺,道高一丈"。在"公价"与"私价"的收购竞争中,"公价"提价后不到一个小时,"私价"便迅即上浮。于是,反常的现象出现了:国家收购站点门可罗雀,私下交易却人头攒动。巨额的价差,致使大量优质苗种(白籽苗)源源不断地流入了"南方客"们的"51号兵站"。

一则数据也许颇能说明问题。

去年,江苏省估计捕捞鳗苗约15吨,其中国家出口鳗苗约7吨,占总量的二分之一还不到。今年国家收购鳗苗状况又是如何?历来是捕捞鳗苗重点区的江苏省沿海东台县,今年一个半月内,国家只收购到7.5公斤鳗苗。水产部门估计总捕捞量已达200公斤,当地群众则说有1吨多。尽管官方与民间众说纷纭,但鳗苗被倒卖、贩运、走私却众口一词。

长江、内河鳗苗,年年查禁,年年捕捞。且愈演愈烈,一浪高过一浪。难道是无章可循?否!症结是执法不严。日本、加拿大、苏联、美国等国十分重视对珍贵资源的保护。美国规定,即使捕获一只带卵梭子蟹,务必令其放回,否则处以重罚。在苏联,违禁捕捉一条大马哈鱼,将被罚款75卢布。今年4月初,一条中国渔船在日本海域只捉了10公斤最普通的沙丁鱼,因违反日本有关渔业法规,船长当即被日方逮捕。与之相比,我们这个更习惯于"人治"的国度,法律往往成了"橡皮筋",可宽可松,可长可短,执法的随意性代替了法律的严肃性,以行政处罚代替了法律的制裁。上万船只"断"航道,10万之众"战长江","南方客"欺行霸市,甚至有些地方干部、执法部门推波助澜,从中牟利。临时突击式的罚款、没收显然已经无济于事。

历来说,我们地大物博,一觉醒来,按人口计,方知晓地窄物薄。鳗苗出口,比出卖鳗苗初级资源换汇率高4—5倍。"先养殖后出口",中央钦定的方略,为何收效甚微?全国现有7 000多亩成鳗养殖池塘,据说有相当部分池塘朝天。

江苏省去年成鳗出口1 489吨,居全国首位。全省拥有60多万平方米的养鳗池,今年全省计划自用鳗苗8 740公斤,其中供应苏南2 675公斤。因"南方客"哄抬价格,鳗苗流入"第二渠道"。致使"产苗大国"计划内用苗养殖出现危机。苏南大部分养鳗场无苗可收,盐城65家养鳗企业只进池600多公斤,而实际需要4 000多公斤。其中两家最大的养鳗企业,3万平方米鳗池,到3月26日止,仅得到公安局送来的8公斤缉私苗。行家统计,全省数以亿计的鳗场资产大半将要闲置。

全国"一盘棋"喊了多少年。闽、广等地缺鳗苗,江苏捕捞量占了全国一半。可是一道"篱笆"挡住了。各省创汇承包基数怎么算?

水产部门呼吁:从扶持国内养鳗业出发,鳗苗出口要不要加税?成鳗出口能不能免税?供鳗苗省能否相应缩减创汇承包基数?

"鳗苗大战",今年已接近尾声,明年是否烽烟再起?结论尚为过早。不过想到连年不绝的"蚕桑大战""棉花大战""化肥大战",令人不寒而栗。

长江中的鲫鱼,由于人们狂捕酷渔,目前几乎绝迹。它和河鳗一样的珍贵。

人活着需要钱,但人更需要做人的尊严。我们不能愧对祖宗,我们不能造孽子孙!

本文原载1989年4月28日《解放日报》第07版"专稿特稿"

(作者为原铁道兵第10师47团报道组成员,《解放日报》资深记者、编辑)

笑傲杭州湾

——杭州湾北岸围海造地工程纪实

朱瑞华

3月18日11时,杭州湾北岸围海造地大堤的1、2、3号龙口成功合龙。此时此刻,工地上的人们喜悲交集,言语哽噎……

凝视着一条长8.1公里,巍巍屹立在惊涛骇浪中的挡潮大堤,追忆人与大自然反复抗争的历程,人们思绪万千,心潮逐浪……

俯视波涛滚滚的大海,一行行热泪从分指挥部指挥长顾士龙、"政委"杨召之以及战友们的眼眶中滚落,他们是在为因筑堤而终身与大海作伴的一位战友致哀。

汹涌澎湃的杭州湾浪潮一次次地扑向合龙的大堤,最终无力地退去。在人与大自然的殊死搏斗中,浪潮无奈地向人类低下了它那高傲的头……

杭州湾作证,5 000多名筑堤儿女与海浪较量近200个日日夜夜……

进军杭州湾 滩涂建"新城"

面临21世纪之际,锐意进取的上海人又在考虑一个问题:怎样再创新的经济增长点?

决策者们决定建造一个新兴"工业城",发展世界前沿的高新产业。新兴"工业城"的布设,除了具备水陆交通便捷、濒江临海的条件外,还需要有两个金山石化总厂规模的土地。

新兴"工业城"设在哪里?上海寸土寸金,且市区三次产业的结构为"三二一",最好的办法是在杭州湾北岸大规模围海造地。从规划设计、搭建指挥部班子到组织围垦施工,市政府的水行政主管部门——上海市水利局,受开发单位的委托,责无旁贷地担起了向杭州湾要地的历史责任。

这是一项气势恢宏的围垦工程。

金山"石化城"的低滩围海造地,先后用了10多年时间。现在这项围垦工程从杭州湾北岸金山县漕泾镇张家库向东至奉贤县柘林镇竹港出海处,将在波涛浪峰中构筑全长8.1公里的挡潮大堤,一次圈围10平方公里的土地。规模如此之大的低滩围垦工程,在上海乃至全国的围垦史上绝无先例。

杭州湾,是世界上著名的风急浪高、潮水汹涌的河口。在杭州湾"喇叭"口筑堤,无岛屿屏障,属"喇叭"口的"瓶颈"之地。即使在非汛期,大潮汛低潮与高潮潮差达6米以上,是长江口潮差的近2倍。在惊涛骇浪中筑堤,其艰难与风险是两个"孪生兄弟"。

滩涂围垦,一般要求滩涂的海拔在吴淞标高3米以上。如果不足3米标高,必须种植芦苇生物来促淤,或抛石工程来促淤,并经过数年落潮留沙来增淤,此为省本省力的高滩围垦造地。

但新兴"工业城"向杭州湾要地,造地须"只争朝夕",不允许采用传统的生物和工程方式来促淤。这儿在吴淞标高仅零米、部分地段水深距吴淞标高负1.5米,进行如此大面积的低滩围垦,为国内围垦史上所罕见。

"我们一定要拿下围海造地工程,为上海经济结构调整出力,对市政府负责"。市水利局党组书记、局长徐其华的庄严承诺,是筑堤儿女的共同心声、共同信念的体现。

人围着潮水转 "生物钟"围着人转

1996年9月28日,一场人与大自然的较量摆开了架势。

陆上造房盖楼,在一般情况下可24小时施工作业,围垦工程只能在落潮期间的5个小时内进行。在杭州湾低滩围垦,风急浪高,需要人的意志、人的毅力。

"人要围着潮水转!"按照分指挥部的部署,落潮期间,"指战员"们全部上工地抢筑大堤;涨潮时分,指挥员进工棚研究施工最佳方案。一天一夜两潮水,潮涨潮落日夜有变化。人跟着潮水转,"生物钟"也随着人转,每天只睡两三个小时。他们记得住每天何时潮涨潮落,却记不住今天是星期几。

人与大自然抗争,需要的是付出、是执着、是奉献。

在抢筑大堤期间,指挥长顾士龙75岁的老父亲脑中风住院抢救,需要子女们轮流值夜护理。作为指挥长,他实在没有空去看。作为长子,他愧对老父。使命感、责任感、紧迫感,促使他既要把握全局,周密部署,又要踏勘现场,临机处置。超负荷的工作量,导致痔疮、心脏病发作,他的内裤时常湿润,脸色阵阵发青,每天靠药物来支撑,膈下发炎时喝粥维持。身体实在顶不住了,上医院吊几瓶盐水,拔下针头就往工地跑。

在抢筑大堤期间,局党组副书记、副局长杨召之,不顾自己孱弱的身躯,除了跑工地掌握第一手资料外,又给工程管理人员和施工队伍负责人讲正确处理局部与全局、慢与快等辩证法。可是,又有多少人知晓,这位工地"政委"是位摘除了胆囊的人。

工程指挥范庆云,双腿患有严重的风湿性关节炎,每天在工地上奔波。为坚持现场指挥,他每天大剂量服用激素药物,结果,关节炎病未除又添胃病。3月中旬西区三个龙口合龙后,他连续80多个小时坚守在工地,不回宿舍休息,人瘦了一圈。

已达知天命之年的工程部负责人孙浩培曾患有肺癌。工程计划的编制,工程施工的协调,连日的奔波,过度的劳累,使他终因体力不支,突然昏倒在工地,醒来后他又扑向工地。直至发现脑血管阻塞,才被迫住进了医院。

春节前夕,市水利局有关处、室、科的头头脑脑们,接到上"前线"的指令后,没有一个人叫困难。水资源办公室副主任陈庆江,腰部以下右腿至脚趾在60℃热水和冰水中失去知觉,医生警告他严禁再着冷。工程在召唤。他毅然中止了针灸治疗,一拐一拐来到工地。为御寒,他将羊毛衫、皮夹克、滑雪衫等衣服几乎全套上,脚蹬长筒靴,顶着凛冽的寒风,一步一颤,艰难地行走在工地上。脾脏摘除、肛门脱坠的王祥来,妻子临盆一人独居的魏梓兴,也应工程的需要吃住在工地。基建处处长齐召璞、市防汛办主任助理张健民,悄悄地退掉了春节去唐山、北京探亲的机票,退休了的水利老专家宁祥葆、总工程师王宗仁、工程总监江太昆、高工蔡正、顾德鱼、黄惠祥、周怡生和指挥黄沛霖等,不顾海风浪涛的冲击,不计个人的安危,在工程险段分析水情,指导抢险……

杭州湾"拜年潮" 不屈的围垦者

新年除夕期间,申城合家团聚,亲朋好友互贺新年,人们沉浸在欢乐、祥和的节日气氛中。

杭州湾北岸围垦工地激战正酣。2月4日,宝冶特种公司的施工队紧张地铺设堤身防渗布,吹泥船泵一个劲地往袋中吹泥抢筑大堤6号龙口,8.1公里长的挡潮大堤第一个龙口宣告合龙成功。

2月5日,鼠年农历十二月二十八日,参战的最后一批外地民工返家过年的汽车开走了。工地食堂忙着准备年夜饭,市区打来的拜年电话铃声不绝于耳,特有的过年气氛洋溢着工地。

此时,气象界俗称的杭州湾"拜年潮"也向疲惫不堪的筑堤职工来"拜年"。"不速之客"——东南风突然刮起,阵风达到5—6级,涌浪近3米高,风助浪势,浪借风威,滔天浊浪在除夕之夜饿狼般正面扑向大堤,将6号大堤冲出了一道百米长的口子,潮水汹涌而入……

"拜年潮"来"拜年",指挥部早有部署"接待"。"不速之客"东南大风侵袭,造成来潮增浪近3米,大自然的突然"翻脸",连当今先进的气象仪器也无奈。否则,又如何解释日本的阪神大地震、百慕大神秘"黑三角"?数日辛劳顷刻付之潮水,指挥长顾士龙、工地"政委"杨召之的眼睛湿润了,总工程师王宗仁禁不住哭出声来,在场的将士人人心里似灌满了铅。

除夕,局长办公会议在工地召开,鼓士气,定方略。大年初一,华谊集团党委书记余德荣、水利部上海勘测设计院院长王世民、上海航道局局长翁猛勇赶来工地问寒嘘暖。

大自然不相信眼泪。向决口抛石,向袋中吹泥,奋力抢堵保护大堤。决了再堵,堵了又决,一次又一次,一遍又一遍……顽强的筑堤儿女用血肉之躯向大自然抗争。

工地食堂烹制的年夜饭菜,冷了热,热了冷,不知回锅多少次。晚上11时30分,当最后一批工程管理人员齐召璞、顾德鱼等从工地归来就餐时,与其说是在吃年夜饭,还不如说吃半夜饭。6号堤决口,殃及5号隔堤决口。上东区大堤只有3号隔堤"华山一条路",3号隔堤成了工程的"生命线"。冒着水漫堤岸随时可能决堤、人被浪涛卷走的危险,不屈的筑堤儿女坚持突击加固堤身,铺设防渗布,在堤上巡逻……从大年初一到正月十五,几乎半个市水利局的领导和机关干部是在工地上度过的。

杭州湾畔大会战　各路大军齐心干

低滩围垦,海外都采用沉箱作业,就是将数吨重方钢箱子沉入水中打桩固定,然后构筑大堤,这种围垦方法基本无风险,但成本昂贵。我国是发展中国家,此法不可取。

杭州湾宏大围垦工程,市政府下达的硬指令只能一次完成,务必在今年4月份大堤全线合龙,时间仅7个月,这在我国围垦史上所仅有。

两种方案摆在市水利工程设计院的面前:一种方案是向杭州湾抛100多万吨块石,构筑水泥石堤,围垦风险较小。上海不产筑堤的石材,从外地采购调运需要多花国家4—5个亿。另一种方案是就地取土构筑大堤,但在水深风急浪高的杭州湾筑堤,要冒很大的风险。

几经权衡,几易其稿,杭州湾畔大会战,各路大军齐心干,向袋中吹泥固土,构筑挡潮大堤。围垦造地工程方案设定,风险中的决策,方知肩上的分量有多重!

大会战的工程招标,市水利工程公司、宝冶特种工程公司、中国石化工程公司等三大在沪的围垦"精锐部队",获准组成"集团军",担负挡潮大堤和隔堤的陆上"攻坚战"。

国家交通部所属的四大航道局,上海、长江、天津三大航道局受命组建海上"联合舰队"参加杭州湾会战。全国规模最大、在国内外重大工程战役中屡建奇功的上海航道局,调集了上海港90%的船只,47条吹泥船打响了杭州湾围垦吹泥之役。天津航道局麾下的亚洲最大的"航空母舰"——"2150号"吹泥船,日最大吹泥量达6万立方米,成为会战中单船吹泥的"海军"主力。

化工、宏波、东华三家监理公司,日夜两班人马围着筑堤工程转,既是工程监理员,又是工程"指导员"。围垦工程所在地的奉贤、金山两县的基干民兵,"安营扎寨"在工地"支前",并随时受命参与工程抢险。驻沪空军指挥部、驻沪叶挺部队在春节前后,出动官兵投入了抢堵决口的战斗。市水利物资综合经营公司总经理盛龙祥等领导坐镇工地,及时为"前线"输送"粮草"。

一项围垦造地工程,调集了沪上三大水利工程建设"集团军"、全国四大航道局中三大航道局"联合舰队"参战,还有人民子弟兵、当地的民众……这大概在我国的围垦史上也是空前的。

人在大堤在 展开"拉锯战"

人与大自然的抗争,在前进的道路上,每一步都充满着艰难,布满了险阻。

围海造地工程,有别于陆上其他市政基础设施工程,工程孕育着风险。它除了要解决施工中预料的风浪、水流、渗流三大难题外,还要对付大自然的无常与反复。杭州湾大面积低滩围垦,其艰难,其风险,局外人大都难以理解。

杭州湾"无风三尺浪",否则,哪有天下闻名的杭州湾钱塘潮奇观?杭州湾涨潮时,潮水排山倒海,来势迅猛,一般涌浪可达1米高,如遇东南风劲吹,大堤犹如在中流击水,其浪可遏飞舟。

构筑挡潮大堤堤身主要材料是杭州湾中的泥沙。为避免大浪"淘"沙,一种向袋中吹泥筑堤的工艺被应用。潮汐日夜两潮,低滩围垦构筑大堤,实际施工必须抓紧退潮期间的五个小时。一张长30米、宽20米、重800公斤的塑料编织袋,由人拉成呈四角形后用钢丝固定,抽泥泵不停地向袋中吹泥,数小时后袋中海水流渗,泥沙固结成堤。倘若沙袋被浪潮撕破,数百立方米的泥沙和人在一潮水期间的辛劳,付之滔滔潮水……

泥!泥!泥!泥……为紧急调度吹泥,太湖流域管理处副处长王为人,在一个月黑风高的子夜摸上了工地。一脚踏入泥库,一下子淤泥齐胸。后经民工拼命相救,才免遭灭顶之灾。

湍急的水流犹如一把"利箭"。倘若每秒水流的流速大于零点五或零点七,水流往往将新筑的大堤冲决扩展成深槽,河槽弯曲变形,给抢堵决口造成困难。2月5日凌晨,杭州湾"拜年潮"将宝冶公司构筑的大堤冲决后,汹涌澎湃的浪潮如脱缰的野马在堤内库区"大游行",5、4、3号隔堤危在旦夕。3月9日夜,一场罕见的东南风挟巨浪,将2、3号龙口砸得残缺不全,险象环生,潮水漫堤;数千米长,直径80厘米粗的输泥钢管拦腰折成几段……

"吹泥抢堵大堤决口,同步加固库区隔堤!"连续两次工地现场会,分析工程态势,部署抢险方案。无数次的抛石阻流,袋中吹泥,多少人舍命抢堵。面对每秒4米以上的流速,要知道,人的体能力量也有限度……

人与大自然的抗争,不但需要人的勇气,人的精神,而且还需要人的胆略,人的智慧。

杭州湾泥沙,颗粒粉细,泥沙吹入袋中,泥沙在袋中成糨糊状,泥沙需要3—4个小时固结,影响堤身质量。"向长江'借沙',加快堤身泥沙固结"!指挥部果断决策。指挥范庆云星夜兼程奔赴江苏白茆港联系"借"长江沙,来制服杭州湾泥沙在袋中"捣糨糊"。

百多艘运沙船,组成浩浩荡荡的水上运输线,出长江,进黄浦江,入杭州湾,斗风战浪,历尽艰险,将32 000立方米的长江沙运抵工地。长江沙与杭州湾沙"合二为一"构筑大堤,既加快了进度又提高了堤身的质量。这是不屈的围垦者与风浪斗勇斗智中又一次赢得了胜利。

人与大自然的抗争,有时,付出的不仅仅是人的辛劳疲惫,而是人的生命。

2月9日上午,大堤决口处令人终生难忘的一幕。宝冶特种公司36岁的卢黎辉工程师,向领导要求去大堤决口处察看水情。工地上汽车不在,摩托车又坏了,他干脆骑自行车上了大堤,在决口处专心致志地量水深、测水流。9时10分,5号隔堤决口,退潮期间堤内外形成的潮位差,山洪暴发般的滔滔潮水从库区直泻,将正在几百米外决口处工作的卢工卷入杭州湾……

筑堤,决口,合龙,决口,再合龙。杭州湾北岸大规模围海造地工程,是我国围垦史上的新篇章,是中华500多名筑堤儿女与大自然反复抗争的一曲壮歌。

大堤6个龙口仅存最后一个龙口,将于本月中旬全线合龙。但是,人与大自然的抗争还远远没有结束。今年汛期,大堤还将经受海上台风、浪涛高潮的考验,抗争还将继续……

本文原载1997年4月4日《解放日报》第10版"市郊大地"

(作者为原铁道兵第10师47团报道组成员,《解放日报》资深记者、编辑)

决策

——太湖治理及太浦河工程前前后后

朱瑞华　朱桂林

国务院：治淮河、治太湖，决心如铁

1991年9月17日。

首都。京西宾馆。

上午9时，一个庄严的时刻开始。

主席台上，坐着国务院副总理田纪云、国务院副秘书长刘中黎、全国政协副主席钱正英、水利部部长杨振怀、国家计委副主任刘江及国内水利界元老之一王林。

主席台下，端坐着江、浙、鲁副省长凌启鸿、许行贵、王建功，皖、豫省长傅锡寿、李长春，上海市副市长倪天增，还有国家有关部委办局的头头脑脑……

一条醒目的会标横贯会场，显示着它与众不同的级别——"国务院治理淮河、太湖会议"。

上百名会议代表，神情庄严，步履匆匆。无须掂量，便知晓佩戴在胸前的代表证该有多重！

1991年神州大地洪涝灾害。淮河流域受淹面积仅安徽省即高达430多万公顷,损失粮食43.5亿公斤,被洪水冲走了一个"粮仓"。

太湖流域水位超过1954年历史最高纪录,大水成灾,损失了100多亿元,丢了一个"钱庄"!

痛定思痛,大灾之后要大治!

"淮河用5年到10年时间,分两个阶段基本完成国务院确定的治理任务。当前的重点是尽快修复水毁工程,集中力量打通中游的卡口,疏通下游入江入海通道,增大泄洪能力。"

"太湖要按照既定的规划方案进行综合治理,使太湖尽快成为具有能排、能灌、能供水和通航的综合利用功能的湖泊,当前重点是打通太浦河、望虞河,为明年防汛创造好的条件。"

李鹏总理定下盘子。决策,来自对过去的总结,来自对未来的希冀,来自对国情的把握……

中国水利史上崭新的一页,就这么揭开了。

太湖管理局:掘望虞、开太浦,众志成城建"钱庄"

9月19日,《解放日报》在头版显著位置刊发全国独家新闻:

"八五期间投资33亿元,太湖流域实施10项骨干工程。"

全国"一盘棋",流域同治理,喊了多少年。今夏一场大水,昔日龃龉已全然不见。

太湖流域,四周高,中间低,六分之一是水面。

明朝时,太湖有300个口门泄水,迄今,80多个口门已难寻觅。堪称主要出水口的东太湖上原有的28个口门,已有11个被堵,加上历代下游围垦,人为设障,湖泊面积比原来减少一半。殊不知,洪水也应有它的"一席之地"。

天目山雨水一日内即可入太湖,太湖水一月却难排泄。太湖水易进难出,洪水永积不化;人与水争地,洪水通道被蚕食,太湖渐成"膨胀病"。日积月累,太湖焉有不"胀"破之理!

治理江湖,疏耶?堵耶?自宋以来历代一直争论不休。最早可上溯到传说中的远古时代。

大禹以疏治水,功绩卓然,成千古美谈;大禹之父用堵治水,然水未治住,人却掉了脑袋。

太湖流域管理局局长、总工程师们,奔走于江、浙、沪两省一市,研究筛选了130多种方案,遂使太湖综合治理框架形成:

疏控结合,大疏加大控。

打通太浦河、望虞河、杭嘉湖南排三个太湖下游口门,增加太湖泄洪通道。

修筑环太湖大堤,在156个原本敞开的口门上或建节制水闸,或筑土坝截流,不让洪水自由泛滥,"大游行"。

下游涝水分而治之,各找出路。

规划方案,成了党中央、国务院根治太湖水患的决策依据:

太湖流域治理,以防洪除涝为主,统筹考虑航运、供水、水资源保护和水环境改善等综合效益。

综合整治太湖流域,大政方略"钦"定,就看我们如何去实践,去施行。

太湖流域人口密集,经济发达。工农业总产值占全国的八分之一,财政收入占全国的六分之一。它是我国的一块黄金宝地。田纪云如是说。

明年6月1日,我国的东南沿海地区又值汛期。岂能容忍今年夏季洪水,再度肆虐,让悲剧重演……

上海:大度纳水,引"湖"入"黄",书记市长定方略

上海,今夏洪涝灾害,损失了11个亿。这也是一种"学费"。

上海需要水,渴望上游来水,改善上海的水环境,造福于城乡人民;上海又怕水,担心汛期上游洪水下泄,危及上海城。

矛盾吗?实在是无可奈何:城市防汛能力低。孰利?孰弊?新中国成立40多年上海接纳上游来水的准则,历来以确保上海城市的安危计。这是中国最大的城市,黄金三角洲的宝中之宝。

为使城乡免遭洪涝之灾,近年来,上海的防汛设施日趋完善。城市排水功能的强化,黄浦江防洪墙工程的完工,上海不再矛盾。开通太浦河,能让太湖五分之二的洪水安然宣泄。

黄浦江的儿女,将用自己的胸脯,挡住滔滔洪水。

太浦河,是太湖流域综合治理10项骨干工程中的"头号工程"。其工程量之大,涉及面之广,耗资之巨,工期之紧,在上海水利史上前所未有。

90年代,太浦河这国家级的河道怎样开?这对上海是一个考验。

10月31日,一个细雨蒙蒙的清晨。上海市委书记吴邦国、市长黄菊、上海

警备区司令员徐文义等党政军领导,乘坐公安交通艇,由钱盛荡向西沿老太浦河,实地察看水利工程地形、水情。指指点点,思绪万千……

明万历年间,应天十府巡抚海瑞,以工代赈,征集民工,展开了对太湖东排重要通道——吴淞江的治理。百姓愈发敬重这位为民作主的"父母官"。

清道光年间,江苏巡抚林则徐对吴淞江"裁弯取直",予以治理。其意义不下虎门禁烟。

一个美好的民间传说,更是令人感慨。远古时,太湖至东海没有一条通道可泄水,流域之地到处受淹。一位神仙牵一头仙牛,扛一张宝犁,从东海滩犁向太湖。犁过之地成黄浦江,神鞭甩过的南北两边出现条条河道支流。犁到当今松江与青浦交界之地,仙牛累倒了。无奈,神仙伸张五指,由东向西在地一铲,形成了斜塘、泖河……

今冬明春需打通的太浦河,即是传说中仙牛也犁不动的低洼沼泽之地。自我们的祖先起,老百姓世世代代梦寐以求:何日,浩淼太湖水,源源向东流;黄浦江至太湖,千帆竞发,百舸争流。

金秋。松江县红楼宾馆地下室。

上海,这个向以工业、商业称雄全国,名闻世界的大都市,此时,"兴修水利,人人有责,造福当代,惠及子孙",成为"主旋律"。

"太湖流域水系与地形图""上海太浦河水利工程地形图",分列于上海"太浦河水利工程动员大会"前排两侧。倪天增副市长,这位上海防汛的"总管",此刻,面对上百各区县以上的决策者、指挥者,滔滔不绝……

从人口、经济、环境协调发展的高度,充分认识水利建设的重大意义;顾全大局,肩负起历史的重任,作出上海人民应有的贡献;城乡一体,军民团结,共同治水;有钱出钱,有物出物,有力出力;体现上海水平,创造上海速度!

市长黄菊作报告。市委书记吴邦国作动员。太浦河水利工程需要搞"大会战"。

市长任组长,市委一名副书记、两名副市长任副组长,市府九个大口的委办负责人为成员。"上海市太湖治理领导小组"宣告成立。

一个河道工程,组成如此阵容,是空前的。

太浦河:城乡一体、人机结合,立体作战,前所未有

这是一个气度恢弘的治水方略。

经过了7月水患的人们,翘首期待着这一战略目标的实现,也翘首期待着进军太浦河的号角。

然而,殷切的愿望,并不等于架通了跨向彼岸的桥梁。整个工程建设,面临着这样的现实:

时间紧——第一期工程必须在明年5月底(即汛期前)完成,前后只有半年。

任务重——为保证太湖汛期每秒泄洪300立方米,开挖到吴淞标高负1米的土方工程量,高达1 051万立方米。

标准高——新筑的太浦河大堤,要经受得住"百年一遇"洪潮的袭击。

显而易见,此役之战,需要一个翔实、周密、完善的实施方案。

历史已到了20世纪90年代。随着80年代乡镇企业的崛起,农村的青壮劳力大量转移,务农者大都是"3861"部队。务工农民很少经受强体力劳动的锤炼,原本是"小皇帝"的少数人,更是"肩不能扛,手不能提"。挖泥开河本是农家寻常事,如今能够胜任者,为数寥寥。

太浦河面宽200米,底深吴淞标高负5米。有人细算过:开河担泥者一个来回,就得走500米,爬8层楼。一天几十个来回,就是空身走,也够你受哇!

开挖这条上海地区有史以来最大的人工河,两种方法摆在决策者的面前:一种构想,"10万人上塘,人工挖河493万土方";另一种,"人机结合,以机为主"。

按照第一种构想,有9公里须将老河道打坝抽水再挖河筑堤,这在施工技术上没有问题,组织10万治水大军也不难。难的是老河道淤泥厚达1米多,人工和机械清淤都不易。更有甚者,工地沿线只有18个村子,拼尽全力也只能解决3万余人的住宿,其余6万余人的吃喝拉屎睡觉无法解决。

传统的样式,无法也不可能照搬套用。

90年代的上海,必须在老路上创出新路:

"筑堤,人机结合;挖河,以机为主。"

开挖太浦河,总工程量2 400万土方。人工筑堤、围堰230多万土方,机械挖河十占其九,高达2 150万土方。

"城乡一体,共同治水,人机结合,以机为主",这一治水方略,既符合上海实情,又体现上海水平。

有例为证:实地试挖获得的数据显示,一艘每小时能挖200立方米的挖泥船,一天的工作量,相当于3 000多个劳动力。按工程所需,近30艘挖泥船12月底全部到位后,其工效抵得上10万人马。

"人机结合"的演绎是:

160多万土方的筑堤任务，40%将由市经委、建委、交通办和市直机关系统的工人和干部承担。他们虽然是"工干农"的水利新兵，却不乏机械施工的行家里手。压到市郊各县（区）的分量相应减轻。

"以机为主"的内涵是：

1750万土方的河道开挖，450万土方穿荡河堤的填土修筑，将全部由挖泥船完成。按照工程要求，上海内河航道疏浚公司的10艘挖泥船，河南省水利厅5艘挖泥船，水利部第13工程局的12艘挖泥船，陆续从各地向太浦河进发。10月18日，上海内河航道疏浚公司第五船队的3艘抓斗式小型挖泥船率先抵达，拓宽河道，为大型挖泥船进场开挖"开路"。12月底，27艘挖泥船全部到位。

人机结合，构筑大堤，显示了城乡一体、共同治水这一上海兴修水利、开挖太浦河的特点。

11月下旬起，市经委、市建委、市交通办分指挥部三支"机械化部队"的200多台942型挖掘机、D-5型国内最大马力的湿地推土机以及15吨的自卸式载重卡车，从宝钢、杨浦大桥、外高桥码头、金山石化总厂、秦山核电站等工地出发，星夜兼程，相继出现在沪青平公路、朱枫公路和沿河的机耕道口。它们的目标：太浦河……

历史将永远记住这一天——

公元1991年11月5日。

青浦县练塘镇北王浜村。上午7时许，三辆草绿色解放牌大卡车出现在村头鱼塘，70多名身着"迷彩服"的"南京路上好八连"官兵进入阵地，下塘舀水清淤，铲土运泥修堤……

太浦河工程拉开了序幕。

有人说："上海人开河，靠的是装备精良，条件优裕。"是的！那散落在稻茬田里的一幢幢"工地别墅"，锚泊在河湾里的一座座"水上营寨"，那披星戴月、肩挑人扛的火热场面，同样耐人寻味……

十多年来成果辉煌的"农村家庭联产承包责任制"在太浦河工地上被成功地借用。

筑堤围堰，土方包干；大堤两侧，绿化包干；工程质量，包干到家……"谁家的孩子谁家抱！"市太浦河工程总指挥部指挥长黄富荣如是说。

12月7日，金山县承包的1.7公里大堤完工；

12月15日，市建委系统宝钢五冶、十三冶、宝冶承担土方机械化施工的大堤完工；

12月底，太浦河工程第一战役（筑堤）将全线竣工。在人们的面前，太浦河南北沿岸已崛起两条吴淞标高5.5米、底宽28米、长15.24公里的巍巍"长龙"。

12月22日,《人民日报》盛赞"太浦河工程上海段质量一流"。

明年6月,汛期来临之际,浩浩太湖水将沿着太浦河奔黄浦、入东海,一路潇洒……

本文原载1991年12月27日《解放日报》第07版"专稿特稿"

(两位作者均为原铁道兵第10师47团报道组成员,《解放日报》资深记者、编辑)

县委书记有块"自留地"

朱桂林

芒种时节农家忙。

在奉贤县江海乡江海村14组的田头,县委书记冯国勤这几天也在他的"自留地"里忙碌。割麦那天,他奔来赶去,不时从联合收割机上卸下一袋袋逸出熟香的麦子,汗透衣衫也顾不得擦一擦。

"真是县委书记的自留地?"

"一点不假。"

家住市区的冯国勤,是在去年秋播前破例争取到这块"自留地"的。田虽只有1.5亩,但他十分珍视,从选什么种子、怎样播,到全年的作物茬口安排,他从不轻率对待。麦子下田那天,老冯一清早就下

田,又是削泥整畦,又是清理水沟,整整忙了一天。不久,首次采用新条播法播下的条播麦苗有"断垄",他又来逐行逐棵移苗补缺。腊里拍麦防冻那天,正巧已调市农委工作的前任书记姜燮富到来,两人都说不能"缺勤",公事便在田里谈。

原本承包经营这块田的老农张小春,面对这位干活诚心的"客籍"劳力,几次动情地说:"你工作忙,田里有些活就不用费心了。""没关系,有时实在分不开身,我会雇工帮忙的。"近年农民为求省工,追施腊肥大多用化肥,老冯则不然:"施有机肥好,既可肥田又能防冻哩!"那天他临时有事,就约请县委办公室的两位帮忙,再三叮嘱要把鸡粪撒匀。植保工作技术性强,老冯就屡屡向农业局的一位农艺师请教。冬去春来,"自留地"里的麦子长得油绿茁壮,惹人喜爱。村里乡亲和路人经过,都会由衷赞叹:"田种得这么好,真难得!"

眨眼七个月过去,老冯与"自留地"的情谊日益深厚。有活儿时他来干,没活儿时,每月里也要到田头看上几回。县委书记和庄稼人之间,因此生出了说不尽的话头。工间休息,周围农民就会集拢来,或是蹲在田头,或在农家堂屋,从播种机的改进谈到机耕难,谈到卖粮难,谈到农业规模经营的远景,无拘无束,聊个

不停。

种田人谁不希冀收获？6月初,"自留地"的麦子登场,亩收超过300公斤,老冯不乏喜悦。然而,他所希冀的收获,何止于此。去岁秋粮登场,老冯从与农民的聊天中,强烈感受到卖粮难让农民愁满心田,就立即与有关部门的同志共商对策,多方筹集资金,挖潜扩大仓容,全县顺当收下了比上年猛增一倍多的秋粮,而且不打一张白条。今年"三夏"大忙,由于县里及早采取了加强调度、停止运输、添置机械等措施,各乡农户不再为机耕难愁心。

县委书记做出榜样,现在这里县级和各乡、镇的党政领导人都有了这样一块"自留地"。

本文原载1990年6月4日《解放日报》头版头条

(作者为原铁道兵第10师47团报道组成员,《解放日报》资深记者、编辑)

直挂云帆济沧海

——随交通部贝汉廷、杨怀远先进事迹报告团采访杂记

韩耀先

兵马未动,粮草先行

以前我虽然读过上海远洋公司船长贝汉廷的报告文学,听过上海海运局客轮服务员杨怀远的报告,看过两位先进人物的展览,对他们的先进事迹有所了解,但那只是作为一个普通的读者对先进人物的学习。这次要随团进行两位先进人物的报道,仅有这些是远远不够的,不但要对他们的先进事迹、先进思想有更加深入细致、全面广泛的认识和了解,还应当对报纸已经做过的报道心中有数,这样,在以后的报道中才能有的放矢。所以,离京的前几天我抓紧时间再次认真学习了贝汉廷、杨怀远的先进事迹,同时认真翻阅了本报及其他报纸对两位人物的报道,尽可能广泛地多收集掌握一些有关材料。这样看起来好像是多出了些力,但在我随团采访的整个过程当中却起到了很大作用,对应当抓些什么题目、突出哪些重点比较明确,采写稿件时心里比较有底,避免了重复报道,减少了无效劳动。

捡到篮里都是菜

到了上海,因等授奖、命名大会的举行,报告团不能出发。出于记者的职业习惯,我在准备大会报道的同时,又到上海市交办和上海海洋局等单位采访,看有没有可报道的新闻线索。虽然我此行的主要任务是报道两位先进人物的报告活动,但咱们搞新闻的有句行话叫"捡到篮里都是菜",要努力开阔视野,把捕捉新闻的大网尽量张大,只要具有新闻价值,就不要管他是不是在既定的任务范围

之内，一经发现就要深入采访。我这次在上海虽然没有抓到有分量的"活鱼"，却也捡到几个"小虾"。其中上海海运局领导干部带头学习杨怀远一稿，就被发在《中国交通报》头版头条，并且配发了评论员文章。

广州买了个傻瓜

我这次随报告团采访是单枪匹马，一开始就感到势单力薄，特别是到了广州以后，看到地方报纸的同行既有文字记者又有摄影记者，许多好镜头都被他们轻而易举地抢了去，心里真是既羡慕又着急。听着"咔嚓咔嚓"的快门声，看着一个个生动的场面摄入他们的镜头，我心里直念叨：我们报社要能来一个摄影记者该多好啊。但自己心里清楚，这是不可能的。我转而又想：没有摄影记者，有台照相机也行啊。但我们文字记者没配发相机，怎么办？买！对，买一个，自个儿报销，先做公用。事不宜迟，我当机立断，请广州海运局的叶植辉帮忙，花168元钱买了一台"傻瓜"相机。之所以买"傻瓜"，一则是自己身上带的钱不多，再则是自己的摄影技术不怎么样。还别小看这个"傻瓜"，关键时刻还真顶用，一路上我用它拍摄了不少自己认为还可以的镜头。不管怎么说，总没有那种"肥水流入别人田"的遗憾之情了。

花开万朵摘一枝

两位先进人物的报告在广大群众中引起了强烈的反响，所到之处普遍掀起了"效贝汉廷鞠躬尽瘁为航运事业而献身、学杨怀远扁担精神为人民服务到白头"的热潮，光拜杨怀远为师傅的一路就有好多个。怎样反映这一可喜的景象呢？总不能杨怀远收一个徒弟就发一条消息吧。"浓绿万枝红一点，动人春色不须多"，我决定找一个有特点有影响有说服力的典型作代表，使读者从一滴水中见太阳。在武汉港，我碰到了这样一位代表人物——熊世祥。这个人物很有特点，是一个闻名全国的新闻人物。在给长航港务局的那场报告会上，我在一千多名听众中找到了他。我原来只是想请他谈谈听了报告的感想，没料到他在谈话当中说还要拜杨怀远为师傅。这下我可抱了个"金娃娃"。他有着别人无法比的特殊优势：一是全国闻名，二是因为骂市长（武汉市长吴官正）出名，三是现在已转变成为局级最佳服务员。多么有特点啊！就写他。稿子发回报社后，编辑部加了编者按发在头版显著位置,在社会上产生了较大的反响。

无心插柳柳成荫

在大连港,两位先进人物的事迹报告完后,装卸公司党委书记朱一山讲话,刚开始时我没太注意,因为每场报告会基本上都是同样的程序,领导讲话的内容也都大同小异,可是朱书记在讲话中却提出一个怎样正确对待、支持先进人物的问题,并且讲得很精彩。这一新鲜的论题一下子吸引住了我,因为报告团走过的几个地方,很多职工尤其是年轻的服务员在同杨怀远座谈时,都不约而同地提出了先进人物不好当的问题。我虽然采访了几个单位,但都拿不出理想的经验,真是"踏破铁鞋无觅处,得来全不费工夫"。会后我又做了进一步深入采访,连夜写出一篇稿子传回报社。

饭桌上也有新闻

"处处留心有新闻",这是经验之谈。这就要求我们当记者的要做生活中的有心人,时时处处留心观察周围的一切人和事,善于从日常的平凡生活中发现新闻。在烟台港,吃饭的时候,饭菜都上齐了,大家等了好大一会儿,也不见港里的领导同志来。后来服务员告诉说,他们局有一个规矩:领导不陪来客吃饭。我边吃边想,中央三令五申禁止大吃大喝,可有些单位就是不执行,仍以各种名义搞吃吃喝喝。烟台港领导带头不搞吃喝这种做法好。事儿虽然不大,但说明了烟台港领导班子从点滴做起,以实际行动端正党风,很有现实意义。于是我用一事一议的形式写了篇稿子,虽然不是"大鱼",但有一定的针对性。

用小扁担精神爬格子

"小韩啊,都11点多了,早点儿休息吧,明天还有活动呢!"每当我夜里写稿时,杨怀远总是关心地一再催促我睡觉。因为报告团的活动安排得很紧,正常情况下一般都是每天报告两场,晚上与听众进行座谈会。所以,我写稿只能利用晚上的时间,并且经常开夜车到十一二点。虽然累了点,但一想到自己能为宣传两位先进人物尽点微薄之力就不觉得累了,并且还感到非常自豪,更何况自己一开始就把这次随团采访当作学习先进人物的好机会。记者不能只做喇叭筒,光号召别人学,自己却无动于衷。要让群众接受"小扁担精神",自己首先要学习"小编担精神",用"小扁担精神"宣传"小扁担精神"。在整个随团采访过程中,我时时处处注意用贝汉廷的献身精神和杨怀远的"小扁担精神"激励自己做好整个活动的报道工作。在不到一个月的时间里,我给报社发稿二十多篇,并向所到之处的省市报纸和广播电台发稿十多篇,绝大部分都被采用。

在天津塘沽报告活动即将结束的时候,杨怀远特地送给我一张他的彩色照片,并在背面题了字:"赠给韩耀先同志。愿你做一个党和人民的好记者!"这对我是莫大的激励和鞭策。我决心更好地学习贝汉廷、杨怀远两位先进人物的先进事迹和先进思想,用"小扁担精神"踏踏实实地"爬格子",努力攀登"党和人民的好记者"高峰!

本文原载1986年第8期《中国交通报通讯》

(作者为原铁道兵第10师47团报道组成员、人民铁道报社副总编辑)

三、文艺作品

最后一次挥手

萧根胜

姜世禄是我非常敬佩的老首长之一。习作《青海长云》中没有把他写进去,是一个不小的缺憾,也是我心中难了的一桩心愿。

5月13日,到国家陶瓷协会采访结束,我联系上了姜世禄老团长,听说他在武警总医院更使我心神不安,当即改变原定的采访计划,乘上出租车急急忙忙赶到武警总医院去拜见老首长。

敲响内科楼干部一科419病房门自报姓名。门刚打开就听到熟悉的声音在叫我:

"根胜、根胜,快进来。"

进得病房,看见躺在右侧床上的老团长正在边呼我的名字边从床上折身坐起来,我急忙上前搀扶,右胳膊上部缠着动脉测压器袖带的老首长一边"不用、不用"的制止着,一边顽强地坐了起来。

两双大手紧紧地握在一起,彼此似要从双手的温度中品摸分别几十年间的风风雨雨、苦乐人生!

首长的目光似影像仪器体检一样从上到下看了我一遍又一遍,似惋惜又似关切:

"根胜,你的头发也白了。"

"首长,我今年已整整60岁,年底就要退休了。"

"当年你到组织股是多大?"

"23。"

"我1981年调出47团,这已是三十五六年了。"

"首长你的声音没变,精神面貌也没变。"

"变了,变老了。不过铁道兵那颗心没变。"

首长说话底气足、声音亮。望着他精神矍铄、满脸的坚强,我的两眼开始湿润。

经过写《青海长云》,激励我40年的铁道兵精神更似一颗钉子一样深深的钉在我心里,一想就来劲,一说就感动。首长说到"铁道兵那颗心",我的情感立马就起波澜。

两心相撞,血与血的飞溅,溅起感情的波涛;两情相悦,火与火的胶着,腾起精神的光泽。房间里顿时涌起激浪。

病房内白墙、白顶、白床、白布,下意识的目光投向首长左侧的病床。床上向外侧躺着的病人,白发稀短,一动不动。鼻腔内插有食管,没有声息,双手用布条合成的软绳绑在床两侧的扶手上。不一会右手轻轻地抖动着布绳。房间内有两位约40岁左右的女同志,似病人家属,不时的交头接耳。这时,又进来两位美女护士,走在前面的一位,脸上的微笑让人马上想到吐鲁番八月的葡萄。

"首长,这是您晚上吃的降糖药。"随即送上很精致的一个小药袋。我接过来放在首长床头的小桌上,回头再看时,两位白衣天使已带着微笑轻轻地摆着手退出了房间。

病房需要安静,况且对面病床的病人似乎病情不轻。护士的出现犹如给我打了一剂"不可高声喧哗"的预防针。我在首长身边坐下,想近距离给首长说说这些年的思念、怀想,汇报一下几十年来走过的人生旅程。

为把谈话引上正题,我恭恭敬敬地递上再版的《青海长云》。老团长双手接住,紧紧盯了我两眼,似惊诧,似惊喜,目光很快回到双手接着的书上,看了封面、扉页、目录,又在正文处很快掀了几下,好像要瞬间把书看一遍。

"老首长,我的情况在这本书中已有一些记述,看了以后请您提出宝贵意见。这本书是我任县人大主任五年临近届满、又值铁道兵改工30周年时写的。由于母亲长年卧床不起,弟弟车祸身亡,岳母不幸去世,既有公务在身,又有家事拖累。准备不足,草草成书,肯定有很多不尽如人意的地方,也会有不少没有写进去的内容。我今天来一是把书送给您,听听老首长的意见;二是想了解一下您的一些情况,特别是在青藏线的工作生活情况,为我的铁道兵系列第二本《回望高原》准备素材。其实还有第三,就是来看望分别三十多年的老首长。"

没等我说完,老团长已站了起来。

耄耋老者不能激动。我立即拉着老首长坐下。老首长没有思索来了几句:

"肖根胜!"

只这三个字,已意识到老团长的心思已回到了青藏高原,回到了47团,回到了关角隧道。喊名带姓、发誓宣言、宣布命令、表明心声的庄严称谓。

"青藏铁路是人间奇迹,是我们中国人的骄傲。能参加青藏铁路建设是一生的荣幸。关角隧道是咱47团指战员用头顶通的,是用双手扒通的,是干部战士用鲜血和生命贯通的。47团是一支英雄的部队,干部战士中的英雄事迹惊天地泣鬼神,数不胜数,俯拾皆是。作品怎么写都不过分,只有写不到的,没有写得过的。我们挑战生命极限,突破生命禁区,开凿了一条当时堪称全世界海拔最高、最长、环境最恶劣、条件最艰苦、地质最复杂的'生命隧道',我们无愧于党,无愧于祖国和人民,无愧于伟大的人民解放军,无愧于英雄的铁道兵!……你只管写,我们都会支持你,你不仅是在为远去的铁道兵写历史,更是为当代留精神。建设社会主义伟大国家,需要铁道兵精神,需要更多的正能量……"

我不住地点头,眼泪像窑温超过千度后的瓷釉,不停地滑动滴落。首长是一个非常透彻的人,他看我打开了采访本,自然把心中的万丈激情安放一处,话题转到了他和他在47团的日日夜夜……

1979年7月22日是个星期天,49团副团长姜世禄正要去食堂吃上午饭(星期天部队只有上午、下午两餐饭),突然接到师干部科通知,要他立即到徐志超政委办公室报到,没有下文,没说内容,他有点不明就里。

姜世禄团长1934年出生于山东省海阳县,1948年6月入伍就直接参加辽沈、平津和淮海三大战役,抗美援朝回国后被选派到石家庄白求恩学院学习,他是同龄人中为数不多的受过高等教育的知识型干部。"文革"开始那年到1969年底,他在铁道兵第10师秘书科当科长,由于文化功底深厚,喜欢读书,善于钻研,在师机关是出了名的大秀才,1969年底直接提拔为49团政治处主任。从成昆到襄渝,又到青藏线,一干就是七年,期间不少战友、同乡都相继提拔。1976年5月,他不明不白地被免职、审查,有人说他是站错了队,也有人说他是说错了话。最终也没有个明确结论,一休息就是两年多。这两年多,受委屈、遭白眼他都能忍受,但没有工作、不能参加火热的部队生活、不能和大家一起参加青藏线的战备施工,他心如刀绞、度日如年,甚至想到了轻生。在苦苦的煎熬中,等到了1978年全军政治工作会议召开,师党委扩大会议传达全军和铁道兵常委扩大会议精神,宣布全师开展揭批"四人帮"三个战役结束,全师没有发现与"四人帮"篡党夺权阴谋活动有牵连的人和事。9月初,他被任命为49团副团长。履职才10个月,工作刚刚熟悉,不知又是什么烦心恼人的事找上门了!

姜世禄实在不敢怠慢。他乘吉普车急急忙忙从刚察县青海湖农场团部驻地跨布哈河、翻关角山,一路狂奔,下午2点赶到师机关驻地乌兰县,径直奔向政委办公室。

"报告！"

"进来！"姜世禄应声推门进屋。

让姜世禄意想不到的是政委办公室的帆布沙发上还坐着一个人——本县老乡，他非常敬重的师长姜培敏。他一时懵住了。

给下属谈话，部队的习惯是政工干部由政委负责，军事干部由师长谈。而今天，师长、政委同在，并且师长已早早地坐等着。姜世禄当即意识到非同小可，事关重大。

不用寒暄，直奔主题。铁道兵干部的作风如他们平时陪伴的钢轨，直立顶万斤，放下心对心。

"姜世禄同志，师党委决定任命你为47团团长。这个安排是姜培敏同志力荐，多数常委支持，我当然也赞成。47团负责的关角隧道，是青藏线上的卡脖子工程，任务非常艰巨。现在虽然通车了，病害仍然十分严重，如果不尽快治理，就会影响正常通车。自从国波同志调离后，47团一直没有选配合适的团长，两年来重大事故不断，部队管理出现不少问题，天峻县几次到省里告状，让师里也很没有面子。现在决定派你到47团，希望你限期扭转局面，让师党委放心。你有没有信心？"

"有！保证三个月内有一个明显的改变。"

"不行！三个月时间太长。一个月见效，两个月改观！另外告诉你，陈运魁同志已基本确定要转业，他走后不会马上任命政委，47团的工作由你一人说了算，什么时候面貌变了，再配政委。"

"好！请政委、师长放心！"姜世禄再次站起来敬了一个礼，应该是立了一个"军令状"！

"姜师长放不放心？"政委笑着问道。

姜培敏师长力荐姜世禄，当然放心。他摆摆手让姜世禄坐下：

"明天上午我去关角（隧道），咱们一起走。"

"我现在就去天峻，明天上午在关角等你！"

军人的责任意识往往不是装在脑子里，而是像钢钉一样一下子就钉到了心坎上。一旦明确了任务绝对是箭离弦、弹出膛，分秒必争。他想一步跨过关角山，飞到天峻县。

姜世禄这一去就是两年多，严格说是两年零一个月又13天（1979年7月22日晚上到任，1981年9月3日离开）。之所以多少年后姜世禄能记得住具体天数，是因为他当时各项工作均是以天为单位计算。今天的事今天必须完成，一日完不成就得说明理由，明天再干这个事就必须是更高标准。后来他把这种思路总结为"今日事今日毕明日更好"。正是由于这种只争朝夕的干劲,两年时间还真干成了不少大事好事,取得了极为不俗的成绩,受到了上自党委首长、下至基层官兵的好评。

关角隧道病害整治是头等大事,首先要抓准、抓死、抓好。整个隧道病害长度近2 000米,重点在哪里,除黏土质页岩造成的膨胀外,人为造成的重大问题必须找出来。姜世禄动员一、二营各连排干部战士"讲实话、说实情",凡是讲出施工时违章作业可能造成隐患的部位和真相的给予奖励,知情而不说、贻误整治时机的,一经查实,严肃追究当时带班连排干部的责任。说到做到,不放空炮,不少干部战士反映了当时的真实情况,一次把所有问题全部挖清查明。姜世禄根据专家建议和所掌握的具体情况,与师团技术人员一起及时提出了病害整治方案。铁道兵第一指挥部批复后,从1980年7月10日开始,组织全团技术人员和一、二营全体官兵,对压浆、补强、换墙、换拱等任务,科学安排,精心指导,白天定时封锁,晚上突击辅助工程。1 132米重点工程提前保质保量完成,被评为全师年度质量管理样板工程。有功者必须有赏。团党委决定为工程师万有道等62人记三等功,给付开玉等14人予以嘉奖,全团第一次向7个单位发放了奖金。当年11月,铁道兵第一指挥部党委给为组织指挥病害整治工作做出突出贡献的姜世禄团长荣记三等功,首开青藏线施工中给团长记功的先例。

人的生命是天大的事。在紧张的所谓"战备施工"中,一些指挥员为赶工期,完任务,盲目指挥,一线战士"不怕苦、不怕死"违章作业,以致造成不少痛心的死亡事故。从几个数字就能看出一些问题:1975年全师施工、运输事故死亡18人,47团6人;1976年全师工程、交通事故死亡27人,47团13人;1977年全师两项合计死亡21人,47团占了8人;1978年全师施工死亡3人,全部在47团。尽管47团承担的施工任务特殊,但死亡人数绝对不能与工程艰巨程度画等号。姜世禄上任后提出"生命第一"的观点和要求,他在干部大会上明确提出,尊重战士的生命是我们各级指挥员最起码的道德。如果发生死亡事故,必须严肃追究各级主管干部的责任。追责力度与尽责任自觉成正比,责任心与工作效果往往相统一。

1979年12月20日,全团开始自上而下进行年终工作总结。当年施工死亡事故为零,这将开创47团建团以来年度施工无死亡事故的先河。全团皆大欢喜。然而,三天没过却放了个坐底炮。12月23日晚,警卫排一个姓李的战士下岗后退子弹时不慎走火,将班长祝正军击中打死。对此,姜世禄提出对战士处理可轻,对干部追责必严。最后,对管理股和警卫排三名干部每个人给了一个重处分。其中一位干部作转业处理。1980年全师施工死亡8人,汽车交通事故死亡

12人,47团施工死亡和汽车事故死亡各1人,仍是多少年来的最低。1981年全师两项事故死亡12人,姜世禄团长调走前,47团的死亡事故为零。

1981年2月15日,全国总工会、共青团中央、全国妇联等九个单位向全国发出开展文明礼貌活动的倡议。紧接着,中宣部、教育部、文化部、卫生部、公安部等发出通知支持开展这一活动。一时间,全国上下从城市到乡村、从内地到边疆、从机关到学校,迅速掀起了一场轰轰烈烈的以"五讲""四美""三热爱"(讲文明、讲礼貌、讲卫生、讲秩序、讲道德;语言美、心灵美、行为美、环境美;热爱祖国、热爱社会主义、热爱共产党)为内容的群众性文明礼貌活动,并形成了老幼皆知的"五讲四美三热爱"经典口号载入共和国史册。在祖国的青藏高原上,在巍巍的关角山下也开展着一场以"讲政治、讲纪律、讲作风,爱党、爱祖国、爱社会主义、爱人民、爱铁道兵、爱连队"为内容的"三讲六爱"活动,这个很有成效的活动在全师产生了一定影响,在铁道兵内部形成了小小的脉动。活动的倡议者就是47团团长姜世禄。

姜世禄是农民的儿子,从小形成办事讲实际的底色。当时他说,草原上的马能跑得快就有好草吃。后来听到谚语"要让马儿跑得好,就让马儿多吃草",就常常想到姜世禄团长。他到47团任职后,先把参与关角施工的八个连队看一遍,然后做了几项小小的决定:每个班增发两个保温瓶,每个连增配两个保温桶;有几个连队伙食费超支,由团军需股一次性核销,并按战士加班数量增拨加班伙食补贴。干部战士下班再晚有热水喝,连队改善生活再也没有资金困扰。

一次在食堂吃饭听军务股长无意中说到一个战士受处分的事。因这个小事姜团长给全团干部战士解决了一个大问题。

警卫排一位战士与连队一位老乡同时休假,返程到西宁后等车三天,第四天乘机关中轿车时,因车已超员,没让其上车。又等两天很狼狈地乘地方车返回时已超假三天,两人都分别受到警告处分,这位战士一气之下偷偷地抓一把青盐放入中轿车油箱。问题查清后,再次追究这位战士的纪律处分。

铁道兵以"走小路修大路"而闻名。在荒无人烟的青藏高原,干部战士出行最大的难题就是交通问题,当时有一个无奈的词叫"抓车"。不论干部或是战士,从连队到团机关办事要"抓车",从连队驻地去县城要"抓车",团机关干部去师里开会办事也要"抓车",而回家探亲往往批了假很长时间抓不到车。为解决干部战士探亲出差去西宁的交通问题,师里给各团配备了一部中型轿车,可乘载二十几个人,团里决定每周发两班。出现"蓄意报复"这种恶作剧实在是无奈也不难理解。军令如山,超假得咎。战士不能按时赶回连队咋不着急,有车坐不上咋不生气。

就在那次吃饭的饭桌上,姜世禄把主管机关事务的副参谋长叫到跟前问:

"咱们能不能再添一台大轿子车?"

"上级有规定不能购置客车、小车。"

"活人还让尿憋死!不准买,咱们可以改装。这么多修理工干什么?"

"我们自己改装的车,地方交通部门不让上路。"

"找一个他们允许的改装厂,按外修车辆解决不就得了!"

没多久,团机关又增加了一辆可乘三十多人的大客车,专发西宁,每周三趟,当我第一次休假时正好赶上新车首发。几十年没忘记这事。

有人说,领导水平的70%是应变能力、变通水平。其实姜团长的能力、水平,很大程度上就是他的注重应变、善于变通。因了变通,给部队解决了不少问题,而且合情合理、合规合法。在改变与当地政府的关系方面,基本上也是走了这条路子。

有两年,部队与天峻县的关系比较紧张。姜世禄上任的第二天下午就带领政治处的同志拜访天峻县的主要领导。他几句话就说得冰消云散:

"政府是部队的家,农牧民是我们的衣食父母。来到天峻就要先到家里报到,向父母官报到。我是新任团长,政府有什么事、有什么要求只管给我提出来,我一定会带着感恩的心来落实。今后有了事可以随时找我,我也会经常来……"

几句话没说完,县委县政府领导就高兴地站了起来,走近姜团长再次长时间地握手:

"有你这话,我们啥都认了。青藏铁路是给我们修的幸福路,我们只能全力以赴支持部队施工,创造好环境,不能添麻烦。"

当天晚上,电影队去给地方放电影,几个牧民因不能进场动手打了放电影的战士。姜团长得知此事后,当即召集几个部门的同志开会,研究影剧院的建设问题。对影剧院建设,姜世禄有他的办法:

青海是高寒区,冬天零下二十几度看露天电影,夏天晚上坐外面看电影、看节目还要穿棉大衣,遇风沙还要戴口罩。这里又没有其他文化娱乐场所,平时很少有文化娱乐活动,战士那么辛苦地施工、训练,结果看个电影都困难,都受罪,我们为什么不能建一个影剧院。部队有活动自己用,没有活动让地方用,部队移防走了交给地方,这是多好的事情!

营房部门表示,这要报批,否则,要追究责任。

姜团长有他的办法:

如果报上去不批就不上报,由你们后勤部门利用节约的物资来建。建个影剧院改善干部战士的文化生活质量,有问题我负责。

一个多月影剧院建成。从此结束了机关干部战士"顶风冒雪看电影"的历史。

姜世禄上任的第十天就是八一建军节。节前一天,他带领有关人员去政府走访座谈。这是他第二次走进县政府大院。座谈会上,主管民政教育的副县长发言时,对因校舍不足,不少部队子弟不能入学的问题,特向姜团长等部队首长表示歉意。姜团长一听觉得不对:你们不需要道歉,是我们该向当地政府作检讨。是我们几千人到天峻县后给你们造成了教育资源紧张。回团机关后他没去办公室,直接到作训股通知司政后领导和群工股、管理股、干部股、宣传、物资、财务等单位负责同志召开紧急会议。一个议题:在天峻县小学的基础上建我们自己的子弟小学!

这就是策略,这也是水平。找准名目,师出有名。"在天峻县小学的基础上建部队自己的学校"。干部满意,地方高兴,政策允许,合乎情理。至于建校的资金、物资问题,他只说了一句话:"只要你愿意干,办法自然有。我只管国庆节前去验收。"

为保护草原,姜世禄提出:今后凡是司机开车无故轧草原的一律下车,情节严重的调出汽车连。连队再挖草皮,一律追究连排干部的纪律处分。部队决定通过增收节支、勤俭节约,挤出资金和物资在部队施工车辆可能经过的地方扎筑"草库仓",为草原生态保护和牛羊饲草安全扎上了一道牢固的安全网,受到当地政府和牧民的高度赞扬。"草库仓"建设得到师里的肯定和推广,其他几个团相继学习仿效。1980年,47团被有关部门评为拥政爱民先进集体,4月21日,全师在47团召开经济核算经验交流会,推广全团"五笔账"核算到连队的增收节支经验。47团的施工管理、行政管理、精神文明建设和财务管理等工作经验相继在全师受到表彰,进行推广。这也是姜世禄团长任期两年一个月就被提拔重用的最好"脚注"。

1982年6月,中央决定成立中国人民武装警察部队。由于中央已决定撤销铁道兵建制。不愿脱掉军装的姜世禄荣幸地被调到武警纪委工作。

1985年10月,姜世禄脱掉了他视若生命的绿军装,退出领导职位以后,他全身心研习书法艺术并给自己精心取了"心月""金海"笔名,遍临汉隶、篆、楷、行、草、魏诸体,他食古而化,博采众长,几年后即形成了"字中有画、画中见字、俊俏秀润、自然流畅"的独特风格,相继担任中国书法家协会常务理事、名誉主席等职,他的作品先后参加"中国人民解放军建军75周年""纪念毛泽东同志诞辰110周年""纪念世界反法西斯战争胜利及中国抗日战争胜利60周年"等全国性书画大展,并多次举办个展联展,一百多幅作品在海内外报刊上发表,被国家和军队有关部门收藏。成为军内很有特色和有影响的书画家之一。1990年被武警部队评为优秀老干部。

老首长饱含深情，侃侃而谈，一个多小时很快过去了。担心老人家长时间的激情奔放对身体有影响，有意岔开话题，缓释一下他的亢奋情绪。

"您身体情况怎样？"我问。

"老年人有的病，我都有。"一句很沉重的话他说得很轻松。

"高血压、冠心病、糖尿病，"说着他伸出带着滞留针的左胳膊。

这时，我的担心更多了，立即起身去为首长端水，桌子上没有水，转脸看了一下坐在左边病人床头的女同志，没等我开口，她笑盈盈地说：

"要喝水他就说了，我给他备的有。"

原来以为房间内的两位女同志是病友的家人，这时听她口气却像老首长的陪护人员。开始后悔没有问首长家里情况。

首长八十多岁，按以往的教训，对老年人不能盲目问配偶情况。配偶健在，当然会很惬意。如果已经作古，势必引起感情波动。夫人的情况不好直接问及。

"您有几个孩子？"

"两个。大的是个女儿，在美国。小的是个儿子，在经商，不大成功。"没有看出他不高兴，也没有听出他有怨意。接下来的一句话让我意想不到。他指着左边床上的病人：

"这是我爱人，病瘫十年了。"仍然语焉不惊。

首长不惊，我心里猛的惊了一下。啊！原以为床上这位重病老人是个男的，原来是老团长的夫人，我怎么这么粗心愚钝，事先咋没有问一下。说了这么长时间话，竟没有到首长夫人跟前看一眼！

我急忙走到除两只手间隔一段时间能轻微动一下，从其他外观基本上看不到生命体征的首长夫人面前。刚才说话的那位女士介绍：心跳呼吸基本正常，大脑时迷时醒，语言功能丧失，平常可以吃一点点流食，进食靠胃管输送，双手可以抖动，大小便失禁，下肢全瘫……

姜团长的夫人，罗新华，安徽人，老红军后代，比团长小4岁，1959年考入北京大学，毕业后分配在公安部，后到武警消防局升至正团级，授上校衔，1988年退职，1989年患脑溢血卧床至今。平时在家康复治疗，近日病情严重入住武警总医院。姜团长在此一边陪护夫人，一边做住院体检。一同在此陪护夫人和平时帮助打理家务的是这两位聘用了十年的女工。姜团长说，她俩比我亲女儿还亲。其实不论怎么亲也不会比亲女儿亲，只是女儿远在大洋彼岸，再亲犹如无。这时我心里再次萌生了"儿女远行"的抱怨。

我欲上前试着给夫人问句话,却听到老首长开腔了:

"根胜,我结婚这 60 多年,前 30 年是夫人为我奉献,中间十几年过得勉强像个家,这十来年专职陪伴着爱人,我希望上天再给我 20 年阳寿,能够陪着夫人共度百年人生!"

我上前再次握住老首长的手,我本想向老团长恭恭敬敬地行一个三十多年没再行过的军礼,手却被首长紧紧地握着:

"我们当过铁道兵的人,没有什么克服不了的困难,也没有什么攻不克的难关。只要我们人在,铁道兵精神就在,人间奇迹就能创造出来!"

"对!对!太对了!"我们握着手,我不住地点着头,嘴里称着赞,眼里噙着泪!而此时,泪突然没有了,应该是老团长的坚强和热烈把我软弱、动容的泪水给震住了、烘干了。

"团长!我抽空还会来看您,请您多保重!"

我说着就要起身,团长看时间不早也没再挽留。

"根胜,见了 47 团的同志代我问好!请大家不要忘了关角山,不要忘了 47 团!"

团长右手拉着我走到门外,我用了很大的劲按住老团长不再往前走。他站住了,站得很直,而且与我再次紧紧地握手后,举起右手向我不停地挥手。

(作者为原铁道兵第 10 师 47 团组织股干事、河南省峡县人大常委会主任,著有长篇小说《青海长云》)

揽住昨天的荣光
——寄语上海籍铁道兵战友

朱桂林

牛年的春天,已经降临。
岁月的长鞭,催促我们前行。
四十年光阴转眼过去,
回首往事我们顿时年轻。
一支深情豪迈的军歌,
又在我们心中轻唱低吟。

背上了那个行装,扛起那个枪,
雄壮的那个队伍浩浩荡荡。
同志呀,你要问我们到哪里去呀,
我们要到祖国最需要的地方。
离别了天山千里雪,
但见那东海呀万顷浪。
才听塞外牛羊叫,
又闻那个江南稻花儿香。
同志们哪迈开大步呀,向前走啊,
铁道兵战士志在四方。
……

  这是一段值得自豪的风光岁月:我们是声名显赫的铁道兵,我们是祖国人民赞誉的最豪迈的人。

  40年前的今天,我们年方弱冠,雄姿英发,气宇轩昂,谈笑风生。我们告别家乡,告别亲人,穿起绿军装,戴上红帽徽、红领章,成为一名铁道兵战士,潇洒英俊。想当年,我们一手拿枪,一手拿锤,既是祖国的保卫者,又是祖国的建设者,在人烟稀少的崇山峻岭间,逢山开路,遇水架桥。于是乎,祖国的版图上增添起几条非同凡响的钢铁大动脉。在军营的那些日子里,我们和我们的数十万战友,在地质恶劣的川康高原、一个外国人认为难以修路的地方,安营扎寨,迎难而上,修起成昆铁路;在地无一方平的秦巴山中,军民一体,陈兵百万,修起襄渝铁路;在横跨塞内塞外的北疆,铁锤扫雪,钢钎凿冰,修起沙通铁路;更在那人称世界屋脊的青藏高原上,纵横驰骋,笑傲江湖,修起震撼世界的人间天路——青藏铁路。这,犹如一座座历史的丰碑,铭刻着我们以及全国各地战友们的一份奉献,一份对祖国、对人民的忠孝之心。

想当年,我们用青春、用热血为祖国架桥铺路,谁也不在乎吃了多少苦、流了多少汗,许多战友甚至献出了年轻的生命。烈士的英灵,至今长眠于战斗过的一座座丰碑旁,还在守护着钢铁大动脉的安全运行。

人生似梦,有梦会圆,圆了就美。

岁月如歌,是歌就唱,唱响就真。

古往今来,历史无法把每一个人的名字记下;悠悠世界,自然也无法按每一个人的功过改变人生法则。宋代有位大文豪说得好,"人有悲欢离合,月有阴晴圆缺,此事古难全。"

战友啊,人生毋庸比较,只要我们奋斗过,努力过,圆过自己的梦,唱出自己的歌,此生就是精彩的、美丽的,无论事业有成者,还是平平凡凡者,此生就没虚度,不无辉煌。

回首往事,揽住昨天的荣光,留给子孙,便是一笔无量的财富;激励自己,继续走稳人生的每一步,让《铁道兵之歌》的优美旋律相伴我们一生。

2009年3月8日为奉贤600健儿入伍40周年纪念聚会而作

(作者为原铁道兵第10师47团报道组成员,《解放日报》资深记者、编辑)

醉翁亭遐思

朱桂林

皖东古城滁州，有山名"琅琊"，有亭名"醉翁"。亭缘山立，山缘亭名，盛名久矣。

宋代滁州太守欧阳修，胸怀济世经略，居庙堂之高忧其民，处江湖之野忧其君，无奈仕途坎坷，无以兴邦、安君、乐民，遂乃自号"醉翁"，钟情山水，醉看人生；筑亭作文，抒发理想。往事越千年，太守之潇洒爱恨，长存于琅琊山水之间，成就一方文脉，千古胜境。

辛卯仲秋，沪上退休记者一行七人，慕名朝圣。太守之名篇，与民同乐之情跃然文字；东坡之墨宝，刚劲灵动之韵入石三分。揽胜冶情，更思国事民生，慨叹今日之醉翁何在。放眼琅琊，但见大木千章，葱笼回合，竞逐风流。

观古品今，欲说还休！

客栈小憩。翻阅滁州报章，一则新闻跃入眼帘。其文不长，概述于下："来安城市花园"，上海企业"新亿阳房产"高起点、高品位开发；小区20万平米住宅，借脑上海现代设计集团规划设计，整体布局合理，理念先进；住宅容积率1.5，绿化占地逾四成，内挖河道，四置景点；门庭、会所、菜场、幼儿园一应俱全；时尚、舒适、自然、健康元素突显；更兼精打细算，售价求低，让利经营；于是乎，来安百姓乃至四方来客竞相购置，竟至购者一房难求，竟成滁州一道胜景。阅罢怦然心动："新亿阳"老总王公德龙者，何等人也，抑或今日之醉翁哉？

来安属滁州，东出州城三十里。次日，余等俏然徜徉于"来安城市花园"。所见者房舍靓丽，疏落有致；树木成荫，新篁叠翠；小桥玲珑，碧波娇俏；曲径通幽，奇石生辉。朝霞里，鸟鸣悦耳，花香沁心，居民轻歌曼舞于广场，幼童书声琅琅于学堂，俨然一方世外桃源。此处冠名城市花园，名至实归。无怪乎居民献言：上海新沪商，端的不一样！

"新亿阳"老总一见如故,尽倾肺腑:其做房产,先必问计于民,掌握需求;次必问道于贤,借鉴先进;又必问事于心,致力双赢。在来安、在许昌、在房山、在平湖,每每如此。因之起步虽晚,拓展不慢,品牌渐响。其平生敬崇为官之勤者、廉者,为商之智者、仁者,故倾心而为之。"新亿阳"之名,盖乃砌得广厦千万间,让天下寒士各各居有其所,共同沐浴中华盛世之阳光,乐尽一己之力而已!

醉翁亭畔,"让泉"流淌,荡涤千年之尘埃;"二贤堂"前,拜者虔诚,承袭华夏之良风。吾辈庆幸生于今世,得见当年太守之理想,正徐次付诸于世也!

(作者为原铁道兵第 10 师 47 团报道组成员,《解放日报》资深记者、编辑)

我爱我这张长脸

胡可荣

爱美之心,人皆有之。女人且不说,男人也一样,就连刚刚懂事的娃娃都喜欢大人说他长得漂亮。漂亮不漂亮主要看脸蛋。因为所有的美人照、结婚照、证件照之类的相片都是以照脸部为主的。从没有把腿或屁股像作为结婚照或证件照的。所以,每一个人都希望自己能长一副好脸蛋,我也如此。

可惜这由不得自己,是爸妈给的,正如"龙生龙,凤生凤,老鼠生的会打洞"的道理一样。我虽然五官不缺,也不偏斜,但脸型太长,比例失调,一点不好看。

脸蛋长得好不好,对一个人的影响是很大的。小时候,我对这个问题没有认识,随着年龄增长,逐渐有体会。每当想起此事就有自卑感,甚至想埋怨自己的父母为什么没有给我一副好脸蛋。可是,话又说回来,这有点太冤枉人了,哪有当老子的不想生个漂亮娃?我的脸庞究竟有多长,连我自己也说不清楚,大概比苏小妹的脸还要长,要叫我"泪流满面"那可不是一件容易的事。

由于自己的脸长,小时候在村里学唱戏时大人叫我装丑角,在学校尽管学习表现都不错,还一直担任班团干部,可是女孩子都不愿意和我接近,再后来连找对象都成了难题。直到当兵提干后,才凭借解放军的光荣和军官的身价,由家里包办找了个农村姑娘结了婚。

好脸蛋就是财富。年轻的男人长个小白脸,身边姑娘围一群;女子有个好脸蛋,身价成倍增。现在的"选美大赛",时装模特表演,选演员就是选美女。所以说"以貌取人"是有道理的,是唯物主义者,能"看脸色行事"者是聪明人。

为适应市场环境,迎合消费者心理需求和追求经济效益,时下,研制经销化妆品、保健品和养颜药的企业越来越多。什么"粉、露、液、膏、霜",整容手术比比皆是,而且其广告充满电视和报纸杂志。此类商品虽然价格不低,但仍然很畅销,其原因是人们都想有张好面孔,就连有些老太婆还想"青春永驻"哩!可见,脸蛋好不好,对任何人来说都是非常重要的。

学会"变脸"已经成为当今的普遍风气。看过川剧的人往往对川剧中的变脸术赞不绝口,其实现在有很多人的"变脸"已达神妙莫测、炉火纯青的地步。这些人不仅变谁像谁,变得惟妙惟肖,而且变得适时、变得迅速,成为做官升迁、经营发财的诀窍和捷径。有的人虽然自己的面孔并不好看,但因学会了"变脸",照样使自己得到了好处。而我就没有学会"变脸",常常是"老阴天",结果,总像一只无头的苍蝇,处处碰壁。

有的同事说我"固执死板,不识时务",也有好心人劝我"改一改你那牛劲儿,何苦呢?"我仿佛觉得他们说得对,可又不想改,或是禀性难移吧。

每当我遇到、听到社会上的一些怪人怪事怪现象时,无形中有种酸痛感,使我无法笑起来,只想大声怒吼几声。回头一想,又觉得可笑,你算个啥东西,用得着你说三道四吗?自己无能帮弱贫者,光学乌鸦叫有何用?无奈中又企盼若能多出几个如焦裕禄、任长霞那样的人多好啊!

变是事物发展的基本规律,是绝对的,不变是相对的。所以,要说我的脸一点儿不变是不现实的,也有变的时候。只不过变得少,变得不是时候,变得不如别人精彩绝妙罢了。例如:当听到某人资助贫困学生或农民脱贫致富的消息时,会笑容满面;看到活泼天真的孩子时,就露出慈祥的表情;帮别人干了一件事时,有喜悦的神色;遇到有损人民和集体的人和事,会怒目相向……

以脸分善恶、辨忠奸,古今如斯。无论是历史剧还是现代剧,观众从舞台人物的脸谱中就分辨出他的性别年龄、文官武将、善恶忠奸和性情关系。有一首歌词说:"蓝脸的窦尔敦盗御马,红脸的关公战长沙,黑脸的包公,白脸的曹操,一张张脸谱美佳佳。"所以说,不管舞台的岁月再延长多久,打在岳飞与秦桧、杨令公与潘仁美脸上的标志性烙印是难以改变的。

老天是公平的,他给了每一个人以不同的面孔,又让每个人的面孔不断变化,把你的所思所想、所作所为都刻画在脸上,别人通过"察言观色"就可了解到你的内心世界。一个人的年龄、性别、品行修养、情感心态,甚至阅历都能在容颜上印证出来,靠着每个人的内在积久,时时改变着与往日不同的容颜。从这个意义上讲,脸蛋的变化,是一个人综合魅力的象征和外露表现。它不是一朝一夕可以练就的,而是长期积累的结晶。即是修养好、城府深的人,也会遇事喜怒于色,不可能处处深藏不露、麻木不仁。

以脸的表情形态骂人的话也不少,比如"不要脸""贼眉鼠脸""狗眼看人低"

等等。其实怎么可能呢？只要是人，不论好看不好看都有一张脸，哪有不要脸的人？再不好看的脸，与鼠和狗的眼有着根本的区别，说穿了并不是说这个人没长脸或长着鼠眼狗眼，而是指这个人德行不好。在以前，我洗脸时连香皂都不用，更不用说什么"脂""油""膏"一类的东西，总认为是天生的难看脸，抹啥都没用，只能任其自然。因此，我很少照相或照镜子孤芳自赏。退休后闲起来了，主要精力转移到带孙子上。有一次我的鞋刷子一样硬的胡子把娃扎哭了，他不但要拔掉我的胡子，还骂我是"坏爷爷"。没办法，于是三天两头要照镜子、刮胡子。

镜子中的我已经是两鬓如霜，满脸斑痕，皱纹密布，皮肤皱裂，胡须丛生的苍老形象。岁月悠悠，人生易老，伤感之情顿生。再仔细看，我又惊喜地发现我的脸美极了，简直就如一张地图，山川河流，应有尽有。横排的额纹似刀刻的搓板一样整齐均匀；镶嵌在脸上的一对眼睛炯炯有神，既不近视，又不散光，至今看书写字不用戴花镜。鼻梁两侧左撇右捺的两条沟壑斜插腮帮子，把"峻岭""平原"和"岩洞"切割开来。那些粗细不等、大小不同、长短不齐、深浅各异的皱纹，有的如"长江""黄河"，有的似"激流""小溪"；那些大小不一、又与皱纹连接成纵横交错、起伏连绵的板块，恰似黄土高坡的"梯田"和关中平原的"丘陵"。它使我想到：这些皱纹和块块斑点，既记载着我沧桑的经历和曲折的人生，又记录着我的成功与失败和一个个动人的故事。而这些尚未形成文字的故事，是我几十年的酸甜苦辣和汗水心血编撰出来的，它像一本教科书，里面珍藏着用金子换不来的"财富"。一双深邃的眼睛，虽然有些塌陷，但眼眶内多年来"男儿有泪不轻弹"的不能流和不敢流的辛酸泪水仍然积剩着，它凝聚着我曾经有过的痛苦、磨难、教训和体会。

脸皮粗厚得简直像槐皮树，这是久经风霜的结果，它使我在困难挫折面前不灰心丧气，受到批评抱怨后照样"脸不变色心不跳"，继续干我应该干的事。

就是这张粗糙而黑不溜秋的脸，使我在人生经历中爱憎分明、坚强刚毅，保持着自己的真面目，没有做过一件亏心事，又让我懂得了自信、自强和自尊，还把我的心灵、人格、形象变美了。

总之，我的脸对得起我，我也对得起它，因为我没干过"丢脸"和"不要脸"的事。所以，我现在不但彻底改变了对自己的脸的看法，而且非常爱我这张脸。

（作者为原铁道兵第 10 师 47 团司令部政治协理员、甘肃天水地质学校测绘系党支部书记）

学兵赋

刘新中

注定,我要终生与你为伍。

你是我生命的起点,必然是我生命的终点。你这面高扬的灵魂之旗,面对无数个星飞星落、云卷云舒,总是顽强地、永不停歇地呼唤着炮火硝烟、少年豪情。

二十五载的冲刷,那种渗进骨头、溶进血液的生命体验,还是那么悲壮惨烈、荡气回肠。

今天的人们已经记不住你了,他们甚至怀疑你的存在。但苍茫的巴山作证,浩荡的汉江作证,你曾经是共和国历史上不可磨灭的一章。用血、用泪、用全部情感和生命的投入,从来,不容忽视,不容亵渎。

十六七岁被称为烂漫的芬芳的花季,但那一年的十六七岁,却是大山里的杂木林,一片一片,茁壮而坚韧,苦涩而沉重。他们搏风击雨,迎春送秋。这个郁郁葱葱的生命群体,每一株也许是纤弱的,但集合在一起却是强健的。他们以强烈的呼吸显示存在,以蓬勃向上的姿态代表精神。也有花,枝头上星星点点的小花,那是忘我的青春歌唱。

也许,这一种生命形式最具悲壮意味。正是需要读书的花季,却早早地用稚嫩的双肩为共和国分担艰辛;正是充满浪漫幻想的年龄,却早早地让沉甸甸的烟云鼓荡胸间;正是茁壮成长的日子,却不得不让饥饿一次次摄取本来就不足的身体能量;正是应该欢声笑语的时候,却要无数次面对血淋淋的死亡。

苦难是困难者的十字架,你是十字架的化身,九百多个日日夜夜,你就那么固执地厮守在那里,支撑起一角蓝天。繁重的大强度劳动,超越了人的生理极限,至今提起,仍令说者身心隐隐作痛,闻者灵魂受到震撼。几百斤的麻包水泥或者石块,压在肩上,唯一的感觉是要吐血,胸口的血要喷涌而出;湿漉漉的木头载着一个希望,在透迤的山路上总也没有尽头,一个弯过去了,又是一个弯,只待浑身的力气耗尽,西天的夕阳无情地坠落,死一样地躺在草丛里;隧道里,灰雾、烟尘和巨大的喧嚣封锁了眼睛、嘴巴、鼻孔、耳朵,那一刻,连灵魂也窒息了,只剩下双手机械地运动。

这还不算,还有思想的痛苦,思念父母,思念亲人。月黑星稀,草虫哀鸣,那种凄楚,无以用语言叙述。还有人背着"家庭问题"的重负,拼命改造,以求脱胎换骨。精神的枷锁本来就令人呼吸沉重如山,况且给予一个十六七岁的孩子。哦,那一种忍受,是怎样的摧肝断肠。还有痛失战友同学的痛苦,也许是一同玩大,也许是紧挨铺板,也许昨天还共扶一架风枪,眨眼之间,永远离别。相约同来同回,如今一抔黄土隔成阴阳两界。新坟上纸花拂动,细雨蒙蒙,如歌如泣,浸湿了头发,浸湿了衣裳,浸湿了近乎凝固的哀痛方阵。苍苍茫茫,茫茫苍苍,天地间,唯剩无言的一掬热泪。生命属于每个人只有一次,唯一的一次生命交给了需要,谁敢说,这不是世界上最大的付出。死者长眠已矣,唯生者哀痛不已,本来,他们有可能成为父亲、母亲而让热爱生活的生命一代代延续下去的。他们死了,死得坦坦荡荡,青春永远定格在18岁。呜呼,大山里的114座坟茔,生想北方,死向北方,令北方的母亲城市永远呼唤,令远离的同类永远呼唤,魂兮归来哟!

人生在世,本不是奔苦难而来,但苦难毕竟以不可抗拒之势来了,这是一种无法选择的命运。创造的辉煌,决不能淡化曾经的苦难,尽管,许多个时候,辉煌与苦难在人生词典中可以共生共济。

你的群体团队精神和凝聚力是无与伦比的,鲜血和汗水充当了黏结剂。曾记否?一位战友过生日了,全班人每人从仅有的一个馒头上掰给他一块。饥饿的日子,这不啻于世界上最豪华的生日宴;曾记否?一位战友埋在塌方里,全连同学疯似地往外扒沙土,唯恐铁的扒钩钢钎伤到他,就用手,十指鲜血淋漓,指甲盖都掉了,世俗化的社会里,很难想象他们为了什么;曾记否?一个学兵连队遭到上级斥责,全营十几个部队民工连队积极响应群起而攻之,高压之下,唯一保持沉默的,是另一个学生连队,这种勇气,来自血缘上的亲近。哦,同样的青春幻梦,离开家庭略嫌温暖的庇护,在广阔的天地里展翅翱翔;同样的冲天豪气,宏图大业,舍我其谁?同样的人生浩歌,我不下地狱,谁下地狱?同样的时候际遇,携手与共,直面现实。哦,过去是这样,今天将来也必定是这样。人类群体中,有许许多多的友谊,唯独血染的友谊最可珍贵。这种友谊在岁月的流逝里愈见其红艳。因为,岁月冲刷的只是形式,保留的是本质。

毫无疑义,你代表一种精神,在中华民族的文化中,有许多闪光的极具深刻内涵的字句,它们不是空洞的口号,而是有着实实在在内容的行为事例。比如"国家兴亡,匹夫有责",比如"不畏艰险,勇往直前",比如"大公无私",比如"舍身忘死"，等等。你延续了这些行为事例，把其中的精神演练得轰轰烈烈、石破天惊。国家需要你的时候，你义无反顾地走上了襄渝铁路建设工地。有的人甚至放弃了已经到手的城市舒服的工作,有人为表决心写下了血书,也不乏随大流趋同众人者。但不管主动还是被动,客观上你完成了一次特殊政治环境下的请缨报国壮举。"为了修通襄渝线,甘洒热血染巴山"这条当年风靡全线的口号是对你的行为最好的诠释；襄渝铁路工地上,你以能打硬仗善打恶仗而著称；鲜明显著的特点就是不怕苦不怕死。为夺进度,常常是隧道内硝烟未散,把口罩用水浸湿,就冲了进去,隧道内石质情况复杂,塌方每时每刻都可能发生,你的头顶总是高悬一把达摩克利斯剑,但你从不皱眉头、从不畏缩,每每哪里出现险情,哪里就出现你的身影；开山抡锤,扛柴打钎,备料装运,会战抢险……你干过许多种的活,每种活都和大目标相联系,每一种活都需要汗水甚至鲜血的付出。你咬着牙完成了,显现出了壮美的英雄本色。

能将生死置之度外的人,能将苦难和着泪水嚼碎咽进肚子的人,能将个人的全部托付给崇高理想的人,是具有人生大境界的人。你就是这样的人。你吃的是不足以果腹的近乎粗糙的伙食,拿的是每月说不清的是工资还是津贴的 13 元钱,贡献的却是那段在共和国历史上具有砝码作用的钢铁长廊。十六七岁正发育尚还稚嫩的身体对应冰冷的沉重的人生课题,睿智理性的历史科教书无论如何难解,一腔青春热血还是把那段岁月烧得滚烫。哦,上苍可鉴,你的感人事迹,将在巴山汉水间永存；你的动人精神,将穿越时空,成为民族精神长链中承前启后的一环。

你在苍茫的大山里驻足,给荒蛮和落后也带去了一股强劲的清新之风。这是一种不经意的珍贵馈赠。你的谈吐,你的衣饰,你的作派,无疑具有城市文明的基因。傍晚,公路的溜达,帐篷或者石板房铁瓦房里传出的略带忧伤的歌声、口琴声；工歇之余,汉江里的嬉水,满山漫坡三个一群五个一伙青春的欢笑；床头上的几本书,罐头瓶里的一束野花……点点滴滴于大山来讲,都是新奇的具有革命意味的。"无心插柳柳成荫",你的使命是修路,路修成了,你收获了大山一样厚重的人生。给予大山的,除了火车永久的鸣叫,还有这永久的现代文明的震荡。你的付出真正的是毫无保留。这后一种甚至能够成为大山命运转折的契机。

你离开了大山,根,却深深扎在那里。隧道桥梁是你魂牵梦绕的青春,长眠在那里的战友是你刻骨铭心的记忆,汉江水摇荡你从此的生活之船。是自恋情结吗？不！面对社会与历史的质询,你心地坦然,不无骄傲。你曾经诅咒过苦难,但并不反反复复地倾诉和宣泄,其实,这是对命运深邃和智慧的理解；你也喊叫过"青春无悔",这是发自内心的真实宣言,只有对社会人生有过真正贡献的人才具有这般自信和雍容大度。屠格涅夫有过让人心烫的话:"即使把我在水里洗七遍,也洗不去我的俄罗斯本质。"你何尝不是这样,历经年轮风雨,而不改其本来容貌。你对生活的豁达,对苦与难的理解,你的进取精神和环境适应能力,无不证明着自己。你不光是历史曾经的辉煌,更重要的是历史永久的印记,源自巴山汉水,盖满三秦大地,在飞速流逝的时光中,显现出独特的人格魅力。

哦,岁月悠悠,日月不倦,每一天都是前一页的继续。从有了你的那一天开始,我注定终生与你为伍,二万五千个鲜活的生命将与头顶灿烂的繁星同在。今生今世,地老天荒,你这溢满江河般蓬勃活力的名字哟!你这永不暗淡的人生光辉——学兵。

学兵啊!

(作者为原铁道兵第10师47团配属施工78连学生兵,陕西省艺术馆研究员、作家,著有长篇小说《绿太阳》等)

碑殇

刘新中

一

过去，人死了，不管穷富，不管死者渺小或者伟大，总要立块碑，简单一点的写死者的姓名及生卒年月、籍贯等，复杂一点的还有生平事迹、甚至墓志铭……

碑是供活人悼念的，主要是寄托哀思；另外，还有一种碑，为一个群体或某个重大事件而立，那就不仅仅是悼念了，还有汲取精神、继承事业的意义在里面。

中国960万平方公里的土地上，矗立着大大小小无数块碑。

活到这把年龄，对死已经参得透了，当然也包括人身后的那块碑。

人活着，知冷知热，懂爱懂恨，人死之后，化为尘埃，碑不碑的其实是无所谓的。一般来讲，碑对死者无用，对生者有用；对当事者无用，对后来者有用。从这个意义上讲，立碑是重要的，是有必要的。但社会生活的诡异之处太多，有时候，该有的碑没有,不该有的却有了;有时候,树了碑,后来又砸了碑;或者前面没有碑,后来又补了碑。

世界上这种事例比比皆是。

最伟大的碑,当在人的心里。刚刚过去的端午节,为纪念伟大的爱国主义诗人屈原而设,这是一块矗立于天地之间的大碑。

话题从这里切入,自然说的是和碑有关的事情。想表述的是这样一个概念:在大是大非上,岁月不能缺位,事实需要尊重。如果真正地为这个国家、为这个民族创造过一些业绩,还是应该为之立传树碑的。由于某种原因,得不到应有的评判,历史难免会时不时有些耿耿于怀。

许多年了,我的心里总是横亘着一块碑。

二

前不久,一代文坛巨匠陈忠实先生病逝,人们哀悼的同时,普遍为他只活了74岁而感到惋惜。因为,按现在社会的医疗健康条件和死亡标准,他走得似乎早了些。我30多前就认识陈忠实,并有交集,私下为他哀伤的同时,庆幸他不管怎么说还算有了一本如他所言可以当枕头的书——《白鹿原》;包括20多年前去世的路遥,走时才43岁,虽然年轻,但那时的路遥名满天下,已经有《人生》和《平凡的世界》为他证明了。

他们活得精彩,死得也精彩。因为,他们的死亡在全社会造成的震动以及官方的重视程度,都达到了一个作家应有的殊荣。并且,他们的创造精神和产品,并不因为他们的肉体消亡而中断,而是一直会并且被实践证明能够延续下来。

他们自己为自己树立起了一座丰碑。

当然,还有一些人,和他们走的同一条路子,20世纪八九十年代包括陈忠实、路遥在内的各类作家群体的合影中,有时可以看到他们的面孔,或神情肃穆,或笑容满面,同样的点灯熬油,起五更,睡半夜,同样的也有一些脍炙人口的作品,却没有他们那样的幸运。死者为尊,恕我不说出他们的名字。他们的目标明确而坚定,具体而清晰。对于文学的冲刺只是缺少最后登顶的旗帜。

他们没有上规模的悼念仪式,没有媒体的包围追踪甚至连篇累牍的报道,伤心或者关注的只是亲人、朋友。

他们的死,无风无雨,无褒无贬,波澜不惊。

然而,他们也有碑石。因为,他们曾经创造。

三

我常常想起一条铁路,那是我的青春和记忆;还有一群人,那是我的同类。

那是共和国一个激情燃烧的岁月,那是和平时期的战争环境。

沣峪口,急匆匆的行军队伍,汽车嘶鸣,红旗招展,越秦岭,飞巴山;

东去的列车,出潼关,拐洛阳,直奔湖北,再入陕境。

为了一个共同的实实在在的目标。

我们一块流了汗、流了血,我们有119位兄弟姐妹永远留在了那里,

他们走的时候都才十七八岁,生活之翼刚刚展开。

对于他们的死,我曾经哀伤过,因为我们同根同种;

我也曾引以为自豪过,因为,他们证明了那一代人的奉献,除了汗,除了泪,除了血,还有最可宝贵的每个人只有一次的生命。

他们是那个年代的一座青春丰碑。

四

但是,随着时间流逝,多了些困惑,多了些疑虑,多了些思索。

拨开岁月的浮云,我们看到的是一群人,中学毕业了,需要自食其力了,需要为父亲母亲排忧解难了,他们渴望有个工作。

国家建设需要铁路,战争准备需要铁路,人手不够需要这批人,这是个大背景。那个年代,最高领袖指示,解放军,铁道兵,三线建设,国家安置,无疑是头顶的太阳。

崇高的目标和个人的意愿一旦结合,就显得辉煌而绚烂,

然而,那119个同类死了,死于非命,或者疾病,或者意外,更多的是施工现场,塌方、爆破、抢险、救人、救物,他们终极的不算宏大但切切实实的生活目

标——一份工作——永远不可能达到了。

按今天的社会标准,一个工作,算什么?此处不要爷,自有要爷处,东方不亮西方亮。不要说命,即就委屈一点,也恕不奉陪。

但,那就是历史。那就是一段个人利益必须服从国家意志的历史,一段个人无法选择明天的历史,一段人们至今提起仍然毁誉混杂的历史。

如果伤痛再深挖一点,他们不唯一份工作的大目标无法实现,即就一个小小的目标,譬如吃一顿饱饭,譬如受个表彰、入个团,也无法实现,许多人是饿着肚子死的,许多人死的时候还背着沉重的家庭出身包袱。

如果伤痛再深挖一点,死者一了百了,他们的母亲失去的却是整个世界。

诺曼底登陆是第二次世界大战一次决定历史走向的战役,那次战役中,盟军共死亡了数万人。战后,为死者树了一块纪念碑,上面刻有一句震撼心灵的话:"世界在这里失去一个军人,而他的母亲在这里失去的却是整个世界。"我艰难地挪移于此,我的119位兄弟姐妹,每一个人都有母亲,都有热望他们平安归来的母亲,都有祈祷他们一生顺达的母亲呀!

这是块沉重且又悲壮的碑。

五

无论如何,当年,许多追悼会的场面是追人魂魄的,泪如雨水的场面是真实的,他们在战友的陪伴里入土,在隆隆的开山炮里安眠,头枕秦巴山,耳听汉江水,获取的称誉当可比肩春秋。

但以后,他们寂寞了,铁路修通了,修路人撤离了,他们的坟茔,有的集中归置到了一起,有的则被湮没在了荒草之中。以至于几十年后,他们的同类寻找他们时,竟费了千辛万苦之力,许多当地的老乡,都失去了应有的记忆。

当初的轰轰烈烈,犹如一颗子弹射入了天空,一声揪心的炸响,之后就永远的无声无息。

1972年,汉江洪水中为抢救隧道施工器材牺牲的0247部队学兵82连丁萍、马鸿雁追悼会上,有一副对联:"青春永将巴山照,忠魂常伴汉水流。"与此同时,0247部队团部用松柏搭了一个祭奠的门楼,也有一副对联:"青春照汉水,忠魂壮巴山。"文笔风格与立意相同,应当是出自一个人之手。我看了后,以彼时的认知,锥心刺肺的同时,确实升起一腔豪迈。多少年了,我都认为,它们是激励斗志、燃烧热血最好的对联之一。

但豪壮的一个时间段之后,再解读全部的岁月,伤情的不仅仅是冷月寒星、残坑荒草;更悲催的是这个流光溢彩的社会已经将他们遗忘了,他们的青春能够永远照耀巴山吗?他们的灵魂能够安心常伴汉水流淌吗?

问过几个人,襄渝铁路学兵连的事,他们摇头,闻所未闻。有人知道一点,也是和事实真相相距甚远。

中国襄渝铁路建设史上曾经轰轰烈烈的一件大事,当年曾经牵动陕西省几万个家庭包括亲戚师友数百万人口的一件大事,不长时间,就以一种并不轻松的方式,轻飘飘地滑入了时间的黑洞。那么迅速,那么无情。

更况且死去的人,那119名年轻的曾经鲜活的生命。

他们的碑在哪里?

六

归于岁月的疏忽吗?显然不对,因为,几十年,对于生命记忆,应该还不是太长太长,既然刀斧雕琢,理应刻骨铭心;

归于他们的渺小吗?也不对,一条铁路,哪怕是一块混凝土、一粒道渣、一根枕木,也是其中必不可少的一部分。没有了他们,这条铁路将不完整。更何况,曾几何时,他们是被誉为高大巍峨的如泰山一样重的碑石呀。

有人悲愤这个世界对他们无情,悲愤他们的不值,悲愤他们轻于鸿毛,不能说没一点道理。时过境迁,苍天喑语,因为,除了同类、亲人记忆他们,寻找他们,怀念他们,哀悼他们,有谁还会记得他们。

轰隆隆的火车驶过时,车上谈笑风生的旅客,会知道他们吗?

每一场春雨之后,都会长出一茬新的绿叶,汉江两岸大山里那些崭新的枝叶,会知道他们吗?

我们的下一代还多多少少知道一点,我们活着,我们讲给他们听,孩子们不完全理解,他们会用今天的现实去思维昨天。但聊可自慰的是,他们还知道父母当年的艰辛与不易,知道他们父母心里有一块碑石。再过50年100年,他们的孩子,他们孩子的孩子,会记得吗?会知道吗?

呜呼,一个残酷的不可更改的现实是:忠诚的灵魂曾经卷动过汉水,十七八岁的青春永远定格在了巴山。

他们的碑,被丢弃在了那个时代。

七

我们这支队伍参与修建的襄渝铁路陕西段有一百多条隧道,按平均数,每一条隧道大约就有我的一个同类死亡,还不包括几百名军人和数千名民兵。

一百多年前,美国修了一条横贯美国东西大陆的铁路:太平洋铁路,东端起点是美国奥哈马,西端起点是萨克拉门托。先后约有1万名中国劳工参与修建了这条铁路。由于恶劣的气候,由于艰苦的劳作,中国劳工大批量死亡,尸骨累累,以至于有了一句百年来广为流传的话,太平洋铁路"每根枕木下面都有一具华工的尸骨"。

台湾地区修建打通台湾中部山脉、连接东西部的重要交通线横贯公路中,动员了1万多名台湾退伍老兵,平均每公里牺牲1人还要多。

美国当年的太平洋铁路和台湾地区修建横贯公路与我们修建的襄渝铁路时代不同、背景不同,当然不能做完全比对。我这里只想说明一点的是在机械化尚未完成时,修路之难,修路之艰,修路之险。

我们那时年轻、单纯,虽不会也不能完全预料前程的艰险,但我相信25 800人的队伍,包括我的119名兄弟姐妹,奋发昂扬的青春意气背后,没有一个人是奔着重于泰山的那块碑石去的。

借用著名诗人北岛在那个年代的一首诗《宣告》中的两句:"在没有英雄的年代里,我只想当一个人。"

八

因为修过路,所以,对一切因修路而殉难的人,怀有泰山般沉甸甸的敬意,对一切与路有关的英雄事迹,都能激起我如纪念碑一样不能挪移的襄渝记忆。

曾经看过18军子弟重走父辈路的纪念活动电视专题片。1950年,为着顺利完成解放西藏的任务,二野18军进军西藏,这次进军,被称为"第二次长征"。当时的西藏是全国唯一不通公路的地区,18军脚下的路,是自己一寸一寸修通的。在那人迹罕至的亘古荒原、高寒冻土地带,18军用最原始的工具打通昆仑山、唐古拉山、二郎山等10多座高山,跨越了金沙江、澜沧江、怒江这样的天险急流。18军筑路进藏,平均1公里牺牲1个人,给养跟不上,常常饿着肚子。

当电视屏幕出现万仞绝壁上依稀可见18军将士用来攀岩凿路的铆钉和木桩时,当后来人在牺牲的战士殉难处默哀时,我正在家里吃饭,看到这一幕,想起了我们初到襄渝工地流血流泪的场景,悲从心来,不能自已,强忍夺眶而出的泪水,放下筷子,站到了阳台上。

我们人生的第一课也是如此,原始的工具,高强度的劳动,硝烟弥漫里,刻骨铭心的饥饿,无处不在的死亡威胁。

我们到工地的第一天,目睹修便道放炮,一块锐利的石头插进了一个躲炮的女民兵太阳穴上,她当即死亡。

我曾经趴在帐篷的草铺上,在笔记本里写下这么几句豪言壮语:"襄渝立大志,烈火炼真金,愿将殷殷血,浇肥万木春。"

那时,常言死亡,其实,不懂得死亡。

那个女民兵牺牲的不远处,斑驳的石壁上,有一条标语:"三线建设要抓紧。"1997年和2001年,重返故地,我曾两次在此留影。

那条标语是我们排长用白油漆写的,因在凹处,上下左右有突出的石头庇护,风吹不到,雨浇不着,故保留至今。

那天晚上,我翻腾旧物,找出那两张照片。冥冥中,犹如命运路标的指示,突然觉得,那块石壁,无论如何,就应该是一座墓碑。

九

2012年,我们单位和新疆奎屯搞文化交流活动,走天山,路过了位于天山深处217国道旁的新疆伊犁州尼勒克县的乔尔玛烈士陵园。这座陵园是为了纪念修建天山独库公路而牺牲并安葬在这里的168名解放军工程兵革命烈士而建的。这条连接南北疆的公路,横亘崇山峻岭,穿越深山峡谷,连接了众多少数民族聚居区。它的贯通,使得南北疆路程由原来的1000多公里缩短了近一半,堪称中国公路建设史上的一座丰碑。当年,为了修建这条公路,数万名官兵奋战10年,其中有168名筑路官兵献出了宝贵的生命。

我的许多同事们都看过中央电视台等媒体介绍乔尔玛烈士陵园一个老兵为守护战友的事迹,满怀崇敬,认真聆听纪念馆里讲解员叙述修路战士的当年。我则一个人走到了肃穆的墓群,在排列整齐近乎方队一样的墓碑间穿行。

墓碑上一个个名字是陌生的、遥远的,但 18 岁、19 岁的年龄却是熟悉的、亲近的。那一刻,我突然大恸,泪流满面。

我想起了我们的十八九岁,单薄的身体,稚气的面孔,太阳是金黄色的,每天从我们的头顶升起;汉江边的沙滩也是金黄色的,每天映入我们的眼帘。

它们带给我们的,除了希望,还是希望;除了灼烤,还是灼烤。

我想起了汉水那一侧静静矗立的秦岭,悠悠的白云下面,是无穷无尽的苍绿,那是生命的原色;

我曾无数次向那边眺望,盼父母亲人鸿书飞来,几句亲切的宽慰的话语,抑或实实在在的食物、衣物。

我们的连队曾经组织开展了一项政治教育活动,树立正确生死观,号召写红色家书。军代表拿来了样本,我们千篇一律照抄:"假如儿子不幸在三线牺牲了,那是为祖国建设而死,死得其所,比泰山还重。"

以十七八岁的心智去言死亡,未免有些玩笑,那是岁月的轻率。

我们以一种不经意的残酷去回应父母亲人的期盼,只可怜大山那边的父母,看到信后,本来就不轻松的心头,该是怎样的一种滋味。

背倚的巴山,也是无穷无尽的苍绿。其中一隅,曾经的 0247 部队训练队的上方 50 米处,绿色的草丛中有几丛白花,是丁萍、马鸿雁的墓地。我曾在训练队学习过,晚饭后,不止一次在绿草与白花中游弋。

退场后的某一年,我写过一首诗:"我们走了,你却留在了那里,你就在这山坡坡上发芽了,扯出长长的藤,有几次,伸进我的梦里……"

告别乔尔玛烈士陵园时,那个守陵的老兵在夕阳里向我们挥手再见,他是活着的人,他是死者的战友,他为死者活着。

那个肃穆的纪念碑陪伴着他。

那会儿,我的心如纪念碑一般冰冷而且沉重。

十

其实,碑石再巍峨、再坚固,也只为活人而看。死去的人不需要这个,死去的人只图个安心。

今日之是,明日之非,今日之非,明日之是。世界上许多事情,有时候真无法说清道明。

慕生忠将军,被人称为"青藏公路之父",曾担任第一野战军进藏后勤部队的政委,目睹当年进藏无路运输物资之艰,决心修一条路。慕生忠沐风沥血,身先士卒,百般苦难,百折不回。那一条路死了许多人,慕生忠将军也几度面临死亡威胁。如果不幸修路罹难,将军当然和他的战友与士兵一样,会被写进高大巍峨的纪念碑。但就因为他还活着,就因为将军修路得到了彭德怀元帅的支持,就因为他曾是彭德怀的部下,1959年彭德怀蒙难后,他也被打成了"右派",受尽了磨难,这时候将军如果没能熬过来,如果死了,那个岁月里必然轻如鸿毛,莫要说立碑,尸骨能否完整都是问题。但慕生忠有信仰,熬了过来,终于成就了自己,以忠勇之身,矗立起自己。

如今的青海格尔木,有慕生忠的雕像与纪念牌石。

十一

在中国铁路建设史上,就艰苦与惨烈,襄渝铁路无疑能跻身其中,它理应有一块碑,就像屹立在宝鸡市中心的宝成铁路纪念碑一样,就像屹立在西藏拉萨河畔的青藏川藏公路纪念碑一样。

那是曾经的国家战略;

那是曾经的时代重托;

那是曾经的奋斗标志。

25 800名我的同类,理应也应该有一块碑。就像屹立在黑龙江兴凯湖畔十万名转业军人及支边青年开发北大荒纪念碑一样,就像新疆石河子屯垦戍边纪念碑一样。

一群热血青年;

一个忠诚使命;

一页伟大贡献。

哦,为了忘却的纪念,为了岁月的完整。

共和国的土地上,大大小小的碑,不知有多少,上例仅仅九牛一毛,只取和襄渝铁路性质相近的以及我们的使命相近的。

一座碑,花费不过数万,抵不上某些权贵一餐饭的花销,为什么不能从指缝里露出几枚铜板来,满足一下当年的修路人一点可怜的愿望呢!

一座碑,占地不过百十平方米,陕西省二十余万平方公里的土地上,为什么不能给当年的修路人一席独立的纯粹的凭吊纪念之地呢！

十二

历史的任性，制造了许多笑话和悲剧。

多年前有一股否定三线建设的风潮，认为中国政府20世纪60年代的决策错了，襄渝铁路是大三线工程之一，当然也在批评之列，甚至有奇谈怪论，架桥挖隧道破坏了绿色的植被。

那一段时间，许多三线工厂纷纷迁往大城市，大片的厂房荒芜了，昔日的繁杂喧闹被野草和寂静代替。残垣断壁，宛若残破的墓群。姑且不论对60年代形势研判如何，仅经济发展意义，仅政治地理意义，不是越来越清楚了吗？三线建设对于大西南城市体系的再建，对于中国西部现代工业基础的奠定与发展，功不可没；攀枝花、绵阳、六盘水等一批因三线建设布局而崛起的城市，对于周边地区经济生态面貌的改善，对于文明的传播与经济的拉动，对于中国现实经济格局的铸就与贡献，它们不就是一座座丰碑吗？

如果仅仅因为交通不便或者教育、购物等生活的困难而回迁，那么，修一条路能花多少钱，办一所学校或建一座商场又能花多少钱？一个工厂的搬迁重建，连同他的员工新址的安置，比前者要多花几倍甚至是几十倍的钱。更何况一个工厂就是一座小城镇，它对周边农村的辐射、影响、带动，价值又当如何？

幸亏那股风没有继续蔓延下去，否则，我们的努力，不是付之东流了吗？

没有大三线，就没有襄渝铁路；没有襄渝铁路，就没有我们这支25 800人的队伍；没有我们这支队伍的贡献，那119名死去的同类将无以安放。

皮之不存，毛将焉附。

无论历史怎么翻腾，无论别人怎么看待，我们就是一块碑石，就是风吹不动坚如泰山的碑石。

也许，我们还应当树立这么一种理念，不必指望别人承认什么，这个世界上从来没有神仙皇帝。

我们付出了，我们无愧。

十三

如今修路，有盾构机，有预制构件，有数不清的各类机械，再言昔日修路之苦，许多人以为天方夜谭。

西安这几年修了若干条地铁，不显山，不显水，地面照样车水马龙。以可以计算的工程量，与修建襄渝铁路隧道的困难相比，似乎太简单了些，像孩子垒积木一般。

北京当年修地铁，一期工程二十多公里，还是相对容易的明挖浅埋法，铁道兵投入了一个师的兵力，耗时四年多；

我们身边的西康铁路，最长的隧道18 000多米，轻轻松松就戳通了，弹指一挥间，没有轰轰烈烈，没有人海战术。

无可置疑，时代在进步，科技在进步，修路之难，已经成为历史。

我们这一代经历的修路之殇，也已经成为历史。

死者长已矣，与碑石无关，我们叙说过去，只是为了弘扬那一代人的一种精神，那就是忠诚、勇敢、坚毅、奉献。

我们怀念死去的119名同类，只是想证明，这个世界，他们来过，他们曾经还为这个世界做过一点什么。

人生一世，草木一秋，或长或短，总归一死。人人渴望长寿，自在情理之中，但长命百岁，仍要向人世告别；至于万岁万万岁，则是一个永远也不可能实现的黄粱美梦。即就退一万步，万岁了，归途仍然是死。

君不见太白山上冰川运动时留下的遗迹已经亿万年了吗？它们见证了无数个万岁的死亡。

自然规律不可违逆，某一天，我们都会离开这个世界。我们只希望普天下众生，都平平常常来，平平常常走，做一点好事，做一生好人。

也许以后还会有战争，还需要抵御侵略；还有自然灾害，还需要冲锋在前；还会诞生一块又一块碑石，还需要后来者记住。

人从生到死就是一个生命轮回过程。

119名兄弟姐妹，殊途同归，终有一天，那支25 800人的队伍还会集结，如同秦岭巴山，我们仍是那个岁月里的一块巨大而沉重的碑石。

（作者为原铁道兵第10师47团配属施工78连学生兵，陕西省艺术馆研究员、作家，著有长篇小说《绿太阳》等）

豌豆花开

高宗魁

我的故乡在关中平原西部,一个只有四五十户人家的小村庄,傲然地独立在山与平原的接合处。村庄脚下是奔腾不息滚滚东流的渭河,村子西边有一条深沟,从山脚和土原里渗出的涓涓细流,在沟底汇成了一渠潺潺流水,常年不息。

这道沟俨然是一道天然的分水岭,把山与平原截然分开。虽然沟的西边就是大大小小的山包,但我们村庄的东边和北边却是广袤、宽阔的一马平川。这种得天独厚的自然环境,为庄稼人的繁衍生息提供了最理想的优越条件。听老辈人讲,多少年来,不管老天是否风调雨顺,我们这个小村庄一直都是五谷丰登、旱涝保收。因此,村里充满着祥和宁静的气氛。小时候的我,就是在这个温馨、舒适、自由、欢乐的环境里度过的。

在我童年的记忆里,除了小麦、玉米和油菜以外,豌豆是我印象最深的植物了。那个时候,村子里地广人稀,每年队上都要划出一大块地种豌豆,作为大牲畜来年农忙时的饲料。所以,每到阳春三月、春暖花开的季节,我们一群没人管的小不点,就会无拘无束地跑到豌豆地里,一边逮蝴蝶,一边掐豌豆尖吃。我那时只知道豌豆尖能生吃,也能当作青菜下饭吃,并没有其他的感觉。

我最喜欢的是那嫩嫩的青豆荚,吃起来甜甜的、脆脆的。但往往到了这个时候,队上就开始派人昼夜看护,以防有人偷摘嫩豆荚。我当时非常幸运,因为本家的一个堂叔,每年都会摊上看护豌豆的差使,而他又非常喜欢我。因此,他经常会在"执行"任务时"监守自盗",让我不用费力就能吃到嫩豆荚……那爽口的嫩豆荚及煮熟后散发着清香的老豆荚,一直非常清晰地留在我儿时的记忆里,以至于成年后还经常想起……

没有料到的是,在我后来刚刚走上人生旅途的时候,就经历了一段艰苦沉重、饥饿难当的日子。而也就是在这段日子里,陕南的豌豆尖和豌豆竟给我留下了终生难忘、刻骨铭心的记忆……

说起来,这是一段令人心酸难忘,同时又令人自豪、兴奋、回肠荡气的激情岁月,距今已有30多年了。

1970年8月,我们25 000多名六九届、七〇届初中毕业生,按照铁道兵部队建制,组成"三线学兵连",配合铁道兵参加襄渝铁路建设工程。这段铁路位于我省的陕南地区,当时的陕南非常贫穷落后,尤其是交通状况极端困难,许多地区甚至没有公路,几百万筑路大军的生活给养和工程机械设备,全靠汉江的水运。而为了保证工程的建设速度,生活物资经常"断顿",出现供不应求的严峻状况。所以,刚到三线时,我们碰到的第一个拦路虎就是饿肚子。

我们学兵连于1971年3月到达驻地旬阳县沙沟公社。刚到时,由于伙食没有底子,加之副食品奇缺,别说肉,连新鲜蔬菜也没有,只有我们从来没吃过的"压缩蔬菜"和粉条、海带。部队支援的几块腊肉,也是杯水车薪,没几顿就被"消灭"光了。而刚到驻地的首要任务,就是要自己动手"安营扎寨",先把住房建好。因此,每天一睁眼,就是搬石头、挖地基、扛木头、盖房子,这其中最难、最苦的要算"扛木头"了。因为当时没有路,很难使用任何交通工具,所以烧火做饭用的柴火及盖房用的木料,都得用我们的双肩,从遥远的深山里"运"出。我们一群毛孩子,谁也没有干过这样的重活,每扛一次柴,大家都累得筋疲力尽,加之肚子吃不饱,所以,没过几天个个都是无精打采、叫苦连天,一副失魂落魄的狼狈样子,随时都寻思着找东西"解决"肚子问题。

在我的记忆中,豌豆是一种没有"名分"和"身价"的极普通、极不引人注意的草本植物。虽然它的嫩尖、青豆荚及成熟后的果实,也能够作为人的食品,但在农村,好像一直是把它作为牲畜的饲料而已,就是在"三年困难"时期,也没有把它算作食品的行列。用豌豆尖充饥,是我们在一次扛柴返回途中碰到的事。当时进山扛一次柴,到底能走多少路,谁也说不清,反正基本都是天亮出发,太阳落山才能归来,真正的"早出晚归"。最难熬的当数返回的时候,肩上负重,肚子却空空如也。早晨出发时带的两个半生不熟的馒头,路上为了省事,早就"存"进了肚里,此时已是人困马乏,有气无力,只能三步一挪、五步一歇地慢慢往回赶。

途中休息时,大家喝足了小溪的水后,坐在路边聊天侃大山,什么红烧肉、羊肉泡、肉夹馍……只要是能想到的,此时都能尽情地"一饱口福",反正"画饼充饥"呗!这是我们当时"对付"肚子问题的"最佳"方式了。我爬在溪边喝了几口水后,抬起头时,猛然看见对面向阳的山坡上,生长着一片茂密的绿色植物,其间好像还有着星星点点的各色小花,"会不会是豌豆地?"我突然想起,小时候在农村掐豌豆尖,也就是这个季节。于是,我起身向前走了几步,找了一处较窄的地方,一个箭步越过小溪,忍着饥饿,慢慢地向那片绿色植物走去。

等我东倒西歪、气喘吁吁地走到跟前一看,眼前的情景真使人喜出望外,我激动得一下子扑倒在那片绿茸茸、软绵绵的绿色"地毯"上了……这真是一片豌豆地,豆苗已经起身,长势喜人,足有近一尺左右了,那茎秆肥壮嫩绿,中通外直,有一种晶莹透亮的感觉,椭圆的叶子嫩绿新鲜,尖上长着一丝细细的小蔓,枝叶间挂着一个个含苞欲放的小花蕾,有的已经绽开出了白的、粉的和紫色的小花,遗憾的是没有小豆荚。

我已经想象不出当时的激动和喜悦了,只记得手忙脚乱地掐了一支嫩嫩的豌豆尖,放进嘴里轻轻一嚼,一股清新、鲜嫩的液汁随之沁到了心间,嘴里只留下淡淡的一丝青草的气息。接着,我又掐了几支,来不及细嚼就咽到了饥肠辘辘的肚里,那鲜嫩,那清新,还有那略带草味的清香,对于饥饿中的我来说,简直就是一道无与伦比的美味菜肴。于是,我大把地攫着吃了起来。猛然间想起了我的那群战友们,赶忙转身把他们招呼了过来。于是,我们这一群又累又饿的小伙子,竟然像一只只饥不择食的野兔一样,兴高采烈地吃起了那鲜嫩的豌豆尖,于是,那像青草一样的豌豆尖就成了我们临时充饥的美味佳品。临走时还攫了几把,一路上就靠这嫩嫩的豌豆尖,轻松愉快地回到了连队。

好在当时陕南人烟稀少,无人看管;也好在豌豆这种植物当时并不值钱;还好在当时没有化肥、农药,这大山里的豌豆苗没有任何污染,真可谓冰清玉洁,一尘不染。用现在的话来说,那是绝对上等的天然绿色保健食品。而我们竟然是在肚里无食、饥肠辘辘的艰难时刻,不经意间"享受"到了这种美味……现在回想起来,假如没有当时那种饥饿、沉重、艰难、困苦的环境,我们也就不会有这样的深刻体验了。现在回想起来,真使人感慨万千……

转眼到了四五月间,豌豆苗在火热的阳光下迅速地生长、成熟,茎秆和叶也在迅速地变老、变硬,上面结出了一串串鲜嫩的嫩豆荚。不巧的是在那段日子里,我们排被抽调去担负隧道掘进任务,所以也就失去了吃嫩豆荚的机会了。等又一次去山里的时候,豌豆已经完全成熟了,剥一颗放进嘴里,是满嘴的生豆味。没有吃上嫩豆荚,使人感到了些许遗憾。

而在后来的一段日子里,还是由于食品供应问题,我们竟然连续数天,顿顿吃的都是煮豌豆。开始时,大家以为是在增加花样,改善伙食,吃着感觉挺好。但时间一长就不行了,许多人一闻到煮豌豆的那股特殊气味,就犹如吃药一样的难受,实在无法下咽,有的同学宁可饿着肚子,也不吃煮豌豆了。我却有点"幸灾乐祸",因为煮豌豆特别对我的口味,而且从来没有随心所欲地吃过,现在每顿却能够大碗大碗地想吃多少吃多少,非常令人开心,真所谓"因祸得福"——这大概也是我对那段岁月永难忘怀的根源之所在吧。

自从铁路修通、我们退场离开三线后,就再也难得有那种返璞归真、享受自然的机会了。如今生活好起来了的人们,在吃腻了白米细面、鸡鸭鱼肉这些美味佳肴以后,又把目光投向被冷落了很久的五谷杂粮和粗茶淡饭,豌豆也因此而身价剧增,从过去一钱不值的小东西,变成了很有点档次的绿色食品,堂而皇之地走上了酒席和餐桌。

每当我坐在富丽堂皇、宽敞明亮的饭店酒楼里,细细地品尝着厨师们精心制作的豌豆糊、豌豆糕等各种精美食品的时候,心中总会情不自禁地浮现出三十多年前的那段艰苦而美好的时光。当然,如今这些以豌豆为原料的食品,不但制作得精美细致,还添加了各种各样的佐料和调味品,口感极好,确实无可挑剔地能够称作美味佳肴。然而,在我的心灵深处,仍然还是忘不了当年那原始、淳朴、浪漫、自然的原汁原味,依然还保留着当年那盐水煮豌豆的醇香和来自蓝天下大山间那充满着山野气息的嫩绿的豌豆尖。我明白,这是人在饥不择食的艰难时刻所亲身经历的难以忘却的感受,而这种感受将永远地印在我的心底。

……

迎春的声声爆竹,驱走了严寒的冬季,真是"一夜春风,遍地新绿"。转眼间,就到了阳春三月、春暖花开的季节。每年的这个时节,我总要走上崖畔,尽情地沉醉在关中平原那满眼的绿色海洋中,自由舒畅地享受着春天那清新醉人的气息,任思绪自由、潇洒地飘逸。我清清楚楚地知道,脚下是一望无际绿油油的麦田,但是渐渐地,眼前的绿色会慢慢地幻化成大片嫩绿的豌豆苗,而我也仿佛又回到了三十多年前,又置身于陕南山坡上,大把地擢着那晶莹透亮、水灵鲜嫩的豌豆尖……

此刻,在陕南的山坡上、沟坎边那一片片碧绿的豌豆地里,小小的豌豆花正迎着春日的朝阳竞相盛开。放眼望去,好似点缀在绿色天幕上闪烁着奇光异彩的璀璨群星,把昔日贫穷、荒凉的穷山恶水装扮得五彩缤纷、斑斓夺目。看吧,一个生机勃勃、前程似锦的新陕南,正崛起在那绿满山、花满山的壮美春色中……

(作者为原铁道兵第10师47团配属施工学生12连文书、陕西省宝鸡铁路司机学校员工)

战友颂

远 方

一

什么是战友？
我问走向训练场的战士，
他们相视一笑，
并不开口。

什么是战友？
我问从战场凯旋归来的英雄，
他们牙关紧闭，
热泪长流。

什么是战友？
林荫道上，
我问还没当过兵的情侣，
他们继续秀着恩爱，
连连摇头。

什么是战友？
老兵相聚，
我问久别重逢的邻座，
他高高地举起酒杯，
咕噜就是一大口。

什么是战友？
我问天，
天上白云苍狗。

什么是战友？
我问地，
地上江河奔流。

我问山，
大山肩并着肩；
我问水，
大河手挽着手。

我问电光石火，
雷电轰鸣作响；
我问苍松翠柏，
松柏雪傲枝头。

二

自从有了战争，
就有了战士；
自从有了军人，
就有了战友。

多少人仰慕这种至亲关系，却不解其中缘由；
多少人赞颂这份至爱情缘，却没能把它说透。

战友是什么？
战友是朋友却高于朋友，
为朋友可以两肋插刀，
却未必能够天长地久。

战友是什么？
战友是朋友却重于朋友，
一个战壕里摸爬滚打，
同生共死把承诺坚守。

战友是什么？
战友是朋友又纯于朋友，
君子之交淡如水，
从不被世俗利益所左右。

战友是什么？
战友是朋友更胜于朋友，
朋友有亲疏远近，
战友情深从没有薄与厚。

战友不同于乡友，
乡友人不亲土亲。
战友不分五湖四海、天南地北，
只要一起当过兵，
就都情如同胞骨肉。

战友不同于学友，
学友有时会炫耀毕业后混得有更好。
战友却始终坚信，
当年当兵的日子，
就是一生最值得也最风光的时候。

战友也不同于热恋中的情人，
总想整天腻在一起，
生怕不能常相厮守。
战友朝夕相处也会分别长久，
几十年没联系却能一见如旧。

战友还不同于传说中的知己，
高山流水觅知音，
总是有些话说不够。
战友之间虽亲密无间，
却未必全靠语言来交流。

战友表达友好的方式很直接，
见面不说话，
你拍我一巴掌，
我砸你一拳头。

战友体现热情的方式很痛快，
未及打招呼，
他冲上来把我抱，
我跑过去将他搂。

战友是一种军旅中的情愫，
只有当过兵的人，
才能真正去感受。

战友也是一种解甲后的眷恋，
脱下军装的人，
也能依旧去拥有。

战友是家人，
在一个锅里吃饭碗碰碗，
在一张铺上睡觉头挨头。

战友是兄弟，
他们不存在任何血缘，
但彼此的亲情更浓稠。

战友是伙伴，

互帮互救于危难时刻，
互信互托于生死关头。

战友是同志，
凭着一样的理想和信念，
把荣誉和尊严共同铸就。

战友情难以言说，
只能用心去感受；
战友爱是肢体语言，
做到了就知有没有。

战友的关心，
不是问候，
是你读家书时，
他直往你脸上瞅。

战友的关爱，
不是作秀，
是你脱下脏衣服扔在水盆里，
他悄悄地帮你揉。

战友的关切，
不是寒暄，
是你卧床不起时，
他把病号饭端到你床头。

战友的关照，
不是交易，
是你急需用钱时他慷慨解囊，
转眼就把此事忘在脑后。

战友是训练时的红蓝军，

你进攻,我防守;
战友是火线上的突击队,
你冲锋,我殿后。

战友是当对方的炮火袭来,
你把我扑在身下;
战友是当敌人的子弹打来,
我把你挡在身后。

战友是受伤时冒死的护救,
战友是牺牲时同伴的怒吼,
战友是永别时轰然的泪奔,
战友是瞑目时最后的凝眸。

战友是金色盾牌几度风雨骤,
战友是一路驼铃热血写春秋,
战友是高山下燃烧的那些美丽花环,
战友是冰山上都它尔琴的旷世绝奏。

战友是生命之花的绽放,
战友是青春热血的涌流,
战友是血与火的永恒,
战友是生与死的不朽!

三

知道了这些,
你就会懂得,
为什么战友退伍时,
五尺男儿的眼泪会把衣襟湿透。

知道了这些,

你才会明白,
为什么战友离别时,
铁打汉子的抽泣会让肩膀颤抖。

知道了这些,
你也才会理解,
为什么战友聚会时,
先到烈士墓碑前深深三叩首。

知道了这些,
你也才能领悟,
为什么战友欢宴时,
常把斟满的酒杯高高举过头。

战友是一首歌,
我们要用心去演奏;
战友是一份爱,
我们融化在它里头。

战友是一段情,
情意绵绵永不老;
战友是一个梦,
梦回当年忆从头。

人的一生,
谁没有几个朋友?
但最铁的,
还是战友。

汗在一起洒,
血在一处流,
一同挥热泪,
一块饮美酒。

并非胞哥,
却亲如兄弟;
父母相异,
却情同骨肉。

年轻时,
我们生死相依;
年老了,
我们渴盼聚首。

战友是一颗心,
滚烫熟透;
战友是两只手,
紧紧相扣。

有了战友,
你三生有幸;
有了战友,
你四海横游。

战友重情,
此情是天地间的大爱;
战友重义,
此义是骨子里的操守。

战场上,
他能给你生命;
生命里,
他在你的心头。

在心头,
我们继续在一起战斗;
战斗中,

我们彼此永远紧握手。

现在,如果有人要问:
战友是什么、什么是战友?
你终于可以铿锵作答:
这,就是战友!

(此诗摘自网络)

献给西安聚会的一连战友

胡可荣

久别思念情难忘,四方战友聚一堂。
多年夙愿今实现,情乐心欢喜洋洋。
虽说相见难相认,义重尤胜刘关张。
握手拥抱先问好,拍肩再看体可康?
热泪盈眶忆往昔,共话当年甘苦尝。
主席教导作指航,三荣思想记心上。
为国为民修铁路,功在当今福绵长。
成昆襄渝青藏线,同洒血汗谱华章。
大渡河畔扎营寨,横断山沟摆战场。
汉江两岸修险道,秦巴山坡建营房。
逢山开路龙穿洞,遇水架桥凤舞翔。
世界屋脊抗冰雪,关角隧道抢塌方。
戈壁沙滩经风暴,草原荒丘支帐房。
宵衣旰食寻常事,高寒缺氧无阻挡。
冰山雪域献青春,人间禁区奇迹闯!
唐古藩道引彩虹,打通天路到西藏。
多少战友献生命,多少战友负了伤;
多少在岗累病故,多少带残回故乡?
几代铁兵志四方,无愧人生无愧党!
八十年代兵改工,铁兵干战脱军装。
留队还修铁路网,回乡又创新辉煌。
一颗红心向着党,光荣传统永发扬。
好职工来好党员,铁兵精神没变样。
军旅生涯路悠悠,天南地北身影留。
苦累生死无所惧,福荣名利不谋求。

常将吃亏当乐趣,多有讴歌颂风流。
韶光岁月红似火,灿烂人生几十秋。
今日战友重聚首,战地重游喜心头。
安康旬阳改旧貌,蜀河沙沟添新秀。
一草一木迎我笑,一山一水情如旧。
陵园肃穆三鞠躬,墓前敬奠一杯酒!
烈士长眠汉江吼,英雄美名巴山留!
逝者如斯魂守国,生者脸斑皱纹稠。
青山常在人易老,祝君健康多长寿!
胡诌一段顺口溜,赞歌献给诸战友。

(作者为原铁道兵第 10 师 47 团司令部政治协理员、甘肃天水地质学校测绘系党支部书记)

我是你的白衣战友

冯克宁

一

谁不珍惜生命,谁不渴望爱情
谁不疼爱父母,谁不留恋家乡
十八九岁的你、我
同一天离开父母
同一天告别家乡
同一天穿上军装
同一天走进军营

也同样拥有一个响亮而又自豪的名称
铁道兵
特殊的部队,特殊的兵种
恶劣的环境,艰苦的岁月
将注定你我要接受一切考验
同样也会磨砺你我的筋骨

硕大的部队家庭
孕育着不同的栋材
命运的安排远非人愿
从此你我聚集在一条道上
筹划出了各自的人生轨迹
新兵不训练怎能上战场
部队不统一如何交接班

训练场上你拼我杀的情景历历在目
班务会里各自的总结发言
分不出你输我赢
军号嘀嗒吹响了你我前进的步伐
你被充实在一线辟山开路
我被补差在后勤学医求术
崇山峻岭烙有你的足印
大江南北洒有我的汗水
高原戈壁有你战天斗地
酷暑严寒有我左右相伴
自有铁兵的历史就有你我的印迹

庄严的军营有紧张有严肃
有活泼也有温情
山脚下千里父母的家书
我会轻声为你诵读
水溪边念妻想儿的柔情
你会娓娓向我倾诉
无人处未婚妻子缝制的绣花鞋垫
你会忘形得意地向我炫耀
繁星中热恋女友娇嗔的蜜语
总能挑逗起你陈醋般的妒意
训练施工学习工作
你我同样不甘落寞
挥锹抡镐隧道里你汗洒如雨
万籁俱寂寝室内我苦读医书
披星戴月四季中你难抵风寒
打针输液病房间我给你温暖
赶工保质铆足劲你大干实干
测血压量体温在身边我保你康安
打风枪扒石渣你从不叫苦喊累
测粉尘量数据我给你提供科学保障
排哑炮遭险情你血流如注

急救室手术间灯火彻夜通明

护战友负重伤你命悬一线
丧意识气游离你昏迷半月有余
施手术我踊跃献血保你生命平稳
定措施输氧气补能量吸痰导尿
容不得我有半点闪失
从死神手里夺回性命我由衷高兴

塌方冒顶险情不断你视为家常便饭
擦脸洗脚端屎倒尿我自心甘情愿
伤筋折骨大伤小病无从计算
清创缝合精医细治我恪守医德
你舍命苦干精心施工难免伤残
我由衷敬佩狠钻业务倾囊施援
你为铁兵献出青春搭上性命
我则痛心为你擦干血迹梳理妆容
饱蘸热血凝固般的悲伤
泪别熟睡安详的战友兄弟

亲爱的战友啊，我的好兄弟
你的鲜血没有白淌
你的付出没有东流
你的壮志总有坚守
你俊朗钢威般的身躯
撑起的是一座座伟岸挺拔的高山
我精湛娴熟的医术
重塑出的是你坚实壮硕的肌肤
你聪慧智敏的设计蓝图
架起的是一座座迷色的彩虹炫桥
我默默无闻的奉献
捧起的是一个个生龙活虎般的铮铮铁汉

亲爱的战友啊
别忘了我曾经是你的白衣战友
别忘了你我曾经的誓言
好男儿志在四方
历史会为我们光荣、伟大的
铁道兵修铸起永久的功碑！

（作者为原铁道兵 10 师 47 团卫生队一班卫生员，陕西省邮电医院口腔科主任、副主任医师）

永远情怀铁道兵

孙宝根

壬寅东南形势紧,应征入伍进军营。
分配入列铁道兵,军旅人生十六春。
而今古稀奔耄耋,往昔军营似电影。
追忆年轻挺自豪,建设祖国留足印。
国防施工三关地,屯田津冀易水滨。
筑路首战在成昆,北先南后分段进。
隧通桥架路基平,见证接轨太阳城。
襄樊起点止重庆,唤作襄渝谓简称。
任务陕南落旬阳,宗溪沙沟蜀河镇。
青藏线上驻天峻,关角隧道早扬名。
海晏始至格尔木,天路前期咱铺平。
要问环境与生活,说了你别不相信。
大渡河水奔流急,安宁河实不安宁。
汉江汹涌倾行舟,天峻氧气缺四成。
寒冷热尿即结冰,弥漫风沙天天临。
高粱小米窝窝头,填饱肚子蛮开心。
窑洞帐蓬活动房,暑寒倒床入梦境。
准假上街皆步行,偶拦嘎斯饱灰尘。
工程工期要求紧,半月休一特高兴。
悬崖峭壁猴难攀,拴条绳子咱能行。
大锤钢钎代风枪,石头越硬越来劲。
汗流如雨光膀干,拼死也要争先进。
坡陡谷深一线天,重重困难克服尽。
桩桩件件亲经历,毫不夸张述实情。
力量源泉从何来,毛主席话记在心。

艰难困苦心中乐,勇往直前党指引。
弹指挥间人已暮,岁月薄情规律定。
白发银须话年轻,青春年华不辱命。
拙笔记录真实事,莫笑吾辈不忠贞。
诸事皆以物佐证,持疑实地可探明。
事物变迁据势定,军委撤消铁道兵。
兵种不在军魂驻,高呼万岁铁道兵!

(作者为原铁道兵第 10 师 47 团政治处保卫股干事)

再致军礼

王光明

昨日的军礼已近半个世纪,
而今还是那么记忆犹新。
因为那是一种荣光,
一种尊严,
一颗永远跳动着的军心。

在军营里互敬军礼,
那是官兵一致的写真。
用礼貌与关爱,
体现出军纪军威的至尊。
首长检阅时的军礼,
是对部队战斗力的肯定;
接受命令时的军礼,
是勇于担当的神圣;
换岗时互敬的军礼,
表达出彼此的重托与信任;
分别时的军礼,
体现了战友们的难舍柔情。
……

军礼,在庆贺一条条铁路通车时,
如彩旗缤纷,
鼓舞我们高歌猛进;
军礼,在决战无数次的塌方与抢险中,
又是那样庄严肃穆,

告慰了多少离别战友的英魂！
军礼，不需要眼泪，
从不怕牺牲，
它是我们战无不胜，
攻无不克的精神支撑！

军礼是军营里的一道风景，
更是对军人的一道命令。
它展示出军人的步调一致，
也铸就着这支军队无往不胜。
今日再行军礼，
仿佛又看到了当年的情形，
那一幕幕披荆斩棘，
是那样精彩纷呈。
逢山开路遇水搭桥，
全都历历清新。
啊，因为我们是人民的铁军，
军礼是我们永远自豪的军魂！

（作者为原铁道兵第 10 师 47 团汽车连战士）

一个学兵的真实回忆

李应昌

20世纪70年代初,2万多名十六七岁的少年,从未出过远门,身背简单的行囊,告别自己的亲人,依依不舍地离别生养自己的故土,参加襄渝铁路建设,是一段难忘的、不可磨灭的人生历炼。

画面如今仍是那样的清晰可见。

一

经河南,过湖北,到陕南,进大山。
车停蜀河汉江边,汽车无路再向前。
只有行囊背在肩,趁天未黑把路赶。
带路铁兵说不远,营地就在那前面。
越过沟,翻着山,不知拐了无数弯。
目望远处灯几盏,映在江中微光闪。
天空星星眨着眼,何有灯光照路面。
摸黑赶路道太艰,脚下难知那深浅。
此段水路距不远,陆路行走需半天。
终到沟口得爬山,无路途艰累少年。
满头汗珠滚下脸,个个都是大气喘。

二

爬到营地过零点,营地设在山腰间。
军绿帐蓬显眼前,地铺麦草无床板。

展开行囊睡上边,那有清水洗脚脸。
倒头即睡好香甜,打鼾之声响连天。
哨声突响睁开眼,起床出篷望远看。
远望四面山连山,山高路艰在眼前。
吃水必须用桶担,洗脸还要到山涧。
山水清澈无污染,山中空气好新鲜。
往后玩乐可爬山,保证开心乐无边。
饭虽简单饱肚填,随军吃饱活可干。
只管眼下吃饱饭,难料艰辛路漫漫。

三

走入正轨路修建,开山辟路第一关。
擂锤打眼炮连天,干劲十足热朝天。
修完一段又一段,改变生活那路艰。
坡陡只能修多半,生活物资全凭肩。
山民梯田建营房,七八米宽只能长。
营房修建打过墙,上山背木自建房。
哪有门窗风来挡,唯拿油毡盖上房。
木头搭起架子床,上下两层身去躺。
高低难平滋味尝,不平只能草帮忙。
前期还可吃饱饭,压缩蔬菜没有断。
水土不服肠叫唤,拉了一遍又一遍。
山中蚊虫太可怕,咬后红肿烂疤疤。
水水流哪哪里发,好了身上留花花。

四

根据分工钢筋扎,桥墩钢筋骨架搭。
卸船装车干劲大,所有任务全拿下。

晴天干活不怕啥,雨天只能泥里爬。
服从分配很听话,个个都似乖乖娃。

五

小麦面粉量在限,粗粮搭配快到半。
杂粮高粱玉米面,时常发糕肚里填。
水煮黄豆算是菜,实在没有煮海带。
二百余人一罐头,搅到菜中哪有油!
为能吃上新鲜菜,开荒去种大白菜。
买个小猪把圈盖,猪因吃草难长快。
杀后膘少多瘦肉,无法用膘炼大油。
煮熟肉香扑鼻来,战友难得乐开怀。
每月可发十三块,有钱无处用品买。
几十里处有物摆,食品必把粮票带。

六

生活艰辛活苦累,身边危险常伴随。
修路放炮石头飞,砸伤民工血满身。
又闻那天车翻滚,并有战友献青春。
二十四连正打钻,集中精力向前看。
巨石落下头砸烂,当下也把青春献。
多少战友身致残,生活自理都变难。
我也曾经遇危险,为领工装去乘船。
船行关口差点翻,如翻命送江里面。
想起画面心打颤,总有危险在身边。
工伤事故老不断,战友每天把心担。

七

流行感冒似虎般，短短也就一两天。
众多战友都感染，很快病倒一大片。
集中隔离四排间，痛苦之声叫不断。
我也遭受此劫难，高烧不退受着罪。
只有连队卫生员，伤病唯有药片片。

八

接到家书手中拿，父母书中多牵挂。
战友笔纸手中拿，告知父母别念挂。
平安都好说谎话，稚嫩脸上挂泪花。

九

当年也把工装发，时常弄烂自己纳。
被迫只能针线拿，笨手笨脚把手扎。
鲜红血液滴地下，此时咋能不想妈。

十

上级不断任务下，高山之下把洞挖。
为赶任务吾参加，洞内环境实在差。
进洞危石如獠牙，好似即将往下塌。
战友照样把钻打，我帮装渣往外拉。
光线灰暗灯不明，积水很深路难行。
空气污浊咳不停，防尘口罩弱功能。

艰辛之情吾体验，出洞个个如要饭。
人人累得步艰难，回营几里爬半山。
上级提出搞会战，谁人解决吃饱饭？

十　一

为了娱乐球场建，其实很小不到半。
时常球球滚山涧，捡回篮球需半天。
虽然球架非常简，众友活动乐无边。
再做双扛在场边，增加乐趣苦忘完。
摔过跤、打过拳，无事约友麦场玩。

十　二

文化生活更没有，卖花姑娘是稀有。
没有书籍没有报，唯有喇叭响军号。
营地很少异性见，偶有异性营地现。
站在堰边争着看，好似领导来接见。
确有此事么夸大，如今笑话也不怕。
有时他连二胡响，阿炳乐曲好忧伤。
回想当年好恓惶，忧伤曲调在游荡。
下定决心歌咱唱，打靶归来志气昂。

十　三

艰辛环境建友情，困苦之中协手行。
危险之时见真情，需助之时心与共。
你帮我助意一同，今生结缘襄渝情。

如今健在的战友们相聚一堂,谈论当年的战友情,回忆当年那一幅幅画面,也是对去世战友一种特别的怀念。

(作者为原铁道兵第 10 师 47 团配属施工 23 连学生兵)

四、弘扬铁军精神

铁军展风采　再筑新辉煌
——中铁 20 局勇于改革创新发展纪实

桂维平　庞曙光

这是一个注定要记入史册的特殊日子：2018 年 12 月 26 日上午 10 时，中铁 20 局在"家门口"参建的西安地铁 4 号线正式开通运营。为之日夜奋战的铁建人更是欢呼雀跃，为新时代陕西经济追赶超越加油，为大西安国家中心城市建设喝彩！

一份耕耘，一份收获。中铁 20 局在西安地铁建设中先后 9 次获得业主信誉评价 A 级，受到国务院国资委、国家安监总局、中国铁建领导的高度赞誉。

理念引领全面发展

谈及中铁 20 局集团公司的"前世今生"，党委书记、董事长邓勇用了这样几个"关键词"：

"久，更久"——中铁 20 局前身为 1949 年 4 月 15 日组建于山东烟台的华东警备第五旅，今年又恰逢这支队伍成立 70 周年。1950 年以来，番号先后改变为步兵 101 师、农业建设第 3 师、中国人民志愿军铁道工程第 10 师等，在朝鲜战场上参与抢修了"打不烂、炸不断的钢铁运输线"。从朝鲜战场回国后，1954 年奉中央军委命令，改编为中国人民解放军铁道兵第 10 师，参与了鹰厦铁路、成昆铁路、襄渝铁路、青藏铁路等系列干线建设，并曾于 20 世纪五六十年代参与酒泉卫星发射中心专用铁路和青海海晏氢弹原子城研制基地 221 厂铁路专用线建设，是名副其实的"两弹一星"开路先锋。

"远，更远"——1984 年 1 月，铁道兵第 10 师执行国务院和中央军委命令整体兵转工。秉承铁军基因的中铁 20 局在此后 30 余年里锐意进取，大胆创新，闯出了一条独具特色的发展之路。2003 年，中铁 20 局承建尼日尔津德尔供水工程，迈出海外发展第一步，此后便在"走向远方"的征途上一发不可收拾。截至目前，该局在亚、非、拉美地区 10 个国家拥有在建项目 40 余个，合同总额突破 50

亿美元,并留下了包括中国企业海外一次性建成最长铁路——安哥拉本格拉铁路、蒙古国首座互通式立交桥——乌兰巴托雅尔玛格立交桥、"一带一路"旗舰项目、巴基斯坦卡拉奇至拉合尔高速公路等在内的大量经典工程,全集团5 000名以上员工有过海外工作经历,"没有海外发展,就没有20局兴盛美好未来"更是成为全员共识。

"快,更快"——作为2018年"世界500强企业"排名58位的中国铁建的全资子公司,中铁20局始终没有丢掉铁军传统,更在新时代发扬光大,各项发展均驶入"快车道"。2014年至今,企业工程承揽、施工产值、创造利税和固定资产增值四项主要数据实现翻番,新签合同额更是在2017年、2018年连续两年超过1 100亿元。

"高,更高"——中铁20局始终保持着高原隧道施工领域的三项世界纪录:20世纪全世界海拔最高铁路隧道——青藏铁路关角隧道、21世纪海拔全世界最高铁路隧道——青藏铁路风火山隧道和当今世界上海拔最高高铁隧道——兰新高铁祁连山隧道。从"高"到"更高",也体现在企业施工创新和技术水平的大幅攀高上,仅2017年,全集团工程技术人员公开发表专业论文就在100篇以上,获得国家专利达100多项,其中10%是发明专利。随着国家博士后科研工作站的挂牌成立,中铁20局正在向更高处发起冲锋。

21世纪海拔全世界最高铁路隧道——青藏铁路风火山隧道

邓勇介绍,基于对企业发展现状的全面分析,中铁20局领导班子先后提出了"吃技术饭,打设备仗,效益出在管理上""勇于领先、敢于引领""四守四创""管生产必须保安全""项目成败,责任在我"等系列管理理念,并连续四年开展"创新创业履责""夯基提质争先""全面从严做实""守正深改奋进"等年度主题活动,真正让理念深入人心,理念指导实践。

短短数年间,中铁20局不仅在国内工程市场上屡创佳绩,而且在国外工程建设中大展身手,并实现了工程承揽、施工产值、创造利税和固定资产增值4个翻番,经营承揽更是一跃成为中国铁建系统内工程局集团首位,被称为追赶超越、驰骋疆场的一匹"黑马"。仅2017年,集团公司海外项目签订合同20项,并

世界最重斜拉桥丹阳立交桥转体横跨京九铁路

一年内新开辟了秘鲁、印度尼西亚、泰国、马拉维、乌兹别克斯坦5个新国别市场,全年海外项目完成营业收入占到全国对外承包工程营业额的1%,在陕西省名列第一。

科学技术就是生产力,新机械、新工艺、新技术会带来新的重大变革。凭借企业改革一系列提升创新能力的重大举措,公司先后取得了铁路、公路、市政和建筑工程等四项特级资质,科技成果转化率达到41%。攻克世界铁路建设史上首次遇到的"碎屑流"难题,完成世界海拔最高的高速铁路隧道建设;首次将BIM技术融入水利工程中,提前21天实现大江截流;连创转体重量最重、转体长度最长、单球铰直径最大三项世界纪录……这些过去连想都不敢想的事情如今全部变成了现实。

创新助力市场开拓

时光追溯至2014年,中铁20局企业的经营状况面临前所未有的严峻挑战。时任集团党委书记、董事长的雷升祥与邓勇反复研究,随后又专门抽调企业管理团队开展市场研判和对策研讨,很快决策确立了"两大突破"的发展战略:一是突破行业界限,由过去仅以铁路、公路为主业向水电、地铁、城市基础设施、房地产开发等方面延伸;二是突破国别界限,提升海外工程承揽能力,积极服务"一带一路"建设,并将业务逐步拓展至其他国家和地区。在此基础上,中铁20局还大力推动大区域主管负责制改革,在各指挥部全面实施"六给两要"及"五个50%"的责、权、利一体化管理,使集团小而散的经营格局发生了根本转变,企业竞争能力显著提升。

体制机制创新,大大激活了企业发展的内生动力。在2014年的最后两个月里,公司承揽任务总额超过280亿元,当年完成承揽任务首次突破400亿元,任务完成度高达114.6%。此后,他们又一路高歌猛进,首次以施工总承包模式获得四川简蒲高速公路建设合同;首次与铁四院、河海大学等组成联合体,以设计、科研、施工一体化模式将"引江济淮"工程收入囊中。从一个工程公司新增任务量突破百亿,到一个公司连续两年突破百亿,再到所属综合工程公司全部突破百亿,一个工程公司突破 200 亿元大关,牢牢站稳中国铁建第一方阵。

"过去施工仅需'三板斧',今天施工得掌握 72 项独门绝技。"中铁 20 局桥梁首席专家杜越说,2018 年初,包括自己在内的 24 名曾在各领域取得突出业绩的专业技术人才正式进入公司工程技术人才库,成为"技术智囊团"中的一员,为企业解决施工过程中的"疑难杂症"提供智力支持。通过引进和培养人才,目前企业 13 名班子成员中有博士研究生 2 名、硕士研究生 5 名,全公司一级建造师由 2014 年的 561 人增加到现在的 870 人。这些技术人才将围绕企业战略定位和生产经营目标,在科技创新、技术攻关、技术管理等方面持续发力,通过打造一流的科技攻关能力提升企业品牌影响力和市场竞争力。

在积极培养内部专业化人才的同时,中铁 20 局还与西南交大、西安建筑科技大学等国内知名高校结成产业技术创新战略联盟,并依托海外项目积极开展国际技术交流。通过这些举措,中铁 20 局取得了铁路、公路、市政和建筑工程 4 项特级资质;在城市地下空间利用与人防工程、复合地层长距离大直径盾构隧道施工、城市地下综合管廊等领域取得重大突破;在高桥长隧、超高层房建、钢结构施工和 BIM 技术应用等领域也拥有了独特的专业优势。

西北首家应用 BIM 技术模拟施工——西咸空港综合保税区事务服务办理中心

"一带一路"勇当先锋

2003 年,中铁 20 局承建中国政府援建尼日尔规模最大项目——津德尔供水工程,迈出了"走出去"发展的第一步。近年来,企业又积极融入国家"一带一路"倡议,大力开拓海外市场,不断提高企业国际化水平。该集团公司的"海外经营"成为中国铁建的"十大品牌"之一,真正成为国家"一带一路"倡议的践行者和"开路先锋"。

在过去的 16 年中,中铁 20 局作为最具有发展活力和国际化程度的大型承包工程企业从尼日尔到安哥拉,从蒙古国到莫桑比克,从巴基斯坦到阿尔及利

刚果（布）总统萨苏（右）与中铁20局董事长、党委书记邓勇亲切握手

亚，先后承揽海外工程40余项，合同总额超过50亿美元，尤其作为中国铁建安哥拉、莫桑比克两个国别市场的经营主导单位，在其相关产业链条持续延伸过程中，优势地位不断巩固。2017年安哥拉本格拉铁路全线交付运营后，他们又将全线维养合同收入囊中。

以安哥拉铁路工程为基础组建的安哥拉国际公司，作为唯一一家注册于首都罗安达的中资企业，近年来充分挖掘品牌优势，深耕国别市场，与安哥拉国8个国家部委建立了长期稳定的政企合作关系。2016年5月，在不到一个月时间里，中铁20局连续中标包括1个机场、2个城市供水工程和4条公路在内的7个项目。并在海外首开项目集群管理先例，所有项目均稳步推进，受到包括安哥拉总统、副总统等政府高层高度赞誉。

随着全长230公里、总投资近百亿元人民币的巴基斯坦卡拉奇至拉合尔高速公路项目建设，蒙古国首座互通式立交桥——乌兰巴托雅尔玛格立交桥通车后，总额超过20亿元人民币的乌兰巴托布日德棚户区改造项目合同启动，中铁20局实现了海外棚户区改造工程的新突破……

16年来，中铁20局不仅所有海外工程无一亏损，在建项目平稳推进，还通过全面加强风险防控，为海外经营和项目管理设置了"多道防线"，确保行稳致远。由于出色地完成了诸多海外工程项目，公司有三名员工获得了尼日尔骑士勋章，一人获蒙古国总统勋章和最高建筑荣誉奖。

本书编者对原稿作了删节

（作者桂维平为原新华社陕西分社副总编辑、庞曙光为原中铁20局宣传科长）

铁道兵精神激励我永往直前

诸新荣

1949年11月,我出生于上海市奉贤区金汇镇的一个农民家庭,与新中国同岁,当兵入伍前在家乡的船厂学木工。1969年3月8日应征入伍——中国人民解放军铁道兵部队,参加成昆线铁路建设并在部队入了党。部队的艰苦环境,磨炼了我坚忍不拔的意志,增强了我无论干什么工作一定要干好的自信心。

几年后退役回到家乡船厂工作后,我始终以一名党员退伍军人的标准严格要求自己,因此进步较快。1976年10月起任厂党支部书记,成为全公社最年轻的企业负责人,并与全厂员工一起艰苦奋斗,1977年底厂全年完成产值利润等于建厂八年的总和,把长期落后的船厂一跃变成公社、县先进单位。此后,书记、厂长我一肩挑,从1980年开始,我又走上了艰难转产之路。

发扬铁道兵特别能吃苦精神,靠一股钻劲、创劲和拼劲,克服了种种困难,1981年成功地把船厂转为上海金汇食品酿造设备厂,成效显著。1982年获上海压力容器第九号生产许可证,其中酿造蒸煮锅系列产品填补国内空白,1985年获得上海市科技进步二等奖。从此,金汇食品酿造设备厂走上快速发展道路,成为乡、县的老先进单位。

1990年3月,我担任乡工业公司副总经理后,作为一名性格正直的退伍军人,因看不惯地方干部中复杂的人际关系,更不愿加入地方复杂的人际关系圈子,于是坚决要求离开乡工业公司,顶着各种压力自找项目,最终成功创办了金汇电缆厂,当年投产,当年创利200多万元,经济效益显著,成为本地乡镇企业中的骨干企业。此举引起了有些人的嫉妒,他们指使他人写信诬告我,让我无辜接受上级组织的审查。但清者自清,浊者自浊。最终,上级让一身清白的我继续担任电缆厂厂长。

但经历了此次折腾,我身心疲惫,为了远离复杂的人际关系,我萌生了退意。为此,积极向上级推荐厂长接班人,并扶持新厂长工作三年后离开了我一手创办的金汇电缆厂。此时的我已年近半百,为发展农村集体经济付出了自己最宝贵的青春年华。

1998年6月,我主动离开自己一手创办的乡镇企业金汇电缆厂后,年近半百的我走上了民营企业的创业之路。自主创业,白手起家,我从一张白纸开始,在西渡租了几间旧厂房,招用了原船厂懂机械的技术员工,开始生产电缆交接箱这个小产品,原本考虑的是自己年龄大了,找个工作落脚点混混日子算了。但铁道兵部队艰苦环境锻炼成长起来的不服输的军人性格,以及长期当企业负责人养成的工作习惯,口头上说混混日子,而在实际行动中还是有一股军人冲锋陷阵的血性。为此,我千方百计地开拓产品销售业务,在发展电缆交接箱业务的同时,又把主要精力放到开发新产品项目上。

为了电信行业的改革创新,金山电信局周益平局长萌生了利用通信行业快速发展机遇优势,寻找与通信行业的生产企业合作,共同研发生产光纤宽带网络产品的意向,并且他在内部分析会上首先点到了我,主要是他们敬佩我创办金汇电缆厂的一种钻劲、创劲、拼劲精神,赞赏我待人处世真挚诚信的品格,认可我管理企业的方法。当他们得知我也想开发新产品新项目时,双方一拍即合,很快就签订了共同研发生产宽带网络产品的协议。此后,我公司还与奉贤电信局签订长期联营合作协议,企业发展有了一个很好的开端。

但在与金山局共同开发新产品过程中,由于上海电信集团领导、技术专家对该项目的看法观点不一致,设计方案图纸修改变动大,产品试制反复多,所以研发试制周期长,但在周益平局长的带领指挥下克服了各种困难。1999年下半年的一天,上海电信等单位在金山电信局召开新产品推广发布会,上海电信集团领导向全市各区县局下达了指标任务,要求在2000年春节前后全市发展宽带网络基础设施建设。会后,各局纷纷向我公司订购产品,接着浙江各电信局也纷纷前来订货。突如其来的大批量要货订单,令我措手不及。面对这一情况,我紧急动员全厂职工日夜加班加点,同时采用分部件委托外协加工的办法,通过一段时间的努力,终于缓解了供不应求的紧张局面。此后,我先后成立了上海宏普通讯器材有限公司和上海贤波光通信设备有限公司,又与上海电信总师室、研究院、设计院等科技单位合作,一手抓新产品新项目的开发和开拓新市场,一手抓扩大企业生产规模,在市级开发区购置了土地建造新厂房、添置新设备、扩招新员工。2001年5月,公司搬进开发区的新厂房。此后的几年中,我"5+2""白加黑",365天几乎没有休息日,公司走上了快速发展的道路。

工作时的诸新荣

我走上自己创业之路后,一炮打响、一帆风顺,新产品新项目一个接一个,招投标的中标率很高,而且多次购土地,不断地扩建新厂房、购置新设备,企业搞得轰轰烈烈、红红火火,在通信行业中产生很大影响,我的领导和朋友对此表示钦佩。但也有不少通信行业的好朋友,对我自主创业后在产品项目的发展思路有点"看不懂"。他们认为,你诸总也认为通信电缆产品是个好项目,很有发展前景,但为何不去生产通信电缆?如金山局的沈总等自始至终劝我生产通信电缆。

当然,我更清楚自己办的新厂,如果生产通信电缆有五大优势:一是金汇电缆厂是我白手起家亲手创办起来的,而且当年投产、当年获利200多万元,在当地乡镇企业中堪称是重点骨干企业;二是办企业最关键是产品销售渠道,金汇电缆销售渠道基本上是我自己开拓出来的,销售市场很成熟;三是生产通信电缆机械化程度高,劳动强度低,流水作业,不但生产效率高而且又环保;四是产品技术成熟,产品标准化程度高,产品质量可控度强,便于管理;五是通信电缆属于系列产品,转到通信光缆和特种电缆系列很方便,在金汇电缆厂时我已开始规划筹备中,产值高、需求量大、发展前景广,经济效益好。

开发光通信器材设备,其一是产品种类广;其二是产品开发周期长,且产品更新换代快,产品使用周期短;其三是由于是新技术,需要技术人员多,技术范围广;其四是生产技术、产品质量、原材料采购、产品销售、售后服务等管理环节多。而我明知通信电缆是个好产品,却违背自己的心愿,放着熟门熟路的通信电缆这个产品不去做,反而去开发生产市场风险大的光通信器材设备,说实话,在这过程中遇到的各种困难、矛盾和内心的思想斗争激烈程度是可想而知。

我算了一笔账,生产光通信器材设备与生产通信电缆,在经济效益和管理难度相比较可这样形容:我花10倍精力和付出搞光通信器材设备,比不上花1倍的精力生产通信电缆的经济效益,所以通信行业的领导和朋友对我的做法表示不能理解,说我有现成通信电缆成熟的销售市场不去做,非要去冒风险、啃骨头、搞技术开发、搞新产品,说我是"傻子"。

但我坚持认为,我是一名受党教育多年的铁道兵退伍军人,做人凭良心,做事要磊落,赚钱要赚得心安理得,要对得起奉贤电信局和老厂全体职工,更要对得起自己的良心,不做我在任金汇电缆厂长时开发的拳头产品通信电缆,不做与老厂产品竞争的同类产品。

一份耕耘,一份收获。通过多年的努力,我成立的"上海宏普通讯器材有限公司"和"上海贤波光通信设备有限公司"在全国同行业名声鹊起,生产的光通信器材设备成为市场畅销产品。市场经济是无情的。让我特别遗憾的是,虽然我不做老厂的通信电缆产品,避免与老厂同类产品的竞争,但我千辛万苦一手创办的金汇电缆厂,由于产品业务严重萎缩,最终还是倒闭关门,令人心痛不已。

2011年,遵循区政府产业导向,按照上海工业综合开发区规划,我审时度势,果断作出企业转型,由传统制造业向以房屋租赁为主的新型服务型园区转变。2017年,建造了6.5万平方米的商务楼和生产配套用房,成立了"宏普信息

公司与时俱进,进军服务业。图为"宏普信息园"商务楼

左为作者之女诸连英,中为作者,右为作者之子诸春光

园"。迄今为止,已经有近30家企事业入驻园区。去年,产出税收2 500多万元。根据企业性质和家庭实际情况,从2018年下半年起,公司实行股份制管理模式,园区管理按区域交给子女各自管理,我只负责董事会一些工作。

回顾50年前入伍,至今已有半个世纪的岁月,我从一个年轻小伙子变成了白发老人,在这过程中经历了人生的幸福快乐和酸甜苦辣,同时也遇到了很多很多不同时期、不同行业、不同单位的领导朋友、战友同事、客户、部下和素不相识好心人,他们在我最困难时给予我关心、支持和帮助。

每当回想起我曾经走过风风雨雨,总有说不尽的故事,感谢不完的人,在这里我就不一一致谢。我衷心感谢领导朋友,是你们的信任和鼓励,更加坚定了我的自信和勇气,坚持走自己的路;感谢素不相识的好心人,是你们无私的信任,让我在遭遇困难挫折时看到了人间的真善美;还有我的家人,谢谢你们对我的理解和支持,让我放下家里大大小小的琐事,无后顾之忧全身心地投入到工作中去。感谢你们,带给我无穷的力量,让我的人生过得更加丰富多彩,是你们,在我的人生道路上又增添了一页精彩的篇章。

(作者为原铁道兵第10师47团团部木工班班长,现为上海宏普通讯器材有限公司董事长、总经理)

后记 | Postscript

为什么要出《光荣啊！铁道兵》这本书？

从两年前下决心，直至今年5月下旬定稿时，作为编者的我，一直在扪心自问。

如今，有了明确的答案，源于我无法割舍的铁道兵情结。

铁道兵，一个响亮的名字，一支英雄的部队。铁道兵，作为一个兵种，已于1984年整体转业并入铁道部，如今，只能在我军军战史中找到了。

铁道兵35年的光荣历史，是我军辉煌历史的重要组成部分。人们习惯称铁道兵为"铁军"，形象地表达出对钢铁的部队、钢铁的兵无坚不摧的大无畏铁道兵精神的崇敬之情。

有人这样评价：铁道兵经历了"和平年代的战争"。这话说得好哇！战争年代，军人是做好了随时牺牲的思想准备的。和平年代，军中是很少死人的，但铁道兵每天死人是常有的事。有资料显示，修建举世瞩目的成昆铁路，每公里牺牲一名铁道兵战士，可谓是一寸铁轨一寸血。

有人这样形容：风枪、风镐、破棉袄，铁道兵的"三件宝"。凭借这"三件宝"，铁道兵战士在施工中以血肉之躯与死神搏斗。35年来，有8 314名战友，至今长眠在祖国大地和异国他乡，终身守护着他们修建的铁路交通"大动脉"，近6万名战友负伤或致残，还有数量众多的战友，由于种种原因未能办理伤病证明。

配属铁道兵修建襄渝铁路的陕西省25 000名学生兵（以初中生为主），十六七岁正是需要读书的花季，却早早用稚嫩的双肩为共和国分担艰辛，150多名青春少年长眠在秦巴山麓、汉水江畔。他们是不穿军装的"铁道兵"，吃的苦，受的累，与铁道兵一样多。陕西省"三线学兵连"的血色青春，在我国青年运动历史上堪称空前。

"劳动为荣，艰苦为荣，当铁道兵光荣"是新兵入伍后思想教育的第一课。为什么说当铁道兵光荣？一句话，光荣就光荣在铁道兵"经历了和平年代的战争"，在施工中面临着无处不在的死亡威胁。铁道兵所经受的苦与累、生与死，这种惊天地泣鬼神的悲壮故事,在当今隧道施工倚仗盾构机以及一体化掘进机面前,被今天的人们视为天方夜谭。再过三四十年,当所有的老兵离世后,没有人能口述当年铁道兵浴血奋战的亲身经历。

如今,铁道兵"兵改工"35年了,但以英勇顽强拼搏精神著称的铁道兵,她的35年的光荣历史,她的丰功伟绩彪炳史册,与祖国的高山大河同在!与我们光荣的"八一"军旗同在!这也是我为什么将此书取名为《光荣啊!铁道兵》的缘由。

今年,是1000名(奉贤600名,闸北400名)上海热血青年应征入伍铁道兵部队50周年。为弘扬铁道兵"一手拿枪,一手抡锤"、"逢山凿路,遇水架桥"、"一不怕苦,二不怕死"的"铁军"精神,编撰出版这样一本以原铁道兵第10师指战员为主以及配合部队施工的学生兵回忆录,献给投身祖国铁路建设的铁道兵官兵和学生兵,庆贺我们伟大祖国的70华诞,旨在提醒我们不忘初心,牢记使命,教育我们的子孙后代擎旗前行。

《光荣啊!铁道兵》,是一本对青少年进行革命英雄主义、爱国主义教育和传播红色文化的书,我在阅改这些文稿中禁不住泪湿眼帘。可以这样说,这是我时常"白加黑"、"5+2",凭一己之力,编撰《光荣啊!铁道兵》这本书的根本动力。

本书在组稿编撰过程中,奉贤区委、区政府颇为重视;奉贤区"双拥"办大力支持;诸新荣、胡煜军战友解囊相助;谷嘉泉、朱桂林、周海涵、黄亚明、胡可荣、赵祥根、杜拴盈、孙宝根、李明亮、袁武学、杨明秀、孟树林、魏凤琴、姚岚芳等战友不仅献计献策,还积极组织稿源;秉承铁军基因的中铁20局承诺帮助本书的发行。在此,对本书编撰出版等作出贡献的同志一并特致谢忱。因时间仓促,谬误疏漏之处敬请读者批评指正。

朱瑞华
2019年6月